현대문명과 유교적 성찰

※ 이 저서는 2017년 대한민국 교육부와 한국연구재단의 지원을 받아 수행된 연구임 (NRF-2017S1A3A2065772).

현대문명과 유교적 성찰

이상익 지음

심산

::序

나는 그동안 유학(儒學)을 공부하면서 "전통 유학과 현대 사상(또는 西歐思想)이 어떻게 만날 수 있을까?" 하는 문제에 대해서 많은 관심을 지니고 있었다. 이는 유학을 공부하되, 단순히 '동양적 과거' 의 지평에 머무르지 말고 '서구적 현대' 와의 대화를 시도하자는 취지였다. 그리하여 현대의 다양한 사조나 사상들을 접할 때에는 "이 문제에 대해서 전통 유학은 어떤 입장을 지니고 있었던가?" 하는 물음을 함께 제기해 보았다. 이 책은 '유교와 현대사조 사이의 만남' 을 시도한 것이요, 동시에 '현대문명에 대한 유교적 성찰' 을 시도한 것으로서, 그동안의 시론적(試論的) 탐구들을 모은 것이다.

이 책에 실린 여러 논문들은 애초에 하나의 주제 아래 기획된 것이 아니기 때문에, 이 책은 전반적으로 통일성이 없는 편이다. 그럼에도 불구하고 이 논문들을 한 권의 책으로 묶어서 출판하는 까닭은, 이를 통해 전통 유학과 현대 사상의 만남을 주선하고 싶기 때문이다. 많은 사람들은 전통 유학을 이미 죽은 것으로 치부하고 현대와의 만남 가능성 자체를 외면한다. 그러나 내가 보기에 전통 유학은 여전히 중요한 가치를 지니고 있을 뿐만 아니라, 오히려 현대에 와서 더욱 그 적실성이 돋보이는 것이다. 이러한 맥락에서, 이 책에서는 전통 유학과 현대 사상이 만나는 지점을 확인하고, 시론적으로 양자 사이의 대화를 시도해 본 것이다. 독자(讀者)의 이해를 위해 이 책의 구성에 대해 간단히 설명하면 다음과 같다.

제1장 〈현대문명에 대한 역학(易學)적 성찰과 전망〉은 이 책의 서론에 해당하는 글로, 현대문명의 이론적 토대를 해명하고 그에 대해 역학적 관점에서 평가해본 것이다. 자유와 풍요를 추구하는 현대문명의 이론적 토대는 둘로 요약할 수 있다. 첫째는 '자유'를 뒷받침한 관념으로서, '자연주의적 오류'와 '인식론적 회의주의'가 그것이다. 둘째는 '풍요'를 뒷받침한 관념으로서, '극단적 쾌락주의'와 '예정조화설'이 그것이다. 이러한 이론들은 자유와 풍요를 위한다는 명목으로 '자연의 이법(理法)'을 무시하도록 부추기는 역할을 했다. 그러나 자연의 이법을 무시하면 일시적으로 성공할 수는 있으나, 결코 장구하게 지속될 수는 없다. 음양대대론(陰陽對待論)과 음양순환론(陰陽循環論)을 두 축으로 삼는 역학은 우리에게 '자연의 이법'을 어기지 않는 범위로 자유와 풍요를 제한해야 한다고 깨우쳐 준다. 이러한 전환을 통해 우리는 '나와 너'가 공존(共存)하고, '인간과 자연'이 동생(同生)하는 문명을 가꿀 수 있을 것이다.

제2장 〈유교적 공동체 : 이론 · 양상 · 전망〉은 오늘날 '공동체주의'의

맥락에서 전통 유교를 조명한 것이다. 근대의 개인주의 또는 자유주의는 개인의 자유와 권익을 보호하는 데 이바지했으나 '사회의 파편화' 라는 부산물을 수반했다. 또한 현대인들은 파편화된 사회에서는 개인의 행복도 제대로 실현될 수 없음을 차츰 자각하게 되었다. 그리하여 개인주의의 본고장 서구에서 지난 세기 후반부터 다시 '공동체주의' 가 등장하게 된 것이다. 유교는 본래 개인주의보다 공동체주의와 친화성이 있다. 유교의 이상은 한마디로 '인륜공동체(人倫共同體)의 실현' 이다. 송대(宋代)의 주자학(朱子學)은 인륜공동체의 이상을 이론적으로 재정립하였고, 사대부(士大夫)들은 자임의식(自任意識)을 발휘함으로써 인륜공동체를 구현하는 데 앞장섰다. 조선시대에는 종법(宗法)과 종계(宗契), 향약(鄕約)과 사창(社倉), 향교(鄕校)와 서원(書院) 등이 크게 발달했는데, 이는 유교적 인륜공동체를 지탱하는 세 축이었다. 전통적 공동체는 친목의 도모와 환난의 구휼이라는 '공동체적 결속의 기능' 과 미풍양속의 선도라는 '규범적 기능' 을 지니고 있었다. 그런데 후대로 내려오면서 규범적 기능을 상실함으로써 결속의 기능마저도 연고주의로 타락하게 되었다. 따라서 공동체주의를 온전하게 실현하려면 무엇보다도 규범적 기능을 되살리는 것이 중요하다.

제3장 〈경쟁론에 대한 근래의 비판들과 그 함의〉는 근대 서구사회에서 경쟁론이 등장하게 된 배경과 경쟁론의 구체적 내용을 살펴보고, 경쟁론에 대한 근래 여러 석학(碩學)들의 다양한 비판들을 두루 살펴본 다음, 그 함의를 정리해 보았다. 이들의 주장처럼, 오늘날 우리가 경쟁론을 지양시키고자 한다면 '사회복지의 당위성' 과 '경제적 효율성' 의 문제는 물론 '올바른 세계관의 정립' 문제가 긴요한 것이요, 뿐만 아니라 '올바른 가치관의 정립' 문제도 매우 중요한 관건이 된다. 또한 여러 석학들의 반경쟁론(反競爭論)이 중요한 의의를 지니는 것이라면, 같은 맥락에서 우리는 전통 유교의 명분론(名分論)에 대해서도 새롭게 인식할 필요가 있다. 우리 한

국의 근대화 과정은 전통적 명분론을 타파하고 서구의 경쟁론을 도입하는 과정이기도 했다. 그런데 한 때는 진보의 원동력으로 기능했던 경쟁론이 이제는 숱한 폐단을 낳고 있다면, 우리는 전통적 사회운영론의 의의를 되돌아보아야 마땅한 것이다.

제4장 〈서구 근대 사회운영론의 한계와 유교의 명분론에 대한 재조명〉은 서구 근대의 사회운영론을 비판적으로 논의한 다음, 그 대안으로 유교의 명분론을 살펴본 것이다. 서구 근대 사회사상은 자유주의와 사회주의로 대별되는바, 자유주의는 이기적 경쟁을 옹호하고, 사회주의는 형제애를 강조했다. 그런데 자유주의에 충실하면 양극화〔富益富 貧益貧〕와 사회적 갈등을 심화시키고, 사회주의에 충실하면 도덕적 해이와 효율성의 저하를 초래한다. 인간의 이기심은 한편으로는 경쟁을 통해 효율성을 높여주고, 한편으로는 역시 경쟁을 통해 사회적 갈등을 심화시킨다. 자유주의는 이기심의 긍정적 측면만 주목하고 부정적 측면을 간과한 반면, 사회주의는 이기심의 부정적 측면만 경계하고 긍정적 측면을 간과했다. 이처럼 자유주의와 사회주의는 모두 '양면적인 이기심' 에 대한 '일면적 처방' 에 치우쳤기 때문에, 각각의 장점에 못지않은 폐단을 야기했던바, 그리하여 마침내 여러 식자(識者)들은 '제3의 길' 을 제창하게 된 것이다. 한편, 유교의 명분론은 '존현사능(尊賢使能)의 원칙', '소향유한(所享有限)의 원칙', '자발적 현능(賢能)의 원칙' 으로 요약되는데, 이 세 원칙은 '이기심에 대한 양면적 처방' 을 꾀한 것으로, '제3의 길' 의 모범적인 사례라 할 수 있다.

제5장 〈액설로드의 텃포탯 전략과 유교의 군자론〉은 현대의 최신 경영전략 이론인 액설로드의 '텃포탯 전략' 을 소개한 다음, 유교의 군자론은 현대의 경영전략 이론과도 훌륭하게 부합함을 밝힌 것이다. 인간의 삶처럼 장기간 지속되는 게임에서는 '이기적 경쟁' 이 아니라 '상호 협력' 이 자신의 이익을 가장 효과적으로 확보하는 방법이라는 것, 이러한 사실이 널

리 알려질수록 사회적 협력은 더욱 확산된다는 것, 이것이 바로 액설로드가 말하는 '협력의 진화' 이다. 액설로드는 협력을 진화시킬 수 있는 방법으로 '팃포탯 전략' 을 제시했는데, 그 구체적 내용은 상대방에게 항상 신사답게 굴고, 항상 상대방과의 관계를 협력으로 시작하며, 상대방이 나를 배반하면 그에 대해 반드시 응징하되, 과도한 응징을 자제하여 보복의 악순환을 예방하며, 잔꾀를 부리지 말고 항상 단순명쾌한 행동원칙을 간직하라는 것이다. 그런데 이러한 전략들은 유교의 군자론(君子論)과 놀라울 정도로 대강을 같이한다.

이상의 다섯 편은 유교적 관점에서 바람직한 문명의 이상과 바람직한 사회운영의 원리들을 논의하고, 유교의 군자론으로 이를 뒷받침한 것이다.

제6장 〈자유주의의 인권론과 유교의 인륜론〉은 본능적 욕구의 충족을 중시하는 자유주의의 인권론과 도덕적 본성의 실현을 중시하는 유교의 인륜론을 대비하여 조명하고, 양자의 지양 방향을 논의한 것이다. 전통 유교와 현대 자유주의의 핵심적 대립은 '자아실현' 에 대한 상이한 이해에서 비롯된다. 우리는 '자신만의 독특한 개성' 을 실현하고자 원할 수도 있고, '인간의 보편적 본성' 을 실현하고자 원할 수도 있다. 그런데 개인의 독특한 개성만을 강조하고 인간의 보편적 본성을 무시한다면, 그 때의 자아실현이란 프롬 · 매킨타이어 · 테일러 등이 지적한 것처럼 '소외, 자아도취, 멋대로 자유' 등 각종 폐단을 야기한다. 그렇다면 우리는 '인간의 보편적 본성' 에 기초하여 '개인의 독특한 개성' 을 발휘할 때만이 참다운 자아실현이라고 할 수 있을 것이다. 이는 인륜(人倫)의 한계를 넘지 않는 범위에서 자유(自由)를 누린다는 뜻이요, 또한 가치의 객관적 척도를 존중한다는 뜻이다.

제7장 〈멩케 · 폴만의 인권철학에 대한 비판적 논의〉는 멩케와 폴만의

공저 『인권철학 입문』의 주요 주제들을 소개하고, 그에 대해 유교적 입장에서 반론을 제기해 본 것이다. 멩케와 폴만의 『인권철학 입문』은 실로 인권철학의 핵심 주제들을 체계적으로 소화한 결실이다. 다만 그들이 인권을 '인간의 본성' 과는 무관한 '역사적 경험' 의 산물로 규정하는 것, '주관적 권리' 로서의 자유를 절대화하는 것, 악한(惡漢)도 선량한 사람과 동등하게 인권을 누려야 한다고 주장하는 것, '불량인간' 과 '불량국가' 를 다르게 취급하는 것, 다양한 권리들을 '분할할 수 없는 것' 으로 간주함으로써 융통을 어렵게 만드는 것 등에 대해서는 동의하기 어려운 것이다. 그리하여 이 논문에서는 이러한 문제들을 비판적으로 논의하면서, 그에 대한 나의 관견(管見)을 제시해 보았다.

제8장 〈레이첼즈의 '도덕적 개체주의' 와 유교〉는 다윈의 진화론이 윤리학의 영역에 끼친 영향을 소개하고, 그에 대해 유교적 입장을 제시해 본 것이다. 다윈은 인간과 동물이 본래 '공동의 조상' 에서 서로 다르게 진화한 것임을 밝혔거니와, 이는 인간과 동물 사이의 '연속성' 을 해명함으로써, 인간과 동물 사이의 '심원한 간극(間隙)' 이라는 전통 도덕의 토대를 무너뜨린 것이다. 레이첼즈는 이를 바탕으로 서양의 전통 도덕을 비판하고 새로운 도덕을 제창했다. 이는 긍정적 측면에서 보자면 동물에 대한 학대를 예방하며 생태계 보호에 크게 기여할 수 있는 것이나, 부정적 측면에서 보자면 '인간의 존엄성' 을 손상시킬 수 있는 것이다. 이에 반해 전통 유교는 '인간과 동물의 연속성' 을 주장하면서도 '인간은 만물의 영장(靈長)' 이라는 입장을 견지했는데, 이는 '동물에 대한 애호' 와 '인간에 대한 우대' 를 동시에 추구한 것이다.

제9장 〈인간의 존엄성과 그 근거 : 헤겔流와 유교〉는 '인정투쟁(認定鬪爭)' 또는 '용기(勇氣)' 에서 인간의 존엄성의 근거를 찾는 헤겔주의자들의 한계를 지적하고, 인간의 존엄성은 '목숨을 건 투쟁' 에 있는 것이 아니라

'남의 목숨을 내 목숨처럼 애호함' 에 있다고 반론한 것이다. 헤겔과 그 후계자들은 '남들로부터 인정을 받으려고 함' 을 인간의 고유한 특징으로 이해하고, '인정투쟁' 을 뒷받침하는 '패기(覇氣, 勇氣)' 야말로 인간의 존엄성의 근거라고 보았다. 그러나 이러한 설명 체계는 '역사의 종말' 시기에 대한 설명에서 자가당착에 빠지고 만다. '보편적 인정' 이 실현됨으로써 더 이상 인정투쟁이 불필요한 '역사의 종말' 시기에 도달하면 패기가 필요 없게 되고, 그리하여 '인간은 동물로 전락하게 된다' 는 것이다. 후쿠야마는 이러한 전락을 막기 위해 우리는 '다시 부정의(不正義)를 조성해야 한다' 고 주장하고, 이를 '기묘한 역설' 이라 했다. 그러나 이 '기묘한 역설' 은 바로 헤겔류의 이론적 파탄을 상징하는 증표일 뿐이다. 유교에서는 인간다움의 본질을 '인륜적 삶' 에서 찾고, 인륜적 삶을 뒷받침하는 '인의예지(仁義禮智)의 본성' 을 인간의 존엄성의 근거로 설정하였다. 유교의 인덕(仁德)은 '역사의 종말' 단계라 하여 불필요한 것이 아니다. 아무리 '보편적 인정' 이 실현된 사회라 하더라도, 예컨대 각종 능력의 차이 등으로 인한 '자연적 불평등' 이나 자연재해 등으로 인한 '예기치 않은 불행' 은 계속 발생될 것이다. 따라서 인덕(仁德)은 항상 필요하게 될 것인바, 인간은 인덕을 실천하면서 자신의 존엄성을 지속적으로 입증할 수 있는 것이다.

제10장 〈'인간의 존엄성' 에 대한 새로운 접근법〉은 인간의 존엄성을 해명하는 여러 이론들을 소개하고, 그 이론들의 문제점을 지적한 다음, 나의 견해를 제시한 것이다. 인간의 존엄성에 대한 다양한 이론들은 존엄성을 '선천적으로 주어진 것' 으로 보는 경우와 '후천적으로 획득한 것' 으로 보는 경우, 그리고 모든 사람이 '평등한 것' 으로 보는 경우와 사람에 따라 '불평등한 것' 으로 보는 경우로 대별된다. 그런데 기존의 이론들은 대부분 이 가운데 일부만 긍정함으로써, 인간의 존엄성에 대한 편파적 관점을 벗어나지 못했다. 내 생각에, 인간의 존엄성은 본래 선천적인 생득분(生得

分)과 후천적인 성취분(成就分)이라는 두 측면으로 구성되는 것이다. 생득분은 모든 사람이 평등하게 지니는 것이나, 성취분은 사람마다 다르다. 인간 개개인의 존엄성은 양자를 합산해서 논의해야 한다. 특히 합산의 결과가 적자(赤字, –)로 판명되면, 더 이상 그의 존엄성을 인정할 수 없는 것이다. 이는 '모든 인간의 천부적 존엄성' 과 '개인의 책임' 사이의 균형을 추구한 것으로서, 전통 유교의 지론을 충실히 계승한 것이다. 이러한 새로운 이론을 통해 모든 인간의 근원적 존엄성, 흉악범에 대한 처벌의 정당성, 사회적 약자에 대한 보호의 당위성, 심신장애자의 존엄성과 생명권 등 인권 담론의 제반 문제들을 두루 원만히 해결할 수 있을 것이다.

이상의 다섯 편은 인권과 인륜이 조화를 이루어야 한다는 점, 인간의 존엄성 근거는 궁극적으로 인륜에 있다는 점을 논한 논문들이다.

제11장 〈민주(民主)와 민본(民本) : 비교와 통섭을 위한 시론〉은 서양의 민주주의와 유교의 민본사상을 연원적으로 고찰하여 대비시키고, 양자를 통섭해야 하는 당위성을 논한 다음 시험적으로 그 방향을 모색해 본 것이다. 민주정의 본질적 약점은 '이성(理性)과 수(數)의 불일치' 에 있다. 벤담과 밀 등은 이 문제를 해결하기 위해 '반민주적(反民主的)' 이라는 혐의를 감수하면서까지 '대의제(代議制)' 를 옹호했다. 그런데 오늘날에는 대표(代表)들이 민의(民意)에 따라 국리민복(國利民福)을 추구하기보다는 자신들의 사리사욕이나 당리당략에 집착하고 있다. 이러한 현실에서, 민본사상의 다음과 같은 요소들은 오늘날 우리 정치에 긴요한 처방이 될 수 있을 것이다. 첫째, 유교의 민본사상은 '정치의 목적은 인민의 행복을 증진시키는 것이요, 권력자의 본분은 인민의 행복을 위해 헌신하는 것' 임을 부단히 깨우쳐준다. 둘째, 유교의 민본사상은 정무(政務)의 수행 과정을 '통치자와 백성의 감응' 으로 설명한다. 오늘날 정치인들이 단순히 '자율적 대표'

로 자처하는 데 그치지 않고 '국민들과의 감응' 에 힘쓴다면, 우리의 정치가 조금이라도 개선될 수 있을 것이다.

제12장 〈주자와 루소의 정치철학〉은 주자와 루소 정치철학의 핵심 개념들을 대비하여 논의한 다음, 주자학의 관점에서 루소의 정치철학을 보완할 수 있는 요소들을 제시해본 것이다. 루소와 주자는 정치철학의 기본 구도에 있어서 많은 점을 공유한다. 루소는 육체적 본능에서 도출된 의지를 특수의지로, 도덕적 본성에서 도출된 의지를 일반의지로 규정하고, 바람직한 정치체의 토대를 일반의지에서 찾았다. 이는 주자의 인심도심론(人心道心論) · 공론론(公論論)과 궤를 같이한다. 또한 정치체 운영의 근본 덕목을 사랑이나 정의 어느 하나에서 찾지 않고, 사랑과 정의가 합치되는 지점에서 찾았다는 점에서도 루소와 주자는 궤를 같이한다. 그러나 루소와 주자는 핵심적인 두 문제에 있어서 입장을 달리한다. 정치체가 추구해야 할 공동선의 실질적 내용에 대해 루소는 인권을 강조하고 주자는 인륜을 강조하며, 정치적 정당성의 궁극적 근거에 대해 루소는 양심(良心)을 내세우고 주자는 천리(天理)를 내세운다. 주자학적 관점에서 보자면, 루소의 인권론은 '사람다운 삶' 을 제대로 뒷받침하기 힘들고, 루소의 양심론은 '가치판단의 궁극적 근거' 를 제대로 해명할 수 없다. 이러한 비판이 타당하다면, 루소의 정치철학 역시 비판적으로 극복되어야 할 것이다.

제13장 〈퇴계학과 평화〉는 퇴계학을 평화의 철학이라는 관점에서 조명한 것이다. 철학자들의 평화론은 '사람을 올바르게 만들어서 전쟁의 가능성 자체를 막자' 는 플라톤적 입장과 '전쟁의 고통과 평화의 이익을 정확히 계량함으로써 전쟁을 회피하고 평화를 선택하도록 유도하자' 는 홉스적 입장으로 대별된다. 오늘날의 평화는 대부분 홉스적 방식으로 유지된다. 그러나 바로 여기에 함정이 있다. 타산적 사고방식은 '이익이 된다면 무엇이든 할 수 있다' 는 전제를 깔고 있거니와, 따라서 그에 익숙한 사람

(국가)들은 '적은 전쟁 비용으로 승리할 수 있다' 는 확신을 갖게 되면 주저 없이 전쟁을 선택하는 것이다. 바로 이 지점에서 우리는 퇴계가 강조한 지경(持敬)과 겸양(謙讓)의 의의를 찾을 수 있다. 진정한 평화를 위해서는 타산적 사고방식을 극복해야 한다면 '지경' 에서 그 가능성을 찾을 수 있으며, 진정한 평화를 위해서는 쟁탈의 의지 자체를 극복해야 한다면 '겸양' 에서 그 가능성을 찾을 수 있다.

제14장 〈율곡의 정치학적 기획〉에서는 율곡의 『성학집요(聖學輯要)』 수기편(修己篇)을 정치철학적 관점에서 정리한 다음, 율곡의 정치철학이 오늘날 우리의 정치에 기여할 수 있는 요소들을 논의해 보았다. 『성학집요』 수기편은 '격물치지(格物致知)' 와 '성의정심(誠意正心)' 을 두 축으로 삼고 있다. '격물치지' 는 자연의 이법(理法)을 탐구하여 우리 삶의 '표준' 을 정립하는 것이며, '성의정심' 은 자신의 의지와 마음을 참되고 바르게 하는 것이다. 요컨대 율곡의 정치학적 기획은 '인간의 자유의지와 자연의 이법을 조화시킨다' 는 '인인심(因人心), 본천리(本天理)' 에 있거니와, 이는 우리의 삶과 정치는 '인간의 자유의지' 나 '자연의 이법' 어느 하나만으로는 규정될 수 없다는 뜻이다. 현대 자유민주주의는 자유의지만 강조할 뿐, 무엇이 진리인지 알기 어렵다는 이유로 정치의 '보편적, 객관적 표준' 을 도외시하는바, 그 폐단은 '멋대로 자유' 와 '다수의 횡포' 로 드러난다. 자유민주주의는 또한 '자유의지의 오용(誤用) 가능성' 에 대해 '제도적 장치' 를 강화하는 데 골몰할 뿐인바, 아무리 제도적 장치를 강구해도 구성원 각자의 '의지의 순화(純化)' 가 전제되지 않는 한 '정치의 사사화(私事化)' 도 막을 수 없으며 '민주주의의 내면화(內面化)' 도 이룰 수 없다. 이러한 맥락에서, 율곡의 정치학적 기획은 오늘날 더욱 절실하게 음미되어야 한다.

제15장 〈유교의 중화사상과 동아시아 화해 협력〉은 유교의 중화사상(中華思想)을 원론적으로 탐색하고, 그에 입각하여 오늘날 중국의 행태를

비판적으로 논의한 것이다. 중국의 '굴기(崛起)' 는 자신들에게는 '염원하던 꿈의 실현' 이겠지만, 주변국들에게는 '새로운 위협의 등장' 으로 인식되고 있다. 주변국들은 과거에는 중국에 자발적으로 조공을 바치며 책봉을 요구했는데, 지금은 중국이 다시 부상하는 것에 대해 위협을 느끼는 것이다. 이는 중국이 문덕(文德)을 중시하던 과거와 달리 지금은 우월한 국력을 바탕으로 '패권' 을 추구하기 때문이다. 중국의 패권적 행태는 동아시아의 긴장을 고조시킬 뿐, 중국의 이익에는 별로 기여하지 못할 것이다. 주변국들은 이미 중국의 위협에 대항해 미국과의 연합을 강화하고 있으며, 적극적으로 군비(軍備)도 확충하고 있다. 그렇다면 중국은 '중국위협론' 을 불식시키고 '초대받은 제국' 으로 품위 있게 굴기할 수는 없는 것일까? 중국이 품위 있게 굴기할 수 있는 방법은 분명히 존재한다. 그것은 '유교적 중화사상의 본래 취지' 를 되살려 중국이 '문덕(文德)의 국가, 왕도(王道)의 국가' 로 거듭나는 것이다. 이것이 '중국몽(中國夢)' 을 실현하는 가장 바람직한 방법일 것이다.

이상의 다섯 편은 정치철학적 관점에서 유교의 일반론과 주자 · 퇴계 · 율곡의 사상을 논의하고, 이를 현대 민주주의론과 국제질서의 영역에까지 확대해 본 것들이다.

이상에서 이 책의 주요 내용을 소개하였다. 전통 유교가 과연 오늘날에도 여전히 중요한 '문명의 척도(尺度)' 가 될 수 있고, 우리에게 소중한 '사상적 자원(資源)' 이 될 수 있는가? 이에 대한 평가는 독자들의 몫으로 남기고자 한다.

나는 평소 전통 유교와 서양의 정치사상을 비교 연구하는 분야에 관심을 가지고 공부해오던 차에, 서강대학교 강정인 교수가 연구책임자로 수행하는 SSK 3단계 연구과제("교차 · 횡단 · 융합의 탈서구중심주의 미래사상”)의 동서 비교정치사상 연구 분야에 참여하게 되었다. 이에 지난 몇 년 동안 집필한 이 분야의 논문들을 골라 연구과제의 성격에 맞추어 적절히 수정하고 보완하여 이 책을 출간하게 되었다.

나의 학업을 성원해주신 주위의 모든 분들께 감사드린다. 아울러, 출판계의 어려운 여건에도 불구하고 매번 ‘졸저(拙著)’를 흔쾌히 출판해주시는 심산출판사 최원필 사장님께 감사드린다.

2018년 立春節

이상익 삼가 씀

目次

※ 일러두기

* 이 책에 실린 각 장의 글들은 모두 이미 발표한 논문들을 轉載하거나 修正補完한 것이다. 원래 수록되었던 논문집의 내역을 밝히면 다음과 같다.

제1장 現代文明에 대한 易學的 省察과 展望
(『東洋文化硏究』 제2집, 영산대학교 동양문화연구원, 2008년)

제2장 유교적 공동체 : 이론 · 양상 · 전망
(『社會科學論集』 제38집 1호, 연세대학교 사회과학연구소, 2007년)

제3장 競爭論에 대한 근래의 비판들과 그 함의
(『東洋文化硏究』 제17집, 영산대학교 동양문화연구원, 2014년. 정승현과의 공동논문)

제4장 서구 근대 사회운영론과 儒敎의 名分論
(『한국철학논집』 제40집, 한국철학사연구회, 2014년. 原題 "서구 근대 사회운영론의 한계와 儒敎의 名分論에 대한 재조명")

제5장 액설로드의 '팃포탯' 전략과 유교의 君子論
(『南冥學』 제18집, 남명학연구원, 2013년)

제6장 자유주의의 人權論과 유교의 人倫論
(『東洋文化硏究』 제14집, 영산대학교 동양문화연구원, 2013년)

제7장 멩케 · 폴만의 인권철학에 대한 비판적 논의
(『현대정치연구』 제7권 2호, 서강대학교 현대정치연구소, 2014년)

제8장 레이첼즈의 '도덕적 개체주의' 와 유교
(『栗谷學硏究』 제31집, 율곡연구원, 2015년)

제9장 인간의 존엄성과 그 근거 : 헤겔流와 유교
(『栗谷學硏究』 제33집, 율곡연구원, 2016년. 原題 "인간의 존엄성과 그 근거 : 헤겔流의 覇氣論과 유교의 仁德論")

제10장 '인간의 존엄성'에 대한 새로운 접근법
(『한국철학논집』 제45집, 한국철학사연구회, 2015년)

제11장 民主와 民本 : 비교와 통섭을 위한 시론
(『東洋文化硏究』 제20집, 영산대학교 동양문화연구원, 2015년. 原題 "民主와 民本의 통섭을 위한 시론")

제12장 朱子와 루소의 정치철학
(『栗谷思想硏究』 제26집, 율곡연구원, 2013년. 原題 "루소와 주자의 정치철학")

제13장 퇴계학과 평화
(『儒教文化硏究(*Journal of Confucian Philosophy and Culture*)』 제23집, 성균관대학교 유교문화연구소, 2015년. 原題 "The Philosophy of Yi Hwang(李滉) and World Peace")

제14장 율곡의 정치학적 기획
(『韓國思想과 文化』 제85집, 한국사상문화학회, 2016년. 原題 "『聖學輯要』 修己篇을 통해 본 栗谷의 정치학적 기획")

제15장 유교의 中華思想과 동아시아 화해 협력
(『한국철학논집』 제54집, 한국철학사연구회, 2017년)

제1부

현대적 삶에 대한 성찰

제1장

현대문명에 대한 역학(易學)적 성찰과 전망

1. 서론

문명사(文明史)의 관점에서 '현대'를 논하고자 할 때, 현대의 특성으로 흔히 거론되는 것은 민주화(民主化)와 산업화(產業化)이다. 지난 반세기 동안 우리 한국이 추구한 근대화(近代化)도 민주화와 산업화를 두 축으로 삼은 것이었다. 민주화란 개인의 인권을 보장하고, 사회와 국가를 민주적 절차에 따라 운영한다는 뜻이다. 인권의 내용은 여러 측면에서 설명할 수 있지만 무엇보다도 핵심을 이루는 것은 자유이며, 민주적 절차의 핵심은 주권자인 국민(개인)의 자유로운 합의(계약)에 따르는 것이다. 한편, 산업화란 획기적으로 발달한 과학기술을 토대로 상품을 대량으로 생산하고 유통시킴으로써 인간의 삶을 풍족하게 하는 것이었다. 이러한 맥락에서, 많은 현대인들은 '자유와 풍요'를 이 시대의 업적으로 예찬한다.

본고는 '자유와 풍요'를 구가하는 현대사회에 대해, 역학적(易學的) 관점에서 비판적으로 논의하고자 하는 것이다. 자유와 풍요는 결코 폄하하기 어려운 현대의 위대한 성과임이 분명하다. 그러나 자유와 풍요를 중심축으로 삼는 현대사회가 많은 부작용을 낳고 있음도 또한 분명하다. 따라서 우리는 현대에 대해 낙관적으로 예찬하기만 할 수는 없는 일이요, 오히려 그 한계를 분명히 직시하고 대안을 모색해야 한다.

본고에서는 먼저 자유와 풍요라는 개념을 중심으로 현대사회의 성격을 이론적으로 해명하고, 그 의의와 한계를 논하겠다. 이어서, '역사의(易四義)' 라는 개념을 중심으로 역학(易學)의 기본 입장을 살핀 다음, 현대사회의 성격에 비추어 역학이 제시하는 문명상(文明像)을 논의하기로 하겠다.

2. 현대문명에 대한 성찰

1) 현대문명의 성격

에리히 프롬(Erich Fromm)은 1976년에 간행된 그의 명저 『소유냐 삶이냐(*To Have or To Be?*)』의 서두에서 다음과 같이 말한 바 있다.

> '무한한 진보' 라는 저 위대한 약속 — 자연을 지배하고, 물질적 풍요를 가져오며, 최대다수에 최대행복을 가져다주며, 방해되지 않는 개인적 자유가 보장되리라는 약속이 산업시대의 개막이래 여러 세대의 믿음과 희망을 지탱해 왔다. 인류가 자연을 능동적으로 지배하기 시작할 때부터 우리의 문명이 시작되었다는 것은 분명하다. 그러나 그 지배는 산업시대가 도래하기까지는 제한된 것이었다. 기계 및 핵(核) 에너지가 동물 및 인간의 에너지를 대체하고 컴퓨터가 인간의 두뇌를 대체하는 산업발전이 이루어짐에 따라, 우리는 우리가 무한한 생산과 소비에의 길에 나섰으며, 기술이 우리를 전능(全能)하게 하고 과학이

우리를 전지(全知)의 존재로 만들었다고 믿을 수 있었다. 우리는 신(神), 즉 자연 세계를 우리의 새 창조를 위한 벽돌로 사용하여 제2의 세계를 창조할 수 있는 지고(至高)의 존재가 되는 길에 나섰다고 생각했다. (…) 무한한 생산, 절대적 자유, 무한한 행복이라는 삼위일체(三位一體)가 '진보' 라는 새로운 종교의 핵심을 형성하였다.[1)]

위의 인용문은 현대문명의 성격을 간명하게 정리해주고 있다. 현대문명의 이념은 한마디로 말하면 '진보(progress. 발전)' 로서, 그것은 '무한한 생산, 절대적 자유, 무한한 행복' 을 세 축으로 삼는다는 것이다. 과학과 기술의 획기적 발달은 인간을 '전지전능한 존재' [2)]로 승격시켜주었고, 그리하여 인간은 스스로의 힘으로 '지상낙원(地上樂園)' 을 건설하고자 했던 것이다. 그런데 프롬은 "산업시대는 결국 이 위대한 약속을 이행하는 데 실패했다" 고 단정했다. 프롬에 의하면, 오늘날 점점 많은 사람들이 다음과 같은 사실을 인식하게 되었다.

① 모든 욕망의 무한정한 충족은 안녕을 가져다주지 않으며, 그것은 또한 행복에의 길도 아니며, 최대의 쾌락으로 가는 길조차도 못 된다.

② 우리 삶의 독립적 주인이 된다는 꿈은 우리의 사상 · 감정 · 취미가 정부와 산업 그리고 이들이 지배하는 매스컴에 의해 조종되며, 우리는 모두 관료적

---

1) 프롬, 『소유냐 삶이냐』, 17~18쪽(本考에서는 김진홍의 번역본을 이용하되, 論者가 英文本(*To Have or To Be?*, Harper & Row, Publishers. 1976)을 참조하여 약간의 語句를 수정했음).

2) 위의 인용문에서 또 하나 주목할 내용은 '自然을 지배한다' 는 것이다. 과학기술을 통해 '全知全能' 하게 된 인간은 더 이상 自然에 順應하지 않고, 오히려 自然을 지배(정복)하려 든 것이다. 이러한 맥락에서, 현대인들은 자신들의 뜻에 맞게 自然을 이용하거나 변형시키려 할 뿐, 自然의 理法에 순응하고자 하지 않는 것이다.

기계장치 속의 톱니바퀴가 되어버렸다는 사실에 우리의 눈이 뜨이기 시작하면서 끝나버렸다.

③ 경제적 발전은 부국(富國)에만 국한되었고, 부국과 빈국 사이의 간격은 계속 넓혀졌다.

④ 기술적 발전은 생태학적 위기와 핵전쟁의 위험을 만들어 냈으며, 이 중 어느 하나 혹은 이 둘이 합세하여 모든 문명, 어떤 경우에는 모든 생명에 종지부를 찍게 할지도 모른다.[3]

위에 보이듯이, 프롬은 네 가지 맥락에서 현대문명의 실상을 매우 암울하게 진단했다. 지난 40여 년 동안, 위의 네 문제점은 개선되었다기보다는 오히려 더 악화되었을 것이다. 그렇다면 현대문명의 미래도 결코 밝다고는 말할 수 없겠다. 이에 우리는 현대문명의 본질을 근원적으로 다시 문제삼을 필요가 있는 것이다.

프롬은 현대문명을 지탱하는 세 축을 '무한한 생산, 절대적 자유, 무한한 행복' 으로 설명했거니와, '무한한 생산' 과 '절대적 자유' 가 '무한한 행복' 을 뒷받침하는 것으로 인식되었던 것이다. 따라서 이 셋 가운데 더욱 중요한 관념은 '무한한 생산' 과 '절대적 자유' 라 하겠다. 그러면 이러한 두 관념을 뒷받침했던 논거들이 무엇이었던가를 우선 살펴보기로 하자.

2) 현대문명의 이론적 토대

① 극단적 쾌락주의와 예정조화설

'무한한 생산' 은 '무한한 소비' 를 위한 것인바,[4] 이는 '무한한 욕망의

3) 프롬, 『소유냐 삶이냐』, 18쪽.

추구' 곧 '극단적 쾌락주의'를 뜻한다. 프롬에 의하면, 극단적 쾌락주의는 17~18세기의 철학자들에 의해서 본격적으로 설파되기 시작한 것으로, 현대에 이르러 더욱 만연하게 된 것이다. 옛날의 위대한 스승들은 '주관적으로만 느껴지고 그 충족이 순간적 쾌락만을 가져다주는 욕구'와 '인간의 본성에서 우러나고 그 실현이 인간적 성장과 복지(eudaimonia)에 기여하는 욕구'를 구분하여, 전자(前者)를 절제하고 후자(後者)를 추구하라고 가르쳐 주었었다. 그러나 부르주아 시대의 철학자들은 이러한 구분을 무시하고 자신의 모든 욕구를 최대한으로 충족시키라고 설파했다는 것이다. 프롬은 다음과 같이 말한다.

> 삶의 목적이 모든 인간 욕망의 충족에 있다는 이론을 아리스티푸스(Aristippus)[5] 이후 처음으로 명백하게 주창한 사람들은 17세기와 18세기의 철학자들이었다. 이런 이론은 '이익'이 (『聖經』이나 그 후대의 스피노자에게서처럼) '영혼을 위한 이익'이 아니고 물질적 금전적 이익을 의미하게 되었던 시대, 중류계급(中流階級)이 그 정치적 굴레뿐만 아니라 사랑과 단결의 모든 유대까지 벗어던져 버리고 '단지' 자신만을 위하는 것이 더욱 자기 자신답게 되는 것이라고 믿게 된 시대에 쉽사리 생겨날 수 있는 개념이었다. 홉스(Hobbes)에게 있어서 행복은 하나의 탐욕으로부터 또 다른 탐욕으로 끊임없이 발전하는 것이었으며, 라 메트리(La Mettrie)는 약제(마취제)를 적어도 행복의 환상을 주는 것이라고 추천하기까지 했다. (…) 이들은 부르주아 계급의 결정적 승리의 시대에 살았던 사상가들이었다. 전에 귀족들의 비철학적 관행이었던 것이 부르주아지의 관행과

---

4) 論者는 어린 시절 '대량생산 대량소비는 자본주의 시대의 美德'이라는 말을 들으면서 컸다.

5) 아리스티푸스(Aristippus)는 기원전 4세기 전반에 살았던 인물로, 소크라테스의 제자였으며, "만족할 만한 육체적 쾌락을 경험하는 것이 삶의 목적이며, 행복은 향유한 쾌락의 總和"라고 주창했다(프롬, 『소유냐 삶이냐』, 20쪽).

이론이 되어버린 것이다.[6)]

위의 인용문에서 주목할 것은 두 가지이다. 첫째, 극단적 쾌락주의가 '관행(慣行)'의 차원에서 '이론(理論)'의 차원으로 발전했다는 점이다.[7)] 이제 극단적 쾌락주의는 이론으로 격상되어 스스로 그 정당성을 주장하게 된 것이다. 둘째, 극단적 쾌락주의는 이기주의와 표리를 이룬다는 점이다.[8)] 이기주의와 쾌락주의가 표리를 이룬다는 것은 결국 '서로 더 많은 쾌락을 누리기 위해 경쟁한다'는 뜻이다.

'극단적 쾌락을 위해 이기적으로 경쟁하면 사회는 큰 혼란에 빠진다'는 것이 옛날 사람들의 일반적인 생각이었다. 그러나 근대인들은 오히려 "자기중심주의 · 이기주의 · 탐욕은 체계(산업사회)가 기능을 발휘하기 위해서는 조장될 필요가 있으며, 이것은 조화와 평화로 이르는 길이다."[9)]라고 주장했다. 이것이 이른바 '예정조화설(豫定調和說)'[10)]로서, 이러한 생각이 쾌락주의와 이기주의를 정당화해 주었던 것이다. 맨더빌(Bernard de Mandeville)은 "사악(私惡)이 바뀌어 공익(公益)이 된다."[11)]고 주장했는데,

---

6) 프롬, 『소유냐 삶이냐』, 21쪽.

7) '비철학적 관행'이란 '관행으로는 존재했으나 이론적으로 정당화되지는 못했었다'는 뜻이다.

8) 사실, 절제나 금욕을 주장하면서 이기주의를 옹호하는 경우는 찾아보기 힘들 것이다.

9) 프롬, 『소유냐 삶이냐』, 19쪽.

10) 경제학에서는 애덤 스미스가 '보이지 않는 손(invisible hand)'으로 예정조화를 설명했고, 철학에서는 라이프니츠가 '窓 없는 單子(monad without window)'로 예정조화를 설명한 바 있다. '單子에는 窓이 없다'는 것은 '單子는 고립적 존재로서 외부와 의사소통을 할 수 없다'는 뜻이었다. 라이프니츠에 의하면, 고립적 單子들이 자유롭게 운동하는바, 그 결과는 항상 조화를 이루게끔 예정되어 있다. 이는 비유컨대 도시의 수많은 운전자들이 눈과 귀를 막고 자유롭게 운전해도 저절로 질서가 잡혀 교통사고가 일어나지 않는다는 주장과 같다.

11) 맨더빌, 『꿀벌의 우화 : 개인의 악덕, 사회의 이익』, 120~121쪽 참조.

이러한 생각은 18세기의 사상가들에게는 매우 익숙한 것이었다.[12] 이들에 따르면, 이기주의는 죄악이 아니라 오히려 공헌이다. 이기적 경쟁은 산업 사회의 발전을 촉진하기 때문이다. 문제는 경쟁이 초래하는 갈등과 혼란이었던바, 예정조화설은 그러한 우려를 말끔히 불식시켜주었던 것이다. 이제 우리들 각자는 마음 놓고 자신의 이익(쾌락)을 추구할 수 있게 된 것이다.

② 자연주의적 오류와 인식론적 회의주의

이제 '절대적 자유' 의 측면을 살펴보자. '자유' 를 뒷받침한 관념으로는 '자연주의적 오류' 와 '인식론적 회의주의' 를 거론할 수 있다.

여기에서 말하는 '자연주의' 란 자연적 사실에 기초하여 인간의 당위를 정립함을 말한다. 옛 철현(哲賢)들은 흔히 사회 규범의 근거를 자연의 이법(理法)에 두었다. 예컨대 희랍철학에서의 '이데아(idea)' 나 유교에서의 '천리(天理)' 가 그것이다. 그러나 이러한 사고방식은 근대에 이르러 오류로 단정되었으니, 이른바 '자연주의적 오류' 가 그것이다.

'자연주의적 오류' 란 '사실명제(사실판단)' 로부터 '당위명제(가치판단)' 를 도출하는 것을 오류로 규정하는 것이다. 흄(David Hume)은 사실판단과 가치판단을 별개로 규정한 바 있는데, 마침내 무어(G. E. Moore)는 '사실로부터 당위를 도출하는 것' 을 '자연주의적 오류' 라고 규정한 것이다.

가치를 사실로부터 분리시키고 나면, 가치판단의 객관적 근거란 존재할 수 없게 된다. 사실이 배제된 빈자리는 개인의 '정서(emotion)' 나 '자유의지' 로 채워지게 되고, 사회적 규범은 단순히 사람들 사이의 '계약(합의)' 문제로 둔갑하게 된다. 그런데 이는 사실 개인의 욕망을 그 자체로 승인하

---

12) 브로노프스키 & 매즐리슈, 『西洋의 知的 傳統』, 435~437쪽 참조.

는 것에 불과하다. 이는 흄의 "이성(理性)은 정념(情念, passion)의 노예이며, 또 노예여야만 한다. 이성은 정념에 봉사하고 따르는 것 외에는 다른 어떠한 직분도 가질 수 없다."[13]는 선언에 잘 나타나 있다.

'인식론적 회의주의'란 우리는 대상세계에 대한 완전한 지식을 얻을 수 없다는 주장이다. 홉스에 의하면 모든 인식의 시초는 '감각'이다. 감각기관을 거치지 않고서는 우리 인간의 마음속에는 아무런 개념도 생기지 않는다. 인간의 사고(思考)도 외부의 물체(인식대상)가 현상된 것이다. 홉스의 인식론에서 중요한 점은 그가 감각의 본질을 '환상(fancy)'으로 규정했다는 점이다. 감각은 외부적 사물의 운동이 우리의 눈·귀와 그 밖의 다른 감각기관들에 압력을 가함으로써 생겨나는 환상에 불과하다는 것이다. 홉스는 따라서 실제 대상과 그에 대한 감각(환상)은 전혀 별개라고 본다. 홉스의 이러한 주장은 영국 경험론의 근본 성격을 정초하였다. 이후 로크나 버클리·흄 등은 모두 인식의 근원을 감각으로 설정하면서도, 감각을 절대적으로 신뢰하지 못하여, 세계에 대한 완전한 인식 가능성을 의심하게 된 것이다. 이러한 인식론적 회의주의는 자유주의와 밀접한 관련이 있다.[14]

자유주의의 기본 입장은, 우리는 대상 세계에 대한 완전한 지식을 확보할 수 없으므로 자연의 이법(理法)을 인간의 규범적 토대로 삼는 것이 불가능하며, 누구도 완전한 진리를 알지 못하므로 다른 사람에게 올바른 삶의 방식을 권할 수 없다는 것이다. 이러한 맥락에서, 각자의 삶은 각자의 자유의지에 맡겨지게 된 것이다. 다만 우리 인간은 함께 어울려 살지 않을 수 없는바, 사회생활에 필요한 규범은 '개인들 사이의 합의(계약)'를 통해 도출하면 된다는 것이다. 이제 사회의 운영에 있어서 '객관적 진리'란 무의

---

13) Hume, *A Treatise of Human Nature*, 415쪽.

14) 램프레히트, 『西洋哲學史』, 424쪽 참조.

미하게 되었으며, 각자의 자유의지와 개인들 간의 합의가 중심축을 이루게 된 것이다.

3) 현대문명의 의의와 한계

현대문명의 성과로는 무엇보다도 '자유'와 '풍요'를 들 수 있다. 우선 자유의 측면을 살펴보자. 오늘날 우리는 각종 불합리한 전근대적 질곡으로부터 벗어나게 되었는데, 이는 분명 계몽주의자들의 위대한 공헌이다. 현대인들은 누구나 각자의 의지에 따라 자신의 삶을 설계하고, 소망을 추구할 수 있게 되었다. 각자의 자유의지에 따른 삶이 얼마나 중요한가에 대해서는 더 이상의 설명이 필요 없을 것이다. 다음, 풍요의 측면을 살펴보자. 과학기술의 발전은 생산성을 획기적으로 증대시켰고, 현대인은 미증유의 풍요를 누리게 되었다. 우리 사회만 하더라도, 이제는 기근이 아니라 비만이 문제이다. 자유는 개인의 소망을 뒷받침하고, 풍요는 인간의 생존을 뒷받침한다는 점에서, 현대문명이 이룩한 성과는 아무리 예찬해도 과언이 아니다. 그러나 많은 식자(識者)들은 또한 현대문명의 병리현상을 거론하면서 인류의 미래를 우려하고 있음도 유의해야 한다. 앞에서 살펴본 요소들을 중심으로 현대문명의 한계를 거론하자면 다음과 같다.

첫째, '극단적 쾌락주의'의 문제이다. 극단적 쾌락주의란 인간의 욕망을 최대한으로 충족시키자는 것인바, 그 문제점을 거론해 보자. '쾌락주의의 역리(paradox of hedonism)'라는 말이 있듯이, 극단적 쾌락의 추구는 자신을 병들게 할 뿐, 사실 행복을 증진시키지 못한다. 또 무제한적인 욕망의 추구는 자원고갈과 환경오염을 수반한다는 점도 잘 알려진 사실이다. 우리 인류는 지구라는 유한한 공간에서 살고 있거니와, '유한한 공간'에서 '무한한 욕망'을 추구한다는 것은 그 자체 '모순'이다.

둘째, '예정조화설' 의 문제이다. 예정조화설은 이기적 경쟁을 사회발전의 원동력으로 예찬하는 논리였다. 그러나 이기적 경쟁은 사회의 효율성(생산성)을 증진시켜 주었지만, 예정되어 있다는 조화는 결코 실현되지 않았다. 이기적 경쟁은 필연적으로 '부익부(富益富) 빈익빈(貧益貧)'[15]을 초래하고, 약육강식을 정당화함으로써 사회적 안정성을 저해한다는 것은 부정할 수 없는 사실이다.

셋째, '자연주의적 오류' 의 문제이다. 일본인 학자 가토 히사다케(加藤尙武)는 자연주의를 오류로 치부하는 것은 '자유주의의 도그마' 일 뿐이라고 지적한 바 있다. 그는 다음과 같이 말한다.

> 존재론적 자연주의가 성립될 여지는 있다. 사실과 권리의 연관관계를 표현하는 것도 논리적 오류와는 관계가 없다. 가치판단을 포함하지 않은 순수하게 형식적인 절차만을 사용하여 올바른 가치판단의 기준을 도출해 내고자 하는 시도는 아직 그 어느 것도 성공하지 못했다.[16]

위에서 지적한 바와 같이, 사실과 당위(권리)를 연관시키는 것은 하나의 철학적 입장으로서, 논리적 오류와는 무관한 것이다. 또 위에서 지적한 바와 같이 계약(합의)을 통해 정당한 규범을 도출해 내고자 했던 자유주의의 '구성주의(構成主義, 계약론)' 는 아직 그 어느 것도 성공하지 못한 것이다.[17] 자연주의를 오류로 규정하는 자유주의자들은 인간이 자연 속에 살

---

15) 요즈음 말로 '블루 오션(Blue Ocean)' 영역에서는 창의성이 경쟁의 승패를 결정하지만, '레드 오션(Red Ocean)' 영역에서는 자본의 규모가 경쟁의 승패를 결정하는 것이 일반적인 현실이다. 다시 말해, '레드 오션' 영역에서는 大資本과 小資本이 경쟁하면 대부분 大資本이 이기며, 그 결과 '富益富 貧益貧' 이 되는 것이다.

16) 가토 히사다케(加藤尙武), 『현대 윤리에 관한 15가지 물음』, 95쪽.

17) 승계호에 의하면, 자유주의자들은 '構成' 작업에 있어서 암암리에 규범의 기초관념

면서 자연의 이법을 존중한다는 것이 왜 잘못인지를 충분히 밝혀주어야 할 것이다. 또한 객관적 이법을 부정하고 오로지 자유의지에 따른 삶을 추구할 때, '멋대로 자유(exousia)' 나 '추잡한 삶(obscene life)' 을 어떻게 비판할 수 있는지도 설명해 주어야 한다.

넷째, '인식론적 회의주의' 의 문제이다. 과연 대상 세계에 대한 인간의 인식은 때때로 불확실하거나 오류에 빠진다. 그러나 대상 세계에 대한 모든 인식이 불확실한 것은 아니다. 봄이 가면 여름이 온다는 것, 모든 생명체는 생장쇠멸(生長衰滅)의 과정을 겪는다는 것, 암수의 교접으로 다음 세대의 생명이 탄생한다는 것 등은 충분히 '확실한 지식' 이다. 또한 오늘날 석유와 철광석 등 주요 부존자원이 고갈되고 있다는 것, 오존층의 파괴 등 지구의 공해 문제가 차츰 더 심각해지고 있다는 것도 의심의 여지가 없다. 따라서 인간의 경험적 인식에 의심스러운 점이 있다고 하여, 모든 경험적 지식을 부정할 수는 없다. 요컨대 경험적 인식을 통해서도 '보편타당한 기초지식' 을 얻을 수 있는바, 이것들을 규범의 기초로 활용할 수 있는 것이다.

3. 역학(易學)의 문명상

1) 역사의(易四義)와 그 함의

이제 역학이 제시하는 문명상을 논의해 보자. 본고에서는 '역사의(易四義)' 라는 개념을 중심으로 이에 접근하고자 한다. 일반적으로 '불역(不易), 변역(變易), 이간(易簡)' 을 '역(易)의 세 가지 뜻' 이라고 한다. 한편 주자(朱

들을 '密搬入' 했다(승계호, 『직관과 구성』, 54~56 참조).

子)의 『주역본의(周易本義)』에서는 '역(易)'을 '교역(交易)'과 '변역(變易)'으로 설명한 바 있다. 그런데 『주역절중(周易折中)』[18]에서는 '역(易)'에는 '네 가지의 뜻'이 있으니 '불역(不易), 교역(交易), 변역(變易), 이간(易簡)'이 그것이라 했는데, 이는 전통적인 '역삼의(易三義)'와 주자의 견해를 종합한 것이다. 『주역절중』에서는 '역사의(易四義)'를 설명함에 있어서, 『주역』〈계사상전(繫辭上傳)〉 제1장의 다음과 같은 말을 들고 있다.

> 하늘은 높고 땅은 낮으니 건 · 곤(乾坤)의 자리가 정해지며, 높고 낮음이 이로써 진열되니 귀 · 천(貴賤)이 자리를 잡는다. 동(動)과 정(靜)에 항상(恒常)이 있으니 강한 것과 부드러운 것이 판단되며, 만물은 형세가 같은 것끼리 모이고 무리를 따라 나뉘니 길 · 흉(吉凶)이 생긴다. 하늘에서는 상(象)이 이루어지고 땅에서는 형(形)이 이루어지니, 변화가 드러난다(A). 그러므로 강한 것과 부드러운 것이 서로 문지르고, 팔괘가 서로 움직이며(B), 천둥과 번개로 두드리고, 바람과 비로 윤택하게 한다. 해와 달이 운행하고, 한 번은 춥고 한 번은 더워서, 건도(乾道)는 남(男)을 이루고 곤도(坤道)는 여(女)를 이룬다. 건(乾)은 위대한 시작을 주재하고, 곤(坤)은 만물을 이룬다(C). 건(乾)은 '쉬움〔易〕'으로 위대한 시작을 주재하고, 곤(坤)은 '간단함〔簡〕'으로 만물을 완성시킨다. 쉬우면 알기 쉽고, 간단하면 따르기 쉽다. 알기 쉬우면 친함이 있게 되고, 따르기 쉬우면 공(功)을 이루게 된다. 친함이 있게 되면 오래 갈 수 있고, 공(功)이 있으면 위대해질 수 있다. 오래 갈 수 있는 것은 현인(賢人)의 덕(德)이요, 위대해질 수 있는 것은 현인(賢人)의 업(業)이다. 쉬움과 간단함으로 천하의 이치를 얻을 수 있으니, 천하의 이치를 얻음으로써 인간은 천지의 가운데 자리를 잡게 된다(D).[19]

18) 『周易折中』은 清代의 학자 李光地가 康熙帝의 御命을 받들어 편찬한 것이다.

19) 『周易』〈繫辭上傳〉1 : 天尊地卑 乾坤定矣 卑高以陳 貴賤位矣 動靜有常 剛柔斷矣 方以類聚 物以群分 吉凶生矣 在天成象 在地成形 變化見矣 是故 剛柔相摩 八卦相盪 鼓之以雷霆

『주역절중』에서는 (A)부분은 '불역(不易)' 을 말하고, (B)부분은 '교역(交易)' 을, (C)부분은 '변역(變易)' 을, (D)부분은 '이간(易簡)' 을 말하는 것이라고 설명하였다.

'불역(不易)' 이란 '변하지 않음' 을 말한다. 현상적으로 보면 세상의 모든 것이 변한다. 『주역』은 바로 그 변화를 논하는 책이다. 그런데 『주역』에서는 '변화' 를 논함에 있어서 '변하지 않음' 을 함께 주목한다. 요컨대 현상계의 모든 것들은 변화하지만, 그 속에는 변하지 않는 기본 구조나 원리가 있다는 것이다. 위의 (A) 부분에서는 '불역' 의 내용으로 '천존지비(天尊地卑)의 위계구조' 와 '동정유상(動靜有常)의 순환적 변화' 를 들었다. 현상의 세계가 아무리 변한다 하더라도 하늘과 땅이 높고 낮은 위계구조를 형성함 자체는 변함이 없으며, 또 동 · 정(動靜)의 순환적 변화에는 일정한 항상성이 있다는 점도 변함이 없다. 이 '불역' 을 두 측면으로 나누어 구체적으로 설명한 것이 '교역' 과 '변역' 이다.[20]

'교역(交易)' 은 '천존지비(天尊地卑)' 의 측면에서 말하는 것으로서, 이는 '음양의 교감(交感, 對待)' 을 말한다. 역학에서는 대립물들을 '서로 짝을 이루어 감응하는 관계' 로 이해한다. 서로 반대되는 대립물들은 서로 감응함으로써 서로를 이루어준다는 것이다〔相反相成〕. 만물은 서로 짝을 이루어 교감해야만 제대로 존립할 수 있다는 것, 그런데 짝과 교감하기 위해서는 양자의 '조화와 균형' 이 필요하다는 것이 역학의 근본 입장이다. 교

潤之以風雨 日月運行 一寒一暑 乾道成男 坤道成女 乾知大始 坤作成物 乾以易知 坤以簡能 易則易知 簡則易從 易知則有親 易從則有功 有親則可久 有功則可大 可久則賢人之德 可大則賢人之業 易簡而天下之理得矣 天下之理得而成位乎其中矣

20) '交易과 變易' 즉 음양의 감응과 순환을 이해하는 데 유의해야 할 것은 양자의 경우에 음양의 개념이 서로 달리 설정되고 있다는 점이다. 交易(感應)을 말할 때의 음양은 '하늘과 땅', '남자와 여자', '통치자와 피치자' 와 같은 '두 개의 대립적 실체' 를 의미하며, 變易(循環)을 말할 때의 음양은 '밤과 낮', '추위와 더위', '자라남과 늙음' 과 같은 '한 실체의 生長과 衰滅' 을 의미한다.

역을 인간의 사회에 적용시키면, 이는 군주와 신하, 부모와 자식, 남편과 아내, 사용자와 노동자, 스승과 제자 등의 바람직한 관계를 제시하는 논리이다. 이러한 대립적 존재들은 높고 낮은 위계 속에 있지만, 또한 감응을 통해 서로를 이루어주는 관계이기도 하다.

'변역(變易)' 은 '동정유상(動靜有常)' 의 측면에서 말하는 것으로서, 이는 '음양의 순환(循環, 流行)' 을 말한다. 역학에서는 만물의 변화를 순환의 관점에서 이해한다. 즉 변화란 어느 지점에서 시작하여 어느 지점에서 끝나는 것이 아니라, 두 지점 사이를 끊임없이 왕래하는 것이다. 자연계로 말하자면, 어둠이 극에 달하면 밝음이 오고, 추위가 극에 달하면 더위가 오며, 생장(生長)이 극에 달하면 쇠멸(衰滅)이 이르고, 한 세대가 쇠멸하면서 다시 다음 세대가 생장한다. 인간의 일로 말하면, 흥진비래(興盡悲來)나 고진감래(苦盡甘來)라 하듯이 흥망성쇠(興亡盛衰) 역시 순환적으로 되풀이된다. 이러한 맥락에서 모든 변화는 두 극단 사이를 끊임없이 왕래하는 것으로서, 역학에서는 '모든 사물은 극에 달하면 반드시 반대의 것으로 전화된다〔物極必反〕' 고 본다. 변역을 인간의 사회에 적용시키면, 흥성(興盛)할 때에는 절제하여 극에 이르지 않도록 하고, 고난(苦難) 속에서는 미래에 대한 희망을 품고 좌절하지 말라는 뜻이다.

'이간(易簡)' 은 역학의 원리가 '쉽고도 간단함' 을 말한다. '불역' 을 구체적으로 설명한 것이 '교역과 변역' 인바, 이는 음양의 감응과 순환이라는 '쉽고 간단한 원리' 로 요약된다. 이간을 인간의 사회에 적용시키면, 인간 사회는 쉽고 간단한 원리로 운영해야만 오래도록 번영할 수 있다는 뜻이요, 또한 쉽고 간단한 자연의 원리를 결코 어겨서는 안 된다는 뜻이다. 『주역』에서는 우리 인간이 '자연계의 쉽고 간단한 원리' 를 체득함으로써 천 · 지(天地)와 더불어 삼재(三才)로 우뚝 설 것을 주문하였다.

2) 역사의(易四義)에 입각한 문명상

앞에서 '극단적 쾌락주의와 예정조화설', '자연주의의 배제와 인식론적 회의주의'를 중심으로 현대문명의 성격을 규명한 바 있다. '극단적 쾌락주의와 예정조화설'은 '탐욕과 이기적 경쟁'을 뒷받침하는 논리였으며, '자연주의의 배제와 인식론적 회의주의'는 '자유와 계약론적 사회운영'을 뒷받침하는 논리였다. 그러나 역학이 제시하는 문명상은 이와 전혀 다르다. 이제 역사의(易四義)에 입각하여 역학이 제시하는 문명상을 간단히 묘사해 보자.

우선 불역(不易)과 이간(易簡)이 제시하는 의미를 논해 보자. 불역(不易)은 자연의 이법이 항구적임을 뜻하고, 이간(易簡)은 쉽고도 간단한 자연의 이법을 따라야 함을 뜻한다. 『주역』에서는 '쉽고 간단한 자연의 이법을 따르면 오래 갈 수 있고 크게 될 수 있다'고 했는데, 이는 우리의 문명이 영원히 번영하기 위해서는 자연의 이법을 따라야 함을 뜻한다.[21] 역학적 관점에서 보면, 인간의 자유나 합의(계약)보다도 자연의 이법이 더욱 중요한 것이요, 자유와 계약의 내용은 자연의 이법을 어기지 않는 범위로 제한되어야 하는 것이다.

역학에서 말하는 자연의 이법이란 구체적으로는 교역(交易)과 변역(變易)을 뜻한다. 교역(交易)이 추구하는 문명상은 '경쟁(競爭)'이 아니라 '예양(禮讓)'이다. 역학은 '음양의 조화와 균형을 통한 감응'을 '생생(生生)의 원동력'으로 인식하는데, 이기적 경쟁은 상호 간의 감응을 불가능하게 하나, 호혜적 예양은 상호 간의 감응을 촉진하는 것이다.

사회는 이기적 경쟁을 통해서 발전할 수도 있고, 호혜적 예양을 통해서

---

21) 『周易』 64괘의 象辭에는 모두 '君子以'·'大人以'라는 등의 말이 보이거니와, '君子(大人)는 자연의 이법을 본받아 이용한다'는 뜻이다.

발전할 수도 있다. 경쟁은 과연 효율적 발전의 원동력이나, 우리의 사회를 파편화(破片化)시킨다는 부작용을 수반한다. 반면, 예양은 경쟁만큼 효율적이지는 못하나 상호 간의 배려와 존중을 통해 우리의 사회를 품위 있는 공영(共榮)의 세계로 만든다.

우리는 인간의 이기심 자체를 비난할 필요는 없지만, 그러나 이기심을 최선의 것이라고 미화해서도 안 된다. 자신의 이익을 극대화하기 위한 행위는, 종종 자신의 이익을 극대화하지도 못하면서, 오히려 인간관계만 파괴하는 경우가 많기 때문이다. 자신의 이익을 최대화하도록 계산된 행위가 항상 자신의 이익을 최대로 보장해 주는 것은 아니다. 역으로 상대방의 이익을 존중하였을 때 자신은 더 큰 득을 보는 경우가 많다. 이 점은 이른바 '죄수의 딜레마' 라는 게임 모델에서 여실히 드러난다.

'죄수의 딜레마' 는 합리적 선택이론에서 고안된 모델로서, 그 성격을 설명하면 다음과 같다. 주거침입죄로 잡힌 두 공범이 있다고 가정하자. 주인은 집에 있던 다이아몬드 반지가 없어졌다고 주장하는데, 심증은 가지만 물증은 없는 상태이다. 검찰은 여죄(餘罪)를 추궁하기 위해서 두 범인을 따로따로 독방에서 취조하게 되는데, 반지를 훔친 사실을 자백한 사람에게는 여죄를 묻지 않을 뿐만 아니라 주거침입죄도 경감해주고, 다른 공범에게 모든 죄를 뒤집어씌울 것이라고 제안한다. 즉, 주거침입죄 2년 형, 주거침입죄와 절도죄 5년 형, 한 사람만 자백했을 경우 자백한 사람은 1년 형, 침묵한 사람은 8년 형을 산다고 가정하자. 이러한 상황에 처한 두 범인은 자백할 것인가 침묵할 것인가에 대해 고민하게 된다. 그럴 때 다음과 같은 네 가지의 조합이 나오게 된다.

① 甲과 乙이 동시에 침묵했을 경우 : 甲과 乙 모두 2년 형

② 甲은 침묵하고 乙은 자백했을 경우 : 甲은 8년 형, 乙은 1년 형

③ 甲은 자백하고 乙은 침묵했을 경우 : 甲은 1년 형, 乙은 8년 형

④ 甲과 乙이 동시에 자백했을 경우 : 甲과 乙 모두 5년 형

만일 두 사람이 모두 자기 이익을 극대화(1년 형)하기 위하여 자백할 것을 선택하게 된다면, 결국엔 두 사람 모두 5년 형을 살게 된다. 그러나 두 사람이 모두 약간의 손해를 감수하며 협동하여 침묵을 지킨다면 그들은 모두 2년 형만을 살게 된다.[22]

①의 경우는 형량의 합이 4년이며, ②와 ③의 경우는 형량의 합이 9년이고, ④의 경우는 형량의 합이 10년이다. 따라서 사회적 차원에서 본다면 ①이 최선의 선택이며, ④가 최악의 선택인 셈이다. 다만 개인적 차원에서 본다면 갑의 경우는 ③이 최선의 선택이 되고, 을의 경우는 ②가 최선의 선택이 된다. 그러나 두 사람 모두 자신의 최대이익만 추구할 경우, ②와 ③은 성립할 수 없고 곧 ④로 전락한다.

이와 같은 모델에서 우리는 다음과 같은 사실을 유추할 수 있다. 첫째, 상대방의 이익을 배려하지 않고 자기의 이익만 극대화하기 위한 시도(②와 ③)가 결국엔 자기의 이익을 극대화하지 못한다는 것이다(④). 다시 말해, 사회적 행위는 상호적 행위라서, 상대방도 자기 이익의 극대화라는 방식으로 나올 경우 나의 이익은 나의 기대대로 실현되지 않는다. 둘째, 애초에 약간의 손해를 감수하며 상대방의 이익을 배려했을 경우, 나의 이익만을 고려했을 경우보다 훨씬 득이 될 수 있다는 것이다(①).[23] 셋째, ①은 나

22) '죄수의 딜레마' 모델은 박효종, 『합리적 선택과 공공재』 1, 287쪽에서 인용한 것이다. 물론 이 모델은 내용적 측면에서 유교의 기본 정신과 어긋나는 점이 있다. 유교의 기본 정신에 입각하면, 죄수는 자기의 범죄를 모두 자백하고 그에 합당한 처벌을 감수해야 할 것이기 때문이다. 이 책에서는 다만 예양론과 경쟁론을 비교할 수 있는 형식적 측면들에 초점을 두었다.

23) 죄수의 딜레마에서 '침묵한 사람'은 어떤 경우에도 상대방보다 이익을 볼 수 없고,

와 상대방 사이의 전폭적인 신뢰와 협동 속에서만 가능하다는 점이다.

예양론은 ①을 지향하는 것이다. 반면에 이기적 경쟁의 행위자들은 ② 또는 ③을 추구하는 것이나, 본인들의 기대와는 달리 ④로 귀착되는 수가 많다. ①과 ④는 모두 각각의 형량이 같은바, 이것은 예양론과 경쟁론이 각각 일반화되었을 경우 각각의 득실이 같음을 의미한다. ②와 ③은 형량이 불공평한바, 이는 한 사람은 예양을 택하고 다른 한 사람은 경쟁을 택했을 경우의 불공평한 결과를 보여준다. 이런 경우에 예양을 택한 사람은 이중으로 손해를 입고, 경쟁을 택한 사람은 이중으로 득을 본다. 예양론을 취하는 사람은 그 방식이 사회의 모든 구성원들에게 완전하게 일반화되지 않았을 경우, 확률상 손해를 입을 가능성이 더 크다. 그러므로 사람들은 점차 경쟁의 방식을 선호하게 되는 것이다. 모든 사람이 경쟁의 방식을 취하게 되었을 경우가 ④이다. ④는 개인적 차원으로 보나 사회적 차원으로 보나 ①에 못 미치는 결과이다. 따라서 사회적 차원에서는 당연히 ①을 추구해야 하며, 개인적 차원에서도 ② 또는 ③의 '위험한 유혹' 을 뿌리치고 ①을 추구해야 한다. 그런데 문제는 ①의 예양의 방식은 사회 구성원 상호 간의 절대적인 신뢰와 협동 속에서만 가능하다는 점이다. 여기서 도덕의 중요성이 다시 부각되는 것이다.

변역(變易)이 추구하는 문명상은 '인간의 욕구충족 구조' 를 '자연의 순환적 재생산 구조' 와 일치시키는 것이다. 이는 인간의 욕구를 생태계와 조화(균형)를 이루는 범위로 제한하는 것이다. '물극필반(物極必反)' 이라는

'자백한 사람' 은 어떤 경우에도 상대방보다 손해를 보지 않는다. 달리 말해, 예양론을 택하면 '잘돼야 본전' 이고, 경쟁론을 택하면 '밑져야 본전' 이다. 그러므로 '상대방보다 나은 결과' 에만 집착하는 사람들은 '자백' 이나 '경쟁' 을 선호하는 것이다. 그러나 '자백(경쟁)이 침묵(예양)보다 유리하다' 는 것은 '상대적으로만 진리' 이다. 절대적 관점에서 보면 침묵(예양)이 일반화됐을 경우의 본전은 '2년 형' 인 반면, 자백(경쟁)이 일반화됐을 경우의 본전은 '5년 형' 이다.

변역의 원리에 입각할 때, 욕망의 과도한 충족은 반드시 재앙을 초래한다. 따라서 우리는 자연계의 순환적 재생산구조를 존중해야 한다.

지구의 자연자원은 순환자원(循環資源)[24]과 부존자원(賦存資源)[25]으로 구별된다. 동양과 서양을 막론하고, 전근대(前近代) 문명은 대부분 순환자원에 의존했다. 순환자원에 의존하는 삶의 양식은 인류에게 풍요를 보장해 주지 못한다. 따라서 전근대 사회에서는 절약과 나눔을 미덕으로 숭상했던 것이다. 그런데 근대에 접어들어 석유 · 석탄 · 철광석 등 부존자원을 활용하는 기술을 개발하면서(산업혁명), 일시적이나마 인간의 욕망을 무한히 충족시킬 수 있는 길이 열리게 되었다. 하지만 오늘날 극에 달한 산업화의 결과, 환경은 오염되고 자원은 고갈되어 이제는 역으로 인간의 생존을 위협하고 있다. 이것이야말로 '쾌락주의의 역리'라 하겠다. 지구상에서 인류에게 주어진 부존자원은 유한하다. 그런데도 대량생산과 대량소비를 통한 최대의 쾌락을 추구하는 한, 자원의 고갈은 더욱 촉진될 것이며, 부수적으로 환경의 오염도 더욱 심화될 것이다.

프롬은 "서구사회가 멸망하지 않기 위해서는 '순수한 경제적인 근거에서' 새로운 윤리, 자연에 대한 새로운 태도, 인간적 유대와 협동이 필요하다는 진실을 많은 사람들이 인식하기 시작했다. 감정적, 윤리적 고려는 차치하고서라도, 이성에 대한 이러한 호소는 많은 사람들의 마음을 움직이게 될 것이다."[26]라고 주장한 바 있다. 프롬이 말하는 '순수한 경제적인 근

---

24) 순환자원이란 '계절의 순환', 또는 '생태계적 순환'에 의해 끊임없이 재생산되는 자원을 말한다. 계절의 순환에 따른 기후의 변화 자체는 하나의 순환자원이다. 또 예를 들어 '거름 → 農作 → 곡식 → 소화 → 거름'의 순환 과정에서 거름 · 農作 · 곡식 등은 각각 하나의 순환자원이다.

25) 부존자원이란 석탄 · 석유 · 철광석 등 지구상에 거의 1회적으로 주어진 자원을 말한다. 현대인들은 몇억 년 또는 몇천만 년에 걸쳐 형성된 부존자원을 몇백 년이라는 단기간에 모두 소비하고 있는 중이다.

26) 프롬, 『소유냐 삶이냐』, 236~237쪽.

거' 란 단적으로 슈마허(E. F. Schumacher)가 그의 유명한 저서 『작은 것이 아름답다(*Small is Beautiful*)』에서 "무한(無限)한 성장은 유한(有限)한 세계에 적합하지 않다."[27]고 주장한 것을 의미한다.

현대 산업사회에 대한 이러한 인식은 『새로운 과학과 문명의 전환(*Turning Point*)』의 저자 카프라(Fritjof Capra)의 경우도 마찬가지이다. 그에 의하면, 오늘날의 경제학의 가장 뚜렷한 특징은 '성장에 대한 강박관념' 인바, 지속적 경제성장의 가장 심각한 결과는 자연자원의 고갈이다. 그는 자연자원의 급속한 고갈을 막기 위해서는 지속적 경제성장이란 사상을 버려야 한다고 주장한다. 나아가 그는 우리들이 당면한 여러 위기를 극복하기 위해 필요한 것은 더 많은 에너지가 아니라 '가치 · 태도 및 생활양식의 심대한 변화' 라고 주장한다.[28]

> 슈마허(Schumacher)가 '작은 것이 아름답다(Small is Beautiful)' 는 슬로건으로 개척하기 시작한 규모(規模)의 문제는 우리의 경제조직과 기술을 재평가하는 결정적인 역할을 했다. 성장에 대한 세계적인 집착은 테오도르 로자크(Teordore Rozak)가 말한 '큰 물건' 즉 '거대숭상(巨大崇尙)' 을 수반했다. 물론 크기란 상대적이며, 작은 것이 반드시 큰 것보다 좋은 것은 아니다. 우리들의 현대사회에서는 두 개가 다 필요하며, 우리들의 일은 양자 간의 균형을 이룩하는 데 있다. 성장에 대한 질적인 평가가 이루어져야 하며, 크기에 대한 기본개념 정립이 우리 사회의 재건을 위해 중요한 역할을 할 것이다. (…) 현재는 불가피한 것으로 생각되는 많은 경제 모형이 변화할 것이며, 모든 경제활동이 세계적 생태계의 맥락에서 연구되어야 하며, 최근의 경제이론에 응용되고 있는 모든 개념이 확대, 수정 또는 포기되어야 할 것이다.[29]

---

27) 프롬, 『소유냐 삶이냐』, 201쪽.

28) 카프라, 『새로운 과학과 문명의 전환』, 203쪽 및 225쪽 참조.

위의 인용문으로 볼 때, 카프라가 말하는 가치관 및 생활양식의 심대한 변화란 '거대 숭상'의 최대주의(最大主義)로부터 생태계와 조화를 이루는 최적주의(最適主義)에로의 변화임은 명백하다. 생명체는 개체로 보나 전체〔生態界〕로 보나 조화와 균형에 의해 삶이 유지되는 것이다. 자연이 그 자체 유기체인 한 살아있는 생명체인 것이며, 이 생명은 조화와 균형에 의해 유지되는 것이다. 자연은 인간의 삶의 환경이다. 무한한 성장을 통하여 최대의 쾌락을 추구하려는 시도는 자칫 인간의 삶의 환경인 생태계의 균형을 파괴하게 된다. 한 번 생태계의 균형이 파괴되면, 연쇄적인 파급효과로 인해 마침내 인류도 그 피해를 입지 않을 수 없다. 오늘날 지구온난화로 인한 세계 곳곳의 갖가지 재난은 그 전조(前兆)에 불과할 것이다.

4. 결론

프롬은 『소유나 삶이냐』의 서두에서 '무한한 발전'이라는 '현대의 위대한 약속'이 '환상'이었다고 규정하고, 이제 '환상은 끝났다'고 선언했다. 프롬의 이러한 선언으로부터 40여 년이 지난 지금, 현대사회는 더욱 비약적으로 발전하였다. 그러나 분명한 것은 우리는 결코 현대문명의 미래를 낙관할 수 없다는 점이다. 오존층 파괴, 지구온난화, 석유 고갈 등은 현대문명의 한계를 상징하는 불길한 징조들이다.

『주역』 곤괘(坤卦)에서는 "서리를 밟으면 견고한 얼음이 이른다."고 했다. 불길한 징조가 있으면 더 큰 재난이 다가올 것인바, 그에 대비하라는 뜻이다. 한편 기제괘(旣濟卦)에서는 "미래의 환난(患難)을 생각하여 예방

29) 카프라, 『새로운 과학과 문명의 전환』, 210쪽.

하라."고 했다. 모든 것이 정돈된 상황이라 하더라도 그에 안주해서는 안 되고, 미래의 환난을 예측하여 대비하라는 뜻이다.

이제까지 논한 것을 간단하게 요약하면, 현대문명의 병리현상은 모두 '자유와 풍요' 를 위한다는 명목으로 '자연의 이법(理法)' 을 무시한 데서 비롯된 것이다. 자연의 이법을 무시하면 일시적으로 성공할 수는 있으나, 결코 장구하게 지속될 수는 없다. 현대문명이 지금과 같은 방식으로 지속될 수 없다는 점을 결코 부정할 수 없기에, 이제 유엔(UN)에서도 세계 각국은 '지속 가능한 발전' 을 모색하라고 권고하기에 이른 것이다. 그럼에도 불구하고 많은 사람들은 '지속 불가능한 발전' 에 매달리고 있다. '지속 불가능한 발전' 은 '일시적인 풍요' 를 누린 다음, '자원고갈' 과 '환경오염' 을 남기게 된다. 이에 대해 그들이 제시하는 대안은 지구 밖으로 나가 광활한 우주에서 새로운 삶의 터전을 찾아내자는 것이다.[30] 이러한 '진취적인 주장' 에 대해, 드 배리(Wm. Theodore de Bary)는 다음과 같이 비판한 바 있다.

> 우리가 필요로 하는 것은 '별들의 전쟁(star wars)' 과 그 외의 여러 가지인 정복해야 할 새로운 세계가 아니고, 오히려 지구나 행성에 대한 새로운 지역주의(parochialism)이다. 이것은 유가(儒家)가 했듯이 자기반성(自己反省)과 자

30) 세계적인 물리학자 스티븐 호킹(Stephen Hawking)은 영국 BBC 다큐멘터리 〈새로운 지구 탐험(Expedition New Earth)〉에서 "인류가 멸종을 피하려면 100년 안에 지구를 떠나야 한다"고 경고했다. 그는 "재난과 소행성 충돌, 유행성 전염병, 인구 과잉, 기후변화 등 위기가 계속 증가해 인류가 멸종할 위험성이 계속 커지고 있다"며 "생존을 원한다면 인류의 미래 세대는 우주 공간에서 생존할 방법을 찾아야 한다"고 주장한 것이다. 그는 핵무기, 인공지능(AI)의 발전 등도 인류와 지구의 생존을 위협하는 요소로 지목했다(《동아일보》 2017년 5월 5일자 보도, 〈스티븐 호킹 "인류, 멸종 피하려면 100년내 지구 떠나라"〉 참조). 현대인들이 그토록 자랑한 '현대문명' 은 그 이면에 이토록 '암울한 현실' 을 숨기고 있는 것이다.

제(自制)에서 시작해야 한다. 만물의 상호 관련성과 어떤 독립적인 세계에서의 자신의 위치에 대해 의식하는 것인 이 견해는 자신과 타인에 대해 동일하게 책임을 지는 것에 대한 이해와, 생명을 유지하기 위한 환경을 호혜적으로 지원하는 것에 대한 이해를 발전시킬 것이다. 그것은 다음과 같은 문제를 제기할 것이다. 우리는 무엇을 하지 말아야 할 것인가. 우리가 자발적으로 앞장서 선택해야 할 것은 무엇인가. 지구와 우리와 같은 인간의 복지를 위해서 우리는 어떤 제한을 받아들여야 할 것인가. 그리고 우리가 그렇게 하지 않으면 지구 오염과 자원 고갈 및 유전적 혼란 등에 대한 우리의 죄 때문에 고통받을 다음에 올 세대의 복지를 위해 우리가 받아들여야 할 제한은 무엇인가.[31)]

'별들의 전쟁(star wars)' 이란 미래 인류의 새로운 삶의 터전을 개척하기 위한 '우주 정복 사업' 을 말한다. 드 배리는 '우주 정복 사업' 을 '우주의 끝에 악취를 풍기는 오염을 자행하는 것' 이라고 규정하고, "비록 우리가 아무리 멀리 우주로 돌진해 갈지라도 (…) 여전히 어머니인 지구로 돌아와야만 하고 거기 남겨져 있는 미해결의 피할 수 없는 문제와 직면해야만 한다" 고 주장했다.[32)] 드 배리는 지구의 문제를 해결하기 위한 첫걸음으로 '자기반성과 자제' 를 권했다. 요컨대 우리에게 진실로 필요한 것은 '지구 밖 우주로의 진취적인 도전정신' 이 아니라 오히려 '지구 환경의 지속적 보전을 위한 자제' 라는 것이다.

한편, 헬레나 노르베리-호지는 『오래된 미래』에서 자본주의 문명에서 탈피한 바람직한 미래 사회의 모형은 '오래된 전근대' 에서 찾아야 한다고 주장한 바 있다. 그녀에 의하면, "올바른 미래를 찾는 우리의 노력은 불가피하게 (인간 본성을 포함하는) 자연과의 더 큰 조화를 이루는 어떤 근본

31) 드 배리, 『다섯 단계의 대화로 본 동아시아 문명』, 183쪽.
32) 드 배리, 『다섯 단계의 대화로 본 동아시아 문명』, 187쪽.

적인 패턴으로 돌아갈 수밖에 없는 것”[33]이다.

역학(易學)의 문명상은 바로 ‘자연과의 조화’를 추구하는 것이었다. 본고에서 ‘자연의 이법’을 최우선으로 내세운다고 하여, 현대문명을 전면적으로 부정하는 것은 결코 아니다. 본고에서는 다만 자연의 이법을 어기지 않는 범위로 자유와 풍요를 제한하자고 권하는 것이다. 이러한 전환을 통해 우리는 ‘나와 너’가 공존(共存)하고, ‘인간과 자연’이 동생(同生)하는 문명을 가꿀 수 있을 것이다.

33) 헬레나 노르베리-호지, 『오래된 미래 : 라다크로부터 배운다』, 196쪽.

제2장

유교적 공동체 : 이론 · 양상 · 전망

1. 서론

'근대화' 의 물결과 함께 전통적 공동체는 그 의미를 상실하고, 현대 사회는 자유로운 개인들의 무대로 바뀌었다. 이 과정에서 '개인주의' 또는 '자유주의' 는 개인의 자유와 권익을 보호함으로써 각자의 행복을 실현하는 데 이바지했다. 그러나 개인주의는 '사회의 파편화' 라는 부산물을 수반하였고, 또한 파편화된 사회에서는 개인의 자유와 권익마저도 제대로 보호될 수 없음을 차츰 자각하게 되었다. 그리하여 개인주의의 본고장 서구(西歐)에서는 지난 세기 후반부터 다시 '공동체주의' 가 등장하게 된 것이다.

이러한 정황은 우리 사회에서도 마찬가지이다. 개인주의의 부작용으로 파편화된 우리의 현실과 서구에서의 공동체주의의 대두를 목도하면서, 오늘날 여러 식자(識者)들은 개인과 공동체를 조화롭게 접목시켜야 한다고 주창하고 있다. 예컨대 황경식은 근대의 시민사회는 '지극히 원자적인 개인주의'를 전제하고 있으며, 그리하여 '공동체주의자들의 다양한 비판'을 초래하였던 만큼, 이제 시민사회는 다소간의 궤도수정이 불가피하다고 주장한다. 그는 "우리가 구상하는 사회는 자유주의적 시민사회를 기반으로 하되 그것이 공동체주의자의 도전을 수용하고 그에 의해 보완되어야 한다는 의미에서 시민공동체(市民共同體)라 부르고자 한다."고 하였다.[1] 한편, 근래 앞장서서 '공동체 자유주의'를 제창하는 박세일은 다음과 같이 말한다.

> 최근에 1980년대 말부터 구미(歐美)에서 공동체주의가 다시 등장하고 있다. 거기에는 몇 가지 이유가 있다. 우선 개인주의적 자유주의가 과잉개인주의(hyper-individualism)를 결과하면서 첫째, 사회무질서, 마약, 범죄, 가족해체, 학교붕괴, 도덕적 해이, 정신적 황폐 등등 사회적 부작용이 증가하고 있다. 결국 공동체연대가 붕괴되기 시작하고 있다. 둘째, 국민 각자가 자기 권리만을 주장하고 있지 시민적 의무나 권리에 따른 책임의식은 외면하고 있다. 그 결과 공동체는 피폐해지고 있다. 셋째, 부분이익이 전체이익 내지 공공이익을 무시하는 경우가 증대하기 시작하였다. 집단화된 개인들이 국가이익의 희생 위에 자신들의 부분이익을 추구하고 있다. 결국 공동체는 목소리 큰 사람들의 약탈 대상이 되어 가고 있는 셈이다. 이러한 문제의식을 배경으로 자유공동체의 재창조를 목표로 하는 공동체주의가 등장하게 되었던 것이다. 그런데 공동체주의는 이러한 과잉 개인주의적 자유주의에 대한 반동(反動)으로서만이 아니라 사실은 종래의 보수-혁신이나, 좌-우 대립의 2분법을 넘어서려는 의도도 가지고 있다. 공동체주의는 '자유냐, 질서냐' 혹은 '시장이냐, 국가냐'의 2분법은 잘못되었다고 생각한다. 자유와 질서간의 관계가 결코 상호 트레이드오프(trade-off)의

1) 황경식, 「사회개혁과 시민의식」, 250쪽.

관계가 아니라는 것이다. 즉 자유가 많아지면 질서가 문란하여지고, 질서가 강조되면 자유가 억압 받아야 하는 그러한 관계가 아니라는 것이다. 우리가 공동체를 육성하고 재창조하는 데 성공한다면 우리는 보다 많은 자유와 보다 많은 질서를 함께 가질 수 있다고 주장한다. (…) 공동체주의는 이렇게 구성원 한 사람 한 사람의 자발적 협동적 노력에 의하여, 가정에서 학교로 더 나아가 시민사회로, 자유공동체를 재창조하여 나가면 우리는 극단적 개인주의의 폐해도 집단주의의 폐해도 함께 극복하고, 보・혁(保革)이나 좌・우(左右) 논쟁의 틀도 모두 벗어날 수 있다고 주장한다. 그리하여 자발적 질서(voluntary order)와 자제된 자유(bounded autonomy)가 충만한, 보다 좋은 사회(good society)를 건설할 수 있다고 주장한다.[2)]

박세일은 근래의 '공동체주의(communitarianism)' 는 본래 극단적인 개인주의(개인주의적 자유주의)와 극단적인 집단주의(전체주의적 권위주의) 양자의 문제점에 대한 반성에서부터 시작된 것이라고 전제하고,[3)] 위와 같은 맥락에서 '공동체 자유주의' 를 제창하는 것이다. 요컨대 황경식의 '시민공동체' 나 박세일의 '공동체 자유주의' 는 모두 개인과 공동체의 관계를 새롭게 인식함으로써 양자를 조화시키려는 것이다.

동・서를 막론하고 전근대(前近代) 사상이 대부분 그러했듯이, 유교는 본래 공동체주의적 특징을 지니고 있으며, 보다 정확히 말하자면 개인과 공동체의 조화를 추구했다. 따라서 오늘날 개인과 공동체의 조화를 모색함에 있어서 전통 유교는 많은 시사점을 제공한다. 유교는 '유기체적 세계관' 과 '인륜(人倫) 중심의 가치관' 을 바탕으로 개인과 공동체의 조화를 추구했다. 유교의 이러한 접근방식은 오늘날의 공동체주의와 일정한 유사성

2) 박세일, 「21세기 국가발전 이념 : 공동체 自由主義」, 17~18쪽.
3) 박세일, 「21세기 국가발전 이념 : 공동체 自由主義」, 16쪽.

을 지니고 있다.

한편, 오늘날에는 '국가(정부)' 와 '각종 시민단체(NGO)' 의 '협치(協治, governance)' 의 필요성이 새롭게 인식되고, 그리하여 국가는 시민단체들을 일정 부분 지원하는 추세이다.[4] 국가는 자신의 기능이 미치지 못하는 영역이 있음을 인정하고, 시민단체들을 지원함으로써 국가의 기능을 보완하려는 것이다. 전통사회에서도 향약(鄕約)·사창(社倉) 등의 지연(地緣) 공동체나 서원(書院) 등의 학연(學緣) 공동체에 대해서는 국가에서 특별히 장려하고 지원하였다. 이런 공동체들은 소규모 친면적(親面的) 집단으로, 보다 효과적으로 규범적(規範的) 기능과 부조적(扶助的) 기능을 담당할 수 있었기에, 국가는 그것을 장려하고 지원했던 것이다. 이렇게 본다면 오늘날 논의되는 '국가와 시민단체의 협치' 는 전통사회에서 이미 그 선례를 찾아볼 수 있겠다.

본고에서는 '공동체주의' 라는 관점에서 유교사상의 특징을 살펴보고, 또 실제로 전통 유교사회에서의 공동체가 어떠한 양상을 지니고 있었던가를 살펴보고자 한다. 그리고 이러한 유교의 이론과 실제 유교적 공동체의 양상이 오늘날 우리에게 시사하는 점은 무엇인가를 논의하고자 한다.

2. 유교의 공동체주의적 이론체계

1) 유교의 유기체적 세계관

유교의 세계관은 음양사상(陰陽思想)으로 대표되거니와, 이는 '유기체

4) 에드워즈, 『시민사회』, 46쪽.

적 세계관' 의 전형적인 내용을 담고 있다. 음양사상에 의하면, 이 세계는 하나의 거대한 생명체인바, 그 구조는 대립적 구조로 되어 있고, 대립물들의 관계는 감응(感應)의 관계이고, 대립물들 사이에는 위계의 차등이 있다는 것이다.[5] 자연은 만물에 고른 혜택을 주지만, 그러나 만물들 사이에는 또한 두족(頭足)과 본말(本末)의 위계가 있다는 것이다. 유교에서 이러한 자연 질서는 곧 인간 질서의 원형으로 인식되었다. 유교의 이러한 사고방식을 체계적으로 표현한 것이 바로 역학(易學) 사상이다. 역학의 제1명제는 "일음일양지위도(一陰一陽之謂道)"라는 것이다. 전통적으로 이 명제는 '네 가지의 뜻' 을 지닌 것으로 해석되어 왔는데, 그것을 '역사의(易四義)' 라 한다.

첫째는 '불역(不易)' 으로서, 이 세계의 모든 것은 변화하지만, 이 세계의 기본 구조나 원리는 변함이 없다는 것이다. 불역은 '변화하는 현상 속에는 변하지 않는 원리가 있다' 고 설명되기도 한다. 이 '불역' 의 내용을 구체적으로 설명하는 것이 바로 다음의 '교역' 과 '변역' 이다.

둘째는 '교역(交易)' 으로서, 음양은 감응(感應, 交感)을 통해서 서로를 이루어준다〔相反相成〕는 것이다. 그런데 음양은 항상 저절로 감응하는 것이 아니라, 특정한 조건 속에서만 감응할 수 있다는 것이 역학의 관점이다. 역학에서는 그 조건은 바로 '조화와 균형' 이라고 설명한다.

셋째는 '변역(變易)' 으로서, 음이 극에 달하면 양으로 변하고, 양이 극에 달하면 음으로 변하여, 음양은 서로 순환한다〔物極必反〕는 것이다. 인간의

5) 유기체적 세계관이 근대에 접어들면서 기각된 가장 큰 이유는 그것이 '位階의 差等' 을 당연한 것으로 인식했기 때문이다. 오늘날 많은 사람들이 '位階秩序' 에 대해 거부감을 갖는 것은 대개 '上命下服' 을 연상하기 때문이다. 그러나 上命下服은 法家의 지론으로서 결코 儒家의 이상이 아니었다. 유가는 上下의 '호혜적 감응' 을 추구하는바, 그것은 正名과 德治를 통해서 이루어질 수 있다는 것이다. '호혜적 감응' 은 또한 모든 유기체적 세계관이 공통으로 추구한 내용이기도 하다.

일로 말하면, 홍진비래(興盡悲來)와 고진감래(苦盡甘來)가 그것이다. '홍진비래' 이므로 홍성(興盛)의 국면에서는 자만하지 말고 절제하면서 미래를 대비하고, '고진감래' 이므로 쇠멸(衰滅)의 국면에서는 좌절하지 말고 장래에 대한 희망을 지니라는 것이 변역이 시사하는 가르침이다.

넷째는 '이간(易簡)' 으로서, 이 세계의 기본구조(음양의 원리)는 쉽고 간단하다는 것이다. 음양의 원리는 쉽고 간단하기 때문에, 누구나 알 수 있고 누구나 따를 수 있다.

'역사의(易四義)' 는 유가 사회사상의 기본 골격을 제시한다. 불역의 관념은 위계구조가 인간의 사회의 불변적 구조라는 점을 말해준다. 예를 들어, 사회가 아무리 변한다 해도 통치자와 피치자가 있다는 사실만큼은 불변이다. 교역의 관념은 '나와 너' 또는 '통치자와 피치자' 의 올바른 관계를 제시하는 것이다. '나와 너' 또는 '통치자와 피치자' 는 '적대적(敵對的)으로 대립' 해서는 안 되고 '호혜적(互惠的)으로 감응' 해야 한다. 변역의 관념은 인간의 사회(국가)도 홍망성쇠를 반복한다는 것을 말해준다. 따라서 홍성(興盛)을 지키고 쇠망(衰亡)을 막으려면 끊임없이 절제(節制)하고 보수(補修)해야 한다. 이렇게 볼 때, 역사의는 필연적으로 공동체주의로 연결되며, 그 중에서도 특히 '교역' 의 관념이 공동체주의와 밀접하게 연결되는 것이다.

2) 명분론(名分論)과 인륜(人倫)의 관념

명분론(名分論, 正名論)이란 "모든 '이름〔名〕'[6]에는 고유한 '몫〔分〕' 이 따르는바, 양자를 합치시켜야 한다."는 논리로, 『논어』의 핵심사상 가운데

6) 물론 여기에서의 '이름' 은 '고유명사' 가 아니라 '일반명사' 를 뜻한다.

하나이다. 유교에서는 바람직한 인간관계를 '감응(感應)' 으로 설명한다. 그런데 조화(調和)와 균형(均衡)이 전제되어야만 감응이 이루어진다는 것이 유교의 지론이다. 예컨대 『주역』에서 음양의 감응을 상징하는 대표적인 괘는 함괘(咸卦)인데, 이에 대해 정이천은 다음과 같이 해석했다.

> 무릇 군신(君臣)과 상하(上下)로부터 만물에 이르기까지 모두 서로 감응하는 도리가 있으며, 사물이 서로 감응하면 형통하게 되는 이치가 있다. 군신이 서로 감응하면 군신의 도리가 통하며, 상하가 서로 감응하면 상하의 뜻이 통한다. 부자 · 부부 · 친척 · 붕우에 이르기까지 모두 정의(情意)가 서로 감응하면 화순(和順)하게 되어 형통하다.[7)]

정이천은 '감응' 의 결과를 '형통' 으로 설명했다. 그런데 감응의 가능근거는 '정명(正名)' 에 있다는 것이 유교의 지론이다. 요컨대 '명분론' 이란 각자 자신의 본분을 다함으로써 조화로운 인간관계를 창출하고, 조화를 창출함으로써 서로 감응이 이루어지게 하고, 감응을 통해서 각자의 인생이 형통해지도록 하자는 것이다.

『논어』의 명분론은 "군주는 군주답고, 신하는 신하다우며, 부모는 부모답고, 자식은 자식답다"[8)]라는 말로 상징된다. 여기서 '다움' 이란 각자의 이름에 부여된 고유한 몫을 충실히 발휘함을 뜻한다. 명분론은 사실 유교의 모든 경전을 관통하는 논리이기도 하다. 『대학』에서는 그 궁극적 목표를 '지선에 머묾〔止於至善〕' 으로 규정하면서도, 각자의 사회적 지위에 따라 그 지선의 구체적 내용을 다르게 설정하였다. 예컨대 문왕(文王)은 군주로서는 인(仁)에 머물고, 신하로서는 경(敬)에 머물며, 자식으로서는 효

7) 『周易』 咸卦 卦辭, 程傳.

8) 『論語』 顔淵 11 : 君君 臣臣 父父 子子

(孝)에 머물고, 부모로서는 자(慈)에 머물며, 국인(國人)들과 사귈 때에는 신(信)에 머물렀다는 것이다.[9] 이에 대해 주자는 다음과 같이 해설한다.

> 대개 하늘이 뭇 백성을 낳으심에, 사물이 있으면 법칙이 있다. 그러므로 모든 사물과 모든 일은 모두 각각 '마땅히 머물러야 할 곳'을 지닌다. 다만 '처한 지위'가 다르면 '머물러야 할 선(善)'도 다르다. 그러므로 남의 군주가 되면 마땅히 머물러야 할 곳이 인(仁)에 있고, 남의 신하가 되면 마땅히 머물러야 할 곳이 경(敬)에 있으며, 남의 자식이 되면 마땅히 머물러야 할 곳이 효(孝)에 있고, 남의 부모가 되면 마땅히 머물러야 할 곳이 자(慈)에 있으며, 나라 사람들과 사귀면 마땅히 머물러야 할 곳이 신(信)에 있으니, 이는 모두 천리(天理)와 인륜(人倫)의 극치로서 사람의 마음이 그만둘 수 없는 곳에서 나온 것이다. (…) 군주가 인(仁)해야 하는 까닭, 신하가 경(敬)해야 하는 까닭, 자식이 효(孝)해야 하는 까닭, 부모가 자(慈)해야 하는 까닭, 붕우가 신(信)해야 하는 까닭은 모두 '인심(人心)과 천명(天命)의 자연(自然)'으로서, 사람들이 억지로 할 수 없는 것이다. 다만 일을 인해서 미루어나가 그 극치에 이르며, 또 이것을 미루어나가 그 나머지를 다한다면, 천하의 사물이 모두 그 지선(至善)의 소재를 알아 그곳에 머물게 될 것이다.[10]

모두 함께 '지선(至善)에 머묾'에 해당하는 것이되, 각각의 처지에 따라 '머물러야 할 선(善)'의 내용은 다르다는 것이 위의 인용문의 요점이다. 각각의 처지에 따라 머물러야 할 선의 내용이 다른 것이 바로 각각의 '이름'에 따라 그 고유한 '몫'이 다른 것이다. 군주의 인(仁), 신하의 경(敬), 부모

9) 『大學章句』 傳3章 : 詩云 穆穆文王 於緝熙敬止 爲人君 止於仁 爲人臣 止於敬 爲人子 止於孝 爲人父 止於慈 與國人交 止於信

10) 『朱子大全』 卷15 頁15~16, 〈經筵講義〉.

의 자(慈), 자식의 효(孝) 등이 그 예이다. 사실 우리들 각자는 하나의 공동체 속에서 다양한 위상을 지닌다. 나는 아무개의 자식인 동시에 아무개의 아버지이며, 아무개의 배우자인 동시에 아무개의 스승이다. 나의 정체성(正體性)은 이러한 여러 인간관계들이 제시하는 위상을 통해서 정립되며, 따라서 나는 각각의 위상에서 부여되는 나의 몫을 충분히 발휘해야 한다는 것이 유교의 지론이다.

'사물의 법칙, 머물러야 할 곳, 머물러야 할 선(善)' 등은 주자학에서 모두 '이(理)'로 통칭되는 것들이다. 유학에서 말하는 이(理)란 근원적으로 『주역』의 '일음일양(一陰一陽)의 도(道)' 또는 '생생(生生)의 이(理)'를 의미한다. 만물의 존재는 본질적으로 '일음일양을 통한 생생의 지속'에서 벗어날 수 없다. 이 이(理)는 만유(萬有)를 관통하며, 만유는 제각각 이 이(理)를 자기의 처지에 맞게 표현하는 것이다. 인간의 일로 말하면, 군주의 '인(仁)', 신하의 '경(敬)', 부모의 '자(慈)', 자식의 '효(孝)'가 모두 자기 위치에서 생생의 이(理)를 알맞게 표현한 것이다. 요컨대 각각의 개별자들은 각각 자신의 위상에 맞는 이(理)를 발휘함으로써 '생생'의 실현에 참여(기여)하게 되는 것이다.

'인륜(人倫)'이란 '인간의 차례(질서)'를 말한다. 질서는 각자의 몫을 설정하고 준수함으로써 성립되므로, 따라서 유교의 인륜은 명분론과 표리를 이룬다. 유교에서는 인륜을 흔히 '오륜(五倫)'으로 설명한다. '오륜'은 인간의 질서를 확립하기 위하여 제시한 '다섯 가지의 범주'라 할 수 있다. 부자간에는 어버이는 자식을 사랑하고 자식은 부모에게 효도하며〔父慈子孝〕, 군신 간에는 임금은 의로 신하를 대하고 신하는 임금에게 충성하며〔君義臣忠〕, 부부간에는 남편은 아내를 사랑하고 아내는 남편에게 순종하며〔夫和婦順〕, 장유 간에는 어른은 어린이를 보호하고 어린이는 어른을 공경하며〔兄友弟恭〕, 붕우 간에는 서로 인(仁)으로 인격 완성을 도와주라는 것이다〔朋友輔仁〕.[11] 이것은 다양한 관계들 속에서 자신의 몫을 발휘하는 방식이기도 하고, 상대방을 사랑하는 방식이기도 할 것이다.

3) 송대 주자학의 특성 : 이일분수론(理一分殊論)과 자임의식

맹자의 '친친(親親), 인민(仁民), 애물(愛物)' 이 상징하듯이, 유교에서는 '사랑의 실천' 은 한편으로는 '자기의 특수성' 을 반영하고, 다른 한편으로는 '사회적 공공의식' 에 부합해야 한다고 설명한다. 여기서 자기의 특수성은 분수(分殊)의 차원이며, 사회적 공공의식은 이일(理一)의 차원이다. 그리하여 유교에서 사랑의 실천은 '이일분수(理一分殊)' 의 논리로 설명되었다. 유학사(儒學史)에서 이러한 논의의 계기를 마련한 것은 장횡거의 〈서명(西銘)〉이다. 송대에는 만물일체(萬物一體) 사상이 크게 대두했는데, 정명도는 '천지만물을 일체로 여기는 것' 이 '인(仁)' 이라 했다.[12] 이러한 분위기 속에서 〈서명〉이 등장한 것이다. 양귀산(楊龜山)은 스승 정이천에게 〈서명〉이 '묵자의 겸애주의' 에 빠진 것이 아닌가 하는 의문을 제기했다. 이에 대해 정이천은 〈서명〉이 '이일분수' 를 밝힌 것이라고 설명했다. 송대 성리학의 핵심개념 '이일분수' 란 말은 본래 여기서 기원한다. 정이천에 의하면, 〈서명〉은 '이일분수' 에 입각해 '겸애(兼愛)' 와 '위아(爲我)' 를 지양시킨 것이다.[13] 〈서명〉의 전반부에서는 다음과 같이 말한다.

---

11) 五倫을 父慈子孝 · 君義臣忠 · 夫和婦順 · 兄友弟恭 · 朋友輔仁으로 해석한 것은 조선시대의 아동 교육 교재였던 『童蒙先習』에서 취했다.

12) 『二程全書』 卷2上 頁3 : 仁者 以天地萬物爲一體 莫非己也 識得爲己 何所不至

13) '兼愛' 란 '모든 사람을 평등하게 사랑하자' 는 것으로 墨子의 주장이었고, '爲我' 란 '남에 대해 배려(간섭)하지 말고 자신만을 위하자' 는 것으로 楊朱의 주장이었다. 孟子는 兼愛를 '無父' 라 비판했는데 이는 '자기의 근본' 을 무시했다는 것이요, 爲我를 '無君' 이라 비판했는데 이는 '社會的 공공의식' 이 없다는 것이다(『孟子』 滕文公下 9).

건(乾)을 아버지라 일컫고 곤(坤)을 어머니라 일컫는다. 나는 조그마한 존재로 혼연히 그 가운데 처해 있다. 그러므로 천지를 가득 채운 것을 나는 몸으로 삼고, 천지의 장수(將帥)를 나는 성(性)으로 삼는다. 백성은 나의 동포요, 만물은 나의 무리이다. 대군(大君)은 내 부모의 종자(宗子)요, 그 대신(大臣)은 종자(宗子)의 가상(家相)이다. 나이가 많은 사람을 존중하는 것은 그 어른을 어른으로 대접하는 것이요, 외롭고 약한 사람을 사랑하는 것은 그 어린이를 어린이로 대접하는 것이다. 성인(聖人)은 천지와 덕이 부합하는 자요, 현인(賢人)은 보통 사람보다 뛰어난 자이다. 무릇 천하에 파리하여 몹쓸 병을 앓는 사람과 홀몸의 고아나 홀아비 · 과부 등은 모두 내 형제 가운데 가난하고 의지할 곳 없는 사람들이다. 이들을 보살피는 것은 자식으로서 (부모를) 돕는 것이요, 즐거워하고 근심하지 않는 것은 효(孝)에 순수한 것이다.[14]

'천지를 가득 채운 것' 이란 '기(氣)' 를 말하고, '천지의 장수' 란 '이(理)' 를 말한다. 인간의 육체는 기(氣)로 이루어졌고, 인간의 본성은 이(理)로 이루어졌다. 이러한 점은 나와 남, 인간과 동물이 같다. 그러므로 "백성은 나의 동포, 만물은 나의 무리"라고 말한 것이다. 여기에서 박애(博愛)의 이념이 싹튼다. 위의 인용문 마지막에서는 효(孝)를 거론했는데, 〈서명〉은

맹자는 '親親 · 仁民 · 愛物' 을 표방했는데, 사랑의 실천에 있어서는 親 · 疎에 따라 先 · 後와 厚 · 薄을 달리해야 한다는 것이다. 이를 '別愛' 라고 한다. 모든 사람의 능력이 같다고 전제하면, 別愛가 일반화되었을 때의 결과와 兼愛가 일반화되었을 때의 결과 그리고 爲我가 일반화되었을 때의 결과는 같다. 즉 別愛가 일반화되었을 경우, 나는 나의 가족을 더 사랑하고 남을 덜 사랑할 것임에 반하여, 남은 자기의 가족을 더 사랑하고 나를 덜 사랑할 것이다. 결과적으로 나와 남이 누리는 사랑의 몫은 같다. 兼愛가 일반화되었을 경우, 모든 사람이 평등하게 사랑을 나누어 가지므로 각자가 누리는 사랑의 몫은 같다. 爲我가 일반화되었을 경우, 모든 사람의 능력은 같다고 전제되었기 때문에 각자가 누리는 사랑의 몫은 역시 같다.

14) 『性理大全』 卷4, 〈西銘〉.

효〔家族愛〕를 박애〔同胞愛〕의 기반으로 삼았다. 그런데 정자와 주자는 이에 대해 효는 '분수(分殊)'로, 박애는 '이일(理一)'로 설명했다.

정이천의 '이일분수'를 계승하여, 주자는 〈서명〉의 취지를 '일통(一統)이면서 만수(萬殊)요, 만수(萬殊)이면서 일관(一貫)하는 것'이라고 설명했다. 이러한 맥락에서는 겸애(兼愛)는 이일만 알고 분수를 모르는 것으로, 위아(爲我)는 분수만 알고 이일을 모르는 것으로 규정된다. 주자는 "친친(親親)을 미루어나가는 두터운 덕을 보고서 무아(無我)의 공정함을 확대시킨다"고 했다. 여기서 '친친'은 가족애를 뜻하고 '무아의 공정함'은 박애를 뜻하거니와, 이 말은 두 맥락을 포함한다. 첫째는 사랑의 농도 문제이다. '친친'이라 했듯이 가족애는 '친밀함과 시혜(施惠)' 등으로 표현된다. 그러나 '무아의 공정함'이라 했듯이 박애는 친밀함과 시혜가 아니라 다만 '공정성'으로 표현된다. 요컨대 가족에 대한 사랑과 일반 대중에 대한 사랑은 그 농도나 방식이 다르다는 것이다. 둘째는 가족애와 박애의 선후 문제이다. 가족애와 박애를 동시에 고려해야 한다는 것이 주자의 설명이었지만, 실천에 있어서는 가족애를 바탕으로 박애로 미루어 나간다는 것, 즉 가족애가 박애보다 우선한다는 것이 또한 주자의 설명이었다. 주자는 이것을 '분(分)이 세워짐에 이일(理一)로 미루어 나감'으로 설명했다. 효를 강조하면서도 효에 머물지 않고, 보편적 박애를 강조하면서도 특수한 자기의 근본을 망각하지 않아야 한다는 것이다.[15] 이러한 논리에 입각할 때, 박애가 인류의 궁극적 이상이라 하더라도, 가족애 없는 박애란 실현될 수 없는 것이다.

주자는 특히 〈서명〉의 첫 구절 "건(乾)을 아버지라 일컫고, 곤(坤)을 어머니라 일컫는다〔乾稱父 坤稱母〕"는 말을 매우 중시하여, 다음과 같이 설

15) 『性理大全』 卷4 頁10~11, 〈西銘註〉.

명했다.[16] 첫째, 모든 사물에는 '각각의 하나의 부모(各一의 부모)' 가 있는 동시에 '함께 하나의 부모(同一의 부모)' 가 있다. '나를 낳은 부모' 는 사물마다 서로 다른 '각일의 부모' 이지만, '건곤' 은 만물에게 공통된 '동일의 부모' 이다. 둘째, 건곤이 만물에게 공통된 '동일의 부모' 임을 알면 박애 즉 '천하를 한 집안으로 여기고 중국을 한 사람으로 여김' 에 이를 수 있다. 셋째, 모든 사물에는 '각일의 부모' 가 있다는 점만 인정하고 건곤이라는 '동일의 부모' 가 있음을 부정한다면, 결국 '유아(有我, 一己)의 사사로움' 을 벗어날 수 없다.

주자는 건곤이 만물의 '동일의 부모' 임을 부정한다면 결국 박애가 성립할 수 없다고 하여, '이일(理一)' 에 대한 투철한 인식이 필요함을 강조했다. 주자는 이처럼 이일(理一) 또는 박애를 강조하면서도, 그 실천에 있어서는 여전히 "친족을 친하게 여기고 백성을 어질게 대하며, 백성을 어질게 대하고 만물을 아끼는 것이요, 이러한 행위를 미루어나가 능히 천하를 한 집안으로 여기고 중국을 한 사람으로 여기는 데 이르는 것" 이라는 논법을 취하고 있다. 요컨대 사랑의 실천은 박애(博愛)를 궁극적으로 이상으로 삼지만, 그 순서에 있어서는 친친(親親)에서부터 시작된다는 것이다. 이러한 논법은 공자 · 맹자 이래 유가의 한결같은 지론이었다.

공동체주의와 관련하여 주목되는 또 하나의 사실은 송대 사대부들의 '자임의식(自任意識)' 이다.[17] 『논어』에서는 "선비는 인(仁)을 자기의 책임으로 삼는다" 고 하였다.[18] 송대 사대부들의 자임의식은 장횡거의 "천지를 위해 마음을 세우고, 백성을 위해 도(道)를 세우며, 지나간 성인(聖人)을 위

16) 『朱子大全』 卷36 頁4~5, 〈答陸子美〉.

17) '宋代 士大夫들의 自任意識' 에 관한 자세한 논의는 드 배리, 『중국의 '자유' 전통』, 106~114쪽 참조.

18) 『論語』 泰伯 7 : 曾子曰 士不可以不弘毅 任重而道遠 仁以爲己任 不亦重乎 死而後已 不亦遠乎

해 끊어진 학문을 잇고, 만세(萬世)를 위해 태평(太平)을 연다"[19]는 말에 단적으로 집약되어 있다.

주자는 백성들의 항산(恒産, 일정한 生業)을 보장하고, 그를 통해 백성들의 항심(恒心, 변치 않는 마음가짐)을 길러주는 것을 자신의 사명 가운데 하나로 여겼다. 주자는 항산을 보장하기 위해서는 '사창(社倉)의 보급'에 심혈을 기울였고, 항심을 길러주기 위해서는 '향약(鄕約)의 보급'에 심혈을 기울였다. 사창은 주자가 수·당(隋唐)의 제도를 참고하여 새롭게 고안한 것으로서, 아래의 글에 그 개요가 잘 설명되어 있다.

> 사창을 세우고자 원하는 곳이 있다면 주현(州縣)에서는 상평미(常平米)를 헤아려 지출하고, 본향 출신의 인호(人戶)에게 출납을 주관하도록 책임을 맡기십시오. 매석(每石)마다 2말의 식미(息米)를 거두되, 본향에 사는 관원·사인과 행실이 있는 자를 뽑아 본현(本縣)의 관원과 공동으로 출납하도록 하십시오. 거두어들인 식미가 본미(本米)의 10배에 이르면 곧 원미(元米)는 관청에 환납하고, 장차 식미만으로 운영하되, 매석마다 다만 3되의 모미(耗米)만 거두도록 하십시오. 부유한 집안이 인정으로 쌀을 내어 본미를 삼고자 원한다면 또한 편의에 따르되, 식미가 본미의 10배에 이르면 또한 본미를 되돌려 받게 하십시오. 만약 향토와 풍속이 다른 경우에는 편의에 따라 입약(立約)하도록 허락하십시오. 이 모든 것을 관청에 보고하고 준수한다면 실로 영원한 이익이 될 것입니다. 사창을 세우기를 원치 않는 지역에 대해서는 관사(官司)가 억지로 강요할 수 없으니, 그러면 또한 소요(騷擾)도 일지 않을 것입니다. 이러한 것들을 지금 언급하는 것은 비록 목전의 급함을 구제하는 바가 없다고 하더라도, 그러나 실로 공사(公私)의 저축은 먼 앞날을 예비하는 계책인 것입니다.[20]

---

19) 『近思錄』 卷2 頁38 : 爲天地立心 爲生民立道 爲去聖繼絶學 爲萬世開太平

20) 『朱子大全』 卷13 頁20~22, 〈辛丑延和奏箚4〉.

위에서 말하는 '원미(元米, 原米)' 또는 '본미(本米)'란 해당 지역의 관청이나 독지가(篤志家)들이 제공한 '원래의 쌀'을 말하고, '식미(息米)'란 본미에 대한 이자로 내는 쌀을 말하며, '모미(耗米)'란 출납과정의 자연손실분을 보충하기 위한 쌀을 말한다. 위에 자세히 설명되어 있듯이, 사창은 '주민 자치적 사회보장기구'라 할 수 있다. 사창은 '흉년의 구황(救荒)'뿐만 아니라 물가조절, 빈민구제, 무의탁자 구호 등 다양한 기능을 수행했다. 당시의 군주 효종(孝宗)은 주자의 건의를 수용하여, 칙명으로 사창을 널리 권장했다.

향약(鄕約)은 멀리 주대(周代)의 향음주례(鄕飮酒禮)나 향사례(鄕射禮) 등의 전통을 계승하여 송대의 여대균(呂大鈞)이 새롭게 창안한 것이다. 주자는 여대균의 향약을 약간 가감(加減)하고,[21] 이를 각지에 보급하였다. 향약은 향촌민들이 스스로 실행해야 할 '약속의 조목'과 그것의 실행을 뒷받침하는 매우 간단한 '조직 및 기구'로 구성되어 있다. 다음의 인용문은 〈증손여씨향약(增損呂氏鄕約)〉의 골격을 설명한 것이다.

> 무릇 마을에서 약속하는 것은 네 가지이니, 첫째는 '덕업상권(德業相勸)'이고, 둘째는 '과실상규(過失相規)'이며, 셋째는 '예속상교(禮俗相交)'이고, 넷째는 '환난상휼(患難相恤)'이다. 마을의 많은 사람들이 '나이와 덕망이 있는 사람' 1명을 추대하여 '도약정(都約正)'으로 삼고, '학문과 행실이 있는 사람' 2명을 추대하여 '부약정(副約正)'으로 삼으며, 향약에 가입한 사람이 매월 1명씩 돌아가면서 '직월(直月)'을 맡는다(都約正과 副約正은 直月을 맡지 않는다). 향약에서는 세 종류의 장적(帳籍)을 비치한다. 무릇 '향약에 가입하기를 원하는 사람'을 하나의 장적에 기록하고, '볼 만한 덕업(德業)이 있는 사람'을 또 하나

21) 이를 '增損呂氏鄕約'이라 한다. 『朱子大全』 卷74 頁30~38, 〈增損呂氏鄕約〉 참조.

의 장적에 기록하며, '규제해야 할 만한 과실(過失)이 있는 사람'을 또 하나의 장적에 기록하여, 직월이 그것을 관장한다. 월말이 되면 직월은 약정에게 보고하고, 그다음 차례의 직월에게 업무를 넘긴다.[22)]

향약의 '약속 내용'은 덕업상권, 과실상규, 예속상교, 환난상휼을 기본 덕목으로 삼고, 기본 덕목들 밑에 수많은 구체적 실천 조목들을 설정한 것이다. 구체적인 실천 조목에 있어서는 향약별로 약간씩 차이가 있지만, 위와 같은 '기본덕목' 및 '조직과 기구'는 모든 향약에 공통된 것이었다. 또 향약의 고안과 시행은 몇몇 사대부들이 주도한 것이지만, 궁극적으로는 향촌민들과 함께 입약(立約)의 과정을 거침으로써 효력을 발휘하는 것이었다. 이러한 약속의 내용들과 절차가 보여주듯이, 주자는 향약을 통해 인륜이 실현되고 온정이 감도는 자율적인 향촌을 건설하려 했다. 실제로 주자의 〈증손여씨향약〉을 계기로 향약은 광범하게 전파되고, 시행되었다.

주자의 사창과 향약을 통하여, 우리는 다음과 같은 사실들을 확인할 수 있다. 첫째, 주자는 향촌민들의 자발성과 자치(自治)를 중시했다. 사창과 향약은 향촌민들의 자발적 참여와 자율적 관리로 운영되었다.[23)] 인간의 자율성을 고양시키는 것은 곧 인간의 존엄성을 옹호하는 것이다. 둘째, 주자는 각지의 사창이나 향약은 각각의 향토와 풍속에 알맞게 입약할 수 있다고 하였다. 각지의 환경적 특색이나 향촌민들의 의사에 따라 입약의 내용이 조금씩 다를 수 있다는 것이다. 주자는 '순천리(順天理)·합인심(合人心)'을 규범적 이상으로 삼았는데, 환경적 특색이나 향촌민들의 의사를

---

22) 『朱子大全』 卷74 頁30, 〈增損呂氏鄕約〉.

23) 에드워즈는 '자발적 결사체'의 '자발성'을 다음과 같이 정의한 바 있다. 첫째는 결사체에의 가입이 法的으로 요구되는 것이 아니라 각자의 同意에 의한다는 것이며, 둘째는 결사체의 문제를 對話와 說得 등으로 해결한다는 것이다(에드워즈, 『시민사회』, 56쪽). 이러한 정의는 본고의 논의에도 그대로 적용된다.

반영해야 한다는 것은 이와 맥락을 같이 한다. 셋째, 사창과 향약은 주자의 독자적 작품이 아니라, 당시 사대부들의 이러한 자임의식을 결집한 것이다. 당시 많은 사대부들은 독지가로서 자기 지역의 사창에 본미를 제공하였고, 또 앞장서서 향약과 같은 자치규약을 정립해 나갔던 것이다.

3. 조선시대 공동체의 양상

이제까지 공동체주의라는 관점에서 유교사상을 개관하였거니와, '유기체적 세계관'과 '인륜 중심적 가치관'은 유교의 공동체주의를 철학적으로 뒷받침한 것이며, '이일분수(理一分殊)에 입각한 사랑의 실천'과 '향약·사창' 등은 유교의 공동체주의가 현실적으로 구체화된 양상이었다. 조선시대를 주도한 것은 유교(주자학)였던바, 이러한 양상은 조선시대의 경우에도 그대로 지속되었다. 즉 조선시대의 유학자들은 '유기체적 세계관'과 '인륜 중심적 가치관'에 입각하여 국가를 통치하고, 종법(宗法)과 종계(宗契), 향약과 사창 등을 통하여 공동체의 규율과 협력을 추구해 나갔던 것이다. 종법과 종계, 향약과 사창 등과 더불어, 공동체적 결속의 또 하나의 매개체는 향교(鄕校)와 서원(書院)이었다. 본고에서는 이러한 것들을 중심으로 조선시대 유교적 공동체의 양상을 살펴보기로 하겠다.

1) 종법(宗法)과 종계(宗契) : 혈연(血緣) 공동체

가족은 수평적으로는 부부(夫婦)를, 수직적으로는 부모와 자녀를 축으로 형성된 사회 구성의 가장 기초적인 집단이다. 가족은 보통 부부와 자녀로 구성되는바, 가족의 질서는 가부장(家父長)이 통솔해야 한다는 것이 유교의 생각이었다. 가족은 위로는 조상과 연결되고, 아래로는 자손으로 연결되며, 횡적으로는 형제자매로 연결된다. 이렇게 가족의 범위가 확대되면, 그것을 종족(宗族)이라 부른다. 유교에서는 종법제도(宗法制度)에 의해 가족(종족)의 질서를 형성하고자 했는데, 이러한 경향은 조선시대의 경우도 마찬가지였다.

종법제란 적장자(嫡長子)가 아버지의 지위를 계승하여 대종(大宗)이 되고, 다른 아들들은 분봉(分封)되어 소종(小宗)이 되는 제도를 말한다.[24] 적장자〔宗子〕의 역할은 조상의 제사를 받들고, 가문의 질서를 유지하며, 가문의 전통을 계승하는 것이다. 유교에서의 제사는 '자기 존재의 근본에 대한 보답〔報本〕' 이라는 의미를 지닌다. 종자(宗子)는 제사를 주재함으로써, 가문 내에서 으뜸가는 권위를 부여받게 된다. 종자의 또 다른 역할은 가문의 전통을 계승하는 것이다. 유교에서는 이렇게 각 가문의 전통이 계승됨으로써 궁극적으로는 국가의 기반이 확고해진다고 본다.[25] 종법제는 한편으로는 근본의 중요함을 일깨워 주어 가문의 전통을 계승할 수 있게 하고, 나아가서는 가문의 전통과 명예를 지키기 위해 국가에 충성하게 됨으로써 국가의 안정에 기여한다는 것이다.

종법제에서는 모든 권위와 권한이 종자에게 집중되는 감이 있다. 그러나 종자는 동시에 종족 구성원들의 과실(過失)을 대신 책임져야 하는 경우도 많았다.[26] 요컨대 종자는 가문을 대표해서 권한과 책임을 지니는바, 종

---

24) 周의 宗法制는 본래 王族에게만 적용되던 것이었으나, 宋代에 이르러서는 士大夫 계층 전반에 확산되어 家族制度의 근간을 이루게 되었다(지두환, 『조선시대 사상사의 재조명』, 120쪽 참조).

25) 程子는 "宗子의 法이 없으면 朝廷에는 世臣이 없게 된다. 宗子를 세우면 사람들이 근본의 중요함을 알게 되고, 朝廷의 形勢도 저절로 높아진다."(『性理大全』 卷67 頁1)고 말한 바 있다.

26) 禹柄彰, 「朝鮮時代에 있어서의 財産法 硏究」, 24쪽 참조.

법제의 취지는 종자로 하여금 가문의 질서 유지를 책임지게 하는 것이었다. 종자가 가문의 일을 주재하고 구성원들을 통솔하는 방식은 윤리(倫理)와 은의(恩義)에 입각해야 한다. 『성학집요』에서는 "윤리를 바르게 하면 존비(尊卑)의 위계(位階)가 분명해지며, 은의를 두텁게 하면 상하(上下)의 인정(人情)이 합쳐진다. 이 두 방식을 병행한 다음에야 가정을 다스리는 도리(道理)가 독실해진다."[27]고 했다.

하나의 가문은 세대가 누적될수록 종족의 범위가 확장되게 마련이다. 종족이 일정한 범위 이상으로 확장되면 종자의 통솔력은 약화될 수밖에 없게 된다. 이렇게 확대된 종족에서 종족으로서의 유대감과 통일성을 유지하기 위해 고안된 방식이 바로 종계(宗契, 花樹會)이다. 종계는 종족 구성원들 간의 '계약'을 통해 성립된다. 종자는 종계 안에서도 특별한 권위를 인정받고 우대되었을 것이나, 종계의 여러 일들은 종자의 임의에 따르는 것이 아니라 구성원 상호 간의 약속에 따라 처리되는 것이다. 여기에서는 초려(草廬) 이유태(李惟泰, 1607~1684)의 〈화수회서(花樹會序)〉를 통해 종계의 성격을 살펴보기로 한다.

> 듣자하니, 우리 선대(先代)께서는 모두 '사랑 · 공경'과 '실제에 근본함'으로 전가(傳家)의 체통(體統)을 삼으셨다. (…) 사랑하면 보고 싶고, 보면 늘 함께 하고 싶은 것은 어쩔 수 없는 인정이다. 그런데 많은 족속이 한 곳에 동거할 수는 없는 형편이니, 날마다 서로 모이기란 어려운 일이다. 그러므로 우선 근처에 사는 형제자질(兄弟子姪)로 더불어 약속을 정하고, 반드시 일정한 기간마다 회합하기로 하였으니, 이것이 화수계(花樹契)가 창설된 연유이다. (…) 기쁨을 함께 하는 자리에 준비물이 없지 못할 일이므로 주과(酒果)를 마련해야 하고, 빈곤한

27) 『栗谷全書』 卷23 頁3.

자는 스스로 준비하지 못할 것이므로 재곡(財穀)을 저축해야 할 것이다. 그 규칙은 11개의 조목으로 정하나, 그 근본은 각자의 마음에 경계함에 있는 것이다. 이것은 오로지 봄·가을의 회합을 위한 것이다. 그러므로 무릇 학업(學業)을 권장하고 빈궁환난(貧窮患難)을 돌봐주는 방도는 별도로 처리하고, 여기에 다 열거하지 못한다.[28)]

초려는 우선 '전가(傳家)의 체통'을 거론했는데, 이는 요즈음 말로는 '가문(家門)의 전통'에 해당한다. '사랑과 공경'·'실제에 근본함' 등이 그의 '가문의 전통'이었던바, '화수회'란 이러한 전통을 계승해야 한다는 의식에서 출발하는 것이다. 화수회가 설립되는 보다 현실적인 계기는 '많은 족속이 한 곳에 동거할 수 없는 형편' 때문에 자주 만날 수 없고, 결국 남남처럼 소원(疎遠)해질 수밖에 없다는 점이었다. 그러므로 정기적으로 모임을 갖고 종족으로서의 유대를 강화하기 위해 약속을 정한다는 것이다. 그 밖에 학업의 권장, 빈궁한 자에 대한 구휼 등도 화수회의 중요한 기능이었으며, 이를 위해 규칙을 정하고 기금(基金)을 적립하게 되었던 것이다. 이제 또 하나의 예로서 외암(巍巖) 이간(李柬, 1677~1737)의 〈종계서(宗契序)〉를 살펴보기로 하자.

'종계'라는 명칭은 근세에 비롯되었다. 만약 사람들이 모두 조상을 높이고 종친을 공경할 줄 알며, 사람들이 모두 친족을 친하게 여기고 화목을 두텁게 할 줄 알았다면, 무릇 근본에 보답하고 먼 조상을 추모하는 정성과 궁핍하고 어려운 종족을 돕는 은의에 저절로 마땅히 권하지 않아도 흥기되고 약속하지 않아도 믿게 되었을 것이니, 어찌 계약하는 문서를 작성하고 맹서하는 말을 보존할

28) 『草廬全集』 卷19 頁34, 〈花樹會序〉.

필요가 있었겠는가?(…) 슬프다. 세교(世敎)가 쇠퇴하여 골육의 은혜를 아는 사람이 드물게 되었다. 부자와 형제 사이도 이미 남남처럼 되었음을 면치 못하여, 각각 그 몸을 사사롭게 하니, 하물며 그 아래로 골육이 점차 나뉘고 은애가 날로 마르는 경우이겠는가? 그 까닭을 연구해보면 진실로 또한 사람마다 지·우·현·불초(智愚賢不肖)가 달라서 그런 것이다. 진실로 만약 지혜로운 자는 어리석은 자를 불쌍히 여겨 한결같이 잘 미루어나가게 하고, 어진 자는 고약한 자를 길러서 그 화기(和氣)로 인도한다면, 효순친애(孝順親愛)의 덕은 본래 하늘이 내려준 것이요 조종(祖宗)이 전수(傳授)한 바로서 사람마다 모두 함께 얻은 것이다. 성심(誠心)으로 일러주고 실리(實理)로 믿게 하면, 저들은 본래 한 사람의 골육에서 나온 것이니, 그 어찌 무성하고 측연(惻然)한 실마리가 있지 않겠는가?[29]

외암은 종계가 필요하게 된 까닭을 세교의 쇠퇴에 따른 '종족의식의 약화'에서 찾았다. 부자·형제 등 지친 간에도 '골육의 은혜'를 망각하게 되었으니, 종계를 통해 지혜로운 자는 어리석은 자를 인도하고 어진 자는 고약한 자를 인도함으로써 종족 간에 '효순친애의 덕'을 무성하게 되살리자는 것이다.

이상의 내용을 정리해 보자. 종족은 가족이 확대된 것으로서, 본래 혈연을 매개로 성립하는 공동체였다. 혈연공동체에서 무엇보다도 중요한 덕목은 '사랑과 공경' 또는 '효순(孝順)과 친애'이며, 그 연장선상에서 후손들을 교육하고 빈궁한 종족들을 돕는 것이었다. 이 모든 것은 일차적으로는 종자의 권한과 책임이었다. 그러나 세대가 누적되어 종족의 범위가 확장됨에 따라 종자 한 사람의 능력으로 종족을 통솔하기 어렵고, 또 종족 간의

29) 『巍巖遺稿』 卷14 頁8~9, 〈宗契序〉.

유대감이 약화되자, 그 해결책으로 종계가 등장하게 된 것이다. 종계는 '혈연'과 '계약'을 두 축으로 성립하는 것으로, 이것이 조선시대 공동체의 한 양상이었다.

2) 향약(鄕約)과 사창(社倉) : 지연(地緣) 공동체

향약은 고려 말 주자학의 전래와 함께 우리나라에 전해졌을 것이다. 이후 주자학에 대한 이해가 심화됨에 따라, 각지의 사림(士林)들은 향약을 시행하고자 시도했다. 마침내 조선 중기에 이르러서는 국가에서 향약의 시행을 적극 권장하리만큼 보편성을 띠게 되었다. 많은 사림들이 향약에 관심을 기울였지만, 누구보다도 많은 관심을 기울인 사람은 율곡이었다. 이제 율곡의 경우를 중심으로 당시 시행된 향약과 사창의 양상을 살펴보자. 율곡은 〈서원향약입의(西原鄕約立議)〉에서 다음과 같이 말한다.

> 향약은 옛날에 정전(井田)을 함께 하던 사람들이 지키고 망을 봄에 서로 돕고, 질병에 서로 구제하고, 출입(出入)에 서로 도우며, 또한 자제들로 하여금 가숙(家塾)·당상(黨庠)·주서(州序)에서 교육을 받게 함으로써 효제(孝悌)를 두텁게 하던 것이다. 하·은·주(夏殷周) 시대에 다스림이 높고 풍속이 아름다웠던 것은 진실로 이에 말미암았다. 세도(世道)가 쇠미해져서, 정치는 거칠어지고 백성들은 흩어졌으며, 위로는 교육이 무너지고 아래로는 풍속이 망가졌으니, 아! 슬프도다. (…) 이에 향중(鄕中)의 부로(父老)들과 더불어 계도할 방법을 상의하니, 한결같이 향약을 다시 밝히는 것이 으뜸이라고 했다.[30]

30) 『栗谷全書』 卷16 頁2.

'정전(井田)을 함께 하던 사람들' 이란 '같은 마을에서 함께 경작하던 사람들' 이라는 뜻이다. 여기서 알 수 있듯이, 향약은 기본적으로 '같은 마을' 이라는 지연(地緣)을 매개로 성립한다. 율곡의 〈사창계약속(社倉契約束)〉에서는 "무릇 사창계 약속에 참여하기를 원하는 사람은 사창 소재지를 기준으로 20리 안에 사는 사람에게만 허락한다. 집이 20리 밖에 있다면 불허한다."[31]고 했다. 요컨대 향약과 사창은 모두 동일한 지역을 매개로 성립하는 공동체로서, 해당 지역을 넓지 않게 설정함으로써 친밀한 공동체로서의 실효(實效)를 기약할 수 있게 했다. 위에 보이듯이, 율곡은 지역사회를 미풍양속(美風良俗)과 상부상조(相扶相助)의 살기 좋은 고장으로 만드는 데에는 향약이 가장 효과적이라고 보았다. 덕업상권, 과실상규, 예속상교, 환난상휼 등 향약의 기본 덕목에 대해서는 주지하는 바이므로, 본고에서는 다만 율곡의 〈해주향약 입약범례(立約凡例)〉를 통해서 향약의 성격을 추론해 보기로 하자.

첫째, 향약은 '입약(立約)' 절차를 반드시 전제하고 있다. 율곡은 "처음 입약할 때에 약문(約文, 약속의 내용)을 동지들에게 널리 보여주고, 마음을 잡고 몸을 단속하며 개과천선하여 계약에 참여하기를 원하는 사람을 약간 골라, 서원(書院)에서 모여, 약법(約法)을 의정(議定)하고, 도약정(都約正)·부약정(副約正)과 직월(直月)·사화(司貨) 등을 선정한다."[32]고 했다. 이처럼 향약은 특정한 가치나 덕목을 구성원들에게 타율적으로 강요한 것이 아니라, 반드시 각자의 자발적인 참여의사를 확인함으로써 성립했던 것이다. 또한 약속의 구체적인 내용도 동지들의 논의를 통하여 결정되며, 약정과 직월·사화 등 주요 임원들도 동지들이 논의하여 선정했다.[33]

---

31) 『栗谷全書』 卷16 頁33.

32) 『栗谷全書』 卷16 頁7.

33) 율곡은 約員들 가운데 나이가 많고 學德이 가장 훌륭한 사람을 都約正으로 추대하고,

둘째, 향약의 효력은 '입약' 한 다음부터 발생했다. 율곡은 "무릇 선악적(善惡籍)은 모두 입약에 참여한 다음부터 기록한다. 입약 전에 비록 과실이 있었다 하더라도, 모두 씻을 수 있도록 허락하고 다시 문제 삼지 않는다. 반드시 여전히 과실을 고치지 않은 다음에야 악적(惡籍)에 기록한다."[34]고 했다. 즉 향약의 시행에 있어서, 입약 이전의 선악은 문제 삼지 않았던 것이다. 이 역시 향약에서는 '입약' 이라는 절차가 핵심적 관건임을 보여준다.

셋째, 향약의 주요 제재수단은 명예형(名譽刑)이었다. 율곡은 "직월은 만약 약원(約員)의 선행이나 악행을 들었으면 자세히 물어 그 실상을 확인하고 사적(私的)으로 장적(帳簿)에 기록했다가, 약원들이 모이는 날에 약원들에게 보고한다. 만약 직월이 선행이나 악행을 알고도 보고하지 않았으면 도약정 · 부약정이 그 까닭을 힐문(詰問)하고 약속을 어긴 것으로 논한다. 약원이 과실(악행)이 기록된 것이 말소되지 않은 채 3건에 이르렀으나 끝내 고치지 않는다면, 약원들이 함께 의논하여 향약으로부터 퇴출시킨다. 퇴출당한 사람이 진심으로 반성하고 고친다면 향약에 다시 가입하는 것을 허락한다(처음 가입할 때의 절차를 다시 밟는다)."[35]고 했다. 향약에서는 선행이 있는 사람은 함께 칭송하고, 악행이 누적된 사람은 퇴출시켰다. 향약으로부터 퇴출당함은 불명예였을 것인바, 향약에서 주요 제재는 물리적 차원보다는 '명예' 의 차원에서 이루어졌다.[36]

學行이 있는 사람 둘을 副約正으로 삼으라고 하였다. 향약을 운영하는 실무자는 直月과 司貨라고 할 수 있다. 直月은 約員名簿와 善籍(約員들의 善行을 기록해 두는 帳簿) · 惡籍(約員들의 惡行을 기록해 두는 帳簿) 등을 맡아서 기록하였고, 司貨는 향약의 財政을 맡아서 관리하였다.

34) 『栗谷全書』 卷16 頁8.

35) 『栗谷全書』 卷16 頁8~9.

36) 율곡의 〈社倉契約束〉의 '過失相規' 조목에서는 處罰 조항으로 '笞刑' 을 두기도 했다. 즉 가장 무거운 벌인 上罰에 해당하는 경우, 約員들이 모였을 때, 士類는 末端에 별도

넷째, 율곡은 향약과 사창을 연계시켜 시행하였다. 율곡은 "처음 입약할 때에, 향약에 참여하는 사람들은 각각 면포(緜布)와 마포(麻布) 각 1필과 쌀 1말을 내어 사화에게 맡기고 서원(書院)에 쌓아둔다. 재직(齋直)가운데 성실한 사람을 골라 그 출입을 관리하게 하여, 후일의 경조사(慶弔事)나 구휼의 자원으로 쓰게 한다. (…) 만약 쓰고 남은 것이 있으면 백성들에게 쌀을 빌려주되, 사창의 법과 마찬가지로 10분의 2의 이식(利息)을 받는다."[37] 고 하였다. 향약은 본래 환난상휼을 기본덕목으로 삼고 있었으며, 그를 위해 약원들로부터 약간씩의 재화(財貨)를 거두어 사화(司貨)가 관리하도록 했다. 그런데 율곡의 〈사창계약속〉에 보이듯이 향약과 사창을 합일된 형식으로 발전시키기도 했다.[38]

마지막으로, 향약은 양 · 천(良賤)이 함께 했으나, 향약을 주도한 것은 유생(儒生)이었다. 당시에는 양 · 천의 차별이 있었던 만큼 향약에서도 양 · 천은 차별되었으나, 그것이 천민에게 불리하게 고안된 것은 아니었다. 또한 최초의 입약을 포함하여 약원들의 주요 모임은 서원에서 이루어졌다. 이는 공동체 내에서의 '지식인과 교육기관의 주도적 역할' 을 보여준다.

로 앉게 하고, 長者에게는 面責을 가하며, 下人에게는 40대의 볼기를 친다고 했다. 즉 士類와 長者에게는 名譽刑, 下人에게는 體罰을 가한 것이다. 또 중대한 惡行에 대해서는 관청에 보고하여 治罪하도록 했던바(『栗谷全書』 卷16 頁37), 따라서 鄕約에서는 名譽刑이 주축을 이루었던 것이다.

37) 『栗谷全書』 卷16 頁9.

38) 社倉은 중국에서 전래된 것이지만, 契는 조선에서 自生한 것이다. 율곡의 〈社倉契約束〉은 社倉과 鄕約을 기능적으로 결합시켜, 鄕約에 입각하여 社倉을 경영한 것이다(『栗谷全書』 卷16 頁32~48 참조). 최문형에 의하면, 율곡이 처음으로 鄕約과 社倉을 결합시킨 것이라 한다(최문형, 「栗谷鄕約의 現代的 照明」, 46쪽).

3) 향교(鄕校)와 서원(書院) : 학연(學緣) 공동체

조선은 건국과 함께 각 고을에 향교를 설치하여 인재를 양성하고 풍속을 바로잡고자 했다. 또 조선 중기부터는 관학(官學, 鄕校) 대신 사학(私學)인 서원(書院)이 발달하게 되었거니와, 각지에 사액서원(賜額書院)이 등장함으로써, 이후로는 서원이 학연 공동체의 중심 역할을 담당하게 되었다. 이제 향교와 서원을 중심으로 형성되었던 학연 공동체에 대해 살펴보자.

먼저 동명(東溟) 김세렴(金世濂, 1593~1632)이 현풍(玄風) 현감으로 재직할 당시 기초한 〈현풍현 향교 학규(學規)〉를 살펴보자.

> '사장(師長)'[39]은 사표(師表)로서, 많은 선비들을 통솔하여 사도(斯道)를 창명(倡明)하는 사람이다. 반드시 많은 사람들이 추대하고 복종하며 한결같이 존경하고 신임하는 자를 얻어 삼가 본보기로 삼을 것이요, 자주 바꾸어서는 안 된다. 만약 부득이한 사유가 있어서 바꾸지 않을 수 없을 경우, 문서를 갖추어 교중(校中)에 올리면, 교중의 재회(齊會)에서 상의(商議)하여 새로운 사람을 선정한다. (…)
>
> '도유사(都有司)'는 규론(糾論)의 득실과 사림(士林)의 숙정(肅靜)을 오로지 책임지는 사람이다. 반드시 공명정직하여 중망(重望)을 얻은 자로 삼아야 하니, 사장(師長)이 재임(齋任)을 맡은 학생을 통솔하여 교중에서 모여 선출하며, 자주 바꾸는 것을 허락하지 않는다. 만약 사장(師長)이 유고(有故)이면 그 직임을 겸하여 살핀다. (…) 의논할 일이 있으면 함께 강마(講磨)하여 결정한다. (…)
>
> 만약 과실이 있으면 붕우들이 보고 들을 때마다 각자 서로 경고하며, 고치지

39) 본래 鄕校에는 敎授(종6품)와 訓導(종9품) 등 정식으로 임명된 스승이 있었는데, 조선 후기로 접어들면서 정식으로 스승을 임명하지 못해, 각 고을에서 자체적으로 스승을 임명하기도 했다.

않으면 도유사에게 보고하여 많은 사람들이 모인 데서 공개적으로 책망한다. 만약 고치지도 않고 복종하지도 않는다면, 가벼우면 출좌(黜坐, 등급이 낮은 자리로 쫓아냄)하고, 무거우면 사장께 보고하여 출재(黜齋, 학교에서 쫓아냄)한다. 마음을 바꾸어 허물을 고치고 선(善)을 향하는 자취가 현저하게 있으면 다시 입재(入齋)하는 것을 허락하는데, 다시 돌아올 때 모든 사람들이 참석한 가운데 면책(面責)한다. 만약 끝내 허물을 고치지 않아 더욱 심하게 악(惡)을 키우고 도리어 자기를 책망한 사람을 원망한다면, 사장께 고하여 그 명적(名籍)을 삭제하고, 심한 자는 죄상(罪狀)을 기록해 둔다. 무릇 이 학규(學規)를 제정하기 전의 과실에 대해서는 모두 소급하여 논의하지 않는다.[40]

위의 인용문의 핵심은 셋이다. 첫째, 공동체의 대표를 선임하는 방식이다. 사장(師長)은 향교의 스승이요 도유사(都有司)는 향교의 학생회장 격인 바, 사장은 추대하고 도유사는 선출한다고 했다. 둘째, 공동체의 주요 안건을 의결하는 방식으로서, "의논할 일이 있으면 (都有司가 諸生들과) 함께 강마하여 결정한다"고 했다. 셋째, 과실에 대한 처벌 규정으로서, 가벼운 과실은 도유사가 처결하고, 무거운 과실은 사장께 보고하여 처결한다고 했다. 이와 관련하여 특히 주목할 것은 "무릇 이 학규를 제정하기 전의 과실에 대해서는 모두 소급하여 논의하지 않는다"는 규정이다. 이는 향약에서 '입약 이전의 과실은 모두 문제 삼지 않는다'고 했던 것과 궤를 같이한다.

위의 내용을 다시 요약하면, '사장은 추대하고 도유사는 선출한다'는 것, '공동체의 주요 안건은 함께 강마하여 결정한다'는 것, '가벼운 과실은 자체적으로 처결하고, 중대한 과실은 상부에 보고한다'는 것, '입약 이전의 과실은 문제 삼지 않는다'는 것인바, 이는 모두 오늘날의 상식(常識)

40) 『東溟集』 卷6 頁9~11, 〈玄風縣學規〉.

과도 훌륭하게 합치하는 내용들이다.

그러나 향교는 차츰 과거(科擧) 준비기관으로 고착되고, 그마저도 유명무실해지는 경우가 많았다. 이에 조선 중기부터는 각지의 뜻있는 선비들이 유학의 본래 이념인 '도학(道學)'에 충실하고자, 힘을 모아 서원(書院)을 건립하기 시작하였다. 퇴계(退溪)는 그러한 정황을 다음과 같이 설명한 바 있다.

> 일찍이 듣자하니, 사람에게는 도(道)가 있거니와, 가르침이 없으면 금수(禽獸)에 가깝게 된다. 성인(聖人)이 이를 근심하시어 인륜으로 가르치시니, 삼대(三代)의 학교는 모두 인륜을 밝히기 위한 것이었다. 후세에 이르러 성왕(聖王)이 일어나지 않고 고도(古道)가 무너짐에 따라, 문사(文詞)·과거(科擧)·이록(利祿)의 풍습이 사람들의 마음가짐을 무너뜨려, 광란(狂瀾)으로 치닫고는 돌아오지 않았다. 그리하여 안으로는 국학(國學)이 있고 밖으로는 향교(鄕校)가 있어도, 모두 어두워 그 가르침을 알지 못하고, 막연하여 배움을 일삼지 않았다. 이것이 뜻있는 선비들이 발분하고 탄식하면서 서책을 싸 들고 산암수택(山巖藪澤) 속으로 도망가서 서로 들은 것을 강론함으로써, 도(道)를 밝히고, 자기를 이루고 남을 이루어준 까닭이다. 따라서 후세에 서원이 생기게 된 것은 형세가 그렇지 않을 수 없었던 것이요, 또 그 일은 매우 숭상할 만한 것이다.[41]

서원은 대개 자기 고을과 연고가 있는 선현(先賢)을 봉향(奉享)하여, 그의 학덕을 기리고 본받으면서 도학(道學)을 밝히고 풍속을 바루고자 하는 취지에서 설립되었다.[42] 국가에서도 그 취지를 가상히 여기고, 사액(賜額)과 함께 노비와 전답을 내림으로써 적극 후원하는 경우가 많았다. 그러나

---

41) 『退溪集』 卷42 頁29~30, 〈伊山書院記〉.

42) 『退溪集』 卷42 頁31, 〈迎鳳書院記〉.

관학이었던 향교와 달리, 서원은 고을의 유지(有志)들이 주도한 사학이었다. 즉 유지들의 뜻을 모아 설립된 서원은 그 운영 역시 유지들의 협의를 통해 이루어졌다. 다음의 인용문은 『율곡전서(栗谷全書)』에 보이는 〈문헌서원(文憲書院) 학규〉를 발췌한 것이다.

一. 선비를 받아들이는 방법은 장·소(長少)를 막론하고 학업에 뜻이 있고 이름과 행실에 오점(汚點)이 없는 사람을 받아들이되, 서원의 유생이 함께 논의하여 입학을 허락한다. 회의에 참석한 사람이 10명 미만일 경우에는 의론을 결정할 수 없다. 생원(生員)과 진사(進士)는 논의를 거치지 않고 곧바로 입학을 허락한다. 만약에 유생이 혹 권세(權勢)를 끼고 입학을 요구하거나, 혹 도주(道主)나 주관(州官)과 연줄을 대기 위해 입학하려는 경우는 모두 입학을 허락하지 않는다.

一. 제생(諸生) 가운데 2명의 유식자(有識者)를 골라 장의(掌議)로 삼는다. 무릇 원중(院中)의 의논은 이 두 사람이 주관한다(掌議가 없을 경우엔 議論을 결정할 수 없다). 장의는 2년마다 서로 번갈아 가면서 맡는다. 또 유사(有司)를 정하여 서책(書冊)을 주관하도록 한다. (…)

一. 매월 삭망(朔望)에는 제생이 건포(巾袍)를 갖추고 사당(祠堂)에 이르러 중문(中門)을 열고 분향재배(焚香再拜)한다. 비록 삭망이 아니라도, 제생이 다른 곳에서 처음 도착했을 때나, 혹은 서원으로부터 집으로 돌아갈 때에는 반드시 묘정(廟廷)에서 재배(再拜)한다. (…)

一. 항상 존장(尊長)을 대하듯이 의복(衣服)과 관대(冠帶)를 단정하게 하고, 손을 모으고 바르게 앉는다. 간편하게 설복(褻服)을 입을 수 없으며, 또한 화려하고 사치한 옷은 입지 못한다. 무릇 책상·서책·붓·벼루 등은 모두 제 자리에 정돈해두어, 어지럽게 늘어놓지 않도록 한다. 글씨는 반드시 해서(楷書)로 바르게 쓰며, 창호(窓戶)나 벽에 낙서하지 않도록 한다.

一. 무릇 거처는 편하고 좋은 자리는 반드시 장자(長者)에게 사양하여, 혹 스스로 편한 곳을 차지하지 않도록 한다. 10세 이상 연상인 장자가 출입할 때에는 어린 사람은 반드시 일어난다. (…)

一. 새벽에 일어나서 밤에 잘 때까지 하루 동안 반드시 일삼는 바가 있어야 한다. 혹 책을 읽고 혹 글을 지으며, 혹 의리(義理)를 강론하고 혹 가르침을 청하는 것이 모두 학업이다. 한가한 때에는 혹 냇가에 노닐기도 한다. (…)

一. 춘추의 제향에 까닭 없이 불참하는 사람은 출좌(黜座, 등급이 낮은 자리로 쫓아냄)한다.

一. 원적(院籍)에 이름을 올려놓고 행실을 잃거나 유풍(儒風)을 욕되게 한 사람은 원생들이 함께 논의하여 원적에서 삭제한다.

一. 사계절의 첫 달에는 장의가 제생을 서원에 모이게 하고 학규를 강의하며, 제생의 득실을 검찰한다. 까닭 없이 불참한 사람은 출좌한다. 무릇 처음 서원에 입학한 사람은 반드시 먼저 학규를 읽도록 한다.[43]

위에 보이듯이, 서원은 학규가 매우 엄격했으나, 기본적으로 원생들의 협의를 통해 운영되는 자율적 기구였다. 의결정족수를 설정하여 특정인의 독단을 막았고, "혹 권세를 끼고 입학을 요구하거나, 혹 도주(道主)나 주관(州官)과 연줄을 대기 위해 입학하려는 경우는 모두 입학을 허락하지 않음"으로써 서원의 독립성과 순수성을 확보하고자 했다.

퇴계와 율곡의 소론(所論)을 바탕으로 서원의 주요 기능을 정리하면 다음과 같다. 첫째, 선현(先賢)의 봉향(奉享)이다. 고을의 선현을 봉향하는 것은 선현을 추모하는 것이기도 하고, 그를 사표(師表)로 본받는 것이기도 하며, 고을의 전통을 확립하는 것이기도 했다. 둘째, 과거(科擧)를 위한 공부

43) 『栗谷全書』 卷15 頁49~51, 〈文憲書院學規〉.

가 아닌 위기지학(爲己之學, 道學)을 추구했다. 따라서 문사(文詞)의 조탁(彫琢)보다는 의리(義理)의 강론(講論)을 중시했고, 예의범절을 두루 익히고 실천하는 것을 중시했다. 셋째, 유풍(儒風)으로 모범을 보임으로써 풍속을 순화하는 것이다. 이러한 맥락에서 서원은 당시 활성화된 향약의 시행을 주도하게 되었던 것이다. 이렇게 볼 때, 서원은 지역사회와 밀접한 관계를 맺으면서 학문(學問)뿐만 아니라 향풍(鄕風)을 선도했던 것이다.

4. 결론 : 비판적 전망

유교는 본래 개인주의보다 공동체주의와 친화성이 있다. 유교의 이상은 한마디로 '인륜공동체의 실현' 이다. 송대의 주자학은 인륜공동체의 이상을 이론적으로 재정립하였고, 사대부들은 자임의식을 발휘함으로써 인륜공동체를 구현하는 데 앞장섰다. 송대에 그랬던 것처럼 조선시대에는 종법과 종계, 향약과 사창, 향교와 서원 등이 크게 발달했는데, 이는 유교적 인륜공동체를 지탱하는 세 축이었다.

종족(宗族)은 근본적으로 혈연공동체이나, 종족의 범위가 확장됨에 따라 계약을 통한 종계로 발전하게 된 것이다. 반면에 향약과 사창은 본래 지연(地緣)과 계약이 동시에 결합된 것이다. 종계와 향약은 그 가입 요건이 '혈연이냐, 지연이냐' 를 달리하는 것이었지만, 실제의 기능이나 역할은 대동소이했다. 구성원들의 유대감을 강화하고 미풍양속을 기약하며 빈궁한 사람을 구휼함 등은 종계나 향약에 모두 공통된 것이었다. 다만 유대감을 형성하는 방식에 있어서, 종계는 '효순(孝順)과 친애(親愛)' 등 '가족적 사랑' 이 강조된 것이요, 향약에서는 '가족 간의 효순과 친애' 뿐만 아니라 보다 확대된 사랑의 양식인 '서(恕)나 공정성' 이 강조된 것이다. 이러한 특징은 물론 유교의 본래 입장인 '친친(親親), 인민(仁民), 애물(愛物)' 이나 '이일분수(理一分殊)' 의 정신에 따른 것이다.[44]

조선시대 공동체의 성립 기반으로 혈연 · 지연 외에 또 하나 주목되는 것은 학연이다. 향교와 서원은 학연의 중심지로 기능했다. 특히 서원은 고을의 유지들이 뜻을 모아 건립한 것이요, 또 고을의 선현을 봉향함으로써 고을의 전통을 확립하고 명예를 진작시키는 역할을 했으니, 서원은 학연 공동체일 뿐만 아니라 지연공동체이기도 했다. 조선시대에는 서원 외에도 특정한 인물의 제자들이 스승의 학덕을 기리는 계(契)가 많이 있었다. 이러한 학연공동체들은 학술활동뿐만 아니라 향풍(鄕風)을 선도하는 데도 크게 기여했다.

요컨대 종족과 종계, 향약과 사창, 향교와 서원 등 전통적 공동체들은 '생래적 귀속집단' 의 성격과 '자발적 계약집단' 의 성격을 겸했다. 이러한 전통적 공동체들이 그 본래의 이상대로 긍정적 기능만 발휘한 것은 아니다. 혈연공동체는 문벌주의(門閥主義)의 폐단을 낳기도 하고, 학연공동체는 정치권력과 결탁함으로써 당쟁(黨爭)의 소굴이 되기도 했다. 이는 모두 '본래의 취지' 는 외면하고 '연줄〔緣故〕' 에만 집착한 결과라 하겠다. 그 결과 근대화의 바람과 함께 전통적 공동체가 '타기(唾棄)의 대상' 으로 지목되었던 것이다.

그런데 역설적으로 오늘날까지 전승되는 전통적 공동체는 정작 '타기되어야 할 내용' 은 그대로 간직한 채 '보존되어야 할 본래의 취지' 는 대부분 상실하고 말았다. 전통적 공동체는 혈연 · 학연 · 지연 등 연고를 매개체로, 친목을 도모하고 환난을 구휼하며, 미풍양속을 선도하자는 것이었

44) 유교에서는 가족 간의 사랑은 '孝悌(父慈子孝 兄友弟恭)' 로 설명되고, 혈연이 전제되지 않은 일반인들 사이의 사랑은 '忠恕' 로 설명되었다. 이에 대한 자세한 논의는 拙著, 『儒敎傳統과 自由民主主義』 제9장 참조.

다. 다시 말해, 과거의 전통적인 공동체는 친목 도모와 환난의 구휼 등을 통한 '유대감의 강화' 와 동시에 미풍양속을 선도하는 '규범적 기능' 을 겸했었다. 그런데 오늘날까지 전승되는 공동체는 '규범적 기능' 을 상실함으로써 '유대감의 강화' 마저도 연고주의로 타락하게 된 것이다.

실제로 오늘날에도 각 종족별로 종계(宗契, 花樹會)는 많이 존재하나, 옛날만큼의 위상을 확보하지 못함은 물론이요, 그 기능도 매우 축소되었다. 향약의 경우는 오늘날에는 거의 존재하지 않는다. 다만 아직도 시골에는 동계(洞契)와 동제(洞祭) 등이 적지 않게 전승되고 있는바, 공동기금 조성과 마을의 축제 등을 통해서 유대감을 지속시키는 역할을 하고 있다. 이러한 것들은 향약이나 사창 등이 변모된 형태라고 하겠으나, 향약만큼의 규범적 역할은 못하는 것이다. 한편 근대화의 과정에서 등장한 각지의 향우회(鄕友會)는 연고에 매달릴 뿐, 역시 규범적 기능은 미약하다. 오늘날에도 여전히 번성하는 것은 '학연공동체' 이다. 그런데 동창회(同窓會)로 상징되는 오늘날의 학연공동체는 대부분 학벌의 매개체로 그칠 뿐, 학문을 숭상하고 학풍을 선도하는 경우는 찾아보기 힘들다. 이러한 진단이 타당하다면, 오늘날까지 전승되는 전통적 공동체는 '타기되어야 할 내용' 은 그대로 간직한 채 '보존되어야 할 본래의 취지' 는 대부분 상실하고 말았다고 하겠다.

그렇다면 개인주의의 한계를 지양하고자 다시 공동체주의가 부각되는 시점에서, 또 많은 사람들이 실제로 공동체주의에 공감하는 시점에서, 우리는 전통 유교의 유산으로부터 무엇을 취사선택할 것인가? 이에 대해 논자는 두 가지 관점에서 접근해 보고자 한다.

첫째는 이론적 관점이다. 이는 '개인과 공동체의 관계를 어떻게 설정할 것인가?' 의 문제이다. 오늘날의 사회학자 조혜인은 '공동체와 개인' 은 서로 경합하기도 하지만, 보다 근본적으로는 "공동체가 개인 내지 자유를 지지해 주는 토대"라는 점을 강조하고, "공동체적 토대 위의 참된 자유"를 주창한다.[45] 반면에 서양의 정치학자 브론너(Stephen Eric Bronner)는 공동체주의에 대해 '공동체적 유대'라는 명목 아래 자행되는 '친밀함의 횡포(tyranny of intimacy)'를 우려한다.[46] 친밀함의 횡포가 자행된다면, 개인의 사생활이나 자유(인권)는 존립하기 어려울 것이다. 두 사람의 견해를 종합하자면, 공동체가 전제되지 않는다면 개인은 자유를 보장받을 토대를 상실하게 되나, 한편으로는 공동체가 개인의 자유를 존중하지 않는다면 개인에게 있어서 그 공동체는 무의미하게 될 것이다. 따라서 우리는 개인과 공동체의 '상호불가결성'에 대한 인식을 바탕으로, 양자의 관계를 '균형' 있게 설정해야 한다.

서양의 공동체주의에 대해서 종종 제기되는 또 하나의 비판은 특수주의 또는 상대주의와 관련된 것이다. 즉 서양의 공동체주의자들은 "한 사회는 특유의 편견뿐만 아니라 독특한 문화를 갖는 하나의 살아있는 생명체"라는 점을 강조하는바, 따라서 "공동체주의적 사고는 그 출발에서부터 상대주의를 핵심으로 한다"는 것이다. 이러한 맥락에서, 서양의 공동체주의는 결국 '편협한 애향심'이나 로티(Richard Rorty)의 '민족적 유대(ethnosolidarity)', '민족다원주의(ethnopluralism)', '자기민족중심주의(ethnocentrism)' 등을 허용하게 되고, '세계주의적 이상'과 '보편적 인권' 등을 외면하는 것으로 지적되어 왔다.[47]

이상에서 제기된 두 가지 논점을 고려한다면, 한편으로는 공동체와 개인의 관계를 균형있게 설정해야 하며, 한편으로는 '각 지역의 공동체의

---

45) 조혜인, 「공동체적 토대 위의 참된 자유 : 사회학과 유교에서 찾아본 나란한 인식」, 173쪽.

46) 브론너, 『현대 정치와 사상』, 85쪽.

47) 브론너, 『현대 정치와 사상』, 78~81쪽.

식'과 '대한민국의 공통된 기준' 또는 '특정한 공동체의 전통'과 '인류보편의 기준'을 조화시킬 수 있는 논리가 필요하다. 이와 관련하여 전통 주자학의 '이일분수론(理一分殊論)'을 다시 주목하는 것이 긴요하다.[48)]

둘째는 실천적 관점이다. 앞에서 고찰한 것처럼, 전통적 공동체는 친목의 도모와 환난의 구휼이라는 '공동체적 결속의 기능'과 미풍양속의 선도라는 '규범적 기능'을 지니고 있었다. 그런데 규범적 기능을 상실함으로써 결속의 기능(유대감의 강화)마저도 연고주의로 타락하게 된 것이다. 따라서 공동체주의를 온전하게 실현하려면 무엇보다도 규범적 기능을 되살리는 것이 중요하다.

규범적 기능을 되살림으로써 공동체를 바람직한 양상으로 발전시키기 위해서는 '공동체의 본질이 무엇인가?' 하는 점을 다시 성찰해야 한다. 공동체의 본질은 '삶의 토대와 이상을 공유함으로써 구성원들에게 귀속감과 안정감을 제공함'일 것이다. 그런데 과거의 사례처럼 규범적 기능을 외면함으로써 공동체를 단지 연줄의 매개체로만 인식한다면, 이것은 결국 공동체를 하나의 이익집단으로 전락시키는 것에 불과하다. '이익집단으로서의 공동체'는 '사익(私益)에 집착하는 개인'과 그 규모만 다를 뿐, 본질에 있어서는 다를 바 없다. 따라서 이러한 공동체는 오늘날 문제가 되는 개인주의의 폐단을 더 큰 규모로 재생산하게 된다. 실제로 오늘날의 지역이기주의나 학벌주의가 여기에 해당한다. 오늘날의 지역이기주의나 학벌주의를 관찰할 때, 이익집단으로서의 공동체는 제반 갈등과 소외를 부추길 뿐, 국가의 발전이나 개인의 행복을 위해 기여하는 점은 없다. 따라서 이러한 폐단을 막기 위해서 공동체의 규범적 기능을 강화해야 한다.

공동체의 규범적 기능은 그 구성원들을 규율하는 것뿐만 아니라 공동체

48) 理一分殊論에 대한 자세한 논의는 拙著, 『儒教傳統과 自由民主主義』 제4장 참조.

자체를 규율하는 것이기도 하다. 구성원들을 규율한다는 차원에서 보면, 각각의 구성원들은 자기 삶의 토대로서의 공동체의 존속에 협력하고, 또 공동체의 존속에 협력함으로써 '보다 확대된 자아(自我)의 의미'와 '금수와 구별되는 인간적 가치'를 발견하게 된다. 한편, 공동체 자체를 규율한다는 차원에서 보면, 공동체는 스스로를 규율함으로써 이익집단으로 전락함을 막는 것이요, 또 규율된 공동체 속에서 각자는 자기 삶의 토대와 영역을 안정적으로 확보함으로써 자신의 행복을 가꿀 수 있다. 또한 조선시대의 여러 공동체에서는 자발적 계약을 통한 자율성이 강조되었으며, 사대부들은 자임의식을 통하여 그것을 뒷받침했다. 오늘날에도 마찬가지로 구성원들의 자발성과 지성인들의 자임의식이 긴요함은 물론이다.

제3장

경쟁론에 대한 근래의 비판들과 그 함의

1. 서론

우리 한국의 근대화는 자유경쟁론 · 생존경쟁론의 도입으로부터 시작되었다. 개화파는 '명분론(名分論)' 이 지배하던 구시대의 틀을 깨고, 새롭게 '경쟁' 의 관념을 주입하기 시작했던 것이다. 예컨대 '개화의 선구자' 로 칭송되는 유길준은 경쟁을 '문명진보의 원동력' 으로 예찬한 인물이기도 했다. 유길준은 〈경쟁론(競爭論)〉에서 다음과 같이 말한 바 있다.

> 人生의 萬事가 競爭을 依持하지 아니한 者가 없으니 大한 則 天下國家의 事로부터 小한 則 一身一家의 事에 이르히 悉皆 競爭을 因하야 始能進步하는 者이라 만일 人生이 競爭하는 바가 없으면 何物로써 其 智德과 幸福을 崇進함을 得하며 何物로써 其 光威와 富强을 增進함을 得하리오[1)]

1) 『兪吉濬全書』 제4권, 49쪽.

유길준의 『서유견문(西遊見聞)』 제4편 〈人世의 競勵〉에서는 "各其 自己의 職分을 務하며 自己의 好惡를 從하야 自己의 趣意를 欲達함으로 先을 爭하나니 此는 卽 世人의 相競相勵하는 事라 人間의 美利公益이 此道를 由하야 成就하고"[2]라고 했다. 이러한 맥락에서 개화란 기존의 명분론적 사회 운영원리를 폐기하고 우리 사회를 경쟁의 체계로 개편하는 것이기도 했다.[3]

개화파 이래, 우리 한국은 숱한 우여곡절을 겪으며 근대화에 매진하여 눈부신 성공을 거두었다. 한국은 '개화의 모범국'으로 자타가 공인하게 된 것이다. 그런데 이 '눈부신 성공'의 이면에는 수많은 사람들의 좌절과 절규가 숨어있다. 예컨대 《조선일보》 2013년 1월 1일자 신년특집 기사에서 대학생 박종찬(고려대 제45대 총학생회장) 군은 기성세대를 향해 다음과 같이 하소연한 바 있다.

> 그토록 바라던 민주주의를 쟁취하고 경제성장도 이룩했는데도 고통을 받는 이들은 여전히 존재합니다. 우리도 그렇습니다. 비싼 등록금으로 빚더미에 앉은 친구들, 일자리를 구하지 못해 아르바이트 인생으로 전락한 친구들, 먹고살기 위해 연애와 결혼을 포기한 친구들 …. 오늘날 2030세대가 안고 사는 비애는 선배들이 겪어보지 못한 일들이 아닐까요? 요새 대학은 선배들이 대학생이던 시절과는 사뭇 다릅니다. 지성의 요람이자 학문의 전당이라는 대학이 그저 취업만을 준비하는 학원이 되었어요. 학점 관리와 스펙 쌓기에 열중하느라 선후배 · 동기 간 유대도 많이 사라졌습니다. 동아리 · 학생회를 하려는 이들도 별로

---

2) 『兪吉濬全書』 제1권, 150쪽.

3) 조선시대는 儒教的 名分論이 지배하던 사회였다. 유교의 명분론은 유기체적 세계관을 바탕으로 모든 구성원들의 몫을 골고루 보장하자는 것이었다. 그런데 조선 후기의 탐욕스런 勢道政治는 명분론적 운영원리를 외면하여 계급갈등(농민반란)을 증폭시켰고, 그 결과 조선은 내부적으로 스스로 붕괴할 위험에 처했던 것이다.

없어요. 낭만이 사라진 자리에 경쟁만이 남았습니다. 이렇게 팍팍한 대학 생활을 거치고도 취업하기란 '하늘의 별 따기' 입니다.

위의 인용문은 여러 논점을 제기하고 있는바, '청년실업' 문제도 그 가운데 하나이다. 경제학의 고전적 상식은 '성장이 고용을 늘린다' 는 것이었다. 그런데 근래에는 '고용 없는 성장' 이라는 말이 자주 회자되는바, '청년실업' 은 이와 밀접한 관계가 있다. 무한 경쟁을 통해 생산성이 고도로 높아지면서, 한편으로는 '고용 없는 성장' 을 초래하고, 한편으로는 '잉여인간' 을 산출하여, '청년실업' 문제를 야기하는 것이다.[4)]

경쟁론이 단순히 청년실업 문제만을 야기한다면 오히려 다행이다. 오늘날 현대인들은 '무한경쟁(無限競爭)과 적자생존(適者生存)' 이라는 신자유주의의 물결에 시달리면서, 스스로는 견디기 힘든 긴장(stress)을 겪게 되고, 남에게는 살벌한 적의(敵意)를 품게 되는 것이다. 요컨대 오늘날의 경쟁은 우리들 각자의 내면을 파괴함은 물론, 우리들 사이의 건전한 인간관계도 파괴한다. 그리하여 근래의 여러 석학(碩學)들은 이미 과도한 경쟁이 야기하는 여러 심각한 부작용들을 직시하면서, 경쟁론을 비판하고 새로운 대안을 찾기 시작했다.

이러한 맥락에서, 본고에서는 근대 서구사회에서 경쟁론이 등장하게 된 배경과 경쟁론의 구체적 내용을 살펴보고, 경쟁론에 대한 근래의 여러 비판들을 두루 살펴본 다음, 그들의 반(反)경쟁론이 함축하는 바를 정리해

---

4) 조한혜정은 "잉여가 되어버리지 않을까 하는 청년 세대의 걱정은 이전 세대가 경험하고 있는 걱정과는 다르다. 그간 近代라는 車를 계속 달리게 하고 속력을 내기 위해 많은 사람들이 필요했지만 이제는 그렇지 않다." 는 바우만의 말을 소개하고, "이제 우리사회는 청년실업문제가 잉여인구를 양산하는 근대의 구조적 산물이자 후기 근대사회가 풀어내야 할 핵심적 과제라는 점을 명확하게 인식해야 할 것" 이라고 지적한 바 있다(연세대학교 학술위원회 편, 『경쟁과 공존』, 250쪽 참조).

보고자 한다.

2. 근대 경쟁론의 두 기원

1) 자유주의의 자유경쟁론

자유주의는 말 그대로 개인의 자유를 최고의 준거로 삼는 이념 체계이다. 자유주의에서 자유는 목적적 의미와 수단적 의미를 동시에 지닌다. 자유는 그 자체 삶의 최고 목적이요 가치라는 것이며, 동시에 모든 것을 개인의 자유에 일임하면 대부분의 사회 문제들이 순조롭게 해결된다는 것이다. 이처럼 자유주의에서 자유는 지대한 의미를 지니는바, 그렇다고 자유주의가 개인의 자유를 무제한적으로 옹호하는 것은 아니다. 자유주의자들은 몇 가지 원칙으로 자유를 제한하는바, 그것은 둘로 요약된다. 첫째는 나의 자유로운 행위가 남에게 해를 끼쳐서는 안 된다는 '무해원칙(無害原則)' 이며, 둘째는 내가 다른 사람보다 더 많은 자유를 누리려고 해서는 안 된다는 '공정원칙(公正原則)' 이다.

자유주의는 사회를 '교환의 체계' 라는 관점에서 이해한다. 자유주의에 입각하면, 개인은 본래 독립적 존재이기에, 사회생활을 영위할 필연적 이유가 없다. 그런데 개인들이 계약을 통해 사회를 건설하는 이유는 교환을 통해 각자 서로 필요한 것들을 획득하기 위함이라는 것이다. 자유주의자들이 금과옥조(金科玉條)로 내세우는 '무해원칙' 과 '공정원칙' 은 바로 사회적 교환을 원활하게 하기 위한 원칙이었다.

동서고금을 막론하고 모든 사회는 본질적으로 '분업과 협동의 체계' 이다. 분업이 존재하면 반드시 그 결과를 교환해야 한다. 그러므로 사회적 교환은 동서고금에 보편적으로 존재했던 것인바, 따라서 사회를 '교환의 체계' 로 보는 것은 자유주의만의 독특한 관점이 아니다. 자유주의의 특징은 사회를 '교환의 체계' 로 규정함에 있지 않고 '사회적 교환의 본질' 을 '자기 이익의 최대화' 즉 '이기적 경쟁' 으로 규정함에 있다. 자유주의의 이러한 입장은 인간은 본래 '합리적 이기주의자(rational egoist)' 라는 인식에서 도출된 것이다.

'합리적 이기주의' 라는 말에서 주목할 것은 '합리적' 이라는 용어이다. 이는 '이성을 통해 이기적 욕구를 가장 효율적으로 충족시킬 수 있는 방법을 모색한다' 는 뜻으로서, 두 맥락을 포함한다. 첫째는 생산성을 높일 수 있는 새로운 도구와 기술을 찾아냄으로써 이익을 증진시키는 것이요, 둘째는 다른 사람들과의 갈등(투쟁)을 회피하거나 줄일 수 있는 공정한 방법을 찾아냄으로써 불필요한 손실을 감소시키는 것이다.[5] 이러한 맥락에서, 자유주의자들이 말하는 '합리성(rationality)' 은 두 의미를 지닌다. 최소의 노력으로 최대의 효과를 산출한다는 '효율성' [6]과 무해원칙 · 공정원칙 등 이성이 제시하는 자연법을 준수한다는 '공정성' [7]이 그것이다.

자유주의의 '자유' 란 실로 여러 의미를 지니지만, 그 가운데 하나는 '개인들이 각자 자신의 이기심을 자유롭게 발휘할 수 있도록 보장하라' 는 것

---

5) 갈등(투쟁)은 대개 협력(평화)보다 많은 비용을 초래하므로, 갈등을 피하는 것도 효율성을 증진시키는 방법의 하나이다. 利己主義는 종종 다른 사람과의 갈등을 낳는데, 갈등을 회피하거나 줄일 수 있는 방법을 알려주는 것도 理性의 역할인 것이다.

6) 흄(David Hume)은 "이성은 정념의 노예요, 오직 노예여야만 한다. 이성은 정념에게 시중들며 복종하는 것 외에는 다른 어떠한 직분도 절대로 가질 수 없다." 고 선언한 바 있는데(Hume, *A Treatise of Human Nature*, 415쪽), 이는 '가장 효율적으로' 정열을 위해 복무하는 것이 '理性의 직분' 이라는 의미였다.

7) 홉스(Thomas Hobbes)는 自然法을 '理性이 알려주는 법' 으로 정의하고, 자연법의 제1조항은 '평화를 얻기 위해 노력하라' 는 것이요, 제2조항은 '나도 남이 누리는 만큼의 자유를 누리는 것으로 만족하라' 는 것이라고 주장한 바 있다(Hobbes, *Leviathan*, chap.14, 188~190쪽 참조).

이다. 사람은 누구나 자신의 이익을 위해서는 자발적으로 노력한다. 따라서 이기심을 승인하면 각자의 삶이 개선될 것이요, 각자의 삶이 개선되면 결국 사회도 발전한다는 것이 자유주의의 지론이었다. 다만 걱정되는 것은 이기심이 사회적 갈등을 초래할 수 있다는 점이었는데, 이 또한 이기심과 동행하는 이성〔自然法〕에 의해 자연스럽게 해결될 것이라고 보았다. 이러한 맥락에서 맨더빌(Bernard de Mandeville)은 '사악(私惡)이 바뀌어 공익(公益)이 된다'고 설파하면서 개인이 '정의의 원칙 아래 마음껏 자신의 이익을 추구할 수 있는 자유'를 외쳤던 것이다. 개인의 이기심을 정의와 결합시키면 인류의 낙원을 만들 수 있다는 것이 맨더빌의 지론이었다.[8)]

맨더빌은 개인의 이기심을 옹호하면서도 정의라는 원칙을 외면하지 않았는데, 이는 이기심에 대한 일반적 우려를 부정할 수 없었기 때문일 것이다. 그러나 스미스(Adam Smith, 1723~1790)는 이른바 '보이지 않는 손'을 끌어들여 이기심에 대한 일말의 우려마저 완전히 불식시키려 했다.

> 사실 그는 공공의 이익을 증진시키려고 의도한 것도 아니며 그가 얼마나 기여하는지도 알지 못한다. (…) 그는 오직 자신의 안전을 의도한 것이고 (…) 오직 자신의 이익을 의도한 것이다. 그는 이렇게 함으로써 〔다른 많은 경우와 같이〕 보이지 않는 손(an invisible hand)에 이끌려 그가 전혀 의도하지 않은 목적을 증진시키게 된다. 그가 의도하지 않았다고 하여 반드시 〔의도했을 경우에 비해〕 사회에 보다 적게 기여하는 것은 아니다. 그는 자기 자신의 이익을 추구함으로써 종종 그 자신이 진실로 사회의 이익을 증진시키려고 의도하는 경우보다 더욱 효과적으로 그것을 증진시킨다.[9)]

---

8) 맨더빌, 『꿀벌의 우화 : 개인의 악덕, 사회의 이익』, 120~121쪽 참조.
9) 스미스, 『國富論』 上, 434쪽.

'보이지 않는 손' 은 개인의 이익과 사회의 이익을 일치시켜주는 '신적(神的) 존재' 로서, 스미스는 이러한 개념을 통해 개인의 도덕적 부담이나 책임을 감면시켜준 것이다.[10] 이제 개인은 자유롭게 자신의 이익만 추구하면 될 뿐, 나머지 문제들은 보이지 않는 손에 의해 저절로 해결되는 것이다〔豫定調和〕. 이러한 맥락에서 밀(John Stuart Mill)도 '상품의 저렴한 가격과 탁월한 품질이 가장 효과적으로 제공되는 방법' 은 '생산자와 판매자 모두에게 완벽한 자유를 부여하는 것' 이라 주장할 수 있었다.[11]

대부분의 사람들은 자신의 이익을 추구할 뿐만 아니라, 또 남보다 더 많은 이익을 얻고자 하는바, 이러한 맥락에서 '이기심의 자유로운 충족' 은 '자유경쟁' 과 표리를 이룬다. 자유주의자들은 이기적 경쟁을 자연스러운 사실로 받아들임은 물론, 사회발전의 적극적 계기로 인식했다. 경쟁은 사회적 효율성의 원천이므로, 진보와 발전을 위해서는 각 개인의 이기적 경쟁심을 적극 북돋아야 한다는 것이다. 프롬(Erich Fromm)이 지적했듯이, "산업사회의 체계가 기능을 발휘하도록 하기 위해서는 자기중심주의 · 이기주의 · 탐욕을 조장할 필요가 있으며, 이것은 조화(調和)와 평화(平和)로 이르는 길"[12]이라는 생각, 즉 예정조화설에 근거한 자유경쟁론은 근대 자유주의의 오랜 지론이었다.

2) 사회진화론의 생존경쟁론

서구 사회에서 자유경쟁이 예정되어 있다던 조화를 실현하지 못하고 '부익부 빈익빈' 으로 인한 각종 폐단을 드러내고 있을 무렵, 사상계의 한

---

10) 박순성, 『아담 스미스와 자유주의』, 211쪽.

11) Mill, *On Liberty*, 94쪽.

12) Fromm, *To Have or To Be?*, 3쪽.

쪽에서는 자유주의의 그러한 폐단을 정당화할 수 있는 또 다른 이론이 등장하고 있었다. 스펜서(Herbert Spencer, 1820~1903)의 사회진화론이 그것이다.

사회진화론은 스펜서를 비조로 삼지만, 맬서스(Thomas Malthus)의 인구론(人口論), 다윈(Charles Darwin)의 진화론(進化論)과도 밀접한 관계가 있었다. 먼저 이 문제를 살펴보기로 하자. 다윈은 자신이 진화론을 구상하게 된 계기를 다음과 같이 회고한 바 있다.

> 1838년 10월, 그러니까 체계적인 탐구를 시작한 지 15개월이 지난 어느 날 나는 우연히 맬서스의 『인구론(人口論)』을 재미삼아 읽게 되었다. 나는 동물과 식물의 습성을 오랫동안 계속 관찰해 왔기 때문에 어디에서나 진행되고 있는 생존을 위한 투쟁을 이해할 만반의 준비가 되어 있었다. 때문에 맬서스의 책을 읽으면서 나는 즉각적으로 경쟁의 상황하에서는 유리한 변이(變異)들이 보존되고, 불리한 것들은 사라지는 경향이 있으리라는 생각이 들었다. 아마도 이러한 경향 때문에 새로운 종(種)이 만들어졌을 것이다. 바로 여기서 나는 마침내 내가 적절히 활용할 이론을 발견하게 되었다.[13]

위의 인용문이 시사하듯이, 다윈의 진화론은 기하급수적으로 증가하는 개체들 사이의 생존경쟁으로 새로운 종(種)의 출현을 설명하는 이론이다. 다윈은 생존경쟁을 좌우하는 요인으로 '변이'를 주목했다. 동일한 종 내의 개체들이라도 서로 조금씩 다른 형질을 지니는데, 그러한 차이〔變異〕가 생존경쟁에 유리하거나 불리한 요인이 될 수 있다. 유리한 형질을 가진 개체는 생존하여 번식할 가능성이 높고, 이에 따라 그 개체는 자신의 형질을

---

13) 레이첼즈, 『동물에서 유래된 인간』, 61쪽.

다음 세대로 전할 가능성이 높아지는바, 이러한 방식으로 새로운 종이 나타나게 된다는 것이다.[14)]

맬서스의 인구론은 스펜서의 사회진화론에도 큰 영향을 끼쳤다. 다만 스펜서는 '기하급수적으로 증가하는 인구 압력의 결과로 진보가 이루어진다' 고 보아, 맬서스와 달리 낙관적인 결론을 도출했다. 과도한 인구의 압력은 적자생존(適者生存)을 불가피하게 만들 것이요, 적자생존은 결국 '인류의 진보' 또는 '사회의 진화' 로 연결된다는 것이다. 이러한 생각을 품고 있던 스펜서는 다윈의 『종(種)의 기원』이 출간되자(1859년) 그에 열광했고, 다윈 역시 스펜서를 '나보나 몇 배나 나은 선배' 라고 칭찬함으로써, 두 사람은 서로 영향을 끼치면서 교류하게 되었다.[15)] 요컨대 맬서스의 인구론을 모태로, 스펜서는 사회(인류)진화론을 구상하고, 다윈은 자연(동물)진화론을 구상한 것이며, 각자의 연구 결과에 대해 서로 공감한 것이다.

사회진화론은 '자유주의의 변종 이론' 으로 간주되기도 한다. 실제로 스펜서는 정부의 간섭을 배제하고 자유방임주의를 옹호했다. 그런데 자유주의와 사회진화론은 '경쟁을 통한 진보' 라는 관념을 공유하면서도, 경쟁의 과정과 결과에 대해서는 견해를 달리 한다. 자유주의에서는 무해원칙이나 공정원칙 등 경쟁의 규칙을 강조하고 궁극적으로 '전반적 조화(調和)' 를 상정하나, 사회진화론은 '우승열패(優勝劣敗)' 를 통한 '적자생존(適者生存)' 을 상정한다. 따라서 사회진화론에서의 경쟁은 말 그대로 약육강식(弱肉強食)의 생존경쟁이 된다.

---

14) 다윈, 『種의 기원』, 139쪽.

15) 코저, 『社會思想史』, 156~173쪽. 코저에 의하면, 스펜서는 본래 라마르크의 用不用說을 지지했었는데, 『種의 起源』을 읽고 다윈의 自然淘汰說을 받아들이게 되었다. 코저는 또 스펜서의 주요 학설은 다윈의 진화론이 발표되기 전에 이미 정립된 것이므로, 스펜서를 '사회적 다윈주의자(Social Darwinist)' 로 부르는 것은 분명 잘못이라고 지적했다.

'적자생존이 진화의 원동력' 이라는 사회진화론이 등장한 이후, 생존경쟁론은 한동안 기존의 자유경쟁론을 압도하면서 맹위를 떨쳤다. 예컨대 당시 미국의 철강왕 카네기(Andrew Carnegie)는 다음과 같이 말한 바 있다.

> 커다란 불평등을 받아들이고 환영하지 않으면 안 된다. 다시 말해 소수가 장악하는 사업, 산업과 상업의 집중, 그리고 이들 간의 경쟁 규칙들이 미래의 인류 발전에 도움이 될 뿐만 아니라 필수적임을 받아들여야 한다. 그 이유는 오직 자본주의만이 적자생존을 보장하기 때문이다.[16]

위에 보이듯이, 카네기는 인류의 발전을 위해서는 생존경쟁이 필수적이라고 옹호했다. 카네기는 악착같이 부(富)를 축적하고, 그 부를 다시 자선사업에 쓴 것으로 유명하다. 그러나 사회진화론이 본래 이처럼 자선(慈善)을 옹호하는 것은 아니었다. 사회진화론의 원조 스펜서는 오히려 빈민의 구제나 사회복지 등 자선을 극렬하게 비판했다. 그것은 적자생존의 법칙을 무시함으로써 인류를 퇴보시키게 된다는 것이다.

> 사물의 자연적 질서 하에서 사회는 병들고 열등하며 느리고 우유부단한 신념 없는 자들을 끊임없이 배제시켜 나간다는 사실을 알지 못한 채, 이 마음은 좋으나 생각이 모자란 사람들이 (정부의) 간섭을 찬양하고 있다. 그러나 이러한 간섭은 정화(淨化) 과정을 중지시킬 뿐 아니라 지금까지의 정화를 무효화시킬 가능성도 지니고 있다.[17]

'마음은 좋으나 생각이 모자란 사람' 이란 '빈민에 대한 동정심을 지닌

---

16) 레이첼즈, 『동물에서 유래된 인간』, 15쪽.
17) 코저, 『社會思想史』, 158쪽.

사람' 을 뜻하고, '정부의 간섭' 이란 '빈민의 복지를 증진시키기 위한 정부의 개입조치' 를 뜻한다. 위에 보이듯이, 스펜서는 빈민이 도태되는 것을 '인류의 정화(淨化)' 로 인식했다. 이러한 정화 과정을 거쳐서 사회가 진화된다는 것이 그의 지론이었다.

윤리적 관점에서 논하자면, 사회진화론은 생존경쟁·약육강식을 강조함으로써 어떠한 상황에서도 자신을 보존하고 자신의 의지나 세력을 관철하게 하는 이기주의를 조장한다. 여기에는 인간애(人間愛)를 위한 어떠한 여지도 없고, 강자의 권리만이 인정될 뿐이다. 약자는 스스로의 무능력 때문에 패배한 것이므로 동정할 필요가 없으며, 약자의 파멸은 자연의 법칙이기 때문에 또한 거역할 수 없는 것이다.[18] 이러한 맥락에서, 사회진화론은 국내적으로는 착취와 수탈을 정당화하고, 국제적으로는 제국주의 침략을 정당화하는 논리로 기능했다. 코저는 다음과 같이 말한다.

> 스펜서의 가르침, 특히 적자생존에 대한 그의 학설은 (…) 벤담주의보다 훨씬 더 탐욕적 개인주의의 정당화에 봉사했던 것 같다. (…) 그는 열심히 '쾌락' 을 극대화하기 위하여 노력하는 사람은 그의 그러한 행위로 인해 의식적이지는 않더라도 인류 전체의 최대행복과 그 진화적 발전에 공헌하게 된다는 것을 보여 줌으로써 오로지 자신의 개인적 이익만을 추구하는 사람들에게 좋은 변명을 제공해 주었다.[19]

오늘날 이런 식의 사회진화론을 주장하는 학자들은 거의 없지만, 자유주의 이론을 사회진화론과 결합하여 경쟁과 자본주의를 옹호하는 현대판 사회진화론을 제기하는 사람이 하이에크(F. A. Hayek)이다. 그는 '점진적

18) 전복희, 『사회진화론과 국가사상』, 28쪽.
19) 코저, 『社會思想史』, 193쪽.

으로 진화해온 인간행위의 규칙들', 즉 개인의 소유물, 정직, 계약, 교환, 무역, 경쟁, 소득과 개인의 자유를 다루는 규칙들이 문명을 만들어냈다고 본다. 이 변화의 과정은 "일반적으로 자원의 효용을 최대한 높이는 방향으로"[20] 일어나는 진화론적 변화를 따라 이루어졌으며, 그리고 바로 그것이 인류가 현재와 같은 규모와 구조로 존재할 수 있도록 해주었다고 주장한다.

하이에크가 보기에 생물학적 진화와 문화적 진화는 "동일한 선택의 원리, 곧 생존이나 번식의 이로운 점에 의존하고 있다. 변이, 적응과 경쟁은 특별한 구조, 특히 번식과 관련된 구조에서 다르지만 본질적으로 동일한 종류의 과정이다. 모든 진화는 경쟁에 의존하고, 끊임없는 경쟁은 기성의 성취를 보존하기 위해서도 필요하다"고 역설한다.[21] 그리고 "바퀴처럼 진화의 과정 속에서 오랫동안 살아남은 것은 도덕적 가치를 지닌다"고 강조한다.[22] 이러한 주장은 자본주의가 인간의 환경 적응과 생존력을 높이는 진화의 산물로서 도덕적 가치를 갖고 있으며, 그 어떤 추상적 원칙에 입각하여 이 사회의 작동 원리인 경쟁을 깨뜨리는 것은 잘못일 뿐 아니라 도덕적으로도 나쁘다는 것이다.

하이에크에 따르면 진화를 판정하는 기준은 환경에 대한 적응, 그리고 생존이나 번식에 이로운 것인가 하는 여부이다. 인간으로 하여금 환경에 제일 잘 적응하고, 자원 사용의 효용성을 증가시키도록 만드는 원천은 경쟁이며, 이 규칙에 따른 인간들만이 생존하고 문명을 쌓았다는 것이다. 이렇게 형성된 문명이란 사유재산, 경쟁, 시장 등이 포함되어 있는 자본주의 사회제도를 말한다. 이 전통을 버리고 사회주의적 계획이나 혹은 어떤 도

---

20) 하이에크, 『치명적 자만』, 42쪽.

21) 하이에크, 『치명적 자만』, 61쪽.

22) 하이에크, 『치명적 자만』, 62쪽.

덕적 원리에 입각한 사회개조 같은 시도는 생산성을 떨어뜨리고, 인간문명의 수준을 하락시키거나 혹은 멸망하게 만들 것이라고 주장한다.

사회진화론은 그 자체로도 반(反)윤리적 성격을 지니고 있거니와, 인종주의(人種主義) 등과 결부되어 여러 불미스러운 세계사적 사건을 야기하기도 했다. 이러한 경험을 교훈으로 삼아, 오늘날 '학문의 영역'에서는, 하이에크 등 예외는 있지만, 사회진화론이 거의 극복된 것으로 보인다. 그러나 '일상(日常)의 영역'에서는 사회진화론이 여전히 맹위를 떨치고 있다. 요즈음도 많은 사람들이 '생존경쟁'이라는 말을 입에 달고 사는 것이 그 증거이다.

3. 경쟁론에 대한 근래의 비판들

자유로운 경쟁을 통해 근대문명이 이룩한 성과는 실로 눈부신 것이었다. 그러나 자유경쟁은 빈부의 격차 등 많은 폐단을 낳기도 했다. 자유경쟁의 폐단이 점차 심화되자, 한편에서는 사회주의(공산주의)가 등장하여 자유주의(자본주의)를 대체하고자 했고, 다른 한편에서는 사회진화론이 등장하여 자유경쟁의 폐단을 오히려 자연스러운 사실로 정당화했다. 이렇게 본다면 사회주의는 자유경쟁론에 대한 비판의 효시가 되는 셈이다. 자유주의와 사회주의는 약 2세기 동안 서로 각축했거니와, 그 정황을 요약하면 다음과 같다.

자유주의자들은 인간을 '개인(자유롭고 독립적인 존재)'으로 간주하고, 개인의 복지는 '자조(自助)의 원칙'과 '자기책임의 원칙'에 따라 자유경쟁의 공간(시장)에서 스스로 해결해야 할 문제라고 보았다. 이들은 자유로운 경쟁이 보장된다면 결국 모두가 '풍요로운 삶'을 누리게 된다고 주장했다. 그러나 예정되어 있다던 조화는 결코 실현되지 않았다. 개인들 사이에는 능력의 차이가 엄연히 존재하는바, 따라서 경쟁이 아무리 공정하게 진행되더라도 자유경쟁은 결국 부익부 빈익빈을 초래하는 것이다. 더군다나 시장에서의 경쟁도 불공정하게 진행되는 경우가 많았다. 그리하여 개인책임의 원칙은 결국 약자들의 생존권을 실질적으로 부정하는 논리가 되고 말았는데, 사회주의자들은 이를 '시장(市場)의 실패' 로 규정했다.

사회주의자들은 인간을 '상호 의존하는 존재' 로 규정하고, 이로부터 형제애(兄弟愛)의 당위성을 도출했다. 모든 인간은 서로 형제처럼 보살펴야 한다는 것이다. 그런데 문제는 무엇보다도 형제애를 사회권(社會權)으로 탈바꿈시킨 데 있다. 형제애가 사회권으로 탈바꿈되자, 약자들은 평등하게 복지를 누릴 권리를 지니게 되었고, 사회(국가)는 약자들에게 복지를 제공할 책임을 지게 되었다. 그런데 약자들의 복지가 개선될수록 약자들은 도덕적 해이에 빠지고, 부자들은 무거운 세금을 피하기 위해 재산을 은닉시키며, 복지 제공을 위해 비대해진 국가의 기능은 한편으로는 개인의 자유를 침해하고 한편으로는 부정부패의 소지를 더욱 확대시키게 된다. 사회책임의 원칙도 결국 다양한 폐단을 야기하고 말았거니와, 자유주의자들은 이를 '국가(國家)의 실패' 로 규정했다.

이처럼 시장의 실패와 국가의 실패를 두고 서로 공방하는 가운데, 자유주의적 경쟁론에 대한 비판도 더욱 다양하게 전개되었다. 경쟁론에 대한 근래의 비판들은 크게 네 유형으로 분류된다. 첫째는 자유주의와 사회주의를 지양시켜 '경쟁의 효율성' 과 '사회복지의 도덕성' 을 조화시키자는 것으로서, 기든스나 칼레츠키 등이 이에 속한다. 둘째는 협력이 경쟁보다 오히려 더 효율적이라는 입장에서 협력의 당위성을 강조하는 것으로서, 프랭크나 액설로드 등이 이에 속한다. 셋째는 새로운 물리학과 새로운 생물학 등 현대 과학의 성과를 토대로 협력과 공존의 필연성을 강조하는 것으로서, 카프라나 최재천 등이 이에 속한다. 넷째는 '본능적 삶'과 '본성적 삶'을 대조하고 본성적 삶의 가치를 각성시키는 것으로서, 프롬이나 홍승표 등이 이에 속한다. 이제 이 네 부류를 간단히 살펴보기로 하자.

1) 기든스의 '제3의 길'과 칼레츠키의 '자본주의 4.0'

자유주의 원칙에 충실하면 시장의 실패에 빠지고, 사회주의 원칙에 충실하면 국가의 실패에 빠진다는 점은 서양의 근현대사를 통해서 충분히 확인된 사실이다. 이러한 딜레마는 근본적으로 자유와 평등 사이의 길항 관계에서 유래한다.[23] 그렇다면 자유를 강조하는 자유주의와 평등을 강조하는 사회주의 모두 근본적 한계가 있는 것인바, 이를 직시하는 학자들은 자유주의나 사회주의 어느 한쪽에 매달리지 않고 양자를 초극하거나 절충하는 '제3의 길'을 모색하게 된다. 근래의 대표적인 예로는 기든스(Anthony Giddens)의 『좌파와 우파를 넘어서』와 『제3의 길』, 칼레츠키(Anatole Kaletsky)의 『자본주의 4.0』 등을 들 수 있다.

기든스는 자신이 추구하는 '제3의 길'은 "구식 사회민주주의와 신자유주의를 뛰어넘는 시도"라고 해명한 바 있다.[24] '구식 사회민주주의'란 1945~1975년의 시기를 주도했던 서구의 복지국가 이념을 말한다. 이는 '케인스 이론'에 입각하여 국가가 시장에 개입함으로써 자유경쟁의 폐단을 보정하려는 것이었는데, 결국 '국가의 실패'를 초래했다. '신자유주의'는 '대처리즘'과 '레이거노믹스'로 대표된다. 이는 국가의 역할을 최소한

23) 자유(소극적 자유/적극적 자유)와 평등(기회의 균등/결과의 평등)을 어떻게 해석하든지 간에, 개인의 자유를 강조할수록 사회적 평등은 약화되고, 사회적 평등을 옹호하면 개인의 자유를 침해하게 마련이다.

24) 기든스, 『제3의 길』, 62쪽.

으로 제한하고 시장의 자유경쟁을 촉진함으로써 경제적 효율성을 달성하자는 것이었는데, 역시 시장의 실패를 면치 못했다. 기든스는 신자유주의의 대표적 폐해로 경제적 양극화와 생태계의 파괴 등을 주목하면서,[25] 특히 자유경쟁이 초래한 실업 문제를 중시했다.

> 많은 사람들은 강요된 실업의 결과로 직장생활을 중단해야 한다. 혹은 실업이 전체 계급 중에서 하층에 속한 사람들에게만 닥치는 것도 아니다. 경제적 경쟁이 전 지구화된다면 그리고 기술혁신이 가속화된다면, 실업상태의 경험은 모든 직업영역에서 공통적인 것이 될 것이다.[26]

기든스는 경쟁을 통한 기술혁신이 결국엔 실업자를 양산하게 된다고 지적했다. 기술혁신의 결과로 '강요된 실업' 이란 이른바 '고용없는 성장' 또는 '불임(不姙) 자본주의' 와 궤를 같이한다. 이런 맥락에서, 기든스는 '제3의 길' 이 추구하는 가치를 '평등, 약자 보호, 자율성으로서의 자유, 책임 없이 권리 없다, 민주주의 없이 권위 없다' 는 등의 말로 요약했다.[27] 이 가운데 '평등, 약자 보호, 자율성으로서의 자유' 등은 사회주의자들이 애용하는 구호로서, 이를 통해 자유경쟁이 야기하는 폐단을 예방하고 치유하자는 것이다. 요컨대 기든스의 '제3의 길' 은 자유주의와 사회주의의 지양을 추구하면서도 사회주의에 보다 중점이 있었다.

반면에 칼레츠키의 '자본주의 4.0' 은 자유주의를 중심으로 사회주의와의 절충을 모색한 것이다. 그에 의하면, 19세기 초엽부터 1930년대까지 세계를 지배했던 고전적 자본주의(제1세대 자본주의)는 성장에 초점을 둔

25) 기든스, 『좌파와 우파를 넘어서』, 115쪽.
26) 기든스, 『좌파와 우파를 넘어서』, 162쪽.
27) 기든스, 『제3의 길』, 113쪽 참조.

자유방임주의였던바, 이는 세계적인 대공황으로 종말을 고했다. 이후 뉴딜과 사회민주주의 복지국가를 태동하게 한 케인스의 경제학(제2세대 자본주의)은 균등분배에 초점을 둔 수정자본주의였던바, 이는 '국가의 실패' 로 인해 종말을 고했다. 1979~1980년 대처-레이건의 정치혁명으로 탄생한 신자유주의(제3세대 자본주의)는 시장(市場)을 이상화하고 정부(국가)를 불신하는 것인바, 이는 2007~2009년의 세계적인 금융위기로 그 한계를 드러냈다. 그리하여 칼레츠키는 '제4세대 자본주의' 를 제창하는 것인데, 이는 결국 국가와 시장 사이의 새로운 절충(균형)을 추구하는 것이다.[28)]

기든스의 '제3의 길' 도 그랬지만, 칼레츠키의 '자본주의 4.0' 도 우리 사회에 큰 반향을 일으켰다. 《조선일보》의 다음과 같은 칼럼을 보자.

> 본지(本紙)가 '자본주의 4.0을 열자' 시리즈를 시작한 것은 지난해 8월 2일이었다. 그 후 1년 동안 우리 사회는 많이 변했다. 우선 경제 민주화가 대세가 됐다. 도전하려는 젊은이에게 기회조차 주지 못하는 불임(不妊) 자본주의, 편법 상속과 반칙으로 얼룩진 근친상간(近親相姦) 자본주의, 터무니없이 벌어진 격차를 줄일 수 없는 정글 자본주의에 대한 문제의식은 크게 높아졌다. 해결책을 찾으려는 다양한 방책도 제시되고 있다. 우리가 터전 삼아 살고 있는 경제 시스템과 자본주의 운영 원리에 대해 이처럼 근본적인 토론이 많이 일어난 적은 일찍이 없었다. 본지(本紙)가 자본주의 4.0 시리즈를 통해 강조한 핵심은 경쟁과 배려가 공존하는 공생(共生)의 생태계를 만들자는 것이었다. 혁신과 경쟁, 배려와 공생, 시장과 상호 작용하는 효율적인 정책, 반칙을 용납하지 않는 엄중한 원칙이 자본주의 4.0의 핵심이다.[29)]

28) 칼레츠키, 『자본주의 4.0』, 63~78쪽.
29) 김덕한, 〈'자본주의 4.0', 그후 1년〉, 《조선일보》 2012년 8월 28일자 칼럼.

위에서 말하는 '불임 자본주의, 근친상간 자본주의, 정글 자본주의' 등은 모두 오늘날 우리 사회에서 전개되는 자유경쟁 내지 생존경쟁의 생생한 단면들을 묘사하는 용어들이다. 우리 사회의 지나친 경쟁 체계가 초래한 이러한 폐단들은 마침내 '경제민주화' 열풍을 일으켰고, 많은 사람들은 이를 통해 '공생의 생태계'를 요구하게 된 것이다. 칼레츠키는 "유능하고 적극적인 정부가 있어야만 시장경제가 존재할 수 있다"[30]고 역설했는데, 이는 바로 '정부가 경쟁을 적절히 통제해야만 공생의 생태계를 만들 수 있다'는 뜻이었다.

2) 프랭크의 '경쟁의 종말'과 액설로드의 '협력의 진화'

프랭크(Robert H. Frank)는 『승자독식사회』와 『경쟁의 종말(*The Darwin Economy*)』 등을 통해서 오늘날의 경쟁 체제가 야기하는 근본 문제를 해명했다. 프랭크의 경쟁에 대한 비판은 크게 두 맥락에서 전개된다. 첫째는 오늘날의 경쟁이 점점 더 승자독식을 심화시키고 있다는 점이요, 둘째는 이기적 경쟁이 많은 경우 사회의 해악을 초래한다는 점이다. 프랭크는 이 두 측면에서 스미스의 예정조화설을 비판하고, 경쟁의 폐해를 완화시킬 수 있는 방안들을 논의했다.

우선 『승자독식사회』를 살펴보자. 프랭크와 쿡에 의하면, 승자독식은 원래 연예계나 스포츠계에서만 통용되던 원리였는데, 이제는 투자금융시장, 법률시장, 의료시장, 경영자시장, 교육시장 등 우리 사회 전반으로 확대되고 있다. 1등과 2등의 차이는 간발의 차이에 불과한데도, 오늘날 대부분의 시장은 1등에게만 부와 권력을 몰아주는 것이다. 이처럼 승자독식 현

30) 칼레츠키, 『자본주의 4.0』, 246쪽.

상이 심화되자, 수많은 사람들이 더욱 치열하게 경쟁에 매달려서, 한편으로는 사회적 재앙을 초래하고 한편으로는 자신의 삶을 황폐하게 만든다.

> 자유시장 옹호자들은 시장이 사회적으로 유용한 결과들을 낳는다고 주장한다. 반면, 우리는 승자독식 시장이 너무나 많은 경쟁자들을 끌어들이고, 비효율적인 소비와 투자를 조장하며, 우리의 문화를 떨어뜨린다고 주장한다. 이러한 대가를 피하려면, 기업과 개인은 기존의 이윤창출 기회를 통해 유리한 고지를 점령하는 행동을 어느 정도 자제해야 한다. 그렇다고 세부적이고 처방적인 정부규제가 모든 사회악을 치유해준다는 의미는 아니다.[31)]

승자독식 시장은 '경제적 낭비' 와 '문화적 악영향' 을 야기하므로, '개인의 자제' 와 '정부의 규제' 가 필요하다는 것이다. 이들은 특히 정부의 규제를 정당화할 수 있는 논거로 공공선(公共善)을 들었다. "환경오염을 막기 위해 지역사회가 개입할 수 있다면, 똑같은 논리에 의해 지역사회는 승자독식적인 보상체계를 개선할 권리를 가진다." 는 것이다.[32)]

다음 『경쟁의 종말』을 살펴보자. 프랭크는 이기적 개인들 사이의 자유경쟁이 공공선을 실현시키지 못할 때도 있다는 점을 간파하고, 스미스의 '보이지 않는 손' 을 비판했다. 프랭크는 오히려 경쟁에 대한 다윈의 통찰을 주목했다. 다윈이 분명하게 인식했듯이 때로는 개인의 인센티브가 낭비적인 군비경쟁으로 이어지는 경우가 많다는 것이다.

> 오늘날 스미스는 '보이지 않는 손' 의 원리로 잘 알려져 있다. 그를 신봉하는 경제학자들에 따르면 이 원리는 '비인격적인 시장의 힘에 의해 탐욕스러운 개

31) 프랭크 · 쿡, 『승자독식사회』, 39쪽.
32) 프랭크 · 쿡, 『승자독식사회』, 40쪽.

인의 행동이 모두를 위한 최선의 결과를 낳게 된다' 는 의미를 지닌다. (…) 그들은 자유 시장의 힘은 가만히 내버려 두면 바람직한 결과를 가져다주기 때문에 규제는 불필요하다고 믿는다. 경쟁 과정에 대한 다윈의 견해는 근본적으로 다르다. 그의 관찰에 의하면 개별 동물의 이해관계는 때로는 종족 전체의 이해관계와 크게 상충한다.[33)]

경쟁의 승패는 능력이나 성과 등의 '절대적' 기준에 의해 결정될 수도 있고, '상대적' 기준에 의해 결정될 수도 있다. 예컨대 '90점 이상 합격, 90점 미만 불합격' 은 절대적 기준에 속하고, '1등부터 3등까지 합격, 4등 이하 불합격' 은 상대적 기준에 속한다. 그런데 개인에 대한 보상이 상대적 기준에 달려 있는 경우, 개인과 집단의 이해관계는 종종 상충하게 된다. 프랭크는 다음과 같은 수컷 말코손바닥사슴의 예를 들었다.

이들의 뿔은 외부 포식자에 맞서는 무기가 아니라 암컷을 차지하기 위한 경쟁에 쓰이는 무기다. 이런 싸움에서는 뿔의 상대적인 크기가 중요하다. 돌연변이를 통해 큰 뿔을 가지게 된 수컷들은 경쟁자와의 경쟁에서 승리할 가능성이 높다. 따라서 이런 돌연변이는 빨리 퍼져간다. 즉 이들은 암컷을 얻기 위한 경쟁에서 승리하므로 그 유전자가 다음 세대로 전해진다. 이런 돌연변이가 여러 세대에 걸쳐 누적되면서 마치 국가 간의 군비경쟁과 같은 상황을 일으킨다. (…) 이런 돌연변이가 개별 말코손바닥사슴의 번식 적합성은 높이지만 종족 전체에는 참담한 결과를 가져온다. 예를 들어 뿔이 커지면 숲이 우거진 지역에서 기동력이 떨어진다. 결과적으로 늑대에게 잡아먹힐 가능성이 높아진다.[34)]

---

33) 프랭크, 『경쟁의 종말』, 46쪽.
34) 프랭크, 『경쟁의 종말』, 51~52쪽.

프랭크는 위와 같은 맥락에서 개인의 이익과 사회의 이익이 상충할 수 있다는 점을 설명하고, 이로부터 경쟁에 대한 규제의 필요성을 도출했다. "규제가 필요한 진정한 이유는 서로 간의 과잉경쟁으로부터 우리를 보호하기 위해서"라는 것이다.[35)]

프랭크는 적절한 규제의 예로 세금 정책을 들었다. 누군가 승자독식 시장에 뛰어들어 엄청난 소득을 올릴 경우, 그 소득에 높은 세금을 부과하면, 과잉유입 문제가 완화된다. 그 결과 우수한 인재들이 다른 분야로 진출해서 세상에 실질적인 기여를 할 수도 있으며, 정부는 이때 발생하는 조세수입으로 꼭 필요한 일들을 할 수 있다는 것이다.[36)]

이제 액설로드(Robert Axelrod)의 『협력의 진화』를 살펴보자. 액설로드는 인간 사회의 이해관계를 두 유형으로 구분한다. 첫째는 체스나 축구와 같은 '제로섬(zero-sum) 게임'으로서, 여기에는 승자의 몫만 있고 패자의 몫은 없다. 따라서 양쪽의 경기자들이 서로 있는 힘을 다 쏟아 경쟁하게 되며, 양자 사이에 협력의 여지는 전혀 없는 것이다. 둘째는 국가들 사이의 안보 문제나 무역 문제, 일상생활에서의 동료들 사이의 관계 문제, 같은 분야에서 경쟁하는 기업들 사이의 관계 문제 등과 같은 '비제로섬(non-zero-sum) 게임'으로서, 여기에서는 각자의 몫이 차등적으로 분배된다. 그런데 액설로드에 의하면, 우리의 삶에 보다 흔한 이해관계의 유형은 비제로섬 게임으로서, 이 경우에는 상호협력의 여지가 충분하다는 것이다.

우리에게 잘 알려진 게임 이론 '죄수의 딜레마(Prisoner's Dilemma)'는 여러 유형의 비제로섬 게임을 단순하게 모형화한 것이다. 죄수의 딜레마 게임의 두 당사자는 각자 자유롭게 '협력'이나 '배반'을 선택할 수 있다. 하지만 서로 상대방이 어떤 선택을 하는지 모르는 상태에서 선택을 해야

35) 프랭크, 『경쟁의 종말』, 60쪽.

36) 프랭크 · 쿡, 『승자독식사회』, 40쪽 ; 프랭크, 『경쟁의 종말』, 264쪽.

한다. 그리고 상대방이 어떤 선택을 하든 상관없이 배반이 협력보다 더 많은 보수를 받는다. 그런데 딜레마는, 두 사람 모두 배반을 선택하면 모두 협력을 선택할 때보다 적은 보수를 받는다는 점이다. 예컨대 두 사람이 모두 협력을 선택하면, 두 사람 모두 '상호협력에 대한 보상' 으로 3점을 받는다. 한 사람은 협력을 선택하고 다른 사람은 배반을 선택하면, 배반한 사람은 '배반의 유혹' 으로 5점을 받고, 협력한 사람은 '머저리의 빈손' 으로 0점을 받는다. 두 사람 모두 배반을 선택하면 '상호배반에 대한 처벌' 로서 둘 다 1점을 받는다.[37)]

액설로드는 우리의 삶을 '죄수의 딜레마 게임을 계속 반복하는 것' 으로 간주하고, 두 차례의 전략(프로그램) 대회를 개최하여 '반복적 죄수의 딜레마 게임' 에 대처하는 최선의 전략이 무엇인지를 찾아냈다. 1차 대회에는 15개의 전략이 참여하고, 2차 대회에는 63개의 전략이 참여했는데, 그 가운데 특히 주목되는 것은 다음의 두 전략이다. 첫째는 올디(All D : all defect) 전략으로서, 이는 '항상 배반의 원칙' 을 구사하는 전략이다. 둘째는 팃포탯(Tit For Tat) 전략으로서, 이는 첫판엔 협력하고 그다음 판부터는 '눈에는 눈, 이에는 이' 라는 식으로 상대방의 선택(협력/배반)에 따라 자신도 그대로 대응하는 전략이다.

죄수의 딜레마에서, 상대방이 어떤 선택을 하든 상관없이 자신은 배반을 선택하면, 자신이 상대방보다 크거나(5점) 같은(1점) 점수를 얻게 된다. 올디는 이러한 맥락에서 항상 배반을 선택함으로써 항상 상대방보다 크거나 같은 점수를 얻자는 전략이었다. 그런데 올디가 거둔 성적은 매우 초라했다. 요컨대 올디는 '자신은 5점, 상대방은 0점' 이 되기를 꾀한 것이나, 둘째 판부터는 상대방의 응징(배반)에 따라 '자신도 1점, 상대방도 1점' 이

37) 액설로드, 『협력의 진화』, 28~31쪽.

라는 '공멸(共滅)' 에 빠진 것이다.

반면에 팃포탯은 '상대방의 협력에는 협력으로 대응하고, 배반에는 배반으로 대응함' 으로써 다만 상대방과 같은 정도의 점수를 얻자는 것이었을 뿐, 결코 상대방보다 더 많은 점수를 얻자는 전략이 아니었다. 그런데도 불구하고 팃포탯이 두 차례의 대회에서 모두 우승했다. 팃포탯은 배타적으로 자신의 이익을 극대화하려고 시도하지 않고, 다만 '자신도 3점, 상대방도 3점' 을 얻는 것에 만족함으로써, 결과적으로 지속적인 협력을 통한 '공영(共榮)' 을 이룬 것이다. 액설로드는 다음과 같이 말한다.

> 팃포탯 전략이 상대보다 결코 더 잘하지 못하면서도 궁극적으로 성공한다는 사실에 중요한 교훈이 담겨 있음도 알았다. 팃포탯은 상대방을 패배시킴으로써 성공하는 게 아니라 상대방에게서 협력을 이끌어냄으로써 성공을 거두었다. 우리는 축구나 체스처럼 오로지 한쪽만 이기고 한쪽은 지는 식의 경쟁에 익숙해져 있다. 그러나 실제 세상은 그렇지 않다. 광범위하고 다양한 상황에서 상호협력이 상호배반보다 양쪽 모두에게 이득이 될 때가 더 많다. 좋은 성과를 올리는 비결은 상대방을 누르고 이기는 게 아니라 상대방에게서 협력을 유도하는 것이다.[38)]

액설로드는 위와 같은 사실이 널리 알려지면 알려질수록 인간 사회에서 협력은 더욱 확산될 것이라고 보았는바, 이것이 바로 그가 말하는 '협력의 진화' 이다.

---

38) 액설로드, 『협력의 진화』, 223쪽.

3) 카프라의 '유기체론'과 최재천의 '호모 심비우스'

신과학운동(新科學運動)의 기수 카프라(Fritjof Capra)는 『새로운 과학과 문명의 전환(*The Turning Point*)』에서 '기계론적 세계관'과 '경쟁을 통한 진보'라는 근대적 세계관을 비판하고, 그 대안으로 다시 전근대의 유기체론(有機體論)을 제창했다. 근대적 세계관은 '우주는 기본적 물질 구성체로 만들어져 있다고 하는 기계론적 우주관, 사회 속의 삶을 생존경쟁으로 보는 견해 및 경제적 기술적 성장을 통한 무제한의 물질적 진보에 대한 신념 등'을 담고 있는데, "이러한 모든 아이디어와 가치는 극히 제한된 것이며 근본적인 재평가를 필요로 하는 것임이 최근 몇 십 년 동안에 드러났다"는 것이다.[39)]

카프라는 물리학과 생물학(생태학) 두 측면에서 현대과학의 새로운 성과를 소개하고, 그 함의를 논의했다. 우선 물리학에서의 혁명을 살펴보자. 카프라는 현대물리학의 대표적 성과로 상대성이론과 양자론(量子論)을 소개한 다음, 그 혁명적 의미를 다음과 같이 설명한다.

> 현대물리학의 두 개의 기본 이론은 이리하여 데카르트적 세계관과 뉴턴 물리학의 근본적인 면을 초월하였다. 양자론은 아원자 입자는 독립된 물질의 낱알이 아니라 확률의 모형이며 분리될 수 없는 우주적 그물 속의 상호연결이고, 이 그물 속에는 인간 관찰자와 그의 의식도 포함되어 있다는 것을 말하고 있다. 상대성 원리는 이 우주의 그물이 본래적으로 역동적이며, 이 활동성이 그 존재의 본질 자체라는 것을 보여줌으로써, 이 우주의 그물에 말하자면 생명을 부여한 것이다. 현대 물리학은 우주가 분해될 수 없고 역동적인 전체이며, 이 전체의

---

39) 카프라, 『새로운 과학과 문명의 전환』, 30~31쪽.

각 부분은 본질적으로 상호 관련되어 있고, 우주적 과정(過程)의 모형으로서만 이해될 수 있다고 하는 견해에 의해서 기계적 우주상(宇宙像)을 초월한 것이다.[40]

카프라에 의하면, 현대물리학은 우주가 본래 '상호 관련된 관계의 그물〔網〕' 이요, 이 우주적 그물은 본질적으로 '역동적(力動的)' 이라는 점을 밝혀주었다는 것이다.[41] 이는 데카르트-뉴턴의 기계론적 세계관이 더 이상 타당하지 않다는 뜻이요, 동시에 전근대의 유기체적 세계관이 오히려 이 세계의 참 모습과 더 잘 부합된다는 뜻이다.

20세기에 들어와서, 물리학은 몇 가지 개념적 혁명을 겪었으며, 그 개념혁명은 기계론적 세계관에 명확한 한계가 있다는 것을 분명히 밝혀주고 있다. 유기적, 생태적 세계관으로 유도되는 이 세계관은 모든 시대와 전통 속의 신비주의자들의 견해와 크게 유사하다. 우주는 이제는 무수한 분리된 객체로 구성된 기계(機械)로 보이지 않고, 조화를 이루는 분할할 수 없는 전체(全體)로 보인다. 그것은 역동적인 관계의 그물이며 그 그물 속에는 관찰하는 인간의 의식까지도 근본적으로 포함되는 것이다. (…) 과학이 지배하는 문명에서는 근본적인 변화가 필요하다는 주장에 과학적인 근거를 제시할 수 있다면 우리 사회를 설득하기가 용이한 것이다. 이것이 물리학자가 지금 해야 할 사명인 것이다.[42]

---

40) 카프라, 『새로운 과학과 문명의 전환』, 87~88쪽.

41) 우리는 보통 돌이나 금속 등은 수동적이고 불활성적인 것이라고 생각한다. 그러나 그 '죽은' 조각을 확대해 보면, 그 속에서는 電子와 陽子 · 中性子 등 각종 미립자들이 빛처럼 빠른 속도로 운동하고 있다는 것이다. 이러한 맥락에서 '자연의 안정성' 은 '靜的 안정성' 이 아니라 '역동적 평형' 의 상태라는 것이다(카프라, 『새로운 과학과 문명의 전환』, 83~84쪽).

42) 카프라, 『새로운 과학과 문명의 전환』, 46~47쪽.

카프라에 의하면, 현대물리학은 '기계론적 세계관의 한계' 를 분명히 밝혀주고, 우리를 다시 '유기체적 세계관' 으로 유도하고 있다. 이러한 맥락에서 카프라는 유기체적 세계관에 입각하여 새로운 문명의 방향을 제시하는 것이 오늘날 과학자들의 사명이라고 지적하고, 자신이 그에 앞장을 섰다.

카프라에 의하면, 현대물리학이 부활시키고 있는 유기체적 세계관은 그 동안의 생태학적 연구 성과와도 잘 부합한다.

> 과거 수십 년 동안의 생태계 연구는, 살아있는 유기체 간의 대부분의 관계는 근본적으로 공존과 상호 의존, 여러 가지 정도의 공생(共生)을 특징으로 하는 협력적인 관계라는 것을 분명히 보여주었다. 경쟁도 있지만 그것은 더 큰 시스템이 균형을 유지할 수 있는 광범위한 협력 안에서 일어나는 것이다. 직접적인 피약탈자에게는 파괴적인 약탈자-피약탈자 관계일지라도 일반적으로는 그 두 종에게 이익이 되는 것이다. 이 통찰은, 생을 순전히 경쟁과 투쟁, 파괴로만 보는 사회적 다윈주의자(Social Darwinist)들의 관점과는 선명한 대조를 이룬다.[43)]

카프라는 생태학적 측면에서 유기체적 세계관을 다시 확인하고, 그 함의를 논했다. 요컨대 생태계에는 경쟁도 있지만, 그것은 보다 큰 협력의 틀 안에서 전개되는 경쟁이라는 것이다. 이러한 맥락에서, 카프라는 '경쟁과 협력' 을 '음 · 양' 의 관계로 파악했다. 경쟁은 양적(陽的)인 것이요, 협력은 음적(陰的)인 것인데, 음 · 양이 상보적 관계이듯이 경쟁과 협력도 상보적이어야 한다는 것이다.[44)]

43) 카프라, 『새로운 과학과 문명의 전환』, 264쪽.
44) 카프라, 『새로운 과학과 문명의 전환』, 38쪽.

한편, 오늘날의 진화생물학자 최재천도 '생명체의 진화 과정'은 '경쟁의 과정'인 동시에 '협동의 과정'이라고 역설한다. 근래의 생태학 연구 결과는 "자연계의 생물들에게 경쟁은 피할 수 없는 현실이지만 무조건 남을 제거하는 것만이 경쟁에서 이기는 방법이 아니라는 것"과 "무모한 전면 경쟁을 통해 살아남은 생물들보다 일찍이 남과 더불어 사는 지혜를 터득한 생물들이 우리 곁에 훨씬 더 많다"는 사실을 보여준다는 것이다. 얼마 전까지만 해도 진화론적 생태학자들은 자연계의 모든 것이 경쟁에 의해 결정된다고 믿고, 다른 종(種)과의 경쟁에서 이긴 종들만이 오늘날까지 살아남은 것으로 이해했었는데, 최재천은 이를 '다윈의 깊은 뜻을 이해하지 못했던 것'이라 비판했다.[45]

최재천에 의하면, "자연은 언뜻 생각하기에 모든 것이 경쟁으로만 이루어져 있는 것 같지만 사실 그 속에 사는 생물들은 무수히 많은 다른 방법으로 제가끔 자기 자리를 찾았다"는 것이다. 최재천은 이를 '니치(niche)'라는 개념으로 설명한다.

> 니치는 환경에서 생물이 차지하고 있는 다차원 공간을 뜻한다. 생물은 누구나 환경 속에서 자기만의 독특한 공간, 즉 역할이나 지위를 차지하고 있다. 니치의 개념은 원래 경쟁을 설명하기 위해 만들어졌다. 정확하게 동일한 또는 너무 비슷한 니치를 지닌 두 생물은 절대로 공존할 수 없다는 것이 기본적인 생태계 구성 이론이다. 이른바 '경쟁적 배제 원리'에 따르면 두 생물이 환경에서 추구하는 바가 너무 지나치게 겹치면 함께 살 수 없고 반드시 한 종이 다른 종을

45) 최재천, 『호모 심비우스』, 89~90쪽 참조. 같은 맥락에서, 싱어(Peter Singer)도 다윈의 진화론이 스펜서에 의해 '사회진화론'으로 응용되면서 '약육강식의 생존경쟁'을 정당화하는 논리로 변질되었던 것을 비판하고, 진화론에 대한 최신 연구결과에 의하면 협동과 경쟁은 더 이상 대립하는 개념이 아니라고 주장한 바 있다(싱어, 『다윈주의 좌파 : 변하지 않는 인간의 본성은 있는가?』, 23~25쪽 및 72~73쪽 참조).

밀어내게 된다. 그래서 지구의 생물들은 그 오랜 진화의 역사를 통해 서로 간의 유사성을 줄여 공존할 수 있도록 변화해왔다. 그 결과가 오늘날 우리 앞에 파노라마처럼 펼쳐져 있는 이 엄청난 생물다양성이다.[46)]

'경쟁적 배제 원리'라는 관점에서 본다면, 생태계는 생존경쟁의 장(場)인 것이다. 그런데 최재천에 의하면, 생명체들이 진화해온 역사란 각각의 종들이 서로 다른 니치를 확보함으로써 공존해온 역사이기도 하며, 그 결과 오늘날과 같은 생물다양성이 출현하게 된 것이다. 이러한 관점에서 최재천은 인간의 삶도 '공존'이라는 맥락에서 해명하면서, '호모 심비우스(Homo symbious, 공생하는 인간)'라는 개념을 제안했다. '호모 심비우스'란 다른 사람과 공존하는 인간일 뿐만 아니라, 다른 종들과 공존하는 인간이기도 하다.[47)]

우리는 우리 자신을 '호모 사피엔스'라고 추켜세운다. '현명한 인류'라고 말이다. 나는 우리가 두뇌회전이 빠른, 대단히 똑똑한 동물이라는 점에는 동의하지만 현명하다는 데에는 결코 동의할 수 없다. 우리가 진정 현명한 인류라면 스스로 자기 집을 불태우는 우(愚)는 범하지 말았어야 한다. 우리가 이 지구에 더 오래 살아남고 싶다면 나는 이제 우리가 호모 심비우스로 겸허하게 거듭나야 한다고 생각한다. 호모 심비우스는 동료인간들은 물론 다른 생물 종들과도 밀접한 관계를 유지한다. 호모 심비우스의 개념은 환경적이기도 하지만 사회적이기도 하다. 호모 심비우스는 다른 생물과 공존하기를 열망하는 한편 지구촌 모

46) 최재천, 『호모 심비우스』, 105쪽.

47) 천체물리학자 세이건(Carl Edward Sagan)은 "우리가 호흡과정에서 뱉은 이산화탄소는 다시 식물에게 흡수돼 탄수화물 합성에 재활용된다. 동물과 식물이 각각 상대가 토해내는 것을 다시 들이마신다니, 이것이야말로 환상적인 협력이 아니고 또 무엇이겠는가?"라고 설파한 바 있다(세이건, 『코스모스』, 87쪽).

든 사람들과 함께 평화롭게 살기를 원한다.[48)]

위에서 말하는 '스스로 자기 집을 불태우는 우(愚)' 란 인간이 스스로 자기의 생태환경을 훼손함을 뜻한다. 최재천은 이제까지는 자연을 보호하면서 살아온 인간보다 자연을 착취하면서 살아온 인간들이 더 번성했을 것이라고 인정한다. 그런데 이제는 더 이상 착취하고 훼손할 자연이 남아있지 않으므로, 따라서 "하나밖에 없는 지구에서 모두 함께 사는 방도를 찾아야 한다"는 것이다. 이러한 맥락에서 최재천은 "인간에게 주어진 조건은 경쟁을 넘어선 협력을 강요한다"고 설파하고, 앞으로는 "협력하는 인간만이 살아남을 것" 이라고 전망했다.[49)]

4) 프롬의 '존재양식' 과 홍승표의 '대대론(對待論)'

현대의 사회심리학자 프롬(Erich Fromm)은 『자유로부터의 도피』에서 경쟁을 '근대의 특징' 으로 파악했다. 중세의 경우 길드(guild)를 통해 경쟁을 통제하고 상호 간의 협력과 사회적 안정을 추구했는데, 근대 자유주의는 효율성이라는 명목으로 경쟁을 옹호했다는 것이다.[50)]

경쟁은 결국 '부익부 빈익빈' 을 초래한다는 것은 경쟁론을 비판할 때 흔히 지적되는 내용이다. 프롬은 여기에서 더 나아가 경쟁이 고독과 불안을 심화시키고, 끝내는 모든 인간을 소외시킨다는 점을 주목했다.

근대인의 고독감과 무력감(無力感)은 그의 모든 인간관계가 가지고 있는 성

48) 최재천, 『호모 심비우스』, 108쪽.
49) 최재천, 『호모 심비우스』, 110~112쪽.
50) 프롬, 『자유로부터의 도피』, 60~65쪽.

격으로 말미암아 훨씬 더 증진되고 있다. 개인과 개인과의 구체적인 관계는 직접적이며 인간적인 성격을 잃어버리고, 교묘한 속임수와 수단이라는 정신으로 가장되게 되었다. 일체의 사회적 및 개인적인 관계에 있어서는 시장의 법칙이 지배하고 있다. 경쟁자들 사이의 관계는 상호 간의 인간적인 무관심에 근거해야 한다는 것은 명백하다. (…) 그들은 자기네들의 경제적 이익을 추구해 가기 위해 서로 상대방을 이용한다. 그들의 관계는 그 어느 편도 모두 목적에 대한 수단의 관계이며, 서로가 타자의 도구로 되고 있다. (…) 이와 같은 수단과 소외의 가장 참혹한 실례는 아마 개인의 그 자신에 대한 관계일 것이다. 인간은 단지 상품을 팔뿐만 아니라 자기 자신도 팔며, 마치 자기 자신을 하나의 상품과 같이 생각한다.[51]

칸트는 '모든 사람의 인격을 목적으로 대우하라' 고 했다. 그러나 경쟁이 지배하는 현실에서는 그러한 주장이 공허하게 되어, 실제로는 서로가 서로를 수단으로 대하게 된다. 프롬에 의하면, 자유는 무자비한 경쟁을 낳고, 경쟁은 소외를 유발하며, 소외는 고독과 불안을 가중시킨다. 그리하여 사람들은 마침내 '자유로부터의 도피' 를 꿈꾸게 된다는 것이다.

프롬은 『소유냐 존재냐』에서는 경쟁과 탐욕을 '소유양식(having mode)' 의 산물로, 협력과 공유를 '존재양식(being mode)' 의 산물로 규정하여, 각각 다음과 같이 설명했다.

소유양식에 있어서 인간관계의 근본적 요소는 경쟁 · 대립 · 공포이다. 소유관계의 대립적 요소는 소유관계의 본질에서 파생된다. 만약 소유가 자신의 정체성(正體性)의 근본이라면, '나' 란 바로 '내가 소유한 것(what I have)' 인 셈이

---

51) 프롬, 『자유로부터의 도피』, 136~137쪽.

니, 소유하려는 소망은 필연적으로 많이, 더 많이, 가장 많이 소유하려는 욕망으로 유도된다. 다시 말해서 '탐욕' 이 소유지향의 자연스런 결과가 된다.[52)]

존재양식에서는 개인적 소유가 정서적으로 별로 중요하지 않다. 무엇을 즐기기 위해, 심지어는 그것을 사용하기 위해, 내가 그것을 소유할 필요가 없기 때문이다. 존재양식에서는 한 사람 이상의 사람들(사실상 수백만 명)이 같은 대상을 함께 즐길 수 있다. (…) 이는 투쟁을 피하게 하는 동시에, 가장 심오한 행복 가운데 하나인 '공유(共有)의 즐거움' 을 낳는다. (…) 공유의 경험은 두 개인 사이의 관계를 활발하게 만드는바, 이는 모든 위대한 종교적, 정치적, 철학적 운동의 기초이다.[53)]

프롬에 의하면, 소유양식에 지배되는 사람은 '자아' 를 '자신이 소유한 것(what I have)' 과 동일시한다. 이러한 맥락에서 소유양식은 '남보다 더 많이 소유하려는' 경쟁심과 탐욕을 유발하고, 결국 우리의 삶을 피로 물들게 한다. 반면에 존재양식은 '공유(sharing, 함께 함)의 즐거움' 을 깨닫게 하여 협력과 공존의 길로 안내한다.

대체로 말해, 전근대의 철인들은 존재양식에 입각한 삶의 길을 제시했으나, 근대인들은 소유양식에 경도되어 소유양식이야말로 인간의 본성에서 우러난 삶이라고 인식했다. 근대인들의 이러한 인식에 대해, 프롬은 다음과 같이 비판한다.

현대사회에서는 생존의 소유양식이 인간의 본성에 뿌리박고 있고, 따라서 사실상 변화시킬 수 없는 것으로 여겨진다. (…) 그러나 진실을 말하자면, 인간의

52) Fromm, *To Have or To Be?*, 112쪽.
53) Fromm, *To Have or To Be?*, 114~115쪽.

본성 속에는 소유양식과 존재양식이 모두 잠재하고 있다. 생존을 위한 우리의 생물적 충동은 소유양식을 더욱 진전시키려는 경향을 갖지만, 이기성과 나태성이 인간이 타고난 유일한 성향인 것은 아니다. 우리 인간은 우리의 능력을 발휘하고, 능동적이고, 다른 사람들과 관계를 맺고, 이기주의의 감방으로부터 벗어나려는 뿌리 깊은 존재의 욕망을 지니고 태어났다. 이것을 입증할 만한 증거는 한 권의 책을 채우고도 남을 만큼 많다.[54]

프롬은 '인간의 본성에는 소유양식뿐만 아니라 존재양식도 함께 잠재한다' 고 주장했다. 그런데 프롬이 말하는 '인간의 본성' 이란 인간의 '육체적 본능' 과 '도덕적 본성' 을 모두 포함하는 것이다. 프롬은 소유양식을 '생물적 충동' 과 연결시켜 설명했는데, 생물적 충동이란 바로 '육체적 본능' 을 말한다. 또 프롬은 '우리의 능력을 발휘하고, 능동적이고, 다른 사람들과 관계를 맺고, 이기주의의 감방으로부터 벗어나려는 존재의 욕망' 을 '남에게 무엇인가를 주고, 남과 함께 하고, 남을 위해 희생하려는 의지' 라고 표현하기도 했는데, 이는 인간의 '도덕적 본성' 으로부터 우러난 것이다. 요컨대 소유양식은 육체적 본능으로부터 유래하고, 존재양식은 도덕적 본성으로부터 유래하는 것이다. 프롬이 이러한 분석을 전개한 취지는 물론 '탐욕스러운 경쟁에서 벗어나 함께 함의 즐거움을 누리자' 는 것이었다.

한편, 오늘날의 사회학자 홍승표는 『깨달음의 사회학』에서 "현대인들의 삶은 견디기 힘들 만큼 긴장과 적의에 차 있으며 끝없는 경쟁의 연속 속에서 살아남기 위한 집단 간의 경쟁은 더욱 치열해지고 있다. 개인뿐만 아니라 이익집단이나 국가들까지도 자신의 이익을 관철하기 위해서 끝없는 싸움을 벌이고 있다."[55]고 지적한 바 있다. 홍승표 역시 '현대인의 삶' 을

---

54) Fromm, *To Have or To Be?*, 100쪽.
55) 홍승표, 『깨달음의 사회학』, 128쪽.

'경쟁에 찌든 삶' 이라고 비판한 것이다.

인간은 사회적 동물이라 하는바, 인간의 삶은 결국 '나와 너' 의 관계 속에서 이루어진다. 문제는 자신이 상대방을 어떤 관점에서 인식하는가 하는 점이다. 홍승표는 '나와 너' 의 관계를 '적대적(敵對的) 대립' 과 '대대적(對待的) 대립' 이라는 두 유형으로 대별했다. 홍승표는 '마주하고 서 있는 두 나무의 관계' 를 인식하는 방식에 비유하여, 양자의 차이를 다음과 같이 설명한다.

> 적대적(敵對的) 대립관(對立觀)의 관점에서 보면, 모든 대립물들은 자신이 살아남기 위해서는 상대편을 극복해야만 하는 상황에 놓여 있다. 그러므로 모든 대립물들은 살아남기 위해서 치열한 싸움을 벌여야만 한다. 마주하고 서 있는 두 나무는 서로 더 많은 햇빛을 받기 위해서 다른 나무의 가지와 잎을 제치고 자신의 가지를 뻗고 잎을 내려 한다. 더 많은 수분과 땅속의 영양분을 차지하기 위해서 다른 나무보다 더 깊이 더 멀리 뿌리를 내리려고 한다. 적대적 대립 속에서 각각의 존재는 자신의 삶을 확보하기 위해서 상대편을 극복해야만 하는 것이다. 반면에 대대적(對待的) 대립관(對立觀)의 관점에서 보면, 이 세상에 어떤 존재도 홀로 살아갈 수 없다. 모든 대립물이 서로 의존하고 있으며, 근원적으로 하나이다. 사막 위에 홀로 서 있는 나무를 상상해 보자. 그 나무가 잘 자랄 수 있겠는가? 그 나무는 강렬한 햇빛에 견딜 수 없어 말라 죽어갈 것이고, 뿌리를 내릴 곳이 없어서 조금만 바람이 불어도 쓰러져 버릴 것이며, 땅속의 수분이나 영양분도 다 증발해 버려 견딜 수 없을 것이다. 나의 삶은 너의 삶을 전제로 하여 이루어진 것이며, 궁극적으로 우리들의 삶은 하나이다.[56]

56) 홍승표, 『깨달음의 사회학』, 127~128쪽.

대대적 대립관은 "이 세상에 어떤 존재도 홀로 살아갈 수 없다. 모든 대립물이 서로 의존하고 있으며, 근원적으로 하나이다."라는 것인바, 이는 '나와 너'를 '상호 의존하는 일체'로 간주하는 것이다.[57] 반면에 적대적 대립관은 '나와 너'를 '서로 분리된 독립적 존재'로 간주하는 데서 출발한다. 홍승표는 "개인을 다른 인간이나 사회와 분리된 독립적 존재로 간주했을 때, 자기 바깥의 세계는 근본적으로 자신과 아무런 관련이 없게 되며, 이 세계는 오직 자신의 욕망을 충족시킬 수 있는 대상물로만 의미를 갖는다. 그러므로 마주하고 있는 모든 존재는 개인이 자신의 욕망을 충족시키기 위해서 극복하거나 이용해야 할 대상이 된다."[58]고 했다. 이렇게 본다면, 치열하게 지속되는 오늘날의 각종 경쟁은 바로 적대적 대립관의 산물이다.

홍승표의 적대적 대립관과 대대적 대립관은 사실 프롬의 소유양식 · 존재양식과 궤를 같이한다. 프롬은 소유양식에 집착함으로써 온갖 갈등과 투쟁이 야기된다고 했는데, 홍승표도 갈등과 투쟁을 적대적 대립관의 산물로 규정했다. 또한 프롬의 존재양식은 '공유(sharing, 함께 함)'로 표출되는데, 마찬가지로 홍승표의 대대적 대립관도 '나와 너의 하나됨'을 추구한다. 홍승표는 현대인들에게 '궁극적으로 우리들의 삶은 하나임'을 깨달아야 한다고 호소했다. 그 깨달음은 소유양식에서 벗어나 존재양식을 추구하고, 본능적(육체적) 삶에서 벗어나 본성적(도덕적) 삶을 추구함과 같은 맥락일 것이요, 이를 공자는 '극기복례(克己復禮)'라고 표현했을 것이다.

---

57) 홍승표의 '對待的 대립관'은 대립물을 '相補的 관계'로 인식하는 易學의 陰陽對待論에 입각한 것이다. 陰陽對待論에 대한 자세한 논의는 拙著, 『歷史哲學과 易學思想』, 130~135쪽 참조.

58) 홍승표, 『깨달음의 사회학』, 129쪽.

4. 결론 : 반(反)경쟁론의 함의

이상에서 경쟁론에 대한 오늘날의 비판들을 네 유형으로 분류하여 살펴보았거니와, 이제 결론적으로 그 함의를 정리해 보자.

기든스의 '제3의 길' 과 칼레츠키의 '자본주의 4.0' 은 자유주의(자본주의)와 사회주의(공산주의)를 지양시켜 '경쟁의 효율성' 과 '사회복지의 도덕성' 을 조화시키자는 것이었다. 이들은 자유주의와 사회주의의 상호 부침(浮沈) 과정을 '시의(時宜)' 의 관점에서 해명하고, 역시 '시의' 의 관점에서 오늘날의 경쟁론을 초극하거나 보완해야 한다고 주장한 것이다.

과연 그동안 근현대 문명은 경쟁을 통하여 놀라울 만큼 기술을 혁신시켰다. 그리하여 이제는 많은 분야에서 '효율성의 부족' 보다 '효율성의 과잉' 이 문제되는 것이다. 과도한 효율성은 많은 사람들의 일자리를 앗아가 '잉여인간' 을 산출하고, 청년실업은 주요 선진국들의 공통 문제가 되었다.[59] 뿐만 아니라, 경쟁이 초래하는 '부익부 빈익빈' 역시 사회의 안정성을 해치고, 아울러 막대한 복지비용을 야기하고 있다. 요컨대 경쟁이 야기하는 여러 부작용과 부대비용까지 고려한다면, 경쟁은 사실 효율적 발전의 수단이라고 말하기도 어렵다. 그렇다면 이제는 '시의(時宜)' 의 관점에서 경쟁에 대한 예찬을 멈추고, 다른 대안을 모색해야 한다.

프랭크의 '경쟁의 종말' 과 액설로드의 '협력의 진화' 는 '개인의 이익과 사회의 이익이 저절로 합치된다' 는 예정조화설의 허구성을 해명함으로써 경쟁을 통제해야 하는 당위성을 제기하고, 협력이 경쟁보다 오히려 더 효율적이라는 입장에서 협력의 필요성을 강조한 것이다. 요컨대 이들은 경

---

59) 루소는 "모든 동물은 자기 보존에 필요한 능력만을 가지고 있다. 인간만이 잉여의 능력을 가지고 있다. 그런데 그 여분이 그의 불행의 도구라는 사실이 정말 아이러니컬하지 않은가?" 라고 갈파한 바 있다(루소, 『에밀』, 141쪽).

쟁론을 옹호하던 기존의 두 가지 논거(예정조화와 효율성)를 모두 논파하고, 대신 협력의 도덕적 당위성과 경제적 필연성을 옹호한 것이다.

부익부 빈익빈 등 경쟁의 부작용이 두루 확인된 오늘날, 누구도 더 이상 예정조화설을 내세우기는 어려울 것이다. 더군다나 경쟁이 협력보다 효율성이 높은 것도 아니라면, 경쟁을 옹호할 수 있는 논거가 더욱 허약해진 것이다. 이러한 맥락에서 우리는 경쟁에 대한 맹신을 벗어나, 협력의 의의를 새롭게 인식해야 한다.[60]

카프라의 '유기체론' 과 최재천의 '호모 심비우스' 는 현대 과학의 새로운 성과를 토대로 협력과 공존의 필연성을 강조한 것이다. 19세기의 물리학은 기계론적 세계관과 표리를 이루어 개인주의를 옹호했고, 19세기의 진화론은 생존경쟁론과 표리를 이루어 약육강식을 정당화했었다. 이에 대해, 카프라나 최재천은 20세기의 새로운 물리학과 새로운 생태학을 소개하면서, 기계론적 세계관이나 약육강식론이 모두 세계에 대한 잘못된 이해에 근거한 것임을 밝혔다.

카프라나 최재천은 현대 과학의 이름으로 '유기체적 세계관' 을 옹호했다. 근대인들은 전근대의 유기체적 세계관을 개인의 자유를 억압하고 불합리한 위계질서를 옹호하는 낡은 세계관으로 지목하여 폐기처분했었다. 그런데 유기체적 세계관이 다시 이 시대의 화두인 협력과 공존을 상징하는 세계관으로 부각되는 것이다. 이러한 맥락에서, 이제는 점차 많은 사람

60) 或者는 '협력이 경쟁보다 더 효율적이므로, 협력해야 한다' 는 주장(①)과 '오늘날의 경쟁사회에서는 효율성의 부족보다 효율성의 과잉이 더 큰 문제이다' 라는 주장(②)을 상충되는 것으로 규정할 수도 있겠다. 그런데 여기서 유의해야 할 것은 ①의 '협력의 효율성' 은 '협력에 참여한 모든 사람이 그 결과를 골고루 누리는 효율성' 이요, ②의 '경쟁의 효율성' 은 '패자의 몫은 없고 승자의 몫만 있는 효율성' 이라는 점이다. 승자독식사회에서는 효율성의 제고가 '고용없는 성장' 이나 '잉여인간(청년실업)' 문제를 야기하므로, 효율성의 과잉이 문제되는 것이다. 그러나 '모든 사람이 그 결과를 골고루 누리는 효율성' 이라면, 그러한 효율성은 높을수록 좋은 것이다.

들이 '나와 너'가 협력하고 '인간과 자연'이 조화를 이루는 것이 '사람다운 삶'의 길인 동시에 '지속가능한 발전'의 길임을 깨달아 가고 있다.

프롬이 말하는 '소유양식'은 육체적 본능을 추구하는 삶이었고, '존재양식'은 도덕적 본성을 추구하는 삶이었다. 또 홍승표가 말하는 '적대적 대립관'은 프롬의 '소유양식'과 상응하고, '대대적 대립관'은 '존재양식'과 상응한다. 이러한 맥락에서, 프롬의 '존재양식'과 홍승표의 '대대론(對待論)'은 근원적으로 '본능적 삶'과 '본성적 삶'을 대조하고, 본성적 삶의 가치를 각성시키는 것이었다. 그렇다면 우리는 경쟁과 협력의 문제는 삶의 외면적 양식의 문제인 동시에 내면적 태도의 문제이기도 함을 확인할 수 있겠다.

따라서 오늘날 경쟁론을 지양시키고자 한다면, '사회복지의 당위성'과 '경제적 효율성'의 문제는 물론 '올바른 세계관의 정립' 문제가 긴요한 것이요, 뿐만 아니라 '올바른 가치관의 정립' 문제도 매우 중요한 것이다. 홍승표가 '깨달음의 사회학'을 제창했듯이, 올바른 가치관을 정립하기 위해서는 일정한 깨달음이 긴요하다. 홍승표는 '이 세계는 본래 통일체'라는 사실에 대한 깨달음을 강조했고,[61] 싱어(Peter Singer)는 "모든 사람들이 이웃을 따라잡고 앞서려 하는 사회에서는 결코 대부분의 시민들이 행복감과 성취감을 느낄 수 없다"는 사실에 대한 깨달음을 강조했다.[62] 같은 맥락에서, 강수돌은 경쟁은 우리를 '합리적으로' 분열시키는 메커니즘이라고 규정하고, 소통과 연대를 통해 '더불어 행복하게' 살기 위해서는 "'부자되기'가 아니라 '소박하게 살기'가 삶의 새로운 비전으로 공유되어야 한다"고 역설했다.[63]

---

61) 홍승표, 『깨달음의 사회학』, 63~70쪽 참조.

62) 싱어, 최정규 역, 『다윈주의 좌파』, 이음, 2011, 78쪽 참조.

63) 강수돌, 『경쟁은 어떻게 내면화되는가』, 돌베개, 2008, 47~49쪽 참조.

이상에서 근래의 여러 반경쟁론이 지니는 함의를 정리해 보았다. 본고에서 살핀 여러 석학들의 반경쟁론이 외면할 수 없는 의의를 지니는 것이라면, 같은 맥락에서 우리는 전통 유교의 명분론(名分論)에 대해서도 새롭게 인식할 필요가 있다. 서론부에서 밝혔듯이, 우리 한국의 근대화 과정은 전통적 명분론을 타파하고 서구의 경쟁론을 도입하는 과정이기도 했다. 그런데 한 때는 진보의 원동력으로 기능했던 경쟁론이 이제는 숱한 폐단을 낳고 있다면, 우리는 전통적 사회운영론의 의의를 되돌아보아야 마땅한 것이다.

우리의 근대화 과정에서 많은 지식인들은 '전근대적 명분질서' 에 대해 '자유 · 평등을 부정하는 권위주의적 체계' 라고 비판했다. 그런데 전근대적 명분질서는 '권위주의적 체계' 이기 전에 일정한 '깨달음의 체계' 였던 것이요, 그러한 깨달음을 통해서 만인이 서로 자제하고 서로 배려하는 삶의 양식을 권장했던 것이다. 유교의 명분론은 예양론(禮讓論)과 표리를 이룬다는 점이 그 증좌이다. 우리가 진정 경쟁론을 초극하고자 한다면, 전통적 명분론에서 여러 훌륭한 지침을 찾을 수 있을 것이다.

제4장

서구 근대 사회운영론과 유교의 명분론

1. 서론

서구 근대 사회 · 정치 사상은 자유주의와 사회주의로 대별되는바, 자유주의는 이기적 경쟁을 옹호하고, 사회주의는 형제애를 강조했다. 자유주의에 충실하면 양극화〔富益富 貧益貧〕와 사회적 갈등을 심화시키고, 사회주의에 충실하면 도덕적 해이와 사회적 효율성의 저하를 초래함은 주지의 사실이다. 이러한 현상은 근원적으로 자유와 평등 사이의 길항관계에서 비롯되는데, 이를 반복적으로 경험한 서구의 지성들은 그리하여 '제3의 길' 을 제창하게 된 것이다.

한편 전통 유교의 핵심적인 사회 · 정치 사상은 명분론(名分論)이었다. 명분론이란 자신의 '이름〔名〕' 에 따르는 '몫〔分〕' 을 다하자는 것으로서, 공자는 이를 '정명(正名)' 이라 했다.[1] 여기서 알 수 있듯이, 명분론은 모든

1) 여기서 말하는 '이름' 은 '김갑순 · 홍길동' 과 같은 고유명사가 아니라 '부모와 자식, 학생과 선생' 등과 같은 일반명사를 뜻한다. 한편 '몫' 은 경우에 따라 '본분' 이나 '직

'이름'에는 고유한 '몫'이 따른다는 생각에서 출발한다. 다시 말하면, 모든 존재에는 본래 고유한 몫이 있다는 말이다. 모든 사람이 자신의 몫을 다하고 타인의 몫을 존중할 때, 서로 '감응(感應)'이 이루어져 '생생(生生)의 발전'을 지속할 수 있다는 것이 유교의 지론이었다.

예컨대 『논어』에서는 "임금은 임금다워야 하고, 신하는 신하다워야 하며, 부모는 부모다워야 하고, 자식은 자식다워야 한다."[2]고 했는데, '다움'이란 어떤 이름(직책)과 그에 따른 몫(본분)이 서로 부합하는 '정명(正名)'을 말한다. 한편 『대학』에서는 "문왕(文王)은 남의 임금이 되어서는 인(仁)에 머물고, 남의 신하가 되어서는 경(敬)에 머물고, 남의 자식이 되어서는 효(孝)에 머물고, 남의 부모가 되어서는 자(慈)에 머물고, 나라 사람들과 사귈 때에는 신(信)에 머물렀다."[3]고 했는데, 이는 '君·臣·父·子' 등의 이름에 따르는 몫을 '仁·敬·慈·孝'로 해명한 것이다. 임금은 어질고, 신하는 공경하며, 부모는 자애하고, 자식은 효도하여, 모두 각자 자신의 본분을 다하면, 사회가 발전하고, 그 속에서 모든 사람들이 행복을 누릴 수 있게 된다는 것이다. 유교에서는 이러한 생각을 바탕으로 각종 사회운영원리를 도출했거니와, 크게는 『주례(周禮)』의 전편(全篇), 작게는 『예기(禮記)』의 〈왕제(王制)〉편이 그 종합판이라 할 수 있다.

유교의 명분론은 『주역』의 음양사상과 표리를 이룬다. 역학(易學)에서는 '하늘은 높고 땅은 낮다〔天尊地卑〕'는 관점에서 '음양의 위계'를 강조하면서도, 또 '서로 반대되는 것이 감응하여 서로 이루어준다〔相反相成〕'는 관점에서 '음양의 감응'을 강조한다.[4] 음양은 남자와 여자, 하늘과 땅,

---

분'으로 해석될 수도 있고, '권리와 의무의 몫'으로 해석될 수도 있고, '욕망의 한계'로 해석될 수도 있으며, '분배의 몫'으로 해석될 수도 있다.

2) 『論語』 顔淵 11.

3) 『大學章句』 傳3章.

4) 이에 대한 자세한 논의는 拙著, 『歷史哲學과 易學思想』, 123~145쪽 참조.

통치자와 피치자, 상층계급과 하층계급, 부모와 자식 등 다양한 맥락으로 해석될 수 있거니와, 음양의 위계는 각자의 '몫의 차등적 설정' 으로 연결되고, 음양의 감응은 '차등의 최소화' 로 연결된다. 긍정적으로 해석하자면, '몫의 차등적 설정' 은 동기 유발의 계기가 되고, '차등의 최소화' 는 갈등 예방의 계기가 된다.[5] 명분론은 이러한 유기체적 세계관을 바탕으로 삼는다.

유교의 명분론은 사회운영과 관련하여 다양한 측면에서 논의될 수 있다. 본고에서는 서구의 자유주의와 사회주의의 사회운영론을 개관하고, '제3의 길' 이 등장하게 된 배경을 살핀 다음, 유교의 명분론적 사회운영원리를 해명하고, 우리의 전통에서 도출할 수 있는 '제3의 길' 로서 명분론이 지닌 의의를 논의해 보고자 한다.

2. 서구 근대 사회운영론의 두 유형과 '제3의 길'

1) 자유주의와 경쟁의 논리

자유주의는 말 그대로 개인의 자유를 최고의 준거로 삼는 이념 체계이다. 자유주의에서 자유는 목적적 의미와 수단적 의미를 동시에 지닌다. 자유는 그 자체 삶의 최고 목적이요 가치라는 것이며, 동시에 모든 것을 개인의 자유에 일임하면 대부분의 사회 문제들이 순조롭게 해결된다는 것이다. 모든 것을 개인의 자유에 일임한다는 것은 두 의미를 지닌다. 첫째는 자신의 자유로운 행위에 따르는 책임을 스스로 감당해야 한다는 '자기책

5) 여기서 알 수 있듯이 『周易』의 음양사상은 유교의 유기체적 세계관을 대변하는 것이다.

임의 원칙' 이며, 둘째는 모든 사람은 스스로의 노력으로 생계를 유지해야 한다는 '자조(自助)의 원칙' 이다. 이처럼 자유주의에서 자유는 지대한 의미를 지니는바, 그렇다고 자유주의가 개인의 자유를 무제한적으로 옹호하는 것은 아니다. 자유주의자들은 몇 가지 원칙으로 자유를 제한하는바, 그것은 둘로 요약된다. 첫째는 나의 자유로운 행위가 남에게 해를 끼쳐서는 안 된다는 '무해원칙(無害原則, 危害原則)' 이며, 둘째는 내가 다른 사람보다 더 많은 자유를 누리려고 해서는 안 된다는 '공평원칙(公平原則, 公正原則)' 이다. 이상의 네 원칙은 자유주의 사회운영론의 기본 전제가 되는 지침들이다.

자유주의는 사회를 '교환의 체계' 라는 관점에서 이해한다. 자유주의에 입각하면, 개인은 본래 독립적 존재이기에, 사회생활을 영위할 필연적 이유는 없는 것이다. 그런데 개인들이 계약을 통해 사회를 건설하는 이유는 교환을 통해 각자 서로 필요한 것들을 획득하기 위한 것이다. 앞에서 말한 '무해원칙' 과 '공정원칙' 은 바로 사회적 교환을 원활하게 해주는 원칙이었다.[6)]

동서고금 모든 사회는 본질적으로 '분업과 협동의 체계' 이다. 분업이

---

6) 사회를 '교환의 체계' 로 규정하는 것을 오늘날에는 '사회교환이론(social exchange theory)' 이라 한다. 사회교환이론은 현대 서구에서 '사회관계에 대한 가장 영향력 있는 관점' 이다. 현대의 사회교환이론은 호만스(G. C. Homans) · 티보(J. W. Thibaut) · 켈리(H. H. Kelley) · 월스터(E. E. Walster) 등으로 대표되는데, 이들의 사회교환이론은 인간을 '쾌락적인 동기에 따라 행동하는 존재' 라고 보는 自由主義 古典經濟學의 전제를 따르는 것이다(조긍호, 『사회관계론의 동 · 서 비교』, 442~444쪽 참조). 조긍호는 현대의 사회교환이론이 본질적으로 홉스와 로크 등 자유주의의 사회계약론과 궤를 같이하는 것임을 자세히 규명한 바 있다. 그 대강을 요약하면, 이들은 모두 ① 사회구성의 기본 단위를 '독립적이고 평등한 자유의 주체로서의 개인' 으로 보고, ② 인간존재의 기본 특성을 '이성을 갖춘 합리적 계산자' 로 보며, ③ 사회관계의 목표를 '자기 이익의 최대화' 로 보고, ④ 사회관계 유지의 규범을 '공정한 교환' 으로 보는 것이다(『사회관계론의 동 · 서 비교』, 502~513쪽 참조).

존재하면 반드시 그 분업의 결과를 교환해야 한다. 그러므로 사회적 교환은 동서고금에 보편적으로 존재했던 것인바, 따라서 사회를 '교환의 체계' 로 보는 것은 자유주의만의 독특한 관점이 아니다. 자유주의의 특징은 사회를 '교환의 체계' 로 규정함에 있지 않고 '사회적 교환의 본질' 을 '자기 이익의 최대화' 즉 '이기적 경쟁' 으로 규정함에 있다. 자유주의의 이러한 입장은 인간은 본래 '합리적 이기주의자(rational egoist)' 라는 인식에서 도출된 것이다.

'합리적 이기주의' 에서 주목할 것은 '합리적' 이라는 용어이다. 이는 '이성을 통해 이기적 욕구를 가장 효율적으로 충족시킬 수 있는 방법을 모색한다' 는 뜻으로서, 두 맥락을 포함한다. 첫째는 생산성을 높일 수 있는 새로운 도구와 기술을 찾아냄으로써 이익을 증진시키는 것이요, 둘째는 남과의 갈등(투쟁)을 회피하거나 줄일 수 있는 공정한 방법을 찾아냄으로써 불필요한 손실을 감소시키는 것이다. 이러한 맥락에서, 자유주의자들이 말하는 '합리성(rationality)' 은 두 의미를 지닌다. 최소의 노력으로 최대의 효과를 산출한다는 '효율성' 과 무해원칙과 공평원칙 등 이성이 제시하는 자연법을 준수한다는 '공정성' 이 그것이다.

자유주의의 '자유' 란 실로 여러 의미를 지니고 있지만, 그 가운데 하나는 '개인들이 각자 자신의 이기심을 자유롭게 발휘할 수 있도록 보장하라' 는 것이다. 사람은 누구나 자신의 이익을 위해서는 자발적으로 노력한다. 따라서 이기심을 승인하면 각자의 삶이 개선될 것이요, 각자의 삶이 개선되면 결국 사회도 발전하게 된다는 것이 자유주의의 지론이었다. 다만 걱정되는 것은 이기심이 사회적 갈등을 초래할 수 있다는 점이었는데, 이 또한 이기심과 동행하는 이성〔自然法〕에 의해 자연스럽게 해결될 것이라고 보았다. 이러한 맥락에서 맨더빌(Bernard de Mandeville)은 '사악(私惡)이 바뀌어 공익(公益)이 된다' 고 설파하면서 개인이 '정의의 원칙 아래 마음껏 자신의 이익을 추구할 수 있는 자유' 를 외쳤던 것이다. 개인의 이기심을 정의와 결합시키면 인류의 낙원을 만들 수 있다는 것이 맨더빌의 지론이었다.[7]

맨더빌은 개인의 이기심을 옹호하면서도 정의라는 원칙을 외면하지 않았는데, 이는 이기심에 대한 일반적 우려를 부정할 수 없었기 때문일 것이다. 그러나 스미스(Adam Smith, 1723~1790)는 이른바 '보이지 않는 손' 을 끌어들여 이기심에 대한 일말의 우려마저 완전히 불식시키려 했다.

> 사실 그는 공공의 이익을 증진시키려고 의도한 것도 아니며 그가 얼마나 기여하는지도 알지 못한다. (…) 그는 오직 자신의 안전을 의도한 것이고 (…) 오직 자신의 이익을 의도한 것이다. 그는 이렇게 함으로써 〔다른 많은 경우와 같이〕 보이지 않는 손(an invisible hand)에 이끌려 그가 전혀 의도하지 않은 목적을 증진시키게 된다. 그가 의도하지 않았다고 하여 반드시 〔의도했을 경우에 비해〕 사회에 보다 적게 기여하는 것은 아니다. 그는 자기 자신의 이익을 추구함으로써 종종 그 자신이 진실로 사회의 이익을 증진시키려고 의도하는 경우보다 더욱 효과적으로 그것을 증진시킨다.[8]

'보이지 않는 손' 은 개인의 이익과 사회의 이익을 일치시켜주는 '신적(神的) 존재' 로서, 스미스는 이러한 개념을 통해 개인의 도덕적 부담이나 책임을 감면시켜준 것이다.[9] 이제 개인은 자유롭게 자신의 이익만 추구하면 될 뿐, 나머지 문제들은 보이지 않는 손에 의해 저절로 해결되는 것이다〔豫定調和〕. 이러한 맥락에서 밀(John Stuart Mill)도 '상품의 저렴한 가격

---

7) 맨더빌, 『꿀벌의 우화 : 개인의 악덕, 사회의 이익』, 120~121쪽 참조.
8) 스미스, 『國富論』 上, 434쪽.
9) 박순성, 『아담 스미스와 자유주의』, 211쪽 참조.

과 탁월한 품질이 가장 효과적으로 제공되는 방법'은 '생산자와 판매자 모두에게 완벽한 자유를 부여하는 것'이라 주장할 수 있었다.[10)]

대부분의 사람들은 자신의 이익을 추구할 뿐만 아니라, 또 남보다 더 많은 이익을 얻고자 하는바, 이러한 맥락에서 '이기심의 자유로운 충족'은 '자유경쟁'과 표리를 이룬다. 자유주의자들은 이기적 경쟁을 자연스러운 사실로 받아들임은 물론, 사회발전의 적극적 계기로 인식했다. 경쟁은 사회적 효율성의 원천이므로, 진보와 발전을 위해서는 각 개인의 이기적 경쟁심을 적극 북돋아야 한다는 것이다. 프롬(Erich Fromm)이 지적했듯이, "산업사회의 체계가 기능을 발휘하도록 하기 위해서는 자기중심주의·이기주의·탐욕을 조장할 필요가 있으며, 이것은 조화(調和)와 평화(平和)로 이르는 길이다."[11)]라는 생각, 즉 예정조화설에 근거한 자유경쟁론은 근대 자유주의의 오랜 지론이었다.[12)]

2) 사회주의와 형제애

자유주의가 초기 계몽주의로부터 출발한 것이라면, 사회주의는 후기 계몽주의로부터 출발한 것이다. 초기 계몽주의가 합리주의에 기운 것이라면, 후기의 계몽주의는 낭만주의적 요소를 겸한 것이다. 낭만주의와 합리주의는 '계몽을 통한 진보'라는 이상을 함께 하지만, 합리주의가 '머리의 지혜'를 강조함에 반하여 낭만주의는 '가슴의 온정'을 강조했다. 요컨대

---

10) Mill, *On Liberty*, 94쪽 참조.

11) Fromm, *To Have or To Be?*, 3쪽.

12) 우리에게 잘 알려진 '죄수의 딜레마' 이론은 개인의 이익과 사회의 이익이 일치하지 않음을 명확히 보여주었다. 그렇다면 '각자의 이익이 모두의 이익'이라는 근대 자유주의 경제학의 일반적 전제는 애초부터 타당성이 부족했던 것이다(액설로드, 『협력의 진화』, 32쪽 및 291쪽 참조).

루소로 대표되는 후기 계몽주의는 '지혜롭고 온정있는 인간상', 즉 '가슴과 머리가 모두 건전한 인간상'을 모색하게 되었다.[13] 이러한 맥락에서, 자유주의가 모든 문제를 이성으로 해결하고자 했다면, 사회주의는 이성의 한계를 온정(溫情, 형제애)으로 보완하고자 했다.

자유주의와 사회주의의 노선 차이는 당시의 현안이었던 '빈민(貧民) 문제'에 대한 대책에서 단적으로 드러났다. 브린튼(Crane Brinton)은 18세기 후반에 있었던 두 노선의 차이를 다음과 같이 대비적으로 설명한 바 있다. 우선 아래의 인용문은 '머리'에 입각한 자유주의적 경제학자들의 입장을 설명한 것이다.

> 이들은 구제(救濟) 대상자들에게 그들 자신의 가정을 주는 빈민구제와 자선사업은 누구에게나 좋지 않은 일이며, 심지어 구제를 받는 사람에게도 좋지 않은 일이라는 것을 '증명'할 수 있었다. 맬서스가 1798년에 『인구론(*Essay on the Principle of population*)』을 출판했던 시기의 경제학자들의 논의는 사뭇 원숙하였다. 즉 가난한 사람의 형편이 나아질수록 아이들을 더 많이 낳게 되며, 그리하여 노동자들의 일거리가 더 적게 되고, 결국 그들 모두의 형편이 어렵게 된다는 것이었다. 공리주의자들은 이러한 생각을 받아들여, 구제를 받아야만 했던 가난한 사람들을 성별(性別)로 격리하여 아주 형편없는 빈민굴에 수용하는 작업장 제도를 영국에 세우는 데 조력하였다. 이 논리를 끝까지 따진다면, 만일 가난한 사람들이 살아갈 수 없으면 그들을 굶어죽게 내버려 두는 것이 좋을 것이라는 데까지 나갈 수도 있을 것이다.[14]

자유주의(공리주의) 경제학자들은 이성적 추론을 통해 '빈민을 구제하

---

13) 브린튼, 『西洋思想의 歷史』, 386쪽 참조.
14) 브린튼, 『서양사상의 역사』, 411쪽.

지 않는 것이 옳다' 는 것을 '증명' 했다는 것이다. 위의 인용문에서도 언급했듯이, 공리주의자들은 이러한 '증명' 에 입각하여 빈민을 학대하는 데 일조했음은 잘 알려진 사실이다.[15] 한편, 아래의 인용문은 자유주의의 냉혹함을 비판하는 사회주의자들의 입장을 설명한 것이다.

그들의 반대론자들은 대체로 다음과 같이 말했다. "(…) 우리는 당신네들의 주장을 받아들일 수는 없소. 우리는 가난한 사람들이 불쌍하오. 우리는 당신네들이 잘못되었다고 느끼기 때문에 당신네들의 생각이 잘못되었다는 것을 알고 있소. (…)" 이러한 변호는 한정 없이 계속될 수 있었다. 심정(心情)을 가장 순수하게 내세우는 사람들이 이러한 변호를 할 때에도, 그 변호는 으레 다음과 같은 논리로 나아갔다. 즉 가난한 사람도 좋은 생활을 할 권리를 가지고 있으며, 그들이 현실적으로 가난한 것은 한 번도 기회를 가져 본 적이 없기 때문이라는 환경주의자의 논법이 그것이다.[16]

빈민들을 불쌍하다고 느낀 것은 사회주의의 '가슴' 이었다. 사회주의자들은 빈민들의 비참한 삶을 외면할 수 없다는 이유만으로도 자유주의를 비판했던 것이다. 사회주의자들이 자유주의를 비판한 또 하나의 이유는 '머리' 에서 나온 것이다. 빈민들의 불행은 빈민 자신들의 탓이기 전에 그들을 둘러싼 '사회적 환경' 이 열악했기 때문이라는 논변이 그것이다. 이는 자유주의의 '개인책임 원칙' 을 부정하는 논리이다. 사회주의자들은 빈곤이 '개인의 책임' 이기 전에 '사회의 책임' 이라고 인식했다.

15) 벤담(Jeremy Bentham)에 의하면, 貧民에 대한 慈善을 참다운 仁慈心이라고 말하는 것은 언어를 남용한 것이다. 그러한 행위는 실제로는 빈민의 불행을 더욱 악화시킨다는 것이다. 벤담은 맨더빌의 '私惡이 바뀌어 公益이 된다' 는 주장을 적극 옹호했다(브로노프스키 · 매즐리슈, 『西洋의 知的 傳統』, 542쪽).

16) 브린튼, 『서양사상의 역사』, 411~412쪽.

사회주의자들은 근대 사회의 여러 문제점들을 해결하는 관건은 '자유경쟁론과 무한소유론' 에 토대를 둔 '자유주의(자본주의) 경제구조' 를 개혁하는 데 있다고 보았다. 사회주의자들의 이러한 주장은 다음과 같은 〈프랑크푸르트 선언〉[17)]의 전문(前文)에 잘 요약되어 있다.

1. 19세기부터 지금까지 자본주의는 어마어마한 생산력을 발전시켰다. 그런데 이러한 발전은 생산과 관련한 사안에 참여하는 데 있어서 시민의 대다수를 배제시키는 대가(代價)를 치르고 이루어진 것이다. 자본주의는 인간의 권리보다 소유의 권리를 더 우선시한다. 자본주의는 재산이나 사회적 권리를 갖지 못한 임금노동자라는 새로운 계급을 만들어 냈다. 그것은 계급 간의 투쟁을 격화시켰다. 비록 세계는 모든 사람들에게 응분의 생활을 충족시킬 만한 자원을 보유하고 있지만, 자본주의는 세계인구의 기본적인 욕구를 충족시키지 못하는 무능력을 보여 왔다. 자본주의는 파멸적인 위기와 대량실업이 없이는 제대로 유지되지 못한다는 것이 드러났다. 그것은 사회불안과 빈부 간의 뚜렷한 격차를 만들어 냈다. 그것은 제국주의적 팽창과 식민주의적 착취에 주로 치우치면서, 결과적으로 국민 간, 민족 간의 갈등을 더욱더 잔혹하게 만들었다. 그리고 몇몇 나라들에서는 강력한 자본가 집단이 과거의 야만주의를 부추겨 그것이 '파시즘' 이나 '나치즘' 의 형태로 다시 대두하도록 만들었다.
2. 사회주의는 자본주의 사회에 내재적인 병폐에 맞서는 저항운동으로서 유럽

17) 1951년 프랑크푸르트에서 열린 제1회 사회주의자 국제연맹(Socialist International) 총회에서 채택된 '민주적 사회주의의 목적과 과제' 라는 선언문을 말한다. 이 선언문의 前文 제8조에서는 "공산주의는 그릇되게도 자신들이 사회주의의 전통을 계승하고 있다고 주장한다. 하지만 실제로 공산주의는 사회주의 전통을 알아볼 수 없을 만큼 왜곡시켜 버렸다." 라 하여, 소련 등에서 표방한 공산주의를 자신들의 사회주의와 엄격하게 구분하고 비판했다.

에서 생겨났다. 자본주의로부터 가장 고통을 받은 것은 임금노동자였기 때문에, 사회주의는 맨 처음에 임금노동자의 운동으로서 발전하였다. 그 후 더욱 더 많은 시민들—즉 전문직, 사무직 노동자, 농민, 어민, 수공인, 소매상, 예술인, 과학자—은 인간에 의한 인간의 착취가 반드시 폐지되어야 한다고 믿는 모든 사람들에게 사회주의가 호소력을 가지고 있다는 사실을 점점 더 받아들이게 되었다.

3. 사회주의는 생산수단을 소유하거나 또는 통제하는 소수자에 대한 종속으로부터 민중들을 해방시키는 것을 목적으로 한다. 그것은 경제권력을 전체 민중의 손에 넘겨줌으로써, 모든 사람들이 평등한 자격으로 자유롭게 함께 일하는 공동체 사회를 만들어 내는 것을 목적으로 한다.

12. 과학과 기술의 진보는 인류에게 스스로의 운명을 개선하거나 또는 자기 자신을 멸망케 할 힘을 한층 증대시켰다. 바로 이 때문에 생산을 경제적 자유주의의 놀음에 그대로 놔두어서는 안 된다. 오히려 생산은 인간의 필요에 맞추어 체계적으로 계획되어야 한다. 이와 같은 계획은 개인의 개성적 권리를 존중하지 않으면 안 된다. 사회주의는 국내 및 국제 문제에 있어서 자유와 계획을 동시에 지지한다.

위의 인용문은 사회주의의 입헌정신을 천명한 것인바, 사회주의가 기존의 자유주의를 전면적으로 부정하는 것은 결코 아니다.[18] 사회주의는 자유주의가 이미 확보한 '시민적 · 정치적 권리'를 바탕으로, '일할 수 있는 권리, 의료 및 출산에서 복지혜택을 받을 권리, 여가의 권리, 노령 · 불구 · 실업으로 일할 수 없는 시민이 경제적 보장을 받을 권리, 어린이가 복지를 받을 권리 및 청년이 자기들의 재능에 따라서 교육을 받을 권리, 적절한 주

18) 아블라스터, 『서구 자유주의의 융성과 쇠퇴』, 659쪽 참조.

택에 살 권리' 등 '경제적 · 사회적 권리'를 요구한 것이다. 그런데 자유방임 경제를 전제하는 한 이러한 권리들을 보장하기가 어려우므로, 사회주의자들은 경제적 측면을 개조하지 않을 수 없다고 본 것이다. 요컨대 사회주의자들은 형제애(兄弟愛)라는 이념 아래 모든 사람이 실질적으로 자유와 평등을 누려야 한다고 주장하면서, 그 근본적 방법을 '주요 생산수단의 사회적 소유와 계획경제'에서 찾은 것이다.

3) 자유주의 · 사회주의의 딜레마와 '제3의 길'

이상에서 서구 근대의 사회운영론을 대표하는 자유주의의 자유경쟁론과 사회주의의 형제애 이념을 간략히 정리해 보았다. 자유주의와 사회주의는 그동안 지속적으로 서로 비판하면서 대결해 왔거니와, 간략히 정리하면 다음과 같다.

자유주의자들은 인간을 '개인(자유롭고 독립적인 존재)'으로 간주하고, 개인의 복지는 '자조(自助)의 원칙'과 '자기책임의 원칙'에 따라 자유경쟁의 공간(시장)에서 스스로 해결해야 할 문제라고 보았다. 이들은 자유경쟁이 보장된다면 '보이지 않는 손'에 의해 '공정한 분배'가 저절로 실현되어(예정조화), 결국 모든 사람이 '풍요로운 삶'을 누리게 된다고 주장했다. 그러나 예정되어 있다던 조화는 결코 실현되지 않았다. 개인들 사이에는 능력의 차이가 엄연히 존재하거니와, 따라서 경쟁이 아무리 공정하게 진행된다 하더라도 자유경쟁은 결국 부익부 빈익빈을 초래하는 것이다. 더군다나 개인들 사이에는 능력의 차이뿐만 아니라 유산의 차이와 교육의 차이도 있으며, 시장에서의 경쟁도 불공정하게 진행되는 경우가 많았다. 그리하여 개인책임의 원칙은 결국 약자들의 생존권을 실질적으로 부정하는 논리가 되고 말았거니와, 사회주의자들은 이를 '시장(市場)의 실패'로 규정했다.

사회주의자들은 인간을 독립적 존재로 규정하지 않고 상호 의존하는 존재로 규정하고, 이로부터 형제애의 당위성을 도출했다. 모든 인간은 서로 형제처럼 보살펴야 한다는 것이다. 그런데 문제는 무엇보다도 형제애를 사회권으로 탈바꿈시킨 데 있다. 형제애가 사회권으로 탈바꿈되자, 약자들은 평등하게 복지를 누릴 권리를 지니게 되었고, 사회(국가)는 약자들에게 복지를 제공할 책임을 지게 되었다. 약자들에게 제공되는 복지가 부자들의 시혜에 속하는 것인지 빈자들의 권리에 속하는 것인지 하는 문제는 차치하자. 약자들의 복지가 개선될수록 약자들은 도덕적 해이에 빠지고, 부자들은 무거운 세금을 피하기 위해 재산을 은닉시키며, 복지 제공을 위해 비대해진 국가의 기능은 한편으로는 개인의 자유를 침해하고 한편으로는 부정부패의 소지를 더욱 확대시키게 된다. 사회책임의 원칙도 결국 다양한 폐단을 야기하고 말았거니와, 자유주의자들은 이를 '국가(國家)의 실패'로 규정했다.

자유주의 원칙에 충실하면 시장의 실패에 빠지고, 사회주의 원칙에 충실하면 국가의 실패에 빠진다는 점은 서양의 근현대사를 통해서 충분히 확인된 사실이다. 이러한 딜레마는 근본적으로 자유와 평등 사이의 길항관계에서 유래하는바,[19] 그렇다면 자유를 강조하는 자유주의와 평등을 강조하는 사회주의 모두 근본적 한계가 있는 것이다. 이러한 점을 직시하는 학자들은 자유주의나 사회주의 어느 한쪽에 매달리지 않고 양자를 초극하거나 절충하는 '제3의 길'을 모색하게 되거니와,[20] 근래의 대표적인 예로

---

19) 자유(소극적 자유/적극적 자유)와 평등(기회의 균등/결과의 평등)을 어떻게 해석하든지 간에, 개인의 자유를 강조할수록 사회적 평등은 약화되고, 사회적 평등을 옹호하면 개인의 자유를 침해하게 마련이다.

20) 기든스에 의하면, '제3의 길'이란 말은 20세기 초에 생겨난 것으로, 1920년대에 우파 집단들 사이에서 널리 유포되었다가, 그 후로는 대체로 사회민주주의자들과 사회주

는 기든스(Anthony Giddens)의 『좌파와 우파를 넘어서(*Beyond Left and Right*)』와 『제3의 길(*The Third Way : The Renewal of Social Democracy*)』, 칼레츠키(Anatole Kaletsky)의 『자본주의 4.0(*Capitalism 4.0*)』 등을 들 수 있다.

자유주의와 사회주의의 분기는 여러 관점에서 설명할 수 있는데, '개인의 이기심(利己心)에 대한 처방' 도 그 가운데 하나이다. 이기심은 '자발성과 역동성' 을 낳기도 하고, '사회적 갈등' 을 낳기도 한다. 전자는 이기심의 긍정적 측면으로, 사람들은 자신의 이익을 위해서는 밤 · 낮을 가리지 않고 부지런히 노력하며, 때로는 물 · 불을 가리지 않고 위험을 감수한다. 후자는 이기심의 부정적 측면으로, 사람들은 자신의 이익을 위해서 종종 남의 이익을 침해하는데, 이를 제대로 다스리지 못하면 갈등이 심화되고 마침내는 전쟁상태에 빠지게 된다.

이처럼 이기심은 긍정적 측면과 부정적 측면을 모두 지니고 있다. 그런데 자유주의는 이기심의 긍정적 측면만 주목하고 그 부정적 측면에 대해서는 다분히 외면했다.[21] 그 결과 자유주의는 이기심을 무제한적으로 승인하여[22] 사회의 역동적 발전에 크게 기여했으나, 그 이면에 양극화와 사회적 갈등의 심화를 초래했다. 반면에 사회주의는 이기심의 부정적 측면만 경계하고 그 긍정적 측면에 대해서는 다분히 외면했다. 그 결과 사회주의는 이기심을 과도하게 배제하여[23] 일시적으로는 평등한 복지를 실현했으나, 마침내는 도덕적 해이와 사회적 효율성의 저하를 초래했다.

자유주의는 이기심을 무제한적으로 승인하고 사회주의는 이기심을 과

의자들이 사용해 왔다(기든스, 『제3의 길』, 61쪽).

21) '이기심의 부정적 측면' 을 외면하는 데 일조한 것이 바로 '예정조화설' 이다.

22) 로크의 '無限所有論' 이 그 대표적인 예이다.

23) 사회주의자들이 金科玉條로 삼는 '사회적 소유' 가 그 대표적인 예이다.

도하게 배제한 것이 사실이라면, 이는 모두 '양면적인 이기심' 에 대한 '일면적 처방' 에 치우친 것이다. 그렇다면 오늘날 우리에게 필요한 '제3의 길' 은 본질적으로 '이기심에 대한 양면적 처방' 에서 출발해야 할 것이다. 이제 이러한 관점에서 유교의 명분론을 살펴보기로 하자.

3. 전통 유교의 명분론에 대한 재조명

1) 명분론의 이상과 그 운영 원리

사회운영론이라는 맥락에서 유교의 명분론을 해석하면, 명분론은 사회 구성원 각자의 몫을 그 직책과 위계에 따라 선험적으로 설정하고 보장함으로써, 구성원들이 '안분지족(安分知足)의 삶' 을 누리도록 유도하자는 것이다.[24] 구성원들이 안분지족하게 된다면, 그 사회는 안정과 평화를 누리며 장구하게 지속될 수 있을 것이다. 유교의 이러한 생각은 『예기』〈왕제(王制)〉에 잘 나타나 있다.

> 왕자(王者)가 작록(爵祿)을 제정함에 공 · 후 · 백 · 자 · 남(公侯伯子男)의 다섯 등급이 있다. (…) 천자(天子)가 관할하는 경작지는 사방 천리(千里), 공 · 후(公侯)가 관할하는 경작지는 사방 100리, 백(伯)은 사방 70리, 자 · 남(子男)은 사방 50리이다. (…) 농부의 경작지는 백무(百畝)이다. 백무를 분배받으면, 상농부(上農夫)는 9명을 부양하고, 그다음은 8명, 그다음은 7명, 그다음은 6명, 하농부(下農夫)는 5명을 부양한다.[25] 보통 사람으로서 관직에 있는 자의 녹(祿)은 이에

24) 이는 자유주의에서 경쟁의 결과에 따라 각자의 몫을 분배함으로써, 구성원들의 생산성(효율성)을 높이려고 하는 것과 대조된다.

준하여 차등을 둔다.[26]

위의 인용문은 각자의 사회적 지위(신분 또는 계급)에 따른 재화(財貨)의 분배 몫을 설명한 것이다. 명분론에서는 사회적 지위의 높고 낮음에 따라 각자가 누릴 수 있는 재화의 몫도 차등적으로 설정한 것이다. 또 다음의 인용문을 보자.

> 천자(天子)는 7일 만에 빈소(殯所)를 차리고 7월 만에 매장하며, 제후(諸侯)는 5일 만에 빈소를 차리고 5월 만에 매장하며, 대부(大夫)·사(士)·서인(庶人)은 3일 만에 빈소를 차리고 3월 만에 매장한다. (…) 천자는 칠묘(七廟)이니, 삼소(三昭)·삼목(三穆)과 태조(太祖)의 묘를 합쳐서 칠묘이다.[27] 제후는 오묘(五廟)이니 이소(二昭)·이목(二穆)과 태조의 묘를 합쳐서 오묘이다. 대부(大夫)는 삼묘(三廟)이니, 일소(一昭)·일목(一穆)과 태조의 묘를 합쳐서 삼묘이다. 사(士)는 일묘(一廟)이고, 서인(庶人)은 정침(正寢)에서 제사 지낸다.[28]

위의 인용문은 각자의 사회적 지위에 따라 상례(喪禮)·제례(祭禮) 등 의례의 격식에도 차등을 두었음을 밝힌 것이다. 명분론에서는 사회적 지위의 높고 낮음에 따라 각자가 행할 수 있는 각종 의례의 격식도 차등적으로 설정한 것이다. 또 다음의 인용문을 보자.

---

25) 가장 비옥한 田地를 분배받아서 경작하는 농부를 '上農夫'라 하고, 가장 메마른 田地를 경작하는 농부를 '下農夫'라 했다.

26) 『禮記』〈王制〉.

27) 宗廟(또는 家廟)에 神主를 모실 때, 太祖(始祖)를 중앙에 모시고, 그 자손들을 왼쪽과 오른쪽에 차례대로 배치하는데, 왼쪽을 '昭', 오른쪽을 '穆'이라 한다. 天子의 宗廟에서는 昭에 3대, 穆에 3대, 중앙의 太祖를 합쳐서 7묘가 되고, 諸侯의 宗廟에서는 昭에 2대, 穆에 2대, 중앙의 태조를 합쳐서 5묘가 된다.

28) 『禮記』〈王制〉.

무릇 노인을 봉양함에 (…) 50세가 된 노인에게는 향학(鄕學)에서 양로(養老)의 禮를 행하고, 60세가 된 노인에게는 소학(小學)에서 양로의 禮를 행하며, 70세가 된 노인에게는 대학(大學)에서 양로의 禮를 행한다. (…) 50세가 되면 양식(糧食)을 젊은 사람과 달리하고, 60세가 되면 이틀마다 고기를 준비해 두며, 70세가 되면 끼니마다 맛있는 반찬 두 가지를 먹고, 80세가 되면 항상 진미(珍味)를 먹는다. 90세가 되면 침소(寢所)에 항상 음식을 갖추어 두고, 가는 곳마다 맛있는 음식을 가지고 따라다녀야 한다.[29)]

위의 인용문에서는 두 가지를 엿볼 수 있다. 첫째는 사생활의 침해라고 할 수 있을 정도로 일상생활의 세세한 영역까지 명분론적 규제의 대상으로 삼았다는 점이요, 둘째는 사회적 지위뿐만 아니라 나이도 차등의 주요 근거로 삼았다는 점이다.

이상에서 알 수 있듯이, 유교에서는 사회적 지위의 높고 낮음에 따라 각자가 누릴 수 있는 재화의 몫도 차등적으로 설정하고, 각종 의례의 격식도 차등적으로 설정했으며, 더 나아가 일상생활의 세세한 영역까지 명분론적 규제의 대상으로 삼았다. 따라서 유교의 명분론은 오늘날 우리가 숭상하는 자유와 평등이라는 관점에서 보면 수긍하기가 매우 어려운 것이다. 그렇다면 유교에서는 왜 이러한 논리를 고안해낸 것인가? 이를 이해하기 위해서는 먼저 『주역』의 음양사상에 내포된 유교의 유기체적 세계관을 이해해야만 한다.

『주역』 이괘(履卦)의 상사(象辭)에서는 "위에는 하늘이 있고 아래에는 연못이 있는 것이 이괘(履卦)이니, 군자는 이를 본받아 상 · 하(上下)를 분변하고 백성의 심지(心志)를 안정시킨다."[30)]고 했는데, 이에 대해 정이천

29) 『禮記』 〈王制〉.

30) 『周易』 履卦 象辭 : 上天下澤 履 君子以 辯上下 定民志

은 다음과 같이 해설한 바 있다.

하늘은 위에 있고 연못은 아래에 있는 것이 상·하의 바른 이치이다. 사람의 실천도 마땅히 이와 같아야 하니, 그러므로 그 모습을 취해서 이괘(履卦)가 된 것이다. 군자는 이괘의 모습을 보고 본받아 상·하의 명분을 변별하고, 백성의 심지를 안정시킨다. 무릇 상·하의 명분이 분명한 다음에야 백성의 심지가 안정되고, 백성의 심지가 안정된 다음에야 정치를 말할 수 있으니, 백성의 심지가 안정되지 않으면 천하를 다스릴 수 없다.

옛날에는 공경대부(公卿大夫) 이하 모든 지위가 각각 그 덕에 알맞았으니, 종신토록 그 자리에 있어도 그 분수를 얻은 것이다. 지위가 덕에 걸맞지 않으면 임금이 들어서 승진시켰으며, 사(士)는 학문을 닦아서, 학문이 지극해지면 임금이 (벼슬자리에 나올 것을) 요청했으니, 모두 자기에게 미리 정해둔 것이 아니었다. 농공상고(農工商賈)는 각각 자신의 일에 힘쓰되, 누리는 것에는 분한(分限)이 있었으니〔所享有限〕, 그러므로 모두 정해진 뜻이 있어서 천하 모든 사람들의 마음을 통일시킬 수 있었다.

후세에는 일반 선비로부터 공경(公卿)에 이르기까지 날마다 존영(尊榮)에 뜻을 두고, 농공상고(農工商賈)는 날마다 부치(富侈)에 뜻을 두어, 억조(億兆)의 마음이 서로 이익을 두고 경쟁하여 천하가 어지러우니, 어떻게 통일시킬 수 있겠는가? 혼란에 빠지지 않게 하려 해도 어려우니, 이는 상·하에 일정한 심지가 없는 데서 연유한 것이다. 군자는 이괘의 모습을 보고 상·하를 분변하여, 각각 그 분수에 합당하게 하여, 백성의 심지를 안정시키는 것이다.[31]

---

31) 『周易傳義大全』 履卦 象辭, 程傳 : 天在上 澤在下 上下之正理也 人之所履當如是 故取其象而爲履 君子觀履之象 以辯別上下之分 以定其民志 夫上下之分明然後 民志有定 民志定然後 可以言治 民志不定 天下不可得而治也 古之時 公卿大夫而下 位各稱其德 終身居之得其分也 位未稱德 則君擧而進之 士修其學 學至而君求之 皆非有預於己也 農工商賈 勤其事而所享有限 故皆有定志 而天下之心可一 後世 自庶士 至于公卿 日志于尊榮 農工商

위의 첫째 문단은 유기체적 세계관에 입각해 '상 · 하의 위계'를 강조하고, 그에 입각해 명분론의 취지를 설명한 것이다. 우리 몸의 두뇌와 수족의 관계에서 알 수 있듯이, 모든 유기체는 각 부분들의 상호의존적 구조인 동시에 상하의 위계구조이다. 유기체의 각 부분들은 상호의존적이기 때문에, 각 부분들은 독자적인 권리나 자유를 주장할 수 없고 항상 서로를 배려해야 한다. 또 유기체의 각 부분 사이에는 분명히 위계가 있으므로,[32] 평등이라는 명목으로 그 위계질서를 무시할 수 없다. 또 위계 관계가 실재하는 것이라면 그 위계에 따라 차등적으로 대우하는 것이 마땅할 것이요, 사회의 구성원들이 이를 수긍한다면 마침내 안분지족에 이르게 된다. 이러한 맥락에서 정이천은 "상 · 하의 명분이 분명한 다음에야 백성의 심지가 안정된다"고 설파하고, "백성의 심지가 안정되지 않으면 천하를 다스릴 수 없다"고 단언한 것이다. 위의 둘째 문단은 명분론적 사회운영의 기본 원칙을 설명하고 그를 미화한 것이며, 셋째 문단은 이기적 경쟁의 폐해를 설명함으로써 명분론의 의의를 다시 확인한 것이다. 이제 둘째 문단을 중심으로 명분론적 사회운영의 기본원칙을 살펴보기로 하자.

위의 둘째 문단은 다음과 같이 정리할 수 있다. 공직(公職) 생활을 지향하는 사대부(士大夫) 계급의 경우, ① 차등 대우의 직접적 근거가 되는 지위(직책)는 덕망과 학식으로 결정되어야 하고, ② 각자는 자신의 최선을 다할 뿐 특정 지위를 두고 기필하지 않으나, ③ 통치자는 각자의 덕망과 학식에 합당한 지위를 맡겨야 한다는 것이다. 재화(財貨)의 생산과 유통에 종

賈 日志于富侈 億兆之心 交騖於利 天下紛然 如之何其可一也 欲其不亂 難矣 此由上下无定志也 君子觀履之象 而分辯上下 使各當其分 以定民之心志也

32) 인간의 몸으로 말하자면, 생명의 유지에 가장 중요한 것은 頭腦이고, 그다음은 五臟六腑이며, 그다음은 四肢일 것이다. 또 오장육부는 자율적으로 운동한다 하더라도, 사지는 두뇌의 명령에 따라 움직인다. 이처럼 우리 몸의 각 기관들은 서로 의존적 관계라 하더라도, 거기에는 또한 위계의 차등이 있는 것이다.

사하는 농공상고(農工商賈)의 경우, ④ 각자 자신의 본업에 충실하되, ⑤ 각자가 누리는 몫은 역시 한정되어 있다는 것이다〔所享有限의 원칙〕.

위의 내용 가운데 사대부에 관한 사항을 좀 더 음미해 보자. ①의 '차등대우의 직접적 근거가 되는 지위는 덕망과 학식으로 결정되어야 한다' 는 내용은 유가의 오랜 지론으로서, 여기서 주목할 것은 덕이 학식보다 중요하게 인식되었다는 점이다. ②의 '각자는 자신의 최선을 다할 뿐 특정 지위를 두고 기필하지 않는다' 는 내용은 명분사회에 요청되는 개인의 마음가짐을 설명한 것이다. 각자는 항상 자신의 최선을 다하되, 그것이 특정한 지위를 얻기 위한 수단이어서는 안 된다는 것이다. ③의 '통치자는 각자의 덕망과 학식에 합당한 지위를 맡겨야 한다' 는 내용 역시 유가의 오랜 지론으로서, 맹자는 이를 '현자(賢者)를 높이고, 능자(能者)를 임용함'[33]이라는 말로 표현했다〔尊賢使能의 원칙〕.

위의 내용의 핵심은 사대부들은 자신의 최선을 다할 뿐 특정 지위를 두고 경쟁해서는 안 된다는 것, 그러나 통치자는 각자의 덕망과 학식에 합당한 지위를 맡겨야 한다는 것이다. 이는 요컨대 '모든 공직은 그에 가장 적합한 인물에게 맡겨져야 한다' 는 전제 아래,[34] 개인은 그저 자신의 최선을 다하고, 통치자는 각자의 덕량에 맞는 지위를 맡긴다는 것이다.

위의 '존현사능(尊賢使能)의 원칙' 은 부분적으로는 경쟁론의 요소를 포함한 것이기도 하다. 개인이 최선을 다하면, 결과적으로 보다 높은 지위가 수반되기 때문이다. 그런데 ②의 '각자는 자신의 최선을 다할 뿐 특정 지위를 두고 기필하지 않는다' 는 내용은 개인은 그저 자신의 본분에 충실할

---

33) 『孟子』 公孫丑上 5.

34) '모든 公職은 그에 가장 적합한 인물에게 맡겨져야 한다' 는 전제가 바로 명분론의 골격인 것이다. 그에 가장 적합한 인물이야말로 그 公職(이름)에 부여된 역할(몫)을 가장 잘 발휘할 것이기 때문이다.

뿐 경쟁심리를 가져서는 안 된다는 점을 강조한 것이다. 요컨대 위의 내용은 자신의 노력으로 사회적 지위를 높이는 길을 열어두고 있으면서도, 경쟁심에 매몰되는 것을 경계한 것이다.

사대부 계급이 자신의 노력으로 높은 지위를 얻게 되었다 하더라도, 그가 누리는 재화의 분배 몫은 미리 차등적으로 결정된 것이다. 공직자가 누리는 재화의 분배 몫이 미리 차등적으로 결정되어 있는 것은 오늘날에도 마찬가지이거니와, 따라서 오늘날과의 차이는 농공상고(農工商賈)의 경우에서 찾아야 할 것이다. 농공상고의 경우, ⑤ '각자가 누리는 몫은 역시 한정되어 있다' 고 했다.[35] 오늘날 자유주의 사회에서는 자신이 번 돈은 모두 자신이 쓸 수 있는데, 전통 유교는 이를 용인하지 않은 것이다.[36] 자신이 번 돈을 모두 자신이 쓸 수 없다고 하면, 누가 과연 열심히 일할 것인가? 이런 의문이 생기기 때문에 ④의 '각자 자신의 본업에 충실해야 한다' 는 원칙을 전제했던 것이다. 농공상고에게 요구한 ④의 '각자 자신의 본업에 충실해야 한다' 는 원칙은 사대부에게 요구한 ②의 '각자는 자신의 최선을 다할 뿐 특정 지위를 두고 기필하지 않는다' 는 원칙과 상응하는 것으로서, 이는 '자발적 현능(賢能)의 원칙' [37]이라 할 수 있다.

---

35) 이 '所享有限의 원칙' 은 農工商賈에게만 적용되는 것이 아니라 士大夫에게도 적용되는 것이다. 士大夫들이 각자의 지위(品階)에 따라 누릴 수 있는 몫을 미리 차등적으로 설정해둔 것 자체가 바로 '所享有限' 에 해당하기 때문이다. 조선시대의 『經國大典』에서 상층계급이 거주하는 주택의 규모를 제한하고(戶典 〈給造家地〉), 각종 사치품의 소비를 제한한 것(『經國大典』 刑典 〈禁制〉) 등도 '所享有限의 원칙' 에 따른 것이었다.

36) 전통 유교에서도 부지런한 사람이 게으른 사람보다 풍요롭게 사는 것을 인정하였다. 다만 아무리 자신이 축적한 富라 하여도, 그것을 바탕으로 사치와 방탕에 빠지는 것을 예방하고자 한 것이다. 한편, 중국 古代의 禮法에서 '50세가 되어야만 비단옷을 입을 수 있게 하고, 70세가 되어야만 고기를 먹을 수 있게 한 것' 에 대해, 程子는 "聖人의 마음은 젊은이들도 비단옷을 입고 고기를 먹는 것을 바라지 않았던 것이 아니나, 老人을 봉양하기에도 부족했던 것" 이라고 설명했다(『二程全書』 卷15 頁35).

37) '각자는 자신의 최선을 다할 뿐 특정 지위를 두고 기필하지 않는다' 는 말을 '尊賢使

이상의 내용을 정리하면, 명분론적 사회운영론의 세 축은 존현사능(尊賢使能)의 원칙, 소향유한(所享有限)의 원칙, 자발적 현능(賢能)의 원칙이다. '존현사능의 원칙' 은 '사회적 지위의 획득' 과 관련된 원칙으로, 여기에는 자유주의적 경쟁론의 요소가 다분히 포함되어 있다. '소향유한의 원칙' 은 '각자가 누리는 재화의 몫' 과 관련된 것으로서, 여기에는 사회주의적 평등론의 요소가 다분히 포함되어 있다. 마지막으로 '자발적 현능의 원칙' 은 명분사회의 구성원들에게 요구되는 '마음가짐' 에 관한 것으로, 이는 사실 원칙이기보다는 덕목에 가까운 것이다. 이 원칙들은 명분사회의 성패(成敗)를 좌우하는 관건이었던바, 실제로 그에 따라 전통 유교사회의 흥망성쇠가 결정되었던 것이다.[38]

2) '제3의 길' 로서의 명분론의 의의

앞에서 논의했듯이, 자유주의와 사회주의의 딜레마는 무엇보다도 자유와 평등의 길항관계에서 유래하는바, 따라서 근래에 회자되는 '제3의 길' 은 결국 자유와 평등 사이의 균형을 추구하는 것이었다. 그런데 이 문제는 '이기심에 대한 처리방식' 이라는 관점에서도 이해할 수 있다. 자유주의에서 추구한 자유는 '이기심을 마음껏 추구할 수 있는 자유' 였고, 사회주의에서 추구한 평등은 '이기심의 부정(극복)을 통한 평등' 이었기 때문이다.

能' 이라는 말과 결부시켜 해석하면, 남들이 높여주고(尊) 직책을 맡기지(使) 않아도 자신의 賢德과 才能을 충분히 발휘해야 한다는 것이다. 요컨대 여기에는 '尊' 과 '使' 가 보장된 것이 아니니, '尊賢使能' 에서 이 두 글자를 빼고, '자발적 賢能의 원칙' 이라 명명한 것이다.

38) 이 세 원칙이 동시에 작동할 때 명분론에서 추구하는 '安分知足' 이 본래의 취지를 다 할 수 있다. '尊賢使能의 원칙' 과 '所享有限의 원칙' 이 작동해도 '자발적 賢能의 원칙' 이 작동하지 않으면, '安分知足' 이란 '빈곤 속의 관념적 행복' 이나 '빈곤 속의 체념' 에 불과하게 된다.

이기심은 본래 양면성을 지니는데, 자유주의는 그 긍정적 측면에 편중하고, 사회주의는 그 부정적 측면에 편중한 것이다. 이와 달리 유교의 명분론은 이기심의 양면성을 균형 있게 처리한 것인바, 우선 이러한 관점에서 명분론이 지니는 의의를 논해 보자.

첫째, 자유주의가 이기심의 긍정적 측면에 편중한 것과 달리, 명분론은 이기심의 부정적 측면을 함께 유의한 것이다. 자유주의자들은 이기심이 지닌 자발성과 역동성을 높이 평가하고, 예정조화라는 허구적 이론 속에 숨어 이기심이 야기하는 혼란을 외면했다. 그러나 정이천의 "후세에는 일반 선비로부터 공경(公卿)에 이르기까지 날마다 존영(尊榮)에 뜻을 두고, 농공상고는 날마다 부치(富侈)에 뜻을 두어, 억조(億兆)의 마음이 서로 이익을 두고 경쟁하여 천하가 어지러우니, 어떻게 통일시킬 수 있겠는가?"라는 말에 보이듯이, 유교에서는 이기적 경쟁을 사회적 혼란의 근원으로 인식하여 엄중하게 경계했다.[39] 그리하여 명분론에서는 각자가 누릴 수 있는 재화의 몫을 선험적으로 설정해 둔 것인데, 이는 각자의 '욕망의 한계'를 설정함으로써 안분지족을 유도한 것이다.

둘째, 사회주의가 이기심의 부정적 측면에 편중한 것과 달리, 명분론은 이기심의 긍정적 측면을 함께 유의한 것이다. 사회주의자들은 이기심이 초래하는 갈등을 혐오하여 이기심을 폄하하고, 그 대안으로 형제애를 강조했다. 그러나 이기심을 부정할수록 자발성과 역동성도 함께 퇴조하여 사회는 활력을 잃게 되고, 형제애(사회권)를 강조할수록 개인의 자립심이 퇴조하여 도덕적 해이를 초래한다. 그리하여 명분론에서는 이기심의 긍정

39) 이러한 맥락에서, 유교에서는 '道心의 명령 아래 人心을 추구하라'거나 '天理를 보존하고 人欲을 막으라'는 입장을 견지한 것이다(유교에서는 이기적인 마음을 '人心'이라 하고, 그 가운데 특히 天理에 어긋나는 人心을 '人欲'이라 했다. 예컨대 배가 고파서 밥을 원하는 것 자체는 '人心'이요, 맛있는 밥을 독차지하려는 것은 '人欲'이라는 것이다).

적 측면을 살리기 위해서 사회적 지위나 재화의 몫을 개인의 노력과 결부시킨 것이다.[40] 이는 사회의 운영에 일정 부분 경쟁의 요소를 반영함으로써 적절하게 사회의 활력을 북돋고자 한 것이다.

이상에서 명분론에 함축된 이기심에 대한 양면적 처방을 살펴보았거니와, 이렇게 본다면 명분론은 우리의 전통에서 발견할 수 있는 또 하나의 '제3의 길' 이라 하겠다. 이제 명분론의 일반적 의의를 정리해 보자.

첫째, 명분론은 '안분지족' 을 통해 사회의 구성원들이 서로 각자의 권리를 존중해주도록 유도한다. 명분론은 하층계급이 상층계급을 넘보지 못하게 막는 기능만 하는 것이 아니요, 상층계급이 하층계급을 수탈하지 못하게 막는 기능도 한다. 『대학』의 "처음 대부(大夫)가 되어 마승(馬乘)을 치는 사람은 닭과 돼지를 치지 않고, 경대부(卿大夫) 이상의 얼음을 쳐서 쓰는 집안은 소와 양을 치지 않으며, 백승(百乘)의 집안은 세금을 거두어들이는 신하를 두지 않으니, 세금을 거두어들이는 신하를 두려거든 차라리 자기의 재물을 도둑질하는 신하를 두어라."[41]는 말은 이러한 맥락에서 이해할 수 있다.

둘째, 명분론은 위계의 차등을 중시하되, 분배에 있어서는 차등을 가급적 최소화한다. 주지하듯이 상층계급과 하층계급 사이의 분배의 차등을 크게 할수록 계급갈등이 심화된다. 그리하여 유교에서는 상층계급과 하층계급 사이의 이익의 균형을 중시하였다.[42] 『논어』의 "듣건대, '나라와 가

40) 유교의 尊賢使能論은 사회적 지위와 개인의 노력을 결부시킨 것으로서, 앞에서 언급했듯이 여기에는 경쟁의 요소가 반영된 것이다(유교는 '경쟁' 에 대해서도 양면적으로 인식하고 있었다. 이에 관한 자세한 논의는 拙著, 『儒家社會哲學硏究』, 453~465쪽 참조). 한편, 유교에서 각자가 누리는 재화의 몫에 한계를 설정한 것은 사치와 방탕을 막고자 한 것이었을 뿐, 각자의 노력과 무관하게 평등하게 재화를 분배한다는 논리가 아니었다.

41) 『大學章句』 傳10章.

42) 유교에서 상층계급과 하층계급 사이의 균형을 중시하는 것은 陰陽思想과 표리를 이

정을 둔 사람은 적은 것을 걱정하지 말고 고르지 못한 것을 걱정하며, 가난한 것을 걱정하지 말고 안정되지 못한 것을 걱정하라' 고 하였다. 대개 고르면 가난함이 없고, 조화를 이루면 적은 것이 없으며, 안정되면 뒤집히는 일이 없다."[43]는 말은 이러한 맥락에서 이해할 수 있다.

셋째, 명분론에서 추구하는 위계질서는 상명하복(上命下服)의 위계질서가 아니라 '윗사람이 먼저 아랫사람에게 자신을 낮추어야 한다' 는 예양(禮讓)의 위계질서이며,[44] '윗사람이 먼저 아랫사람에게 모범을 보여야 한다' 는 솔선수범(率先垂範)의 위계질서이다. 많은 사람들은 위계질서를 언급하면 곧 상명하복을 연상하나, 상명하복은 법가(法家)의 지론이었다. 유가의 지론은 예양(禮讓, 禮治)과 솔선수범(率先垂範, 德治)이었는데, 명분론적 위계질서는 이와 궤를 같이한다. 『논어』의 "예양으로 나라를 다스리면 어려움이 없다."[45]는 말이나 "덕으로 정치를 하는 것은 비유컨대 북극성이 제자리에 머물러 있으면 뭇 별들이 그를 향하는 것과 같다."[46]는 말은 이러한 맥락에서 이해할 수 있다.

넷째, 명분론은 '사람들 사이의 호혜적 협력(감응)' 뿐만 아니라 '생태계의 보호' 를 위한 것이기도 하다.[47] 맹자는 "빽빽한 그물을 연못에 넣지 않으면 물고기와 자라를 이루 다 먹을 수 없고, 도끼를 때에 맞추어 숲에

루는 것이다. 易學에서는 음과 양이 조화와 균형을 이루어야만 서로 감응하여 生生을 지속한다고 본다. 마찬가지로, 상층계급과 하층계급도 조화와 균형을 이루어야 서로 감응하여 사회가 지속적으로 발전할 수 있는 것이다.

43) 『論語』 季氏 1 : 聞有國有家者 不患寡而患不均 不患貧而患不安 蓋均無貧 和無寡 安無傾

44) 『禮記』 〈曲禮上〉에서는 禮의 본질을 '자신을 낮추고 상대방을 높임(自卑而尊人)' 으로 설명한 바 있다.

45) 『論語』 里仁 13 : 能以禮讓 爲國乎 何有

46) 『論語』 爲政 1 : 爲政以德 譬如北辰 居其所 而衆星共之

47) 기든스가 '제3의 길' 을 제창한 주요 동기 가운데 하나는 '자유방임주의가 초래하는 범세계적 생태계의 파괴를 막아야 한다' 는 점이었다(『제3의 길』, 217쪽 참조).

넣으면 재목을 이루 다 쓸 수 없다."[48]고 했다. 유교에서는 그물의 규격이나 벌목의 시기까지도 알맞게 규제함으로써 생태계를 보호하고자 했다.

다섯째, 오늘날 지대한 관심사인 '복지(福祉)' 문제에 대해, 명분론은 '가족의 주도'와 '국가의 보조'를 지향했다. 자유주의는 복지를 '개인의 책임'으로 규정하고, 사회주의는 복지를 '사회(국가)의 책임'으로 규정한다. 그런데 개인책임론은 양극화를 초래하고 사회책임론은 도덕적 해이를 초래한다. 이러한 맥락에서 유교의 '가족주도' 모델은 복지에 대한 '제3의 길'이 될 수 있다.

유교의 가족주도 사회복지 모델은 오륜(五倫) 가운데 첫째 조목인 '부자유친(父子有親)'에 잘 나타나 있다. 『동몽선습(童蒙先習)』에서는 "부모와 자식은 천성적으로 친한 관계이다. 부모는 자식을 낳아서 기르고 사랑하여 가르치며, 자식은 부모를 받들어 계승하고 효도하여 부양한다."고 했는데, 부모의 자식에 대한 자애(慈愛)와 자식의 부모에 대한 봉양(奉養)을 통해서 아동과 노인의 복지는 기본적으로 해결된다. 또한 부모에 대한 효도는 자연스럽게 형제 사이의 우애로 확대되기 마련인바, 부모의 간절한 소망은 자식들 사이의 우애에 있기 때문이다. 또한 결혼을 매개로 해서 혈연관계가 확장되는바, 그리하여 친족 간의 사랑은 자연스럽게 인척이나 외척으로 확대된다. 이렇게 가족 간의 사랑이 확대되면, 대부분의 사람들은 그 안에서 서로 보살피고 보살핌을 받게 된다.

전통 유교에서는 사방을 둘러보아도 친인척이 없는 환과고독(鰥寡孤獨)이나 한 가족이 감당하기 힘든 폐질자(廢疾者)에게는 국가에서 복지를 제공하라고 했다. 『예기』〈왕제〉에서는 다음과 같이 말한다.

48) 『孟子』 梁惠王上 3.

어린데도 부모가 없는 자를 '고(孤)' 라 하고, 늙었는데도 자식이 없는 자를 '독(獨)' 이라 하며, 늙어서 아내가 없는 자를 '환(鰥)' 이라 하고, 늙어서 남편이 없는 자를 '과(寡)' 라 한다. 이 네 부류는 하늘이 낸 백성으로서 곤궁하면서도 호소할 데가 없는 사람들이니, 모두에게 일정한 양식을 제공한다. 벙어리, 귀머거리, 절름발이, 앉은뱅이, 다리가 끊긴 사람, 난쟁이, 백공(百工)에게는 각각 재능에 따라 일을 맡기고, 먹인다.[49]

위에서는 환과고독을 '하늘이 낸 백성' 이라 했는데, 이는 요즘 말로 '천부인권(天賦人權)을 지닌 백성' 이라는 뜻이다. 이들도 분명 생존과 복지의 권리를 지니는데도, 곤궁하면서도 호소할 데가 없으니, 국가가 생계를 지원해야 한다는 것이다. 위에서는 또 여러 부류의 장애인들에 대해서는 각자가 할 수 있는 직업을 맡기고, 먹여 살리라고 했다. 국가는 장애인들이 단순한 수혜자(受惠者)에 머물지 않도록 자아실현과 사회적 기여의 방도를 아울러 제공해야 한다는 것이다.[50] 이렇게 본다면, 유교의 명분론은 모든 사람들이 각자의 처지에 따라 골고루 인권을 누릴 수 있도록 곡진하게 배려했던 것이다.

이제 마지막으로, 명분론을 둘러싼 일반적 논점들을 논의해 보기로 하자.

우선, 명분론은 '불합리한 위계질서' 를 옹호한다는 비판이다. 이에 대해 먼저 확인할 것은, 위계질서는 평등을 강조하는 오늘날에도 도처에 산

49) 『禮記』〈王制〉: 少而無父者謂之孤 老而無子者謂之獨 老而無妻者謂之矜 老而無夫者謂之寡 此四者天民之窮而無告者也 皆有常餼 瘖聾跛躄斷者侏儒百工 各以其器食之

50) 한편 宋代의 儒學者들은 '鄕約' 과 '社倉' 이라는 제도를 고안하여 시행하는 데 앞장섰는데, 이는 지역사회의 차원에서 鄕村民들의 복지를 증진시키기 위한 것이었다(이에 대한 자세한 논의는 拙著, 『朱子學의 길』, 205~213쪽 참조). 鄕約과 社倉은 조선시대에도 광범하게 시행되었다. 이렇게 본다면 전통 유교에서는 '가족 - 지역사회 - 국가' 라는 3단계 복지체계를 추구한 것이다.

재한다는 점이다. 자유주의 국가든 사회주의 국가든, 국가의 통치와 사회의 운영에서 불평등한 위계질서는 필수불가결한 것이다. 문제는 그 위계질서가 납득할 수 없을 정도로 불합리한 경우인바, '양 · 천(良賤)의 차별'과 '적 · 서(嫡庶)의 차별' 등 전근대사회의 신분차별은 그 대표적인 예이다. 그런데 유감스럽게도 명분론을 '신분차별의 정당화 논거'로 삼은 몰지각한 유림이 종종 있었던 것이요, 이것이 오늘날 비판의 표적이 되는 것이다.

논자는 이에 대해서는 다음의 두 가지 점을 지적하고자 한다. 첫째, 신분차별은 전근대사회의 일반적 관행으로서 유교가 특별히 신분차별을 옹호했던 것은 아니었다. 둘째, 유교의 근본 입장은 오히려 당시의 신분차별에 대해서 비판적이었다. 우리는 그 대표적인 예를 공자의 중궁(仲弓, 雍)에 대한 태도에서 찾을 수 있다. 중궁은 출생신분은 비천하지만 인품이 매우 훌륭했던 인물이었다. 그런데 당시 사람들이 출생신분이 비천하다는 이유로 중궁을 외면하자, 공자는 "얼룩소의 새끼라 하더라도 붉고 뿔이 반듯하다면, 비록 사람들은 (출신이 卑賤하다고 하여) 제물(祭物)로 쓰지 않으려고 해도, 산천(山川)의 神은 그것을 버려두겠는가?"[51]라고 비판하고는, "옹(雍)은 왕위에 앉힐 만하다"[52]고까지 극찬한 바 있다. 여기서 알 수 있듯이, 공자는 당시의 불합리한 신분차별에 대해 비판적 입장을 견지했다.[53]

---

51) 『論語』 雍也 4 : 子謂仲弓曰 犁牛之子 騂且角 雖欲勿用 山川 其舍諸

52) 『論語』 雍也 1 : 子曰 雍也 可使南面

53) 많은 사람들은 조선시대를 불합리한 신분차별이 고착된 사회로 알고 있으나, 실상은 그와 매우 달랐다. 한영우는 『朝鮮時代 身分史硏究』(집문당, 1997) · 『科擧, 출세의 사다리』(지식산업사, 2013) 등 일련의 연구를 통해서, 조선 시대는 누구나 學業만으로 출세할 수 있었던 매우 개방적인 사회였음을 구체적으로 입증한 바 있다. 한영우에 의하면, 兩班이 권력을 독점했던 것은 조선 중기의 일시적 현상에 불과하고, 초기와 후기에는 庶孼이나 賤民의 관직 진출이 놀라울 정도로 매우 활발했다.

다음, 명분론은 구성원들의 안분지족을 핵심으로 삼는바, 이는 '사회적 효율성' 을 침해한다는 비판이다. 명분론은 이기적 경쟁을 억제하는 체계로서, 사회적 효율성을 저하시키는 것이 분명하다. 그러나 이에 대해서도 우리는 효율성과 안정성의 상호관계를 유의해야 한다. 사회적 효율성을 증진시키는 방법 가운데 하나는 이기적 경쟁을 활성화시키는 것이다.[54] 그런데 이기적 경쟁은 효율성을 증진시키는 이면에 안정성을 저하시킨다. 맹자는 "윗사람과 아랫사람이 서로 이익을 다투면 국가가 위태롭게 된다"[55]고 했는데, 이러한 맥락에서 유교에서는 이기적 경쟁을 억제하는 명분론의 체계를 고안한 것이다. 이렇게 본다면, 안분지족을 추구하는 명분론은 효율성을 저하시키는 이면에 안정성을 제고시키는 것이다.

논자는 자유와 평등이 서로 길항관계에 있듯이, 사회적 효율성과 안정성도 서로 길항관계에 있다고 본다.[56] 그렇다면 효율성을 극대화하는 동시에 안정성도 극대화한다는 것은 본래 불가능한바, 그리하여 양자를 절충하는 방법으로 '제3의 길' 을 찾는 것이다. 이러한 맥락에서 우리는 효율성과 안정성 사이에 적절한 절충점을 찾아야 하는데, 그 절충점은 우리가 처한 시대 상황에 따라 달라지는 것이다. 그렇다면 오늘날의 우리에게 더욱 긴요한 것은 효율성인가, 안정성인가?

주지하듯이, 기든스나 칼레츠키 등 오늘날의 지성들이 '제3의 길' 을 제창한 근본 계기는 이른바 '신자유주의' 의 폐단을 극복하기 위한 것이었

---

54) 자유주의자들은 경쟁을 '효율적 발전의 첩경' 이라고 옹호하지만, 경쟁이 반드시 효율성을 증진시키는 것은 아니다. 프랭크와 쿡은 "승자독식장이 너무나 많은 경쟁자들을 끌어들이고, 비효율적인 소비와 투자를 조장하며, 우리의 문화를 떨어뜨린다" 고 지적한 바 있다(프랭크 · 쿡, 권영경 · 김양미 역, 『승자독식사회』, 웅진지식하우스, 2012, 39쪽 참조).

55) 『孟子』 梁惠王上 1 : 上下交征利 而國危矣

56) 이는 사실 많은 학자들의 一般論이기도 하다(프랭크 · 쿡, 『승자독식사회』, 8쪽 참조).

다. 신자유주의는 오로지 효율성만을 금과옥조(金科玉條)로 숭상하는바, 그로 인해 심화되는 범지구적 양극화 현상과 생태계 파괴를 더 이상 묵과할 수 없다는 것이다. 그렇다면 오늘날 우리 한국의 상황은 어떠한가?

한국은 그동안의 경제발전을 통해 놀라울 정도로 국부(國富)를 증진시켜서, 이제는 세계 10위권의 경제대국으로 일컬어진다. 아직도 우리 사회에 빈곤에 시달리는 사람들이 많은 것은 사실이지만, 우리 사회의 근본 문제는 절대적 빈곤이 아니라 상대적 빈곤일 것이다. 다시 말해, 오늘날 우리 사회는 많은 사람들이 굶어 죽는 절대적 빈곤에 시달리는 것이 아니라 빈부격차로 인한 사회적 갈등에 시달리는 것이다. 이렇게 본다면, 지금 우리 한국에 더욱 긴요한 것은 분명 효율성이 아니라 안정성일 것이다. 오늘날의 시의(時宜)가 이와 같다면, 우리는 유교의 명분론에 대해 이제는 '사회적 효율성을 침해한다' 고 비판할 것이 아니라 '사회적 안정성을 제고시킨다' 고 옹호해야 마땅할 것이다.

4. 결론

자유주의와 사회주의를 비교할 때 흔히 동원되는 개념의 틀은 '자유와 평등' 이다. 그러나 본고에서는 약간 차원을 달리하여, '인간의 이기심(利己心)에 대한 처리방식' 이라는 관점에서 논의를 진행하였다.

이기심은 '자발성과 역동성' 을 낳기도 하고 '사회적 갈등' 을 낳기도 하는바, 이처럼 이기심은 긍정적인 측면과 부정적인 측면을 모두 지니고 있다. 그런데 자유주의는 이기심의 긍정적 측면만 주목하고 부정적 측면을 간과함으로써, 사회의 역동적 발전에 크게 기여했으나, 그 이면에 양극화와 사회적 갈등의 심화를 초래했다. 반면에 사회주의는 이기심의 부정적 측면만 경계하고 긍정적 측면을 간과함으로써, 일시적으로는 평등한 복지를 실현했으나, 마침내는 도덕적 해이와 사회적 효율성의 저하를 초래했다. 이처럼 자유주의와 사회주의는 모두 '양면적인 이기심'에 대한 '일면적 처방'에 치우쳤기 때문에, 각각의 장점에 못지않은 폐단을 야기했다. 그리하여 여러 식자들은 '제3의 길'을 제창하게 된 것이다.

오늘날 모색되는 '제3의 길'은 결국 이기심의 긍정적 측면을 살리면서도 부정적 측면을 억제하기 위한 것이다. 요컨대 '제3의 길'은 본질적으로 '이기심에 대한 양면적 처방'을 시도하는 것이다. 본고에서도 이러한 관점에서 전통 유교의 명분론을 고찰했다. 명분론적 사회운영론의 세 축은 존현사능(尊賢使能)의 원칙, 소향유한(所享有限)의 원칙, 자발적 현능(賢能)의 원칙이다. 이제 결론적으로 각각의 의의를 정리하면 다음과 같다.

첫째, 존현사능의 원칙은 '사회적 지위의 획득'과 관련된 원칙으로서, 관직 등의 사회적 지위는 개인의 도덕성과 실무능력에 따라 배분되어야 한다. 존현사능론은 자유경쟁론과는 본래 궤를 달리 하지만,[57] 그 속에는 사실 경쟁론의 요소가 다분하다. 이 원칙에 따르면, 개인이 최선을 다하면 사회적 지위가 높아질 수 있거니와, 이는 사회의 효율성을 높이는 계기가 될 수 있기 때문이다. 존현사능의 구체적 예로, 『서경』에서는 "(舜은) 3년마다 공직자들의 업적을 조사하였고, (9년에 걸쳐) 세 번 조사한 다음에는

57) 자유주의적 경쟁은 구성원들이 자신의 이익을 목표로 최선을 다하는 것이다. 반면에 유교에서는 특정한 이익을 목표로 최선을 다하라는 것이 아니요, 다만 자신의 본분에 충실하기 위해 최선을 다하라는 것이다. 그러나 尊賢使能의 원칙에 따라 통치자가 賢能한(최선을 다한) 사람을 우대하면, 결과적으로 賢能한 사람의 이익도 증진된다. 이러한 맥락에서 程伊川은 "君子는 일찍이 利를 바라지 않은 적이 없다. 다만 오로지 利로써 마음을 삼는다면 손해가 있게 된다. 오직 仁義를 추구하면 利를 추구하지 않아도 일찍이 이롭지 않은 적이 없다."고 했고, 朱子는 "天理를 따르면 利를 추구하지 않아도 저절로 이롭지 않음이 없고, 人欲을 따르면 利를 추구해도 얻지 못하고 오히려 손해가 따른다."고 했다(『孟子集註』 梁惠王上 1, 朱子註 참조).

업적이 훌륭한 자는 승진시키고 그렇지 못한 자는 축출하니, 여러 일들이 모두 잘 되었다."[58]고 했는데, 그렇다면 존현사능은 '여러 일들이 모두 잘 되는' 결과를 기약할 수 있는 것이다.

둘째, 소향유한의 원칙은 각자가 누리는 '복지의 몫'과 관련된 원칙으로서, 재화의 소비는 적절하게 제한되어야 한다. 소향유한론은 사회주의적 평등론과는 궤를 달리하지만,[59] 그 속에는 사실 평등론의 요소가 다분하다. 이 원칙에 따르면, 개인이 누릴 수 있는 재화의 양은 제한을 받거니와, 이를 통해 각자가 누리는 몫이 보다 균등해질 수 있기 때문이다. 오늘날의 양극화〔勝者獨食〕를 더 이상 방치할 수 없다고 우려하는 사람들은 "승자독식사회에서는 합의를 통해 최고상의 크기를 줄이고 경쟁을 완화해야만 비참한 사회로 추락하지 않게 된다. 그러한 합의는 더욱 평등한 동시에 번영하는 미래로 인도하는 열쇠이다."[60]라고 호소하는데, 이는 소향유한론과 맥락을 같이 하는 것이다.

셋째, 자발적 현능의 원칙은 명분사회의 구성원들이 지녀야 하는 '마음가짐'을 설파한 것이다. 명분사회는 각자 자신의 본분에 힘쓰는 사회요, 각자 자신의 이익을 직접적인 목표로 삼는 사회가 아니다. 더군다나 소향유한의 원칙은 각자의 노력(성과)에 대한 보상의 상한선을 설정한 것이니, 따라서 명분사회에서는 유능한 사람의 경우 때때로 그의 노력과 분배 몫이 정비례(正比例)하지 않을 수 있다. 이러한 점들은 명분사회를 정체에 빠

58) 『書經』 「虞書」 〈舜典〉.

59) 사회주의적 평등론은 '弱者의 생존권을 보장하자'는 데 초점이 있지만, 所享有限論은 '상층계급의 사치와 방탕을 막자'는 데 초점이 있는 것이다. 상층계급의 사치와 방탕은 한편으로는 사회적 갈등을 심화시키고, 한편으로는 하층계급이 누릴 수 있는 재화의 몫을 감소시킨다. 따라서 상층계급의 사치와 방탕을 막으면 결과적으로 하층계급이 누릴 수 있는 재화의 몫이 늘어나는 것이다.

60) 프랭크 · 쿡, 『승자독식사회』, 10쪽.

뜨릴 수 있는 요인이 된다. 자발적 현능의 원칙은 '어떤 사안이 자신의 이익으로 직결되지 않더라도, 그를 위해 항상 최선을 다하자'는 것인바, 이는 정체에 빠질 수 있는 명분사회를 건전하고 풍요롭게 만들기 위한 덕목이었다.

자발적 현능의 원칙은 근원적으로 일정한 '깨달음'에 의존한다. 크게는 사해(四海)가 동포요 만물(萬物)이 일체라는 깨달음, 작게는 자신이 속한 사회나 국가가 공동운명체라는 깨달음이 그것이다. 자신이 누릴 수 있는 최대의 몫을 이미 확보했음에도 불구하고 더 노력하는 것은 결국 남을 위한 헌신에 속하는데, 일정한 깨달음이 없으면 기꺼이 헌신하기가 어렵다. 그러므로 유교에서는 부단히 '道에 대한 깨달음'[61]과 '극기복례(克己復禮)의 수신(修身)'[62]을 강조했던 것이다. 우리는 깨달음에 의한 인격의 고양 없이는 어떤 사회적 이상도 성취할 수 없다는 점을 명심해야 한다.[63] 이와 관련하여, 다음과 같은 아리스토텔레스의 말을 소개하면서 본고의 논의를 마치고자 한다.

> 재산(財産)의 분배가 불평등할 때에는 대중은 혁명적이 되며, 관직(官職)의 분배가 평등할 때는 지식층이 혁명적이 된다.[64]

---

61) 『論語』 里仁 8 : 子曰 朝聞道 夕死 可矣

62) 『論語』 顔淵 1 : 子曰 克己復禮爲仁 一日克己復禮 天下歸仁焉

63) 구성원들의 인격의 고양 없이는 어떤 사회적 이상도 성취할 수 없는 까닭은, 아무리 法과 制度를 훌륭하게 만들어도 구성원들이 그것을 악용하면 모두 허사가 되기 때문이다.

64) 아리스토텔레스, 『정치학』, 1266b.

제5장

액설로드의 '팃포탯' 전략과 유교의 군자론

1. 서론

로버트 액설로드(Robert Axelrod)의 『협력의 진화(*The Evolution of Cooperation*)』[1]는 '상호 협력을 강제하는 중앙 권위체가 없는 상황에서 개인들이 각자 이기적으로 행동할 때, 나는 어떤 전략을 취하는 것이 가장 효과적인가?' 하는 문제를 탐구하고, 이를 바탕으로 '중앙 권위체가 없어도 이기적인 개인들 사이에 협력이 창발됨'을 해명한 책이다.

액설로드는 인간 사회의 이해관계를 두 유형으로 구분한다. 각자의 이해관계가 완전히 상충하는 '제로섬(zero-sum) 게임'과 각자의 이해관계가 완전히 상충하지는 않는 '비제로섬 게임(non-zero-sum)'이 그것이다. 체스나 축구 등은 제로섬 게임의 대표적 예인데, 제로섬 게임에서는 승자의 몫만 있고 패자의 몫은 없다. 따라서 제로섬 게임에서는 양쪽의 경기자들

1) 본고에서는 이경식의 번역본 『협력의 진화』(시스테마, 2012)를 활용할 것이다. 본고에서 이 책을 인용할 때에는 書名을 생략하고 '쪽수'만 표기하기로 한다.

이 서로 있는 힘을 다 쏟아 경쟁하게 되는바, 양자 사이에 협력의 여지는 전혀 없다. 국가들 사이의 안보나 무역, 일상생활에서의 동료들 사이의 관계, 기자(記者)와 정보원(情報源) 사이의 관계, 같은 분야에서 경쟁하는 기업들 사이의 관계 등은 비제로섬 게임의 대표적 예인데, 비제로섬 게임에서는 각자의 몫이 차등적으로 분배된다. 그런데 액설로드에 의하면, 우리의 삶에 보다 흔한 이해관계의 유형은 비제로섬 게임으로서, 이 경우에는 상호협력의 여지가 충분하다.

액설로드는 '인간은 이기적 존재' 라는 점을 자연스런 사실로 받아들인다. 인간의 삶처럼 장기간 지속되는 비제로섬 게임에서는 '이기적 경쟁' 이 아니라 '상호 협력' 이 자신의 이익을 가장 효과적으로 확보하는 방법이라는 것, 이러한 사실이 널리 알려질수록 사회적 협력은 더욱 확산된다는 것, 이것이 바로 그가 말하는 '협력의 진화' 이다.

액설로드는 『협력의 진화』에서 비제로섬 게임에서 협력이 창발되는 과정을 탐구하고, 이를 바탕으로 인간 사회에서 협력을 개발하고 강화하는데 긴요한 지침들을 논의하였다. 그런데 논자가 보기에, 액설로드가 제시하는 주요 지침들은 전통 유학의 '군자론(君子論)' 과 놀라울 정도로 일치한다. 이에 본고에서는 액설로드의 『협력의 진화』를 개관하고, 이를 전통 유학의 군자론과 비교해 보고자 한다.

본론에 들어가기 전에 한 가지 밝혀둘 것은 유교의 윤리설은 본래 두 차원으로 이루어졌다는 점이다. 요컨대 유교에서는 이상적인 세계, 이상적인 인격, 이상적인 덕목들에 대해 항상 두 차원에서 논의했다. 대동(大同)과 소강(小康), 성인(聖人)과 군자(君子), 대덕(大德)과 소덕(小德), 충(忠)과 서(恕) 등이 그것이다. '대동 · 성인 · 대덕 · 충' 등은 '선(善)의 증진' 을 위해 '최대도덕' 을 추구하는 것이요, '소강 · 군자 · 소덕 · 서' 등은 '악(惡)의 방지' 를 위해 '최소도덕' 을 추구하는 것인데, 유교의 정체성(正體性)은

'대동 · 성인 · 대덕 · 충' 보다는 오히려 '소강 · 군자 · 소덕 · 서' 에 있다.[2] 이러한 맥락에서, 본고에서 말하는 '유교의 군자론' 은 '최소도덕으로서의 유교' 에 초점을 둔 것이다.

2. 액설로드의 『협력의 진화』에 대한 개관

앞에서 말했듯이, 액설로드는 인간은 이기적 존재라는 점을 자연스런 사실로 받아들이고 논의를 시작한다. 그는 요컨대 '이기적 인간들' 이 장기간 지속되는 비제로섬 게임에서 결국 '이기적(배타적) 경쟁' 이 아니라 '상호 협력' 을 선택하게 되는 과정을 해명하고, 그로부터 우리의 선택에 도움이 되는 전략과 지침들을 도출한 것이다.

예컨대 '무역장벽' 문제를 살펴보자. 수입은 줄이고 수출은 늘리는 것이 국가의 이익이라고 할 때, 이기적 국가들은 모두 '상대 국가는 무역장벽을 없애고, 자기 나라는 무역장벽을 유지할 것' 을 바란다. 또 이런 상황에서는 상대 국가가 어떻게 하든 상관없이, 자기 나라는 무역장벽을 유지하는 것이 더 이익이다. 따라서 자국의 이익만을 추구하는 모든 국가는 무역장벽을 유지하게 된다. 그런데 문제는, 모든 국가들이 무역장벽을 유지하는 것보다 모든 국가들이 무역장벽을 제거하는 것이 더 이롭다는 점이다. 요컨대 각자의 사리추구가 결국 모두에게 손해가 되는 것인데, 우리에게 잘 알려진 게임 이론 '죄수의 딜레마(Prisoner's Dilemma)' 는 바로 이러한 상황에서 출발한다(29~30쪽).

죄수의 딜레마는 협력하면 둘 다 이득인데도 각자 자신만의 이익을 선

2) 이에 대한 자세한 논의는 拙著, 『儒教傳統과 自由民主主義』, 132~138쪽 참조.

택하다 보면 결국 상호배반이 일어나는 여러 상황을 단순하게 모형화한 것이다. 죄수의 딜레마 게임의 참가자는 두 명으로, 각자 자유롭게 '협력(cooperation)' 이나 '배반(defect)' 을 선택할 수 있다. 하지만 서로 상대방이 어떤 선택을 하는지 모르는 상태에서 선택을 해야 한다. 그리고 상대방이 어떤 선택을 하든 상관없이 배반이 협력보다 더 많은 보수를 받는다. 그런데 딜레마는 두 사람 모두 배반을 하면 모두 협력을 할 때보다 적은 보수를 받는다는 점이다. 예컨대 두 사람이 모두 협력을 선택하면, 두 사람 모두 '상호협력에 대한 보상' 으로 3점을 받는다. 한 사람은 협력을 선택하고 다른 사람은 배반을 선택하면, 배반한 사람은 '배반의 유혹' 으로 5점을 받고, 협력한 사람은 '머저리의 빈손' 으로 0점을 받는다. 두 사람 모두 배반을 선택하면 '상호배반에 대한 처벌' 로서 둘 다 1점을 받는다. 이러한 상황에서, 두 사람의 선택에 따라 다음과 같은 네 가지 경우가 성립한다(30쪽).

① 甲과 乙이 모두 협력할 경우 : 甲과 乙 모두 3점

② 甲은 협력하고, 乙은 배반할 경우 : 甲은 0점, 乙은 5점

③ 甲은 배반하고, 乙은 협력할 경우 : 甲은 5점, 乙은 0점

④ 甲과 乙이 모두 배반할 경우 : 甲과 乙 모두 1점

위의 네 가지 경우를 모두 살펴보면, 다음과 같은 사실을 알 수 있다. 첫째, 상대방이 어떤 선택을 하든 상관없이 자신은 배반을 선택하면, 자신은 상대방보다 크거나(5점) 같은(1점) 점수를 얻는다. 둘째, 그런데 상대방도 이런 점을 간파하고 배반을 선택할 경우 두 사람 모두 1점을 얻어, 두 사람 모두 협력을 선택할 경우(3점)보다 작게 된다. 이러한 사실을 바탕으로 액설로드는 다음과 같이 말한다.

이기적인 두 사람이 '딱 한 번' 게임을 한다면 둘 다 자신에게 유리한 배반을 선택할 것이고, 결국 서로 협력을 선택했을 때보다 낮은 점수를 얻을 것이다. 여러 번 게임을 하더라도 게임의 횟수가 미리 정해져 있고 이 사실을 참가자들이 알고 있다면, 경기자들은 역시 협력할 동기가 없어진다. 이런 상황은 특히 마지막 게임일 때 더욱 뚜렷하게 나타난다. 다음 게임이 없으므로 상대방 눈치를 보지 않고 마음대로 선택할 수가 있기 때문이다. 또한 마지막 바로 전 게임에서도, 마지막 게임에서는 양쪽 다 배반을 선택할 것이 뻔하기 때문에, 협력할 이유가 없다. 이런 식으로 계속 추론을 이어가면 두 사람 모두 첫 게임부터 배반을 선택하게 된다. 결국 횟수가 정해진 게임이라면 양쪽 모두 처음부터 배반을 선택한다는 말이다. 이런 논리는 참가자들이 무한하게 경기를 치를 경우에는 적용되지 않는다. 그리고 실제 현실에서 대개 두 사람은 언제 둘 사이가 끝나게 될지 확실히 알 수 없다. (…) 이렇게 둘 사이 상호작용 횟수가 무한할 때는 협력이 정말 일어날 수 있다. 그렇다면 문제는 이제 협력이 가능하게 되는 정확한 필요충분조건을 찾아내는 일이다.(32~33쪽)

액설로드는 이른바 '반복적 죄수의 딜레마 게임' 을 통해서 '상호 협력의 필요충분조건' 을 찾아냈다. 죄수의 딜레마가 계속 반복되는 상황에서 그에 대처하는 최선의 전략은 무엇인지 두 차례의 전략(프로그램) 대회를 개최하여 검증해 본 것이다. 1차 대회에는 15개의 전략이 참여하고, 2차 대회에는 63개의 전략이 참여했는데, 그 가운데 주목되는 것은 다음의 네 전략이다.

첫째는 **올디(All D : all defect)** 전략으로서, 이는 '항상 배반의 원칙' 을 구사하는 전략이다. 둘째는 **팃포탯(Tit For Tat)** 전략으로서, 이는 첫 판엔 협력하고 그다음 판부터는 '눈에는 눈, 이에는 이' 라는 식으로 상대방의 선택(협력/배반)에 따라 자신도 그대로 대응하는 전략이다. 셋째는 **팃포투**

탯(Tit For Two Tats) 전략으로서, 이는 상대방이 2회 연속 배반할 경우에만 1회 배반으로 응징하고, 나머지는 항상 협력하는 전략이다. 넷째는 **영원한 복수** 전략으로서, 이는 상대방이 협력하는 한 계속 협력하지만, 상대방이 한 번 배반하면 결코 용서하지 않고 다시는 그와 협력하지 않는 전략이다.

두 차례의 전략 대회에서 최고의 성적을 거둔 것은 놀랍게도 올디가 아니라 팃포탯이었다. **올디**는 항상 배반을 선택함으로써 항상 상대방보다 크거나 같은 점수를 얻자는 전략인데, 올디가 거둔 성적은 매우 초라했다. 반면에 **팃포탯**은 상대방의 선택에 따라 그대로 대응함으로써 다만 상대방과 같은 점수를 얻자는 전략인데, 팃포탯이 두 차례의 대회에서 모두 우승했다. **팃포투탯**은 상대방의 배반에 대해 즉각적으로 응징하지 않고 조금 너그럽게 대응하는 것인데, 팃포투탯은 약삭빠른 전략들에게 많이 이용당하여 좋은 성적을 거두지 못했다. **영원한 복수**는 신사적인 상대방을 만나서는 서로 협력하여 좋은 성적을 거두었지만, 비신사적인 상대방을 만나서는 보복의 악순환에 빠져 매우 초라한 성적을 거두었다.[3)]

죄수의 딜레마에서 상대방이 어떤 선택을 하든 상관없이 자신은 배반을 선택하면, 자신이 상대방보다 크거나(5점) 같은(1점) 점수를 얻게 된다. **올디**는 이러한 맥락에서 항상 배반을 선택함으로써 항상 상대방보다 크거나 같은 점수를 얻자는 전략이었다. 그런데 올디가 거둔 성적은 매우 초라했던 까닭은 상대방 역시 배반으로 대응함으로써 결국 '공멸(共滅)' 을 벗어나지 못한 데 있다. 요컨대 올디는 '자신은 5점, 상대방은 0점' 이 되기를 꾀한 것이나, 둘째 판부터는 상대방의 응징(배반)에 따라 '자신도 1점, 상대방도 1점' 이라는 결과를 얻게 된 것이다.

---

3) 영원한 복수는 협력으로 시작한다는 점에서는 올디와 다르지만, 일단 비신사적인 상대방을 만나면 '보복의 악순환' 에 빠져 올디와 같은 결과를 초래하는 것이다.

반면에 **팃포탯**은 '상대방의 협력에는 협력으로 대응하고, 배반에는 배반으로 대응함'으로써 다만 상대방과 같은 정도의 점수를 얻자는 것이었을 뿐, 결코 상대방보다 더 많은 점수를 얻자는 전략이 아니었다. 그런데도 불구하고 팃포탯이 두 차례의 대회에서 모두 우승한 까닭은, 팃포탯이 상대방의 지속적인 협력을 이끌어냈기 때문이다. 요컨대 팃포탯은 배타적으로 자신의 이익을 극대화하려고 시도하지 않고, 다만 '자신도 3점, 상대방도 3점'을 얻는 것에 만족함으로써, 결과적으로 지속적인 협력을 통한 '공영(共榮)'을 이룬 것이다.

팃포탯은 두 차례의 대회에서 모두 우승한 매우 효과적인 전략이었다. 그러나 '눈에는 눈, 이에는 이'라는 방식은 보기에 따라서는 매우 야박한 것인바, 좀 더 관대한 방식으로 상대방을 대한 것이 **팃포투탯**이었다. 그런데 팃포투탯처럼 상대방이 연속 2회 배반할 경우에만 배반으로 응징하기로 한다면, 약삭빠른 전략들은 종종 한 번의 배반을 통해 '자신은 5점, 상대방(팃포투탯)은 0점'이라는 결과를 누리게 된다. 이처럼 팃포투탯의 관대함은 약삭빠른 전략들에게 종종 이용당하여, 결국 자신만 바보가 되는 처지를 면하기 어려웠다.

위와 같은 내용을 바탕으로, 액설로드는 다음의 세 가지 사실을 확인하였다. 첫째, **올디**의 경우에서 알 수 있듯이, 각자의 배타적인 사리(私利) 추구는 결국 모두에게 손해가 된다. 둘째, **팃포투탯**의 경우에서 알 수 있듯이, 지나친 관대함은 약삭빠른 상대방에게만 이익이 되고 자신에게는 큰 손실을 초래한다. 셋째, 많은 욕심을 부리지 않고 공정하게 상대방과 같은 정도의 이익만 추구하면 상대방의 지속적인 협력을 유도할 수 있는바, 이러한 맥락에서 **팃포탯**이 자신의 이익을 가장 효과적으로 확보하는 방법이다. 그는 다음과 같이 말한다.

팃포탯 전략이 상대보다 결코 더 잘하지 못하면서도 궁극적으로 성공한다는 사실에 중요한 교훈이 담겨 있음도 알았다. 팃포탯은 상대방을 패배시킴으로써 성공하는 게 아니라 상대방에게서 협력을 이끌어냄으로써 성공을 거두었다. 우리는 축구나 체스처럼 오로지 한쪽만 이기고 한쪽은 지는 식의 경쟁에 익숙해져 있다. 그러나 실제 세상은 그렇지 않다. 광범위하고 다양한 상황에서 상호협력이 상호배반보다 양쪽 모두에게 이득이 될 때가 더 많다. 좋은 성과를 올리는 비결은 상대방을 누르고 이기는 게 아니라 상대방에게서 협력을 유도하는 것이다.(223쪽)

액설로드는 위와 같은 사실이 널리 알려지면 알려질수록 인간 사회에서 협력은 더욱 확산될 것이라고 보았는데,[4] 이것이 바로 그가 말하는 '협력의 진화' 이다. 한편, 그는 팃포탯의 성공 요인을 다음과 같이 정리한 바 있다.

팃포탯의 강건한 성공은 신사적이고, 보복적이고, 관대하고, 명료한 특성들이 조합된 결과이다. 신사적이라 쓸데없는 문제에 휘말리지 않고, 보복적이라 상대가 배반을 시도할 때마다 더 이상 지속하지 못하게 억제한다. 관대함은 상호협력을 회복하는 데 도움이 되며, 명료성은 상대로 하여금 이해하기 쉽게 해서 장기적 협력을 이끌어낸다.(78~79쪽)

위와 같은 인식을 바탕으로, 액설로드는 어떤 전략을 성공으로 이끄는 특성을 다음의 네 가지로 제시하였다(43쪽).

4) 리처드 도킨스는 〈『협력의 진화(개정판)』 추천사〉에서 "이 책은 樂觀論 그 차제이다. 그러나 이 낙관론은 비현실적인 희망 사항이나 늘어놓고 감격스러워하는 순진한 낙관론이 아니라 믿음직한 낙관론이다."라고 했다.(15쪽)

① 상대가 협력하는 한 거기에 맞춰 협력하고, 불필요한 갈등을 일으키지 말 것.

② 상대의 예상치 않은 배반에 응징할 수 있을 것.

③ 상대의 도발을 응징한 후에는 용서할 것.

④ 상대가 나의 행동패턴에 적응할 수 있도록 행동을 명확히 할 것.

위의 네 가지 특성은 바로 팃포탯 전략의 특징이기도 하다. 액설로드는 같은 맥락에서 개인의 선택에 도움이 되는 원칙들을 다음의 네 가지로 제안한 바 있다(46쪽).

① 남의 성공을 질투하지 말라.

② 먼저 배신하지 말라.

③ 협력이든 배반이든 그대로 되갚을 것.

④ 너무 영악하게 굴지 말 것.

이상에서 『협력의 진화』의 주요 내용을 개관했거니와, 논자가 보기에 액설로드의 위와 같은 논지(論旨)는 전통 유학의 지론과 놀라울 정도로 일치하는 것이다. 간단히 말해, 액설로드의 **팃포탯** 전략은 유교의 군자론과 대강을 같이한다. 이제 그 구체적 내용들을 비교, 논의해 보기로 하자.

3. '팃포탯' 전략과 군자론의 대비적 논의

1) '신사/비신사'와 '군자/소인'

액설로드는 팃포탯이 탁월한 성공을 거둔 첫째 요인으로 '결코 먼저 배반하지 않는 신사적 특성'을 들었다. 그에 의하면, '신사적 특성'은 팃포탯의 중요한 성공 요인일 뿐만 아니라, 그밖에 우수한 성적을 거둔 전략들의 공통점이기도 하다. 그는 다음과 같이 말한다.

> 어떤 전략이 좋은 성적을 낼지 예측할 수 있는 기준을 단 하나 꼽는다면, 그것은 바로 그 전략이 신사적이냐 아니냐, 다시 말해서 상대보다 먼저 배반을 하느냐의 여부이다. 1차 대회에서 상위 8등까지에 든 프로그램은 모두 신사적이었고, 최하위 7개 프로그램 중에 신사적인 것은 하나도 없었다.(140쪽)

죄수의 딜레마 상황에서, 먼저 배반하지 않으면 먼저 배반당할 위험이 있다. 더군다나 먼저 배반한 쪽은 5점을 얻고, 배반을 당한 쪽은 0점을 얻으니, 먼저 배반한 쪽이 전략상 매우 유리한 고지를 점령할 것으로 보인다. 그런데 액설로드에 의하면, 먼저 배반한 쪽은 결과적으로 하위의 성적을 거두었고, 먼저 배반당한 쪽이 오히려 상위의 성적을 거두었다. 그는 먼저 배반하는 비신사적 전략의 한계를 다음과 같이 설명한다.

> 처음에는 열등한 프로그램과 좋은 프로그램이 같은 비율로 존재한다. 그러나 시간이 지나면서 열등한 것들은 떨어져 나가고 좋은 것들은 살아남는다. 다른 성공한 전략들과 상호작용에서 성공한다면, 성공은 더 많은 성공을 낳는다. 그러나 그 성공이 다른 전략을 착취하는 능력에서 비롯된 것이라면 착취당한 전략이 도태되면서 착취자의 지지발판도 허물어지고 착취자 역시 비슷한 운명을 맞게 될 것이다. (…) 비신사적인 것이 처음에는 유망해 보이지만 장기적으로 그것은 자신의 성공에 필요한 환경 자체를 스스로 파괴하는 게 된다. (…) 착취는 성과를 거둘 때도 있지만 광범위한 환경에서 상대를 착취하려는 것은 여러 가지 문제를 야기한다. 우선 어떤 득을 볼 수 있나 보려고 배반하면 즉시 응징

하는 규칙들의 보복을 당할 위험이 있다. 둘째, 상호보복이 고착되면 빠져나오기 어렵다.(76~78쪽)

액설로드에 의하면, 비신사적 전략들은 초기에는 배반을 통하여 일시적으로 높은 성적을 거두나 장기적으로는 상호 배반의 늪에 빠져 낮은 성적에서 벗어날 수 없는 반면, 신사적 전략들은 신사적 전략들 간의 장기적인 상호 협력으로 높은 성적을 거두게 된다. 그의 이러한 설명은 유교의 군자론(君子論)이나 왕도론(王道論)을 연상하게 한다.

공자는 "군자는 義에 밝고, 소인은 利에 밝다."[5]고 했다. 義에 밝은 사람은 결코 자신의 이익을 위해 상대방을 먼저 배반할 수 없을 것이나, 利에 밝은 사람은 자신의 이익을 위해 종종 상대방을 배반하게 될 것이다. 공자는 또 "군자는 남의 장점을 이루어주고 남의 단점은 이루어주지 않으나, 소인은 이와 반대로 한다."[6]고 했다. '남의 장점을 이루어주고, 남의 단점은 이루어주지 않는다' 는 것은 근원적으로 사회를 '상호 협력의 체계' 로 인식한다는 뜻이요, '남의 장점은 이루어주지 않고, 남의 단점은 이루어준다' 는 것은 근원적으로 사회를 '상호 경쟁의 체계' 로 인식한다는 뜻이다. 소인은 사회를 경쟁의 체계라는 것으로밖에 인식하지 못하니, 결코 상대방의 장점을 이루어줄 수 없게 된다. 이렇게 본다면, 군자는 남과 협력하는 자세로 사는 사람이며, 소인은 남의 단점을 이용해 승리하려는 자세로 사는 사람이다. 이러한 맥락에서 유교의 '군자/소인' 은 액설로드가 말하는 '신사/비신사' 와 궤를 같이한다.

액설로드가 말하는 '신사/비신사' 는 또한 맹자가 말하는 '왕도/패도' 와도 궤를 같이한다. 액설로드는 '상호협력에 대한 보상으로 번영하는 전

5) 『論語』 里仁 16 : 君子 喻於義 小人 喻於利

6) 『論語』 顔淵 16 : 君子 成人之美 不成人之惡 小人 反是

략' 을 신사적 전략이라 했는데, 이는 '인정(仁政)을 베풀고, 그 보답으로 백성의 충성을 얻는 왕도(王道)' 와 상응한다. 액설로드는 또 '다른 전략을 착취함으로써 성공하려는 전략' 을 비신사적 전략이라 했는데, 이는 '백성들을 가혹하게 수탈하여 군비(軍備)를 확충하고, 확충된 군비로 이웃나라를 침탈하여 강대국을 이루려는 패도(霸道)' 와 상응한다. 맹자는 '백성의 행복을 추구하는 왕도' 와 '통치자의 야욕을 추구하는 패도' 를 구분하고, '이 세상에 왕도를 추구하는 인자(仁者)를 대적할 수 있는 사람은 없다' 고 했다. 맹자는 다음과 같이 말한다.

> 왕께서 만일 백성들에게 인정(仁政)을 베풀어, 형벌을 줄이고 세금을 가볍게 하면, 백성들은 밭을 깊이 갈고 손쉽게 김을 맬 것이며, 젊은이는 한가한 틈을 타서 효제(孝悌)와 충신(忠信)을 닦아, 들어가서는 그 부형(父兄)을 섬기고 나와서는 그 웃어른을 섬길 것이니, 그들로 하여금 몽둥이를 만들어 진 · 초(秦楚)의 견고한 갑옷과 예리한 무기에 맞서게 할 수 있을 것입니다. 저들이 그 백성들의 농사철을 빼앗아, 백성들로 하여금 밭을 갈고 김을 매서 부모를 봉양할 수 없게 하면, 부모는 굶주리며 추위에 떨고 형제와 처자는 뿔뿔이 흩어질 것이니, 저들이 그 백성을 곤경에 빠뜨림에 왕께서 가서 정벌하면, 누가 왕과 대적할 수 있겠습니까? 그러므로 '인자무적(仁者無敵)' 이라 하는 것이니, 청컨대 왕께서는 의심하지 마십시오.[7)]

맹자는 '왕이 인정(仁政)을 베풀면, 백성들은 충신(忠信)으로 웃어른을 섬기게 된다' 고 했다. 요컨대 인자무적(仁者無敵)의 저력은 '왕의 인정에 대한 백성의 충성스런 보답' 에서 나온다. 이 대목에서 액설로드의 "다른

---

7) 『孟子』 梁惠王上 5.

성공한 전략들과 상호작용에서 성공한다면, 성공은 더 많은 성공을 낳는다."는 말을 상기해보면, 이는 그야말로 '인자무적'과 궤를 같이함이 분명해질 것이다. 한편, 패도는 일시적으로 성공할 수는 있으나 결국에는 왕도를 이길 수 없다는 것이 맹자의 지론이었다. 액셀로드는 "그 성공이 다른 전략을 착취하는 능력에서 비롯된 것이라면 착취당한 전략이 도태되면서 착취자의 지지발판도 허물어지고 착취자 역시 비슷한 운명을 맞게 될 것"이라는 맥락에서 '비신사적 전략의 자멸(自滅)'을 설파했거니와, 이는 맹자가 '연목구어(緣木求魚)'의 비유로 패도의 자멸을 설파한 것과 궤를 같이한다.

2) '협력으로 시작함'과 '솔선수범'

일반적 의미에서 '팃포탯(Tit For Tat)'은 '눈에는 눈, 이에는 이'로 대응함, 즉 '협력에는 협력, 배반에는 배반'으로 대응함을 뜻하는바, 그렇다면 여기에는 '협력으로 시작함'의 뜻은 없는 것이다. 그런데 액설로드가 말하는 팃포탯 전략은 '맨 처음에는 협력으로 시작하고, 그 뒤부터는 상대가 전 수에서 선택한 대로 선택하는 것'이다(55쪽). 요컨대 액설로드(라포포트)는 일반적 의미의 '팃포탯'에 '협력으로 시작함'의 요소를 추가하여 가장 성공적인 전략을 만들어낸 것이다.[8)]

액설로드는 팃포탯이 최고의 점수를 얻을 수 있는 이유는 '상대 경기자

---

8) 정확히 말하자면, '맨 처음에는 협력으로 시작하고, 그 뒤부터는 상대가 전 수에서 선택한 대로 선택하는 전략'을 고안하고, 여기에 '팃포탯'이라는 이름을 붙인 것은 토론토 대학의 아나톨 라포포트 교수였다. 액설로드는 두 차례의 전략 대회를 개최하고, 거기에 참여한 각 전략의 특징과 장단점을 분석하면서, 특히 두 차례의 대회에서 모두 우승한 라포포트의 팃포탯 전략에 초점을 맞추어 『협력의 진화』를 저술한 것이다(55쪽).

와 같은 전략을 써서 매 게임마다 상호협력에 대한 보상을 얻기 때문' 이라고 설명했다(87쪽). 팃포탯의 성공 요인이 상호협력에 대한 보상을 얻음에 있다면, 상호협력은 팃포탯의 핵심인 셈이다. 그런데 상호협력을 실현하려면, 자신이 먼저 협력으로 시작하지 않을 수 없다. 자신이 배반으로 시작한다면 상호협력의 가능성은 그만큼 줄어들기 때문이다. 이러한 맥락에서 액설로드는 '협력으로 시작할 것' 을 역설한 것이다. 액설로드의 이러한 입장은 유교의 솔선수범론(率先垂範論)이나 예양론(禮讓論)을 연상하게 한다.[9]

『대학』에서는 "요 · 순(堯舜)이 仁으로 천하를 이끌자 백성들도 따라서 어질게 되었고, 걸 · 주(桀紂)가 포악함으로 천하를 이끌자 백성들도 따라서 포악하게 되었다. 통치자가 명령하는 내용이 통치자가 좋아하는 바와 반대되면, 백성들은 따르지 않는다. 그러므로 군자는 자기에게 善이 있은 뒤에야 남에게 善을 요구하며, 자기에게 惡이 없는 뒤에야 남의 惡을 비난하는 것이다. 자기 몸에 간직하고 있는 것을 미루어나가지 못하면서 남을 깨우칠 수 있는 자는 있지 않다."[10]고 했다. 자기에게 善이 있은 뒤에야 남에게 善을 요구해야 한다면, 같은 맥락에서 남의 협력을 기대하려면 자신이 먼저 협력으로 시작해야 한다. 이러한 맥락에서 유교의 솔선수범론은 액설로드의 '협력으로 시작함' 과 궤를 같이한다.

유교 경전에는 솔선수범을 강조하는 내용이 헤아릴 수 없을 정도로 많다. 유교의 덕치론도 솔선수범론과 궤를 같이한다. 『논어』의 다음과 같은

9) 액설로드의 '협력으로 시작함' 에는 率先垂範과 禮讓의 두 뜻이 모두 포함된 것이다. '내가 먼저 협력한다' 는 점에서는 率先垂範이라 할 수 있고, 그 협력이 '자신의 손실 가능성을 감수하면서(죄수의 딜레마에서 자신은 협력했는데 상대방은 배반하면, 그 결과는 '자신은 0점, 상대방은 5점' 이 된다) 상대방에게 호의를 베푸는 것' 이라는 점에서는 禮讓이라 할 수 있다.

10) 『大學章句』 傳9章.

내용을 보자.

> 계강자가 공자께 정치를 물어 말하기를, "만약 무도(無道)한 사람을 죽여서 (백성들을) 道가 있는 곳으로 나아가게 한다면 어떻겠습니까?" 공자가 대답하기를, "그대가 정치를 함에 어찌 사형(死刑)을 써야겠는가? 그대가 善을 행하고자 한다면, 백성들도 善하게 될 것이다. 군자의 덕은 바람이요, 소인의 덕은 풀이다. 풀 위에 바람이 불면, 풀은 반드시 눕는다."[11]

『논어』에는 위의 인용문 외에도 계강자와 공자의 문답이 여러 차례 보인다. 계강자가 공자에게 정치를 묻자 공자가 "정치란 바르게 하는 것이니, 그대가 바름으로 백성을 이끈다면 누가 감히 바르지 않겠는가?"라고 답한 내용도 있고,[12] 계강자가 도적을 근심하여 공자에게 그 대책을 물었을 때 공자가 "진실로 그대가 탐욕을 부리지 않는다면, 백성들은 비록 상(賞)을 준다 하더라도 도둑질을 안 할 것"이라고 답한 내용도 있다.[13] 공자는 한결같이 '통치자가 먼저 모범을 보여야 한다'는 취지로 답한 것이다. 백성을 형벌로 다스리는 것이 더 적합한지, 덕으로 다스리는 것이 더 적합한지에 대해서는 많은 논란이 있다.[14] 그러나 '통치자와 백성'은 '바람과 풀'의 관계와 마찬가지라는 점은 부정하기 어려울 것이다. 이러한 맥락에서 유교에서는 통치자가 백성을 善으로 인도하고자 한다면 자신이 먼저 모범을 보여야 한다고 역설한 것이다.

---

11) 『論語』 顔淵 19.

12) 『論語』 顔淵 17.

13) 『論語』 顔淵 18.

14) 액설로드는 "정부가 효율적이려면 정부가 선택한 규범을 강요해서는 안 되고, 국민 대다수로부터 동의를 얻어야 한다."고 했는데(47쪽), 이는 유교의 德治論과 같은 맥락이라 하겠다.

이제 유교의 예양론을 살펴보자. '예양(禮讓)' 이란 '禮로써 사양하는 것' 이다. 『예기』에서는 "禮란 자신을 낮추고 남을 존중하는 것"[15]이라 하였고, 또 "군자는 남을 귀하게 여기고 자기를 천하게 여기며, 남을 먼저 배려하고 자기를 뒤로 하니, 그러면 백성이 예양을 알게 된다."[16]고 하였다. 이처럼 禮의 기본 정신은 '자신을 낮추고 상대방을 존중하는 것' 인데, 이것이 바로 '예양' 이다.

팃포탯 전략의 핵심은 '지속적인 상호협력' 이라 했거니와, 반복되는 죄수의 딜레마 상황에서 내가 먼저 배반하고서 상대방의 지속적인 협력을 기대하기는 어려울 것이다. 이와 반대로, 내가 먼저 협력하면 쉽게 상대방의 지속적인 협력을 유도할 수 있는바, 이러한 맥락에서 액설로드는 '자신이 먼저 협력할 것' 을 역설한 것이다. 공자는 "능히 예양할 수 있다면 나라를 다스림에 무슨 어려움이 있겠는가?"[17]라고 했다. 예양은 나라를 다스리는 가장 손쉬운 방법이라는 뜻이다. 이렇게 본다면 액설로드가 '협력으로 시작할 것' 을 강조한 것은 유교의 솔선수범론뿐만 아니라 예양론과도 궤를 같이하는 것이다.

3) '배반에 대한 응징' 과 '이직보원(以直報怨)'

팃포탯은 일단 협력으로 시작하지만, 상대방의 배반에는 반드시 응징한다는 것이 또 하나의 핵심이다. 반복적 죄수의 딜레마 게임에서 팃포탯이 매회 얻는 점수는 항상 상대방과 같거나 적을 수밖에 없거니와, 팃포탯이 우승한 것은 상대방으로부터 서로 좋은 점수를 얻을 수 있는 행동(협력)을

15) 『禮記』〈曲禮上〉: 夫禮者 自卑而尊人

16) 『禮記』〈坊記〉: 君子 貴人而賤己 先人而後己 則民作讓

17) 『論語』 里仁 13 : 能以禮讓 爲國乎 何有

이끌어냈기 때문이었다. 그런데 상대방의 지속적 협력을 얻어내려면 '상대의 최초 배반을 반드시 응징해야 한다' 는 것이다(88쪽).

상대방의 최초의 배반을 반드시 응징하는 것은 매우 야박해 보인다. 그리하여 좀 더 관대하게 대응하여, 상대방이 연속으로 배반했을 경우에만 배반으로 응징하는 방식을 생각해 볼 수 있는데, '팃포투탯(Tit For Two Tats)' 이 바로 그것이다. 그런데 팃포투탯은 실제 대회에서 최상위권에 들지 못했다. 그 까닭은 "드문드문 딱 한 번씩 하는 배반은 용서해주는 팃포투탯의 관용성을 이용해 득을 보는 프로그램들이 있었기 때문" 이다(147쪽). 이러한 맥락에서, 액설로드는 다음과 같이 말한다.

> 나는 이전까지만 해도, 화는 되도록 참는 게 좋다고 믿었다. 하지만 죄수의 딜레마 컴퓨터 대회의 결과는, 도발에는 즉각 대응하는 것이 실제로 더 좋음을 보여주었다. 만일 상대방이 주제넘게 배반했는데도 반응을 자제한다면, 상대방에게 잘못된 신호를 보낼 위험이 있다. 배반에 대한 응징을 오래 내버려 두면 둘수록, 상대는 배반을 하는 게 이득이라고 결론 내릴 가능성이 높아진다. 그리고 이런 양상이 굳어질수록 나중에 깨뜨리기는 더욱 힘들어진다. 배반에 대한 응징은 빠를수록 좋다는 의미다.(217쪽)

액설로드는 '배반에 대한 응징은 빠를수록 좋다' 고 했는데, 상대방이 한 번 배반하면 나도 반드시 한 번 배반한다는 것이 '팃포탯(Tit For Tat)' 이라는 말에 담긴 근원적 의미이다. 액설로드는 이처럼 대응하는 것이 상대방에게 "배반은 자멸에 이른다는 사실을 각인시켜 공존공영 시스템을 지키는 길" 이라고 강조했다(106쪽). 액설로드의 이러한 입장은 공자의 '이직보원(以直報怨)' 을 연상하게 한다. 『논어』에는 다음과 같은 내용이 보인다.

어떤 사람이 말하기를, "덕으로 원수를 갚는다면, 어떻겠습니까?" 공자가 말하기를, "그렇다면 무엇으로 덕을 갚을 것인가? 直으로 원수를 갚고, 덕으로 덕을 갚아야 한다."[18)]

공자는 '直으로 원수를 갚으라' 고 했는데, 이에 대해 주자는 "마땅히 갚아야 하면 갚고, 갚지 않아야 하면 그쳐서, 한결같이 천리(天理)의 당연함만 살피고 자기의 사의(私意)에 얽매이지 않는 것" 라고 풀이했다. 요컨대 원한에는 '갚아야 할 원한' 과 '갚지 않아야 할 원한' 이 있는데, 각각의 경우에 맞게 대응하는 것이 '直' 이라는 것이다.[19)]

'은덕은 은덕으로 갚고, 원한은 원한으로 갚음' 은 어찌 보면 '야박한 것' 같거니와, 이에 '원한마저 은덕으로 갚자' 는 생각이 싹틀 수 있다. 그러나 여기에는 두 가지 문제가 따른다. 첫째는 그것이 '불공평' 하다는 점이다. 이러한 맥락에서 공자는 "그렇다면 은덕은 무엇으로 갚을 것인가?" 라고 되물은 것이다. 둘째는 그것이 '도덕적 해이' 를 조장할 수 있다는 점이다. 이러한 맥락에서 공자는 "直으로 원수를 갚으라" 고 권한 것이다.

'눈에는 눈, 이에는 이' 라는 팃포탯 원칙을 액설로드는 '대략적인 정의(rough justice)' 라고 규정했는데(167쪽), '은덕은 은덕으로 갚고, 원한은 원한으로 갚는 것' 은 '야박한 것' 이기 전에 '정의로운 것' 이다. '응보적 정의' 라는 말이 있듯이, 응보(應報)는 정의 관념의 가장 원초적 형태이다. 응보의 관념이 부정되면 정의의 관념이 무너지고, 정의 관념이 무너지면 우리 사회는 걷잡을 수 없는 혼란에 빠진다. 이러한 맥락에서 '德으로 원

---

18) 『論語』 憲問 36 : 或曰 以德報怨 何如 子曰 何以報德 以直報怨 以德報德

19) 『論語或問』의 '以直報怨' 條 참조. 朱子는 "『周禮』에 '義로 사람을 죽인 것에 대해서는 복수하지 말도록 명할 것이니, 복수하면 死刑에 처한다' 는 내용이 있으니, 이것은 '마땅히 갚지 말아야 할 것' 이다." 라고 설명한 바 있다. 요컨대 자기 쪽에 과실이 있어서 처벌을 받은 경우에는 복수해서는 안 된다는 뜻이다.

수를 갚는 것' 은 득보다 실이 많을 수 있다. 반면에 악행에 대한 응분의 책임을 물을 때, 당사자는 자신의 악행을 반성하고 새롭게 거듭날 수도 있다.

액설로드의 '배반에 대해서는 반드시 응징한다' 는 원칙은 『서경』의 '상이전형(象以典刑)'[20]이나 '형기우무형(刑期于無刑)'[21]과도 궤를 같이한다. '象以典刑' 은 정해진 죄에는 정해진 형벌을 가함으로써 일정한 형벌의 원칙을 보여주는 것인데, 이렇게 하면 범죄를 예방하는 효과를 낳게 된다. 그리하여 모든 범죄가 예방되면 더 이상 형벌을 시행할 일이 없게 되거니와, 이것이 바로 '刑期于無刑(형벌은 형벌이 필요 없어질 것을 기약함)' 이다. 팃포탯에서 상대방의 배반을 반드시 응징함은 자신의 일관된 대응 원칙을 천명하는 것이니, 이는 '象以典刑' 과 상응한다. 또 그 결과 상대방의 배반을 억제하여 지속적인 협력을 도출할 수 있으니, 이는 '刑期于無刑' 과 상응한다.

4) '악순환의 예방' 과 '박책어인(薄責於人)'

액설로드는 상대방의 협력을 유도하려면 상대방의 배반에 대해 반드시 응징(보복)해야 한다고 했다. 그런데 자신의 보복에 대해 상대방이 반성하고 태도를 고치면 다행이지만, 고집 센 상대는 자신의 보복에 대해 또 보복으로 대응할 수 있다. 그렇게 되면 '보복의 악순환' 에 빠지게 되는데, 액설로드는 보복의 악순환 가능성이야말로 팃포탯 전략의 가장 심각한 문제점이라고 보았다. 그는 다음과 같이 말한다.

> 팃포탯 전략이 안고 있는 문제는, 일단 불화가 시작되면 영원히 계속될 수 있

20) 『書經』「虞書」〈舜典〉.

21) 『書經』「虞書」〈大禹謨〉.

다는 것이다. 실제로 수많은 불화가 이런 속성을 가지고 있다. 예를 들어서, 알바니아와 중동에서는 집안 간의 불화가 때로 수십 년 동안 이어지기도 한다. 한 번의 모욕이 새로운 모욕으로 이어지고 다시 거기에 대한 보복이 이어지는 과정이 끝없이 반복된다. 처음 불화의 원인이 되었던 사건은 까마득하게 잊혀졌지만 서로에게 상처 입히는 행위는 메아리가 되어 계속 오고 간다. 이것이 바로 팃포탯 전략이 가지고 있는 심각한 문제이다.(167~168쪽)

반복적 죄수의 딜레마 게임에서 보복의 악순환에 빠지면 피차 매회 1점씩밖에 얻지 못하여 공멸하게 된다. 그렇다면 보복의 악순환을 예방하는 것이야말로 팃포탯의 성공에 있어서 또 하나의 중요한 관건이라 하겠다. 액설로드는 보복의 악순환을 피하기 위한 지침을 둘로 제시했다.

첫째, 일정한 선을 넘는 보복은 악순환을 초래하므로, 보복이 일정한 선을 넘으면 안 된다는 것이다. 액설로드는 '보복의 적당량은 90%' 라고 보았다. 상대방의 배반으로 인해 입은 손실의 90% 정도만 보복하면, 악순환의 가능성을 줄이면서도 여전히 상대방에게 '대가를 치르지 않는 배반을 시도해서는 안 될 동기' 를 준다는 것이다. 액설로드는 이를 "호혜주의를 바탕으로 하면서도 팃포탯보다 약간 더 관용적이 되는 것" 이라고 설명했다(168쪽).

둘째, 상대방의 배반을 응징한 다음에는 다시 협력해야 한다는 것이다. 예컨대 영원한 복수처럼 상대방의 배반에 대해 한 차례 응징하고 또 응징을 거듭한다면 결국 보복의 악순환에 빠지게 되는바, 액설로드는 "영원한 복수는 상대가 배반할 수 없게 하는 최대의 동기를 주므로 똑똑해 보일 수도 있다. 하지만 자신에게 돌아오는 이득은 형편없다." 고 지적하였다(149쪽).

위의 두 지침의 요점은 '자기가 조금 손해 보는 것' 이 상대방의 협력을 유도하는 관건이라는 것, 한 번 응징한 다음에는 과거의 원한에 집착하지 말고 관대하게 대함으로써 다시 새로운 협력을 모색하라는 것이다. 액설로드의 이러한 주장은 『논어』의 '박책어인(薄責於人)' 이나 『서경』의 '강이무학(剛而無虐)' 을 연상하게 한다.

공자는 "자신의 잘못에 대해서는 두텁게 책망하고 남의 잘못에 대해서는 얇게 책망하면 원한이 멀어지게 된다"[22]고 했다. '남의 잘못을 얇게 책망하면〔薄責於人〕 원한이 멀어진다' 는 것은 액설로드가 '90%만 보복하면 악순환에 빠지지 않는다' 고 권했던 것과 같은 맥락일 것이다. 한편 공자는 '仁의 실천방법' 에 대해 다음과 같이 설명한 바 있다.

> 공손하면 모욕을 당하지 않고, 관대하면 대중의 마음을 얻을 수 있고, 믿음직스러우면 남들이 일을 맡기고, 민첩하면 功을 세울 수 있고, 은혜로우면 남을 부리기에 충분하다.[23]

위의 다섯 가지 요소 중에 '관대함으로 대중의 마음을 얻는 것' 이나 '은혜로움으로 남을 부리는 것' 은 바로 자신이 조금 손해 보는 태도를 견지함으로써 남의 지지와 협력을 얻어냄을 말할 것이다. 이처럼 기꺼이 '자신이 조금 손해를 보려는 태도' 는 '남의 잘못을 얇게 책망함' 과 표리를 이룬다. 자신이 상대방보다 조금도 손해를 보려고 하지 않는다면, 상대방의 잘못에 대해서도 결코 얇게 책망할 수 없기 때문이다.

한편, 『서경』의 '강이무학(剛而無虐)' 은 '상대방의 배반을 응징한 다음에는 다시 협력해야 한다' 는 원칙과 상응하는 것으로 볼 수 있다. 『서경』

22) 『論語』 衛靈公 14 : 子曰 躬自厚而薄責於人 則遠怨矣

23) 『論語』 陽貨 6 : 子張問仁於孔子 孔子曰 能行五者於天下 爲仁矣 請問之 曰恭寬信敏惠 恭則不侮 寬則得衆 信則人任焉 敏則有功 惠則足以使人

에서는 다음과 같이 말한다.

> 장자(長子)들을 교육함에 있어서, 곧으면서도 온화하게 대하고〔直而溫〕, 관대하면서도 두렵게 대하고〔寬而栗〕, 굳세면서도 사나움이 없게 대하고〔剛而無虐〕, 간략하면서도 오만함이 없게 대하라.[24]

위의 인용문은 교육자가 학생을 대하는 바람직한 태도를 말한 것이나, 일반적인 인간관계에도 얼마든지 적용될 수 있는 내용이다. 위에서 '곧음, 굳셈, 두렵게 함' 등은 '상대방의 배반을 반드시 응징함' 과 맥락을 같이 하고, '온화함, 관대함, 사나움이 없음' 등은 '영원한 복수를 자제함' 과 맥락을 같이 한다. '以直報怨' 을 옹호하는 입장에서는 상대방의 배반을 응징하지 않을 수 없는바, '곧음, 굳셈, 두렵게 함' 등은 이를 뒷받침한다. 그러나 그 응징이 악순환에 빠지는 것은 또한 경계하지 않을 수 없는바, 따라서 '곧음, 굳셈, 두렵게 함' 등은 '온화함, 관대함, 사나움이 없음' 등과 조화를 이루어야 한다는 것이 유교의 지론이었다.

5) '영악하지 말 것' 과 '잔꾀를 부리지 않음'

액설로드는 팃포탯이 놀라운 성적을 거둔 또 다른 이유로 팃포탯의 단순성을 들었다. 팃포탯은 '눈에는 눈, 이에는 이' 라는 단순한 전략을 구사하는데, 상대방은 자신의 이러한 전략을 대번에 파악하고 그에 협조하게 된다는 것이다. 다시 말해 "상대는 자신의 선택에 따라서 내가 어떤 대응을 할지 확신할 수 있다. 그러면 팃포탯 전략을 다루는 제일 좋은 방법은

24) 『書經』「虞書」〈舜典〉: 教冑子 直而溫 寬而栗 剛而無虐 簡而無傲

그와 협력하는 것임을 곧 깨닫게 된다."는 것이다(150쪽).

액설로드에 의하면, 놀랍게도 더 복잡한 프로그램 어떤 것도 단순한 원조 팃포탯을 능가하지 못했다(56쪽). 오히려 "컴퓨터 대회의 결과는 죄수의 딜레마 상황에서 너무 영악하면 손해임을 보여준다. 정교하고 복잡한 규칙이 단순한 규칙보다 더 잘했는가 하면, 그렇지 않았다."는 것이다(148쪽). 그는 다음과 같이 말한다.

> 다시 강조하지만, 체스와 같은 제로섬 게임과 죄수의 딜레마 게임과 같은 비제로섬 게임 사이에는 중요한 차이가 있다. 체스에서는 상대방이 나의 의도를 알지 못하게 만드는 게 유리하다. 상대방이 확신이 없으면 없을수록 그의 전략의 효과는 떨어진다. 상대방의 행동이 비효과적일 때 자기가 유리해지는 제로섬 게임에서는 자기의 의도를 숨기는 게 유리하다. 하지만 비제로섬 게임에서는 그렇게 영악하게 군다고 항상 유리하지는 않다. 죄수의 딜레마 게임이 반복될 때는 상대방이 협력해 줘야 내가 잘 될 수 있다. 협력을 격려하고 유도하는 것이 핵심이다. 이렇게 하는 좋은 방법은, 상대방이 하는 대로 나도 그대로 되갚는다는 사실을 분명하게 드러내는 것이다. (…) 이게 바로 상대방이 쉽게 이해할 수 있는 팃포탯 전략이 그처럼 막강한 이유다.(151쪽)

요컨대 상대방과 협력의 여지가 없는 제로섬 게임에서는 '복잡한 전략'을 구사해 상대방이 자신의 의도를 알지 못하게 하는 것이 유리하나, 상대방의 협력이 필요한 비제로섬 게임에서는 '단순한 전략'을 구사해 상대방이 자신의 전략을 이해하고 기꺼이 협조하도록 유도하는 것이 유리하다는 것이다. 그의 이러한 주장은 『논어』의 '잔꾀를 부리기를 좋아하면, 일을 이루기가 어렵다'는 구절이나 『중용』의 '평이한 데 거하면서 命을 기다린다'는 구절을 연상하게 한다. 우선 『논어』의 다음과 같은 말을 보자.

> 여럿이 종일토록 함께 지내면서 말이 義에 미치지 못하고, 잔꾀를 부리기를 좋아하면〔好行小慧〕, 무슨 일을 이루기가 어렵다.[25)]

> 빨리 성공하고자 하지 말며, 작은 이익을 탐하지 말라. 빨리 성공하고자 하면 실패하고, 작은 이익을 탐하면 큰 일을 이루지 못한다.[26)]

'말이 義에 미치지 못하고, 잔꾀를 부리기를 좋아한다' 는 것은 공정한 마음은 없고 남을 속여 부당한 이익을 얻으려는 마음만 있는 것이다. 이러한 마음을 지닌 사람들은 작은 이익을 탐하면서 빨리 성공하고자 안달이다. 그러나 잔꾀를 부리면 일시적으로 작은 이익을 얻을 수는 있으나, 장기적으로 크게 성공할 수는 없다. 자신의 잔꾀에 당한 사람들의 견제를 받게 되고, 또 제 꾀에 제가 넘어가기도 하기 때문이다. 이러한 맥락에서 공자는 "잔꾀를 부리기를 좋아하면, 무슨 일을 이루기가 어렵다." 고 경계하고, 또 "작은 이익을 탐하면 큰일을 이루지 못한다." 고 경계한 것인데, 이는 액설로드의 '비신사적 전략' 에 대한 비판과 궤를 같이한다.

한편, 위의 '잔꾀를 부리기를 좋아함〔好行小慧〕' 에 대해 주자는 "잔꾀를 부리기를 좋아하면 모험을 무릅쓰면서 요행을 바라는 마음이 무르익게 된다" 고 설명한 바 있다.[27)] 주자의 이러한 설명은 『중용』의 다음과 같은 내용에 기초한 것이다.

> 군자는 평이한 데 거하면서 命을 기다리고, 소인은 모험을 무릅쓰면서 요행

25) 『論語』 衛靈公 16 : 子曰 群居終日 言不及義 好行小慧 難矣哉
26) 『論語』 子路 17 : 子曰 無欲速 無見小利 欲速則不達 見小利則大事不成
27) 『論語集註』 衛靈公 16, 朱子註 : 小慧 私智也 言不及義 則放辟邪侈之心滋 好行小慧 則行險僥倖之機熟

을 바란다.[28)]

'군자는 평이한 데 거하면서 命을 기다린다' 는 말은 팃포탯이 상대방의 선택을 기다려서 그대로 대응함과 궤를 같이한다. 팃포탯에서 나의 선택을 결정해주는 것은 사실 내가 아니라 상대방이다. 나는 상대방의 방식 그대로 대응함으로써 상대와 같은 정도의 이익을 얻는 것으로 만족하는 것이다. 요컨대 팃포탯은 평이한 방법으로 공정한 결과를 얻는 데 만족하는 것이다. 이처럼 '공정함' 즉 '공명정대를 추구함' 에는 하등의 모험을 겪을 이유가 없거니와, 그러므로 '군자는 평이한 데 거한다' 고 한 것이다.

모험은 남을 속이고 부당한 이득을 취하려고 할 때에 필요하다. 남을 속이려니 잔꾀가 필요하고, 상대방을 잔꾀의 함정에 빠뜨리려니 모험이 필요하고, 그 성공을 확신할 수 없으니 요행을 바라게 된다. 『논어』에서는 다음과 같이 말한다.

> 군자는 평탄하여 넓고 너그러우나, 소인은 두고두고 근심한다.[29)]

군자는 남보다 많은 이익이나 부당한 이익을 추구하지 않기 때문에 평이하고 평탄하게 살 수 있고, 공정하게 얻어진 몫에 만족하기 때문에 넓고 너그럽게 살 수 있다. 반면에 소인은 남보다 많은 이익을 차지하려고 잔꾀를 부리기 때문에 모험을 무릅쓰면서 요행을 바라고, 자신의 잔꾀가 실패할 가능성에 시달리면서 두고두고 근심하는 것이다. 그러나 요행을 통한 성공은 일시적일 수밖에 없으니, 그러므로 공자는 잔꾀를 부리지 말고 공명정대한 길을 가라고 권했던 것이다.[30)] 유교의 이러한 지론은 '영악하게

28) 『中庸章句』 14 : 君子 居易以俟命 小人 行險以徼幸

29) 『論語』 述而 36 : 子曰 君子 坦蕩蕩 小人 長戚戚

굴지 말라' 는 액설로드의 통찰과 궤를 같이함이 분명할 것이다.

6) '호혜주의(공평성)' 와 '서(恕)'

이타주의는 남을 위해 자신을 기꺼이 희생하는 것이요, 이기주의는 남을 해치면서 자신의 이익만 추구하는 것이며, 호혜주의는 자신과 남 사이에서 공평한 이익을 추구하는 것이다. 액설로드는 이 셋 가운데 도덕의 가장 든든한 토대는 호혜주의라고 보고, 이러한 맥락에서 팃포탯을 적극 옹호하였다.

액설로드는 이기주의자들을 "다른 사람들에게서는 관용과 이해를 기대하면서 자기는 남의 생각은 하지 않고 자기밖에 모르는 못된 인간들" 이라고 질타했다. 그런데 이런 이기주의를 조장하는 것이 바로 이타주의라는 것이다. 이기적인 사람은 남이 베푸는 이타주의의 덕은 실컷 보고 자신은 남에게 베풀거나 그것을 갚지 않는바, 이타주의는 이기주의가 번성하도록 조장하는 온상이 될 수 있다.[31] 이를 액설로드는 '이타주의의 심각한 문제' 라고 지적했다(164~165쪽).

액설로드의 이타주의에 대한 비판은 '남에게 대접받고자 하는 대로 남을 대접하라' 는 기독교의 '황금률(Golden Rule)' 에 대한 비판이기도 하다. 먼저 기독교의 황금률을 살펴보자. 『신약성경』의 〈누가복음〉에서는 다음과 같이 말한다.

---

30) 공자는 爲政의 要法을 '가까이 있는 자들이 기뻐하고, 먼 데 있는 자들이 찾아오게 하는 것(近者說 遠者來)' 이라고 설명한 바 있는데(『論語』 子路 16), '가까이 있는 자들이 기뻐하고, 먼 데 있는 자들이 찾아옴' 은 '나의 公明正大함에 대한 남들의 호응' 인 것이다.

31) '복지의 증진' 이 수혜자들의 '도덕적 해이' 를 조장하는 것이 그 대표적 예일 것이다.

너희 원수를 사랑하며, 너희를 미워하는 자를 선대하며, 너희를 저주하는 자를 위하여 축복하며, 너희를 모욕하는 자를 위하여 기도하라. 네 이 뺨을 치는 자에게 저 뺨도 돌려 대며, 네 겉옷을 빼앗는 자에게 속옷도 금하지 말라. 무릇 네게 구하는 자에게 주며, 네 것을 가져가는 자에게 다시 달라 하지 말며, **남에게 대접을 받고자 하는 대로 너희도 남을 대접하라**. 너희가 만일 너희를 사랑하는 자를 사랑하면 칭찬받을 것이 무엇이뇨? 죄인도 사랑하는 자를 사랑하느니라. 너희가 만일 선대하는 자를 선대하면 칭찬받을 것이 무엇이뇨? 죄인들도 이렇게 하느니라.(〈누가복음〉 제6장 27~33절)

'남에게 대접을 받고자 하는 대로 너희도 남을 대접하라' 는 말은 이 말만 독립적으로 이해하면 공평성을 추구하는 것으로 해석할 수도 있다. 그러나 전후의 문맥을 함께 살피면 이 말은 무조건적인 헌신 즉 이타주의를 설파하는 것이 분명하다. 위의 인용문에서는 오히려 공평성을 추구하는 호혜주의를 저속한 것으로 질타한다. 호혜주의는 죄인들조차 실천하는 것이므로 도덕적으로 칭찬받을 만한 것이 못 된다는 것이다. 그러나 액설로드는 기독교의 황금률에 대해 다음과 같이 비판한다.

죄수의 딜레마 맥락에서 보면 황금률은 언제나 협력하라는 말과 같다. 왜냐하면 내가 다른 사람에게 바라는 것은 협력이기 때문이다. 이런 식으로 해석한다면, 도덕적 관점에서 가장 훌륭한 전략은 팃포탯이 아니라 무조건 협력하는 전략이다. 무조건 협력이 안고 있는 문제는, 상대에게 오른뺨을 맞고 왼뺨을 내밀면 상대가 나를 이용할 동기를 제공한다는 데 있다. 무조건적인 협력은 뺨 맞는 당사자만 해치는 게 아니라, 무고한 구경꾼들에게까지 피해를 준다. 그들도 나중에 이 녀석과 상호작용하게 될 것이기 때문이다. 무조건적인 협력은 상대방을 망치는 경향이 있다. 그렇게 해서 녀석을 교화시키는 부담을 전체 집단에

지우게 된다. 이것은 무조건적 협력보다 호혜주의가 더 든든한 도덕의 토대가 됨을 말한다.(165~166쪽)

액설로드는 죄수의 딜레마 상황에서의 황금률(이타주의, 무조건적 협력)은 자신도 해치고, 상대방도 해치고, 전체 사회도 해친다고 비판하고, 따라서 공평성을 추구하는 호혜주의가 더 든든한 도덕의 토대가 된다고 주장했다. 팃포탯은 물론 호혜주의를 추구하는 것이다. 팃포탯은 '이에는 이, 눈에는 눈'의 원칙을 고집하기 때문에 약간 불미스럽게 여겨지기도 하고, '대략적인 정의(rough justice)'에 불과하기도 하지만, 그러나 현실적으로 '이보다 더 나은 대안이 없다'는 것이 그의 지론이었다(167쪽).[32]

액설로드가 이타주의와 이기주의를 모두 비판하고 호혜주의를 내세우는 것은 유교에서 '仁'을 강조하면서 구체적으로는 '忠'보다 '恕'를 중시함과 궤를 같이한다. 우선 『논어』의 다음과 같은 내용을 보자.

공자가 말씀하기를, "나의 道는 하나로 관철되어 있다." 증자가 대답하기를, "그렇습니다." 공자가 나가자 문인(門人)이 묻기를, "무슨 말씀입니까?" 증자가 답하기를, "공자의 道는 忠恕일 따름이다."[33]

32) 『신약성경』〈누가복음〉의 주장과 달리, 『구약성경』에는 '눈에는 눈, 이에는 이'의 應報를 주장한 내용이 많이 보인다. 예컨대 『구약성경』〈출애굽기〉 제21장 23~25절에서는 "다른 害가 있으면 갚되 생명은 생명으로, 눈은 눈으로, 이는 이로, 손은 손으로, 발은 발로, 덴 것은 덴 것으로, 상하게 한 것은 상함으로, 때린 것은 때림으로 갚을지니라."라고 하였고, 『구약성경』〈레위기〉 제24장 20~21절에서는 "상처에는 상처로, 눈에는 눈으로, 이에는 이로 갚을지라. 남에게 상해를 입힌 그대로 그에게 그렇게 할 것이며, 짐승을 죽인 자는 그것을 물어 줄 것이요, 사람을 죽인 자는 죽일지니"라고 하였다.

33) 『論語』 里仁 15 : 子曰 參乎 吾道一以貫之 曾子曰唯 子出 門人問曰 何謂也 曾子曰 夫子之道 忠恕而已矣

자공이 묻기를, "한마디 말로서 종신토록 실천할 만한 것이 있습니까?" 공자가 답하기를 "그것은 恕이다. 자기가 원하지 않는 것을 남에게 베풀지 말라〔己所不欲 勿施於人〕"[34]

공자가 추구한 道는 물론 '仁' 이거니와, 증자는 仁을 다시 忠과 恕로 나누어 설명했다. 그런데 이처럼 仁을 忠과 恕로 나누어 설명한다 하더라도, 仁의 실천에 있어서 보다 핵심적인 것은 恕라는 것이다.

일반적으로 忠은 '남을 위해 자신의 최선을 다함' 으로 설명되고, 恕는 '자기와 남을 동일한 원칙으로 대함' 으로 설명된다. 위의 둘째 인용문에서는 恕의 구체적 내용을 '자기가 원하지 않는 것을 남에게 베풀지 않음' 으로 설명했는데, 이는 기독교의 황금률(남에게 대접을 받고자 하는 대로 너희도 남을 대접하라)과 궤를 같이하는 것으로 볼 수도 있다. 그러나 기독교의 황금률은 전후의 문맥으로 보아 '무조건적 이타주의' 에 속하는 반면, 공자의 恕는 '이직보원(以直報怨)' 이라는 또 다른 원칙과 함께 보면 '공평한 호혜주의' 에 속하는 것이다.

공자는 분명 恕와 함께 忠을 강조하기도 했는데, 忠은 이타주의에 속한다.[35] 그런데 주자는 "남을 위해 일을 도모함에 있어서 忠한다는 것은 또한 어려운 일이다. 대개 사람들은 자기를 위해 일을 도모할 때에는 최선을 다하지만, 남을 위해 일을 도모할 때에는 반드시 최선을 다하지는 않는다."[36]고 말한 바 있다. 남을 위해 자기의 최선을 다함은 어려운 일이라고

---

34) 『論語』 衛靈公 23 : 子貢問曰 有一言而可以終身行之者乎 子曰 其恕乎 己所不欲 勿施於人

35) 忠은 분명 利他主義에 해당하지만, 그러나 역시 '以直報怨' 의 제한을 받는다고 보면 '무조건적 이타주의' 라고 볼 수는 없겠다. 忠과 恕에 대한 보다 자세한 논의는 拙著, 『儒教傳統과 自由民主主義』, 115~138쪽 참조.

36) 『朱子語類』 卷21(중화서국본, 483쪽) : 爲人謀而忠 也自是難底事 大凡人爲己謀便盡 爲人謀 便未必盡

한다면, 忠을 모두가 반드시 준수해야 할 사항으로 규정할 수는 없겠거니와, 유교에서의 忠은 '권장사항' 이었다. 요컨대 유교에서는 恕를 '준수사항' 으로 설정하고, 원활한 인간관계를 위해 자신이 조금 더 희생하거나 양보한다는 맥락에서 忠이나 예양을 권장했다. 이는 액설로드가 공평성을 내세우면서도 '약간의 불미스러움' 이나 '보복의 악순환' 을 완화하는 차원에서 '약간의 관용' 을 요구한 것과 맥락을 같이한다.

7) 그 밖의 논점들

이상에서 액설로드의 팃포탯 전략과 유교의 군자론을 대비해 보았거니와, 양자는 놀라울 정도로 그 핵심 내용을 공유하는 것이다. 양자의 유사성은 여기에 그치지 않는다. 그 밖의 사소한 논점들에 있어서도 양자는 궤를 같이하는 내용이 많다. 이제 추가적으로 몇 가지 사소한 논점들을 더 확인해 보기로 하자.

첫째, 액설로드는 협력이 안정적으로 지속되게 하기 위해서는 '각 개인이 소수의 사람들하고만 자주 만나도록 상호작용을 집중시키는 것' 이 좋다고 했다(161쪽). 1회적인 만남으로 그치기 쉬운 뜨내기들 사이에서는 협력이 창발되기 어렵다는 것이다. 이는 맹자의 "죽거나 이사함에 마을을 벗어남이 없으니, 마을에서 정전(井田)을 함께 농사짓는 사람들(8家口)이 출입할 때 서로 벗이 되고, 지키고 망 볼 때에 서로 도우며, 질병에 서로 도와준다면, 백성들이 친목하게 될 것"[37]이라는 말과 궤를 같이한다. 맹자 역시 작은 규모의 사람들이 평생 생사고락을 같이함으로써 서로 친목을 유지하는 것을 바람직하게 여겼다.

37) 『孟子』 滕文公上 3 : 鄕田同井 出入 相友 守望 相助 疾病 相扶持 則百姓 親睦

둘째, 액설로드는 "상호작용이 반복되지 않는다면 협력이 일어나기 힘들다. 그렇기 때문에 협력을 증진시키는 중요한 방법은 두 사람이 나중에 다시 만날 수 있게 하고, 다시 만났을 때 서로 알아볼 수 있게 하고, 또 과거에 서로에게 어떤 행동을 했는지 기억할 수 있도록 조정하는 것이다."라고 했다(153~154쪽). 협력을 증진시키기 위해서는 '장기적 상호작용'과 '과거에 대한 기억'이 중요하다는 것이다. '장기적 상호작용'과 관련해서는 공자의 "옛 친구를 버리지 않으면 백성들이 투박해지지 않는다"[38]는 말을 상기할 수 있다. 공자 역시 장기적 상호작용은 인간관계를 두텁게 만든다고 보았던 것이다. '과거에 대한 기억'과 관련해서는 공자의 역사에 대한 강조를 상기할 수 있다. 공자는 누구보다도 역사를 중요하게 생각하여, 『서경』을 정리하기도 하고 『춘추』를 저술하기도 했다.

셋째, 액설로드는 "참가자들이 지능이 있어 협력이론의 내용을 이해하면 협력의 진화가 더욱 빠르게 가속된다."고 하고, 이것이야말로 '가장 희망적인 발견'이라 했다(47쪽). 지능이 있는 자가 협력이론을 이해하고 동참함은 공자의 말로는 '지혜로운 사람은 仁을 이롭게 여긴다'에 해당하고, 협력의 진화에 대한 낙관적 기대는 공자의 말로는 '하루를 극기복례(克己復禮)하면 천하가 仁으로 돌아온다'에 해당할 것이다. 공자는 "어진 사람은 仁을 편안히 여기고, 지혜로운 사람은 仁을 이롭게 여긴다."[39]고 했다. 어진 사람은 못된 짓을 하면 마음이 불편하여 견딜 수가 없기에 항상 어질게 행동하는데, 이것이 '안인(安仁)'이다. '이인(利仁)'이란 요모조모 따져본 결과 仁을 택하는 것이다. 지혜로운 사람은 어질게 행동하는 것이 어질지 않게 행동하는 것보다 이롭다는 것을 정확히 파악할 수 있으니, 지혜로운 사람이 많으면 仁의 실천도 확산된다. 사람들은 누구나 일정 정도 지능

38) 『論語』 泰伯 2 : 故舊不遺 則民不偸

39) 『論語』 里仁 2 : 仁者 安仁 知者 利仁

이 있거니와, 따라서 액설로드는 협력의 진화가 계속될 것이라고 보고 인류의 미래를 낙관한 것이다. 마찬가지로 공자도 '내가 하루 동안 극기복례를 실천하면 온 천하가 仁으로 돌아올 것' 이라고 낙관한 것이다.

마지막으로, 액설로드는 '협력을 증진시킬 수 있는 가치관' 과 '그에 대한 사실과 요령들' 을 가르쳐야 한다고 강조했다(154쪽). 그는 '지능이 있는 자는 협력의 진화에 동참할 것' 이라고 낙관하면서도, 한편으로는 교육의 역할을 긴요하게 인식한 것이다. 그는 '협력을 증진시킬 수 있는 가치관' 으로 '서로에 대한 배려' 와 '호혜주의' 를 들었다(163~165쪽). '그에 대한 사실과 요령들' 이란 앞에서 살펴본 텃포탯 전략의 주요 내용들 즉 '협력으로 시작함, 배반에 대한 응징, 악순환의 예방, 영악하지 말 것' 등을 말한다. 그런데 '서로에 대한 배려' 와 '호혜주의' 그리고 '협력으로 시작함, 배반에 대한 응징, 악순환의 예방, 영악하지 말 것' 등은 유교 경전의 주요 내용이기도 하며, 유교에서는 바로 이런 내용들을 가르쳐 왔던 것이다.

이상에서 액설로드의 텃포탯 전략과 유교의 군자론을 대비해 보았거니와, 양자는 실로 많은 내용을 공유하고 있다. 액설로드가 권하는 죄수의 딜레마 상황에 대한 대응책과 지침들은 전통 유교의 가르침과 놀라울 정도로 일치한다. 다만 하나의 차이를 든다면, 인간관계에서 '신뢰(우정)와 지속성' 가운데 어느 것을 더 중시하느냐 하는 점이다. 그는 다음과 같이 말한다.

> 협력에 기초가 되는 것은 사실 신뢰가 아니라 관계의 지속성이다. 조건이 적절하면 참가자들은 상호보상의 가능성에 대해 시행착오 학습을 함으로써, 혹은 좋은 성과를 올리는 다른 참가자를 모방함으로써, 혹은 심지어 좋지 않은 성과를 올리는 전략을 솎아내고 보다 성공적인 전략을 우연히 선택하게 되는 과정을 통해서 서로 협력할 수 있게 된다. 참가자들이 서로 믿느냐, 믿지 못하느냐는 문제는 장기적으로 볼 때 이들이 서로 안정적인 협력관계를 구축할 조건이

무르익었느냐, 그렇지 않느냐는 문제보다 덜 중요하다.(215쪽)

공자는 "사람으로서 信이 없다면 그 가능성을 알지 못하겠다. 큰 수레에 예(輗)가 없고 작은 수레에 월(軏)이 없다면, 그것들이 어떻게 운행될 수 있겠는가?"[40]라고 하여, 나와 남의 연결고리로서 '信'을 매우 중시했다. 보다 일반적으로 유교에서는 '붕우유신(朋友有信)'이라 하는바, 이는 사회적 협력의 기제를 우정과 신뢰에서 찾는 것이다. 그런데 액설로드는 신뢰보다 관계의 지속성을 더 중시했다. 우정과 신뢰가 없어도 관계의 지속성만 기대된다면 협력이 창발된다는 것이다.[41] 과연 그렇다면, 이 점이야말로 액설로드의 탁월한 통찰일 것이다.

4. 결론

액설로드의 팃포탯 전략은 현대의 최첨단 전략이론이다. 그런데 이제까지 살핀 것처럼, 액설로드의 팃포탯 전략과 유교의 군자론은 실로 많은 내용을 공유하고 있다. 그렇다면 이러한 사실이 의미하는 바는 무엇인가?

첫째, 유교의 군자론, 더 나아가 유교의 사회운영론이 오늘날에도 여전히 보편타당한 의의를 지닌다는 점이다. 요컨대 전통 유교의 지론에 대해 액설로드는 실증적으로 그 타당성을 확인해 준 것이다.

둘째, 액설로드는 '기독교의 황금률'은 도덕의 든든한 토대가 될 수 없

40) 『論語』 爲政 22 : 人而無信 不知其可也 大車無輗 小車無軏 其何以行之哉

41) 액설로드는 '우정이나 지능 없이도 가능한 협력'의 대표적인 예로 제1차 세계대전 때에 근거리 塹壕戰이 지속되면서 적군끼리 서로 공격을 자제하고 상당히 오랜 기간 평온을 누린 사실을 들었다(『협력의 진화』 제4장 〈1차 대전 참호전에 나타난 공존공영 시스템〉 참조).

다고 보았거니와, 같은 맥락에서 '법가(法家)의 권모술수론' 이나 '자유주의의 이기적 경쟁론' 도 보편타당한 사회운영의 원리가 될 수 없다는 점이다. 법가는 권모술수를 애용하는 한 '협력의 진화' 대열에 동참할 수 없는 것이요,[42] 자유주의도 이기적 경쟁을 옹호하는 한 '협력의 진화' 대열에 동참할 수 없는 것이다.[43]

협력을 통한 평화로운 발전은 실로 많은 사람들의 소망일 것이다. 전통 유교에서는 성선설(性善說)을 바탕으로, 한편으로는 '어진 사람은 仁을 편안하게 여긴다' 고 하여 '협력의 당위성' 을 설파하고, 한편으로는 '지혜로운 사람은 仁을 이롭게 여긴다' 고 하여 '협력의 이로움' 을 설득하기도 했다. 그런데 액설로드는 인간은 이기적 존재라는 통념에 입각하여 '仁의 편안함' 은 거론조차 하지 않고, 다만 '仁의 이로움' 이라는 맥락에서 협력이 점차 확산될 것을 낙관한 것이다. 그렇다면 '어느 정도의 지능만 있다면 이기적 개인들 사이에서도 협력이 증진될 것' 이라는 액설로드의 낙관론은 충분히 타당한 것인가? 이제 마지막으로 이 문제를 논의해 보자.

공자도 '내가 하루 동안 극기복례를 실천하면 온 천하가 仁으로 돌아올 것' 이라고 낙관했다. 그런데 '천하가 仁으로 돌아옴' 은 아직까지 실현된 바가 없다. 이에 대해 우리는 '우리 모두가 하루 동안 극기복례를 실천하지 않았기 때문' 이라고 설명할 수 있다. 그렇다면 액설로드의 '어느 정도의 지능만 있다면 이기적 개인들 사이에서도 협력이 증진될 것' 이라는 전

42) 韓非子는 法家의 통치술을 '勢 · 法 · 術' 로 요약한 바 있거니와, '術' 은 權謀術數를 뜻한다. 액설로드는 '영악하게 굴지 말라' 고 했는데, 法家의 權謀術數는 오히려 영악함을 적극 발휘하는 것이다.

43) 자유주의의 이기적 경쟁론은 '私惡이 바뀌어 公益이 된다' 는 맨더빌(Bernard de Mandeville)의 명제, 또는 '각자 자신의 이익만 추구해도 전체적으로는 조화에 이른다' 는 애덤 스미스의 예정조화설 등에 의거하는바, '죄수의 딜레마' 는 이런 주장들 자체가 오류임을 보여주는 것이다.

망에서도 '어느 정도의 지능만 있다면' 이 관건인 셈이다. 과연 우리 인간은 어느 정도의 지능이 있는 것인가?

논자가 생각하기에, '인간의 어리석은 이기심' 즉 불교에서 말하는 '무명(無明)' 은 생각보다 뿌리가 깊다. 액설로드는 팃포탯의 성공 전략을 해명하면서 '상대방의 성공을 질투하지 말라' 고 조언했다. 요컨대 상대방을 이기려고 하지 말고, 단지 비기려고만 하라는 것이다(136~138쪽). 죄수의 딜레마 게임에서 상대를 이기려면 배반을 택해야 하는데, 배반의 결과는 대부분 '5점' 보다는 '1점' 으로 귀착된다. 반면에 다만 비기기를 원하는 상호 협력의 결과는 '3점' 이다. 이러한 상황에서, '불확실한 5점' 보다는 '확실한 3점' 에 만족하는 것이 지혜(깨달음)요, 결단이다. 그런데 많은 사람들이 여전히 '5점' 에 집착하기 때문에 상호 배반이 지속되고, 그 결과 안타깝게도 서로 '1점' 에 머물고 마는 것이다.

『중용』에서는 "소인은 모험을 무릅쓰면서 요행을 바란다." 고 했다. 같은 맥락에서, 배반을 선택하는 사람들의 한결같은 심리는 '상대방은 협력을 선택해줄 것' 을 바라는 것이다. 나의 한 차례 배반에 상대방이 협력으로 응하는 경우는 종종 있다. 그런데 상대방이 성자(聖者)나 바보가 아닌 한, 나의 연속된 배반에 계속 협력으로 응한다는 것은 기대하기 어렵다. 그런데도 계속 이런 요행을 바라는 소인이 있기 때문에 이 세상의 불화(不和)는 계속되는 것이다.

액설로드는 사람들에게 '서로에 대한 배려' 와 '호혜주의' 등 협력을 증진시킬 수 있는 가치관을 교육해야 한다고 주장했다. 그 교육은 '배반은 처음에는 효과적이지만 결국엔 자멸을 초래한다' 는 깨우침이요, '남의 성공을 질투하지 말고, 협력을 통한 공평한 결과에 만족하라' 는 설득인 것이다. 이러한 교육이 지속적으로 시행되어 효과를 거둘 때, 우리가 소망하는 협력이 실제로 진화될 것이다.

제2부

인간의 존엄성과 인권에 대한 성찰

제6장

자유주의의 인권론과 유교의 인륜론

1. 서론

정치사상적 맥락에서, 유교와 자유주의는 각각 한국의 전통과 현대를 대표하는 이념이다. 전통 유교는 인륜(人倫)을, 현대 자유주의는 인권(人權)을 중심개념으로 삼는다. 오늘날 자유주의가 일방적으로 개인의 자유권을 옹호하면서 종종 반인륜적 행태를 방조하고 있다는 점,[1] 역으로 전통

1) 근래에 우리 법원은 外孫子를 親養子로 입양하는 것을 허가했다(《조선일보》 2010년 8월 10일자 보도 〈외손자를 친양자로〉 참조). 이 판결의 취지는 여러 당사자들의 행복을 증진시킬 수 있다면 가족관계를 사실과 다르게 왜곡할 수도 있다는 것이다. 우리 법원은 또 '出產을 아내의 의무로 규정할 수 없다'는 취지의 판결을 내리기도 했다(《조선일보》 2010년 9월 25일자 '萬物相' 칼럼 〈결혼과 출산의 관계〉 참조). 이 사건의 당사자 아내는 자신의 행복을 위해 출산을 기피한 것이고, 담당 재판관은 이를 잘못이 아니라고 판결한 것이다. 한편, 오늘날 가족해체를 야기하는 보다 광범한 요인은 姦通인데, 우리 憲法裁判所는 간통을 처벌하는 것은 '개인의 性的 자기결정권'을 침해하는 것이기 때문에 違憲이라고 판결하였다. 근래 많은 논란을 일으키고 있는 '학생인권' 문제도 오늘날의 인권론과 전통적 인륜론이 갈등하는 사례로 볼 수 있다. 과거에는 '스승의 도리, 학생의 도리' 등 人倫的 本分을 중시했는데, 지금은 피차 本分은 소홀히

유교는 사회의 질서라는 명목으로 개인의 자유와 평등을 과도하게 질곡했다는 점을 주목한다면, 자유주의의 인권론과 유교의 인륜론은 매우 상치되는 것 같다. 그러나 양자의 근본 취지를 돌이켜 본다면 양자는 오히려 서로 보완하는 관계요, 또 서로 각자의 취지를 함축하는 관계라고도 볼 수 있다.

인권론과 인륜론의 상함성은 무엇보다도 인간의 존엄성을 옹호하고, 인간을 수단화하는 것을 반대하며, 복지를 통해 모두의 행복한 삶을 뒷받침하자는 점에 있어서는 양자가 취지를 같이 한다는 것에 있다. 또 전통 유교가 개인의 자유 자체를 부정한 것이 아니라 사회의 질서를 위해 일부의 자유를 제한했던 것이요, 현대 자유주의도 인륜적 삶 자체를 부정한 것이 아니라 개인의 자유를 과도하게 옹호하다보니 인륜을 해치게 되는 것이라고 볼 수 있다. 이는 전통 유교에서도 '생명권, 재산권, 언론의 자유, 신앙의 자유, 신체의 자유' 등 오늘날 우리가 강조하는 기본적 권리의 대부분을 상당히 보장하고 있었다는 점,[2] 그리고 현대 자유주의에서도 여전히 '무해원칙'이나 '공정원칙'을 사회운영의 원리로 강조하고 있다는 점에서 충분히 알 수 있다. 그렇다면 전통 유교의 인륜론도 상당 부분 인권보장의 취지를 담고 있었던 것이요, 현대 자유주의의 인권론도 인륜의 의의를 근본적으로 외면하는 것은 아닌바, 여기에서 양자의 상함성을 충분히 확인할 수 있겠다.

이처럼 전통 유교와 현대 자유주의는 서로 많은 내용을 공유하고 있음

하고 權利를 내세우기 때문이다. 한편 '표현의 자유'는 각종 음란물이나 사이비 언론을 방조하는 수단이 된 지 오래이다.

2) 이에 대한 자세한 논의는 拙稿, 「조선시대의 人權 문제」 참조. 드 배리(de Bary)도 '자유민주적 가치와 인권을 지지하는 입헌적 질서'는 '유교적 사고방식과 전적으로 다른 것이 아니다'라고 해명한 바 있다(Wm. Theodore de Bary, *Asian Values and Human Rights*, 15쪽 참조). 한편 김비환도 「朝鮮 初期 儒敎的 立憲主義의 諸要素와 構造」에서 조선시대 전통 유교사회를 立憲主義의 관점에서 조명한 바 있다.

에도 불구하고, 또한 양자 사이에는 근본적인 입장의 차이가 있는 것이 사실이다. 그리하여 본고의 제2절과 제3절에서는 먼저 자유주의의 인권론과 전통 유교의 인륜론을 대비적으로 살펴봄으로써 양자의 공통점과 차이점을 확인해 보고자 한다.

자유주의의 인권론을 '생명권 · 자유권 · 재산권' 으로 대별한다면, 생명권과 재산권에 있어서는 자유주의와 유교가 대체로 궤를 같이한다. 유교와 자유주의의 대립은 대개 '자유권' 을 둘러싸고 야기되는 것이다. 자유주의가 추구하는 '자유로운 삶' 은 유교가 추구한 '인륜적 삶' 과 많은 부분 상충하는바, 그러므로 자유를 강조하면 할수록 인륜은 훼손되기 쉬운 것이다. 그러나 자유라는 이름으로 인륜을 외면할수록 자유주의의 궁극적 이상인 '자아실현' 도 오히려 방향을 잃게 된다. 이러한 맥락에서, 본고의 제4절에서는 자유주의자들이 추구한 '자아실현' 문제를 논의하면서, 반드시 '인륜적 삶' 을 전제로 해야만 참다운 자아실현이 가능하다는 점을 살펴보고자 한다.

본론에 들어가기 전에 분명히 해 두어야 할 것은 본성(本性)과 본능(本能)의 개념이다.[3] '본성' 이란 어떤 사물〔種〕이 선천적으로 지니는 요소로서 그 사물을 그 사물답게 만들어주는 성질을 말하고, '본능' 이란 어떤 생물이 선천적으로 지니는 요소로서 자신의 생명을 지속시키기 위한 성향(욕구)이나 능력을 말한다. 인간으로 말하자면, 선천적으로 타고난 것이라는 점에서는 본성과 본능이 같으나, 본성은 '사람의 사람다움' 을 뒷받침하는 요소이며, 본능은 '인간의 생존' 을 뒷받침하는 요소이다. 자유주의의 인권론은 본능중심적 인간관을 전제로 삼고, 유교의 인륜론은 본성중

3) 많은 사람들이 本性과 本能을 구분하지 않고(못하고) 혼용하기도 한다. 그러나 本性과 本能을 구별하지 않으면 '사람의 사람다움' 을 해명할 수 없다는 문제가 야기된다. 그리하여 人倫을 논하는 이 글에서는 本性과 本能을 엄격하게 구분하는 것이다.

심적 인간관을 전제로 삼는다.

2. 자유주의의 인권론과 인륜 문제

자유주의의 인권론은 본능중심적 인간관을 전제로, '생존의 욕구를 자유롭게 충족시킬 수 있는 권리' [4]와 '개인의 독특한 개성을 자유롭게 발휘할 수 있는 권리' [5]를 요구하는 것이다. 먼저 자유주의자들의 인간관을 살펴보자.

아블라스터(Anthony Arblaster)는 자유주의의 인간관을 '주권적 욕망'과 '도구적 이성' 이라는 말로 요약한 바 있다. 한마디로 인간은 '합리적

4) 인권론자들은 대개 '자연적 욕구(natural desire)' 에서 '자연적 권리(natural right)' 를 도출한다. 그들은 인간의 '자연적 욕구' 를 '자연적이고, 보편적이고, 합리적인 것' 이라고 주장하고, 따라서 '정당화' 가 필요한 것은 '인간의 욕구' 가 아니라 그 '욕구의 충족을 저지하려는 것' 이라고 본다(Maurice Cranston, *What are Human Rights?*, 31쪽). 한편, 하트는 '도덕적 권리' 로부터 '자연적 권리' 를 도출한 바 있는데(H. L. A. Hart, "Are There Any Natural Rights?", 54쪽), 인간의 '욕구' 를 '자연적이고, 보편적이고, 합리적인 것' 이라고 주장하면, 이로부터 '그 욕구는 마땅히 충족되어야 한다' 는 '도덕적 권리' 를 확보하게 되고, 이것이 '자연적 권리' 로 승인되는 것이다.

5) 르네상스 시기의 人本主義者 미란돌라는 〈인간 존엄성에 대한 연설〉(1486)에서 '自由' 란 "그가 원하는 것을 가지는 것" 이요, 그리고 "그가 원하는 대로 되는 것" 이라고 주장한 바 있다(멩케 · 폴만, 『인권철학입문』, 195쪽). 이러한 맥락에서, 論者는 '생존의 욕구' 와 '자유로운 개성' 의 관계에 대해 다음과 같이 생각한다. 자유주의에서 우선적으로 중요한 것은 生存을 위한 욕구의 충족이요, 궁극적으로 중요한 것은 自我實現을 위한 자유로운 개성의 추구이다. 요컨대 생존의 욕구가 충족되면 그 다음에는 자유롭게 자신의 개성을 발휘하고자 하는바, '생존' 은 본능의 최소치이고 '자아실현' 은 본능의 최대치인 것이다. 오늘날 정치학자들은 흔히 '한 국가의 경제성장은 정치적 자유 욕구를 불러온다' 고 설명하는데, 이를 개인적 차원에서 말하자면 '배가 부르면 이제 自由를 갈망하게 되는 것' 이다. 한편, 전통 유교의 지론은 '배가 부르면 이제 人倫을 돌아보자' 는 것이었다.

이기주의자' 라는 것, 또는 '모든 인간은 자신의 이익을 극대화하고자 한다' 는 것이다. 여기서 '이기주의' 란 '자신의 본능적 욕구를 추구한다' 는 뜻이요, '합리적' 이란 '이성을 통해 본능적 욕구를 가장 효율적으로 충족시킬 수 있는 방법을 모색한다' 는 뜻이다. 이기주의는 종종 다른 사람과의 갈등(투쟁)을 낳는데, 이성은 갈등을 회피하거나 줄일 수 있는 길을 알려준다. 홉스는 『리바이어던』에서 이러한 인간관의 전형을 제시했다.

홉스가 상정한 인간성의 두 요소는 정념(情念, passion)[6]과 이성(理性)이다. 홉스의 정념론은 다양한 내용을 포괄하고 있지만, 그것은 욕망과 혐오로 대별된다. 욕망은 그 대상으로 접근하는 운동을 낳고, 혐오는 그 대상으로부터 도망가는 운동을 낳는다.[7] 정념이 추동하는 인간의 의지적 운동이란 이익이 되는 대상에게 달려가고 손해가 되는 대상으로부터 도망치는 운동인 것이다.[8] 홉스의 이성론 역시 둘로 요약된다. 이성은 한편으로는 미래의 불안(가난)을 고려해 욕망을 증대시키고,[9] 한편으로는 자신을 방어하고 타인과 공존(평화)하고자 타인과 동등하게 자신의 권리를 포기(양도)하도록 하는 것이다.[10]

---

6) 'passion' 은 '情熱, 熱情, 情念, 情慾' 등 조금씩 語感이 다른 다양한 말로 번역된다. 'passion' 은 그리스어로는 'pathos' 라 하는바, 아리스토텔레스는 'pathos' 를 "욕망, 분노, 공포, 태연, 질투, 환희, 사랑, 증오, 동경, 경쟁심, 연민, 그리고 일반적으로 쾌락이나 고통을 수반하는 감정들" 이라고 설명한 바 있다(『니코마코스 윤리학』, 1105b). 한편, 홉스는 『리바이어던(*Leviathan*)』 제6장의 제목에서 'passion' 을 '자발적 운동의 內的 端初(the interiour beginnings of voluntary motions)' 라고 설명한 바 있다. 아리스토텔레스의 설명에 따라 'passion' 을 '쾌락이나 고통을 수반하는 감정들' 이라고 정의한다면, 홉스는 '쾌락이나 고통을 수반하는 감정들' 을 '자발적 운동의 內的 端初' 로 규정한 것이다.

7) Hobbes, *Leviathan*, chap.6, 118~120쪽 참조.

8) 이러한 맥락에서, 조긍호는 홉스의 정념을 '자기보전을 위한 이기적 욕구와 이를 달성하기 위한 자유의지를 포괄적으로 가리키는 것' 으로 풀이한 바 있다(조긍호, 『사회관계론의 동 · 서 비교』, 421쪽 참조).

9) Hobbes, *Leviathan*, chap.11, 160~161쪽 참조.

홉스의 정념론과 이성론을 종합하면 다음과 같다. 인간의 정념 가운데 핵심적인 것은 자기보존을 위한 이기적 욕망이다. 이기적 욕망은 자연상태를 전쟁상태로 몰아넣는다. 이성은 욕망을 무한히 증대시키기도 하고, 자신의 권리를 포기시키기도 한다. 이성이 자신의 욕망을 증대시키는 것도 더 큰 만족을 위한 것이지만, 이성이 자신의 권리를 포기하도록 하는 것도 더 큰 만족(평화에 의해 자신의 안전을 보장받는 것)을 위한 것이다.

이상에서 홉스의 인간관을 개관했거니와, 인간의 본능적 욕망을 그 자체로 승인하는 것은 자유주의의 일반론이었다. 요컨대 근대의 자유주의자들은 인간의 욕망 자체에 주권적 성격을 부여한 것이다. 아블라스터는 이를 다음과 같이 설명한다.

> 인간의 욕망이라는 개념은 인간 본성에 대한 자유주의적 개념 안에서 커다란 힘을 갖는다. 홉스 · 흄 · 벤담에게 있어 욕망들은 일종의 주권적 독립성을 갖는다. 이것은 욕망들을 도덕의 영역 너머에 위치시킨다. 욕망은 본질적으로 인간성에 주어진 불변의 것으로, 도덕성은 그 자신을 욕망에 맞추어야 한다.[11)]

아블라스터에 의하면, 자유주의자들은 욕망에 주권(主權)을 부여함으로써, 욕망과 도덕성 사이의 전통적 주 · 종(主從) 관계를 역전시킨 것이다. '욕망을 도덕의 영역 너머에 위치시킴으로써' 이기적 욕망을 그 자체로 긍정하는 것은 자유주의의 일반론이었거니와,[12)] 이러한 맥락에서 흄은

---

10) Hobbes, *Leviathan*, chap.14, 190쪽 참조.

11) Arblaster, *The Rise and Decline of Western Liberalism*, 28쪽.

12) 아블라스터는 "비판적 질문을 하고, 회의적 관점을 취하기를 좋아하는 自由主義가 욕망에 대해서는 놀랍도록 무비판적이고 의문 없는 태도를 취한다."고 꼬집은 바 있다. 자유주의는 암암리에 '인간의 욕망 · 願望 · 열망'이 단순히 존재한다는 것만으로 그것을 '인간의 본성'으로 간주한다는 것이다(Arblaster, *The Rise and Decline of*

"이성은 정념의 노예요, 오직 노예여야만 한다. 이성은 정념에게 시중들며 복종하는 것 외에는 다른 어떠한 직분도 절대로 가질 수 없다."[13]고 선언했던 것이다.

이제 자유주의자들의 인권론을 살펴보자. 자유주의의 입헌정신은 '자연권' 사상과 '사회계약' 이론에 근거하거니와, 양자는 곧 자유주의 인권론의 토대이기도 하다.

먼저 자연권(自然權) 사상을 살펴보자. 홉스는 자연권을 "모든 사람이 자신의 본성, 곧 자신의 생명을 보존하기 위해 자기 뜻대로 힘을 사용할 수 있는 자유, 즉 그 자신의 판단과 이성에 따라 가장 적절한 조치를 취할 수 있는 자유"[14]라고 정의했고, 로크는 "자연의 이성은 인간이 일단 태어나면 자신의 보존에 대한 권리, 따라서 고기와 음료, 기타 자연이 그들의 생존을 위해서 제공하는 것에 대한 권리를 가진다고 가르친다."[15]고 주장했다. 여기서 분명히 알 수 있듯이, 자유주의자들이 주창한 자연권이란 '인간이 각자 자신의 본능적 욕구를 자유롭게 충족시킬 수 있는 권리'로서, 그것은 '생존권(생명권)·자유권·소유권'으로 대별된다.

첫째, 생명권 또는 생존권에 대한 이론이다. 자유주의는 개인주의를 바탕으로 삼고 있거니와, 이러한 맥락에서 개인의 생명권 또는 생존권은 다

Western Liberalism, 29쪽). 한편 월린(Sheldon S. Wolin)도 自由主義를 "인간이 본질적으로 합리적인 존재이며 그 행실은 실제로 이성에 의해 지배된다는 견해"로 간주하는 많은 학자들의 통념은 '상당한 오류'를 범하는 것이라고 지적하고, "로크에서 시작해서 스미스, 흄, 공리주의자들을 거치면서 확장된 자유주의 논자들은 반복해서 인간이 강한 情念을 지닌 피조물임을 강조했다"고 해명한 바 있다(월린, 『정치와 비전』 2, 221쪽).

13) Hume, *A Treatise of Human Nature*, 415쪽.

14) Hobbes, *Leviathan*, chap.14, 189쪽.

15) Locke, *Two Treatises of Government (The Second Treatise of Government)*, chap.5, 273쪽.

른 어떤 권리보다도 중요한 것이다. 또한 자유권이나 재산권은 수단적 권리 또는 수단과 목적을 겸하는 권리이지만, 생명권 또는 생존권은 오로지 목적에 해당하는 권리이다. 따라서 자유주의자들은 생명권 또는 생존권을 지상명제(至上命題)로 천명하고, 자유권과 재산권으로 생명권을 뒷받침한 것이다.

둘째, 자유권에 대한 이론이다. 홉스는 '자유'를 '저항의 부재(不在)'라고 정의하고, '자유인'이란 '스스로의 힘과 지력(知力)으로 할 수 있는 일들에 대하여 자기가 하고자 하는 것을 방해받지 않는 인간'이라고 규정한 다음, '모든 인간은 날 때부터 평등하게 자유로운 존재'라고 설파했다.[16] 이러한 설명은 자유주의의 한결같은 지론이다. 자유주의자들이 자유를 옹호하는 논거는 둘로 집약된다. 개인적 차원에서는 자유가 '자아실현의 가능조건'이라는 것이다. 인생의 목적은 행복이요, 행복은 자아실현과 궤를 같이 하며, 자아실현의 관건은 자기가 좋아하는 것을 추구하는 자유라고 한다면, 우리는 자유의 정당성을 부인할 수 없게 된다.[17] 사회적 차원에서는 자유가 '진보의 원동력'이라는 것이다. 밀은 자유를 삶에 대한 '다양한 실험'으로 이해하고, 이는 '행복의 주요한 요소' 중의 하나요, '개인과 사회발전의 핵심적 요소'라고 옹호했다.[18] 이는 상호 간의 자유로운 토론이나 경쟁 속에서 진리 또는 가장 좋은 것을 이룰 수 있다는 주장이다.

셋째, 소유권 또는 재산권에 대한 이론이다. 자유주의의 소유권 이론은 로크에 의해 체계화되었는데, 그것은 다음의 세 명제로 집약된다. 즉 이 세계의 모든 사물은 본래 '만인의 공유물(共有物)'이라는 것이요, 자신의 몸은 본래 '자신의 소유'라는 것이며, 공유물에 자신의 몸으로 노동을 가하

16) Hobbes, *Leviathan*, chap.21, 261~268쪽.
17) Mill, *On Liberty*, 12쪽.
18) Mill, *On Liberty*, 53~54쪽.

면 그 산물은 '자신의 사유물(私有物)' 이 된다는 것이다.[19] 나의 노동의 산물은 나의 소유물이라는 주장은 자유주의의 지론이었거니와, 이는 '자조(自助)의 원칙' 과도 맥락을 같이 한다. 모든 사람은 자신의 노동을 통해서 먹고 살아야 한다는 것이 바로 '자조의 원칙' 이었다.

이제 자유주의자들의 사회계약(社會契約) 이론을 살펴보자. 사회계약론은 '자연상태' 이론으로부터 도출된다. 자연상태는 각자의 자연권만 존재하고, 공통의 권력이 없는 상태이다. 인간은 모두 이기적인 존재이므로, 공통의 권력이 없는 상황에서는 결국 전쟁상태에 들어가게 된다. 이러한 상황에서 개인들은 결국 각자의 자연적 권리의 일부를 양도하여 공통의 권력을 창출함으로써 나머지의 권리를 안전하게 보장받자는 데 합의하게 된다는 것이다.

사회계약론에 의하면, 국가는 개인들 사이의 계약에 의해 성립하는 것이다. 이로부터 국가의 본래 주인은 '개인(국민)' 이라는 '주권재민(主權在民)' 사상이 성립한다. 또 국가의 본래 주인은 개인이므로, 개인은 국정(國政)에 참여할 수 있는 권리를 지니며, 국가를 대상으로 여러 사안들을 청구할 수 있다. 또한 만약 국가가 본래 주인인 국민의 권리를 무시한다면, 국민은 당연히 국가에 저항할 수 있는 것이다. 이러한 맥락에서 자유주의자들은 참정권 · 청구권(청원권) · 저항권 등의 정치적 권리를 개인의 기본적 인권으로 정당화했다.

이상에서 자유주의의 인권론을 개관하였거니와, 이제 자유주의에서의 인륜 문제를 살펴보자. 인간관계에 있어서 특히 오륜(五倫)을 중시하는 유교와 달리, 자유주의에서는 모든 인간관계를 서로 평등하고 독립적인 개인과 개인의 관계로 규정하고, 그에 필요한 일반적 원칙만을 제시할 뿐이

19) Locke, *The Second Treatise of Government*, chap.5, 274~275쪽.

다.[20] 첫째는 공정원칙(公正原則)[21]으로, 누구든 다른 사람보다 더 많은 권리를 누리려고 해서는 안 된다는 것이다. 둘째는 무해원칙(無害原則)[22]으로, 나의 자유로운 행위가 남에게 해를 끼쳐서는 안 된다는 것이다. 자유주의자들은 이 두 원칙에 어긋나지 않는 한 모든 행위가 자유롭게 허용(관용)되어야 한다고 주장한다. 이는 실천적으로 다음의 세 가지를 뜻한다.

첫째, 쾌락주의와 이기주의이다. 본능적 욕망을 중심으로 인간을 이해하고, 인간은 합리적 이기주의자라고 규정하면서 자유를 주창하는 것은 결국 '모든 사람들이 각자 자유롭게 자신의 쾌락을 추구하도록 허용해야 한다' 는 뜻이다.

둘째, 중립주의이다. 사회나 국가는 구성원들의 다양한 행위들에 대해, 그것들이 각각 공정원칙과 무해원칙에 어긋나지 않는 한 간섭하지 말고 중립을 지켜야 한다는 것이다. 중립주의는 결국 '가치의 위계' 나 '가치의 객관성' 을 부정하는 것이다.

셋째, 정의(正義) 중심주의이다. 자유주의자들은 사회를 각각의 구성원들이 이기적으로 경쟁하는 공간으로 보거니와, 무해원칙과 공정원칙은 바로 그 경쟁을 규율하는 원칙이기도 하다. 자유주의는 무해원칙과 공정원칙이 지켜지는 사회를 '정의로운 사회' 로 규정한다. 윤리적 덕목은 '사랑'

---

20) 자유주의에서는 개인을 기본적으로 '추상적 존재, 원자적 존재' 로 인식하는바('추상적 개인' 에 대해서는 S. Lukes, *Individualism*, New York, Harper & Row, 1973, 73~78쪽 ; 조긍호, 『이상적 인간형론의 동 · 서 비교』, 지식산업사, 2006, 122~124쪽 참조), 따라서 자유주의에서는 '자식의 부모에 대한 도리, 남편의 아내에 대한 도리, 형의 아우에 대한 도리, 군주의 신하에 대한 도리' 등을 별도로 문제 삼지 않고, 모든 인간관계를 '남과 남의 관계' 로 일반화시키는 것이다.

21) 公正原則은 홉스의 『리바이어던』이나 〈프랑스 인권선언〉에서 이미 제시된 원칙이요, 롤즈의 『正義論』에서 거듭 확인된 원칙이다.

22) 無害原則은 페인(Thomas Paine)의 『인권론』이나 〈프랑스 인권선언〉에서 이미 제시된 원칙이요, 밀의 『자유론』에서 거듭 확인된 원칙이다.

과 ‘정의’로 대별할 수 있는바, 무해원칙과 공정원칙은 ‘사랑’보다 ‘정의’를 중시하는 것이다.[23)]

쾌락주의와 이기주의, 중립주의, 정의중심주의는 자유주의 윤리의 핵심적 요소들이다. 자유주의자들은 이러한 요소들만으로 만인의 행복을 보장하고자 했으나, 현실은 그렇지 못했다. 예컨대 사랑을 외면한 정의중심주의는 ‘부익부 빈익빈’ 문제를 초래하고, 가치의 객관성을 부정하는 중립주의는 ‘멋대로 자유(exousia)’나 ‘나르시시즘(narcissism)’을 조장하여 개인의 참다운 자아실현을 어렵게 하며, 쾌락주의와 이기주의는 ‘추잡한 삶(obscene life)’이나 ‘쾌락주의의 역리(paradox of hedonism)’ 문제를 야기한다는 점은 흔히 지적되는 내용이다. 보다 근본적으로 모든 인간관계를 추상적이고 원자적인 개인과 개인의 관계로 규정함으로써 고독과 불안 등 소외의 문제를 야기한다는 점, ‘부자(父子), 부부(夫婦), 형제(兄弟)’ 등 일차적 인간관계를 단순히 개인과 개인의 관계처럼 일반화함으로써 가족의 해체를 조장하게 된다는 점도 자주 지적되는 바이다.

3. 유교의 인륜론과 인권 문제

유교의 인륜론은 본성중심적 인간관을 전제로, 인간다움의 근거를 인륜성에서 찾고, 이를 통해 인간의 존엄성과 사회생활의 가능근거를 찾으려는 것이다. 먼저 유교의 인간관을 살펴보자.

유교의 인간관은 맹자의 성선설(性善說)로 대변된다. 맹자 당시에 ‘性’이란 용어는 인간이 타고난 ‘동물적 본능’을 지칭하기도 하고, 인간이 타

23) 박순성, 『아담 스미스와 자유주의』, 300~305쪽 참조.

고난 '도덕적 본성'을 지칭하기도 했었다. 예컨대 맹자의 논적이었던 고자(告子)는 "사람이 타고난 것 그 자체가 바로 본성"이라 하고,[24] 보다 구체적으로는 "식색(食色)이 바로 인간의 본성"이라 했다.[25] 그러나 맹자는 '식색의 본능'을 '인의예지의 본성'과 구분하고, "군자는 식색을 본성으로 여기지 않는다."고 단언했다. 요컨대 군자는 오직 인의예지만을 본성으로 여긴다는 것이다.[26] 이러한 맥락에서, 맹자는 인의예지야말로 사람과 금수를 구별해주는 '인간의 고유한 본성'이라 규정했다.

인의예지(仁義禮智)의 본성은 우리의 삶에서 사단(四端)으로 드러난다. 맹자는 "측은지심(惻隱之心)이 없으면 사람이 아니요, 수오지심(羞惡之心)이 없으면 사람이 아니며, 사양지심(辭讓之心)이 없으면 사람이 아니요, 시비지심(是非之心)이 없으면 사람이 아니다."[27]라고 단언했다. 측은지심은 '남을 사랑하는 마음' 특히 '곤경에 처한 사람을 불쌍히 여기고 도와주려는 마음'이요, 수오지심은 '자신의 잘못을 부끄러워하고 남의 잘못을 미워하는 마음'이며, 사양지심은 '자신을 낮추고 상대방을 존중하는 마음'이요, 시비지심은 '옳고 그름을 분별하는 마음'이다. 여기서 알 수 있듯이, '인의예지'는 모두 '인간의 사회성'과 관련된 것이다. 요컨대 여타의 동물들과는 달리 인간에게는 사회적 삶을 뒷받침하는 요소들이 본성적으로 갖추어져 있다는 것이다.

맹자는 "사람에게는 道가 있거니와, 배불리 먹고 따뜻하게 입으며 편안히 살되 가르침이 없다면 곧 금수에 가깝게 된다. 성인(聖人)이 이를 근심하시어, 설(契)을 사도(司徒)로 삼아 인륜을 가르치게 하셨다."[28]고 하였다.

---

24) 『孟子』 告子上 3 : 告子曰 生之謂性
25) 『孟子』 告子上 4 : 告子曰 食色 性也
26) 『孟子』 盡心下 24.
27) 『孟子』 公孫丑上 6.

의식주의 충족이라는 본능의 차원에서는 사람과 금수가 다르지 않으므로, 오직 인륜만이 사람과 금수를 구별해주는 준거가 된다는 것이다. 맹자는 또한 "사람이 금수와 다른 점은 거의 드물다. 보통 사람은 그 차이를 없애 버리고, 군자는 그 차이를 보존한다."[29]고도 하였다. 사람이 금수와 같은 점은 모두 생존을 위해 본능적으로 식색 또는 의식주의 욕망을 추구한다는 점이요, 다른 점은 사람에게는 인륜이 있다는 점이다. '사람이 금수와 다른 점은 거의 드물다' 는 말은 식색의 본능이 인의예지의 본성을 압도한다는 뜻이다. 맹자는 식색의 본능이 인의예지의 본성을 압도하는 것이 사실이라고 보았음에도 불구하고, 사람을 금수와 구별해 주는 요소, 즉 사람을 사람답게 만들어주는 요소는 인의예지의 본성에 있다고 보았기 때문에, 이에 근거하여 성선설을 주창한 것이었다.

맹자가 말하는 '인륜적 삶' 이란 바로 인의예지의 본성을 실현하는 삶이다. 인의예지의 본성을 바탕으로 동물적 본능을 제어함으로써 사회적 삶을 바람직하게 이루어나가는 것이 바로 '인륜적 삶' 이요 '인간다운 삶' 이다. 맹자는 다음과 같이 말한다.

> 순(舜)은 여러 사물에 밝았고, 인륜을 자세히 살피셨다. 이는 인의(仁義)에 말미암아 실천하신 것이요, 인의(仁義)를 실천하신 것이 아니니다.[30]

순(舜)은 인륜을 자세히 살피어 비로소 오륜으로 구체화시킨 성인이다. 그런데 순(舜)이 정립한 오륜은 인의예지라는 인간의 본성으로부터 유래한 내용이라는 것이다.[31] 오륜은 '부자(父子), 군신(君臣), 부부(夫婦), 장유

28) 『孟子』 滕文公上 4.
29) 『孟子』 離婁下 19.
30) 『孟子』 離婁下 19.

(長幼), 붕우(朋友)' 를 인간관계의 다섯 가지 기본 유형으로 규정하고, 각각의 경우에 합당한 덕목들을 체계화하여 제시한 것이다. 이 다섯 가지 기본 유형에 속하지 않는 일반적 인간관계, 즉 '남과 남의 관계' 를 규율하는 원리로서는 『논어』의 '충서론(忠恕論)' 을 들 수 있다.

『논어』의 '仁' 은 일반적으로 '사람을 사랑함' [32]으로 풀이되거니와, 『논어』에서는 '仁' 을 다시 '효 · 제(孝弟)' 로 설명하기도 하고 '충 · 서(忠恕)' 로 설명하기도 했다. 仁은 포괄적 개념으로서 '모든 종류의 사랑' 을 전반적으로 지칭하는 것이며, 孝 · 弟와 忠 · 恕는 仁의 구체적 내용을 두 가지로 대별하여 제시한 것이라고 이해할 수 있다.

일반적으로 '孝' 는 자식이 부모를 봉양함을 말하고, '弟' 는 아우가 형을 공경함을 말한다. 孝 · 弟는 혈연을 매개로 하는 '본능적 사랑' 이라면, 忠 · 恕는 자기의 진심을 매개로 일반인들에게까지 사랑을 확충시켜 나가는 '이성적 사랑' 이다. 그런데 본능적 사랑은 모든 생명체들이 공유하는 것이다. 따라서 인간의 사랑이 孝 · 弟에 그친다면, 그것은 본능적 차원에 머무는 것으로서, 다른 동물과 구별되는 인간의 존엄성을 주장할 여지가 없게 된다. 여기에 忠 · 恕의 의의가 있다. 忠은 남을 돕기 위하여 '자신의 최선을 다하는 것' 이다. 증자는 "남을 위해 일을 도모함에 있어서 忠하라" [33]고 했는데, 忠은 바로 '남의 행복을 증진시키기 위해 자신의 최선을 다함' 즉 '善의 작위(作爲)' 에 해당한다. 恕는 '자신의 마음을 미루어 남을 대하는 것' 이다. 『논어』의 '恕' 는 "자기가 원하지 않는 일을 남에게 베풀지 말

---

31) 주자는 "仁義에 말미암아 실천하신 것이요, 仁義를 실천하신 것이 아니다." 라는 말에 대해 "仁義가 이미 마음속에 뿌리박고 있어서 모든 행실이 이로부터 나왔다는 말이요, 仁義를 아름답게 여겨서 힘써 실천했다는 말이 아니다." 라고 주석한 바 있다(『孟子集註大全』 離婁下 19, 朱子註 참조).

32) 『論語』 顔淵 22 : 樊遲問仁 子曰 愛人

33) 『論語』 學而 4.

라"[34]는 말로 대표되는데, 이는 '남에 대한 해악(害惡)의 금지' 즉 '惡의 부작위(不作爲)'에 해당한다.[35]

공자는 자공이 종신토록 실천할 만한 한마디 말을 청했을 때 '恕'라고 대답하고, "자기가 원치 않는 것을 남에게 베풀지 말라"고 말해주었다. 이것으로 본다면 恕는 우리가 항상 지켜야 하는 '준수사항'인 것이다.[36] 한편, 주자는 "남을 위해 일을 도모함에 있어서 忠한다는 것은 또한 어려운 일이다. 대개 사람들은 자기를 위해 일을 도모할 때에는 최선을 다하지만, 남을 위해 일을 도모할 때에는 반드시 최선을 다하지는 않는다"[37]고 했다. 타인의 행복을 증진시키기 위해 자기의 최선을 다함은 어려운 일이라고 한다면, 忠을 모든 사람이 반드시 준수해야 할 실천의 원리로 규정할 수는 없을 것이다. 그렇다면 忠은 다만 '권장사항'에 해당하는 것이다.

이상에서 유교의 인륜론을 개관하였거니와, 이제 유교에서의 인권 문제를 살펴보자. 유교에는 '인권'이라는 개념도 없었고 '민주주의'라는 개념도 없었다. 그리하여 많은 사람들은 전통 유교가 인권 그 자체를 부정한 것으로 생각한다. 그러나 이는 오해에 가깝다. 전통 유교에서는 물론 오늘날의 자유주의처럼 인권을 철저하게 옹호하지는 않았다. 그러나 우리는 전통 유교가 추구한 인륜공동체라는 관념 속에서 오늘날 우리가 추구하는 인권론의 많은 내용을 발견할 수 있다. 요컨대 전통 유교는 단순히 인권을 부정한 것이 아니요, 인륜을 통해서 개인의 권리를 보호하는 방식을 모색했던 것이다.[38]

---

34) 『論語』 衛靈公 23.

35) 忠·恕에 대한 자세한 논의는 拙著, 『儒敎傳統과 自由民主主義』, 125~131쪽 참조.

36) 恕는 무해원칙과 공정원칙을 동시에 포괄하는 것으로 볼 수 있다.

37) 『朱子語類』 卷21(중화서국본 483쪽) : 爲人謀而忠 也自是難底事 大凡人爲己謀便盡 爲人謀 便未必盡

38) 이승환, 『유가사상의 사회철학적 재조명』, 203~228쪽 참조.

예컨대 유교 이념에 충실했던 조선시대의 경우, 생명권과 신체의 자유, 언론의 자유와 신앙의 자유, 재산권과 상속권, 참정권과 재판청구권 등 오늘날 우리가 강조하는 기본권의 대부분을 충실히 보장했으며, 사회적 약자에 대해서는 더욱 각별한 보호책을 마련하고 있었다.[39] 다만 오늘날의 관점에서 보자면 평등권과 사생활의 자유에 있어서는 여러모로 부족한 점이 많았거니와, 이에 대해서는 곡진한 이해가 필요하다.

원리적으로 논하자면, 조선시대에 '평등권'과 '사생활의 자유'가 취약했던 까닭은 본래 농경사회로서, 공동선(共同善)을 추구하는 위계적 사회였기 때문이다. 공동선을 추구할수록 개인의 사생활의 자유는 축소되게 마련이다. 또한 위계적 사회란 본래 상층계급에게 더 많은 책임을 부여하고 그에 상응하게 더 많은 권한을 부여하는 사회로서, 이러한 사회에서는 상하의 차별이 자연스럽게 여겨지는 것이다. 따라서 '평등권'과 '사생활의 자유'가 취약했던 것을 두고 그 자체로 '본질적인 인권의 침해'라고 규정하는 것은 오늘날의 편견일 가능성이 높다.[40] 적장자(嫡長子)를 우대하여 가족질서를 확립하며, 사회 복지를 기본적으로 가족의 차원에서 해결하며, 상하의 위화감을 예방하기 위해 사생활의 자유를 제한하는 등의 조치들은 오늘날 자유주의의 관점에서는 수용하기 어려운 것이라 하더라도, 조선시대의 인륜공동체 이념에서는 당연시 되었던 것이다.

39) 이에 대한 자세한 논의는 拙稿, 「조선시대의 人權 문제」, 53~76쪽 참조.

40) 롤즈의 『만민법』에서는 '자유주의 국가'와 '위계적 국가'가 萬民法을 공유할 수 있다고 보았다. 롤즈의 『만민법』은 만민이 '正義의 원칙'을 공유함으로써 전 세계 모든 인류의 인권을 보장하고 평화를 실현하는 것을 목표로 삼고 있다. 그렇다면 자유주의 국가와 위계적 국가가 萬民法을 공유할 수 있다는 것은 위계적 국가에서도 인권이 충분히 보장받을 수 있다는 뜻이다. 한편, 롤즈가 말하는 '위계적 국가'는 모든 사람들이 자유롭고 평등한 시민(개인)으로 간주되지 않는 국가로서, '共同善으로서의 正義'를 추구하는 국가이다(롤즈, 『만민법』, 116~122쪽 참조). 이렇게 본다면, 조선시대야말로 바로 '共同善으로서의 正義'를 추구했던 '위계적 국가'였던 것이다.

더 많은 책임과 더 많은 권한이 서로 조화를 이룬다면 원리적으로 크게 문제 될 것은 없다. 문제는 그 실상을 보면 책임은 다하지 못하고 권한만 많이 누린 경우가 많았다는 점, 그리고 위계적 사회에서는 불평등이 정당화될 수 있다고 하더라도 그 불평등이 필요 이상으로 과도했다는 점이다. 조선시대의 양 · 천(良賤)의 차별과 적 · 서(嫡庶)의 차별은 그 대표적인 예이다.[41] 이러한 맥락에서는 조선시대의 인권의 실상에 대해서 얼마든지 비판할 수 있겠다. 그렇기 때문에 양천의 차별과 적서의 차별은 우리의 근대화 과정에서 가장 먼저 철폐의 대상으로 지목되었던 것이다.

4. '자유로운 삶' 과 '인륜적 삶'

자유주의자들이 주창한 기본권을 '생존권, 재산권, 자유권' 으로 요약할 때, 생존권과 재산권은 전통 유교에서도 충분히 인정된 것이었다. 전통 유교에 크게 결여되었던 것은 자유권, 특히 '사생활의 자유' 였다.[42] 자유주의에서 추구하는 '자유로운 삶' 은 유교에서 추구한 '인륜적 삶' 과 상치되는 점이 많거니와, 이제 이 문제를 보다 구체적으로 논해 보기로 하자.

41) 조선시대의 신분차별이 지나친 점이 있었기 때문에, '서얼의 허통' 이나 '천민의 贖良(免賤)' 문제가 조선시대 내내 지속적으로 제기되었던 것이다.

42) 조긍호는 '사생활의 자유(privacy)' 를 "개인이 사적 영역에서 외부의 간섭 없이 자기의 의지와 양심에 따라 삶을 자율적으로 선택하고 집행할 수 있는 자유"라고 정의한 바 있다(조긍호, 『이상적 인간형론의 동 · 서 비교』, 133쪽). 한편, 조선시대에는 平等權도 취약했었지만, 평등권은 자유주의보다는 사회주의와 밀접한 관계가 있으므로, 본고에서는 더 이상 거론하지 않기로 하겠다.

1) 자유주의의 궁극적 이상 : 자아실현

주지하듯이 자유주의는 개인주의와 궤를 같이하는바, 루크스는 개인주의를 구성하는 핵심 관념을 다음의 다섯 가지로 제시한 바 있다.

첫째는 '인간의 존엄성' 이라는 관념이다. 이는 "모든 인간은 그 자체로서 최고의 내재적 가치를 지닌다."는 관념으로서, 모든 개인주의 도덕원칙의 출발점이 된다. 자유주의자들은 '인간' 을 '각각의 개인' 으로 분해시키고, 각각의 개인들이 바로 최고의 내재적 가치를 지닌다고 규정하는 것이다. 이러한 맥락에서, 루소는 "인간은 단순히 남을 위한 도구로 봉사하기에는 너무나 고귀한 존재"라고 했고, 페인은 "공공선(public good)은 개인의 이익과 대립되는 개념이 아니다. 이와 반대로, 모든 개인의 이익이 결집된 것이 공공선이다."라고 했으며, 칸트는 "인간은, 그리고 일반적으로 모든 이성적 존재는 그 자체가 목적으로 존재하는 것이요, 단순히 이러저러한 의지에 따라 마음대로 쓰일 수 있는 수단으로 존재하는 것이 아니다."라고 했다.[43)]

둘째는 '자율성' 이라는 관념이다. 이는 "개인의 사고와 행동은 그 자신의 것으로서, 그의 통제 밖에 있는 작인(作因)이나 원인에 의해 지배되지 않는다."는 관념으로서, '자기결정' 의 이상을 표현하는 말이다. 서구에서 자율성의 관념은 토마스 아퀴나스의 '모든 사람은 神이 주신 이성(理性)에 따라 행동해야 한다' 는 관념으로부터 발전한 것인바, 이러한 맥락에서 자율성의 관념은 인간은 이성적 존재라는 관념과 표리를 이룬다. 루크스는

43) Lukes, *Individualism*, 45~49쪽 참조. 루크스에 의하면, 서양의 경우 '인간의 존엄성' 의 관념은 기독교로부터 연원하는 것이다. 기독교는 본래 인간의 존엄성을 옹호하는 사상이었던바, 오캄(William of Ockham)의 唯名論(nominalism)을 거치면서 '인간의 존엄성' 사상은 '개인의 존엄성' 사상으로 발전하게 된 것이다.

자율성의 옹호자로서 스피노자와 칸트를 주목했거니와, 이들은 자유란 바로 자율성을 뜻한다고 보았다. 자유와 자율성을 같은 맥락으로 파악할 경우, 그 자유란 '소극적 자유'가 아니라 '적극적 자유'에 가까운 것으로서, 벌린(Isaiah Berlin)은 이를 '개인이 자기 자신의 주인이 되고자 하는 열망'이라고 설명한 바 있다.[44)]

셋째는 '사생활의 자유(privacy)'라는 관념이다. 이는 "그 자신의 방법으로 그 자신의 善(좋음)을 추구하기 위해 그가 선택한 것은 무엇이든 할 수 있도록 남들로부터 간섭받지 않고 홀로 남겨져 있는 영역"을 보장받아야 한다는 관념으로, 벌린의 말로 표현하면 '소극적 자유'에 해당한다. '사생활의 자유'는 밀의 "어떤 개인의 행위 가운데 사회에 복종해야 하는 유일한 부분은 남들과 관계된 부분이다. 단순히 자신과만 관계된 부분에서는 그는 당연히 절대적 독립성을 지닌다. 개인은 자기 자신에 대해서, 즉 자신의 몸과 마음에 대해서 주권자이다. (…) 비록 우리의 행위가 그들의 눈에 바보스럽거나 기이하거나 잘못된 것으로 보일지라도, 우리가 하는 행동이 동포들에게 해를 끼치지 않는 한, 그들로부터 방해받지 않으면서 우리 자신의 개성에 적합한 인생 계획을 설계하고 초래될 결과를 감수한다는 조건하에, 우리가 좋아하는 것을 행할 수 있는 자유를 요구한다."는 말에 그 취지가 잘 나타나 있다. 요컨대 '사생활의 자유'란 사적인 영역에서는 누구나 완전한 자유를 누릴 수 있어야 한다는 관념이다. 사생활의 자

44) Lukes, *Individualism*, 52~55쪽 참조. 루크스는 자율성이 자유주의의 중심적 가치라고 보고, 스피노자와 칸트를 부각시킨 것이다. 그러나 아블라스터는 스피노자와 칸트를 자유주의의 주류에서 벗어난 예외적인 인물로 규정했다. 자유주의의 주류는 '이성을 통해 욕망을 절제하는 삶'이 아니라 '이성이 욕망을 위해 봉사하는 삶'을 추구했다는 것이다(아블라스터, 『서구 자유주의의 융성과 쇠퇴』, 87~89쪽 참조). 벌린도 자유의 핵심을 '적극적 자유'가 아닌 '소극적 자유'에서 찾고 있음은 주지하는 바일 것이다(이사야 벌린, 『이사야 벌린의 자유론』, 129~136쪽 참조).

유는 '사유재산제도' 와도 궤를 같이한다.[45)]

넷째는 '자기 개발' 이라는 관념이다. 이는 자신의 독특한 개성을 발견하고 이를 개발하는 것이야말로 삶의 목적 그 자체로서, 궁극적 가치를 갖는다는 관념이다. 루소는 "나는 이제까지 내가 만난 어느 누구와도 다른 사람이 되었다. 나는 과감하게 '나는 이 세계의 그 누구와도 다르다' 고 말할 것이다. 내가 그들보다 더 뛰어나지는 않겠지만, 그러나 최소한 나는 그들과 다르다." 고 했고, 슐레겔(Friedrich Schlegel)은 "인간에게 근원적이고도 영원한 요소는 바로 그의 개성이다. 이러한 개성을 형성하고 개발함을 예찬하는 것은 일종의 신성한 자기중심주의(egotism)이다." 라고 했으며, 밀은 "모든 사람은 자신의 개성을 개발하는 정도에 비례하여 자신에게 더욱 가치 있는 존재가 되며, 그리하여 남에게도 더욱 가치 있는 존재가 되는 것" 이라 했다.[46)] '자기 개발' 의 궁극적 목표는 '자아실현' 에 있음은 물론이다.

다섯째는 '추상적 개인' 이라는 관념이다. 이는 본능이든 능력이든 욕구든 욕망이든 권리든 간에, 여러 개인적 특성들은 사회적 맥락과 독립된 채 주어진 것이라고 가정함으로써, 개인을 사회 · 역사적 맥락과 무관한 '추상적 존재' 로 규정하는 것이다. 이러한 관념에 입각하면, 개인은 모든 일의 결정과 집행의 원천이요 주체인 것이며, 사회와 국가란 이러한 개인의 요구에 맞추어 적절하게 반응하는 일련의 장치들인 것이다. 이러한 관념에 입각하면, 모든 형태의 사회생활(사회 · 정치적 규칙과 제도들)은 개인들의 창조물로서, 개인들의 목적을 충족시키기 위한 수단이라고 간주되는 것이다.[47)]

---

45) Lukes, *Individualism*, 59~65쪽 참조.

46) Lukes, *Individualism*, 67~72쪽 참조.

47) Lukes, *Individualism*, 73~75쪽 참조. 루크스에 의하면, '인간의 존엄성, 자율성, 사

이상에서 개인주의의 다섯 가지의 핵심관념을 살펴보았거니와, 루크스는 이 가운데 특히 '자기 개발' 이라는 관념을 부각시켰다. 순수한 이기주의(egoism)부터 강한 공동체주의에 이르기까지 '자기(self)' 의 개념을 어떻게 정의하느냐에 따라 그 내용이 달라지기는 하지만, "자기 개발의 관념은 개인의 삶의 이상을 규정하는 가치" 이기 때문에, "일반적으로 자기 개발은 목적 그 자체인 궁극적 가치의 지위를 갖는 이념" 이라는 것이다.[48] 이렇게 본다면, 개인주의를 구성하는 여러 관념들은 결국 '자기 개발' 을 통한 '자아실현' 이라는 목표로 귀결되는 것이다.[49]

이상의 논의에서 잘 드러났듯이, 자유주의의 궁극적 이상은 '자아실현' 에 있다. 그런데 문제는 자유주의의 여러 이념들이 때때로 자아실현의 이상을 제대로 뒷받침하지 못하고 있다는 점이다. 이는 자유주의를 비판하는 철학자들이 종종 지적하는 바이거니와, 이제 이 문제를 살펴보기로 하자.

2) 자아실현과 자유주의 원칙들 사이의 간극

오늘날 '자아실현' 이라는 자유주의의 이상을 비판할 수 있는 사람은 아무도 없을 것이다. 자유주의를 비판하는 여러 철학자들도 '자아실현' 이라

생활의 자유, 자기 개발' 은 개인주의가 추구하는 가치나 이상을 표현하는 관념인 반면, '추상적 개인' 은 개인을 인식하는 방식을 표현하는 관념이다. 또한 루크스가 말하는 '추상적 개인' 은 개인을 흥미 · 욕구 · 목적 · 필요 · 능력 등을 완비한 '자족적 존재' 로 규정하는 것이기도 하다. 이처럼 개인을 외적 행위의 원인이 되는 모든 속성을 내적으로 완비한 존재로 규정함으로써, 개인은 행위의 객체나 대상이 아니라 그 주체, 곧 원인 행위자로 부각되는 것이다(조긍호, 『이상적 인간형론의 동 · 서 비교』, 122쪽 참조).

48) Lukes, *Individualism*, 71~72쪽 참조.

49) '인간의 존엄성, 자율성, 사생활의 자유, 자기 개발, 추상적 개인' 이라는 다섯 관념의 상호 관계에 대한 자세한 논의는 조긍호, 『이상적 인간형론의 동 · 서 비교』, 136~143쪽 참조.

는 이상에 대해서는 모두 십분 긍정하고 있었다. 그들은 다만 자유주의의 여러 원칙들이 자아실현이라는 이상을 제대로 뒷받침하지 못한다는 점을 지적하고 비판했던 것이다. 요컨대 자유주의의 여러 원칙들은 '자아의 소외' 나 '자아의 타락' 을 초래하여, 오히려 '자아의 실현' 을 방해한다는 것이다. 이제 그 몇 가지의 예를 살펴보자.

먼저, 프롬(Erich Fromm)의 비판이다. 프롬은 『자유로부터의 도피』에서 자유를 갈구하던 근대인들이 자유를 얻자마자 스스로 자유로부터 도피하는 경향을 보여주고 있다고 지적하고, 이를 문제 삼았다. 프롬에 의하면, 근대인에게 있어서 자유란 '자연의 지배, 교회의 지배, 국가의 지배' 등 외부의 지배로부터 벗어나는 것이었다. 그런데 근대인에게 자유란 이중적 의미를 지니고 있었다는 것이다. 즉 "근대인은 전통적 권위로부터 해방되어 한 사람의 '개인' 으로 되기는 했지만, 동시에 그는 고독하고 무력한 존재로 되어 자기 자신이나 다른 사람들로부터 소외당하여 외적(外的)인 목적의 도구로 되었다는 것, 게다가 이러한 상태는 그의 자아를 남몰래 해쳐 그를 약화시키고 위협하여 그로 하여금 자진해서 새로운 속박에 복종하게 끔 한다는 것" 이다.[50)]

프롬에 의하면, 어린아이를 그의 어머니와 결연시키는 일, 원시사회의 성원을 그의 씨족과 자연에 결연시키는 일, 또는 중세의 인간을 교회와 그 사회적 계급에 결연시키는 일 등은 모두 인간 사회의 '시원적 결연관계

50) 프롬, 『자유로부터의 도피』, 295쪽. 프롬은 이러한 관점에서 20세기 초 나치즘(Nazism)이나 파시즘(Fascism)의 등장 배경을 해명하였다. 요컨대 자유가 초래하는 불안과 고독을 극복하기 위하여 당시 독일이나 이탈리아 국민들은 기꺼이 자유를 포기했다는 것이요, 이는 독일과 이탈리아만의 문제가 아니었고 근대 민주국가가 한결같이 당면한 문제였다는 것이다(『자유로부터의 도피』, 12~14쪽 참조). 한편 근대의 자유주의가 나치즘 · 파시즘을 초래했다는 프롬의 주장은, 맥락은 조금 다르지만, 자유에 대한 만족할 줄 모르는 욕망이 民主政을 僭主政으로 타락시킨다는 플라톤의 주장(『국가』 562c 참조)을 상기시킨다.

(primary ties)' 에 속하는바, 시원적 결연관계는 한편으로는 개성과 자유를 억압하기도 하지만 한편으로는 개인에게 안정감과 나아갈 방향을 제시해 주기도 한다. 따라서 개성화의 결과 개인이 시원적 결연관계로부터 자유롭게 될 경우, 그는 동시에 고독과 불안에 직면하게 된다.[51)]

프롬에 의하면, 개인이 고독과 불안을 극복하는 방법에는 두 방향이 있다. 하나는 스스로 외부의 어떤 권위체에 복종하고 기꺼이 속박을 당하는 것인바, 이것이 바로 '자유로부터의 도피' 로서, 자아실현을 스스로 포기하는 것이다. 다른 하나는 '사랑' 을 통하여 남과 새로운 관계를 맺고, '창조적인 일(노동)' 을 통하여 자연과 새로운 관계를 맺는 것인바, 이것이 바로 진정한 자아실현의 길이다.[52)]

여기서 주목할 것은 '사랑' 이다. 프롬이 자아실현의 한 방법으로 '사랑' 을 거론하는 것은 바로 근대 자유주의의 '합리적 이기주의' 를 비판하는 데 초점이 있기 때문이다. 합리적 이기주의는 남을 소외시킴은 물론 자신마저도 소외시킨다는 것이 프롬의 지론이다.

프롬에 의하면, 근대의 이기주의는 진정한 자아를 상실한 데서 연유한다. 프롬은 "근대 인간이 사리(私利)에 의해서 움직이고 있다고 믿고 있으면서도 사실상 그의 생활을 자기 이외의 목적에 바쳤다고 하는 모순에 빠져 있었다." 고 지적하고, "이기주의는 바로 이와 같이 자기를 사랑하는 마음이 결여되어 있다는 데 그 뿌리를 박고 있다" 고 설명했다.[53)] 이는 이른바 '욕망의 노예가 됨' 과 같은 맥락으로, 이것이 바로 이기주의가 자신을 소외시키는 양상이다. 프롬은 이기주의가 타인을 소외시키는 양상에 대해서는 다음과 같이 말한다.

51) 프롬, 『자유로부터의 도피』, 35쪽 참조.
52) 프롬, 『자유로부터의 도피』, 285쪽 참조.
53) 프롬, 『자유로부터의 도피』, 134~135쪽 참조.

> 개인과 개인과의 구체적 관계는 직접적이며 인간적인 성격을 잃어버리고, 교묘한 속임수와 수단이라는 정신으로 가장되게 되었다. 일체의 사회적 및 개인적인 관계에 있어서는 시장의 법칙이 지배하고 있다. 경쟁자들 사이의 관계는 상호 간의 인간적인 무관심에 근거해야 한다는 것은 명백하다. (…) 그들은 자기네들의 경제적 이익을 추구해 가기 위해 서로 상대방을 이용한다. 그들의 관계는 그 어느 편도 모두 목적에 대한 수단의 관계이며, 서로가 타자의 도구로 되고 있다. (…) 단지 경제적인 관계뿐만 아니라 인간관계도 이와 같은 소외의 성격을 띠고 있다. 그런데 그것은 인간적 존재 사이의 관계가 아니라 물건과 물건과의 관계이다.[54)]

프롬이 지적한 것처럼 자유주의의 합리적 이기주의가 자신을 소외시키고 남을 소외시키는 것이 사실이라면, 이는 결국 자유주의의 궁극적 이상인 자아실현을 방해하는 것이다. 이러한 맥락에서 프롬은 근대 자유주의의 합리적 이기주의를 비판하고, 그 대안으로 '사랑'을 내세운 것이다.[55)]

다음, 매킨타이어(Alasdair MacIntyre)의 비판이다. 매킨타이어는 자유주의의 '추상적 개인관'을 비판하였다. 그에 의하면, 자유주의자들이 전제하는 '원자적 개인'이란 허구적 개념일 뿐이다. 사람은 누구나 공동체의 문화 전통 속에서 자아의 정체성(正體性)을 형성하고, 또한 공동체 속에

---

54) 프롬, 『자유로부터의 도피』, 136~137쪽.

55) 아블라스터는 '다른 사람을 수단으로 취급할 수 없다'는 인간존중의 원리가 자유주의(개인주의)의 핵심인 것은 분명하지만, 또한 자유주의의 이기주의·쾌락주의에는 '다른 사람을 수단으로 취급하는 경향이 내재한다'고 지적하고, 이러한 점에서 자유주의는 '모순적'이라고 지적한 바 있다(아블라스터, 『서구 자유주의의 융성과 쇠퇴』, 82~83쪽 참조). 한편, 조긍호는 자유주의의 '합리적 이기주의'는 동물과 질적으로 다른 인간만의 특징을 설명할 수 없을 뿐만 아니라, 공동체의 공익 추구의 근거를 찾기 어렵게 만든다고 비판한 바 있다(조긍호, 『사회관계론의 동·서 비교』, 822~827쪽 참조).

서만 자아를 실현할 수 있다는 것이다. 그는 다음과 같이 말한다.

> 우리 모두가 우리의 상황들을 하나의 특수한 사회적 정체성의 담지자로서 파악한다는 것이 중요하다. 나는 누군가의 아들 또는 딸이고, 누군가의 사촌 또는 삼촌이다. 나는 이 도시 또는 저 도시의 시민이며, 이 동업조합 또는 저 직업집단의 구성원이다. 나는 이 씨족에 속하고, 저 부족에 속하며, 이 민족에 속한다. 그렇기 때문에 나에게 좋은 것은 이러한 역할을 담당하는 누구에게나 좋아야 한다. 이러한 역할의 담지자로서, 나는 나의 가족, 나의 도시, 나의 부족, 나의 민족으로부터 다양한 부채와 유산, 정당한 기대와 책무를 물려받는다. 그것들은 나의 삶의 주어진 사실과 나의 도덕적 출발점을 구성한다.[56)]

매킨타이어의 말대로, 우리는 독립적 개인이기 전에 누군가의 아들·딸로 존재하고, 누군가의 삼촌 또는 사촌으로 존재하며, 그밖에도 다양한 집단에 소속되어 여러 부류의 사회적 관계를 맺고 있다. 이러한 관계들은 자연스럽게 나의 마땅한 역할 또는 책무를 규정하는바, 이것이 나의 도덕적 출발점이라는 것이다.

매킨타이어는 자유주의의 추상적 개인관은 결국 '덕의 상실' 을 초래했다고 비판한다.[57)] 그에 의하면, 덕을 거론하려면 먼저 '사회 속에서 나에게 부여된 역할' 이 무엇인지, 더 나아가 '인간에게 좋은 삶' 이 무엇인지를 먼저 규명해야 한다. 덕을 실천한다는 것은 요컨대 "개인으로서, 그리고 아버지 또는 자식으로서, 또는 시민 및 어느 집단의 구성원으로서, 또는 이

56) 매킨타이어, 『덕의 상실』, 324쪽.

57) 매킨타이어는 '德' 을 "자유인이 자신의 역할을 하도록 지지해주는 특성들" 이요, 동시에 "그의 역할이 요구하는 행위들을 통해 드러나는 특성들" 이라고 정의했다(『덕의 상실』, 184쪽).

모든 것들의 몇 가지 역할로서 그에게 더 좋은 것을 행한다는 것"을 의미한다.[58] 그렇다면 개인을 원자적 존재로 규정할 경우, 덕을 추구할 동기 자체가 없어지는 것이다.

매킨타이어에 의하면, 덕의 상실은 두 가지 문제를 초래한다. 하나는 우리로 하여금 '내재적 善'을 외면하고 '외면적 善'에 집착하게 만드는 것이다. '내재적 善'이란 어떤 행위를 수행함으로써 달성되는 '탁월성'을 말하고, '외면적 善'이란 어떤 행위를 수행함으로써 얻어지는 '돈 · 명예 · 권력' 등을 말한다. 내재적 善은 그 결과가 공동체 전체를 이롭게 한다는 점이 특징이나, 외면적 善은 그 결과가 그것을 성취한 사람의 소유로 된다는 점이 특징이다. 또한 돈 · 명예 · 권력 등은 어떤 사람이 그것을 차지하면 할수록 다른 사람이 가질 수 있는 것은 더욱 줄어든다. 따라서 외면적 善만 인정하는 사회는 치열한 경쟁의 사회가 된다.[59] 다른 하나는 도덕의 영역에서 '자신의 역할을 충실히 수행함' 또는 '미덕(탁월성)을 발휘함' 등을 배제하고, 도덕을 단순히 '규칙 준수'의 문제로 인식하게 만드는 것이다. 그런데 더욱 심각한 문제는, 자유주의의 또 다른 특징인 '정의주의(情意主義, emotionalism)'[60]로 인해 우리가 공통으로 지켜야 할 규칙에 대해서조차 합치된 결론에 이를 수 없다는 점이다.[61]

---

58) 매킨타이어, 『덕의 상실』, 331쪽 참조.

59) 매킨타이어, 『덕의 상실』, 278~290쪽 참조. 매킨타이어는 홉스가 말하는 '자연상태'가 바로 외면적 善들만 인정함으로써 야기되는 치열한 '경쟁의 상태'에 해당한다고 보았다.

60) 매킨타이어는 情意主義를 "모든 가치평가적 판단 또는 더 정확하게 말하면 모든 도덕적 판단은 選好의 표현들, 태도 및 감정의 표현들과 다를 바 없다는 학설"이라고 규정했다(『덕의 상실』, 32쪽). 자유주의의 지론처럼 사실과 가치를 별개로 분리시키고 나면, 도덕은 개인의 주관적 감정이나 선호의 표현에 불과하게 되는데, 이것이 바로 '情意主義' 윤리학이다.

61) 매킨타이어, 『덕의 상실』, 359~362쪽 참조. 매킨타이어는 그 대표적인 예로 正義에 관한 롤즈와 노직의 상반된 견해를 들었다.

매킨타이어의 주장처럼 자유주의의 추상적 개인관은 덕의 상실을 초래하는 것이 사실이라면, 추상적 개인관을 전제로 한 자아실현이란 치열한 경쟁의 승리자가 되는 것이거나 자기의 욕망을 마음껏 충족시키는 것에 불과하게 된다. 매킨타이어는 이를 진정한 자아실현이 못 된다고 보고, 공동체 속에서의 개인의 본분을 상기시킨 것이다.

다음, 테일러(Charles Taylor)의 비판이다. 테일러는 자유주의자들이 주장하는 '자기확신의 권리' 를 문제로 삼았다. 우선 벌린의 다음과 같은 말을 보자.

> 자유의 정수(精髓)는 언제나 각자 선택하고 싶은 대로, 어떤 거창한 체계에 사로잡히거나 강압이나 협박에 의해서가 아니라 각자 그렇게 원하기 때문에 선택하는 능력 안에 들어 있다. 그리고 저항할 권리, 인기가 없어도 될 권리, 순전히 자기가 그렇게 확신한다는 이유 때문에 자기 확신을 신봉할 권리에 들어 있다.[62]

벌린은 자유의 이름으로 '순전히 자기가 그렇게 확신한다는 이유 때문에 자기 확신을 신봉할 권리' 를 옹호했다. 다른 사람들의 일반적 가치관이 어떻든 나는 나의 가치관이 옳다고 확신할 권리가 있다는 말은 바로 '공통적(객관적) 가치의 척도를 인정하지 않는다' 는 뜻이다. 자유주의자들의 이러한 주장에 대해, 테일러는 다음과 같이 비판한다.

> 내 삶의 의미는 내가 스스로 선택할 수 있다는 데에서 오는 것이라고 생각할 수도 있다. 이 경우 자기 진실성은 실질적으로 자기결정의 자유에 근거하게 될

62) Berlin, *Freedom and its Betrayal*, 103~104쪽.

것이다. 하지만 그러한 경우조차도 (오직 자기 선택 만에 의하여 결정되는 것이 아니라), 그 자체로 (객관적으로) 고상하고 용기 있는 어떤 것, 따라서 내 자신의 삶을 형성하는 데 도움이 되는 유의미한 어떤 것이 나의 의지와 무관하게 독립적으로 존재하고 있다는 인식에 바탕을 두고 있는 것이다. (…) 존 스튜어트 밀이 『자유론』에서 단언하고 있듯이, 내 인생은 내가 선택한다는 점이 중요할 수가 있다. 그러나 어떤 선택 사항이 객관적으로 볼 때 다른 것들 보다 더 중요하지 않다면, 자기 선택이라는 관념은 그 자체만으로는 아주 하찮은 것이 되어 버려서 결국 선택의 의미가 자기모순에 빠지게 된다. 이상(理想)으로서의 자기 선택은, 선택된 사항들이 다른 것들보다 (객관적으로) 더 유의미한 경우에만 의미를 갖게 되는 것이다.[63]

테일러에 의하면, 그저 '그렇고 그런 것들' 중에서는 무엇을 선택하든지 간에 선택이 의미 있는 행위가 될 수 없다. 나의 선택이 의미 있는 행위가 되기 위해서는 '객관적으로 볼 때' 더 귀중한 것을 선택해야 한다. 만약 '덜 귀중한 것' 과 '더 귀중한 것' 을 각자가 주관적으로 결정하기로 한다면, 어떤 사항도 의미 있는 것일 수가 없는 것이다.

자유주의자들이 말하는 '자아실현' 이란 '자기개발' 의 결과인바, 자유주의자들은 자기개발에 있어서 무엇보다도 '자신의 독특한 개성' 을 강조했다. 자유주의자들이 말하는 '자기확신의 권리' 란 곧 자신의 독특한 가치관을 확신할 권리인 것이다. 그러나 가치의 객관적 척도를 전제하지 않는다면, 자아실현은 종종 자아도취(narcissism)로 전락하게 된다. 이러한 맥락에서 테일러는 자유와 선택이 진정 의미 있기 위해서는 '객관적인 가치의 척도' 를 전제해야 한다고 강조한 것이다.[64]

---

63) 테일러, 『불안한 현대사회 - 자기중심적인 현대문화의 곤경과 이상』, 57~58쪽.

이상에서 몇몇 철학자들의 자유주의 비판을 살펴보았거니와, 그것은 다음과 같이 정리된다. 프롬은 자유주의의 '합리적 이기주의'를 비판하고 그 대안으로 '사랑'을 내세운 것이요, 매킨타이어는 자유주의의 '추상적 자아관'을 비판하고 구체적 관계 속에서의 인륜적 본분을 강조한 것이며, 테일러는 자유주의의 '자기확신의 권리'를 비판하고 객관적 진리에 근거한 삶을 강조한 것이다. 그렇다면 이들은 자아실현이라는 자유주의의 이상을 부정하는 것인가?

3) 자아실현의 두 차원과 인륜적 삶의 요청

누구든 인생을 논하면서 자아실현의 이상을 부정하는 사람은 없을 것이다. 더군다나 프롬 · 매킨타이어 · 테일러 등 20세기 자유주의 시대를 살았던 철학자들이 손쉽게 자아실현의 이상을 부정한다는 것은 더욱 상상하기 어렵다. 그렇다면 이들의 자유주의에 대한 비판은 어떻게 설명해야 하는가? 이는 자아실현에는 본래 두 차원이 있다는 관점에서 접근해야 할 것이다.

사실 자아실현은 근대 자유주의자들만의 이상이었던 것이 아니라 동서고금 모든 철학자들의 이상이었다. 다만 자아실현에 대해, 전근대의 철학자들은 '인간의 본성'의 실현이라는 맥락에서 이해했고, 근대의 자유주의자들은 '개인의 개성'의 실현이라는 맥락에서 이해한 것이다.[65] 근대 자유주의자들이 '개인의 독특한 개성'을 추구했던 것에 대해서는 앞에서 살폈

64) 서병훈은 테일러와는 다른 맥락에서 가치의 객관적 척도를 강조하였다. 가치의 객관적 척도를 외면하는 자유는 '멋대로 자유(exousia)'로 전락한다는 것이다(서병훈, 『자유의 미학』, 162~165쪽).

65) 벌린, 『자유론』, 128쪽 참조.

으므로, 이제 전근대의 철학자들이 '인간의 보편적 본성'에 초점을 두고 있었음만 확인해 보기로 하자.

주지하듯이, 소크라테스 · 플라톤은 善(좋음, 훌륭한 삶)을 한결같이 '본분(本分)의 실현'으로 설명했다.[66] 이것을 보다 일반화시키면, 각각의 존재자에게 있어서 그것이 해야 할 일은 그 존재자의 자연적 본성(physis) 그 자체에 의해 결정되어 있다는 것이요, 따라서 어떤 존재자가 善(좋음)하다는 것은 그것이 자기의 자연적 본성을 왜곡시키지 않고 온전하게 실현한다는 뜻이다.[67] 그런데 이러한 입장은 또한 전통 유교의 지론이기도 했다. 『중용』의 다음과 같은 말을 보자.

> 오직 천하의 지성(至誠)만이 그 본성을 다 발휘할 수 있으니, 그 본성을 다 발휘할 수 있으면 남의 본성도 다 발휘할 수 있고, 남의 본성을 다 발휘할 수 있으면 만물의 본성도 다 발휘할 수 있으며, 만물의 본성을 다 발휘할 수 있으면 天 · 地의 화육(化育)을 도울 수 있고, 天 · 地의 화육을 도울 수 있으면 天 · 地와 더불어 삼재(三才)가 될 수 있다.[68]

위에 보이듯이, 유교에서도 '본성을 다 발휘한다'는 이상을 추구하고 있었다. 더 나아가, 위의 인용문에서는 '자신의 본성을 다 발휘함'이 '天 · 地의 화육'을 돕는 길임은 물론 天 · 地와 더불어 삼재가 되는 길이라 했는데, 이는 소크라테스 · 플라톤이 '각자의 본분의 실현'을 통해서 정의로운 국가를 만들 수 있다고 보았던 것과 같은 맥락이다.

위에서 소개한 『중용』의 내용은 『대학』의 '자신의 명덕을 밝힘〔明明

---

66) 플라톤, 『국가』, 433a~435b.

67) 김상봉, 『호모 에티쿠스』, 67쪽, 229쪽 참조.

68) 『中庸章句』 제22장.

德〕, 백성을 새롭게 함〔新民〕, 지극한 善에 머묾〔止於至善〕' 과 궤를 같이한다. 『대학』에서는 '지어지선(止於至善)' 의 예로, 임금이 되어서는 仁에 머물고, 신하가 되어서는 敬에 머물며, 자식이 되어서는 孝에 머물고, 부모가 되어서는 慈에 머물며, 국인(國人)과 사귈 때에는 信에 머문다는 것을 들었다.[69] 여기서 알 수 있듯이, 자신의 본성을 다 발휘한다는 것은 구체적으로는 다양한 인륜적 관계 속에서 요청되는 본분을 완수함을 뜻한다.

'인간은 사회적 동물' 이라 하듯이, 사회성은 인간 본성의 핵심을 이룬다. 또한 인간은 사회적 동물이라는 것은 결국 각자 사회적 역할을 나누어 맡는다는 뜻이니, 그러므로 인륜적 본분 또한 인간의 사회성에서 도출되는 자연스러운 산물이다. 또한 인간의 본성은 동서고금을 통해 보편적인 것이므로 가치의 객관적 척도가 될 수 있다. 이처럼 금수와 인간을 구별해주는 인간만의 고유한 본질로서의 '인간의 본성' 은 '인간의 사회성' 과 '인륜적 본분' 그리고 '가치의 객관성' 등을 담보하는 개념이다.[70] 이렇게 본다면, 프롬 · 매킨타이어 · 테일러 등의 자유주의에 대한 비판은 단순히 '개인의 독특한 개성' 만을 추구해서는 안 되고, 동시에 '인간의 보편적 본성' 에 기초한 자아실현을 추구해야 한다는 취지였던 것이다.

'자아실현' 이란 무엇보다도 '자기가 원하는 인간이 되는 것' 또는 '자기가 원하는 삶을 사는 것' 인바, 따라서 자아실현의 핵심 조건은 자기가 원하는 것을 추구할 수 있는 자유라 하겠다. 그런데 여기서 문제가 되는 것은 '자기가 원하는 것이 무엇이냐' 하는 점이다. 우리는 자신만의 독특한

69) 『大學章句』 傳3章.

70) 싱어(Peter Singer)는 '변하지 않는 인간의 본성' 으로서 인간은 사회적 존재라는 점, 친족에 관한 관심을 지닌다는 점, 협조적 관계를 지향한다는 점, 상호적 의무를 인지한다는 점, 위계 혹은 신분제도를 지향한다는 점, 男 · 女의 역할을 구분한다는 점 등을 거론한 바 있다(싱어, 『다윈주의 좌파 : 변하지 않는 인간의 본성은 있는가?』, 65쪽 참조).

개성을 실현하고자 원할 수도 있고, 인간의 보편적 본성을 실현하고자 원할 수도 있다. 그런데 개인의 독특한 개성만을 강조하고 인간의 보편적 본성을 무시한다면, 그 때의 자아실현이란 '소외, 자아도취, 멋대로 자유' 등 각종 폐단을 야기한다. 그렇다면 우리는 '인간의 보편적 본성' 에 기초하여 '개인의 독특한 개성' 을 발휘할 때만이 참다운 자아실현이라고 할 수 있다.

'인간의 보편적 본성' 에 기초하여 '개인의 독특한 개성' 을 발휘한다는 것은 인륜의 한계를 넘지 않는 범위에서 자유를 누린다는 뜻이요, 또한 가치의 객관적 척도를 존중한다는 뜻이다.[71] 우리는 전통 유교가 인륜만 강조하고 개인의 자유를 외면했다고 보기 쉬우나, 유교의 진정한 이상은 인륜과 자유가 조화를 이루는 것이었다. 이는 공자의 '화이부동(和而不同)' 이나 '종심소욕불유구(從心所欲不踰矩)' 라는 말에 잘 나타나 있다.

'和而不同' 은 '남들과 조화를 이루되 자신의 개성을 잃지 않는다' 는 말이다. 남들과 조화를 이루기 위해서는 공통의 규범을 존중하면서 자신의 본분을 다해야 하는데, 그러면서도 '자신의 개성을 잃지 않는다' 고 했으니, 이는 분명 인륜의 한계 안에서 자유를 누리는 것이다. '從心所欲不踰矩' 는 '자신이 원하는 대로 살았으나 법도에 어긋나지 않는다' 는 말이다. 자신이 원하는 대로 사는 것은 분명 '자유를 만끽함' 또는 '자아를 실현함' 일 것인바, 그러면서도 '객관적인 법도에 어긋나지 않았다' 고 하니, 이

71) 전통 유교에서 가치의 객관적 척도로 '인간의 보편적 本性(仁義禮智)' 과 함께 흔히 거론된 것은 '자연의 영원한 理法(天理)' 이었다. 유교의 '天理' 는 『周易』의 '一陰一陽之謂道' 로 대변되는데, 이는 '하나의 음과 하나의 양이 서로 교감하는 것이 道이다' 라는 뜻과 '한 번은 음이 되고 한 번은 양이 되는 것이 道이다' 라는 뜻을 동시에 지니고 있다. 그런데 전통 유교(朱子學)에서는 '性卽理' 라 하여 자연의 이법과 인간의 본성은 본질이 같은 것이라고 보았다(이에 대한 자세한 논의는 拙著, 『朱子學의 길』, 94~95쪽 참조).

역시 인륜의 한계 안에서 자유를 누리는 것이다.

'和而不同' 이나 '從心所欲不踰矩' 라는 말로 설명하자면, 기존의 자유주의는 다분히 '조화' 를 외면한 채 '다름' 을 강조하고 '법도를 넘지 않음' 을 외면한 채 '자신이 원하는 대로 함' 을 강조한 것이다. 반면에 프롬·매킨타이어·테일러 등의 자유주의 비판은 '다름' 이 '조화' 와 함께 할 것 또는 '자신이 원하는 대로 함' 이 '법도를 넘지 않음' 과 함께 할 것을 촉구한 것이다. 그런데 '조화' 나 '법도를 넘지 않음' 은 인륜적 삶을 지탱하는 핵심 요소이다. 이렇게 본다면, 프롬·매킨타이어·테일러 등의 주장은 곧 '인륜의 한계 안에서 자유를 누리자' 는 뜻으로 해석할 수 있겠다.[72)]

5. 결론

자유주의에서는 정치의 과제를 '인권의 보장' 으로 규정한다. 자유주의자들은 자연권 이론을 통해서는 '생명권(생존권)·자유권·재산권(소유권)' 등을 정당화하고, 사회계약 이론을 통해서는 주권재민(主權在民)과 참정권을 정당화했다. 자유주의자들은 이러한 권리들이 '개인의 행복(복지)' 을 증진시키기 위한 필수불가결한 요소라고 역설한다. 반면에 전통 유교에서는 정치의 궁극적 과제를 '인륜의 실현' 으로 규정했다. 유교의 인륜론은 오륜(五倫)과 충서(忠恕)로 대변된다. 오륜은 가장 기본적인 인간관

72) 우리는 전통 유교의 인륜론이 모든 면에서 프롬·매킨타이어·테일러 등의 지론과 완전히 합치한다고 볼 수 없을 것이요, 또한 전통 유교의 인륜론을 오늘날 그대로 실천해야 한다고 주장할 수도 없을 것이다. 그러나 '和而不同' 이나 '從心所欲不踰矩' 는 전통적 인륜론의 핵심적 내용이었다는 점, 그리고 '和而不同' 이나 '從心所欲不踰矩' 를 추구한 점에 있어서는 전통 유교나 프롬·매킨타이어·테일러 등이 궤를 같이한다는 점은 부정할 수 없을 것이다.

계를 다섯 가지로 유형화하고 그에 따른 각자의 도리〔本分〕를 제시한 것이며, 충서는 오륜에 포섭되지 않는 일반적인 인간관계의 규범을 제시한 것이다. 유교에서는 이러한 도리나 규범을 준수해야만 '사람다운 사람' 이 될 수 있다고 역설한다.

유교는 '본성중심적 인간관' 에서 출발하여 '인륜적 삶' 을 지향한 반면, 자유주의는 '본능중심적 인간관' 에서 출발하여 '개인의 행복' 을 추구하였다. 그런데 인간에게는 본성의 실현뿐만 아니라 본능적 욕구의 충족도 중요한 것이요, 또 아무리 인륜을 강조한다 하더라도 개인의 행복도 외면할 수 없는 것이다. 따라서 유교와 자유주의는 서로 방향을 달리하고 있다고 하더라도, 그 두 방향은 기본적으로 서로 긍정되어야 마땅한 것이다.

유교와 자유주의의 대립의 핵심은 '자아실현' 에 대한 상이한 이해에서 비롯되는 것이다. '자아실현' 은 동서고금 누구나 원하는 간절한 소망일 것이다. 문제는 '자아실현' 이란 본래 두 차원에서 이해할 수 있다는 점이다. 우리는 자신만의 독특한 개성을 실현하고자 원할 수도 있고, 인간의 보편적 본성을 실현하고자 원할 수도 있다. 그런데 개인의 독특한 개성만을 강조하고 인간의 보편적 본성을 무시한다면, 그 때의 자아실현이란 프롬 · 매킨타이어 · 테일러 등이 지적한 것처럼 '소외, 자아도취, 멋대로 자유' 등 각종 폐단을 야기한다.[73] 그렇다면 우리는 '인간의 보편적 본성' 에 기초하여 '개인의 독특한 개성' 을 발휘할 때만이 참다운 자아실현이라고

73) 기존의 인권론에 대한 레비나스(Emmanuel Lévinas)의 비판도 주목할 필요가 있다. 그에 의하면, 근대의 인권은 오로지 '자기의 권리' 에 집착한 것으로서 '에고이즘(egoism)' 을 보장하는 수단에 불과한 것이었다. 에고이즘에 입각한 나의 권리 요구는 결국 타자의 권리를 부정하게 됨으로써 '인권에서 출발한 만인에 대한 만인의 투쟁' 을 야기한다. 그렇다면 기존의 인권담론으로는 나와 남의 평화적 관계가 요원한 것인바, 그리하여 레비나스는 '남의 권리' 와 그에 대한 '나의 책임' 이라는 관점에서 인권론을 재구성하고자 했다(김도형, 「레비나스의 인권론 연구 : 타인의 권리 그리고 타인의 인간주의에 관하여」, 『大同哲學』 제60집, 대동철학회, 2012, 2~6쪽 참조).

할 수 있을 것이다. ‘인간의 보편적 본성’ 에 기초하여 ‘개인의 독특한 개성’ 을 발휘한다는 것은 인륜의 한계를 넘지 않는 범위에서 자유를 누린다는 뜻이요, 또한 가치의 객관적 척도를 존중한다는 뜻이다. 우리는 그 모범적 사례를 공자의 ‘和而不同’ 이나 ‘從心所欲不踰矩’ 에서 찾을 수 있다.

본고에서는 프롬 · 매킨타이어 · 테일러 등의 자유주의에 대한 비판은 ‘인륜의 한계 안에서 자유를 누리자’ 는 취지였다고 해석하였다. 프롬 · 매킨타이어 · 테일러 등의 자유주의에 대한 비판이 본래 정당한 것이요, 또 그들의 비판에 대한 본고의 이러한 해석이 옳다면, ‘和而不同’ 이나 ‘從心所欲不踰矩’ 는 유교와 자유주의가 서로 공유해야만 하는 이상(理想)이다.

맹자는 “배불리 먹고 따뜻하게 입으며 편안히 살되 가르침이 없다면 곧 금수에 가깝게 된다. 성인(聖人)이 이를 근심하시어, 설(契)을 사도(司徒)로 삼아 인륜을 가르치게 하셨다.” 고 했거니와, 인륜은 ‘사람다운 삶’ 의 보루이다. 오늘날 우리 한국은 산업화와 민주화를 통해 ‘결핍’ 과 ‘억압’ 의 문제를 대부분 해결한 상태이다. 그러면 이제는 ‘자유와 풍요’ 를 바탕으로 ‘사람다운 삶’ 을 실현하는 데 관심을 기울여야 마땅할 것이다.

제7장

멩케 · 폴만의 인권철학에 대한 비판적 논의

1. 서론

현대 독일의 두 인권철학자 멩케(Christoph Menke)와 폴만(Arnd Pollman)의 공저 『인권철학입문』[1)]은 말 그대로 '인권철학' 의 문제의식과 주요 주제들을 간결하게 정리하면서, 그에 대한 자신들의 입장을 아울러 개진한 책이다. 이 책은 총 4부 8장으로 구성되었는데, 앞으로의 논의를 위하여 그 대강을 간략히 소개하면 다음과 같다.

제1부는 인권에 관한 〈근본적 규정들〉을 다룬 것으로서, 제1장에서는 〈인권의 개념들〉을 논했고, 제2장에서는 〈인권의 정당화 : 계약, 이성, 인정(認定)〉을 논했다. 멩케[2)]는 '인권' 을 "공적인 정치적 질서에 대해 제기되는 정당한 요구들" 이라고 정의하고, "모든 사람은 그 구성원들을 동등

1) 本考에서는 정미라와 주정립이 함께 번역하여 출간한 『인권철학입문』(21세기북스, 2012)을 활용하였다.

2) 지금부터는 서술의 편의를 위해 '폴만' 은 생략하고 '멩케' 만 표기하기로 한다.

한 사람으로서 배려하며 그럼으로써 이들의 기본적 요구가 충족되는 것을 동등하게 보장해주는 정치적 질서 속에서 살 권리가 있다."[3]고 설명했다. 이러한 맥락에서 멩케는 인권이 정당화되기 위해서는 '계약' 이나 '이성' 이전에 모든 사람을 평등하게 사람으로 인정하는 '보편적 인정(認定)' 의 마음가짐이 필요하다고 설명했다.

제2부는 〈인권의 범위〉를 다룬 것으로서, 제3장에서는 〈보편화의 문화〉를 논했고, 제4장에서는 〈확대의 역사〉를 논했다. 멩케는 '인권의 보편성과 특수성' 문제에 대해서는 '인권의 보편성' 을 옹호하고, 다만 인권을 더욱 보편화하여 범세계적으로 관철시키기 위해서는 인권의 목록을 최소화할 필요가 있다고 설명했다. '인권사상이 발달해온 역사' 에 대해서는 신분차별 · 성차별 등을 타파함으로써 '인권의 수혜자가 확대되어 온 역사' 요, 인권의 목록이 다양하게 확대됨으로써 '인권의 내용이 확대되어 온 역사' 로 파악했다.

제3부는 〈인간의 존엄성〉을 다룬 것으로서, 제5장에서는 〈존엄성의 내용〉을 논했고, 제6장에서는 〈존엄성의 권리〉를 논했다. 인권사상가들은 흔히 '인간은 존엄하므로 여러 가지 권리를 지닌다' 고 주장하거니와, 이처럼 인권은 인간의 존엄성 문제와 표리를 이룬다. 그런데 멩케에 의하면 이제까지 '인간의 존엄성' 이 동일하게 이해되고 사용된 개념이 아니라는 것이다. 멩케는 인간의 존엄성에 대한 기존의 설명방식들을 '지참금 모델, 능력 모델, 잠재력 모델, 업적 모델' 이라는 네 가지로 유형화하고, 자신은 잠재력 모델을 옹호했다. 멩케는 "모든 사람이 존엄성 속에서 삶을 영위할 잠재력과 가능성, 능력을 지니고 있다." 고 주장하고,[4] 이러한 맥락에서 "인권은 무조건적으로, 그러니까 어떤 사람이 누구이고 또는 무엇을 하는

---

3) 멩케 · 폴만, 『인권철학입문』, 49쪽.

4) 멩케 · 폴만, 『인권철학입문』, 180쪽.

가와 상관없이 유효한 것이다. 가장 흉악한 인권침해를 자행한 자조차도 그로 인해 자신의 인권을 상실하는 것은 아니다."[5]라고 역설하였다.

제4부는 인권과 〈정치〉의 상관성을 다룬 것으로서, 제7장에서는 〈인권과 민주주의〉를 논했고, 제8장에서는 인권을 범세계적으로 실현하기 위해 〈세계공화국으로 가는 도중에 있는가?〉를 논했다. 멩케는 민주주의를 '민주적 자기통치의 행위' 로 규정하고, 따라서 민주주의는 인권의 보장을 위한 최선의 도구라고 설명했다. 멩케는 더 나아가 이 세계의 모든 인간이 함께 인권을 누리기 위한 '민주적인 세계국가' 또는 '지구적 협치(Global Governance)' 의 당위성과 가능성을 논했다.

이상에서 멩케의 『인권철학입문』을 간략히 개관했는데, 이는 실로 인권철학의 핵심 주제들을 체계적으로 소화한 결실이라 하겠다. 다만, 논자의 관점에서 동의하기 어려운 내용들이 군데군데 보이는바, 인권을 '인간의 본성' 과는 무관한 '역사적 경험' 의 산물로 규정하는 것, '주관적 권리' 로서의 자유를 절대화하는 것, 악한(惡漢)도 선량한 사람과 동등하게 인권을 누려야 한다는 것, '불량인간' 과 '불량국가' 를 다르게 취급하는 것, 다양한 권리들을 '불가분(不可分)' 한 것으로 간주함으로써 융통을 어렵게 만드는 것 등이 그 예이다. 본고에서는 이러한 문제들을 비판적으로 논의하면서, 그에 대한 논자의 관견(管見)을 제시해 보고자 한다.

5) 멩케 · 폴만, 『인권철학입문』, 62쪽.

2. 본론

1) 인권은 '인간 본성'의 산물인가, '역사적 경험'의 산물인가?

로크 · 칸트 · 루소 등 서양 근대 인권사상의 발전에 크게 기여했던 철학자들은 '인권을 존중하는 것'이 '인간의 본성적 요구'라고 보았다. 모든 인간을 동등한 존재로 존중하는 것이 인간의 공통된 본성(nature, 자연)인 바, 따라서 모든 인간이 자신의 본성에 충실할 경우 각자의 인권도 충실하게 존중된다는 것이다. 그런데 멩케는 오늘날 이러한 견해를 더 이상 수용할 수 없게 되었다고 주장한다.

멩케가 인권은 '인간 본성의 산물'이라는 전통적 견해를 비판하는 논거는 독일의 나치즘이나 소련의 스탈린주의 등 전체주의로 인한 '유적(類的) 단절'에 있었다. 멩케에 의하면, 나치즘은 '인류(人類)'라는 도덕적 · 정치적 범주를 해체시키고자 '인류의 공통된 인간성'을 부정했다. 따라서 "전체주의의 시각에서는 동등한 존중을 누릴 자격이 있는 것은 항상 오직 일부의 사람들뿐이며 다른 모든 사람들, 즉 '우리'와 다른 모든 사람들은 배제될 수 있고 종속될 수 있으며 심지어 절멸될 수조차 있다. 나치들은 이러한 배제를 정당화하기 위해 '인종(人種)' 개념을 사용했다. 나치는 이 개념이 이미 생물학적 차원에서 모든 사람을 포괄하는 통일적인 유(類)라는 것이 존재하지 않음을 보여준다고 이해했다."는 것이다. 요컨대 나치의 '각각의 인종만 있고 통일적 인류는 없다'는 시각을 멩케는 짐머만(Rolf Zimmermann)의 표현을 빌려 '유적(類的) 단절'이라 한 것이다.[6] 멩케는

---

6) 멩케 · 폴만, 『인권철학입문』, 53~54쪽. 멩케는 스탈린의 공산주의가 쿨라크(kulak, 富農層)를 절멸시킨 것은 나치가 유대인을 학살한 것과 본질적으로 다를 바 없다고 보고, 따라서 '類的 단절'이 반드시 생물학적 인종주의와 결부된 것은 아니라고 설명했

다음과 같이 말한다.

> 인권의 전통적 정당화에 따르면, 다른 모든 사람들을 동등한 존재로 존중할 능력이 있고 또 그럴 의무를 지니고 있다는 점이 모든 인간에게 공통된 규정이다. 말하자면 모든 사람을 존중하고 인정하는 것이 인간의 '자연'에 속한다는 것이다. (…) 인간이 자신의 자연을 좇는 곳에서는 인권도 존중된다는 것이다. 전체주의 정책을 통해 야기된 '유적(類的) 단절'은 바로 이러한 확실성에 심대한 의문을 제기했다. 그것은 인간을 존중하는 것이 결코 인간의 자연에 속하지 않는다는 사실을 우리에게 잔혹한 방식으로 가르쳐 주었다. 오히려 인간은 그와는 완전히 반대되는 도덕관념을 형성할 수 있는데 그 이상은 자신의 삶의 형태를 유지하고 강화시키기 위해 다른 사람을 억압하고 절멸시키는 것이다.[7] 여기서 드러나는 것은 인간의 자연 속에 인간 존재에 대한 존중을 이미 보장해 주는 것이 아무것도 없다는 점이다. 유적 단절을 불러온 전체주의적 정책이 가능했고 성공적이었다는 사실은 인간을 인간으로서 동등하게 존중하는 것이 결코 자연적으로 주어진 마음가짐이 아니라는 점을 입증한다.[8]

멩케에 의하면, 우리는 전체주의적인 유적 단절을 경험한 이상, 이제는 인권을 인간의 본성으로부터 정당화할 수 없게 되었다. 다시 말해 전체주

다(『인권철학입문』, 54~55쪽).

7) 멩케에 의하면 "자신의 삶의 형태를 유지하고 강화시키기 위해 다른 사람을 억압하고 절멸시키는 것"이야말로 인간 본성의 산물이라는 것이다. 요컨대 멩케가 말하는 본성은 '인간의 동물적(육체적) 본능'을 지칭할 뿐, 플라톤이나 아리스토텔레스 등 고전철학자들이 말했던 '인간을 인간답게 만들어주는 요소'로서의 '인간의 (도덕적) 본성'을 지칭하는 것이 아니다. 그렇다면 우리는 '인간의 본성'을 거론하면서 '인간의 동물적(육체적) 본능'에 초점을 맞추고 '인간을 인간답게 만들어주는 요소'를 외면하는 것이 과연 정당한 논법인지도 따져볼 필요가 있겠다.

8) 멩케 · 폴만, 『인권철학입문』, 55~56쪽.

의자들은 모든 사람의 인권을 존중하는 태도가 인간의 본성에 속하지 않는다는 사실을 명백하게 보여주었다는 것이다.

멩케는 로티(Richard Rorty)와 아펠(Karl-Otto Apel) 등의 견해에 입각해 인권을 존중하는 태도는 인간성의 일부가 아니라 '역사적 산물'이라고 주장한다. 인권을 존중하는 태도는 비극적 역사의 경험과 학습 · 도야의 과정을 거쳐 형성되는 역사적 산물이라는 것이다.[9] 멩케는 다음과 같이 말한다.

> 오늘날 인권정책의 핵심적 전제는 정치적 · 도덕적 파국의 경험이라고 보는 것이 옳다. 이 경험은 인권역사 자체의 토대까지 뒤흔들 정도로 근본적인 것이었다. 그것은 특히 나치주의, 그러나 스탈린주의도 포함하는 정치적 전체주의의 경험이었다. 이 전체주의가 자유민주주의에 승리함으로써 인류는 수년간 직접적인 현실 정치적 위협에 시달리게 된다. 오늘날 모든 인권정책의 토대가 되는 문서, 즉 1948년의 〈세계인권선언〉은 명시적으로 이러한 세계인들의 파국 경험을 언급하고 있다. (…) 1945년 이후 성립한 지구적 인권 레짐의 우선적 존재근거는 바로 이러한 야만행위의 경험과 그 극복의 의지였던 것이다. 따라서 1945년 이후 전개된 인권이념의 확산을 명확하게 정치적 · 도덕적 파국의 경험에 대한 응답으로 해석하지 못하면, 그 사실 자체뿐만 아니라 그 구조와 동역학도 이해하지 못하게 된다.[10]

멩케에 의하면, 인류는 20세기 전반에 전체주의의 야만행위를 경험한 결과, 그러한 비극의 재발을 막기 위해 〈세계인권선언〉 등 오늘날의 인권정책을 수립하게 되었다는 것이다. 이러한 맥락에서, 멩케는 오늘날의 인

9) 멩케 · 폴만, 『인권철학입문』, 73쪽.

10) 멩케 · 폴만, 『인권철학입문』, 17~19쪽.

권정책은 20세기 전반의 '정치적 · 도덕적 파국의 경험' 에 입각한 것으로서, 결코 17~18세기 이후의 인권역사를 단순히 연장해서 쓰고 있는 것이 아니라고 단언했다. 그러나 멩케의 이러한 주장은 '철학적으로' 볼 때에 많은 문제점이 있는 것이다.[11] 논자는 이에 대하여 단적으로 다음의 세 가지 문제를 제기하고자 한다.

첫째, '유적(類的) 단절' 이 아무리 비극적 경험이라 하더라도, 그것이 '인권을 존중하는 태도는 인간 본성의 소산' 이라는 주장을 부정할 수 있는 논거가 못 된다는 점이다. 멩케는 '유적 단절과 같은 비극이 자행되었던 것으로 보면, 인간의 본성에는 인권을 존중하는 태도가 없음이 분명하다' 고 주장했다. 이러한 주장으로 볼 때, 멩케는 '어떤 것이 인간의 본성에 속하는 것이라면, 그것은 항상 발현되어야 한다' 는 입장을 견지하는 것 같다. 그러나 이는 인간의 본성에 대한 충분한 이해라고 볼 수 없다.

인간의 본성은 항상 순조롭게 발현되기만 하는 것은 아니다. 예컨대 '어떤 것이 인간의 본성에 속한다' 고 하여, 그것이 항상 완전하게 실현되는 것은 아니다. 인간의 본성은 다른 그 무엇의 간섭이나 방해를 받아 종종 제대로 구현되지 못하기도 한다. 이를 성리학(性理學)의 논법으로 설명하면 다음과 같다. 성리학에서는 '인간은 모두 인의예지(仁義禮智)의 선한 본성을 지니고 있다' 고 주장한다. 그런데 많은 인간들이 때때로 과오를 범하기도 하고 죄악을 범하기도 한다. 그렇다면 선한 본성을 지닌 사람들이 어떻게 과오나 죄악을 범하기도 하는 것인가? 이에 대해 성리학에서는 '기질(氣質, 마음의 재질)의 청탁수박(清濁粹駁)' 이나 '형기(形氣, 육체)의 욕망' 으로 설명한다. 본성이 선한 사람도 마음이 탁박하면 과오를 범할 수 있고, 본성이 선한 사람도 육체적 본능의 유혹에 빠지면 죄악을 범할 수 있다는

11) 멩케와 폴만은 '인권사상사' 나 '인권운동사' 가 아닌 '인권철학' 을 논하고 있음을 상기하자.

것이다. 따라서 사람의 본성은 항상 저절로 발현되는 것이 아니다. 때때로 탁박한 기질이나 본능적 욕망이 본성의 실현을 방해하고 간섭하기 때문에, 본성은 종종 제대로 발현되지 못하는 것이다. 이렇게 본다면 인류의 역사에서 '유적 단절' 이 발생했었다고 하여, '인간의 본성에는 본래 인권을 존중하는 태도가 없다' 고 결론을 내릴 수는 없는 것이다.[12)]

둘째, '유적 단절' 이라는 비극적 경험 이후 인류가 뜻을 모아 〈세계인권선언〉 등 인권을 존중하는 방향으로 선회한 것이야말로 '인권의 존중은 인간본성의 소산임' 을 증거할 수 있다는 점이다. 유적 단절을 경험한 이후, 인류가 선택할 수 있는 대안은 여러 가지가 있었을 것이다. 예컨대 복수심에 불타서 '유대인을 학살한 게르만 민족을 박멸하자' 고 했을 수도 있었고, 전쟁이 끝난 것만으로도 만족하여 인권과 관련된 아무런 조치도 취하지 않을 수도 있었다. 그러나 인류는 잔인한 보복을 선택하지도 않았고, 인권에 대해 침묵하지도 않았으며, 오히려 '모든 사람의 인권을 존중하고 보장하자' 고 뜻을 모음으로써 〈세계인권선언〉을 낳은 것이다.

그렇다면 '유적 단절' 을 겪은 다음, 인류는 왜 '잔인한 보복' 이나 '인권에 대한 무관심' 대신에 '인권의 존중' 이라는 방안을 선택한 것인가? 그것은 '잔인한 보복은 보복의 악순환에 빠질 수 있다' 는 역사에서 배운 지혜의 소산일 수도 있고, '인권에 대한 무관심은 또 다시 비극을 일으킬 수 있다' 는 경험적 통찰의 소산일 수도 있지만, 무엇보다도 강력한 계기는 '우리는 본성적으로 남의 인권이 침해되는 것을 견딜 수 없다' 는 인간의 본성적 요구에 있었을 것이다. 성리학적 관점에서 말하자면, 우리 인간은 인의

---

12) 예컨대 도둑이 많다고 하여 '인간의 본성은 본래 정의롭지 못하다' 고 주장할 수는 없는 것이다. 도둑은 자신의 정의로운 본성을 어기고 도둑질을 한 것일 뿐이다. 그는 재물에 대한 욕망을 이기지 못하여 도둑질을 했으나, 그것이 정의롭지 못하다는 점을 누구보다 잘 알고 있다. 그러므로 도둑질을 하고서는 늘 양심의 가책에 시달리고, 체포되었을 때에는 부끄러워 자신의 얼굴을 가리는 것이다.

예지의 본성을 지니고 있으므로, 자신이 부당하게 핍박을 당하는 것에 대해 항거함과 동시에, 남이 부당하게 핍박을 당하는 것도 묵과할 수 없는 것이다. 과연 〈세계인권선언〉을 태동시킨 인류의 마음속에는 '역사에 대한 반성의 마음' 만 있었을 뿐 이러한 '사랑〔仁〕과 정의〔義〕의 마음' 이 없었다고 단정할 수 있겠는가?[13]

헤겔은 인류의 역사를 '자유의식의 진보' 라는 관점에서 파악했다. 숱한 우여곡절이야 있었지만, 인류의 역사는 대체로 자유가 확산되는 방향으로, 또는 사랑과 정의가 심화되는 방향으로 발전해 왔다. 인류 역사의 전개 과정이 이러한 방향성을 갖는다는 것은 '자유' 나 '사랑과 정의' 등이 인간의 본성적 요구에 속한다는 점을 뜻한다. 동서고금을 막론하고 인간은 모두 '자유' 나 '사랑과 정의' 등을 요구하기 때문에, 때때로 단절과 우여곡절을 겪으면서도 결국엔 '자유' 나 '사랑과 정의' 등을 진전시키는 방향으로 전개되는 것이다. 인권의 존중도 충분히 같은 맥락에서 이해할 수 있다.

셋째, '인권을 존중하는 태도' 를 오로지 역사적 경험의 산물로 규정한다면, 상대주의에 빠질 우려가 크다는 점이다. 역사주의와 상대주의가 서로 친화성이 높다는 것은 잘 알려진 사실이다. 예컨대 역사적으로 심각한 인권침해를 겪은 국가나 민족들은 인권문제를 중대하게 취급할 가능성이 크나, 심각한 인권침해를 겪지 않은 국가나 민족들은 인권문제를 대수롭지 않게 취급할 가능성이 크다. 또한 인권 침해 문제에 대해서, 가해자와 피해자 사이의 역사인식이 매우 다를 수 있다는 점도 결코 간과할 수 없다.[14]

---

13) 멩케는 "1945년 이후 성립한 지구적 인권 레짐의 우선적 존재근거는 바로 이러한 야만행위의 경험과 그 극복의 의지였던 것"이라 했거니와, '그 극복의 의지' 야 말로 '인간의 본성적 요구' 라는 것이 論者의 생각이다.

멩케는 '전체주의와 상대주의' 를 오늘날 인권 문제에 대한 '두 적(敵)' 으로 규정하고, '상대주의' 에 대해서는 다음과 같이 설명한 바 있다.

> 문화적 특수성과 결부된 이의제기에서 중요한 문제는 인권을 둘러싼 유럽의 논의에서 처음서부터, 특히 에드먼드 버크(Eumund Burke)가 1789~1790년에 프랑스 인권선언에 반대해 '영국인의 권리' 의 이름으로 논쟁을 벌인 이후, 본질적 역할을 수행한 문제이다. 버크에 따르면 모든 사람은 물론 그가 살고 있는 정치적 질서 속에서 공정한 취급을 받을 권리를 지니고 있다. 그러나 그것이 정확하게 무엇을 의미하는지는 이 정치적 질서가 지역적으로 딛고 서 있는 문화적 · 사회적 조건들에 따라 서로 다르기 때문에 인권의 통일적 목록을 작성하려는 시도는 애당초 실패할 수밖에 없는 일이라는 것이다. 아니, 그러한 목록을 관철시키려는 시도는 이러한 지역적 정치질서의 파괴를, 그럼으로써 이 질서가 그 성원들에게 보장할 수 있는 문화적으로 특수한 정의(正義) 자체의 파괴를 감수한다는 것을 의미할 것이라는 주장이다. 이것이 압축적으로 살펴본 인권의 '상대주의적' 적(敵)들이 제기하는 비판이다.[15]

위의 인용문에 보이듯이, 상대주의자들은 '지역적으로 서로 다른 문화적 · 사회적 조건들' 을 자신들의 논거로 삼고 있다. 그런데 역사적 경험 또한 '지역적으로 서로 다른 문화적 · 사회적 조건들' 에 의해 크게 좌우되는

---

14) 오늘날 安倍晋三(아베 신조) 일본 총리의 '靖國(야스쿠니) 神社' 참배 문제로 불거진 日本과 주변국들의 갈등을 상기해보자. 일본의 安倍晋三와 그 동조자들은 '태평양전쟁' 을 '일본의 영광과 동아시아의 공동번영을 위한 것' 이었다고 옹호하고, 그 戰犯들을 '호국영령' 으로 추모하는 것이다. 이들은 전쟁 기간에 자행된 주변국 국민들에 대한 인권침해 사실 자체를 부인하고 있다. 반면에 한국과 중국 및 동남아시아 여러 국가들은 일본에 대해 인권침해 사실을 인정하고, 사과하고, 보상할 것을 요구하는 것이다.

15) 멩케 · 폴만, 『인권철학입문』, 51~52쪽.

바, 그리하여 역사주의와 상대주의가 친화성을 지니게 되는 것이다. 따라서 인권에 대한 상대주의를 극복하고자 한다면 역사주의와 일정한 선을 긋고, 오히려 인간의 보편적 본성에서 그 토대를 찾아야 마땅할 것이다.

멩케도 전통적으로 인권의 수호자들이 인권의 보편성을 옹호하기 위해 인간의 본성을 논거로 삼아 왔음을 언급한 바 있다.[16] 그런데 멩케는 오늘날의 인권정책은 '유적(類的) 단절' 이라는 역사적 경험에서 우러난 것이라 하면서, 인간 본성에 호소하는 것 자체를 거부하는 것이다. 그러나 '인권을 존중하는 태도' 를 '인간의 본성' 과 분리시키고 오로지 '역사적 경험의 산물' 로 규정하면, 이상에서 제기한 여러 반론을 피할 수 없게 된다. 우리는 '인간의 본성' 을 아울러 고려함으로써, 인권의 보편성을 옹호할 수도 있고, 역사에 방향성을 부여할 수도 있는 것이다.

2) '주관적 권리' 와 서구중심적 인권담론

멩케는 인권을 근대에 확립된 '주관적 권리' 라고 설명한다. 인권이란 특수한 부류의 '주관적 권리' 로서, '각각의 개인이 다른 모든 사람들에 대해 주장할 수 있는 정당한 요구' 라는 것이다.[17] 멩케에 의하면, '주관적 권리' 는 '근대적 주체성' 의 확립과 표리를 이룬다. 근대의 특징 가운데 하나는 인간의 '개인화' 또는 '주체화' 이다. 근대적 인간은 새로운 사회적 조건 하에서 자신의 다양한 사회적 역할들을 스스로 결합함으로써, 자율적으로 그리고 자유롭게 자신의 삶을 영위하는 인간이다. 근대적 인간의 등장은 '인간의 존엄성' 을 새롭게 이해하는 계기가 되었다. 이에 따르면 '인간의 존엄성' 이란 '모든 사람이 자유롭게 자신의 삶을 영위하는 주체로

16) 멩케 · 폴만, 『인권철학입문』, 98쪽.
17) 멩케 · 폴만, 『인권철학입문』, 116쪽.

똑같이 존중받을 자격이 있음'을 의미한다.[18] 멩케는 다음과 같이 말한다.

> 인간의 존엄성이 자유롭게 자신의 삶을 영위하는 데 있다는 것을 처음으로 말한 것은 르네상스 인본주의자들의 존엄성에 대한 논문들이다. 미란돌라의 〈인간 존엄성에 대한 연설〉(1486)에 따르면 인간의 특징을 이루는 자유는 "그가 원하는 것을 가지는" 데에, 그리고 "그가 원하는 대로 되는" 데 있다. 인간으로서 자신의 "재량"에 따라 "자신의 명예 속에서 자유롭게 결정하는 창조적 조각가로서 스스로를 자신이 선호하는 형상으로 만들" 수 있다. "왜냐하면 우리는 우리가 원하면 그것을 할 수 있기 때문이다"라는 것이 이러한 주체개념의 핵심적인 공식이다. 이를 통해 인간은 피코(미란돌라)에게 있어 더 이상, 대부분의 중세 신학이 그렇게 본 것처럼, 가련한 중생이 아니며 지위나 존엄성에서 천사들과, 아니 神들과 대등한 위치에 놓이게 된다. 새로운 존엄성 개념은 르네상스 인본주의 속에서 인간적 주체의 신격화로 출발한다. 이로써 인간 존엄성과 인권이 지닌 관계의 근본적인 문제가 분명해진다.[19]

위의 인용문은 근대의 인권개념이 인간을 '자유로운 주체'로 이해하는 것과 구조적으로 결부돼 있음을 밝힌 것이다. 주체로서의 자유로운 삶이란 '항상, 그리고 어디에서나 자신의 통찰에 따르는 삶'을 말한다. 모든 인간은 이렇게 자유로운 삶을 누릴 권리가 있다는 것이 바로 '주관적 권리'로서의 인권이다.[20]

멩케는 '주관적 권리'로서의 인권은 '서구에서 특수한 문화적 · 사회적 전제하에서 발전된 자유이념에 토대를 둔 것'[21]이라고 설명한 다음, 결론

18) 멩케 · 폴만, 『인권철학입문』, 194쪽.
19) 멩케 · 폴만, 『인권철학입문』, 195쪽.
20) 멩케 · 폴만, 『인권철학입문』, 197~198쪽.

적으로 다음과 같이 말한다.

> 이러한 이념을 공유하지 않아도 내용적으로 많은 점에서 인권과 유사한 규정들이 사회에서 지배할 수 있다. 그러나 이러한 이념을 공유하지 않을 경우 사회는 인권의 권리형태를 도입할 수 없다.[22]

위의 인용문에 의하면, 근대적 인권의 핵심은 '주관적 권리' 인 '자유' 에 있으며, 서구 근대의 자유주의 이념을 공유하지 않는 사회에는 '유사(類似) 인권' 만 존재할 뿐 '참된 인권' 은 존재할 수 없다는 것이다. 멩케의 이러한 주장에 대해, 논자는 다음과 같은 두 가지 반론을 제기하고자 한다.

첫째, '주관적 권리' 는 '도덕적으로 항상 정당화될 수 있는 권리' 가 못 된다는 점이다. 다시 말해 '항상, 그리고 어디에서나 자신의 통찰에 따르는 삶' 이 곧 '도덕적으로 항상 옳은 삶' 으로 연결되는 것은 아니라는 점이다. 이는 멩케 스스로도 인정하는 바였다. 멩케는 다음과 같이 말한 바 있다.

> 비판자들이 문제를 제기했듯이 권리우위의 사유는 인간이 스스로를 원자적 개인이라고 정의내리는 것을 동반할 경우 파괴적 결과를 낳을 수 있다. 이러한 원자적 개인은 고립된 채 정치공동체에 대립해 있으며 이 공동체에 대해 자신의 요구를 제기한다. 이렇게 권리우위의 사유와 원자적 개인이 손을 잡을 경우 주관적 권리의 기본개념은 불평을 늘어놓고 소송을 제기하는 관행을 낳게 되는데 이는 모든 형태의 공동의 삶을 해체할 위험이 있으며 그럼으로써 결국 이러한 관행이 의존하는 권리 자체에도 의문을 품게 만든다.[23]

---

21) 멩케 · 폴만, 『인권철학입문』, 199쪽.

22) 멩케 · 폴만, 『인권철학입문』, 199쪽.

멩케는 이처럼 '주관적 권리'가 야기할 수 있는 폐단을 지적한 다음, 테일러(Charles Taylor)의 '각 개인이 오직 자신의 판단에 따라 자율적으로 살 정당한 권리를 지닌다는 근본적인 관념을 버려야 한다'는 주장을 소개하였다.[24] 이렇게 보면, '주관적 권리'가 야기하는 폐단에 대해서는 누구보다도 멩케 자신이 잘 알고 있었다. 그런데 멩케는 '주관적 권리의 이념을 공유하지 않을 경우 사회는 인권의 권리형태를 도입할 수 없다'고 하였다. 그렇다면 멩케가 추구하는 인권은 '공동체의 파괴'를 묵인하면서까지 개인의 자유를 옹호하는 것이라 하지 않을 수 없겠다.[25]

둘째, 멩케의 인권담론은 '서구중심주의'에 빠져 있다는 점이다. 앞에서 소개했듯이, 멩케는 '주관적 권리'로서의 인권은 '서구에서 특수한 문화적 · 사회적 전제하에서 발전된 자유이념에 토대를 둔 것'이라고 설명하고, '주관적 권리의 이념을 공유하지 않을 경우 사회는 인권의 권리형태를 도입할 수 없다'고 하였다. 이러한 관점에 따른다면, 주관적 권리 개념에 대한 근본적 회의에서 출발한 이슬람 국가들의 '카이로 인권선언'[26]은

23) 멩케 · 폴만, 『인권철학입문』, 117~118쪽.

24) 멩케 · 폴만, 『인권철학입문』, 118~119쪽.

25) 장은주는 "만약 우리가 불가피하게 따르지 않으면 안 되는 그 규범과 규칙과 법적 구속을 직접 만들어낼 수 있다면, 만약 우리가 그것들의 著者일 수 있다면, 그리고 적어도 우리가 그것들에 同意할 수 있다면, 우리는 그 불가피한 사회적 관계를 자유의 관계로 만들 수 있을 것"이라고 설명하고, 이러한 맥락에서 "자신의 삶과 사회적 문제를 자유롭게 비판적으로 평가하고 판단하고 행위할 수 있는, '자의적'이고 '주관적'인 권리가 보장되어야 한다."고 주장했다(장은주, 『인권의 철학』, 109~110쪽). 論者는 이러한 주장에 대해 원론적으로 동의한다. 다만 논자의 생각은, '주관적 권리(자유)'가 '멋대로 자유(exousia)'로 타락하는 것을 막을 수 있는 '가치의 객관적인 척도'를 아울러 도입해야 한다는 입장이요('멋대로 자유'에 대해서는 서병훈, 『자유의 美學 : 플라톤과 존 스튜어트 밀』, 제5장 참조), '객관적 척도'를 도입하면 '주관적 권리' 역시 어느 정도 제한해야 한다는 점이다.

26) 1990년 8월 5일 이슬람회의기구 회원국들이 카이로에서 발표한 인권선언으로서, 멩케 · 폴만의 『인권철학입문』 95~96쪽에 그 전문이 소개되어 있다.

진정한 인권선언이라 할 수 없으며, '아시아적 가치'를 표방하는 아시아의 유교권(儒敎圈) 국가들 역시 진정한 인권을 외면하는 것이다.

앞에서 언급했듯이, 멩케는 상대주의를 '인권에 대한 적(敵)'으로 규정하고, 인권에 대한 보편주의를 표방했다. 그런데 그가 추구한 보편적 인권이란 결국 서구 근대의 자유권을 핵심으로 삼는 것이다. 사실 '자유권이 배제된 인권'이란 껍데기에 불과한 인권이라고 할 수 있을 만큼, 오늘날의 인권담론에서 자유권이 차지하는 비중은 막대하다. 그런데 또한 오늘날의 인권담론에서 자유권처럼 논란의 대상이 되는 것도 드물다. 자유권이 논란의 대상이 되는 근본 원인은 오늘날의 과도한 자유권이 개인 자신에 대해서나 그가 속한 공동체에 대해서 종종 파괴적 결과를 초래하기 때문이다.[27] 이 점은 멩케도 지적한 바이다. 그렇다면 과도한 자유권에 대해 수정(제한)을 시도하는 것은 지극히 당연한 것이다. 그런데 멩케는 이를 '유사(類似) 인권'이라고 치부하고, '진정한 인권'으로서 서구의 자유권을 보편화시켜야 한다고 주장하는 것이다. 요컨대 멩케는 서구적 자유권의 한계를 인정하면서도, 서구적 자유권의 보편화를 고집하는 것이다. 멩케의 이러한 태도는 매우 부당하고 곤혹스러운 것이라 하겠다.

3) 악한(惡漢)도 선량한 사람과 동등하게 인권을 누려야 하는가?

멩케는 인권을 정당화하는 다음과 같은 세 가지 유형의 담론을 검토하면서, 결론적으로 '모든 사람을 동등하게 존중해야 한다'는 '보편적 인정(認定) 모델'을 옹호하였다.

첫째는 '사회계약 모델' 또는 '교환 모델'이다. 이는 모든 사람에게 동

27) 이에 대한 보다 자세한 논의는 이 책의 제6장, 〈자유주의의 人權論과 유교의 人倫論〉 참조.

등한 권리를 인정하는 정치적 질서를 사회계약의 결과로 설명하는 모델로서, "모든 사회 구성원들은 동일한 근본적 인간의 관심을 추구할 권리와, 가능한 한, 그 수단도 서로서로 인정하는 데 합의한다."는 것이다. 회페(Otfried Höffe)는 이러한 사회계약을 '선험적 교환'으로 규정하여, '폭력을 행사할 수 있는 스스로의 능력을 우리는 다른 사람의 폭력에 희생되지 않으려는 관심과 교환한다'고 설명하고, 이에 따라 '인간의 상호 권리와 의무가 생성된다'고 주장했다.[28)]

교환 모델에 따르면, 인권은 결코 무조건적으로 유효한 것이 아니요, 오직 남의 인권을 존중하는 사람들만이 자신의 인권을 요구할 자격이 있는 것이다. 이에 대해 멩케는 "만약 그렇다면 인권이란 것은 존재하지 않을 것이다. 인권은 무조건적으로, 그러니까 어떤 사람이 누구이고 또는 무엇을 하는가와 상관없이 유효한 것이다. 가장 흉악한 인권침해를 자행한 자조차도 그로 인해 자신의 인권을 상실하는 것은 아니다."[29)]라고 비판하였다.

둘째는 '이성 모델'로서, 이는 인권을 이성으로부터 정당화시키는 것이다. 이는 "인류를, 그것이 나 스스로이든, 아니면 다른 모든 사람이든 결코 수단으로서만이 아니라 항상 동시에 목적으로서 대하도록 행동하라."는 칸트의 정언명령에 근거하는 것이다. 칸트는 모든 인간은 스스로 자신의 목적을 설정하는 '목적적 존재'라고 설명하고, 스스로 자신의 목적을 설정할 수 있는 가능근거를 '이성'으로 규정했다. 칸트에 의하면, '이성적'이라는 것은 '욕구나 성벽(性癖)에 휘둘리지 않고 자율적 결정으로 세운 목적에 따라 스스로를 이끈다'는 것을 의미한다. 요컨대 인간의 권리를 존중한다는 것은 '인간이 지닌 자기지도의 이성적 자유를 존중한다'는 뜻이

---

28) 멩케 · 폴만, 『인권철학입문』, 58쪽.

29) 멩케 · 폴만, 『인권철학입문』, 62쪽.

다.[30)]

이성 모델에 따르면, 모든 인간이 이러한 기본적인 의미에서 이성적이기 때문에 그는 다른 모든 사람도 이러한 똑같은 의미에서 이성적이라고 인정한다는 것이다. 이에 대해 멩케는 "우리가 어떻게 이러한 이성 개념으로부터 모든 사람의 동등한 권리의 인정에 도달하는지를 알 수 없다."고 의문을 제기한다. "이러한 기본적 이성능력을 소유한 어떤 사람이 왜 다른 모든 사람이 똑같이 기본적 이성능력을 소유했다고 하여 이들을 자신과 동등한 권리를 지닌 사람으로 인정할 수밖에 없는지 이해할 수 없다."는 것이다.[31)]

셋째는 '보편적 인정(認定) 모델'로서, 이는 모든 사람을 인정받을 가치가 있는 개인으로 간주할 수 있는 능력과 용의를 인권의 '최종적 근거'로 삼는 모델이다. 보편적 인정 모델은 루소 · 레싱(G. E. Lessing) · 흄(David Hume) · 스미스(Adam Smith) 등 18세기 철학자들이 강조한 '연민(憐憫)과 공감' 또는 '인간애(人間愛)나 박애'에 근거한 것으로서, '우리 자신을 사랑하는 사람(다른 사람)의 입장에 놓을 용의와 그럴 수 있는 능력' 또는 '사물을 다른 사람의 관점에서 바라보고 이 관점을 진지하게 받아들일 수 있는 능력과 용의'를 강조하는 것이다. 이는 다른 사람을 사물에 대해 고유의 관점을 지닌 다른 존재로서 인정하는 것을 전제한다.[32)]

보편적 인정 모델은 앞의 계약 모델이나 이성 모델을 단순히 부정하는 것이 아니다. 보편적 인정 모델의 핵심은 모든 다른 사람을 인정받을 가치가 있다고 이미 간주할 때에만 계약 모델이나 이성 모델이 제시하는 기제(mechanism)도 효력을 발휘할 수 있다는 것이다. 멩케는 "세 번째 모델이

30) 멩케 · 폴만, 『인권철학입문』, 66쪽.

31) 멩케 · 폴만, 『인권철학입문』, 67쪽.

32) 멩케 · 폴만, 『인권철학입문』, 70~71쪽.

얻은 결론은 계약과 이성은 오로지 그것이 공감의 마음가짐, 다른 사람을 다른 사람으로 인정하는 마음가짐을 이미 전제할 때에만, 또는 오로지 그러한 마음가짐을 이미 전제하고 있기 때문에 인권선언을 낳을 수 있다는 것이다."라고 설명하면서, 이를 자신의 입장으로 삼아 적극 옹호했다.[33]

오늘날 '인권' 이란 일반적으로 '인간이 인간이라는 종(種)에 속한다는 이유만으로 가지는 권리' [34]라고 정의되거니와, 그렇다면 '보편적 인정 모델' 에서 주장하는 것처럼 '모든 사람을 인정받을 가치가 있는 개인으로 간주할 수 있는 능력과 용의' 야말로 인권의 '최종적 근거' 라고 할 수 있겠다. 그런데 '보편적 인정 모델' 을 문자적 의미 그대로 관철시키고자 한다면, 우리는 매우 당혹스러운 경우에 봉착하게 된다. 우리는 그 사례를 멩케의 테러범에 대한 논의에서 발견할 수 있다.

앞의 '교환 모델' 에 대한 논의에서 언급되었듯이, 우리는 흔히 '오직 남의 인권을 존중하는 사람들만이 자신의 인권을 요구할 자격이 있다' 고 생각할 수 있다. 이러한 입장에 따르면, 남의 인권을 유린한 나치주의자나 테러범들에 대해서는 그들의 인권을 보호해줄 필요가 없다. 이에 대해 멩케는 "인권은 무조건적으로, 그러니까 어떤 사람이 누구이고 또는 무엇을 하는가와 상관없이 유효한 것이다. 가장 흉악한 인권침해를 자행한 자조차도 그로 인해 자신의 인권을 상실하는 것은 아니다."라고 비판했다.

고문(拷問)은 〈세계인권선언〉 제5조에서 명백히 금지한 사항이었거니

33) 멩케 · 폴만, 『인권철학입문』, 72쪽. 그런데 멩케에 의하면 '다른 사람을 다른 사람으로 인정하는 공감의 마음가짐' 은 '인간 본성의 일부' 가 아니라 '역사적 산물' 이라는 것이다. '공감의 마음가짐' 은 '문화적이고 사회적으로 매우 전제가 많은 마음가짐' 으로서, 인간 본성에서 유래하는 것처럼 '자명한 것' 이 아니며, '類的 단절' 이 보여주듯이 '중단되거나 완전히 붕괴될 수도 있는, 항상 부서지기 쉬운 마음가짐' 이라는 것이다(『인권철학입문』, 72쪽). 멩케는 이러한 맥락에서 인권을 '인간 본성의 산물' 이 아닌 '역사적 산물' 로 규정했던 것이다.

34) 이샤이, 『세계인권사상사』, 36쪽.

와, 미국은 2001년의 9 · 11 테러범들을 관타나모 수용소 등지에 수용하고 고문을 가한 것으로 알려졌고, 독일에서도 유괴범에게 고문을 가하겠다고 협박한 '다슈너(Wolfgang Daschner) 사건' 이 있었다.[35] 교환 모델에 따르면, '어떤 사람이 가해자로서 가장 기본적인 헌법원칙을 침해할 경우 기본권 및 인권의 소유자로서의 자신의 지위를 스스로 박탈하는 것' 이라고 볼 수 있다. 따라서 교환 모델에 입각하면 테러범이나 유괴살해범 등을 적(敵)으로 취급하여 보통의 범죄자보자 더 혹독하게 처벌해야 한다는 '인권에 대한 예외적 조치' 를 인정할 수 있다. 이에 대해 멩케는 다음과 같이 반대한다.

> 인권적 시각에서 이는 의문의 여지없이 허용될 수 없는 것이다. 이 논의는 인권이 보편적이고 절대적이며 동등하게 적용되어야 한다는 사실을 이해하지 못하고 있다. 인권은 친구와 적(敵)을 구분하려 하지 않는다.[36]

멩케는 위와 같은 입장에서 '인권에 대한 예외적 조치' 를 '인권의 이름으로 인권을 침해하는 조치' 라고 비판했다. 멩케는 "자유의 박탈과 신체형, 시민권 박탈, 고문, 사형 등은 국가들이 자신의 적(敵)들에 대해 자신의 인권적 기본질서를 수호해야 한다고 믿을 경우에 요구한 예외적 행위들 중 특히 두드러진 것들일 뿐"[37]이라 했거니와, 멩케는 '자유의 박탈과 신체형, 시민권 박탈, 고문, 사형 등' 을 모두 '동등한 인권' 의 이름으로 반대

---

35) 미국이나 독일은 '인권선진국' 이라고 자부하던 나라들이다. 그런데 미국은 9 · 11 테러범들에 대해 고문을 가하고서는 자신들의 행위는 '고문에 속하지 않는 것' 이라고 주장했으며, 독일은 유괴범에 대해 '고문을 가하겠다' 고 협박한 다슈너에 대해서 사실상 '無罪' 로 처리하고 말았다(멩케 · 폴만, 『인권철학입문』, 63쪽, 267~269쪽 참조).

36) 멩케 · 폴만, 『인권철학입문』, 64쪽.

37) 멩케 · 폴만, 『인권철학입문』, 89쪽.

하는 것이다. 그러나 이는 많은 나라의 현실과 동떨어진 것일 뿐만 아니라, 이론적으로도 반론의 여지가 많은 것이다.

첫째, 멩케가 지지한 '보편적 인정 모델' 에 의하면, 인권의 근거는 모든 사람을 도덕적인 인격으로 인정할 수 있는 능력과 용의에 있다고 했다. 이러한 주장을 문자 그대로 해석하여 관철시키고자 한다면, 우리는 테러범이나 유괴살해범도 '도덕적 인격' 으로 인정해야 한다. 그렇다면 우리는 과연 테러범이나 유괴살해범도 '도덕적 인격' 이요, '인정받을 가치가 있는 개인' 이라고 인정할 수 있는가?

둘째, 멩케는 "인권은 무조건적으로, 그러니까 어떤 사람이 누구이고 또는 무엇을 하는가와 상관없이 유효한 것이다. 가장 흉악한 인권침해를 자행한 자조차도 그로 인해 자신의 인권을 상실하는 것은 아니다."라고 했고, '자유의 박탈과 신체형, 시민권 박탈, 고문, 사형 등' 을 모두 '동등한 인권' 의 이름으로 반대했다. 그렇다면 우리는 왜 남의 인권을 유린하는 '인권의 적(敵)' 들에 대해서까지 보통 사람과 동등하게 인권을 보장해야 하는가?

셋째, 멩케에 따르면, 고문이나 사형은 물론이요 자유의 박탈이나 시민권 박탈 등 기존의 형사처분이 거의 다 인권침해에 해당하는 것이다. 그렇다면 이는 결국 우리의 '형사법 체계' 자체를 부정하는 것인바, 우리가 과연 이러한 논법을 수용할 수 있는가?

넷째, '보편적 인정 모델' 에 따르면 '사물을 다른 사람의 관점에서 바라보고 이 관점을 진지하게 받아들여야' 하며, 멩케에 따르면 '가장 흉악한 인권침해를 자행한 자조차도 그로 인해 자신의 인권을 상실하지 않는 것' 이다. 그렇다면 우리는 흉악범의 인권을 존중하기 위해 사물을 흉악범의 관점에서 바라보고 이 관점을 진지하게 받아들여야 하는데, 이는 결국 테러나 유괴살해 등 흉악한 행위를 정당화하는 것이 아닌가? 또 그 결과 흉악한 행위가 정당화된다면, 향후 흉악범에 의한 인권침해는 더욱 만연할 것이 아닌가?

멩케는 '보편적 인정 모델'에 입각하여 흉악범에 대해서도 일반 사람과 동등하게 대해야 한다고 주장했다. 그러나 우리는 왜 남의 인권을 유린하는 자들에게까지 동등하게 인권을 인정해줘야 하는지, 논자는 그 이유를 전혀 납득할 수 없다.[38] 논자는 '멩케류의 보편적 인정 모델'은 '인권에 대한 망상(妄想)'으로서 전혀 현실성이 없다고 보며, '흉악범의 인권에 대한 보편적 인정'은 결국 '인권침해의 보편화'를 야기할 뿐이라고 본다.[39]

4) 왜 '불량인간'과 '불량국가'를 다르게 취급하는가?

'불량국가(rogue state)'란 '독재적으로 통치되며, 지구적 테러리즘을 지원하며, 대량살상무기의 생산에 관심을 갖고 있으며, 세계 모든 지역의

38) 2014년 12월, 美國 上院이 〈중앙정보국(CIA) 고문 실태 보고서〉를 공개함으로써, 9·11 테러 관련자들에 대한 고문 문제가 다시 한 번 큰 논란을 일으킨 바 있다. 그런데 이에 대한 월스트리트저널(WSJ)과 NBC 방송의 설문조사에 따르면, 응답자의 51%는 CIA의 선진 심문기법을 허용할 만 하다고 답했다. 그 같은 심문은 잘못됐다고 반응한 이는 28%에 불과했다. 심지어 응답자의 45%는 CIA가 그 같은 심문 기법을 앞으로도 계속 사용해야 한다고 대답했다. 반대는 28%였다. 워싱턴포스트(WP)와 ABC 방송이 시행한 여론조사 결과도 대동소이했다. 응답자의 59%는 CIA가 테러 용의자를 다룬 방법이 정당하다고 대답했다. 정당하지 않다고 생각하는 응답자는 31%에 그쳤다(《중앙일보》, 2014년 12월 18일자 보도 〈대다수 미국인들은 CIA편〉 참조). 선진 민주국가라고 자처하는 미국에서도 시민들의 대다수가 테러범에 대란 고문을 용인한 것이다.

39) 멩케는 '보편적 인정 모델'은 루소·레싱·흄·스미스 등이 강조한 '憐憫과 共感' 또는 '人間愛나 博愛'에 근거한 것이라 했다. 論者가 보기에, 이들은 '건전한 常識을 지닌 보통 사람'을 전제로 '연민과 공감' 또는 '인간애나 박애' 등을 주장한 것이다. 그런데 '멩케流의 보편적 인정 모델'은 '연민과 공감' 또는 '인간애나 박애'의 대상을 '건전한 常識을 지닌 보통 사람'으로 제한하지 않고 흉악범에게까지 확대 적용함으로써, 보통 사람들이 지지하기 어려운 '인권에 대한 妄想'에 빠지게 된 것이다.

안정을 깨기 위해 공격적으로 노력을 기울이는 국가'를 말한다.[40] 흉악범(불량인간)도 선량한 인간과 동등하게 인권을 보장받아야 한다고 주장하는 멩케는, 그러나 '불량국가'에 대해서는 다른 국가와 동등하게 주권을 보장받을 수 없다고 주장한다. 불량국가들에게는 국제적 제재를 부과하거나 또는 이들을 국제법적 협력의 관계망으로부터 배제할 수 있다는 것이다. 멩케는 심지어 다음과 같이 말하기도 한다.

> 현존하는 인권 레짐이 심각하고 대규모적인 인권침해, 예컨대 추방이나 종족학살을 저지하지도, 또 중단시키지도 못할 때에는 어떻게 해야 하는가? (…) 유엔을 통한 정당화 과정이 전반적으로 부재한 가운데 수행된 지난 수년간의 전쟁들을 철학적 · 국제법적 · 정치적으로 바라볼 때 이는 매우 논란의 여지가 있는 문제이지만, 군사적 개입은 점점 더 심각한 인권침해를 긴급하게 저지할 수 있는 지구적 인권 레짐의 효과적인 수단으로 간주되고 있다.[41]

위에 의하면, 불량국가의 인권침해를 저지하기 위해서는 긴급수단으로 '유엔의 승인을 받지 않은 전쟁(군사적 개입)'도 수행할 수 있다는 것이다. 요컨대 불량국가들은 "자신의 잘못된 행위를 통해 주권에 대한 국제법적으로 보장된 권리를 상실한다."고 볼 수 있으며, 더 나아가 이들에 대한 "인도적 개입이나 군사적 개입" 조차도 정당화될 수 있다는 것이다.[42] 멩케는 위와 같은 자신의 견해를 다음과 같이 정리한다.

> 이로부터 다음의 결과가 나온다. 즉 국제법은 (국가들 사이의 법으로서) 중요

40) 멩케 · 폴만, 『인권철학입문』, 244~245쪽.
41) 멩케 · 폴만, 『인권철학입문』, 251쪽.
42) 멩케 · 폴만, 『인권철학입문』, 246쪽.

한 관점에서 인권과는 다른 구조를 지닌다는 것이다. 국제법의 주체들은 (그것이 개별적인 국가들인 경우) 자신의 잘못된 행위를 통해 국제적 인정에 대한 권리를 상실할 수 있는데 반해 인권의 주체들은 그럴 수가 없다.[43)]

위에 명확히 나타나 있듯이, 멩케는 '국제법과 인권은 다른 구조를 지닌다' 고 전제한 다음, '불량국가' 에 대해서는 그 주권(主權)을 제한하거나 부정하면서, '불량인간' 에 대해서는 '그럴 수 없다' 고 주장한 것이다. 그렇다면 멩케는 왜 '불량인간' 의 인권은 제한하거나 부정하지 않는 것인가? 우선 멩케의 다음과 같은 주장을 보자.

인권은 정부나 국민, 또는 국가의 권리가 아니라 개별적 인간들의 권리다. 우리가 '불량국가' 는 지원을 받을 자격이 없다는 견해를 가지고 있다고 하더라도 이는 궁핍에 빠진 주민이 또는 더 정확히 이야기해 위험에 처한 개인들이 가장 중요한 삶의 조건을 보장받을 인권을 지니지 않는다는 것을 의미하지는 않는다.[44)]

멩케는 '인권은 정부나 국가의 권리가 아니라 개별적 인간들의 권리' 라고 전제한 다음, '불량국가' 와 그 안에 거주하는 '주민' 을 구별하여, '주민 개개인들은 삶의 조건을 보장받을 인권을 지닌다' 고 설명했다. 논자는 이에 대해 기꺼이 동의한다. 왜냐하면 불량국가 안에 거주하는 '궁핍에 빠진 주민들' 또는 '위험에 처한 개인들' 은 인권침해의 가해자가 아니라 피해자들이기 때문이다. 그런데 '불량국가' 에는 분명 인권침해의 가해자가 존재할 것이다. 이에 대해 멩케는 다음과 같이 말한다.

43) 멩케 · 폴만, 『인권철학입문』, 246쪽.
44) 멩케 · 폴만, 『인권철학입문』, 244쪽.

> 심각한 인권침해가 일단 일어났으면 어떻게 해야 하는가? 국제법적 관점에서는 오랫동안 이러한 범죄에 대해 책벌하거나, 심지어 개별적 가해자나 정부를 처벌할 적절한 가능성이 존재하지 않았다. 1990년대 이후에 특히 구 유고슬라비아에서 일어난 전쟁과 르완다에서 벌어진 종족학살, 시에라리온의 내전 당시 자행된 범죄행위들로 인해 이른바 유엔특별재판소들이 설치되면서 이러한 상황이 바뀌게 되었다. (…) 국제형사재판소에는 '국제 공동체 전체에 관련된' 가장 중대한 범죄를 처벌한다는 명확하게 규정된 임무가 맡겨졌다.[45]

위에 보이듯이, 멩케는 불량국가 안의 인권침해 가해자들에 대해 '처벌해야 한다' 는 견해를 피력했다. 멩케의 이러한 견해는 일단 보통 사람들의 상식과 부합할 것이다. 문제는 위에서 말하는 '처벌' 이 무엇을 의미하는가 하는 점이다.

위에서 살폈듯이, 멩케는 테러범이나 유괴살해범 등 '가장 흉악한 인권침해를 자행한 자조차도 그로 인해 자신의 인권을 상실하지 않는다' 고 주장하고, 이들에 대한 '자유의 박탈과 신체형, 시민권 박탈, 고문, 사형 등' 을 모두 '동등한 인권' 의 이름으로 반대하였다. 같은 맥락에서, 멩케는 '불량국가' 에 대해서는 그 주권을 제한하거나 부정하면서, 불량국가 안의 인권침해자들에 대해서는 '그럴 수 없다' 고 주장했다. 그렇다면 불량국가의 인권침해자들 역시 '그로 인해 자신의 인권을 상실하지 않는 것' 이요, 마찬가지로 이들에 대해서도 '자유의 박탈과 신체형, 시민권 박탈, 고문, 사형 등' 의 형벌을 가할 수 없을 것이다. 그렇다면 불량국가의 인권침해자들이 받게 될 처벌이란 도대체 무엇이란 말인가?[46]

45) 멩케 · 폴만, 『인권철학입문』, 251~252쪽.

46) 2011년 7월, 노르웨이에서 테러범 브레이빅은 총기 난사로 70여 명을 살해한 바 있는데, 자유와 관용의 나라 노르웨이는 테러범에게도 '호텔급 감옥' 을 제공했다(《조선

멩케는 불량국가에 대한 응징을 정당화하면서, 다음과 같은 두 가지 질문을 제기한 바 있다.

> 국가 질서는 다른 국가들이 자신에 대해 존중할 의무를 지니게 되기 위해서는 어떠한 제도적 조건을 충족시켜야만 하는가?
>
> 시민들의 인권을 무시하는 독재적이고 대외정책적으로 공격적인 정권이 실제로 민주적 법치국가와 똑같은 국제정치적 인정을 받을 자격이 있는가?[47]

요컨대 어떤 국가든지 다른 국가로부터 존중(인정)을 받기 위해서는 일정한 제도적 조건을 충족시켜야 하며, 그렇지 못한 '불량국가'는 국제정치적 인정을 받을 자격이 없다는 것이다. 그렇다면 같은 맥락에서 우리는 '불량인간' 또는 '흉악범'들에게 다음과 같은 질문을 제기해야 마땅할 것이다.

> 개인은 다른 개인들이 자신에 대해 존중할 의무를 지니게 되기 위해서는 어떠한 도덕적 조건을 충족시켜야만 하는가?
>
> 이웃들의 인권을 무시하는 독단적이고 공격적인 개인이 실제로 민주적 시민과 똑같은 국내정치적 인정을 받을 자격이 있는가?

그런데 멩케는 '불량인간' 또는 '흉악범'들에게는 왜 위와 같은 질문을 제기하지 않는 것인가? 논자는 그 까닭을 납득할 수 없는 것이다.

일보》 2011년 7월 25일자 보도). 아무리 호텔급 감옥을 제공한다 하더라도 테러범의 자유를 박탈하는 한, 멩케의 입장에서는 인권침해라고 반대할 것이다.

47) 멩케 · 폴만, 『인권철학입문』, 245쪽.

5) 다양한 권리들은 '불가분(不可分)' 한 것인가?

'상대주의' 를 인권의 적(敵)으로 규정한 멩케는 물론 인권에 대한 '보편주의' 를 옹호한다. 보편주의란 모든 사람에 대해 동등한 권리를 인정하는 것으로서, 멩케는 그 구체적 내용을 다음과 같이 제시한 바 있다.

> 인권이 '보편적' 타당성을 요구한다는 것은 종종 다음과 같이 이해된다. 즉 인권은 **일반적으로**(즉 모든 사람에 대해 예외 없이) 적용될 뿐만 아니라, **동일하게**(즉 모든 사람에 대해 똑같은 의미에서), 그리고 **평등하게**(즉 모든 사람에 대해 동등한 정도로), 그리고 **불가분하게**(즉 오직 '세트' 로만), 그리고 **절대적으로**(즉 아무런 조건 없이) 적용된다는 것이다.[48]

이제까지는 주로 '**일반적으로, 동일하게, 평등하게, 절대적으로**' 와 관련된 내용을 살펴보았거니와, 이제는 '**불가분하게**' 와 관련된 내용을 살펴보기로 하자.

'인권의 불가분성(不可分性)' 이란 오늘날의 인권목록에 포함된 다양한 권리들이 서로 밀접하게 연관되어 있어, 서로 분리할 수 없음을 말한다. 멩케는 '인권의 불가분성' 을 다음과 같이 설명한다.

> 〈세계인권선언〉을 들여다 볼 때 (…) 눈에 띄는 것은 아무리 인권 전체가 근본적으로 중요하다고 하더라도 개별 인권들의 중요성과 절박성에 있어서 차이가 존재한다는 점이다. 우리가 예컨대 삶에 대한 권리(제3조)가 정규의 유급휴가에 대한 권리(제24조)보다 더 큰 의미를 지니는 게 결코 아니라고 주장한다면

48) 멩케 · 폴만, 『인권철학입문』, 87쪽.

> 전혀 공감을 얻지 못할 것이다. 그렇지만 국제법적 · 법철학적 · 도덕철학적 논의에서는 인권이 '통일된 하나' 라는 확신이 지배적이다. 인권이 더 이상 축소할 수 없는 통일체를 이룬다는 의미에서다. 통상적 견해에 따르면 모든 인권이 필수적인 요소로서 함께 전체를 이룬다는 것이다. 인권은 나눌 수가 없다. 모든 사람이 이 모든 인권을 가지며 그것도 이 모든 인권 하나하나를 가진다는 것이다.[49]

위의 인용문의 요점은 둘로 정리된다. 첫째, 다양한 권리목록으로 구체화된 인권은 본래 하나의 통일체로서, 각각 분리될 수 없다. 둘째, 그러나 각각의 권리목록 상호 간에는 더 중요한 권리와 덜 중요한 권리라는 우선순위가 존재한다. 멩케는 이 두 논점을 그대로 수용하여, '인권 상호 간에는 경중(輕重)의 우선순위가 있지만, 다양한 권리들은 하나의 통일체로서 결코 서로 분리될 수 없다' 는 입장을 견지한다. 멩케는 다음과 같이 말한다.

> 경중(輕重) 판단의 과정에서뿐만 아니라 원칙에 있어서도 인권의 중요성에 차이가 있다는 점을 전제하고 매우 근본적인 인권과 덜 근본적인 인권을 구분하는 것이 바람직하다. 고문받지 않을 권리가 예컨대 집회의 자유에 대한 권리보다 중요하다는 것은 분명하다. (…) 그렇지만 그로부터 몇몇 인권이 그렇기 때문에 없어도 된다는 그릇된 가정이 도출될 수는 없다. 예컨대 살인이 절도보다 중한 범죄라는 이유만으로 절도를 형법전에서 아예 삭제할 생각을 할 사람은 아무도 없을 것이다. 따라서 다음과 같이 생각하는 게 타당하다. 즉 인권은 비록 모든 개별의 경우에 있어서 똑같이 중요한 것은 아니지만 불가분성을 주장하는 것이 옳다는 것이다.[50]

49) 멩케 · 폴만, 『인권철학입문』, 144~145쪽.
50) 멩케 · 폴만, 『인권철학입문』, 149쪽.

멩케는 위의 인용문에 이어 “모든 인권의 포괄적인 고려에 대한 요구가 아무리 중요하다고 하더라도 우리는 인류의 미래가 모든 각각의 인권을 똑같이 실현하는 데 달려있다고 생각하는 그릇된 파토스를 피해야 할 것”[51]이라 했는데, 멩케가 ‘인권의 불가분성’을 인정하는 동시에 ‘경중의 우선순위’를 주장하는 취지는 바로 여기에 있었다. 요컨대 멩케는 ‘인권은 통일된 하나’라는 기존의 확신을 존중하면서도, 실제로는 다양한 권리를 동시에 충족시켜줄 수 없는 현실의 한계를 외면할 수 없기에, ‘경중의 우선순위’를 도입함으로써 양자를 절충하고자 한 것이다.[52] 논자는 멩케의 이러한 취지를 십분 긍정하면서도, ‘인권의 불가분성’에 대해서는 몇 가지 반론을 제기하고자 한다.

멩케는 “인권을 최소주의적으로 몇몇 소수의 내용들(대부분 고전적인 자유주의적 방어권)에 국한시키는 것은 그 밖의 권리들을 보장하지 않는 한 이러한 권리를 보장하는 것도 가능하지 않다는 인권의 역사적 발전으로부터 얻은 교훈을 인식하지 못하는 것이다. 그래서 인권은 ‘불가분’하다고 사람들이 이야기하는 것이다.”[53]라고 하였다. 요컨대 제2세대 인권을 보장하지 않으면 제1세대 인권도 제대로 보장될 수 없는바,[54] 그러므로 제

51) 멩케 · 폴만, 『인권철학입문』, 149쪽.

52) 『인권철학입문』 63쪽에서는 ‘자유권과 안전권 사이에 우선순위를 따지는 것’은 ‘인권은 전체적으로 나눌 수 없는 것’이라는 기본적 요구를 간과하는 것이라 했다. 그런데 149쪽에서는 ‘인권의 불가분성’과 ‘다양한 인권들 사이의 우선순위’를 동시에 인정하고 있는바, 이 점에서 멩케의 주장은 일관성이 없다고 하겠다.

53) 멩케 · 폴만, 『인권철학입문』, 151쪽.

54) 오늘날의 인권담론은 흔히 바삭(Karel Vasak)의 분류에 따라 인권을 제1세대 인권, 제2세대 인권, 제3세대 인권으로 구분하여 논의한다. 제1세대 인권의 핵심은 고전적인 ‘자유주의적 방어권과 참정권’이며, 제2세대 인권의 핵심은 19세기 자본주의적 산업화의 문제점을 극복하는 과정에서 형성된 ‘사회주의적 참여권(복지권)’이다. 한편 제3세대 인권은 20세기 후반 이후 전 지구적 산업화가 야기하는 문제를 배경으로, 후진 지역들이 제기한 ‘집단 및 공동체의 권리’를 말한다(멩케 · 폴만, 『인권철학입

1세대 인권과 제2세대 인권은 불가분의 관계라는 주장이다. 그러나 이러한 주장에 대해서는 다양한 반론이 가능하다.

첫째, 멩케 자신이 지적했듯이 "우리가 역사적으로 그리고 정치적으로 투쟁을 통해서 단계적으로 인권을 확장할 수 있었다고 전제할 경우 일상적으로 이야기하는 인권의 '불가분성'은 적어도 역사적 · 정치적인 견지에서 적절치 않음이 입증된다는 것"[55]이다. 멩케 자신도 '제1세대 인권'과 '제2세대 인권'은 '역사적으로 그리고 정치적으로 투쟁을 통해서 단계적으로 인권을 확장시킨 것'이라고 서술한 바 있다.[56] 그렇다면 '인권의 불가분성'이란 기껏해야 하나의 '이념적 요청'일 뿐, '역사적 · 정치적 견지'에서는 '적절치 못한 주장'임이 분명하다.

둘째, 멩케 자신이 지적했듯이, 제1세대 인권의 법적 지위는 강고한 반면 제2세대 인권의 법적 지위는 허약하다는 점이다. 멩케는 "널리 퍼져 있는 근본적 회의에 따르면 사회적 인권은 기껏해야 법적으로 결국은 구속력이 없는 '국가목표'로 적합하지 재판받을 수 있는 주관적 권리로 적합한 것이 아니다."라고 설명하고, "따라서 실정법적 관점에서 인권을 수미일관하게 똑같이 중요하게 다룬다는 이야기는 결코 할 수가 없다."고 했다.[57] 요컨대 제2세대 인권(사회적 인권)은 법적 구속력이 없는 '국가목표'로 적합할 뿐이므로, 제1세대 인권과 동등하게 취급될 수 없다는 것이다. 이처럼 법적 지위가 다르고 경중이 다르다면, 제1세대 인권과 제2세대 인권은 실질적으로 '분할 가능한 것'일 수 있다.

셋째, 집단권 또는 공동체권 등 이른바 '제3세대 인권' 문제이다. 오늘

문』, 143쪽 참조).

55) 멩케 · 폴만, 『인권철학입문』, 144쪽.

56) 멩케 · 폴만, 『인권철학입문』, 143~144쪽.

57) 멩케 · 폴만, 『인권철학입문』, 146~147쪽.

날의 인권담론은 제1세대 인권, 제2세대 인권을 넘어 이제 제3세대 인권론으로 발전하고 있다. 그런데 멩케는 "제3세대 인권이 실제로 인권에 해당하는지는 지속적인 논쟁의 대상이며 그 결말은 불확실하다." 고 했다. 그렇다면 이 제3세대 인권은 제1세대 인권 및 제2세대 인권과 '나눌 수 있는' 것인가, '나눌 수 없는' 것인가?

넷째, 이른바 '권리들 사이의 충돌' 문제이다. 멩케도 '권리들 사이의 충돌' 을 언급한 바 있다. "예컨대 '머리에 쓰는 천을 둘러싼 논쟁' 의 경우처럼 상이한 기본권 및 인권이 직접적으로 충돌할 경우에 그렇다. 여기서는 긍정적 및 부정적 종교자유와 개성의 자유로운 발전, 의견의 자유, 직업의 자유에 대한 권리들 사이에 충돌이 일어난다."[58]는 것이다. 이처럼 다양한 권리들이 서로 충돌할 수 있다면, 실제로는 충돌하는 양자 가운데 어느 하나만 충족시킬 수 있는 것이다. 그렇다면 이 경우 충돌하는 권리들은 서로 '나눌 수 없는' 것이 아니라 '나눌 수 있는' 것이다.[59]

마지막으로, 본래 '특정한 사람에게만 해당하는 인권' 문제이다. 예컨대 '유급휴가의 권리' 는 '고용 상태에 있는 사람에게만 해당하는 권리' 이다. 그렇다면 고용되어 있지 않아 유급휴가의 권리를 누릴 수 없는 사람은 인권을 침해당하고 있는 것인가? 한편, 다음과 같은 우리 헌법 제33조의 내용을 보자.

---

58) 멩케 · 폴만, 『인권철학입문』, 148쪽.

59) 조효제는 '현대 인권의 불가분성 원칙' 을 옹호하면서 "(자유 · 평등 · 박애) 세 가지 가치는 상호 간에 긴장과 모순을 함축하고 있으나 그러한 긴장을 감수하더라도 그것들이 하나의 전체를 이루는 것으로 파악해야 옳다" 고 주장한 바 있다(조효제, 『인권의 문법』, 332쪽). 이처럼 인권 상호 간의 '긴장과 모순' 을 인정하면서도 '불가분성' 을 주장한다면, 論者도 더 이상 할 말은 없다. 다만 조효제의 주장은 근원적으로 '우리의 삶' 자체를 '긴장과 모순' 으로 인식하는 것인바, 그에 대해서는 論者도 적지 않게 공감하는 바이다.

① 근로자는 노동조건의 향상을 위하여 자주적인 단결권 · 단체교섭권 및 단체행동권을 가진다.

② 공무원인 근로자는 법률이 정하는 자에 한하여 단결권 · 단체교섭권 및 단체행동권을 가진다.

③ 법률이 정하는 주요 방위산업체에 종사하는 근로자의 단체행동권은 법률이 정하는 바에 의하여 이를 제한하거나 인정하지 아니할 수 있다.

위의 ①과 관련하여, 근로자가 아니어서 단결권 · 단체교섭권 및 단체행동권을 누리지 못하는 사람은 인권을 침해당하고 있는 것으로 보아야 하는가? 위의 ②와 관련하여, 법률에 의하여 단결권 · 단체교섭권 및 단체행동권을 누리지 못하는 공무원은 역시 인권을 침해당하고 있는 것으로 보아야 하는가? 위의 ③과 관련하여, 법률에 의하여 단체행동권을 누리지 못하는 방위산업체 근로자는 역시 인권을 침해당하고 있는 것으로 보아야 하는가? 다양한 인권을 모두 '나눌 수 없는 것' 으로서 '통일된 하나(set)' 라고 규정한다면, 우리 헌법은 이처럼 인권침해를 명시하고 있다고 보아야 할 것이다. 그것이 과연 타당한 논법인가?

논자의 생각에, 몇몇 인권들 특히 중요한 기본권들은 서로 유기적으로 연결되어 있어 '분리할 수 없는 통일된 하나' 라고 볼 수 있을 것이다. 그러나 현재 논의되거나 법적으로 인정된 다양한 권리들을 모두 포함하여 '통일된 하나' 라고 규정한다면, 위와 같은 여러 반론들에 봉착하게 될 것이다. 오늘날에는 '자질구레한 도덕적 요구까지도 다 인권이란 기치 아래 포섭시켜가고 있는' 추세여서 인권 목록이 더욱 다양해지고 있거니와,[60] 그럴수록 인권 상호 간의 충돌 문제는 더욱 빈번해질 것이다. 그렇다면 우리

60) 김비환, 「현대 인권 담론의 쟁점과 전망」, 22쪽 참조.

는 '서로 불가분한 기본권들'과 '서로 분리할 수 있는 자질구레한 권리들'을 나누어 대응하는 방안을 모색할 필요가 있다.[61)]

6) 인권의 보편성과 특수성

오늘날의 인권론자, 특히 서구의 인권론자들은 흔히 오늘날 정립된 인권이념과 그 구체적 목록들을 보편타당한 것으로 인정하고, 이를 전 세계적으로 관철시켜야 한다고 주장한다. 그런데 '오늘날 정립된 인권이념과 그 구체적 목록들'은 대부분 '근대 서구의 산물'이거니와, 그리하여 이슬람 문화권이나 유교 문화권 등에서는 서구적 인권 목록에 대해 적지 않은 저항감을 품게 되었다. 요컨대 이들은 문화다원주의에 입각하여 '자신들의 문화전통에 부합하는 인권'을 표방하는 것인바, 이로 인하여 인권의 특수성 내지는 인권의 상대주의 문제가 부각된 것이다. 그런데 멩케는 '전체주의'와 함께 '상대주의'를 '오늘날의 인권 체제에 대한 적(敵)'으로 지목하고 있다.[62)]

나치즘과 스탈린주의 등 전체주의가 인권에 대한 적이라는 점에 대해서는 누구나 수긍할 것이다. 그러나 상대주의의 문제는 간단한 것이 아니다. 원론적으로는 인권을 옹호하면서도, '인권의 구체적 내용은 각각의 문화적 전통에 따라 다를 수 있다'는 맥락에서 상대주의를 지지하는 사람들이

---

61) 멩케가 "모든 인권이 필수적인 요소로서 함께 전체를 이룬다."는 '통상적 견해'를 바탕으로 다양한 인권 상호 간의 '輕重 문제'를 논한 것과 달리, 카텝(George Cateb)은 인권의 불가분성을 '중요한 권리들'에 한해서 인정하였다. 카텝은 '중요한 권리들'로서 '생명권, 자유권, 정신적 권리, 종교적 권리, 재산권, 적법절차에 대한 권리' 등을 들고, "이들 권리들 중에 어느 하나라도 없어진다면 인권헌장에 남아있는 권리는 거의 없는 것이나 같다."고 하였다(카텝, 『인간의 존엄』, 152~153쪽).

62) 멩케 · 폴만, 『인권철학입문』, 91~92쪽.

많기 때문이다. 그리하여 '인권의 보편성과 특수성' 을 둘러싼 논쟁이 지속되고 있는데, 이러한 논쟁은 또한 '양측이 수긍할 만한 결론(해법)' 을 도출하기도 어려울 것이다.

멩케의 상대주의에 대한 비판은 두 차원에서 전개되었다. 첫째는 인권의 상대주의에는 "실제로는 대부분 부당한 지배를 유지하기 위한 이해관계가 도사리고 있다는 사실" 을 폭로하는 것이었다. 멩케가 인권에 대한 상대주의를 거론하면서 주로 염두에 둔 것은 유교 문화권과 이슬람 문화권이었거니와, 유교 문화권과 이슬람 문화권의 논자들은 자신들의 부당한 지배를 유지하기 위해 '서구와 다른 인권 개념' 을 표방한다는 것이다.63) 둘째는 유교 문화권과 이슬람 문화권의 인권 개념은 인권의 핵심이라 할 수 있는 '주관적 권리(자유)' 와 '신체의 불훼손' 을 철저하게 보장하지 않는바, 따라서 그것은 '참된 인권' 이 아니라 '유사(類似) 인권' 에 불과하다는 것이다.64)

멩케는 이처럼 '아시아적 인권 개념' 을 혹평하지만, 한편으로는 '상대주의' 가 인권 담론에 기여하는 점을 다소나마 인정하였다. 멩케는 다음과 같이 말한다.

> 오늘날 인권이념을 전파하려는 사람은 상대주의 입장에서 인권이념을 반박하는 이들과 맞닥뜨릴 경우 논리적 곤경에 빠지기 쉽다. (…) 그러나 동시에, 즉 판이하게 다른 세계관의 병존은 우리에게 무릇 인간이란 존재에 대해 단수형으로 이야기하는 것이 매우 문제가 많다는 사실을 가르쳐준다. 인간은 문화에 따

63) 멩케 · 폴만, 『인권철학입문』, 94쪽. 그런데 멩케는 '서구의 인권 보편주의' 역시 권력적 이해관계를 본질로 삼고 있었다는 점을 인정하고, 따라서 보편주의-상대주의 논쟁에서 '권력적 이해관계' 문제는 '차치할 수 있는 것' 이라고 보았다(『인권철학입문』, 97~98쪽).

64) 멩케 · 폴만, 『인권철학입문』, 118~119쪽, 199쪽.

라, 그리고 또 시대에 따라 서로 너무도 다른 존재들이기 때문이다.[65)]

위에 보이듯이, 멩케는 '인간에 대해 단수형으로 이야기하는 것이 매우 문제가 많다는 사실' 을 인정했는데, 이는 상대주의자들의 문제의식을 일정 부분 수용한 것이다. 그리하여 멩케는 인권의 보편주의를 옹호하면서도, 상대주의의 도전을 극복하기 위하여 두 가지 전략을 취한다.

첫째, '보편주의' 가 아니라 '보편화' 를 추구하는 것이다. 멩케는 '우리가 목격할 수밖에 없는 실제적 차이를 간과하고 보편주의를 선포하는 것' 에 대해 다음과 같이 비판한다.

> 그렇게 보편주의를 선포하는 행위는 스스로가 반대하는 종족문화중심주의로 전화될 우려가 있다. 이는 자신의 것이 진정으로 인간적인 것이고 타자는 오직 야만적일 뿐이라고 바라보는 태도이다. (…) 보편주의가 야만으로 전화될 위험은 오늘날까지 서구의 식민주의 및 제국주의의 역사를 지배하고 있다. 서구의 식민주의와 제국주의는 (거의) 항상 인류의 이름으로 작동해 왔던 것이다. 스페인의 중남미 정복은 인디오도 포함하는 모든 사람의 진정한 신앙에 대한 권리를 명분으로 내세웠다. 영국의 인도 정복은 인도 주민들도 경제적 · 기술적 · 도덕적 '문명' 발전에 참여할 권리가 있다는 것을 명분으로 내세웠다. 인권은 이러한 그릇된, 억압적 보편주의와 결별하고자 한다.[66)]

멩케는 인권 보편주의가 '인권제국주의'[67)]의 도구로 전락했던 역사를

65) 멩케 · 폴만, 『인권철학입문』, 87~88쪽.

66) 멩케 · 폴만, 『인권철학입문』, 99쪽.

67) '인권제국주의' 를 간명하면서도 신랄하게 비판한 문건으로는 호이어 · 쉬르머, 강현석 역, 〈인권제국주의〉, 『길』, 1998년 5월호, 154~159쪽 참조. 멩케는 '불량국가' 에 대한 '군사적 개입' 을 허용했는데, 호이어와 쉬르머는 '불량국가' 에 대한 '군사적

직시하면서, '보편주의' 가 아닌 '보편화' 를 내세운 것이다. 멩케가 말하는 '보편화' 는 월저(Michael Walzer)의 '반복적 보편주의' 를 염두에 둔 것으로서, 이는 인권은 '언제 어디서나 항상 동일한 법칙' 이 아니라 '각각의 새로운 상황 속에서 반복적으로 실천되면서 (부분적으로) 변하는 것' 이라는 의미였다.[68] 요컨대 이는 '이미 확정된 법칙을 모든 경우에 무차별적으로 적용하는 것' 이 아니라, '하나의 예(例)를 부분적으로 변화시키면서 각각의 새로운 상황에 적용하는 것' 이다.

둘째, 보편화시킬 인권의 목록을 최소화하는 것이다. 멩케는 다음과 같이 말한다.

> 문화에 따라 변치 않는 그러한 최소인간학 또는 부분인간학의 규정들은 (…) 무엇이 '인간을 인간으로서' 가능하게 만드는가에 대해 숙고함으로써 얻어야 할 것이다. 그러니까 인간 일반의 '가능성의 조건' 이 여기서 핵심 사안인 것이다. 좋은 인간에 대한 규범적 인간학과 비교해 단지 인간이라는 것에 대한 그러한 이론은 오직 몇몇 소수의 최소 규정들만을 포함할 뿐이다. 그러나 그것은 모든 문화에 대해 유효한 인권의 목록이 있다고 할 때 이것에 근거를 제공할 수 있을 정도로 근본적이고 논란의 여지가 없는 규정들이어야 할 것이다.[69]

멩케에 의하면, 보편적 인권의 목록은 '좋은 인간' 을 지향하는 것이 아니라 다만 '인간 일반의 가능성의 조건' 을 지향하는 것으로서, 근본적이고 논란의 여지가 없는 몇몇 소수의 최소 규정들만 포함해야 한다는 것이다.

논자는 위와 같은 멩케의 두 전략에 대해 원론적으로 동의하는바, 다만

개입' 도 인권제국주의의 일환일 뿐이라고 비판했다.

68) 멩케 · 폴만, 『인권철학입문』, 100~102쪽.

69) 멩케 · 폴만, 『인권철학입문』, 108쪽.

다음의 두 가지를 지적하고자 한다.

첫째, 멩케는 '인권의 불가분성' 에 대한 생각을 보다 정밀하게 다듬어야 한다는 점이다. 멩케는 보편적 인권은 '근본적이고 논란의 여지가 없는 몇몇 소수의 최소 규정들만 포함해야 한다' 고 했다. 그렇다면 지금 현재 통용되는 각국의 인권 목록 가운데 태반이 보편적 인권의 목록에서 누락될 것이다.[70] 그런데 멩케처럼 '다양한 인권들은 하나의 전체(set)로서 분할할 수 없다' 고 주장한다면, 현행 인권목록의 태반을 누락시킨 '보편적 인권목록' 은 심각한 인권침해에 해당될 것이다. 이러한 문제점을 해결하려면, 논자가 앞에서 제안했듯이, 인권의 불가분성을 기본권의 영역에 한정시키고, 그 기본권을 보편적 인권목록으로 삼으면 될 것이다. 그 밖의 자잘한 인권목록은 '분할할 수 있는 독립적인 요소' 로 취급하여, 각각의 사회에서 가감할 수 있는 대상으로 삼아야 할 것이다.

둘째, 전통 유학〔朱子學〕의 이일분수론(理一分殊論)이나 강목론(綱目論)이라는 개념의 틀을 원용한다면 멩케가 말하는 '반복적 보편화' 나 '최소 규정' 의 문제를 보다 명확하게 체계화할 수 있다는 점이다. '이일분수(理一分殊)' 란 이 세계의 이법은 하나이지만〔理一〕, 그것은 각자의 여건에 따라 여러 양상으로 드러난다〔分殊〕는 것이다. 이를 강목론과 연결시키면, '강령(綱領)' 은 동서고금의 보편 규범으로서 '이일(理一)' 에 해당하고, '절목(節目)' 은 시대와 장소에 따라 다를 수 있는 특수규범으로서 '분수

70) 예컨대 렌드먼(Todd Landman)은 '국제인권법상 인정되는 인권목록' 을 60개로 제시한 바 있는데(조효제, 『인권의 문법』, 115쪽 참조), 탤벗은 '보편적 인권의 목록' 을 9개(① 신체적 안전에 대한 권리 ② 육체적 생존에 대한 권리 ③ 아동의 권리 ④ 교육에 대한 권리 ⑤ 언론의 자유 ⑥ 사상과 표현의 자유 ⑦ 결사의 자유 ⑧ 개인적 자율의 영역에 대한 권리 ⑨ 정치적 권리)로 제시한 바 있다(탤벗, 『인권의 발견』, 317쪽 참조). 이 두 사람의 견해를 동시에 수용한다면, 오늘날 '국제인권법상 인정되는 인권목록' 가운데 '보편적 인권' 으로 인정될 수 있는 것은 '6분의 1' 에 불과한 것이다.

(分殊)'에 해당한다.[71] 이를 '인권의 보편성과 특수성' 문제에 적용시키면, 모든 인류는 기본권을 보편적 인권으로 공유하면서도(理一, 綱領), 각각의 문화 전통이나 현실 여건을 반영한 자잘한 권리 목록을 갖춤으로써(分殊, 節目), 보편성과 특수성을 함께 구현할 수 있는 것이다.

3. 결론

이상에서 멩케의 인권철학에 대해 여섯 가지의 문제를 제기하고 비판적으로 논의했다. 그 가운데 세 가지 문제(① 인권은 '인간 본성'의 산물인가, '역사적 경험'의 산물인가? ⑤ 다양한 권리들은 '不可分'한 것인가? ⑥ 인권의 보편성과 특수성)는 비교적 사소한 논점이다. 이에 대해서는 멩케와 논자 사이에 약간의 견해 차이를 수정하거나, 멩케가 자신의 개념들 사이의 논리적 관계를 약간 조정하면, 쉽게 합의에 도달할 수 있을 것이다.

그러나 다른 세 가지 문제(② '주관적 권리'와 서구중심적 인권담론 ③ 惡漢도 선량한 사람과 동등하게 인권을 누려야 하는가? ④ 왜 '불량인간'과 '불량국가'를 다르게 취급하는가?)는 매우 중요하고도 본질적인 논점으로서, 이에 대해서는 멩케와 논자 사이에 타협의 여지가 별로 없을 것이다. 따라서 이에 대해서는 더 많은 철학자들이 참여하여 허심탄회한 대화를 나눔으로써, 본질적인 의견의 차이를 좁혀나가야 할 것이다.

멩케의 『인권철학입문』의 특별한 공헌 가운데 하나는 '인간의 존엄성' 문제에 관한 여러 철학자들의 다양한 견해를 체계적으로 분류하고, 명쾌하게 설명해주었다는 점이다. 인권과 인간의 존엄성은 동전의 양면과 같

71) 이에 대한 자세한 논의는 拙著, 『儒教傳統과 自由民主主義』, 264~271쪽 참조.

은 관계이다. 많은 인권사상가들이 인권보호의 당위성을 인간의 존엄성에서 찾으면서도, 정작 인간의 존엄성 문제에 대해서는 대부분 특별한 논의를 전개하지 않았는데, 멩케는 이에 많은 공력을 들여 독자(讀者)들의 이해를 도왔다.

그럼에도 불구하고, 본고에서는 '인간의 존엄성' 문제에 대해서는 아무런 논의를 하지 못했다. 그것은 이 문제가 매우 중요하면서도 장황한 논의가 필요하기 때문이었거니와, 이에 대해서는 별도의 기회에 본격적으로 논의하고자 한다.[72]

---

72) 이 책의 제10장, 〈'인간의 존엄성' 에 대한 새로운 접근법〉 참조.

제8장

레이첼즈의 '도덕적 개체주의'와 유교

1. 서론

오늘날의 생태주의자들이 흔히 지적하듯이, 서양의 전통 도덕은 인간을 자연세계의 주인으로 규정하여 자연의 모든 것들을 마음대로 활용할 수 있다고 보았는데, 이러한 생각은 마침내 '생태계의 파괴'라는 재앙을 초래하였다. 서양의 전통 도덕은 또한 인간과 동물 사이에 '심원한 간극(間隙)'을 설정하여 인간의 존엄성을 설파하고 다른 동물들을 인간의 행복한 삶을 위한 수단으로 격하시켰는데, 이러한 생각은 '인간 생명에 대한 신성화'와 '동물에 대한 학대'를 초래하였다.

현대 미국의 철학자 레이첼즈(James Rachels, 1941~2003)는 『동물에서 유래된 인간』에서 다윈(Darwin)의 진화론에 입각하여 서양의 전통적 윤리설을 근본적으로 비판했다. 일찍이 다윈은 인간과 동물이 본래 '공동의 조상'에서 서로 다르게 진화한 것임을 밝혔거니와, 이는 인간과 동물 사이의 '연속성'을 해명함으로써, 인간과 동물 사이의 '심원한 간극'이라는 전통 도덕의 토대를 무너뜨린 것이다. 레이첼즈는 이를 바탕으로 서양의 전통 도덕을 비판하고 새로운 도덕을 제창한 것이다.

'동물에서 유래된 인간(Created from Animals)' 이라는 말 자체가 시사하듯, 다윈주의자 레이첼즈는 인간과 다른 동물이 크게 다르지 않다고 보았다. 그는 인간의 특별한 존엄성 자체를 부인한다. 그는 인간의 존엄성을 특별하게 부각시켰던 기존의 윤리설들을 '인간중심적 종차별주의(種差別主義, speciesism)' 로 규정하고, 인간이든 동물이든 각각의 개별자의 특징에 맞게 대우해야 한다는 '도덕적 개체주의(moral individualism)' 를 표방했다. 이제는 '어떤 개체가 속한 種' 이 중요한 것이 아니라, '개체 자신의 실질적 특징' 이 중요하다는 것이다.

레이첼즈의 이러한 주장은 여러 측면에서 중요한 의미를 지닌다. 긍정적인 측면에서 보자면, 동물의 위상을 높여주어 동물에 대한 학대를 예방하며, 나아가 생태계 보호 내지 자연보호에 크게 기여할 수 있는 것이다. 그러나 부정적인 측면에서 보자면, '인간 생명의 가치를 절하한다' 는 점, 즉 '인간의 존엄성' 을 손상시킬 수 있다는 점이 우려되는 것이다. 그는 전통 도덕에 대해서는 "인간의 생명에 지나칠 정도로 많은 가치를 부여했다"[1]고 평하고, 다윈주의에 대해서는 "인간의 생명이 가치가 있다고 설명할 수 있는 자원을 그다지 남겨 놓지 않는다"[2]고 평한 바 있는데, 그의 도덕적 개체주의는 다윈주의에 입각한 것이다.

한편 전통 유교, 특히 성리학(性理學)에서는 '인간과 동물의 연속성' 을 주장하면서도 '인간은 만물의 영장(靈長)' 이라는 입장을 견지하였다. 그 결과 성리학에서는 '동물에 대한 애호' 를 설파하면서도 한편으로는 '인간에 대한 우대' 를 강조했던 것이다. 요컨대 전통 유교는 '동물에 대한 애

1) 레이첼즈, 『동물에서 유래된 인간』, 373쪽.

2) 레이첼즈, 『동물에서 유래된 인간』, 359쪽.

호' 라는 측면에서는 다원주의와 궤를 같이하면서도, '인간에 대한 우대' 라는 점에서는 다원주의와 궤를 달리하는 것이다.

이에 본고에서는 다원주의와 레이첼즈의 도덕적 개체주의를 개관하고, 이를 전통 유교의 입장과 대조해 본 다음, 유교적 입장에서 레이첼즈의 도덕적 개체주의에 대해 비판적 논의를 제기해 보고자 한다.

2. '인간의 존엄성' 문제 : 진화론과 유교

1) 서구의 전통적 입장 : '神의 형상 테제' 와 '합리성 테제'

레이첼즈는 '인간의 존엄성' 문제에 대한 서구의 전통적 설명 방식을 둘로 요약했다. 서구의 전통에서 인간의 존엄성은 '인간은 이성적 존재' 라는 '합리성 테제(rationality thesis)' 와 '인간은 神의 형상을 지니고 태어났다' 는 '神의 형상 테제(image of God thesis)' 로 설명되어 왔다는 것이다.

'神의 형상 테제' 는 기독교에서 유래하는 관념으로서, 인간은 특별히 '神의 형상' 에 따라 창조되었으므로, 다른 피조물들과는 달리 특별히 존엄하다는 주장을 말한다. 기독교의 가르침에 의하면, 인간은 하나님의 형상대로 창조된 존재로서, 하나님은 인간에게 특별히 복(福)을 주셨고, 하나님의 뜻을 대행하여 만물을 다스리게 했다.[3] '神의 형상 테제' 에 따르면, 인간은 특별하며, 다른 피조물들과는 달리 인간은 神의 사랑과 관심의 대상이다. 神의 형상을 따라 만들어지지 않은 다른 피조물들은 인간이 사용하기 위해 제공되었다. 이러한 주장을 통해 인간은 神을 제외하고는 전 우

---

3) 『聖經』 〈創世記〉 제1장 제26절~제28절 참조.

주적 드라마의 주인공이 된다. 이러한 맥락에서 레이첼즈는 '神의 형상 테제' 의 구체적 함의를 다음과 같이 설명한다.

> 인간의 역사를 통틀어 神은 성인(聖人)들과 예언자를 매개로 인간과 의사소통을 하면서 계속적으로 인간을 돌보아 주었고, 상호작용을 해 왔다. 神이 전한 내용 중의 하나는 우리가 어떻게 살아야 할지에 대한 지침이 될 수 있는 일련의 명령이다. 우리는 동료 인간들을 살해해서는 안 되고, 그들에게 거짓말을 해서도 안 되며, 그들을 혹사해서도 안 된다. 그들의 삶은 신성하다. 그들의 필요는 항상 고려의 대상이 되어야 하며, 그들의 권리는 항상 존중되어야 한다. (…) 서구의 종교적 전통에서 동물은 현저하게 다른 방식으로 언급된다. 神은 동물을 제공하여 인간이 활용할 수 있게 했으며, 동물들은 인간의 쾌락을 위해서 사용되고, 일을 하고, 살해되고, 식량이 되었다. 다른 피조물들과 마찬가지로 동물들은 인간에게 도움이 되기 위해 존재한다.[4)]

요컨대 '神의 형상 테제' 는 인간을 神에 준하는 목적적 존재로 격상시키고, 그 밖의 모든 피조물들을 인간의 삶을 위한 수단적 존재로 격하시킨 것이다. 그 결과 인간들 사이에는 상호존중의 의무가 부여된 반면, 인간과 다른 피조물들 사이에는 '인간은 다른 피조물들을 마음껏 활용할 권리가 있다' 고 인식하게 되었다.

'합리성 테제' 는 그리스적 전통에서 유래하는 관념으로서, 인간은 특별히 이성을 지니고 있으므로, 다른 동물들과는 달리 특별히 존엄하다는 주장을 말한다. '합리성 테제' 는 인간의 영혼을 '이성, 기개(氣槪, 격정), 욕구' 의 세 부분으로 설명하는 플라톤의 '영혼삼분설' [5)]에서 기원한다. 플라

---

4) 레이첼즈, 『동물에서 유래된 인간』, 169쪽.

5) 플라톤, 『국가』, 440a~442d.

톤에 의하면, 이성은 '사람 속의 사람'에 해당하고, 기개는 '사람 속의 사자(獅子)'에 해당하며, 욕구는 '사람 속의 짐승'에 해당한다.[6] 요컨대 '사람'이라는 탈(형체) 속에는 '사람'의 요소도 있고, '사자'의 요소도 있으며, '짐승'의 요소도 있다는 것이다. 이러한 비유는 사람을 사람답게 만드는 요소는 이성이며, 짐승에게는 이성이 없다는 뜻을 함축한다.

아퀴나스(Thomas Aquinas)가 "자비(慈悲)는 이성 능력을 갖추지 못한 존재에 까지 확대되지 않으며," 야수들은 인간을 위해 존재할 따름이라고 주장했던 것처럼,[7] '합리성 테제' 역시 인간만을 목적적 존재로 규정하고 다른 동물들을 수단적 존재로 격하시키는 역할을 해 왔다. 요컨대 '합리성 테제'는 인간을 이성적 동물로 규정하고, '이성을 지닌 인간'을 존엄한 존재로 부각시키면서, '이성이 결여된 동물들'에 대해서는 수단적 지위로 격하시키는 것이다. 이에 대해 레이첼즈는 다음과 같이 말한다.

> 인간의 정신 능력 — 자연의 다른 곳에서 발견되는 그 무엇과도 견줄 수 없는 능력 — 이 유일무이하다는 관념은 인간이 神의 형상을 본떠서 창조되었다는 관념을 세속적으로 표현했다고 생각해 볼 수 있을 것이다. 그런데 이러한 관념은 우리의 도덕 체계에서도 마찬가지의 역할을 한다. 즉 이는 도덕적 관점에서 인간이 특별하다는 관념을 지지해 주는 것이다. 이는 神의 형상 테제가 부정된다고 해도 그와 짝을 이루는 도덕적 관념이 포기될 필요가 없음을 의미한다. 종교를 거부하는 세속의 사상가들은 인간의 존엄성에 대한 믿음을 고수할 수 있으며, 인간의 유일무이한 합리성을 지적함으로써 자신의 입장을 정당화할 수 있다.[8]

6) 플라톤, 『국가』, 588c~d.
7) 레이첼즈, 『동물에서 유래된 인간』, 244쪽.
8) 레이첼즈, 『동물에서 유래된 인간』, 171쪽.

레이첼즈에 의하면, '神의 형상 테제' 와 '합리성 테제' 는 서로 '표리(表裏)의 관계' 라는 것이다. 실제로 몇몇 신학자(神學者)들은 '인간이 하나님의 형상대로 창조되었다' 는 것은 인간이 '지적(知的, 理性的) 성품' 과 '도덕적 성품' 을 지녔다는 것을 뜻한다고 해석하기도 한다.[9] 그런데 합리성 테제는 神의 존재를 전제하지 않기 때문에, 종교를 거부하는 세속적 사상가들도 합리성 테제를 통해 인간의 존엄성을 옹호하기가 쉽다는 것이다.

이상에서 '합리성 테제' 와 '神의 형상 테제' 를 살펴보았거니와, 레이첼즈는 이러한 서구의 전통적 인간중심주의가 지닌 함의를 다음과 같이 정리했다.

첫째, 인간은 성스럽거나 특별히 중요한 존재이다. 따라서 도덕의 주요 관심사는 인간을 보호하고 배려하는 데 있어야 한다.

둘째, 인간 아닌 동물들은 전혀 도덕적 지위를 갖지 않는다. 이에 따라 우리는 필요하다고 생각할 때 그들을 이용할 수 있다.[10]

그런데 다윈의 진화론에 입각할 때 위와 같은 주장들을 더 이상 용납할 수 없다는 것이 레이첼즈의 기본적 문제의식이었다.

2) 다윈의 진화론과 그 함의

그렇다면 다윈의 진화론이 '인간의 존엄성' 문제에 대해 함축하는 바를 살펴보기로 하자. 위에서 살핀 것처럼, 서양에서는 전통적으로 '神의 형상 테제' 와 '합리성 테제' 를 통해 인간의 존엄성을 옹호하였다. 다윈의 진화론은 바로 이 두 명제를 무너뜨리는 것이다. 진화론에 의하면, 인간을 포함하여 모든 생명체는 공동의 조상으로부터 진화된 것이다. 그렇다면 인간

---

9) 칼 헨리 편, 『基督教教理論說』, 132~133쪽.

10) 레이첼즈, 『동물에서 유래된 인간』, 168쪽.

과 다른 동물은 유사한 점이 많을 것인바, 따라서 '인간만이 神의 형상을 지닌다' 거나 '인간만이 이성을 지닌다' 고 고집하기 어려운 것이다.

먼저 '神의 형상 테제' 에 대한 반론을 살펴보자. 다윈에 의하면, 인간은 영장류이면서 포유류인 동시에 척추동물이다. 그런데 이것이 진화의 계통에 대한 분류방식이라 할 수 있다면, 인간 또한 특정한 진화 계통에 속해 있음이 분명하다는 것이다. 레이첼즈는 이를 다음과 같이 설명한다.

> 우리는 원숭이들과 관련성을 갖는다. 이렇게 말할 수 있는 이유는 원숭이들과 마찬가지로 우리 또한 영장류이기 때문이다. 모든 세세한 생물학적 구성방식이 이와 같은 유사성을 입증한다. 다윈은 인간과 원숭이가 총체적인 해부학적 측면에서 뿐만 아니라 극히 세부적인 측면, 심지어 뇌의 세세한 부분까지도 구조적으로 유사하다는 사실을 강조했다. "인간 뇌의 주요한 모든 고랑과 주름은 해부학적으로 오랑우탄과 다를 바 없다." 또한 인간과 원숭이는 상당수 동일한 기생충의 숙주가 되며, 여러 약제나 화학물질 — 다윈은 여기에 위스키도 포함된다고 말했다 — 에 유사한 반응을 나타낸다. 우리의 진화사(進化史)에 대한 더욱 극적인 증거는 흔적기관에 대한 연구를 통해 나타났다. (…) 이들로 미루어 보았을 때, 인간은 여타 자연계를 주조했던 동일한 힘이 작용하여 탄생했음이 분명하다.[11)]

침팬지나 고릴라 · 원숭이 등 여러 영장류들은 인간과 '전체적인 생김새' 뿐만 아니라 '신체 각 부분의 구조와 기능' 까지도 매우 유사하다. 따라서 '인간만이 神의 형상을 지닌다' 는 주장은 비교적 쉽게 부정할 수 있다. 더군다나 다윈의 진화론은 기독교의 창조론(創造論) 자체를 뒤집는 것인

11) 레이첼즈, 『동물에서 유래된 인간』, 109~111쪽.

바, 그렇다면 〈창세기(創世記)〉에 근거한 '神의 형상 테제'는 더더욱 설 자리가 없게 된다.

이제 '합리성 테제'에 대한 반론을 살펴보자. 다윈에 의하면 인간만이 합리성을 갖춘 것이 아니요, 지렁이처럼 저급한 동물마저도 낮은 수준이나마 합리적 능력을 갖추고 있다. 뿐만 아니라 다른 동물들도 서로 의사를 소통할 수 있는 신호 체계를 갖추고 있으며, 더군다나 타자를 배려하는 도덕적 능력까지 지니고 있다. 그 주요 내용을 소개하면 다음과 같다.

첫째, 동물도 '쾌락과 고통을 느낄 수 있는 능력〔快苦感受能力〕'을 지닌다는 것이다. 데카르트는 동물은 정신을 갖지 않으며, 따라서 동물은 '고통을 포함하여 어떤 종류의 의식 작용도 없는 기계'에 불과하다고 보았다. 데카르트의 이러한 설명은 동물에 대한 학대를 정당화할 수 있는 논거가 되었다. 그러나 다윈은 동물의 신경계, 행동, 고함이 우리 인간의 신경계, 행동, 고함과 유사한 것이라고 보았다. 동물과 우리는 동일한 조상에게서 공통적으로 그러한 특징을 물려받았다는 것이다.[12]

둘째, 동물도 '합리적 능력'을 지닌다는 것이다. 다윈에 의하면, 원숭이는 경험을 통해 실수를 반복하지 않는 방법을 터득한다. 다윈은 원숭이와 같은 고등동물은 물론 지렁이처럼 하등동물조차도 때때로 '본능'이 아니라 '합리적 능력'을 이용하여 행동한다고 설명했다. 같은 맥락에서 다윈은 매우 진지하게 '벌레들의 정신 능력'을 탐구했다. 다윈은 예컨대 벌레들이 "단지 먹기 위해서가 아니라 숨어 있는 구멍 입구를 막기 위해 잎사귀를 잡아서 자신들의 구멍으로 끌어가는 것"을 관찰하고, 이는 본능 가설이나 시행착오 가설로는 설명할 수 없는 사례로서 "비록 하등 생물이지만 벌레들이 일정 정도의 지능을 소유하고 있다"고 확신하였다.[13]

---

12) 레이첼즈, 『동물에서 유래된 인간』, 245~247쪽.

13) 레이첼즈, 『동물에서 유래된 인간』, 251~254쪽.

셋째, 동물도 '언어 능력'을 지닌다는 것이다. 다윈은 "나는 다른 동물과 자연의 다양한 소리, 그리고 인간 자신의 본능적인 울부짖음을 모방하거나 변형한 데서 언어가 유래했으며, 여기에 손짓과 몸짓이 가미되었음을 의심할 수 없었다."고 설명했다. 인간의 언어는 원시적인 신호 체계가 자연스레 확장된 것에 불과하다는 것이다. 이러한 맥락에서, 다윈은 인간의 언어 사용 방식은 다른 동물이 사용하는 신호 체계와 질적인 차이가 아니라 정도의 차이를 보여 주는 데 불과하다고 보았다.[14)]

넷째, 동물도 '도덕적 능력'을 지닌다는 것이다. 다윈은 "인간 아닌 동물은 도덕적 능력이 그다지 발달된 편이 아니다. 하지만 그들은 인간에게서 도덕의 토대가 되는 능력과 동일한 능력을 갖추었다."고 보았다. 다윈에 의하면 '도덕 감정'은 근본적으로 '사회적 본능'과 동일한 것이다. 사회적 본능으로 인해 우리는 우리 자신의 협소한 이익을 극복할 수 있으며, 공동체 전체에 선이 되는 바를 행하게 된다. 그런데 다른 동물 또한 사회적 본능을 갖추고 있으며, 동료들의 이익을 위해 자기희생적으로 행동한다. 따라서 다른 동물들도 우리 인간처럼 도덕적으로 행동한다고 생각해야 한다는 것이다.[15)]

이상에서 인간과 다른 동물들의 '정신 능력' 또는 '합리적 능력'에 대한 다윈의 설명을 살펴보았다. 다윈에 의하면 동물들의 '정신 능력' 또는 '합리적 능력'은 종(種)에 따라 다양한 편차를 지니지만, 대부분의 동물들이 이러한 능력들을 지니고 있음만은 분명하다. 또한 하등 동물과 인간의 '합리성 능력'의 격차는 형언할 수 없이 크지만, 고등 동물과 인간의 격차는 그렇게 크지 않다. 다윈은 "근본적으로 보았을 때 인간과 고등 포유류 사이에는 정신 능력의 차이가 없다"고 단언하였다.[16)] 다윈의 이러한 주장

14) 레이첼즈, 『동물에서 유래된 인간』, 257~258쪽.

15) 레이첼즈, 『동물에서 유래된 인간』, 274~275쪽.

에 따라, 레이첼즈 역시 인간의 합리적인 능력이 다른 동물을 훨씬 능가한다는 점을 인정하면서도, '그 차이는 질적인 것이 아니라 단지 정도의 차이에 불과하다' 고 설명한다. 레이첼즈는 결론적으로 다음과 같이 말한다.

> 다윈주의는 인간이 神의 형상에 따라 창조되었다는 생각과 인간만이 유일한 이성적 존재라는 생각을 모두 훼손한다. 나아가 다윈주의가 옳을 경우 인간이 존엄하다는 생각을 뒷받침하는 어떤 다른 방식이 발견될 가능성은 거의 없다. 이에 따라 인간이 존엄하다는 생각은 신뢰를 상실한 형이상학의 도덕적 잔재임이 밝혀지게 된다.[17)]

진화론에 따르면 인간은 다른 동물들과 함께 진화한 것인바, 그렇다면 인간과 다른 동물 사이의 '본질적 차별성' 을 설정하기 어렵다.[18)] 오늘날 진화론은 충분히 입증된 '과학적 정설(定說)' 로 인정받고 있다. 이러한 맥락에서 레이첼즈는 '인간이 존엄하다' 는 생각을 더 이상 옹호하기 어려운 '구시대의 유물' 로 규정한 것이다. 그렇다면 동양의 유교적 전통에서는 인간의 존엄성 문제를 어떻게 설명해 왔는지 살펴보기로 하자.

3) 인간의 존엄성에 대한 유교적 해명

전통 유교에서도 '인간은 만물의 영장(靈長)' 이라는 생각을 바탕으로 '인간의 존엄성' 을 설파하였다. 그런데 유교에서는 인간을 '만물의 영장'

---

16) 레이첼즈, 『동물에서 유래된 인간』, 250쪽.

17) 레이첼즈, 『동물에서 유래된 인간』, 21쪽.

18) 오늘날의 靈長類 학자 드 발(Frans De Waal) 역시 哺乳類와 靈長類가 인간처럼 사고능력과 도덕능력을 지니고 있다는 점을 역설한 바 있다(드 발, 『착한 인류』, 217~219쪽, 328~331쪽 참조).

으로 규정하면서도, 인간의 지위를 만물과는 본질을 달리하는 '독존적(獨尊的)인 것' 으로 규정하지 않았다. 이처럼 만물과의 연장선상에서 인간의 위상을 논하는 태도는 송대(宋代)의 성리학(性理學)에서 더욱 분명하게 드러난다.

먼저 인간의 존엄성에 대한 유교 경전의 설명을 살펴보자. 『효경(孝經)』에서는 "천지(天地)의 본성은 사람을 귀하게 여긴다"[19]고 했다. 『중용(中庸)』에서는 '인간의 지위' 를 천 · 지(天地)와 더불어 '삼재(三才)' 를 이루는 것으로 설명했다. 인간은 만물의 우두머리로서, 그 위상은 천 · 지와 대등하다는 것이다. 인간이 자신의 본성을 올바로 발휘하면 "천지가 제 자리를 잡고, 만물이 자라난다"[20]는 것이며, 참된 인간은 "천지의 화육(化育)을 도와, 천지에 참여할 수 있다"[21]는 것이다.

송대 성리학에서는 '인간과 만물의 동 · 이(同異)' 를 설명하는 데 많은 관심을 기울였다. 먼저 주렴계(周濂溪)의 〈태극도설(太極圖說)〉을 보자.

> 태극이 움직여 양(陽)을 낳는다. 움직임이 극에 달하면 고요해지는데, 고요하여 음(陰)을 낳는다. 고요함이 극에 달하면 다시 움직여, 한 번은 움직이고 한 번은 고요함이 서로 그 뿌리가 된다. 이렇게 하여 음과 양이 나뉘어 양의(兩儀)가 성립된다. 양과 음이 변하고 합쳐져서 수 · 화 · 목 · 금 · 토를 낳으니, 다섯 기운이 골고루 펴져 사계절이 운행된다. (…) 무극(無極)의 참된 理와 음양오행의 깨끗한 氣가 묘합(妙合)하여 엉기어, 건도(乾道)는 남(男)을 이루고 곤도(坤)道는 여(女)를 이루니, 두 기운이 서로 감응하여 만물을 화생(化生)한다. 만물이 생겨나고 또 생겨나서 변화가 끝이 없다. 오직 사람은 그 가운데 빼어난 것을 얻어

19) 『孝經』〈聖治章〉: 天地之性 人爲貴
20) 『中庸章句』 제1장.
21) 『中庸章句』 제22장.

가장 존엄하니, 형체가 이미 생겨남에 정신이 지각을 발휘한다.[22]

위에 보이듯이, 성리학에서는 우주의 생성과 운행, 인간과 만물의 화생을 모두 태극〔理〕과 음양오행〔氣〕의 묘합으로 설명한다. 위의 인용문에서 주목할 것은 '인간과 만물을 모두 음양이 감응하여 화생한 것'으로 설명한 점과 그런데 '인간은 만물보다 빼어난 기를 얻어 가장 존엄하다'고 설명한 점이다. 전자에 입각하면 인간과 만물은 동일한 원리에서 태어난 '평등한 존재'이며, 후자에 입각하면 인간은 만물보다 우수한 재질〔氣〕을 지닌 '존엄한 존재'인 것이다. 〈태극도설〉의 이러한 설명은 이후 성리학의 철칙(鐵則)이 되었거니와, 이를 보다 자세히 살펴보기로 하자.

첫째, '인간과 만물의 공통점'을 설명하는 방식이다. 인간과 만물은 '理와 氣의 결합'이라는 동일한 원리에 따라 태어났다. 앞에서 말했듯이, '理와 氣의 결합'으로 '인간과 만물의 화생'을 설명하는 것은 성리학의 기본 논리이다. 예컨대 주자는 다음과 같이 말한다.

천지의 사이에는 理와 氣가 있다. 理는 형이상(形而上)의 道로서 만물을 낳는 '本'이요, 氣는 형이하(形而下)의 器로서 만물을 낳는 '具'이다. 그러므로 사람과 만물이 태어남에, 반드시 이 理를 얻은 다음에 본성이 있고, 반드시 이 氣를 얻은 다음에 형체가 있다.[23]

위에서 말하는 '本'이란 본받고 본뜨는 '표준'을 뜻하며, '具'란 형체를 구성하는 '재료'나 '도구'를 뜻한다. 위에서는 '理(本)가 만물의 본성이 된다'고 했는데, 이는 '만물의 본성은 기본적으로 같다'는 뜻이다. 위에서

22) 『性理大全』 卷1, 〈太極圖說〉.
23) 『朱子大全』 卷58 頁5, 〈答黃道夫〉.

는 또 '氣(具)가 만물의 형체가 된다' 고 했는데, 다른 곳에서는 '마음〔心〕 역시 氣에 속한다' 고 설명했다. 요컨대 인간과 만물의 몸과 마음은 모두 氣에 속한다는 것이 성리학의 기본 관점이다. 그런데 타고난 氣에는 '편전통색(偏全通塞)의 차이' [24]가 있기 때문에, 여기에서 인간과 만물의 다양한 차이점이나 우열이 생긴다는 것이다.

둘째, '인간과 만물의 차이점' 을 설명하는 방식이다. 인간과 동물의 차이는 氣(陰陽五行)의 배합 비율의 차이에서 비롯되거니와, 인간은 음양오행을 골고루 얻어 '바르고 통한 존재' 가 되었고 다른 동물들은 음양오행을 골고루 얻지 못해 '치우치고 막힌 존재' 가 되었다. 이러한 맥락에서 『예기(禮記)』에서는 '사람이 만물보다 존귀함' 을 논하면서 "사람은 천지의 덕(德)이니, 음양이 만난 것이요, 귀신이 모인 것이며, 오행의 수기(秀氣)이다. 그러므로 사람은 천지의 마음이다." [25]라고 하였다. 율곡의 『성학집요(聖學輯要)』에서는 이에 대한 장횡거(張橫渠)의 해석을 다음과 같이 소개하였다.

> 사람은 오행의 氣를 받아 태어나서 만물 가운데 가장 존엄하니, 이것이 '인간의 우수함' 이다. 무릇 태어나는 것은 곧 '펴는 것〔伸〕' 이요, 마치는 것은 곧 '돌아감〔歸〕' 인데, 한 물체가 그 처음과 끝을 겸하였으니, 이것이 '귀신이 모인 것〔鬼神之會〕' [26]이다. '음양이 만난 것이요, 귀신이 모인 것이며, 오행의 氣인 것'

24) 성리학에서는 '인간과 다른 동물의 차이' 는 '氣의 偏全通塞' 으로 설명한다. 인간은 '음양오행을 골고루 얻어(全)' 仁義禮智信을 모두 알맞게 발휘할 수 있는 '바르고 통한 존재' 가 되었고, 다른 동물들은 '음양오행을 치우치게 얻어(偏)' 仁義禮智信 가운데 일부만 발휘할 수 있는 '치우치고 막힌 존재' 가 되었다는 것이다. 한편, '인간 상호 간의 차이' 는 '氣의 淸濁粹駁' 으로 설명한다. '淸(맑음)과 濁(흐림)' 은 '知' 의 능력과 관계되고, '粹(깨끗함)과 駁(더러움)' 은 '行' 의 능력과 관계된다. 예컨대 氣가 淸粹한 사람은 지혜롭고 착하나, 氣가 濁駁한 사람은 어리석고 악하다는 것이다.

25) 『禮記』〈禮運〉: 人者 其天地之德 陰陽之交 鬼神之會 五行之秀氣也 故人者 天地之心也

은 만물이 태어날 때 모두 그런 것인데, 사람은 빠짐없이 갖춘 것이다.[27]

위의 인용문에서 주목할 것은 마지막 문장이다. 장횡거에 의하면, '음양이 만난 것이요, 귀신이 모인 것이며, 오행의 氣인 것' 이라는 점에서는 사람과 만물이 같다. 그런데 사람은 '오행 가운데 빼어난 氣(秀氣)' 를 얻었기 때문에, 만물이 '오상(五常, 仁義禮智信)의 일부' 만 발휘할 수 있음에 반하여 사람은 '오상의 전부' 를 골고루 발휘할 수 있다는 것이다.

이상에서 살핀 것처럼, 성리학에서는 인간과 다른 동물의 공통점과 차이점을 동시에 유의했다. 이제 주자의 다음과 같은 말을 보자.

'만물이 하나의 근원임' 을 논하면 理는 같고 氣는 다르나〔理同而氣異〕, '만물이 서로 다른 실체임' 을 살피면 氣는 오히려 서로 근사하나 理는 절대로 같지 않다〔氣猶相近而理絶不同〕.[28]

'氣가 서로 근사함〔氣相近〕' 은 추위와 더위를 알고, 굶주림과 배부름을 알며, 삶을 좋아하고 죽음을 싫어하며, 이익을 좇고 손해를 피하는 것 등은 사람과 만물이 모두 일반인 것과 같다. '理는 같지 않음〔理不同〕' 은 벌과 개미에게 군·신(君臣)의 관계가 있는 것은 다만 義에 있어서만 한 군데 밝은 것이며, 범과 이리에게 부·자(父子)의 관계가 있는 것은 다만 仁에 있어서만 한 군데 밝은 것으로서, 그밖에는 더 미루어나가지 못하는 것이다. 이는 어떤 거울이 다른 곳은 모두 어두운데 중간에 다만 한 군데만 밝게 빛나는 것과 흡사하다.[29]

---

26) 주지하듯이, 성리학에서는 '鬼神' 을 도깨비나 달걀귀신 등의 부류로 해석하지 않고 '陰陽의 良能' 또는 '陰陽의 屈伸' 으로 해석한다.

27) 『栗谷全書』 卷20 頁45.

28) 『朱子大全』 卷46 頁15, 〈答黃商伯〉.

29) 『朱子語類』 卷4(중화서국본 57쪽).

만물은 모두 하나의 근원을 함께 지닌다. 성인(聖人)이 자기의 본성을 다 발휘함으로써 다른 사람의 본성을 다 발휘하게 하고 나아가 사물의 본성을 다 발휘하게 할 수 있는 까닭은 하나의 근원을 함께 지니고 있기 때문이다. 만약 이 하나의 근원을 함께 지니고 있지 않다면, 사람은 스스로 사람의 본성을 지니고 있고 사물은 스스로 사물의 본성을 지니고 있을 뿐이니, 어떻게 모두 발휘하게 할 수 있겠는가?(…) 범과 이리의 仁과 땅강아지와 개미의 義는 곧 오상(五常)의 본성에 속하는 것인데, 다만 품수한 바가 적어 인간이 (五常의) 전체를 품수한 것과 다르다.[30)]

위의 첫째 인용문은 주자의 〈답황상백(答黃商伯)〉에 보이는 내용이며, 둘째 인용문은 첫째 인용문을 해설한 것이다. 주자는 "추위와 더위를 알고, 굶주림과 배부름을 알며, 삶을 좋아하고 죽음을 싫어하며, 이익을 좇고 손해를 피하는 것 등은 사람과 만물이 모두 일반"이라 했는데, 이는 '본능적 지각능력' 또는 '본능적 욕망'은 사람과 다른 동물이 같다는 말이다. 주자는 더 나아가 동물도 '도덕성' 또는 '도덕 능력'을 지닌다고 보았다. 그런데 인간의 도덕 능력은 오륜(五倫)이나 오상(五常)을 전부 발휘할 수 있는 것과는 달리, 다른 동물들의 도덕 능력은 오륜이나 오상 가운데 일부만 발휘할 수 있다는 것이다. 위의 셋째 인용문은 첫째 인용문과 둘째 인용문을 종합한 내용으로서, 주자는 '인간과 동물의 공통점'을 강조하는 동시에 '인간의 우월성' 또는 '인간의 존엄성'을 분명히 했다.

이상의 내용을 정리해 보자. 전통 유학, 특히 성리학에서는 '인간과 동물의 공통점'과 '인간의 존엄성'을 동시에 주목했다. 인간과 동물은 모두 '理와 氣의 결합'으로 탄생했다는 점에서 본질적으로 차이가 없으나, 인간

30) 『朱子語類』 卷62(중화서국본 1490쪽).

은 바르고 통한 氣를 얻은 반면 다른 동물들은 치우치고 막힌 氣를 받아서 인간과 동물의 격차가 발생했다는 것이다. 그 결과 인간은 오륜 또는 오상을 전부 발휘할 수 있는 '존엄한 존재' 가 되었고, 다른 동물들은 오륜 또는 오상의 일부만 발휘할 수 있는 '비천한 존재' 가 되었다. 요컨대 성리학에서는 '인간의 존엄성' 을 강조하면서도, 인간의 존엄성을 배타적(排他的, 獨尊的)으로 설명하지 않는다. 다른 동물들도 인간과 마찬가지로 '본능적 욕망' 과 '본능적 지각능력' 을 지니며, 더 나아가 '도덕성' 또는 '도덕 능력' 까지 지닌다는 것이다. 다만 다른 동물들은 지각능력이나 도덕능력을 일부의 측면에서 불완전하게 발휘하나, 인간은 전체적으로 비교적 완전하게 발휘한다는 것이다. 이는 기본적으로 인간과 만물의 '본질적 연속성' 을 전제로 인간과 동물의 '정도의 차이' 를 해명하는 것이다. 성리학은 형이상학에 속하고, 진화론은 과학에 속한다. 그런데 놀랍게도 인간과 동물의 동 · 이(同異)에 대한 성리학의 설명은 진화론의 소견과 별로 어긋나지 않는다.

3. '인간과 동물에 대한 처우' 문제 : 도덕적 개체주의와 유교

1) 서구의 전통적 입장 : 인간중심적 종차별주의

앞에서 '神의 형상 테제' 와 '합리성 테제' 를 중심으로 인간의 존엄성에 관한 서양의 전통적 관념을 살펴보았거니와, 레이첼즈에 의하면 이러한 관념들은 '인간과 동물에 대한 처우' 문제에 있어서 결국 '인간중심적 종차별주의' 를 초래하게 되었다. 그는 오늘날까지도 지속되는 서양의 인간중심적 종차별주의를 두 차원으로 구분하여 설명했다.

첫째, 인간의 생명을 절대적으로 신성화한다는 점이다. 레이첼즈는 다음과 같이 말한다.

> 서구의 도덕적 전통에서 무고한 인간의 생명은 침해할 수 없는 대상으로 파악되었다. 죄가 있는 사람들 — 범죄자, 침략자, 그리고 정의롭지 못한 전쟁에 참전한 병사들 — 은 보호를 받지 못하며, 어떤 경우 그들은 정당하게 살해될 수 있다. 하지만 무고한 사람들은 어떠한 이유로도 파기될 수 없는 보호벽으로 둘러싸여 있다. 자살, 안락사, 그리고 영아살해와 같은 관행은 무고한 생명을 모독하는 일이다. 그리하여 그와 같은 관행은 허용되지 않는다. 이러한 행동을 관장하는 도덕 규칙은 단순하다. 그러한 행동은 어떠한 경우에도 금지되는 것이다.[31)]

레이첼즈는 위의 인용문에 대한 예로 '자살(自殺)'에 대한 인식을 들었다. 그에 의하면, 기독교가 전파되기 이전의 그리스와 로마의 철학자들은 자살에 대해서 비교적 관대한 입장을 취했었다. 그런데 아우구스티누스는 "기독교인들은 어떠한 경우에도 자살을 할 수 있는 권한이 없다"고 주장했고, 이는 기독교의 정통적 입장이 되었다. 그리하여 후대의 사상가들은 '神의 형상을 지니고 태어난 인간'은 '목숨을 스스로 포기하기에는 자신의 가치가 너무 크다는 점을 깨달아야 한다'고 주장하면서, 그 누구도 자살을 정당화할 수 없다는 입장을 고수하게 되었다.

레이첼즈에 의하면, '합리성 테제'에 입각한 칸트도 사실상 아우구스티누스나 아퀴나스와 거의 구분되지 않는 태도를 취했다. 그는 다음과 같이

31) 레이첼즈, 『동물에서 유래된 인간』, 172쪽.

말한다.

> 칸트는 아퀴나스 이상으로 인간의 유일무이한 합리성 테제에 중요성을 부과했다. 즉 그의 전반적인 도덕 체계가 이러한 생각에 토대를 두고 있었던 것이다. 그가 제시했던 유명한 정칙(定則)에 따르면, 궁극적인 도덕 원리는 인간을 '목적 자체'로 대해야 한다는 것이다. 그는 인간이 그의 가치를 '모든 가치 이상으로 만드는' 본래적인 가치, 즉 '존엄성'을 갖는다고 말한다. 만약 인간의 생명이 이와 같은 남다른 가치를 갖는다면, 우리는 자살을 절대로 정당화할 수 없다고 생각하게 될 것이다. (…) 사람들은 자살을 정당화할 다양한 이유를 제시할 것이다. 하지만 이러한 정당화 노력은 '인간성이 존중되어야 한다'는 핵심을 간과하고 있다고 칸트는 말한다. 자신의 목숨을 끊는다는 것은 자신의 생명을 단지 곤란을 피하기 위해 말살할 수 있는, 별다른 가치를 갖지 못하는 대상으로 간주하는 격이다. 단순한 동물의 경우에는 이러한 생각이 참일 수 있다. 우리는 고통을 덜어주기 위해 동물들을 죽인다. 그리고 이는 허용될 수 있다. 하지만 인간을 동일한 방식으로 처우해도 무방하다고 생각해서는 안 된다. 왜냐하면 인간 생명의 가치는 훨씬 크기 때문이다. 칸트는 다음과 같이 말한다. "만약 어떤 사람이 자살을 한다면, 그는 사실상 자신의 가치가 야수와 다를 바 없다고 생각하는 것이다."[32]

요컨대 '합리성 테제'나 '神의 형상 테제'에 따라 인간을 본래적 가치를 지니는 존엄한 존재로 규정하면, 고통을 회피하기 위한 자살이나 안락사(安樂死), 원치 않는 임신을 해소하기 위한 낙태(落胎) 등이 절대로 정당화될 수 없다는 것이다. 이처럼 인간의 생명을 절대화하는 것에 대해, 레이

---

32) 레이첼즈, 『동물에서 유래된 인간』, 173~174쪽.

첼즈는 인간의 고통을 가중시킬 뿐 별다른 실익이 없는 태도라고 보았다.

둘째, 인간 아닌 동물들의 낮은 지위를 정당화한다는 점이다. 레이첼즈에 의하면, 인간이 특별하다는 교의(敎義)는 지구상에 살고 있는 다른 생물들을 희생하여 인간의 지위를 높이는 데에 활용된다. 인간과 동물은 본성이 다르며, 따라서 인간은 다른 동물이 갖지 못한 도덕적 지위를 갖는다. 요컨대 인간은 도덕적으로 특별함에 반해 동물들은 그렇지 않다는 것이다. 그는 이러한 관념의 대표자로 아퀴나스와 칸트를 꼽았다.

아퀴나스에 의하면, '합리성을 지닌 인간' 과 '합리성이 없는 동물' 은 자연적 질서 속에서 매우 다른 지위를 갖는다. 다른 생물들은 지적(知的)인 피조물을 위해 존재하므로, 인간이 동물들을 죽이거나 어떤 다른 방식으로 동물들을 이용한다고 해도 잘못이 아니다. 아퀴나스는 다른 동물들에게 자비를 베푸는 것조차 반대하여, "자애(慈愛)는 오직 神과 우리의 이웃에게만 확장된다. 여기서 이웃이라는 단어는 비이성적인 피조물에게까지 확장될 수 없다. 왜냐하면 그들은 이성적인 삶을 영위하는 인간과 아무런 동료의식을 갖지 않기 때문이다. 따라서 자애는 비이성적인 피조물에게 확장되지 않는다."[33]고 했다.

칸트도 아퀴나스와 대동소이한 입장을 취했다. 인간 아닌 동물은 합리성이라는 매우 중요한 특징을 결여하므로, 동물은 도덕적 관심의 영역에 포함될 수 없다는 것이다. 칸트에 의하면, '목적 그 자체' 인 존재는 인간이다. 다른 존재는 오직 수단으로서의 가치를 지닐 뿐이며, 목적 그 자체를 위해 사용된다. 칸트는 "우리는 동물에 대해 아무런 직접적인 의무를 갖지 않는다. 동물은 (…) 목적에 대한 수단으로서만 존재한다. 그 목적은 인간이다."라고 했다. 요컨대 동물은 오직 수단으로만 존재하며, 우리는 동물

33) 레이첼즈, 『동물에서 유래된 인간』, 175쪽.

에 대한 의무를 전혀 갖지 않는다는 것이다.[34)]

레이첼즈는 '다른 모든 생물들의 이익에 비해 인간의 이익이 우선되어야 한다는 생각'을 인간중심적인 '종차별주의(speciesism)'라고 규정하고, 이러한 맥락에서 서구의 전통 도덕을 비판했다. 아퀴나스와 칸트는 '인간 아닌 동물의 이익은 전혀 중요하지 않다'는 입장을 견지했거니와, 레이첼즈는 이를 '과격한 종차별주의'로 규정했다. 과격한 종차별주의는 '인간의 사소한 이익이 다른 동물의 중대한 이익보다도 중요하다'는 입장을 견지한다. 과격한 종차별주의보다 온건하고 설득력 있는 종차별주의도 있다. 인간의 사소한 이익보다는 동물의 중대한 이익이 중요하지만, 인간의 사소한 이익과 동물의 사소한 이익 중에서는 인간의 사소한 이익이 더 중요하다는 입장이다. 그러나 레이첼즈는 이러한 '온건한 종차별주의' 마저 부당하다고 거부하고, 인간과 동물 사이의 '전면적인 평등'을 제창했다.[35)] 요컨대 "인간 아닌 동물의 이익이 그에 비견되는 인간의 이익과 동일한 고려의 대상이 되어야 한다"는 것이다.[36)] 이러한 맥락에서 등장한 것이 '도덕적 개체주의'이다.

2) 레이첼즈의 도덕적 개체주의와 그 함의

레이첼즈는 "도덕적 개체주의의 근본적인 착상 중의 하나는 도덕 규칙

34) 레이첼즈, 『동물에서 유래된 인간』, 176쪽. 聖 프란시스(St. Francis)는 서양의 역사에서 동물 사랑이 각별했던 聖人으로 꼽히는바, 그는 동물들을 형제와 자매로 간주했다고 한다. 이에 대해 레이첼즈는 聖 프란시스 역시 "모든 피조물들은 다음과 같이 말합니다. 인간이시어! 神이 저희를 만든 것은 당신을 위해서입니다."라고 믿었던 인물이라고 지적했다(『동물에서 유래된 인간』, 177쪽).

35) 레이첼즈, 『동물에서 유래된 인간』, 333~335쪽.

36) 레이첼즈, 『동물에서 유래된 인간』, 339~354쪽.

이 種-중립적(species-neutral)이라는 것이다. 인간에 대한 처우에 적용되는 규칙들과 인간 아닌 동물에 대한 처우에 적용되는 규칙들은 동일해야 한다."[37]고 했다. 그의 도덕적 개체주의는 '종중립주의(種中立主義)'에서 출발하는 것이다. 그는 또 "인간의 존엄성을 불신하게 된다는 점이 다윈주의가 시사하는 가장 중요한 내용 중의 하나며, 이로 인해 사람들이 거의 생각해 보지도 못한 결과가 초래된다."[38]고 했는데, 그의 도덕적 개체주의는 '인간에 대한 평가절하'와 표리를 이루는 것이다. 그는 다음과 같이 말한다.

> 오직 인간만이 존엄하다는 입장에 따르면 인간은 단순한 동물과 근본적으로 다른 도덕적 관심의 대상이어야 한다. 이것이 사실이려면 동물과 인간 사이에는 어떤 커다란, 도덕적으로 의미심장한 차이가 있어야 할 것이다. 이렇게 보자면 인간이 존엄하다는 관념을 옹호하고자 하는 입장은 그 어떤 입장이라도 다른 동물과 근본적으로 차이가 있는 인간 개념을 필요로 할 것이다. 하지만 진화론은 바로 이 부분에 의문을 제기한다. 진화론을 받아들이는 사람은 인간과 다른 모든 생물 사이에 어떤 종류의 커다란 간극이 있다고 생각하는 그 어떠한 입장에 대해서도 의혹을 품는다.[39]

진화론은 인간과 동물 사이의 '연속성'을 밝힘으로써 인간과 동물 사이의 '간극'을 부정한다. 인간과 동물 사이에 특별한 간극이 없다면, 인간과 동물을 평등(동등)하게 배려해야 한다는 것이 레이첼즈 등 진화론에 근거한 윤리학자들의 기본 노선이다.[40] 어떤 개체가 어떤 종에 속한다는 이유

37) 레이첼즈, 『동물에서 유래된 인간』, 377쪽.
38) 레이첼즈, 『동물에서 유래된 인간』, 156쪽.
39) 레이첼즈, 『동물에서 유래된 인간』, 318쪽.

만으로 우대하거나 천대하는 종차별주의를 넘어서야 한다는 것이다. 이러한 맥락에서, 레이첼즈는 '다윈주의자가 채택해야 할 자연스런 견해' 로서 '도덕적 개체주의(moral individualism)' 를 제창했다. 그는 다음과 같이 말한다.

> 도덕적 개체주의는 개체들이 어떤 처우를 받아야 하는가라는 판단의 정당화와 관련된 테제다. 이의 기본 착상은 어떻게 한 개체가 처우되어야 하는가가 그가 어떤 집단의 성원인가에 대한 고려를 통해 결정되어선 안 되고, 그가 가지고 있는 독특한 특징에 대한 고찰을 통해 결정되어야 한다는 것이다. 만약 A가 B와 달리 처우되어야 한다면, 이에 대한 정당화는 A가 가지고 있는 개체적인 특징과 B가 가지고 있는 개체적인 특징을 근거로 이루어져야 한다. 그들에 대한 각기 다른 처우는 하나 혹은 다른 개체가 어떤 선호 집단의 구성원이라는 사실을 지적함으로써 정당화되지 않는다. 여기에는 심지어 인간 '집단' 도 예외가 아니다.[41]

도덕적 개체주의에 입각하면 인간은 인간이라는 이유만으로 우대될 수 없고, 원숭이는 원숭이라는 이유만으로 천대될 수 없다. 이제는 '어떤 개체가 속한 種' 이 중요한 것이 아니라, '개체 자신의 실질적 특징' 이 중요한 것이다.

레이첼즈의 도덕적 개체주의는 "인간과 다른 種의 구성원이 유사할 경우 양자가 유사하게 처우되어야 하며, 오직 다른 정도만큼만 달리 처우되어야 한다."[42]는 말로 대변된다. 여기서 알 수 있듯이, 그의 도덕적 개체주

---

40) 대표적인 예로 싱어(Peter Singer)의 '동물해방론' 을 들 수 있다(싱어, 『동물 해방』, 349~352쪽).

41) 레이첼즈, 『동물에서 유래된 인간』, 320쪽.

의는 본래 두 논지(論旨)로 구성된 것이다.

첫째, 유사한 종들을 기본적으로 평등하게 대우해야 한다는 것이다. 다시 말해, 種 상호 간에 근본적인 차이가 사실상 존재하지 않는다면, 우리는 합당하게 양자를 도덕적으로 구분할 수 없으므로, 양자를 동등하게 대우해야 한다는 것이다. 레이첼즈는 다음과 같이 말한다.

> "어떠한 방식으로 인간을 처우하는 것에 반대할 경우, 우리는 인간 아닌 동물에 대한 그와 유사한 처우를 반대할 유사한 근거를 갖는다." 만약 특정한 방식으로 인간을 처우하는 것이 잘못이고, 그러한 처우가 잘못인 이유가 그가 어떤 특징을 가지고 있기 때문이라면, 그리고 특정한 인간 아닌 동물이 그와 같은 특징을 인간과 공유하고 있다면, 이 때 우리는 인간 아닌 동물을 그러한 방식으로 처우하는 데에도 반대해야 한다. 이는 일관성이 요구하는 바이기 때문이다.[43]

레이첼즈는 위와 같은 주장을 '생체실험' 에 적용시켜 논의한다. 대학병원의 실험실에서는 흔히 침팬지를 대상으로 생체실험을 한다. 실험용 침팬지를 질병에 감염시키고 추이를 관찰한 다음에는, 침팬지를 살해하여 그 시신도 연구대상으로 삼는다. 그런데 사람들은 대부분 침팬지를 생체실험의 대상으로 삼는 것은 용납하면서도, 인간을 생체실험의 대상으로 삼는 것은 용납하지 않는다. 이에 대해 레이첼즈는 '일관성이 없는 태도' 라고 비판한다.[44] 이처럼 도덕적 개체주의는 무엇보다도 인간에게만 특별한 존엄성과 권리를 부여하는 '인간중심적 종차별주의' 를 비판하는

42) 레이첼즈, 『동물에서 유래된 인간』, 354쪽.
43) 레이첼즈, 『동물에서 유래된 인간』, 322쪽.
44) 레이첼즈, 『동물에서 유래된 인간』, 320~321쪽.

것이다.

둘째, 개별 생물들에 대한 처우는 그 생물들의 실질적 특징에 맞게 조정해야 한다는 것이다. 이에 대한 예는 다시 다음의 세 경우로 구분된다. ① 온전한 삶이 불가능한 인간의 생명과 온전한 삶을 살 수 있는 원숭이의 생명 가운데 하나를 택해야 한다면, 원숭이의 생명을 택해야 한다는 것이다. 레이첼즈는 다음과 같이 말한다.

> 심각한 뇌손상을 입은 아이는 수년 동안 살아남는다고 해도 절대 말할 수가 없을 것이며, 그 아이의 정신 능력은 기본적인 수준을 절대 넘어설 수가 없을 것이다. 실제로 그러한 아이의 심리능력은 일반적인 붉은털원숭이보다 훨씬 떨어질 수가 있다. 이 경우 도덕적 개체주의는 원숭이보다 아이의 생명을 우선적으로 고려할 아무런 이유도 발견하지 못할 것이다. 많은 사람들은 이와 같은 주장에 선뜻 동의하지 못할 것이다. 인간이 존엄하다는 전통적인 입장을 취하는 사람들은 분명 이와 달리 생각할 것이다. 그럼에도 나는 도덕적 개체주의의 관점이 옳다고 생각하며, (…).[45]

'심각한 뇌손상을 입은 아이' 는 단순히 살아있을 뿐 삶을 영위할 가능성은 없으나, '일반적인 원숭이' 는 자신의 삶을 영위할 가능성이 있다.[46]

---

45) 레이첼즈, 『동물에서 유래된 인간』, 347쪽.

46) 레이첼즈는 '살아있음(being alive)' 과 '삶을 영위함(having a life)' 을 구분한다. '살아있음' 은 '생물학적 개념' 으로서 단순히 '목숨이 붙어 있음' 을 뜻함에 반하여, '삶을 영위함' 은 '傳記的 개념' 으로서 '목적이나 계획을 지니고 살아가는 활동, 사랑과 우정 등' 을 뜻한다. 그는 양자 가운데 '삶을 영위함' 이 훨씬 중요하다고 보고, "살아있음은 그것이 삶을 영위할 수 있게 하는 한에서 우리에게 가치가 있다." 고 말했다(『동물에서 유래된 인간』, 361~362쪽). 그는 '살아있지만 삶을 영위할 능력을 상실한 사람의 경우, 살아있음이 그에게는 전혀 도움이 되지 않는다' 는 관점에서 安樂死를 수긍했다.

따라서 도덕적 개체주의에 의하면, '심각한 뇌손상을 입은 아이'의 생명은 '일반적인 원숭이'의 생명보다 존중받을 이유가 없다는 것이다. ② 온전한 삶이 가능한 아이의 생명과 온전한 삶이 불가능한 아이의 생명 가운데 하나를 택해야 한다면, 온전한 삶이 가능한 아이의 생명을 택해야 한다는 것이다. 레이첼즈는 다음과 같이 말한다.

몇 개월 내에 어쩔 수 없이 죽게 될 테이사크(Tay-Sachs) 병에 걸린 아이를 고찰해 보자. 우리가 자원을 얼마 가지고 있지 못하고, 그 아이를 돌보는 경우와 살아갈 날이 오래 남아 있는 건강한 아이 사이에서 선택해야 한다고 가정해 보자. (…) 도덕적 개체주의자는 그들 간에 차이가 있는지를 물을 것이며, 그러한 차이가 두 아이 중 한 아이를 선택하는 경우를 정당화할 수 있는지 물을 것이다. 여명(餘命)과 건강 상태 등은 적절한 기준이 될 것이다.[47]

테이사크 병으로 심각한 뇌손상을 입은 아이는 전기적(傳記的) 삶을 영위할 가능성이 전혀 없는바, 따라서 이런 아이의 생물학적 생명을 건강한 아이의 생물학적 생명과 같이 취급할 수는 없다는 것이다. ③ 전기적 삶을 누릴 수 있는 생명체와 전기적 삶을 누릴 수 없는 생명체 가운데 하나를 택해야 한다면, 전기적 삶을 누릴 수 있는 생명체를 택해야 한다는 것이다. 레이첼즈는 다음과 같이 말한다.

우리는 인간을 살해하는 경우가 원숭이를 살해하는 경우보다 나쁘다고 생각한다. 그런데 우리는 원숭이를 살해하는 경우가 딱정벌레를 때려잡는 경우보다 도덕적으로 나쁘다고 생각하기도 한다. 진화론적 시각에서 보았을 때 이는 매

47) 레이첼즈, 『동물에서 유래된 인간』, 371~372쪽.

우 공정한 처사다. 인간과 인간 아닌 동물의 삶에 정확히 동일한 가치가 부여될 필요는 없다. 왜냐하면 인간의 특별한 심리적 능력은 그들의 삶이 더욱 가치가 있다고 말할 수 있는 이유를 제공하기 때문이다.[48)]

인간은 원숭이보다 전기적 삶의 가능성이 풍부하고, 원숭이는 딱정벌레보다 전기적 삶의 가능성이 풍부한바, 이것이 선택의 우선순위를 결정하는 기준이 될 수 있다는 것이다.

이상에서 레이첼즈의 도덕적 개체주의를 살펴보았거니와, 인간의 생명을 그 자체로 신성화하는 것을 반대하고, 종차별주의를 반대하며, 개체들 간의 차별은 합당한 근거에 의해서만 정당화될 수 있다는 것이 그 요점이었다. 레이첼즈는 '합당한 근거가 있으면 차별이 정당화될 수 있다' 고 주장했다. 어떤 맥락에서는 원숭이의 생명이 인간의 생명보다 소중할 수도 있고, 어떤 맥락에서는 인간의 생명이 원숭이의 생명보다 소중할 수도 있으며, 인간 種 내부에서도 어떤 사람의 생명이 다른 사람의 생명보다 더 소중할 수도 있다는 것이다.[49)]

레이첼즈의 이러한 주장은 인간의 가치를 평가절하하고 다른 동물의 가치를 평가절상한다는 점에서도 파격적인 것이요, 인간 種 내부의 차별을

48) 레이첼즈, 『동물에서 유래된 인간』, 379쪽.

49) 레이첼즈는 도덕적 개체주의에 입각하여 '동물의 권리' 를 인정할 필요성도 제기했다(『동물에서 유래된 인간』, 168쪽). 그런데 홉스는 "어느 누구도 승낙 의사를 공표하지 않은 사람과 계약할 수 없다. 따라서 동물은 언어 능력과 이해력이 없으므로, 우리는 동물과 합의할 수 없고, 동물과는 어떤 형태의 권리도 제공하거나 받을 수 없다." 고 지적한 바 있다(홉스, 『시민론』, 57쪽). '동물의 권리' 문제에 대해서는 '언어' 문제뿐만 아니라 '상호성' 문제도 고려해야 할 것이다. 동물들이 인간의 권리를 존중해주지 않는데 인간은 왜 동물의 권리를 존중해야 하는가? 論者의 생각에, 동물에 대해서는 그저 생태계의 일원이라는 입장에서, 또 생명의 애호는 미덕이라는 입장에서 '배려' 가 필요할 뿐, '권리' 문제로 접근할 수는 없다고 본다.

정당화할 수 있다는 점에서도 파격적인 것이다. 그렇다면 이러한 문제들에 대해 전통 유교는 어떤 입장을 견지하고 있는지 살펴보자.

3) 인간과 동물의 처우에 대한 유교적 입장

전통 유교는 '인간과 동물에 대한 처우' 및 '다양한 부류의 사람들에 대한 처우' 문제에 관련하여 평등과 차등(차별)의 두 맥락을 모두 지니고 있다.

먼저 '인간과 동물에 대한 처우' 문제에 대해 살펴보자. 위에서 밝혔듯이, 유교에서는 인간과 동물 사이에는 분명 '존재의 연속성' 이 있다고 보면서도 인간을 '만물의 영장' 으로 규정했다. 인간과 동물 사이에는 '존재의 연속성' 이 있다는 관념은 동물도 인간처럼 존중받고 사랑받아야 한다는 주장으로 연결되고, '인간은 만물의 영장' 이라는 관념은 그럼에도 불구하고 인간은 더욱 우대받아야 한다는 주장으로 연결된다.

'동물도 인간처럼 존중받고 사랑받아야 한다' 는 주장은 정자(程子)의 "어진 사람은 천지만물을 일체(一體)로 여기니, '자기 아닌 것' 이 없다. 천지만물을 자기로 인식한다면 (나의 사랑이) 어느 곳인들 이르지 못하겠는가?"[50]라는 말로 대변된다. 그런데 이는 결코 정자만의 고유한 생각이 아니요, 전통 유교가 본래 이러한 입장을 견지했던 것이다. 예컨대『중용』에서는 "(나의 마음이) 중화(中和)를 이루면, 하늘과 땅이 제 자리를 잡고, 만물이 자라난다."고 하여, 만물을 단순히 인간을 위한 수단으로 인식하지 않고, 인간과 마찬가지의 목적적 존재로 인식했다. 또『중용』의 다음과 같은 말을 보자.

---

50)『二程全書』卷2上 頁3.

> 오직 천하의 지극히 참된 사람만이 능히 자신의 본성을 다 발휘할 수 있으니, 자신의 본성을 다 발휘할 수 있으면 남의 본성을 다 발휘하게 할 수 있고, 남의 본성을 다 발휘하게 할 수 있으면 만물의 본성을 다 발휘하게 할 수 있으며, 만물의 본성을 다 발휘하게 할 수 있으면 천지(天地)의 화육(化育)을 도울 수 있고, 천지의 화육을 도울 수 있으면 천지에 참여할 수 있다.[51]

위의 인용문에서는 성인(聖人)은 자신의 본성을 완전히 발휘함으로써 만물도 자신의 본성을 완전히 발휘하도록 돕는다고 했다. 위에서 말하는 '만물이 자신의 본성을 다 발휘함' 은 곧 '만물의 자아실현' 을 뜻한다. 이는 다음과 같은 일련의 글들을 통해 확인할 수 있다.

주자는 '만물이 자신의 본성을 다 발휘하게 함〔盡物之性〕' 을 '조수초목(鳥獸草木)이 함약(咸若)함과 같은 부류' 라고 설명했는데,[52] 이는 본래 『서경(書經)』에서 유래한 말이다. 『서경』에서는 "옛날에 하(夏)의 선왕(先王)은 바야흐로 그 덕에 힘써서 하늘의 재앙이 없었고, 산천(山川)과 귀신(鬼神) 또한 모두 안녕했으며, 새와 짐승 및 물고기와 자라도 함약(咸若)하였다."[53]고 했는데, 이에 대해 진씨(陳氏)는 다음과 같이 설명한 바 있다.

> 군왕은 천지와 귀신과 만물의 주인이다. 옛날 하(夏)의 선왕(先王)이 그 덕에 힘썼는데 '바야흐로' 라고 한 것은 '날마다 새로워지기를 그치지 않았다' 는 뜻이니, 이른바 '치중화(致中和)' 이다. 이에 천도(天道)가 순조롭고 산천이 안녕하며 귀신이 편안하게 되었으니, 이른바 '천지위(天地位)' 이다. 작게는 날개 달린 것, 털 달린 것, 비늘 있는 것, 껍질 있는 것 등 모든 생물이 각각 자신의 본성

51) 『中庸章句』 제22장.

52) 『朱子語類』 卷64(중화서국본 1579쪽) : 盡物之性 如鳥獸草木咸若

53) 『書經』「商書」〈伊訓〉.

을 완수했으니, 이른바 '만물육(萬物育)' 이다.[54)]

위의 인용문으로 보면, '조수초목의 함약(咸若)' 이란 '만물이 모두 자신의 본성을 완수함' 또는 '만물이 모두 순조롭게 자라남' 을 뜻하는 말이다. 만물이 순조롭게 자라 자신의 본성을 완수함은 '만물의 자아실현' 일 것이다. 요컨대 전통 유교에서는 '성인(聖人)의 지극한 덕' 을 '자신의 자아실현을 통한 만물의 자아실현' 으로 설명한 것이다.

유교에서는 이와 같이 만물 또는 다양한 동물의 생명을 인간의 생명처럼 애호했으나, 또한 '만물보다는 인간이 더 귀중하다' 고 보았고, '인간의 삶을 위하여 만물을 거두어 활용할 수 있다' 고 보았다. 예컨대 공자는 낚시질은 했으나 그물질은 하지 않았으며, 주살질은 했으나 잠자는 새를 쏘지는 않았고,[55)] 마구간에 불이 났을 때엔 '사람이 다쳤느냐?' 고만 묻고 말에 대해서는 묻지 않았다.[56)] 동물의 생명을 소중하게 여겨 그물질도 하지 않고 잠자는 새를 쏘지도 않았으나, 사람의 생명과 말의 생명이 직접 비교될 때엔 사람을 더 중시한 것이다. 한편, 맹자는 흔종(釁鍾)을 위해 끌려가는 소에게는 은혜를 베풀 줄 알았으나 백성에게는 은혜를 베풀 줄 몰랐던 제선왕(齊宣王)에게 "저울질을 한 뒤에 경중(輕重)을 알며, 자로 잰 뒤에 장단(長短)을 알 수 있습니다. 사물이 모두 그렇거니와 마음은 더욱 심하니, 왕께서는 청컨대 이를 헤아리십시오."[57)]라고 청한 바 있다. 이에 대해 주자는 다음과 같이 설명했다.

---

54) 『書傳大全』 卷4 頁25, 陳氏小註 : 陳氏雅言曰 人君者 天地鬼神萬物之主也 古有夏先后 懋敬其德 謂之方者 日新不已之意 所謂致中和也 於是天道順山川寧 而鬼神安 所謂天地位也 微而羽毛鱗甲之生 亦莫不各遂其性 所謂萬物育也

55) 『論語』 述而 26.

56) 『論語』 鄕黨 12.

57) 『孟子』 梁惠王上 7.

지금 제선왕의 은혜가 금수에 미쳤으나 그 공효(功效)가 백성에 이르지 못했다. 이는 애물(愛物)의 마음은 무겁고 기나 인민(仁民)의 마음은 가볍고 짧아, 그 당연한 순서를 잃은 것인데, 스스로 알지 못한 것이다. 그러므로 윗글에서 그 실마리를 제시하고, 여기에서 왕이 헤아리기를 청한 것이다.[58]

위의 설명에 따르면, 맹자는 제선왕의 애물(愛物)을 높이 평가하면서도, 동물을 사랑하기에 앞서 백성을 사랑할 것을 촉구한 것이다. 요컨대 다른 동물들도 애호해야 하나, 동물보다는 인간이 우선이라는 것이 공·맹(孔孟)의 지론이었다.

이러한 유교의 지론은 '인간의 삶을 위해 만물을 거두어 활용할 수 있다' 는 주장으로 연결된다. '만물 또한 자아실현을 지향하는 목적적 존재' 라는 생각과 '인간의 삶을 위해서는 만물을 거두어 쓰는 것이 불가피하다' 는 생각은 서로 충돌할 수 있다. 이에 대해 유교에서는 '인간의 삶을 위해 만물을 거두어 쓰되, 자연의 이치에 따라 최소한(最小限) 수취하라' 는 현실적 노선을 제시했다. 예컨대 주자는 다음과 같이 말한다.

사사물물(事事物物)은 모두 지극한 이치가 있으니, 한 포기의 풀이나 한 그루의 나무, 또는 한 마리의 새나 짐승 같은 것들도 모두 이치가 있다. 초목은 봄에 나서 가을에 죽는 까닭에, 삶을 좋아하고 죽음을 싫어한다. 한여름에는 양목(陽木)을 베고 한겨울에는 음목(陰木)을 베는 것이 모두 음양의 도리를 따르는 것이다. 스스로 만물이 같은 氣를 나누어 가진 동체(同體)라는 것을 알았다면, 그것들이 살아 있던 모습을 보고는 차마 그 죽음을 보지 못하며, 그것들이 죽을 때의 슬픈 울음소리를 듣고서는 차마 그 고기를 먹지 못하는 것이다. 그 알맞은

58) 『孟子集註』 梁惠王上 7, 朱子註.

때가 아니면 한 그루의 나무도 베지 않고, 한 마리의 짐승도 죽이지 않는다. 잉태한 짐승은 죽이지 않고, 새들의 보금자리를 뒤집지 않는다.[59)]

위의 인용문의 논지는 다음과 같이 정리할 수 있다. 첫째, 만물은 모두 지극한 이치를 지니고 있으면서 삶을 좋아하고 죽음을 싫어하니, 만물의 생명을 애호해야 한다. 둘째, 더군다나 만물은 나와 같은 氣를 나누어 가진 동체이므로, 더더욱 모든 생명을 애호해야 한다. 셋째, 인간의 필요에 따라 불가피하게 만물을 거두어 쓸 때에는 음양 순환의 이치에 따라서 자연의 순환적 재생산 구조를 보호해야 한다.

이상에서 '인간과 동물에 대한 처우' 문제에 대한 전통 유교의 입장을 살펴보았다. 짐작건대 유교의 '모든 생명을 애호하고 다른 동물들의 자아 실현을 도우라' 는 주장에 대해서는 레이첼즈도 적극 동의할 것이다. 그런데 유교의 '인간의 삶을 위해 다른 동물들을 적절히 수취하여 활용할 수 있다' 는 주장에 대해서는 레이첼즈가 동의하지 않을 것이다. 그의 도덕적 개체주의는 '유사한 種들을 기본적으로 평등하게 대우해야 한다' 는 것이었던바, 이러한 입장에서는 인간의 삶을 위해 다른 동물을 포식하는 것을 용납하기 어렵기 때문이다.

이제 '다양한 부류의 사람들에 대한 처우' 문제에 대해 살펴보자. 전통 유교에서는 '모든 사람은 인의예지의 본성을 지니고 있으므로 누구나 수기(修己)를 통해 성인 · 군자가 될 수 있다' 고 주장하는데, 이는 '만인의 평등' 을 옹호한 논거로 해석될 수 있다. 그러나 실제로 꾸준한 수기를 통해 성인 · 군자가 되는 사람은 많지 않다. 그리하여 유교에서는 사람들을 도덕적 관점에서 '군자와 소인' 으로 구분하는데, 이는 '차등 또는 차별' 을

59) 『大學或問』〈格物致知〉條.

정당화하는 논거가 되었다. 먼저 공자의 다음과 같은 말을 보자.

> 군자는 사람을 두루 사귀되 편당(偏黨)을 짓지 않고, 소인은 자기들끼리 편당을 짓고 두루 사귀지 못한다.[60] ○ 군자는 義에 밝고, 소인은 利에 밝다.[61] ○ 군자는 남의 좋은 점을 이루어 주고 나쁜 점은 이루어 주지 않으나, 소인은 이와 반대된다.[62] ○ 군자는 남과 조화를 이루되 같아지지 않고, 소인은 남과 같아지되 조화를 이루지 못한다.[63] ○ 군자는 태연(泰然)하면서도 교만하지 않고, 소인은 교만하면서도 태연하지 못하다.[64]

공자는 위와 같은 방식으로 군자와 소인을 구분하면서, 제자들에게 "너희는 군자가 될 것이요, 소인이 되지 말라"고 권했다.[65] 공자가 군자와 소인을 구분하는 데 초점을 두었다면, 맹자는 '사람다운 사람'과 '금수 같은 사람'을 구분하는 데 초점을 두었다. 맹자는 "사람에게는 道가 있거니와, 배불리 먹고 따뜻하게 입으며 편안히 살되 가르침이 없다면 곧 금수에 가깝게 된다. 성인(聖人)이 이를 근심하시어, 설(契)을 사도(司徒)로 삼아 인륜(人倫)을 가르치게 하셨다."[66]고 했다. 의식주(衣食住)의 충족이라는 본능의 차원에서는 사람과 금수가 다르지 않으므로, 오직 인륜만이 사람과 금수를 구별해주는 준거가 된다는 것이다. 맹자는 또한 "사람이 금수와 다른 점은 거의 드물다. 보통 사람은 그 차이를 없애버리고, 군자는 그 차이

60) 『論語』 爲政 14.
61) 『論語』 里仁 16.
62) 『論語』 顔淵 16.
63) 『論語』 子路 23.
64) 『論語』 子路 2.
65) 『論語』 雍也 11.
66) 『孟子』 滕文公上 4.

를 보존한다."[67]고도 했다. 이렇게 본다면 군자가 곧 '사람다운 사람'이요, 소인은 '금수 같은 사람'이다. 같은 맥락에서, 『동몽선습(童蒙先習)』의 첫 머리에서는 다음과 같이 말한다.

> 하늘과 땅 사이에 있는 만물 가운데 오직 사람이 가장 귀하니, 사람을 귀하게 여기는 까닭은 오륜(五倫)이 있기 때문이다. 그러므로 맹자는 "부모와 자식 사이에는 친함이 있고〔父子有親〕, 임금과 신하 사이에는 의리가 있으며〔君臣有義〕, 남편과 아내 사이에는 분별이 있고〔夫婦有別〕, 어른과 어린이 사이에는 차례가 있으며〔長幼有序〕, 벗과 벗 사이에는 믿음이 있다〔朋友有信〕."고 했으니, 사람으로서 오상(五常)이 있음을 알지 못한다면 금수와 별다른 차이가 없을 것이다. 그렇다면, 부모는 자식을 사랑하고 자식은 부모께 효도하며, 임금은 신하를 의리로 대하고 신하는 임금께 충성하며, 남편은 아내를 사랑하고 아내는 남편께 순종하며, 형은 아우를 우애하고 아우는 형을 공경하며, 벗과 벗은 서로 어질게 되도록 도와준 다음에야 바야흐로 사람이라 말할 수 있을 것이다.

위의 인용문에서는 '만물 가운데 오직 사람이 가장 귀하다'는 전제 아래 다시 '사람다운 사람'과 '금수 같은 사람'을 구분했다. 이러한 구분은 '존귀한 사람으로 태어났으면, 금수처럼 살아서는 안 되고, 마땅히 사람다워야 한다'는 주장을 담고 있는 것이다.

'군자와 소인'이라는 구분은 '군자는 존귀(尊貴)하고 소인은 비천(卑賤)하다'는 의식과 표리를 이룬다. 요컨대 전통 유교에서는 '인간은 만물의 영장'이라는 대전제 아래 다시 인격적으로 '존중받을 자격이 있는 군자'와 '존중받을 자격이 없는 소인'을 구분하여, 도덕적으로 차별했다. 특히

67) 『孟子』 離婁下 19.

소인 중에서도 범죄자는 도덕적 차별을 넘어서 형사적 처벌을 받았다. 죄인에 대한 형사처벌은 동서고금의 공통점일 것이다. 그런데 『예기(禮記)』에서는 다음과 같이 말한다.

> 공가(公家)에서는 형인(刑人)을 보호하지 않고, 대부(大夫)도 형인을 기르지 않으며, 사(士)가 길에서 형인을 만나면 더불어 대화하지 않는다. 형인을 사방으로 물리쳐서, 오직 정해진 지역에서만 살게 하고, 부역(賦役)을 부과하지도 않으니, 그들이 살아 있음을 원치 않음을 보여 주는 것이다.[68]

위에 보이듯이, 범죄자들에 대한 각종 차별의 핵심은 '범죄자를 사회의 정상적인 일원으로 대우하지 않는다' 는 것이다. 위에서는 '범죄자들이 살아 있음을 원치 않는다' 고까지 극언했다. 이에 대해 마씨(馬氏)는 다음과 같이 설명한다.

> 무릇 '스스로 포기하는 자' 는 선왕(先王) 또한 따라서 포기하니, 그러므로 사방으로 물리쳐서, 죽이지 않음을 보여주는 것이다. '스스로 해치는 자' 는 선왕 또한 따라서 해치니, 그러므로 부역도 부과하지 않아서, 살리지 않음을 보여주는 것이다. 그렇다면 '모든 생명을 애호함' 은 성인(聖人)의 대덕(大德)이지만, 자포자기자(自暴自棄者)는 함께 일하기에 부족하고 함께 말하기에 부족한 것이다.[69]

마씨는 범죄자들에 대한 각종 차별은 '범죄자들이 스스로를 해치고 스스로를 포기한 결과' 라고 설명하고, '성인(聖人)은 모든 생명을 애호하지

68) 『禮記』〈王制〉.

69) 『禮記集說大全』卷5 頁18, 馬氏小註.

만, 범죄자는 애호의 대상에 포함되지 않는다' 고 했다.

이상에서 '다양한 부류의 사람들에 대한 처우' 문제에 대한 전통 유교의 입장을 살펴보았다. 레이첼즈가 도덕적 개체주의를 제창하면서 제시한 사례들은 '신체적으로 완전한 사람과 장애를 지닌 사람' 사이의 선택 문제, '동물을 대상으로 한 생체 실험' 의 정당성 문제, '고등동물과 하등동물' 사이의 선택 문제 등 주로 '심신(心身) 능력의 격차' 에서 유래하는 사례들이었다. 그런데 전통 유교에서는 이러한 문제들에 대한 논의가 없었기 때문에, 본고에서는 대신 '인격의 격차' 에서 유래하는 '도덕적 차별' 문제를 살펴보았다. 짐작건대 유교에서 '군자와 소인' 을 차별하고 '일반인과 범죄자' 를 차별한 것에 대해 레이첼즈도 기꺼이 동의할 것이다. 도덕적 개체주의의 지론은 '인간이라는 種에 속한다는 이유만으로 그의 생명을 절대화할 수 없다' 는 것과 '각자에 대한 처우는 각자의 특징에 맞게 해야 한다' 는 것인바, 유교에서 '군자와 소인' 을 차별하고 '일반인과 범죄자' 를 차별한 것은 이러한 지론과 충분히 합치될 수 있기 때문이다.

4. 결론

유교에는 '神의 형상 테제' 나 '합리성 테제' 처럼 인간과 동물 사이에 '심원한 간극' 을 설치하는 장치가 없었다. 성리학에서는 '인간과 만물은 모두 理와 氣의 결합으로 태어났다' 고 하여 '인간과 만물의 평등' 을 설파하고, '바르고 통한 氣를 얻은 인간은 치우치고 막힌 氣를 얻은 동물보다 우수하다' 고 하여 '인간이 만물의 영장임' 을 설파했다. 요컨대 성리학이 형이상학적 관점에서 인물성동론(人物性同論)의 길을 열어놓았다면, 진화론은 '모든 생명체는 동일한 조상에서 다양한 種으로 진화했다' 는 관점에서 인물성동론의 길을 열어놓은 것이다. 이처럼 유교와 진화론은 서로 접근법이 달랐어도 '인간과 동물은 연속선상에 위치한다' 는 인식을 공유했기 때문에, '인간과 만물을 일체로 여기고, 모든 동물의 생명을 애호하라' 는 결론을 공유했던 것이다.

전통 유교와 레이첼즈의 도덕적 개체주의의 공통점은 지금까지 충분히 논의했으므로, 이제는 양자의 차이점을 거론해 보기로 하자. 먼저 유의할 것은 유교와 진화론은 세계관을 달리 한다는 점이다. 다윈의 진화론은 이 세계를 '생존경쟁의 체계' 로 인식하나, 유교는 이 세계를 '조화로운 공존의 체계' 로 인식한다. 다윈은 『자서전』에서 다음과 같이 술회한 바 있다.

> 나는 동물과 식물의 습성을 오랫동안 계속 관찰해 왔기 때문에 어디에서나 진행되고 있는 생존을 위한 투쟁을 이해할 만반의 준비가 되어 있었다. 때문에 맬서스의 『인구론(人口論)』을 읽으면서 나는 즉각적으로 경쟁의 상황에서는 유리한 변이(變異)들이 보존되고, 불리한 것들은 사라지는 경향이 있으리라는 생각이 들었다. 아마도 이러한 경향 때문에 새로운 種이 만들어졌을 것이다.[70]

위에 보이듯이, 다윈주의는 생존경쟁론에 입각한 것임이 분명하다.[71] 이에 반해 주자는 "천지(天地)는 만물을 낳는 것으로 마음을 삼는다. 사람과 만물도 태어나면서 각각 '천지의 마음' 을 얻어 '자신의 마음' 으로 삼는

70) 레이첼즈, 『동물에서 유래된 인간』, 61쪽.

71) 오늘날의 진화생물학자 최재천은 '생명체의 진화 과정' 은 '경쟁의 과정' 인 동시에 '협동의 과정' 이라고 주장한다. 근래까지 진화생물학자들은 適者生存論을 전개했는데, 최재천은 이를 '다윈의 깊은 뜻을 이해하지 못했던 것' 이라 비판했다(최재천, 『호모 심비우스』, 89~90쪽). 같은 맥락에서, 싱어(Peter Singer)도 진화론에 대한 최신 연구결과에 의하면 협동과 경쟁은 더 이상 대립하는 개념이 아니라고 주장한 바 있다(싱어, 『다윈주의 좌파』, 23~25쪽 및 72~73쪽).

다. (…) 이 마음은 어떤 마음인가? 천지에 있어서는 '한없이 만물을 낳는 마음' 이요, 사람에게 있어서는 '따뜻하게 사람을 사랑하고 만물을 이롭게 하는 마음' 이다."[72]라고 했거니와, 주자는 천지와 인간을 모두 '생생지덕(生生之德)' 으로 설명한 것이다.

흥미로운 것은, 생존경쟁론에 입각한 다윈주의나 레이첼즈의 도덕적 개체주의가 동물에 대한 애호를 더 적극 주장하고, 생생의 덕을 강조한 유교는 오히려 동물에 대한 애호를 덜 주장했다는 점이다. 이는 '육식(肉食)에 대한 찬반' 에서 단적으로 드러난다. 레이첼즈는 "불필요한 고통을 야기하는 데 반대하는 규칙은 모든 도덕 원리 중에 가장 상식적인 입장이며, 그러한 규칙을 받아들일 경우 우리는 고기생산 사업을 포기하고 대안적 식사를 채택해야 한다는 결론을 곧장 받아들이게 된다."고 하여, 육식을 반대했다. 그러나 맹자는 "노인은 육식이 아니면 배가 부르지 않는다."[73]고 하여 육식이 필요하다고 보았다.

문제는 레이첼즈의 입장이 완전한 일관성이 있는가 하는 점이다. 그의 도덕적 개체주의는 '인간과 種이 다르다고 해서 동물을 차별해서는 안 된다' 는 것과 '동물도 고통을 느끼므로 학대해서는 안 된다' 는 것이었다. 우리는 이러한 주장들 자체에 대해서는 충분히 공감할 수 있다. 그러나 '레이첼즈의 도덕적 개체주의' 와 '다윈의 진화론' 을 함께 고찰하면 몇 가지 반론을 제기할 수 있다.

레이첼즈가 도덕적 개체주의의 토대로 삼은 다윈주의에는 생존경쟁이론과 혈연선택이론이 포함되어 있다. 다윈의 주장처럼 진화란 생존경쟁의 과정이요 혈연선택의 과정이라면, 생존을 위해 경쟁자를 포식할 수도 있고, 가까운 혈연을 우대하기 위해 먼 혈연을 포식할 수도 있을 것이다. 생

72) 『朱子大全』 卷67 頁26, 〈仁說〉.

73) 『孟子』 盡心上 22.

존의 경쟁자인 다른 동물들을 포식하는 것이 무슨 잘못이며, 가까운 혈연을 우대하기 위해 먼 혈연을 포식하는 것이 무슨 잘못인가?

논자의 생각에, 다윈주의에 입각한다면 육식에 대해서는 오히려 전통 유교의 입장이 더욱 타당하다고 본다. 다윈이 동물 세계에서 발견되는 '부모와 자식 사이의 애정'을 설명하기 위해 고민한 것에 대해, 레이첼즈는 다음과 같이 혈연선택이론으로 설명한 바 있다.

> 개체들은 이른바 혈연선택으로 인해 유전자를 공유하는 정도만큼 특정한 친척들에게 관심을 갖게 된다. 이러한 사실은 우리가 자식들과 형제들의 복리에 특별히 관심을 갖고, 우리의 사촌(그들은 우리와 유전자를 공유하는 비율이 상대적으로 낮다)에 대해 관심을 덜 가지며, 모르는 사람들에게는 별다른 관심을 나타내지 않는 이유를 설명해 준다. 사회생물학자들은 이러한 사실이 동물 세계에서 돕는 행동이 작동하는 방식이라는 충분한 증거를 발견했다.[74]

혈연선택이론은 혈연의 원근에 따라 애정이 차등적으로 발휘됨을 설명한 것이다. 혈연선택이 자연스런 것이라면, 우리가 진화계통의 원근에 따라 적절한 수준의 인간중심적 종차별주의를 견지하는 것도 자연스러울 것이다. 예컨대 인류와 가까운 영장류나 포유류에 대한 포식은 반대하고 어류(魚類)나 조류(鳥類)에 대한 포식은 허용하되, 조류나 어류의 생명도 최대한 존중하여 희생을 최소화하는 것이다.[75]

레이첼즈는 "원칙적으로 우리는 인간을 대할 때의 고려 방식과 다른 동

---

74) 레이첼즈, 『동물에서 유래된 인간』, 289쪽.

75) 남경희는 "먹이사슬은 자연의 순리이므로 먹이사슬의 논리에 따라 타자를 포식하는 행태는 해악의 행위가 아니다"라고 주장한 바 있다(남경희, 『말의 질서와 국가』, 40쪽).

물을 대할 때의 고려 방식을 구분해야 한다는 입장을 지지해 줄 아무런 근거도 발견하지 못했다."[76]고 하면서, '모든 존재들의 복리에 동등하게 관심을 가져야 한다'[77]고 주장했다. 그러나 혈연선택이론에 입각한다면 인간을 다른 동물보다 적절히 우대하는 것도 충분히 가능하다. 레이첼즈는 "유전적으로 유사한 개인들의 생존 기회를 증진시키려는 방식의 행동은 사실상 자기 자신의 유전자를 후속세대에게 전달할 기회를 증진시키는 방법이다. 만약 이것이 사실이라면 우리는 자연선택이 '가까운 친척에게 이타적으로 행동하려는 경향'을 선호하리라 생각해 볼 수 있다. 이러한 경향은 우리가 흔히 살펴볼 수 있는 이타적 행동과 관련된 현상이다. 사람들은 모르는 사람보다 자신의 혈연에게 더욱 관심을 갖는다. 혈연선택이론은 우리가 도덕을 이해하는 데에 중요한 공헌을 했다."[78]고 말한 바 있다. 그렇다면 인간 상호 간은 혈연적으로 더 가깝기 때문에 동물보다 우선적으로 존중해야 한다는 논법도 성립할 수 있다. 그렇다면 인간의 복리를 위해 육식도 가능하고, 동물을 대상으로 생체실험을 할 수도 있을 것이다. 요컨대 혈연선택이론은 레이첼즈의 도덕적 개체주의를 내부적으로 붕괴시킬 수 있다. 이러한 모순을 극복하기 위해 레이첼즈의 도덕적 개체주의는 이론적으로 보완될 필요가 있겠다.

한편 레이첼즈는 동물들이 보여주는 이타성을 다음과 같은 세 단계로 나누어 설명한 바 있다. 첫째 단계는 자신들의 혈연만 돕는 '혈연 이타성'으로, 하등 동물들은 혈연 이타성에 그친다. 둘째 단계는 상대방의 보답을 기대하는 '호혜적 이타성'으로, 충분한 합리성과 예측 능력을 지닌 고등동물들은 호혜적 이타성을 발휘한다. 셋째 단계는 혈연이나 보답을 초월

76) 레이첼즈, 『동물에서 유래된 인간』, 354쪽.
77) 레이첼즈, 『동물에서 유래된 인간』, 403쪽.
78) 레이첼즈, 『동물에서 유래된 인간』, 151~152쪽.

하는 '원대한 이타성' 으로, 이는 진정으로 사심(私心)이 없고 거룩한 소수의 사람들만 실천할 수 있다.[79] 레이첼즈의 도덕적 개체주의는 분명 '원대한 이타성' 에 속하는 것이다. 도덕적 개체주의는 혈연〔種〕에 집착하는 것도 아니요, 다른 동물들의 보답을 기대하는 것도 아니기 때문이다. 그렇다면 그의 도덕적 개체주의는 소수의 거룩한 사람들만 실천할 수 있는 것이다. 요컨대 그의 도덕적 개체주의는 대부분의 사람들은 수용하기 어려운 '비현실적인 것' 인바, 보다 많은 사람들이 수용할 수 있을 정도도 수정될 필요가 있겠다.

레이첼즈의 도덕적 개체주의를 수정하고 보완하기로 한다면, 전통 유교의 입장이 좋은 참고자료가 될 것이다. 전통 유교에서는 인간과 만물을 일체로 생각하면서도, 혈연선택이론에 따라 만물보다 인간을 우대했고,[80] 인간의 삶에 꼭 필요한 범위에서는 만물을 거두어 활용하는 것을 용인하여, '많은 사람들이 수긍할 수 있고, 실천할 수 있는' 내용을 제시했기 때문이다.

79) 레이첼즈, 『동물에서 유래된 인간』, 290~293쪽.

80) 혈연선택이론은 본래 유교의 지론이기도 했다. 혈연의 원근에 따라 사랑에도 차등을 두어야 한다는 '差別愛論' 이나 혈연의 원근에 따라 居喪에도 차등을 두어야 한다는 '五服制' 가 그것이다.

제9장

인간의 존엄성과 그 근거 : 헤겔류와 유교

1. 서론

1989년 즈음 동구권의 공산주의 국가들이 일시에 무너지고 자유민주주의 국가로 탈바꿈한 것을 두고 미국의 저명한 정치학자 후쿠야마(Fransis Fukuyama)는 '역사의 종말'[1]을 선언했다. 그는 '동구권의 자유민주주의화'를 '보편적 자유의 실현'이라는 관점에서 파악하고, 이를 '역사의 종말'로 규정한 것이다. 정치체제의 관점에서 보면, 자유민주주의는 정치적 발전의 정점(頂點)에 해당하는바, 따라서 오늘날 자유민주주의의 세계화는 역사의 종말에 해당하며, 이제 인류의 역사에 더 이상의 진보는 없을 것이라는 주장이었다.

---

1) Francis Fukuyama, *The End of History and the Last Man*, The Free Press, A Divission of Macmillan, Inc. New York, 1992. 이 책에 대해, 本考에서는 이상훈의 번역본(『역사의 종말』, 한마음사, 1999)을 주로 활용할 것이나, 論者가 조금이라도 번역을 수정한 경우에는 英文本의 쪽수를 함께 표기할 것이다.

후쿠야마의 이러한 주장은 즉각적으로 많은 반향을 일으켰다. 그러나 '역사의 종말' 이라는 주장이 제기된 지 30년 정도 지난 지금의 시점에서 보면, 사회주의 시장경제 국가를 표방하는 '중국의 굴기(崛起)' 나 세계 각지에서의 '민족주의의 부활' 등 후쿠야마의 주장을 뒤집을 수 있는 유력한 징후들이 계속 등장하고 있다. 따라서 20세기 말 자유민주주의의 세계화로 인류의 역사가 종말에 도달했다고 하는 주장은 다소 성급했던 것으로 보인다.

본고에서는 후쿠야마의 '국제정치적 조망(眺望)' 에 대해서는 논외로 하고, 다만 그 저변에 놓인 역사관(歷史觀)과 인간관(人間觀)을 문제 삼고자 한다. 본고에서 특히 문제 삼고자 하는 것은 '인간의 존엄성' 과 관련된 문제이다. '역사의 종말' 이후에 대한 후쿠야마의 설명은 '기묘한 역설(逆說)' 에 빠지고 있거니와, 논자가 보기에 이는 그가 '인간의 존엄성의 근거' 를 잘못 설정했기 때문에 벌어진 자가당착(自家撞着)인 것이다.

'인간은 만물의 영장(靈長)' 이라는 생각, 또는 '인간은 다른 동물과 달리 특별히 존엄하다' 는 생각은 동서고금 많은 사람들의 통념이었다. 그렇다면 무슨 근거로 인간은 다른 동물과 달리 특별히 존엄하다고 말할 수 있는가? 다시 말해, 인간의 존엄성의 근거는 어디에 있는가?

서양의 전통에서는 인간의 존엄성은 대개 두 맥락에서 설명되어 왔다. 첫째는 기독교 전통에 입각한 '神의 형상 테제(image of God thesis)' 로서, 다른 동물과 달리 인간은 神을 닮은 존재이기 때문에 특별히 존엄하다는 것이다. 둘째는 그리스 전통에 입각한 '합리성 테제(rationality thesis)' 로서, 다른 동물과 달리 인간은 이성(理性)을 지닌 존재이기 때문에 특별히 존엄하다는 것이다.[2] 이 두 사고방식은 고대로부터 근대에 이르기까지 폭

2) 레이첼즈, 『동물에서 유래된 인간』, 170쪽.

넓게 수용된 사고방식이다. 그런데 근대에 이르러 헤겔과 그 후계자들은 인간의 존엄성에 대한 색다른 설명 방식을 제시했다.

플라톤에 의하면 인간의 영혼은 '이성, 기개(패기), 욕구' 라는 세 부분으로 이루어졌거니와, 플라톤은 이 가운데 이성이 인간을 인간답게 만들어주는 요소라고 보았다. 요컨대 인간의 존엄성의 근거는 이성에 있다는 것이다. 그런데 헤겔과 그 후계자들은 '남들로부터 인정을 받으려고 함' 이야말로 인간의 고유한 특징이라고 이해하고, 인정을 받기 위한 투쟁의 원동력으로서 '기개(패기)' 를 주목했다. 요컨대 헤겔류[3]는 패기야말로 인간의 존엄성의 근거라고 보는 것이다.

후쿠야마의 『역사의 종말』은 헤겔의 역사관과 인간관에 입각한 것이다. 주지하듯이, 헤겔은 인류 역사의 목적을 '보편적 자유의 실현' 으로 파악하고, 자유가 보편적으로 실현되면 역사의 목적이 실현되는 것이요, 역사의 목적이 실현됨은 '역사의 완성(종말)' 에 해당하는 것이라고 보았다. 후쿠야마는 이러한 관점에서 '동구권 공산주의의 붕괴' 를 '역사의 종말' 로 규정한 것이다. 그러나 후쿠야마는 역사의 종말 이후의 인간의 미래를 낙관하지 않았다. 역사의 종말의 시기에 '인간은 동물로 전락하고 있다' 는 것이다. 후쿠야마는 이러한 전락을 막기 위해 우리는 '다시 부정의(不正義)를 조성해야 한다' 고 주장하고, 이를 '기묘한 역설' 이라 했다. 이제까지 인류는 부정의(불평등)를 타파하기 위해 투쟁해왔는데, 이제 다시 고의로 부정의를 조성해야 한다면, 그것은 자가당착이라 하지 않을 수 없다.

본고는 헤겔류, 특히 후쿠야마의 역사관과 인간관에 대한 비판적 논의이다.[4] 본고에서는 우선 헤겔류의 역사관과 인간관을 개관하고, 그들의 설

3) 본고에서 말하는 '헤겔流' 란 '헤겔과 그 후계자들' 을 통칭하는 것으로서, 특히 헤겔(Georg Wilhelm Friedrich Hegel, 1770~1831)과 코제브(Alexandre Kojève, 1902~1968), 후쿠야마(Fransis Fukuyama, 1952~현재)를 지칭한다.

명 체계가 초래하는 아이러니를 규명할 것이다. 이어서 헤겔류가 강조하는 인정(認定)과 패기(용기)[5]에 대해 우리의 전통 유교에서는 어떻게 인식하고 있었는지 살핀 다음, 인간의 존엄성에 대한 유교적 설명을 고찰하고, 그 의의를 논의해보기로 하겠다.

2. 헤겔-후쿠야마의 '패기(覇氣)' 론

후쿠야마의 역사인식은 헤겔의 역사철학, 특히 헤겔의 『정신현상학』에 대한 코제브(Alexandre Kojève)의 해석에 입각한 것이다.[6] 헤겔은 『정신

4) 論者가 ProQuest에서 제공하는 Academic Research Library를 통해 검색해 본 결과, 2014년 1월 9일 현재 '후쿠야마(Fransis Fukuyama)' 에 대한 海外의 文件은 9,943편이나 되었다. 그러나 KISS(Korean Studies Information Service System)를 통해 검색해 본 결과, 2014년 1월 9일 현재 우리 學界의 '후쿠야마' 에 관한 논문은 총 5편뿐이었으며, 그 가운데서도 '역사의 종말' 과 관련된 논문은 이정은의 「후쿠야마의 『역사의 종말』에 나타난 헤겔의 '시간관' 의 재정립」(『시대와 철학』 8권 1호, 한국철학사상연구회, 1997)과 전홍석의 「서구 패권적 현대 '문명패러다임' 비판과 그 대안 모색 : 후쿠야마의 단수적 문명전파론과 헌팅턴의 복수적 문명충돌론을 중심으로」(『문명교류연구』 창간호, 한국문명교류연구소, 2009) 등 2편뿐이었다. 이렇게 본다면, 국내 학계의 후쿠야마에 대한 논의는 해외 학계에 비하여 지나치게 소략한 편이라 하겠다.

5) 플라톤의 靈魂三分說의 한 요소인 'thymos' 는 우리말로는 보통 '氣槪' 로 많이 번역되며, '激情' 으로도 번역된다. 그런데 후쿠야마의 『역사의 종말』의 번역자 이상훈은 'thymos' 를 '覇氣' 로 번역했기 때문에, 본고에서는 '氣槪' 와 '覇氣' 를 병용하기로 한다. 한편 플라톤의 맥락에 따르면 理性을 발휘한 결과가 智慧이듯, 覇氣(氣槪)를 발휘한 결과가 勇氣이므로, 엄밀히 말하자면 영혼의 한 요소인 '패기' 와 패기가 발휘하는 덕목인 '용기' 는 구별되어야 할 것이다. 그러나 日常語에서 '패기' 와 '용기' 를 혼용하듯이, 본고에서도 양자를 엄밀히 구분하지 않고 혼용하기로 한다.

6) 후쿠야마는 『역사의 종말』 제18장 〈지배와 예속〉에서 헤겔의 '認定 투쟁' 또는 '주인과 노예의 변증법' 을 해설하면서 "여기서 말하는 헤겔 『정신현상학』에서의 역사발전론의 개략은 코제브의 해석을 답습하는 것으로서, 종합철학자 헤겔=코제브의 논의라고 생각하기 바란다." 고 밝힌 바 있다(『역사의 종말』, 294쪽 참조).

현상학』에서 동물과 구별되는 '인간' 의 등장 및 '역사' 의 시작을 '인정투쟁(Struggle for Recognition)' 으로 설명한 바 있거니와, 후쿠야마는 인정투쟁에 돌입하는 인간 심성의 내면적 요소를 '패기' 로 규정했다. 과연 인정투쟁이 다른 동물들과 구별되는 인간의 고유한 특징이라면, 또한 인정투쟁은 인간 내면의 패기로부터 비롯되는 것이라면, 같은 맥락에서 패기는 다른 동물과 인간을 구별해주는 요소라 할 수 있을 것이다. 이러한 맥락에서 후쿠야마는 패기를 인간의 고유한 요소로 규정하고, 패기야말로 '인간의 존엄성의 근거' 라고 규정한 것이다. 그렇다면 먼저 헤겔의 인정투쟁을 살펴본 다음,[7] 패기론의 아이러니를 규명해 보기로 하자.

1) 헤겔의 '인정투쟁' 과 '역사의 종말'

헤겔에 의하면, 인간은 '욕구(desire)' 를 느낄 때 비로소 자기 자신을 인식하게 된다. 그런데 '욕구' 란 그 대상이 되는 사물을 행위를 통해 변화시키고, 사물의 자립적 상태를 부정하여 나에게 동화시킴으로써 나의 것으로 만들고 나의 자아 속에 흡수하는 것이다.[8] 이러한 맥락에서 '인간적 자아' 란 '욕구하는 자아' 로서, '활동하는 자아' 요, '부정하는 자아' 이며, 현

7) 헤겔의 『정신현상학』은 매우 난해하거니와, 本考에서도 후쿠야마와 마찬가지로 코제브의 해설(Alexandre Kojève, *Introduction to the Reading of Hegel (Lectures on the Phenomenology of Spirit)*, Edited by Allan Bloom, Translated from the French by James H. Nichols, Jr. Basic Books, Inc., Publishers, New York, 1969)을 중심으로 '인정투쟁' 을 개관해 보겠다.

8) 코제브는 '배고픔이라는 욕구를 생각해 보는 것' 만으로도 이러한 설명을 충분히 이해할 수 있을 것이라 하였다. 배가 고플 경우 내 앞에 있는 음식을 먹어서 나에게 동화시키는 것이 곧 '관찰된 사물을 행위를 통해 변화시키고, 사물의 자립적 상태를 부정하여 나에게 동화시킴으로써 나의 것으로 만들고 나의 자아 속에 흡수함' 에 해당하는 것이다.

존하는 것을 파괴함으로써 새로운 존재를 창조하는 '초월적 자아' 인 것이다.[9)]

헤겔은 '인간의 욕구' 를 '동물적 욕구(animal desire)' 와 '인간적 욕구(human desire)' 로 구분한다. '동물적 욕구' 란 의식주(衣食住) 또는 식색(食色)과 관련된 욕구로서, 이는 자신의 생명을 지속시키기 위한 활동을 낳는다. 헤겔에 의하면, 동물적 욕구는 인간적 실존을 위한 필수 조건이기는 하나, 충분조건은 못된다. 왜냐하면 동물은 자신의 욕구를 충족시키는 것으로 그칠 뿐, 자기의식(自己意識)에 도달하지 못하기 때문이다. 인간은 동물과 달리 자기를 의식하고, 자기를 초월할 수 있다. 그러나 동물은 자기를 의식할 수 없으므로, 자기를 초월할 수도 없다.[10)]

여기서 우리가 주목할 것은 '자기를 초월한다' 는 관념이다. 헤겔에 의하면, '자기 초월' 은 욕구가 '현존하는 것' 에 집착하지 않고 '현존하지 않는 것' 을 추구할 때 가능한 것이다. '현존하는 것을 욕구함' 은 '자신을 그에 굴복시킨다' 는 뜻이다. 그러나 '현존하지 않는 것을 욕구한다' 는 것은 자신을 현존하는 것들로부터 해방시켜 '자신의 자율(自律)과 자유(自由)를 실현한다' 는 뜻이다. 이러한 맥락에서 어떤 욕구가 인간적인 것이 되기 위해서는 현존하지 않는 것을 지향해야 한다. 다른 말로 표현하면, 현존하는 사물과 관계된 동물적 욕구를 추구하는 행위는 '인간다운 자아' 또는 '자기를 의식하는 자아' 를 결코 실현시킬 수 없다는 것이요, 욕구는 오직 '다른 욕구' 및 '다른 사람의 욕구' 와 관계를 맺는 경우에만 인간적일 수 있다는 말이다.[11)] 코제브는 이를 다음과 같이 설명한다.

---

9) Kojève, *Introduction to the Reading of Hegel*, 38쪽.

10) Kojève, *Introduction to the Reading of Hegel*, 39쪽.

11) Kojève, *Introduction to the Reading of Hegel*, 39~40쪽.

인간이 되기 위해서는, 사람은 '사물'을 예속시키기 위해서가 아니라, '(사물을 향한) 다른 사람의 욕구'를 예속시키기 위해 노력해야 한다. 인간적으로 어떤 사물을 욕구하는 사람은 그 사물을 소유하려고 노력하는 것이 아니라 남들이 그 사물에 대한 자신의 권리를 인정하게 만들고자, 즉 남들이 그 자신을 그 사물에 대한 소유자로 인정하게 만들고자 노력한다. 그리고 그가 이렇게 행동하는 까닭은 다른 사람에 대한 그 자신의 '우월성'을 다른 사람이 인정하도록 만들기 위한 것이다. '인간다운 자아'나 '동물과 다른 자아'를 창조하고 실현하며 드러내는 것은 오직 그러한 '인정(認定)에 대한 욕구'와 '그러한 욕구에서 나온 행위' 뿐이다.[12]

위의 인용문에 의하면, 남들로부터 '자신의 권리' 또는 '자신의 우월성'을 인정받는 인간만이 '인간다운 인간'인 것이다. 그런데 문제는 이러한 인정을 추구하는 사람이 '여럿'이라는 사실이다. 헤겔에 의하면, 남들로부터 인정을 받으려는 것은 모든 인간의 공통적 욕구이다. 또한 '내가 남을 인정한다'는 것은 '나에 대한 그의 우월성을 인정한다'는 뜻이요, '나에 대한 그의 우월성을 인정한다'는 것은 어떤 사물에 대한 '나의 권리를 부정당한다'는 뜻이다. 그런데 이 세상에 자신의 권리를 순순히 포기하고 흔쾌히 남을 인정할 사람은 드물다. 이러한 맥락에서 '인정을 받기 위한 투쟁'은 '목숨을 건 투쟁'으로 전개되지 않을 수 없다는 것이 헤겔의 지론이었다.

'목숨을 건 투쟁'은 실제로는 어느 한 편의 죽음으로 끝나는 것이 아니라 '승자와 패자' 사이에 '주인과 노예'의 관계를 형성하는 것으로 귀결된다. '목숨을 건 투쟁'의 목적은 남으로부터 자신을 인정받기 위한 것인바,

12) Kojève, *Introduction to the Reading of Hegel*, 40쪽.

패자를 죽인다면 승자는 더 이상 상대방(패자)으로부터 인정을 받을 수 없게 된다. 그러므로 승자는 패자를 죽이는 대신 패자의 항복을 받아내는 것을 택하게 된다. 코제브는 이를 다음과 같이 설명한다.

> 패자(敗者)는 인정(認定)을 추구했던 그의 '인간적 욕구'를 그의 생명을 보존하기 위한 '생물학적 욕구'에 종속시켰다. 이것이 바로 그 자신과 승자(勝者)에게 자신의 열등성을 결정짓고 드러내 주는 것이다. 승자는 생명과 무관한 목표를 위해 그의 생명을 걸었다. 그리고 이것이 바로 그 자신과 패자에게 생물학적 생명을 극복한 자신의 우월성, 따라서 패자를 이긴 자신의 우월성을 결정짓고 드러내 주는 것이다. 그러므로 '승자와 패자'가 존재함으로 인해 '주인과 노예' 사이의 차이가 현실화되며, 이 차이는 양자(兩者)에 의해 인정되는 것이다.[13]

위와 같은 맥락에서, 헤겔은 '주인과 노예'의 등장, 다시 말해 '지배와 예속' 관계의 등장으로 '역사의 시초'를 설명했다. 이후 '주인과 노예'의 '지배와 예속' 관계는 변증법적으로 전개되면서 근대의 시민혁명(특히 1789년의 프랑스 혁명) 단계에까지 이르렀다는 것이다. 이러한 관점에서, 헤겔은 '주인과 노예의 변증법'을 통하여 인류의 역사를 세 단계로 나누어 보았다. 제1단계는 '주인의 실존'에 의해 인간의 실존이 규정되는 시기이고, 제2단계는 '노예의 실존'에 의해 인간의 실존이 규정되는 시기이며, 제3단계는 '주인과 노예의 지양'에 의해 인간의 실존이 규정되는 시기이다.[14]

---

13) Kojève, *Introduction to the Reading of Hegel*, 42쪽.

14) 홉스나 로크는 '자연상태'는 '만인의 만인에 대한 투쟁'을 초래하고, 이는 '사회계약'을 통해 '시민사회'를 건설하는 계기가 된다고 보았다. 그러나 헤겔은 '자연상

먼저 '주인의 실존'에 대해 살펴보자. 주인은 다른 사람으로부터 자신의 절대적 우월성을 인정받기 위해 자신의 생명을 걸었던 인간이요, 마침내 상대방을 굴복시킴으로써 자신의 우월성을 입증했던 인간이다. 그러나 주인의 실존은 근원적으로 두 하자가 있는 것이었다. 첫째는 자신에 대한 인정이 '다른 사람'으로부터의 인정이 아니고 '노예'로부터의 인정이라는 점이다. 주인은 본래 다른 사람으로부터 인정을 받고자 원했었다. 하지만 목숨을 건 투쟁의 결과, 그는 노예로부터 인정을 받게 된 것이다. '노예'로부터 인정을 받는 것은 '인간'에 의해 인정을 받는 것이 아니다. 그렇다면 주인은 자신이 생명을 걸었던 목표를 결코 실현할 수 없는 것이다. 둘째는 주인의 삶이 '향락'에 빠지게 된다는 점이다. 주인은 자신의 자연적 욕구를 위해 더 이상 노동을 할 필요가 없다. 자신에게 필요한 것은 모두 노예가 제공하기 때문이다. 한편, 인간으로부터 인정을 받지 못하고 노예로부터 인정을 받는 것으로 그친 자신의 현실을 직시하게 된 주인은 그 공허함을 달래기 위해 향락에 빠지게 된다. 결국 주인은 '실존의 막다른 골목'에 봉착하게 되고, 주인의 지배는 조만간 무너지게 된다.[15]

다음, '노예의 실존'에 대해 살펴보자. 노예는 죽음의 공포로 인해 노예가 된 것이다. 그런데 죽음의 공포는 '노예의 예속성'을 드러내는 동시에 주인에 대한 '노예의 우월성'을 드러내기도 한다. 노예는 죽음의 공포를 통해서 자신의 존재 근거인 무(無)를 파악했기 때문에, 자기 자신이나 인간에 대해 주인보다 더 잘 이해하게 된다. 최초의 투쟁에서부터 노예는 인

태'에서의 투쟁은 '주인과 노예'라는 '지배와 예속'의 관계를 산출한다고 설명한 것이다. 헤겔의 관점에 입각하면, 주인과 노예 사이의 '일방적 承認(認定)' 관계가 '상호 승인' 내지는 '보편적 승인'의 관계로 지양된 것이 '시민사회'이다. 요컨대 홉스나 로크는 역사의 본질적 발전 과정을 2단계로 설명한 것이나, 헤겔은 3단계로 설명한 것이다.

15) Kojève, *Introduction to the Reading of Hegel*, 45~47쪽.

간의 현실성을 통찰하게 되며, 이로 인해 인간에 대한 진리를 드러내고 역사를 완성시키는 주체가 되는 것이다. 노예에게는 노동을 하면서 남에게 봉사한다는 것 때문에 생기는 또 다른 장점이 있다. 남을 위해 노동한다는 것은 자신의 필요를 충족시키도록 강요하는 본능들과 반대로 행위하는 것이다. 달리 말하면, 주인을 위해 노동하는 노예는 어떤 이념에 의거해 자신의 본능을 억제하는바, 바로 이것이 그의 활동을 '특별히 인간적인 활동' 즉 '노동' 으로 만든다. 요컨대 주인은 최초의 투쟁 속에서 그의 살고자 하는 본능을 극복함으로써 그의 자유를 실현한 것인데, 이제는 노예 역시 남을 위한 노동을 통해서 그의 본능을 극복함으로써 주인이 목숨을 건 투쟁을 통해서 획득했던 것과 동일한 결과에 도달하게 된다.[16)]

이제 마지막 단계인 '주인과 노예의 지양' 에 대해 살펴보자. 노예가 남을 위한 노동을 통해 얻은 자유는, 주인의 자유처럼 '실제적인 자유' 가 아니라, '자유에 대한 이념' 에 불과하다. 노예는 강제노동을 통해 정신적으로만 해방되어있을 뿐, 사실적으로는 여전히 주인의 지배를 받는 노예로 남아있는 것이다. 그러나 이는 자유에 대한 이념을 형성하기 전보다는 훨씬 나은 것이다. 이제 그는 자신의 실존을 의식적으로 또 자발적으로 변화시킴으로써 노예상태를 소멸시킬 수 있게 되었기 때문이다. 이에 반해서 주인은 이미 자유롭게 존재하기 때문에, 자신의 자유의 불충분성(자신의 자유는 사람들로부터 인정받은 것이 아니라 다만 노예들로부터 인정받은 것이라는 불충분성)을 결코 극복할 수 없다. 이러한 맥락에서, 자유를 실현시키는 진보는 실현되지 못한 자유의 이상으로부터 출발하는 노예에 의해서만 수행될 수 있다. 노예의 자유는 처음부터 그 자신 이외의 어떤 다른 사람으로부터도 인정받지 못하며, 따라서 순전히 추상적인 자유임에도 불

16) Kojève, *Introduction to the Reading of Hegel*, 47~49쪽.

구하고, 결국에는 실현될 수 있고, 완성될 수 있다. 왜냐하면 노예는 주인의 인간적 현실과 존엄성을 인정하기 때문이다. 그러므로 '상호 인정'을 통한 궁극적 만족을 얻기 위해, 그리고 이를 통해 역사적 과정을 끝맺기 위해서, 노예는 단지 자신의 자유를 인정하기를 주인에게 강요하기만 하면 된다.[17]

헤겔은 "세계사란 자유의 의식에 있어서의 진보를 의미하는 것"[18]이라고 갈파했거니와, 이는 '보편적 자유의 실현'이 바로 '역사의 목적'이라는 뜻이었다. '상호 인정'에 의해 주인과 노예의 구별과 대립이 해소되는 순간이 바로 자유가 보편적으로 실현되는 순간인바, 이 순간은 역사의 목적이 실현되는 순간이요, 동시에 역사가 정지하는 순간이기도 하다. 헤겔은 근대의 시민혁명, 특히 프랑스 혁명(1789년)과 나폴레옹 전쟁을 주인과 노예가 변증법적으로 지양되는 정점(頂點)으로 인식하고, 인류의 역사가 종결되고 있다고 예감했다.[19] 『정신현상학』은 헤겔이 '미네르바의 부엉이'로서 황혼기(黃昏期)에 접어든 인류 역사의 전 과정을 자신의 안목으로 조감하고, 그 본질을 규명한 저술이었다.

헤겔이 1789년에 시작된 프랑스 혁명을 '역사의 종말'의 서곡(序曲)으로 인식했다면, 후쿠야마는 1989년 무렵 동구권 공산주의 국가들이 일시에 무너진 것을 '역사의 종말'의 완성으로 인식했다. 이러한 인식에 따른다면, 이제 인류의 역사는 완전한 종말에 이르렀기 때문에, 앞으로는 자유민주주의 체제가 지속될 뿐, 역사에 있어서 더 이상의 '본질적 진보'란 없게 된다. 그렇다면 이제까지의 역사를 추동시켰던 패기, 즉 '인정을 받기 위해' 또는 '자유를 얻기 위해' 자신의 목숨을 던질 수 있었던 패기도 더 이상 필

17) Kojève, *Introduction to the Reading of Hegel*, 49~50쪽.

18) 헤겔, 『역사철학강의』 I, 89쪽.

19) Kojève, *Introduction to the Reading of Hegel*, 43~44쪽.

요 없게 된다. 여기에 패기론의 근본적 아이러니가 숨어있는 것이다.

2) 후쿠야마의 패기론과 그 아이러니

헤겔은 인정을 받기 위해 또는 위신을 세우기 위해 '목숨을 건 투쟁'을 전개할 수 있는 사람만이 '인간다운 인간'이라고 보았다. 다른 동물들은 인정이나 위신처럼 자신의 생물학적 욕구의 대상이 아닌 것을 위해 목숨을 걸고 투쟁하지 않으나, 인간은 "자신의 '비(非)생물학적 욕구'를 위해 자신의 목숨을 거는 존재"라는 것이다.[20] 그렇다면 인정이나 위신을 위한 '목숨을 건 투쟁'은 분명 '인간다움'의 증표가 될 수 있겠다. 목숨을 건 투쟁을 뒷받침하는 인간 본성의 내면적 요소가 바로 '패기(용기)'인바, 이런 맥락에서 헤겔류는 '패기'를 '인간의 존엄성의 근거'로 파악했던 것이다. 이제 후쿠야마의 패기론을 살펴보자.

후쿠야마는 플라톤의 영혼삼분설(靈魂三分說)에 입각하여 헤겔의 인정투쟁에 등장하는 패기의 위상을 논하였다. 플라톤은 인간의 영혼은 '이성, 패기(기개), 욕구'라는 세 부분으로 이루어졌다고 설명했는데, 인정투쟁의 원동력이었던 패기는 바로 '이성, 욕구'와 함께 영혼의 한 부분을 이루는 패기라는 것이다. 후쿠야마는 다음과 같이 말한다.

> '인정받기 위한 욕망'이라고 하면 얼핏 익숙지 않은 개념이라고 생각하기 쉽다. 그러나 그것은 서구 정치철학의 전통만큼이나 오래된 개념으로서, 인간의 특성 가운데 매우 친숙한 부분이다. 인간의 이러한 특성은 플라톤의 『국가(*Republic*)』에서 처음 묘사되었는데, 여기서 플라톤은 인간의 영혼에는 욕망,

20) Kojève, *Introduction to the Reading of Hegel*, 41쪽.

이성, 그리고 이른바 'thymos', 즉 '패기(spiritedness)'의 세 가지 부분이 있다고 갈파했다. 인간 행동의 대부분은 처음 두 가지 부분, 즉 욕망과 이성의 조합으로 설명될 수 있다. 욕망은 자신이 갖고 있지 않은 것을 추구하도록 인간을 충동하며, 이성 또는 계산은 인간에게 그것을 손에 넣는 최선의 방법을 알려준다. 하지만 인간은 자기 자신의 가치, 자기 민족이나 사물의 가치 또는 원칙에 대해 인정받기를 또 원하고 있다. 자기 자신에게 어떠한 가치를 부여하고, 그와 같은 가치를 인정받고 싶어 하는 인간의 성향은 오늘날 일상 쓰는 말로 '자존심(self-esteem)'이라 부를 수 있을 것이다. 자존심을 느끼는 성향은 인간 영혼의 '패기'라고 부르는 부분에서 발생된다. 그것은 인간이 태어나면서 자연히 갖게 되는 '正義에 대한 감각(sense of justice)'과 같은 것이다. 사람들은 자신에게 일정한 가치가 있다고 믿고 있다. 그러므로 타인에게서 자기 생각보다 가치가 없는 인간으로 취급당하면 분노를 느낀다. 거꾸로 자기가 생각한 만큼 가치 있는 생활을 하지 못할 때에는 수치를 느끼며, 자기가 생각하고 있는 가치에 적합한 대우를 받으면 긍지를 느끼게 된다. 인정받기 위한 욕망과 그에 따르는 분노와 수치, 긍지와 같은 감정은 인간 특성의 일부이며, 정치세계에서도 핵심적인 요소가 된다. 그리고 헤겔은 이와 같은 감정이 역사의 과정 전체를 움직여가는 힘이라고 생각한 것이다.[21)]

위의 인용문에 보이듯이, 후쿠야마는 헤겔이 말하는 인정 투쟁의 원동력을 플라톤이 말한 '패기'로 개념화하고, 긍지 또는 자존감, 분노와 수치라는 정의감 등이 모두 패기와 궤를 같이한다고 설명했다. 요컨대 "패기는 정의감과 같은 선천적으로 인간다운 감각을 재흥시키고, 동시에 그 자체가 무사(無私), 이상주의, 도덕성, 자기희생, 용기, 명예 등등 모든 미덕의

21) 후쿠야마, 『역사의 종말』, 14~15쪽(*The End of History and the Last Man*, xvii).

정신적 지주가 되고 있다. 패기는 어떤 평가나 가치설정 때에도 만능의 정신적 지주를 이루어주기도 하고, 패기 덕택에 인간은 자연의 가장 강한 본능을 극복하고, 정의(正義) 혹은 공정하다고 믿는 것을 추구할 수 있게 된다."는 것이다.[22)]

위의 인용문에서는 패기가 정치세계에서도 핵심적 요소라고 했거니와, 패기는 "폭정에 대한 저항의 아성이 되어 자유민주주의를 선택하는 근거가 되기도 했다"는 것이다.[23)] 후쿠야마의 이러한 설명은 홉스나 로크의 전통에 충실한 '영미식(英美式) 자유민주주의'의 관점과는 궤를 달리하는 것이다. 후쿠야마는 영미식 자유민주주의에 대해 다음과 같이 설명한다.

> 근대 자유주의의 원조라고 볼 수 있는 홉스와 로크는 '패기'를 정치의 세계에서 근절하고 대신에 욕망과 이성을 결합시켜서 거기에 모든 의미를 부여하려고 했다. 이 근대 초기의 영국 자유주의자들은 군주의 정열적이고 동시에 완고한 자부심, 혹은 호전적인 성직자의 황당무계한 광신과 같은 형태로 나타나는 '우월욕망(megalothymia)'을 전쟁의 최대의 원인으로 간주하고, 모든 종류의 자만이나 자부심에 공격의 화살을 퍼부었다. 귀족적인 자부심에 대한 그들의 모욕행위는 아담 파거슨, 제임스 스튜어트, 데이비드 흄, 몽테스키외 등 많은 계몽사상가들에게 이어졌다.[24)]

요컨대 홉스나 로크는 패기를 위험하게 여겨, 패기를 배제한 체계를 구상했다는 것이다. 따라서 이들이 추구한 자유민주주의는 '합리적인 사익(私益)의 추구' 체계로서, 이는 플라톤이 말한 '욕망과 이성'이 결합된 체

22) 후쿠야마, 『역사의 종말』, 264쪽.
23) 후쿠야마, 『역사의 종말』, 277쪽.
24) 후쿠야마, 『역사의 종말』, 283쪽(*The End of History and the Last Man*, 184~185쪽).

계라는 것이다. 그러나 헤겔은 자유민주주의를 이해하는 또 하나의 관점을 제시해주는바, '헤겔류의 자유주의' 란 '개인이 자유롭고 자율적인 인간으로서 만인으로부터 인정받는다는 보편적 인정의 추구' 로 해석할 수 있다는 것이다. 요컨대 헤겔이 이해한 자유민주주의는 '합리적인 인정(認定)의 추구' 체계로서, 이는 플라톤이 말한 '패기와 이성' 이 결합된 체계라는 것이다.[25] 후쿠야마는 근대의 자유민주주의란 본래 이 양면성을 모두 지닌 것이라고 보면서, 다음과 같이 말한다.

> 자유민주주의 사회를 택한 경우에 중요한 것은, 그것이 우리에게 자유로이 돈벌이를 할 수 있도록 하고, 영혼 속의 욕망의 부분을 채워준다는 점만은 아니다. 더욱 중요하고 최종적으로 훨씬 만족을 주는 것은, 이 사회가 우리의 존엄을 인정해준다고 하는 점이다. 자유민주주의 사회는 엄청난 물질적 번영을 가져올 가능성을 내포하고 있지만, 그것은 또 각자의 자유를 서로 인정한다는 완전히 정신적인 목표실현에 도달하는 길도 제시해 준다. 자유민주주의 국가에서는 우리가 자기 자신의 가치를 어떻게 받아들이는가 하는 관점에서 인간이 평가된다. 이렇게 하여 우리 영혼의 욕망의 부분과 패기 부분은 동시에 만족을 얻는 것이다.[26]

후쿠야마의 주장대로 자유민주주의를 '합리적 사익 추구' 의 체계요 동시에 '합리적 인정 추구' 의 체계라고 본다면, 자유민주주의는 플라톤이 말한 영혼의 세 요소(이성, 욕망, 패기)를 두루 실현하는 체계라 할 수 있겠다.[27] 바로 이러한 맥락에서 후쿠야마는 자유민주주의를 '역사의 최종 단

25) 후쿠야마, 『역사의 종말』, 304쪽.
26) 후쿠야마, 『역사의 종말』, 304쪽.
27) 후쿠야마, 『역사의 종말』, 490쪽.

계' 로 이해하고, 동구권의 공산주의가 몰락하고 자유민주주의가 범세계적으로 확산된 사건을 '역사의 종말' 로 규정했던 것이다.

후쿠야마의 이러한 설명은 서양의 철학사(哲學史)에 대한 해박한 지식과 근현대의 정치사(政治史)에 대한 거시적 조망에 근거한 것으로서, 많은 사람들의 주목을 받았다. 논자 또한 근현대의 정치사를 이해하는 데 후쿠야마의 통찰이 중요한 관점을 제공할 수 있다고 본다. 그럼에도 불구하고 논자는 이러한 헤겔류의 설명방식은 중대한 하자를 지니고 있다고 본다. 그것은 바로 '인간의 존엄성의 근거' 에 관한 문제이다.

헤겔류에 의하면, 인간과 다른 동물의 본질적 차이는 목숨을 걸고 인정투쟁을 감행할 수 있는 '패기' 에 있으며, 그러한 투쟁의 결과 역사의 최종단계에서 '상호 인정' 내지 '보편적 인정' 의 체계로서 자유민주주의가 등장하게 된 것이다. 요컨대 인간의 존엄성의 근거는 패기에 있다는 것이요, 또 역사의 종말에 이르러서는 인간의 존엄성이 보편적으로 인정받게 되었다는 것이다. 그런데 이 '역사의 종말' 에 대해 후쿠야마는 다음과 같이 묘사한다.

> 역사의 종말이란 전쟁과 피비린내 나는 혁명의 종말을 의미하게 될 것이다. 목적에 있어서 합의한 인간에게는 싸워야 할 대의(大義)는 없어질 것이다. 인간은 경제활동을 통해서 자신의 욕구를 충족시키는데, 이제는 전쟁에 자신의 생명을 걸 필요는 없어진다. 바꿔 말하면 인간은 역사의 출발점이 된 피비린내 나는 싸움 이전처럼 다시 동물이 되는 것이다. 먹이가 주어지고 있는 한, 개는 하루 종일 볕을 쬐면서 마음껏 잠을 잔다. 왜냐하면 개는 자신이 개라는 점에 불만을 품거나 하지 않기 때문이다. 다른 개가 자신보다 뛰어난 행동을 하든, 개로서의 자신의 경력이 바람직하지 않든, 혹은 세계의 먼 어딘가에서 동료가 죽어가고 있든 전혀 개의치 않는다. 부정(不正)의 일소에 성공한 사회에 인간이

도달할 수 있었다면, 그 생활은 개의 생활과 닮아가게 될 것이다. 인간의 생활은 그때 '부정(不正)이 불가피하다' 고 하는 기묘한 역설을 안게 된다. 이는 부정에 대한 싸움이 인간 속에 최고의 것을 불러일으키기 때문이다.[28)]

인간의 존엄성이 보편적으로 인정되는 역사의 최종 단계에 도달하면 더 이상 싸워야 할 대의(大義)가 없기 때문에, 인간은 짐승처럼 욕구의 충족에 안주하게 되고, 그리하여 동물로 전락하게 된다는 것이다. 따라서 이러한 전락을 막으려면 다시 '인간 속에 최고의 것' 인 패기를 되살려야 하고, 패기를 되살리기 위해서는 다시 부정을 조성해야 한다는 것이다. 다시 말하면, 인류는 이제까지 부정(不正, 중세적 불평등)을 일소하기 위해 피를 흘리면서 싸워서 겨우 정의(正義, 근대적 평등, 보편적 認定)를 실현했는데, 이제는 다시 패기를 되살리기 위해 불평등을 조성해야 한다는 것이다. 후쿠야마는 이를 '기묘한 역설(curious paradox)' 이라 했다.[29)] 같은 맥락에서, 후쿠야마는 다음과 같이 말하기도 한다.

> '최후의 인간' 의 삶이란 정말이지 서구의 정치가 유권자에게 즐겨 내거는 공약 그 자체, 즉 육체적 안전과 물질적 풍요의 삶이다. 이것이 정말로 과거 수십만 년에 걸친 인류의 이야기의 전부인 것일까? 이제 인간이기를 그만두고 호모사피엔스속(屬)에 드는 동물로 전락한 자신들의 상황에 행복과 동시에 만족을

28) 후쿠야마, 『역사의 종말』, 456쪽.

29) 후쿠야마가 인간이 동물로 전락하는 것을 막기 위해 다시 不正義를 조성해야 한다고 주장한 것도 사실 헤겔의 주장을 그대로 답습한 것이다. 주지하듯이, 헤겔은 『법철학』에서 '평화' 는 '인간의 타락' 을 초래한다고 지적하고, 평화가 지속되면 국가가 부패하므로, 국가의 부패를 막기 위해서는 전쟁이 필요하다고 하여, '전쟁의 정치적 도덕적 교육기능' 을 역설한 바 있다(헤겔, 『법철학』, 501~502쪽. 이에 대한 자세한 논의는 레오 스트라우스 · 조셉 크랍시 편, 『서양정치철학사』 III, 212~220쪽 참조).

> 느끼고 있는 것을 우리들은 무서워해야 하는 것이 아닐까? 그렇지 않으면 우리들이 어느 수준에서는 행복하면서 다른 한편으로는 자신에게 여전히 불만을 느끼고, 그 때문에 세계를 전쟁과 불공정과 혁명으로 가득 찬 역사로 되돌려 버리려는 그런 위험성이 있는 것일까?[30]

'최후의 인간(the last man)' 이란 니체의 『차라투스트라는 이렇게 말했다』에 등장하는 인물로서, 역사의 종말 단계에 살고 있는 인간을 말한다. 후쿠야마는 '최후의 인간' 을 '인간이기를 그만두고 호모사피엔스속(屬)에 드는 동물로 전락한 존재' 로 묘사했다. 그리고 이러한 동물적 전락을 회피하는 방법의 하나로 다시 부정을 조성하여 '전쟁과 불공정과 혁명으로 가득 찬 역사' 로 되돌아가는 것을 예상하기도 했다. 말하자면 '최초의 인간(the first man)' 으로 되돌아가, 다시 목숨을 걸고 싸움으로써 존엄성을 되살리는 것이다. 그러나 그것은 '바람직한 길' 이 아니라 '위험한 길' 이라는 것이다.

'역사의 종말' 에 대해 이러한 '기묘한 역설' 을 제기한 후쿠야마는 마침내 "자유민주주의 국가는 그것만으로 완전한 것이라고는 말할 수 없는 것"[31]이라고 물러섰다. 그에 의하면, 자유민주주의 사회가 바람직하게 유지되려면 사익(私益)에 집착하는 태도를 벗어나 공동선(共同善)이나 공동체 생활의 태도를 아울러 견지해야 한다. 그런데 "자유주의적 원리들은 점차 견고한 공동체를 유지하는 데 빼놓을 수 없는 자유주의 이전의 가치들을 침식하고, 그리하여 자유주의 사회의 자기유지 능력을 침식하게 되었던 것"[32]이다. 그는 다음과 같이 말한다.

30) 후쿠야마, 『역사의 종말』, 458쪽(*The End of History and the Last Man*, 312쪽).
31) 후쿠야마, 『역사의 종말』, 476쪽.
32) 후쿠야마, 『역사의 종말』, 477쪽(*The End of History and the Last Man*, 327쪽).

공동체 생활이 쇠퇴함에 따라 미래의 우리들은 사적(私的)인 위안을 구하는 것만으로 보다 높은 목표에 대한 패기 넘치는 노력을 망각하고 걱정 없이 자신의 일에만 열중하는 '최후의 인간' 이 되어버릴 우려가 있다. 그러나 그것과는 반대의 위험성도 존재한다. 요컨대 사람들이 또 '최초의 인간' 으로 되돌아가 (…) 위신을 위한 싸움에 헛된 피를 흘리게 되는 것이 아닐까 하는 위험성이다. 그리고 실제로 이 두 가지 문제는 상호 관련되어 있다. 왜냐하면 우월욕망은 정기적이고 건설적인 돌파구를 없애버리면 점차 과격하고 병적인 형태를 취하여 다시 타오르기 때문이다.[33)]

후쿠야마에 의하면, '최후의 인간' 은 사익에 매몰됨으로써 동물로 전락할 가능성도 있고, 반대로 다시 피 흘리며 투쟁하는 '최초의 인간' 으로 되돌아갈 가능성도 있다. 그는 이 양자가 서로 관련되어 있다고 설명했는데, 보편적 인정에 안주하여 우월욕망을 접으면 동물로 전락하게 되고, 보편적 인정에 불만을 품고 우월욕망을 되살리면 다시 피 흘리며 싸우게 되는 것이다.

그러나 논자가 보기에 '자유민주주의의 보편화' 즉 '보편적 인정의 실현' 이후의 역사에 대한 후쿠야마의 설명은 자가당착의 연속일 뿐, 전혀 이론적 정합성이 없다. 첫째, "자유민주주의 국가는 그것만으로 완전한 것이라고는 말할 수 없다" 면, 범세계적 자유민주주의화를 역사의 종말로 규정할 수 없을 것이다. '역사의 종말' 이란 '역사적 목적의 완전한 실현' 이라는 의미를 지니는바, '완전(완성)' 에 이르지 못했으면 '종말' 이라 말할 수 없기 때문이다. 둘째, "자유주의적 원리는 자유주의 사회의 자기유지 능력을 침식하고 있다" 면, 역시 자유주의의 보편화를 역사의 종말로 규정

---

33) 후쿠야마, 『역사의 종말』, 478쪽.

할 수 없을 것이다. 자기유지 능력이 없는 자유주의 사회는 결국 붕괴될 것이고, 그러면 다시 새로운 역사가 시작될 것이기 때문이다.

후쿠야마는 '역사의 종말' 상황에서 봉착하게 되는 '기묘한 역설'로 인해 위와 같은 자가당착을 범한 것이다. 그러나 논자가 보기에 이러한 기묘한 역설은 인간의 존엄성의 근거를 잘못 설정했기 때문에 빚어진 것이다. 후쿠야마는 헤겔류의 맥락에서 인간의 존엄성의 근거를 '패기'로 규정하고, 이를 '인간 속의 최고의 것'이라고 격상시켰다. 그런데 보편적 인정이 실현된 역사의 종말 단계에서는 더 이상 패기가 필요 없게 됨으로써 최후의 인간은 동물로 전락한다는 것이었다. 인간의 존엄성이 보편적으로 인정됨으로써 인간은 다시 존엄하지 못한 동물로 전락한다는 것은 분명 아이러니일 것인바, 헤겔류의 패기론이 이러한 아이러니를 품고 있다면, 이는 인간의 존엄성을 해명하는 논리로서는 매우 부적절한 것이다.

우리는 우선 플라톤은 본래 패기를 '사람'의 몫으로 간주하지 않고 '사자(獅子)'의 몫으로 간주했음을 상기할 필요가 있다. 주지하듯이 플라톤의 영혼삼분설에서 사람의 몫으로 간주된 것은 패기가 아니라 이성이었다.[34] 플라톤에 의하면, 패기(사자)는 이성(사람)을 보조할 수도 있고 욕구(짐승)를 보조할 수도 있는바, 그렇다면 패기를 인간의 존엄성의 근거로 설정한 것은 이미 잘못된 것이다. 헤겔류는 '인정(認定)'이라는 비(非)생물학적인 목적을 위해 자기의 목숨을 걸 수 있는 '패기'야말로 인간과 다른 동물을 구별해주는 요소라 하여, 패기를 인간의 존엄성의 근거로 삼았다. 그러나 플라톤적 맥락에서 보면, 인간과 다른 동물을 구별해주는 요소는 패기가 아니라 이성이었다. 그렇다면 우리는 인간의 존엄성의 근거를 패기로 설정함으로써 위와 같은 '기묘한 역설'과 자가당착을 초래할 이유가 없는

34) 플라톤, 『국가』, 588c~589b 참조.

것이다.[35)]

3. 유교의 '인덕(仁德)' 론

유교에서는 인간의 존엄성의 근거를 '인의예지(仁義禮智)의 본성' 에서 찾았다. 인간은 인의예지의 본성을 지니고 있으므로 동물과 달리 '사랑, 정의, 예절, 슬기' 의 삶을 살 수 있다는 것이다. 한편, 인정을 받음과 용기를 발휘함은 유교에서도 매우 중요한 문제였다. 그러나 유교의 인정론이나 용기론은 '목숨을 건 투쟁' 과는 궤를 달리한다. 이제 인정과 용기에 대한 유교의 인식을 살펴본 다음, 인간다움의 근거로서의 인덕(仁德)[36)]에 대해 살펴보기로 하자.

1) 유교의 인정과 용기에 대한 인식

먼저 유교의 인정(認定)에 대한 인식을 살펴보자. 공자는 "군자는 죽을

---

35) 후쿠야마는 플라톤의 영혼삼분설을 소개하면서 "욕구는 자신이 갖고 있지 않은 것을 추구하도록 인간을 충동하며, 理性 또는 계산은 인간에게 그것을 손에 넣는 최선의 방법을 알려준다." 고 했는데(*The End of History and the Last Man*, xvii), 이처럼 理性의 역할을 '계산' 또는 '최선의 방법을 찾아내는 도구' 로 설정하는 것도 이미 플라톤적인 설명이 아니다. 주지하듯이 플라톤은 理性을 '욕구에게 최선의 방법을 알려주는 도구(욕구를 위해 봉사하는 노예)' 로 설명하지 않았고, 오히려 '욕구를 통제하는 主人' 으로 설정했다(이에 대한 자세한 논의는 拙著, 『본성과 본능 : 서양 人性論史의 재조명』, 56~59쪽 및 122~123쪽 참조). 그런데 후쿠야마는 理性의 위상을 '최선의 방법을 찾아내는 도구' 로 설정하고, 대신 패기를 인간의 존엄성의 근거로 내세운 것이다.

36) 유교에서 말하는 '仁' 은 '義 · 禮 · 智' 와 구별되는 '하나의 德目' 이기도 하고, '義 · 禮 · 智' 를 포괄하는 '통합적 德目' 이기도 하다(이에 대한 자세한 논의는 拙著, 『朱子學의 길』, 92~95쪽 참조).

나이가 되도록 명예를 얻지 못함을 싫어한다."[37]고도 했고, "입신행도(立身行道)를 통해 후세에 이름을 날림으로써 부모를 현창하는 것이 효(孝)의 마지막이다."[38]라고도 했다. 여기서 알 수 있듯이, '남들로부터 인정을 받음' 또는 '명예를 얻음'은 유교에서도 매우 중요한 문제였다. 그러나 '인정을 받기 위해서는 목숨을 걸고 싸워야 한다'는 헤겔류와는 달리, 유교에서는 남들이 인정해주지 않아도 성내지 말고[39] 그 대신 덕행을 베풀거나 자신의 실력을 기르라고 하였다.[40] 요컨대 유교에서는 '투쟁을 통해 남을 굴복시킴으로써 인정을 받는다'는 것이 아니라, '덕행이나 실력을 갖춤으로써 남들이 자발적으로 나를 인정하도록 하자'는 것이다. 다음의 두 예문을 보자.

계강자가 묻기를, "중유(仲由)는 정사(政事)에 종사하게 할 만합니까?" 공자가 답하기를, "중유는 과감하니, 정사에 종사함에 무슨 어려움이 있겠습니까?" 묻기를, "사(賜)는 정사에 종사하게 할 만합니까?" 답하기를, "사는 사리에 통달했으니, 정사에 종사함에 무슨 어려움이 있겠습니까?" 묻기를, "구(求)는 정사에 종사하게 할 만합니까?" 답하기를, "구는 재능이 많으니, 정사에 종사함에 무슨 어려움이 있겠습니까?"[41]

자장이 벼슬을 얻는 방법을 배우고자 하자, 공자가 말씀하시기를, "많이 듣고서 의심스러운 것은 빼고 그 나머지 확실한 것만 조심스럽게 말하면 허물이

37) 『論語』 衛靈公 19.
38) 『孝經』 開宗明誼章.
39) 『論語』 學而 1 : 人不知而不慍 不亦君子乎
40) 『論語』 里仁 14 : 不患無位 患所以立 不患莫己知 求爲可知也
『論語』 衛靈公 18 : 君子 病無能焉 不病人之不己知也
41) 『論語』 雍也 6.

적을 것이요, 많이 보고서 위태로운 것은 빼고 그 나머지 안전한 것만 조심스럽게 실천하면 후회할 일이 적을 것이다. 말에는 허물이 적고 행실에는 후회할 일이 적으면, 그런 가운데 벼슬을 얻게 될 것이다."[42]

위의 첫째 인용문은 고귀한 품성을 갖추거나 다양한 재능을 계발함으로써 남들의 인정을 받게 되는 사례이며, 둘째 인용문은 신중한 덕행을 닦음으로써 남들의 인정을 받게 되는 사례이다.

공자는 "군자는 자긍심을 지니면서도 남들과 다투지 않는다"[43]고 했다. 유교에서는 자신의 우월성을 남들에게 강요하는 것을 천시하고, 묵묵히 덕행과 실력을 갖춤으로써 남들이 자발적으로 자신을 인정할 수 있도록 노력하라고 가르쳤다. 뿐만 아니라, 유교에서는 "훌륭한 사람을 보면 그와 같아질 것을 생각하고, 훌륭하지 못한 사람을 보면 안으로 스스로를 반성하라."[44]고 하고, 또 "남들이 나를 알아주지 않음을 근심하지 말고, 내가 남을 모르고 있음을 근심하라."[45]고 하여, 나 자신도 남의 장점을 흔쾌히 인정하고 본받으려고 노력할 것을 강조했다.

이제 유교의 용기(勇氣)에 대한 인식을 살펴보자. 『중용』에서는 '지(知), 인(仁)' 과 함께 '용(勇)' 을 모든 사람이 갖추어야 할 덕으로 제시한 바 있다.[46] 또 많은 사람들은 용(勇)을 그 자체로 중요한 덕으로 생각하기도 한다. 그러나 공자는 용(勇)을 중요한 덕으로 인정하면서도, '용(勇)은 반드시 의(義)를 전제로 삼아야 한다' 고 보았다. 다음의 인용문을 보자.

---

42) 『論語』 爲政 18.

43) 『論語』 衛靈公 21 : 君子 矜而不爭

44) 『論語』 里仁 17 : 見賢思齊焉 見不賢而內自省也

45) 『論語』 學而 16 : 不患人之不己知 患不知人也

46) 『中庸章句』 20 : 知仁勇三者 天下之達德也

자로가 묻기를, "군자는 용(勇)을 숭상합니까?" 공자가 말씀하기를, "군자는 의(義)를 더 높이 여기니, 군자가 용맹하나 의가 없으면 난(亂)을 일으키고, 소인이 용맹하나 의가 없으면 도둑이 된다."[47)]

실제로 '의(義)의 통제를 받지 않는 용(勇)' 은 곧잘 반란이나 도둑질로 표출되거니와, 공자는 이 점을 직시했다.[48)] 이에 공자는 용(勇)이 나아갈 방향을 의(義)로 설정함으로써, 항상 '올바른 일에만 용감하라' 고 유도했다. 이러한 맥락에서, 유교적 용기론의 근본 특징은 용기의 이중성을 직시하면서, 각각에 대해 달리 대응한다는 점이다. 예컨대 『중용』의 다음과 같은 말을 보자.

자로가 '강(强)' 에 대해 묻자, 공자가 말씀하기를, "남방의 강(强)을 말하는가, 북방의 강(强)을 말하는가, 아니면 네가 추구할 강(强)을 말하는가? 너그러움과 부드러움으로 가르치고 무도(無道)함에 보복하지 않는 것은 남방의 강(强)이니, 군자는 이렇게 한다. 병기(兵器)와 갑옷을 깔고 자면서 죽어도 싫어하지 않는 것은 북방의 강(强)이니, 강자(强者)가 이렇게 한다. 그러므로 군자는 남들과 조화를 이루되 휩쓸리지 않으니, 강하고 꿋꿋하도다. 가운데 서서 치우치지 않으니, 강하고 꿋꿋하도다. 나라에 도(道)가 있을 때엔 궁색할 때의 마음가짐을 버리지 않으니, 강하고 꿋꿋하도다. 나라에 도(道)가 없을 때엔 죽어도 지조

---

47) 『論語』 陽貨 23.

48) 사실 『중용』에서 '知 · 仁 · 勇' 을 三達德이라 한 것도 勇을 그 자체로 승인한 것이 아니다. 三達德의 勇은 '앎에 힘쓰고, 실천에 힘씀' 을 뜻할 뿐, 결코 '용감하게 싸운다' 는 勇이 아니다(『中庸章句』 20, 朱子註 : 生知安行者 知也 學知利行者 仁也 困知勉行者 勇也). '싸우는 데 용감하다' 거나 '전진하는 데 용감하다' 는 말처럼 勇 앞에는 흔히 '指向' 을 나타내는 말이 붙는다. 이것으로 보면, 勇 자체는 구체적인 지향을 포함하지 않는 것이요, 다만 '목숨을 걸고 용감하게 나아감만' 을 뜻하는 것이다.

를 버리지 않으니, 강하고 꿋꿋하도다."[49]

주자(朱子)는 '병기와 갑옷을 깔고 자면서 죽어도 싫어하지 않음' 에 대해서는 '혈기(血氣)의 굳셈' 으로써 '억제의 대상' 이라 풀이하였고, '남들과 조화를 이루되 휩쓸리지 않음, 가운데에 서서 치우치지 않음, 나라에 도(道)가 있을 때엔 궁색할 때의 마음가짐을 버리지 않음, 나라에 도(道)가 없을 때엔 죽어도 지조를 버리지 않음' 에 대해서는 '덕의(德義)의 용기' 로서 '배양의 대상' 이라 풀이하였다.[50] '혈기의 굳셈' 이나 '덕의의 용기' 가 모두 때때로 죽음을 무릅쓰는 것이지만, '혈기의 굳셈' 은 '힘으로 상대방을 굴복시키기 위한 것' 이요, '덕의의 용기' 는 '자신의 올바른 신념이나 지조를 지키기 위한 것' 이다. 주자의 주석에서도 이미 드러났듯이, 유교에서는 물론 '혈기의 굳셈' 을 폄하하고 '덕의의 용기' 을 숭상한다. 한편, 『맹자』에는 다음과 같은 내용이 보인다.

증자가 자양에게 말하기를, "그대는 용(勇)을 좋아하는가? 나는 일찍이 공자께 '큰 용기' 에 대해 들었는데, '스스로 돌이켜 정직하지 못하면 상대방이 비록 비천한 사람이라도 내가 두려워하지 않을 수 있겠는가마는, 스스로 돌이켜 정직하다면 상대방이 비록 천만 명이 있더라도 내가 가서 당당히 대적할 것이다.' 라고 하셨다."[51]

위의 인용문에 따르면, 자신이 옳지 못한 경우에는 상대방이 비천한 사람이라도 굴복하고, 자신이 옳은 경우에는 상대방이 아무리 강대해도 대

49) 『中庸章句』 10.
50) 『中庸章句』 10, 朱子註 : 夫子以是告子路者 所以抑其血氣之剛 而進之以德義之勇也
51) 『孟子』 公孫丑上 2.

항하는 것이 '큰 용기'인 것이다. 그렇다면 '큰 용기'란 '승리'를 추구하는 것이 아니라 '정의(正義)'를 추구하는 것이다. 『맹자』에는 '큰 용기와 작은 용기'를 구분하는 논의가 여러 군데 보인다. 다음의 인용문을 보자.

> 청컨대 왕께서는 '작은 용기'를 좋아하지 마십시오. 칼을 어루만지며 상대방을 노려보고 '네가 어찌 감히 나를 당해내겠는가?'라고 하는 것은 필부의 용기로서, 한 사람을 대적하는 것입니다. 청컨대 왕께서는 '큰 용기'를 발휘하십시오. 『시경』에서는 "왕께서 발끈 분노하시어, 그 군대를 정돈하여, 침략하러 가는 무리들을 막아서, 주(周)나라의 복(福)을 돈독히 하여, 천하에 보답하셨다."고 했습니다. 이것은 문왕의 용기로서, 문왕은 한번 분노하시어 천하의 백성을 편안하게 하셨습니다.[52)]

맹자는 상대방을 무력으로 제압하는 것은 '작은 용기'요, 불의(不義)의 침략자들을 물리쳐서 천하의 백성을 편안하게 만드는 것은 '큰 용기'라 했다. 요컨대 승리 자체를 추구하는 용기는 '작은 용기'요, 정의를 추구하는 용기는 '큰 용기'라는 것이다. 맹자가 이처럼 '큰 용기와 작은 용기'를 구분하는 것은 '왕도(王道)와 패도(覇道)'를 구분하는 것과도 맥락을 같이 한다.

> 무력(武力)으로 다스리면서 인(仁)을 가장하는 것은 패도로, 패도를 쓰는 자는 반드시 대국(大國)을 바란다. 덕으로 인정(仁政)을 실천하는 것은 왕도로, 왕도를 쓰는 자는 대국(大國)을 기대하지 않는다. 탕(湯)은 70리로 다스렸고, 문왕은 100리로 다스렸다. 힘으로 남을 복종시키는 자는 (남이) 진심으로 복종하는

52) 『孟子』 梁惠王下 3.

것이 아니요, 힘이 부족하기 때문에 복종하는 것이다. 덕으로 남을 복종시키는 자는 마음속에 기뻐서 참으로 복종하는 것이니, 70명의 제자가 공자께 복종함과 같다. 『시경』에 "서쪽에서 동쪽에서, 남쪽에서 북쪽에서, 복종하지 않으려는 자가 없다." 고 한 것이 바로 그것이다.[53]

패도는 '작은 용기' 와 맥락을 같이 하거니와, 무력으로 남을 복종시키면 겉으로만 복종할 뿐 진심으로 복종하지 않게 된다. 그러나 왕도 또는 '큰 용기' 를 발휘하면, 온 세상 사람들이 진심으로 기꺼이 복종하게 된다는 것이다.

이제까지 인정(認定)과 용기(勇氣)에 대한 유교의 인식을 살펴보았는데, 다음과 같이 그 특징을 정리할 수 있겠다. '남의 인정을 받음' 은 유교에서도 소망하는 바였다. 그런데 유교에서는 남의 인정을 받기 위해서 부지런히 자신의 실력과 덕행을 닦으라고 했고, 그럼에도 불구하고 인정을 받지 못하더라도 성내지 말라고 했다. 그렇다면 유교에서는 헤겔류가 말하는 '인정투쟁' 을 긍정할 수 없을 것이다. 한편, '용기' 에 대해서는 늘 이중적으로 접근하였다. 용기는 오로지 승리를 추구하는 '작은 용기' 와 정의를 추구하는 '큰 용기' 로 구분되는바, 유교에서는 '작은 용기' 에 대해서는 경계하면서 억제하고 '큰 용기' 에 대해서는 찬양하면서 북돋았다.

플라톤의 패기는 이성과 욕구의 중간에 위치하면서, 이성을 보조할 수도 있고 욕구를 보조할 수도 있는 것이었다. 유교에서 말하는 용기의 이중성도 이와 궤를 같이하는 것으로 볼 수 있다. 한편, 후쿠야마도 "패기는 정의(正義)나 무사무욕(無私無欲)의 정신적 토대이면서 한편으로는 이기심(利己心)과 밀접하게 연관되어 있기 때문에 거기서부터 생기는 인정에의

---

53) 『孟子』 公孫丑上 3.

욕망은 극히 역설적인 현상이 된다."[54]고 지적한 바 있다. 이처럼 후쿠야마도 패기의 부정적 측면, 즉 패기의 이중성을 잘 인식하고 있었다. 그렇다면 후쿠야마가 패기를 인간의 존엄성의 근거로 설정한 것은 애초부터 이론적 파탄을 예고한 것이라 하겠다.

2) 유교의 인덕론과 그 의의

앞에서 살핀 것처럼, 유교에서는 인정투쟁을 긍정하지도 않고, 용기를 무조건 찬양하지도 않는다. 그렇다면 유교에서는 인간의 존엄성의 근거를 어디에서 찾는 것인가? 이제 마지막으로 이 문제를 살펴보기로 하자.

헤겔류에 의하면 다른 동물들은 자신의 생명에 집착하나, 인간은 '인정을 받기 위해' 자신의 목숨을 바칠 수 있는 존재이다. 이러한 맥락에서 헤겔류는 패기를 인간의 존엄성의 근거로 설정했던 것이다. 그런데 유교에서는 인정투쟁을 폄하하고, 대신 '살신성인(殺身成仁)' 이나 '사생취의(捨生取義)' 를 찬양했다. 다음의 두 인용문을 보자.

> 뜻있는 선비와 어진 사람은 '살기 위해 인(仁)을 해침' 이 없고, '자신을 죽여 인(仁)을 이룸' 은 있다.[55]

> 어육(魚肉)도 내가 원하는 바요, 웅장(熊掌)도 내가 원하는 바이지만, 둘을 함께 얻을 수 없다면 어육을 버리고 웅장을 취하겠다. 삶도 내가 원하는 바요, 의(義)도 내가 원하는 바이지만, 둘을 함께 얻을 수 없다면 삶을 버리고 의(義)를 취하겠다. 삶도 내가 원하는 바이지만 원하는 바가 삶보다 심한 것이 있으므로

54) 후쿠야마, 『역사의 종말』, 265쪽.
55) 『論語』 衛靈公 8 : 子曰 志士仁人 無求生以害仁 有殺身以成仁

구차하게 얻지 않는 것이며, 죽음도 내가 싫어하는 바이지만 싫어하는 바가 죽음보다 심한 것이 있으므로 환난(患難)을 피하지 않는 바가 있는 것이다. 만약 사람들이 원하는 바가 삶보다 심한 것이 없다면 무릇 삶을 얻을 수 있는 방법을 어찌 쓰지 않겠으며, 만약 사람들이 싫어하는 바가 죽음보다 심한 것이 없다면 무릇 환난을 피할 수 있는 방법을 어찌 쓰지 않겠는가?(…) 원하는 바가 삶보다 심한 것이 있으며, 싫어하는 바가 죽음보다 심한 것이 있다. 오직 현자(賢者)만 이런 마음을 지니고 있는 것이 아니요, 모든 사람들이 지니고 있는 것인데, 현자는 이 마음을 잃지 않을 뿐이다. 한 그릇의 밥과 한 그릇의 국을 얻으면 살고 얻지 못하면 죽더라도, 꾸짖으면서 주면 길 가는 사람도 받아먹지 않으며, (밥그릇을) 발로 차서 주면 거지도 탐탁하게 여기지 않는다.[56]

위의 첫째 인용문에서는 '살신성인(殺身成仁)' 을 말했고, 둘째 인용문에서는 '사생취의(捨生取義)' 를 말했다. 요컨대 유교에서는 자신의 목숨을 바칠 대상으로 '인정(認定)' 대신 '인의(仁義)' 를 내세운 것이다.[57] 다만 위의 둘째 인용문에서는 목숨을 바쳐 지킬 대상으로 '인의' 와 함께 '자존감' 을 들었다. '거지도 굶어 죽을지언정 발로 차서 주는 밥그릇은 받지 않는다' 는 것은 '거지도 자신의 목숨보다 자존감을 중요하게 여긴다' 는 뜻이다. 이러한 자존감은 헤겔류가 말하는 '인정받으려는 욕구' 와 궤를 같이할 것이다.

'자신의 육체적 욕구와 무관한 그 무엇을 위해 죽음을 무릅쓸 수 있음' 이 인간과 동물의 본질적 차이라면, 그리고 인간은 인의를 위해서도 죽음

56) 『孟子』 告子上 10.

57) '殺身成仁' 과 '捨生取義' 는 '용기와 仁義가 결합된 것' 이다. 그런데 여기서의 용기는 '남을 굴복시키기 위해' 발휘된 것이 아니라, '남을 살리기 위해' 발휘된 것인바, 이 점이 헤겔流와의 본질적 차이라 하겠다.

을 무릅쓸 수 있고 자존감을 위해서도 죽음을 무릅쓸 수 있다면, 인간이 다른 짐승들과 구별되는 내용에는 '인정(認定)을 추구함'과 '인의(仁義)를 추구함'이라는 두 요소가 있는 것이다. 그런데 유교의 지론은 인정보다 인의를 핵심으로 여기는 것이다.

맹자는 "사람에게는 도(道)가 있거니와, 배불리 먹고 따뜻하게 입으며 편안히 살되 가르침이 없다면 곧 금수에 가깝게 된다. 성인(聖人)이 이를 근심하시어, 설(契)을 사도(司徒)로 삼아 인륜을 가르치게 하셨다."[58]고 하였다. 맹자가 말하는 '인륜적 삶'이란 바로 인의예지의 본성을 실현하는 삶이다. 인의예지의 본성은 우리의 삶에서 '사단(四端)'으로 드러나거니와, 맹자는 "측은지심(惻隱之心)이 없으면 사람이 아니요, 수오지심(羞惡之心)이 없으면 사람이 아니며, 사양지심(辭讓之心)이 없으면 사람이 아니요, 시비지심(是非之心)이 없으면 사람이 아니다."[59]라고 단언했다. 의식주의 충족이라는 본능의 차원에서는 사람과 금수가 다르지 않으므로, '인의예지의 실현' 또는 '인륜'이야말로 사람과 금수를 구별해주는 준거가 된다는 것이다. 여기서 알 수 있듯이, 다른 동물과 인간이 구별되는 점으로 '자존감(認定의 추구)과 인덕(仁德)'을 모두 들 수 있다 하더라도, 유교에서는 항상 인덕(仁德)을 그 핵심으로 인식해 왔던 것이다.

이상에서 살핀 것처럼, 유교에서는 인간다움의 본질을 '인륜적 삶'에서 찾고, 인륜적 삶을 뒷받침하는 '인의예지의 본성'을 인간의 존엄성의 근거로 설정하였다. 이제 마지막으로 인덕론의 의의를 정리해보기로 하자.

첫째, 유교의 인덕론은 근본적으로 '조화(調和)의 사상' 또는 '평화의 사상'이라는 점이다. 헤겔류의 '인정투쟁'은 최종적으로는 보편적 인정을 통해 평화에 도달한다는 사상이라 하더라도, '역사의 종말'에 이르는 과

58) 『孟子』 滕文公上 4.

59) 『孟子』 公孫丑上 6.

정에서는 온갖 투쟁을 정당화하는 사상이기도 하다. 그러나 유교의 인덕론은 애초부터 인간다운 삶의 본질을 '투쟁' 에서 찾지 않고 '사랑과 예양(禮讓)을 통한 평화' 에서 찾는다. '인간의 존엄성의 근거' 라는 관점에서 보아도, '사랑과 예양을 통한 평화' 는 다른 동물에게서는 찾아보기 힘든 인간의 고유한 특질로서, 인간의 존엄성의 근거가 되기에 충분할 것이다.

둘째, 유교의 인덕론은 자존감 또는 '인정을 받고자 하는 욕구' 와도 훌륭하게 결합될 수 있다는 점이다. 헤겔류는 '인정을 받고자 하는 욕구' 를 '인간적인 욕구' 로 규정하고, 최초의 상황에서 인정을 받기 위해서는 '목숨을 건 투쟁' 이 필요하다고 설명하고, 이러한 맥락에서 '패기' 를 인간의 존엄성의 근거로 설정한 것이다. 그런데 유교에서는 남의 인정을 받는 길을 이와 달리 설정한다. 앞에서 살펴보았듯이, '남들의 인정을 받음' 은 유교에서도 매우 중요한 문제였다. 그런데 유교의 지론은 '꾸준히 인덕을 베풀면 저절로 인정을 받게 된다' 는 것이었다. 유교적 관점에서 보면, '남의 인정을 받기 위해 목숨을 걸고 투쟁한다' 는 것은 '작은 용기' 로서, '패도' 에 해당하는 것이다. 유교에서는 작은 용기와 패도를 폄하하고, 큰 용기와 왕도를 숭상한다. 이러한 맥락에서, 유교에서는 헤겔류의 패기를 작은 용기에 불과한 것으로 폄하하는 것이다.

셋째, '역사의 종말' 단계에서도 인덕은 항상 필요하고, 또 항상 발휘될 수 있다는 점이다. 후쿠야마에 의하면, '보편적 인정' 이 실현된 '역사의 종말' 에 이르러서는 더 이상 패기가 필요 없게 되거니와, 그리하여 '최후의 인간' 은 짐승으로 전락하게 된다. 따라서 인간이 패기를 상실함으로써 동물로 전락하는 것을 막기 위해, 즉 다시 인간의 패기를 되살리기 위해서는 부정의(不正義)를 조성해야 한다는 것이다. 후쿠야마는 이를 '기묘한 역설' 이라 했는데, 이 '기묘한 역설' 은 결국 그의 이론 체계를 파국에 빠뜨리는 것이었다. 그러나 유교에서 말하는 인덕은 '역사의 종말' 이후에도 항상 필요한 것이요, 항상 발휘될 수 있는 것이다. 아무리 '보편적 인정' 이 실현된 사회라 하더라도, 예컨대 각종 능력의 차이 등으로 인한 '자연적 불평등' 이나 자연재해 등으로 인한 '예기치 않은 불행' 은 계속 발생될 것이다. 따라서 인덕은 항상 필요하게 될 것인바, 인간은 인덕을 실천하면서 자신의 존엄성을 지속적으로 입증할 수 있다. 이러한 맥락에서, 인덕론에 입각하면 '역사의 종말에 이르면 인간이 다시 동물로 전락하게 된다' 는 헤겔류의 역설을 원천적으로 봉쇄할 수 있는 것이다.

4. 결론

헤겔과 그 후계자들은 '남들로부터 인정을 받으려고 함' 을 인간의 고유한 특징으로 이해하고, '인정투쟁' 을 뒷받침하는 '패기' 야말로 인간의 존엄성의 근거라고 보았다.[60] 그러나 이들의 설명 체계는 '역사의 종말' 시기에 대한 설명에서 자가당착에 빠지고 만다. '보편적 인정' 이 실현됨으로써 더 이상 인정투쟁이 불필요한 '역사의 종말' 시기에 도달하면 패기가 필요 없게 되고, 그리하여 '인간은 동물로 전락하게 된다' 는 것이다. 후쿠야마는 이러한 전락을 막기 위해 우리는 '다시 부정의(不正義)를 조성해야 한다' 고 주장하고, 이를 '기묘한 역설' 이라 했다. 그러나 이 '기묘한 역설' 은 바로 헤겔류의 이론적 파탄을 상징하는 증표일 뿐이다.

헤겔류가 인간의 존엄성 문제를 설명함에 있어서 결국 자가당착에 빠지

60) 헤겔流의 이러한 주장 자체가 타당한 것인지도 의문이다. 동물의 세계에도 이런저런 認定鬪爭이 존재하는 것으로 보이기 때문이다. 예컨대 동물의 세계에서 암컷을 두고 수컷들이 짝짓기 경쟁을 벌이는 것, 사자의 무리에서 다 자란 수컷들이 서로 왕이 되려고 투쟁하는 것 등이 그것이다. 동물의 세계에 존재하는 이러한 '권력투쟁' 이나 '짝짓기 경쟁' 이 인간 사회에서의 '認定鬪爭' 과 무슨 본질적인 차이가 있는 것인가?

고 만 것은 그들이 인정과 패기를 편협하게 이해했기 때문이다. 헤겔류가 지적했듯이 인간에게는 물론 '남들의 인정을 받고자 하는 욕망' 도 있고, '패기' 도 있다. 그런데 '남들의 인정을 받는 방법' 에는 두 길이 있으며, '패기(용기)' 또한 두 차원에서 이해할 수 있다.

'남들의 인정을 받는 방법' 에는 헤겔류가 말하는 '인정투쟁(힘으로 남들을 굴복시키는 것)' 도 있고, 유교에서 말하는 '자신의 덕행과 실력을 닦음으로써 남들이 자발적으로 인정함' 도 있다. 따라서 '인정을 받으려는 욕구' 가 인간의 고유한 특징이라 하더라도, 그것을 반드시 '목숨을 건 투쟁' 으로 연결시킬 이유는 없다. 또 목숨을 건 투쟁이 필연적인 것이 아니라면, 패기를 인간의 존엄성의 근거로 설정할 필연적 이유도 없다. '용기(패기)' 도 두 차원으로 구분할 수 있다. 오로지 승리를 추구하는 '작은 용기' 와 정의를 추구하는 '큰 용기' 가 그것이다. 유교에서는 작은 용기에 대해서는 경계하면서 억제하고 큰 용기에 대해서는 찬양하면서 북돋았거니와, 헤겔류는 양자의 차이를 충분히 유의하지 않았다.[61] 이처럼 인정과 용기에 대해 분석적으로 이해하고 본다면, 헤겔류가 '인정투쟁' 을 인간다움의 본질로 간주하고, 그것을 뒷받침하는 '패기' 를 인간의 존엄성의 근거로 설정한 것은 여러 모로 부적절한 것이었다.

유교에서는 인간다움의 본질을 '인륜적 삶' 에서 찾고, 인륜적 삶을 뒷받침하는 '인의예지의 본성' 을 인간의 존엄성의 근거로 설정하였다. 유교에서도 '남의 인정을 받고자 하는 마음' 곧 '명예심' 을 중요하게 여겼다.

---

61) 후쿠야마는 "패기는 正義나 無私無欲의 정신적 토대이면서 한편으로는 利己心과 밀접하게 연관되어 있기 때문에 거기서부터 생기는 인정에의 욕망은 극히 역설적인 현상이 된다." 고 하였다. 그렇다면 헤겔流가 말하는 '최초의 인정투쟁' 은 과연 '正義나 無私無欲을 위한 것' 이라 할 수 있겠는가? 論者의 생각에, '역사의 종말' 을 목전에 둔 '최후의 인정투쟁' 은 '正義나 無私無欲을 위한 것' 이라 할 수 있겠지만, '역사의 시점' 에 이루어진 '최초의 인정투쟁' 은 '利己的 支配慾의 산물' 일 것이다.

그런데 유교의 접근법은, 헤겔류처럼 목숨을 걸고 투쟁하라는 것이 아니라, 인덕을 발휘함으로써 명예를 얻으라는 것이었다. 이러한 맥락에서, 유교의 인덕론은 근본적으로 '평화의 사상' 이라는 의의를 지닌다.[62]

또한 유교의 인덕은 '보편적 인정' 이 실현된 '역사의 종말' 단계라 하여 불필요한 것이 아니다. 아무리 '보편적 인정' 이 실현된 사회라 하더라도, 예컨대 각종 능력의 차이 등으로 인한 '자연적 불평등' 이나 자연재해 등으로 인한 '예기치 않은 불행' 은 계속 발생될 것이다. 따라서 인덕은 항상 필요하게 될 것인바, 인간은 인덕을 실천하면서 자신의 존엄성을 지속적으로 입증할 수 있다. 이러한 맥락에서, 인덕론에 입각하면 '역사의 종말에 이르면 인간이 다시 동물로 전락하게 된다' 는 헤겔류의 역설을 원천적으로 봉쇄할 수 있다.

62) 헤겔은 "행복한 시기란 世界史에 있어서 空白인 페이지이다. 왜냐하면, 이와 같은 시기는 調和의 시기이고, 대립을 결여한 시기이기 때문이다." 라고 설파한 바 있거니와 (『역사철학강의』 I, 98쪽), 헤겔은 전쟁을 '부패(타락)의 예방 수단' 이요 '역사적 진보의 원동력' 으로 정당화하고 있었다.

제10장

'인간의 존엄성'에 대한 새로운 접근법

1. 서론

1948년 국제연합(UN)에서 선포한 〈세계인권선언〉의 전문(前文)에서는 "인류 모든 구성원이 타고난 존엄성과 평등하고도 양도할 수 없는 권리를 인정하는 것이 전 세계의 자유와 정의와 평화의 기초"라고 명시했고, 역시 1966년 국제연합에서 채택된 〈시민적 · 정치적 권리에 관한 국제협약〉의 전문(前文)에서는 "인간의 여러 권리는 인간이 나면서부터 가지고 있는 존엄성에서 유래한다."고 명시했다. 이처럼 '인간의 존엄성'은 오늘날 인권담론의 출발점이 되고 있다. 다만 문제는 사람들마다 '인간의 존엄성'의 의미를 달리 이해하고 있다는 점이다. 그에 따라 오늘날 인권담론이 종종 심각한 논란에 빠지는 것이다.

사형제도(死刑制度)에 대한 논란은 그 대표적 예이다. 도덕성을 중시하는 사람들은 인간의 존엄성의 근거는 도덕성에 있으므로, 도덕적인 인간만이 존엄한 인간이라 하여, 흉악범에 대한 사형을 정당한 것으로 본다. 그러나 진보적 이론가들은 대개 인간은 인간이라는 사실만으로 절대 존엄한 것이라 하여, 도덕성과 무관하게 모든 인간이 존엄성을 지니는 것이라고 주장하고, 사형제도를 반(反)인륜적인 것으로 규정한다.[1)]

진보적 이론가들이 '사회적 약자(弱者)들' 의 인권을 옹호하는 것은 매우 고무적인 것이나, 그 논거로 '인간으로 태어났다' 는 사실 자체를 절대화한 결과, 흉악범에게까지 절대적 인권을 부여하는 것은 매우 곤혹스러운 일이다. 진보적 이론가들은 흔히 '모든 인간은 단지 인간이라는 이유만으로 존엄한 것' 이라 하나, '존엄한 인간의 자유와 생명을 박탈한 흉악범' 마저 존엄하다고 하는 것은 어불성설(語不成說)일 것이다. 그러나 또 인간의 존엄성을 개개인의 후천적 성취와 결부시키면 자칫 무능한 인간의 존엄성을 부정하기 쉽게 된다. 예컨대 고대의 철학자 플라톤은 심신장애자의 인권을 부정하고, 오늘날의 철학자 레이첼즈는 '심각한 뇌손상을 입은 아이' 의 생명은 '일반적인 원숭이' 의 생명보다 존중받을 이유가 없다고 주장하는데, 이들의 주장 역시 많은 사람들을 곤혹스럽게 만들 것이다. 이러한 문제점들을 해결하기 위해서, 우리는 인간의 존엄성이라는 관념을 근본적으로 다시 성찰해 보아야 한다.

'인간은 만물의 영장(靈長)' 이라는 생각, 또는 '인간은 다른 동물들과 달리 특별히 존엄하다' 는 생각은 동서고금(東西古今)의 많은 사람들이 공유하는 것이다. 문제는 '인간의 존엄성의 근거를 어떻게 설명하느냐' 하는 점이다. 요컨대 존엄성의 근거를 어떻게 설정하느냐에 따라 '모든 인간이 그 자체로 존엄하다' 고 볼 수도 있고, '일부의 사람만 존엄하다' 고 볼 수도 있다. 본고에서는 인간의 존엄성에 대한 고전적 이론들과 오늘날의 이론들을 개관한 다음, 각각의 이론들이 지닌 문제점들을 거론하고, 그 문

---

1) 윤종행, 「사형제도와 인간의 존엄성」, 89쪽 참조.

제점들을 해소할 수 있는 새로운 이론의 틀을 모색해 보고자 한다.

2. '인간의 존엄성' 에 관한 고전적 설명들

1) 유교의 전통적 설명

조선시대의 아동교육 교재였던 『동몽선습(童蒙先習)』의 첫머리에서는 "하늘과 땅 사이에 있는 만물 가운데 오직 사람이 가장 귀하다."고 했다. 전통 유교도 '인간은 만물의 영장' 이라는 생각을 바탕으로 '인간의 존엄성' 을 논하는바, 유교에서는 특히 '인간의 지위' 를 하늘 · 땅과 더불어 '삼재(三才)' 를 이루는 것으로 설명하였다. 인간은 만물의 우두머리로서, 그 위상은 천지(天地)와 대등하다는 것이다. 인간이 자신의 본성을 올바로 발휘하면 "천지(天地)가 자리를 잡고, 만물이 자라난다"[2]는 것이며, 참된 인간은 "천지의 화육(化育)을 도와, 천지에 참여할 수 있다"[3]는 것이다.

맹자는 금수와 구별되는 '인간의 특별한 위상' 을 '인의예지(仁義禮智)의 본성' 과 '인륜(人倫, 五倫)' 에서 찾았다. 인의예지의 본성은 '사단(四端)' 으로 표출되거니와, 맹자는 "측은지심(惻隱之心)이 없으면 사람이 아니요, 수오지심(羞惡之心)이 없으면 사람이 아니며, 사양지심(辭讓之心)이 없으면 사람이 아니요, 시비지심(是非之心)이 없으면 사람이 아니다."[4]라고 단언했다. 인의예지의 본성을 실현하는 삶은 '인륜적 삶' 으로 구체화

2) 『中庸章句』 제1장 : 致中和 天地位焉 萬物育焉

3) 『中庸章句』 제22장 : 惟天下至誠 爲能盡其性 能盡其性 則能盡人之性 能盡人之性 則能盡物之性 能盡物之性 則可以贊天地之化育 可以贊天地之化育 則可以與天地參矣

4) 『孟子』 公孫丑上 6 : 無惻隱之心 非人也 無羞惡之心 非人也 無辭讓之心 非人也 無是非之心 非人也

된다. 맹자는 "사람에게는 道가 있거니와, 배불리 먹고 따뜻하게 입으며 편안히 살되 가르침이 없다면 곧 금수에 가깝게 된다. 성인(聖人)이 이를 근심하시어, 설(契)을 사도(司徒)로 삼아 오륜(五倫)을 가르치게 하셨다."[5] 고 하였다. 의식주(衣食住)의 충족이라는 본능의 차원에서는 사람과 금수가 다르지 않으므로, '인의예지의 실현' 또는 '인륜' 이야말로 사람과 금수를 구별해주는 준거가 된다는 것이다.

주자는 맹자의 설명을 바탕으로 '인간과 금수의 차이' 및 '인간 상호 간의 차이' 를 형이상학적으로 설명했다. 주자에 의하면, 인간을 포함한 '만물의 본연지성(本然之性)' 은 같다. 만물은 모두 오상(五常, 仁義禮智信)을 본연지성으로 공유하고 있다는 것이다. 그런데 만물은 자신이 타고난 '기질(氣質)' 에 따라 오상을 실현하는 능력에 차이가 생기게 된다.[6]

'인간과 금수의 차이' 는 '기질의 편정통색(偏正通塞)' 으로 설명된다. 바르고 통한 기질을 타고난 인간은 오상을 두루 구현할 수 있으나, 치우치고 막힌 기질을 타고난 금수는 오상 가운데 일부만 구현할 수 있다는 것이다. '인간 상호 간의 차이' 는 '기질의 청탁수박(清濁粹駁)' 으로 설명된다. 인간은 모두 '바르고 통한 기질' 을 타고났으나, 그 가운데 또한 '맑고, 흐리고, 깨끗하고, 더러운' 차이가 있다는 것이다. 맑고 깨끗한 기질을 타고난 인간은 오상을 두루 완전히 구현할 수 있으나, 흐리고 더러운 기질을 타고난 인간은 오상을 두루 완전히 구현할 수 없다는 것이다. 오상을 두루 완전

5) 『孟子』 滕文公上 4 : 人之有道也 飽食煖衣 逸居而無教 則近於禽獸 聖人有憂之 使契爲司徒 教以人倫

6) 朱子學(性理學)에서 말하는 '氣質' 은 대개 '마음의 재질' 을 뜻한다. 마음은 '知覺, 感情, 意志' 등의 작용을 수행하는 주체로서, 마음의 이러한 작용을 통해 仁義禮智信의 본성이 현실에서 실현되는 것이다. 그런데 '마음의 재질' 의 '偏正通塞(치우침, 바름, 통함, 막힘)' 이나 '清濁粹駁(맑음, 흐림, 깨끗함, 더러움)' 에 따라 본성을 구현하는 데 다양한 차이가 생기게 된다는 것이다.

히 구현하면 '군자(또는 聖賢)' 가 되지만, 오상을 제대로 구현하지 못하면 소인이 된다. 맹자가 '금수에 가깝게 된다' 고 한 인간은 '소인' 으로서, 소인은 '금수와 같은 존재' 심지어는 '금수보다 못한 존재' 로 평가되는 것이다.[7)]

요컨대 유학에 따르면, 인간은 다른 동물과 구별되는 존엄한 존재이지만, 또한 인간 상호 간에도 상당한 인격의 차이가 있다는 것이다. 유학에서는 그리하여 우리 인간에게 '수기(修己)' 라는 과제를 부여했다. 자신의 인격을 닦음으로써 금수로 전락하는 것을 막고, 참으로 존엄한 인간으로 거듭나야 한다는 것이다.[8)]

---

7) 이에 대한 자세한 논의는 拙著, 『朱子學의 길』, 75~91쪽 참조.

8) 동아시아의 儒 · 佛 · 道 사상 가운데 '인간의 존엄성' 을 가장 옹호하는 것은 儒敎일 것이다. 道敎(老莊思想)는 萬物을 相對化하여 인간중심적 가치관을 타파하는 데 힘썼거니와, '인간의 존엄성' 이란 전혀 老 · 莊의 관심사가 아니었다. 佛敎는 '萬物이 佛性을 지닌다' 고 주장하고 또 '萬物은 輪廻한다' 고 주장하는바, 이는 '인간과 만물의 평등' 을 옹호하는 논리요, '인간의 특별한 존엄성' 을 옹호하는 논리는 아니다. 論者의 이러한 생각과는 달리, 이헌환은 '동아시아 전통사상에서의 인간의 존엄성 문제' 를 논의하면서 佛敎를 첫째로 꼽았다. 이헌환은 불교의 인간 존엄성 사상의 내용으로 ① 모든 인간존재가 佛性을 지닌다, ② 인간은 열반에 이를 수 있는 유일한 존재이기 때문에 존엄하고 신성하다, ③ 모든 인간존재를 상호 연결되고 상호의존적인 것으로 이해하는 華嚴의 '인드라망(Indra's Net)' 사상, ④ 세계의 유기체적 일체성과 모든 인간존재의 상호관련성을 의미하는 '同業衆生' 사상 등을 꼽았다(Lee Heon Hwan, "The Concept of Human Dignity – The Eastern and Korean Traditional View", 『世界憲法研究』 제15권 3호, 국제헌법학회한국학회, 2009, 335~338, 345쪽 참조). 그런데 주지하듯이 ①, ③, ④에서 말하는 '인간존재' 는 본래 단순히 '인간' 만을 지칭하는 것이 아니라 보다 넓은 개념으로 '萬物' 을 지칭하는 것이다. 따라서 ①, ③, ④는 '인간의 존엄성' 보다는 '만물의 평등' 을 옹호하는 내용으로 보는 것이 더 타당할 것이다. 오늘날 환경운동가들이 대개 기독교보다 불교를 선호하는 까닭은 기독교가 '인간의 특별한 존엄성' 을 옹호함과 달리 불교는 '만물의 평등' 을 옹호한다고 보기 때문일 것이다.

2) 서양의 전통적 설명들

레이첼즈(James Rachels)는 인간의 존엄성에 대한 서양의 전통적 설명을 둘로 요약한 바 있다. 서양의 전통에서 인간의 존엄성은 '인간은 이성적 존재'라는 '합리성 테제(rationality thesis)'와 '인간은 神의 형상을 지니고 태어났다'는 '神의 형상 테제(image of God thesis)'로 설명되어 왔다는 것이다.[9]

'합리성 테제'는 인간의 영혼을 '이성(理性), 기개(氣槪, 激情), 욕구(欲求)'의 세 부분으로 설명하는 플라톤의 영혼삼분설에서 기원한다. 플라톤에 의하면, 이성은 '지혜로우며 혼(魂) 전체를 위한 선견지명을 지니고 있는 헤아리는 부분'으로서, "이들 세 부분의 각각을 위해서 뿐만 아니라 이들 셋으로 이루어진 공동체 전체를 위해서 유익한 것에 대한 지식을 그 자신 속에 지니고 있다." 따라서 이성은 다른 두 부분을 다스리는 '지배자'의 역할을 하게 된다. 기개는 욕구와는 별개의 것으로서, 때로는 욕구들에 대항해서 다투는 역할을 한다. 기개가 고통이나 쾌락에 굴복하지 않고 이성의 지시에 따라 용감하게 다투면 '용기 있는 사람'이 된다. 욕구는 영혼의 대부분을 이루는 것으로서, 그 성향상 도무지 재물에 대해 만족할 줄을 모른다. 그러므로 욕구가 모두의 삶 전체를 뒤집어엎게 되는 일이 없도록, 이성과 기개가 욕구를 감시해야 하는바, 욕구가 이들의 감시와 지배를 받아들이면 '절제 있는 사람'이 된다.[10]

플라톤은 영혼과 그 세 부분을 다음과 같은 비유로 묘사한 바 있다. 이성은 '작은 사람'의 형태를 지녔고, 기개는 '중간 크기의 사자'의 형태를 지녔으며, 욕구는 '다채롭고 여러 개의 머리를 가진 월등하게 큰 짐승'의

9) 레이첼즈, 『동물에서 유래된 인간』, 168~171쪽 참조.
10) 플라톤, 『국가』, 440a~442d 참조.

형태를 지녔는바, 이것들의 바깥쪽에 '사람의 형태로 빙 둘러싼 것' 이 영혼이라는 것이다.[11] 요컨대 '사람' 이라는 탈(형체) 속에는 '사람' 의 요소도 있고, '사자' 의 요소도 있으며, '짐승' 의 요소도 있다는 것이다.[12]

이처럼 합리성 테제는 '인간' 을 '이성적 동물' 로 규정하고, 인간의 고유한 특징으로서 '이성' 을 주목하는 것이다. 따라서 인간의 존엄성의 근거는 이성에 있는 것이요, 이성을 제대로 발휘하지 못할 때 인간은 짐승과 같은 존재로 전락하는 것이었다. 플라톤이 말하는 '이성적 삶' 이란 '지혜를 발휘하는 삶' 이며, '각각의 개인뿐만 아니라 공동체 전체를 배려하는 윤리적 삶' 이었다.[13]

'神의 형상 테제' 는 기독교 『성경』 〈창세기〉 제1장 제26절~제28절의 다음과 같은 내용에서 기원하는 것이다.

> (26절) 하나님이 이르시되 우리의 형상을 따라 우리의 모양대로 우리가 사람을 만들고 그들로 바다의 물고기와 하늘의 새와 가축과 온 땅과 땅에 기는 모든 것을 다스리게 하자 하시고
>
> (27절) 하나님이 자기 형상 곧 하나님의 형상대로 사람을 창조하시되 남자와 여자를 창조하시고

---

11) 플라톤, 『국가』, 588c~d.

12) 이성을 '작은 사람' 으로 묘사한 것은, 이성은 '사람을 사람답게 만드는 요소' 인데, 기개와 욕구에 비해 세력이 미약하다는 뜻이다. 기개를 '중간 크기의 사자' 로 묘사한 것은, 기개는 '사람을 용감하게 만드는 요소' 로서, 그 세력은 이성과 욕구의 중간에 해당한다는 뜻이다. 욕구가 '다채롭고 여러 개의 머리를 가졌다' 는 것은 욕구의 다양성을 뜻하고, '월등하게 크다' 는 것은 이성이나 기개보다 욕구의 세력이 훨씬 강력함을 뜻하며, '짐승' 은 욕구가 '사람을 짐승처럼 만드는 요소' 임을 뜻한다.

13) 근대 자유주의자들은 흔히 이성을 '情念(passion)의 노예' 또는 '욕망(desire)의 노예' 로 격하시켰으나, 플라톤이 말하는 이성은 '진리를 인식하는 이성' 이요 '욕망을 통제하는 이성' 이었음을 유의해야 한다.

(28절) 하나님이 그들에게 福을 주시며 하나님이 그들에게 이르시되 생육하고 번성하여 땅에 충만하라, 땅을 정복하라, 바다의 물고기와 하늘의 새와 땅에 움직이는 모든 생물을 다스리라 하시니라

위의 내용에 의하면, 인간은 하나님의 형상대로 창조된 존재로서, 하나님은 인간에게 특별히 福을 주셨고, 하나님의 뜻을 대행하여 만물을 다스리게 했다. 위의 인용문과 〈창세기〉의 다른 여러 내용을 종합하면, '인간이 하나님의 형상대로 창조되었다'는 것은 인간이 '지적(知的, 理性的) 성품'과 '도덕적 성품'을 지녔다는 것을 뜻한다.[14)]

요컨대 神의 형상 테제는 인간은 神을 닮은 '존엄한 존재'라는 뜻과 인간은 神으로부터 특별히 '축복을 받은 존재'라는 뜻을 겸한다. 오늘날 이는 '인간의 존엄'과 '인간의 권리'를 동시에 천명한 것으로 해석되고 있다.

3. '인간의 존엄성'에 관한 오늘날의 이론들

1) 멩케와 폴만의 '잠재력' 이론

오늘날 독일의 두 철학자 멩케(Christoph Menke)와 폴만(Arnd Pollman)은 그들의 공저 『인권철학입문』에서 '인간의 존엄성' 문제를 매우 간결하면서도 체계적으로 논의한 바 있다. 이들은 서양 사상사에서 '인간의 존엄성'이라는 관념이 발전해온 궤적을 소개한 다음, 인간의 존엄성 문제에 대한 오늘날의 다양한 관점들을 네 가지로 분류하여 설명하고, 자신들의 입

14) 헨리 편, 『基督敎敎理論說』, 132~133쪽.

장을 제시했거니와, 이를 차례대로 살펴보기로 하자.

먼저, 멩케[15]는 서양 사상사에서 '인간의 존엄성' 관념이 발전해온 궤적을 다음과 같은 3단계로 설명했다. 첫째, 고대 로마에서는 중요한 공직(公職)을 맡은 사람에게 특별한 존엄성을 부여했다.[16] 요컨대 로마에서 존엄성이란 '개인의 존엄성'을 뜻하는 것이요, '인간의 존엄성'을 뜻하는 것은 아니었다. 둘째, 중세 신학(神學)에서는 존엄성 관념이 보편화되어 '인간의 존엄성'을 옹호하게 되었다. '神의 형상'을 지닌 인간은 이 세계에서 특별한 지위를 차지하는바, 그리하여 온갖 개인적 차이와 무관하게 인간 자체가 특별히 존엄한 것으로 인식되었다. 셋째, 르네상스와 계몽주의를 통해 존엄성 관념이 세속화되어, 인간이 존엄한 이유는 '神의 형상'이 아니라 '이성(理性)과 자기결정 능력'으로 인식되었다.[17]

다음, 멩케는 인간의 존엄성 문제에 대한 오늘날의 다양한 관점들을 다음과 같이 네 가지 유형으로 분류하여 설명했다.

첫째, 인간의 존엄성은 주어진 것으로서, 등급을 매길 수 없다는 주장이다. 이는 존엄성은 생물학적 인간존재에 부여되는 일종의 **'지참금'**으로 파악되어야 한다는 것이다. 즉 존엄성은 모든 인간에게 내재하기 때문에 보편적 인정을 받아야 하는 '상실될 수 없는 불가분의 가치'이며, 이 지참금은 어느 누구에게도 그에 대한 권리가 부정되어서는 안 되며 제한적으로 부여되는 것조차 안 된다는 것이다.

둘째, 인간의 존엄성은 주어진 것으로서, 등급을 매길 수 있다는 주장이다. 이는 모든 인간이 존엄성을 공유한다는 점에 있어서는 첫째 부류와 같

---

15) 지금부터는 서술의 편의를 위해 '폴만'은 생략하고 '멩케'만 표기하기로 한다.

16) 역대의 皇帝들에게 '아우구스투스(Augustus, 존엄한 자)'라는 칭호를 부여한 것이 그 대표적 예일 것이다.

17) 멩케 · 폴만, 『인권철학입문』, 162~163쪽.

지만, 각자의 존엄성에는 차등이 있다는 주장으로서, 인간의 존엄성을 하나의 '**잠재력**'으로 파악하는 입장이다. 모든 인간이 인간으로서 이 잠재력을 공유하지만 그렇다고 그것을 똑같은 정도로 실현하는 것은 아니며, 그 많고 적음의 등급은 객관적 조건 및 인간다운 생활환경에도 달려 있다는 것이다.

셋째, 인간의 존엄성은 획득된 것으로서, 등급을 매길 수 없다는 주장이다. 이들은 모든 인간이 처음부터 존엄성을 공유한다는 점을 부정한다. 이들에 의하면, 존엄성은 인류의 일부, 즉 인격체들만이 지니는 '**능력**'을 의미하는바, 모든 인격체들은 이러한 능력을 똑같이 보여준다. 어떤 인간들은 인격의 핵심적 기준에 미달하는바, 따라서 이들에게는 존엄성이 인정되지 않아야 한다는 것이다.

넷째, 인간의 존엄성은 획득된 것으로서, 등급을 매길 수 있다는 주장이다. 이들은 '단순한' 인간과 '인격적인' 인간을 구분하는데, 이는 고대 로마의 존엄성 관념과 매우 유사한 신념이다. 이들에 의하면, 인간은 후천적 노력을 통해 자신의 존엄성을 획득해야 할 뿐만 아니라, 자의식을 갖고 그것을 수호해야 한다. 요컨대 존엄성은 사회 속에서 살아가면서 성취해야 할 일종의 '**업적**'에 해당한다는 것이다.[18)]

멩케는 위의 네 유형 가운데 둘째 유형을 견지하면서, 인간의 존엄성을 모든 인간이 지닌 '**잠재력**'으로 규정하였다. 이제 인간의 존엄성에 대한 멩케의 주장을 살펴보기로 하자.

멩케는 '인간의 존엄성'을 철저하게 '인권'의 관점에서 논의한다. 독일 기본법 제1조에서는 "인간의 존엄성은 침해될 수 없다. 이것을 존중하고 보호하는 것은 모든 국가권력의 의무이다."라고 했는데, 이것이 멩케가 인

18) 멩케 · 폴만, 『인권철학입문』, 165~168쪽.

간의 존엄성을 논하는 대전제였다. 요컨대 멩케는 '모든 인간은 존엄하다' 는 것을 주어진 사실로 전제하고, 인권의 관점에서 존엄성 '보호' 의 문제를 논의한 것이다.[19)]

멩케의 기본 입장은, 모든 인간이 존엄하나, 존엄성의 정도는 각자 다르다는 것이다. 다시 말해, 모든 인간이 완전한 존엄성을 지니는 것은 아니나, 모두 존엄성을 공유하기 때문에 '동등한 보편적 보호권' 을 지닌다는 것이다. 멩케는 다음과 같이 말한다.

> 이미 존엄성을 완전한 정도로 지닌 사람들만 이러한 권리를 가지는 것이 아님은 말할 나위도 없다. 이는 매우 불합리한 일일 것이다. 이들은 아마도 그런 권리가 가장 필요치 않은 사람들일 것이다. 인간은 존엄성 훼손과 자기 존중의 결여로 인해 각각 상이한 정도로만 존엄성을 구현할 수 있는데 바로 그렇기 때문에 모든 인간은 인간이라는 자격으로 존엄성 보호에 대한 권리를 지니는 것이다. 아니, 인권 보호는 오히려 그 누구보다도 존엄성을 심각하게 위협받고 있는 사람들이 특히 누려야만 한다.[20)]

멩케에 의하면, '완전한 존엄성' 을 지닌 사람은 이미 존엄성을 완전히 실현하고 있기 때문에 존엄성 보호의 권리가 가장 필요치 않은 것이다. 따라서 '불완전한 존엄성' 을 지닌 사람이야말로 존엄성 보호의 권리가 가장 필요하다는 것이다. 이러한 입장에서, 멩케는 앞에서 소개한 유형들에 대해 다음과 같이 논평한다.

첫째, **지참금** 이론은 '모든 인간이 보편적으로 존엄성을 보유한다' 고 전제하고 '인간 존엄성의 보편적 보호' 를 목표로 삼는다. 이에 대해 멩케

19) 멩케 · 폴만, 『인권철학입문』, 175~177쪽 참조.

20) 멩케 · 폴만, 『인권철학입문』, 178쪽.

는 "만약 모든 사람들이 이미 동등한, 게다가 상실될 수 없는 존엄성을 지니고 있다면, 왜 우리가 그것을 보호해야만 한다는 것일까?" 라고 반문한다. 요컨대 지참금 이론의 목표는 옳으나, 그 전제는 잘못이라는 것이다.

둘째, **업적** 이론은 **지참금** 이론과 반대의 오류를 범하고 있다. 업적 이론은 존엄성이 상이한 정도로만 실현되고 있다는 이유에서 보편적인 보호 권리를 부정하는 것이다. 다시 말해, 존엄성을 완전하게 실현하는 사람은 보호 권리를 완전하게 보장받고, 불완전하게 실현하는 사람은 불완전하게 보장받아야 한다는 것이다. 이에 대해 멩케는 "존엄성을 훼손당하기 쉬운 사람들이 그 누구보다 특히 필요로 하는 보호 권리가 왜 그것을 훨씬 덜 절실하게 필요로 하는 사람들에게만 돌아가야 하는가?" 라고 반문하였다.

셋째, **능력** 이론은 무제한적인 보호 권리를 전제하지만, 그 권리를 이미 인격체인 사람에게만 인정하려고 한다. 이에 대해 멩케는 "그렇다면 왜 여기서 인격체의 존엄성을 이야기하지 않고 계속 인간의 존엄성을 이야기해야 하는가?" 라고 반문하였다. 요컨대 능력 이론의 '존엄성을 무제한적으로 보호해야 한다' 는 전제는 옳지만, '모든 인간' 이 아니라 '일부의 인격자' 만 보호 대상으로 삼으려는 목표는 잘못이라는 것이다.[21]

멩케에 의하면, 위의 세 이론 모두가 "인간의 존엄성은 그것이 실제로 등급이 매겨질 수 있는 것이라는 바로 그 이유 때문에 등급이 매겨질 수 없는 보호 아래 놓여야 한다" 는 점을 간과하는 것이다. 멩케는 다음과 같이 말한다.

> 인권적 시각에서 인간의 존엄성은 (…) 실현 중에 있는 **잠재력**이라는 추측이 가능하다. 모든 인간적 생명형태가 인간이라는 자격으로 처음부터 이 잠재력을

21) 멩케 · 폴만, 『인권철학입문』, 178~179쪽.

공유하지만 당사자들이 기본권 및 인권적 보호를 누릴 경우에만 그것이 충분히 실현될 수 있다. 다른 말로 하자면, 무제한적인 존엄성 보유는 마찬가지로 무제한적인 존엄성 보호의 전제가 아니라 그 목적인 것이다. 인간의 존엄성은 깨지기 쉬운 재(財)이다. 바로 그렇기 때문에 그것은 법적인 보장과 사회적인 보호에 의존하고 있다.[22]

멩케는 '인간의 존엄성' 이란 '자기존중 속에서 삶을 영위할 수 있는 모든 사람의 잠재력' 이라고 정의하고,[23] 이는 '모든 인간이 인간이라는 오직 그 사실을 통해 지니게 되는 속성' 이라고 주장하였다.[24] 이러한 맥락에서 멩케는 "인권은 무조건적으로, 그러니까 어떤 사람이 누구이고 또는 무엇을 하는가와 상관없이 유효한 것이다. 가장 흉악한 인권침해를 자행한 자조차도 그로 인해 자신의 인권을 상실하는 것은 아니다."[25]라고 단언하였다.[26]

2) 카텝의 '실존적 가치' 이론

오늘날 미국의 철학자 카텝(George Cateb)은 『인간의 존엄』에서 인간의 존엄성을 '도덕적 관점' 에서 해명하는 기존의 입장들을 비판하고, 대신 '실존적 관점' 을 제시했다. 인간의 존엄성을 논함에 있어서 도덕성은 분명 중요한 요소이나, 더욱 중요한 것은 실존성이라는 것이 카텝의 지론

22) 멩케 · 폴만, 『인권철학입문』, 179쪽.
23) 멩케 · 폴만, 『인권철학입문』, 183쪽.
24) 멩케 · 폴만, 『인권철학입문』, 186쪽.
25) 멩케 · 폴만, 『인권철학입문』, 62쪽.
26) 멩케의 인권철학 全般에 대한 자세한 논의는 이 책의 제7장 〈멩케 · 폴만의 인권철학에 대한 비판적 논의〉 참조.

이었다.

우선 카텝이 '인간의 존엄성' 에 대한 '도덕적 관점' 을 비판하는 이유를 살펴보자. '도덕적 관점' 이란 '도덕적인 사람에게만 존엄성을 부여해야 한다' 는 입장을 말한다. '도덕적 관점' 은 오늘날의 인권담론이 '희생자와 가해자 사이의 도덕적 차이' 를 무시하고 일률적으로 인간 존엄성을 논하는 것을 거부한다. 요컨대 "도덕적으로 떳떳하거나 죄를 최소한으로 적게 지은 사람만이 인간의 존엄성을 부여받을 자격이 있다. 권리를 침해하거나 다른 사람에게 해를 가한 사람은 존엄성을 얻을 기회를 상실했다. 권리에 대한 이론은 존엄성을 가진 자와 잃은 자 사이를 구분해야 한다."는 것이다.[27] '도덕적 관점' 에 입각하면, 흉악범 등 남에게 해를 끼친 자는 스스로 존엄성을 상실한 것이므로, 그들의 인권을 동등하게 보장해줄 필요가 없는 것이다.

그러나 카텝은 "인류의 위상은 필연적으로 실존적인 가치이지 도덕적인 가치가 아니다."[28]라는 관점에서, 선량한 사람이든 흉악한 사람이든 '모든 사람은 다 사람으로 존중되어야 한다' 는 입장을 견지한다. 카텝은 "한 사람의 생명의 가치는 측정될 수 없는 것이며, 그 어떤 다른 가치와도 상응할 수 없는 것"[29]이라 했는데, 이는 '생명의 가치' 는 무한하여 '도덕적 가치' 를 능가한다는 선언이다. 생명의 가치가 도덕적 가치를 능가한다면, 선 · 악을 불문하고 모든 사람의 생명 그 자체를 신성하게 여겨야 한다. 카텝은 다음과 같이 말한다.

> 생명은 생명이다. 무엇인가 신성한 것이 있다면 그것은 바로 생명이다. 인간

---

27) 카텝, 『인간의 존엄』, 24쪽.
28) 카텝, 『인간의 존엄』, 54쪽.
29) 카텝, 『인간의 존엄』, 77쪽.

생명의 가치는 무엇인가라고 묻는 질문은 적절치 못한 것이다. 왜 당신은 살아 있고 싶은가라고 묻는 것은 독재자가 물음직한 질문이다. 이러한 질문이 제기되어서는 안 된다. 생명에 관한 어떠한 의문에 대한 답도 적절하지 못할 것이며, 합당한 침묵이 있어야 할 자리를 한심한 답변들이 채울 뿐이다.[30]

이처럼 카텝은 '도덕적 관점' 을 비판하면서 "심지어는 범죄행위를 통해 타인의 존엄성을 침해하고 그래서 스스로의 존엄성까지 손상시키는 사람들의 존엄성조차도 보호되어야 한다."[31]고 주장했다.

이제 카텝의 '인간의 존엄성' 에 대한 해명을 살펴보자. 카텝은 "인간의 존엄성은 인간 개개인이나 인류 전체의 정체성에 부여된 실존적 가치"[32]라고 주장한다. 그렇다면 '개인의 정체성, 인류의 정체성, 실존적 가치' 등을 차례로 살펴봄으로써 '인간의 존엄성' 문제에 접근해 보기로 하자. 카텝은 '개인의 정체성' 에 대해 다음과 같이 말한다.

개인의 정체성은 그가 다른 사람들처럼 대우를 받지 못할 때, 즉 인간 이하의 대우를 받을 때 위태로워진다. 또한 개인의 정체성은 그가 단지 인류의 한 개체에 불과하다고 여겨지고 그 누구도 대신할 수 없는 자신만의 고유한 색깔을 지닌 유일무이한 존재로 대우를 받지 못할 때도 위협을 받는다. 개개인의 평범함과 특별함, 이 두 개념은 정 반대의 의미를 지니는 것처럼 보일 수도 있지만, 이 두 가지가 서로 상호작용을 하면서 개인의 평등한 지위라는 관념을 구성한다.[33]

30) 카텝, 『인간의 존엄』, 78쪽.
31) 카텝, 『인간의 존엄』, 25쪽.
32) 카텝, 『인간의 존엄』, 32쪽.
33) 카텝, 『인간의 존엄』, 33쪽.

'개인의 정체성' 은 우리들 각자는 "그 누구도 대신할 수 없는 자신만의 고유한 색깔을 지닌 유일무이한 존재"라는 사실에 있다. 카텝은 '개개인의 평범함과 특별함' 을 동시에 강조하면서, 모든 사람은 이 양자를 동시에 구비하고 있다는 점에서 '인간 개개인의 존엄성은 모두 평등하다'[34]고 역설했다. 카텝은 '인류의 정체성' 에 대해서는 다음과 같이 말한다.

> 내가 인류의 정체성에 대해 주장하고자 하는 것은 인류는 단순한 동물에 그치지 않는 유일한 種이라는 것이며, 인간은 자연계에서 유일하게 자연에 완전히 종속되지 않고 따라서 아무리 인류의 유전적인 특징이 세세 대대로 동일하다고 해도 예측할 수 없는 존재라는 것이다. 나는 이 사실들이 인류의 정체성을 고려하는 데 가장 중요하다고 생각한다.[35]

'인류의 정체성' 은 "인류는 단순한 동물에 그치지 않는 유일한 種이라는 것" 이다. 또한 카텝은 '인간' 을 '자연계에서 유일하게 자연에 완전히 종속되지 않은 존재' 로 규정했다. 인간은 한편으로는 자연의 지배를 받으면서도, 한편으로는 자연의 지배에서 벗어나, 자연을 대상화하고, 이해하고, 이용하고, 해치고, 보살필 수 있는 존재라는 것이다.

이제 '실존적 가치' 에 대해 살펴보자. 카텝이 말하는 '실존적 가치' 는 둘로 집약된다. 첫째, 모든 인간은 자신의 생명에 대한 절대적 권리를 지닌다. 한 사람의 생명의 가치는 측정될 수 없으며, 그 어떤 다른 가치와도 상응할 수 없다. 따라서 생명에 대한 권리는 어떤 이유로도 침해될 수 없는 절대적 권리이다.[36] 둘째, 모든 인간은 자의식(自意識)을 지닌 자유로운 행

34) 카텝, 『인간의 존엄』, 27쪽.
35) 카텝, 『인간의 존엄』, 34쪽.
36) 카텝, 『인간의 존엄』, 43쪽, 77쪽 참조.

위자이다. 다른 동물은 자의식이 없고 오직 인간만이 자의식을 지니는바, 인간은 자의식을 통해 자연과 결별하고 자유로운 행위자로 성장한 것이다.[37)]

'모든 인간은 자신의 생명에 대한 절대적 권리를 지닌다' 는 것은 흉악범마저 생명에 대한 절대적 권리를 지닌다는 맥락에서 '도덕에 대한 생명(生命)의 우위' 를 밝힌 것이며, '모든 인간은 자의식을 지닌 자유로운 행위자' 라는 것은 인간과 자연을 구별함에 있어서 '자유로운 행위자는 도덕적 행위자보다 더 넓은 개념' [38)]이라는 맥락에서 '도덕에 대한 자유(自由)의 우위' 를 밝힌 것이다. 요컨대 카텝은 **'도덕에 대한 생명과 자유의 우위'** 를 주창함으로써 **'도덕에 대한 실존의 우위'** 를 갈파한 것이다.[39)] 이제 카텝의 다음과 같은 말을 보자.

> 고의적인 인간의 말살은 전쟁, 감옥 같은 감금행위, 고문, 노예제도, 강제수용소, 기근의 방치, 집단처형장 같은 극단적인 상황에서 일어난다. 그러나 우리는 인간으로서의 품위를 잃은 사람들을 인간이 아니라고 해서는 안 된다. 왜냐하면 그럴 경우 그들에 대한 대우를 정당화하기 때문이다.[40)]

카텝은 '심각한 부정, 체계적 탄압, 사악한 정책' 등을 범하는 인간은 '스스로의 존엄성을 해치는 것' 이라 했는데,[41)] '인간으로서의 품위를 잃

37) 카텝, 『인간의 존엄』, 39쪽, 261쪽 참조.

38) 카텝, 『인간의 존엄』, 39쪽.

39) 그런데 카텝은 "인간이 전적으로 혹은 대체적으로 잘못을 저지르는 경우 인간의 존엄성을 논하는 것은 무의미하다. 실존적 가치는 도덕적 능력이 뒷받침되지 않으면 가치를 잃게 된다." 고 하면서, "인권이론에서 도덕적인 요소와 실존적인 요소 사이의 상대적 중요성에 대한 의문이 일어나지 말기를 바란다." 고 소망하기도 했다(『인간의 존엄』, 45쪽, 51쪽).

40) 카텝, 『인간의 존엄』, 49쪽.

은 사람들' 이란 이들을 지칭할 것이다. 카텝은 '인간으로서의 품위를 잃은 사람들' 도 인간이라고 주장하면서, 이들에 대한 감금행위나 고문 등을 '고의적인 인간의 말살' 이라고 비판했다. 한편, 카텝은 사형제도를 '인간 존엄성에 대한 전형적인 침해' 요 '국가가 저지르는 중대한 반인륜적인 행위' 로 규정했다.[42] 여기서 알 수 있듯이, 카텝이 도덕적 관점보다 실존적 관점을 옹호한 근본 동기는 죄인들에 대한 사형(死刑)이나 감금(監禁)을 비판하는 데 있었다.

이상에서 카텝의 '실존적 가치' 이론을 살펴보았다.[43] 카텝은 자신의 '실존적 가치' 이론의 적수(敵手)로서 '공리주의' 와 '덕 윤리(virtue ethics)' 를 비판하였다. 주지하듯이, 공리주의는 다수의 행복을 위해 소수를 수단으로 이용할 수 있다고 본다. 이에 대해 카텝은 "이러한 불평등한 지위는 도덕적으로 어떤 주장을 내세우건 간에 실존적으로 수용될 수 없다." 고 단언하고, "공리주의는 인간의 존엄성에 대한 끔찍한 도발" 이라고 비판했다.[44]

'덕 윤리' 란 '인간은 도덕적 삶을 통해 자신의 존엄성을 획득해야 한다' 는 것으로서, 앞에서 살핀 '도덕적 관점' 이 그것이다. 카텝은 덕 윤리의 주장을 다음과 같이 요약했다.

---

41) 카텝, 『인간의 존엄』, 37쪽.

42) 카텝, 『인간의 존엄』, 40쪽.

43) 카텝이 인간의 존엄성을 논하면서 또 하나 강조한 것은 '인간의 특별한 재능' 이었다. 다른 種들과 달리, 인간은 언어와 문자 등을 사용하면서 수많은 놀라운 일을 할 수 있다는 것이다. 카텝은 특히 인류만이 수행하는 '세 가지의 필수불가결한 기능' 으로 "자연의 기록을 남기고, 자연을 이해하며, 자연에 대해 고마워할 줄 안다." 는 점을 지적하고, "지구상의 種들 가운데 인류만이 지구 혹은, 그것을 넘어서 자연에 대해 스스로를 위해서가 아니라 다른 것들을 위해서 이 같은 봉사를 한다. 이는 인류가 자연의 청지기라는 의미이다." 라고 찬양하였다(『인간의 존엄』, 192~193쪽).

44) 카텝, 『인간의 존엄』, 157쪽.

인간의 존엄성은 단지 인간이라는 이유만으로 얻어지는 것이 아니다. 또한 개인의 독특하고 칭찬할 만한 자아의 계발을 떠나서 개인에게 고유의 정체성을 부여하는 것도 잘못이다. 인간은 그 자체로서는 매우 불완전하고 온전히 실현되지 않기 때문에 존엄성이라는 관점에서는 거의 중요하지 않다. 한 개인의 고유한 특성은 실제로 매우 미미하기 때문에, 자기 자신을 계발하고 자아실현을 위해 노력할 때에서야 비로소 가치를 지닐 수 있다.[45)]

덕 윤리는 부덕자(不德者)의 존엄성을 부정하고, 부덕자에게 유덕자(有德者)와 동등한 권리를 부여하면 이를 오용하여 사회를 위태롭게 만든다고 우려한다. 이에 대해 카텝은 "평등한 인간의 지위를 부정하기 때문에 그것은 도덕적이 아니다."라고 단언했다.[46)] 또 덕 윤리는 '사람들은 대개 자신에게 이로운 것을 잘 모르기 때문에 현인(賢人)이 그들을 일깨워야 한다'는 온정주의를 견지하는데, 이에 대해 카텝은 '성인(成人)을 아이처럼 대하는 것'이라 규정하고, "성인(成人)인 대중들이 모두 어린아이 취급을 받게 된다면 인권은 설 자리를 잃게 된다."고 갈파했다.[47)]

3) 레이첼즈의 '도덕적 개체주의'

오늘날 미국의 철학자 레이첼즈(James Rachels)는 『동물에서 유래된 인간』에서 다윈(Darwin)의 진화론에 입각하여 기존의 여러 윤리설을 근본적으로 비판했다. 다윈에 의하면, 인간을 포함하여 모든 생명체는 공동의 조상으로부터 진화된 것이다. 이러한 이론은 여러 모로 기존 윤리설의 토대

45) 카텝, 『인간의 존엄』, 158쪽.
46) 카텝, 『인간의 존엄』, 162쪽.
47) 카텝, 『인간의 존엄』, 165~167쪽.

를 무너뜨리는 것인바, 특히 '인간의 존엄성' 문제에 대해서는 더욱 심각한 함의를 지니는 것이다. '동물에서 유래된 인간(Created from Animals)' 이라는 말 자체가 시사하듯, 레이첼즈는 인간과 다른 동물이 크게 다르지 않다고 보았다. 요컨대 그는 인간의 특별한 존엄성 자체를 부인한다. 그는 인간의 존엄성을 특별하게 부각시켰던 기존의 윤리설들을 '인간중심적 종차별주의(種差別主義, speciesism)' 로 규정하고, 인간이든 동물이든 각각의 개별자의 특징에 맞게 대우해야 한다는 '도덕적 개체주의(moral individualism)' 를 표방했다. 이제 레이첼즈의 도덕적 개체주의를 살펴보기로 하자.

고래로 '인간은 존엄하다' 는 주장은 다른 동물에 대한 인간의 '특별한' 존엄성을 함축하는 말이었다. 레이첼즈는 '인간의 존엄성' 이라는 말의 함의를 다음과 같이 설명한다.

> 인간이 존엄하다는 생각은 인간과 다른 동물이 서로 다른 도덕 범주에 속해 있는 것으로 파악하는 도덕적 입장이다. 이는 인간의 생명과 이익이 도덕적으로 가장 중요함에 반해, 다른 동물의 생명과 이익은 비교적 중요하지 않음을 보여주기도 한다. 전통적으로 이와 같은 입장은 인간의 본성에 관한 상호 연결된 두 가지 관념에 호소한다. 인간이 神의 형상에 따라 만들어졌다는 관념, 그리고 오직 인간만이 이성적 존재라는 관념이 그것이다.[48]

'인간의 존엄성' 이란 관념은 요컨대 '인간은 특별히 존엄하므로, 다른 동물과 다르게 대접을 받아야 한다' 는 것이었다. 서양에서 이러한 관념은 전통적으로 '神의 형상 테제' 와 '합리성 테제' 를 통해 뒷받침되었다. 그런

48) 레이첼즈, 『동물에서 유래된 인간』, 317쪽.

데 다윈의 진화론은 바로 이 두 명제를 무너뜨리는 것이다. 진화론에 의하면, 인간을 포함하여 모든 생명체는 공동의 조상으로부터 진화된 것이다. 그렇다면 인간과 다른 동물은 유사한 점이 많을 것인바, 따라서 '인간만이 神의 형상을 지닌다' 거나 '인간만이 이성(理性)을 지닌다' 고 고집하기 어려운 것이다.

침팬지나 고릴라 · 원숭이 등 여러 영장류들은 인간과 생김새가 매우 비슷하다. 따라서 '인간만이 神의 형상을 지닌다' 는 주장은 비교적 쉽게 부정할 수 있다.[49] 문제는 '합리성 테제' 이다. 이성과 같은 정신능력은 우리 눈에 잘 보이지 않는바, 이에 대해서는 보다 정교한 관찰이 필요하다. 다윈의 소론(所論)에 따라, 레이첼즈는 인간의 합리적인 능력이 다른 동물을 훨씬 능가한다는 점을 인정하면서도, '그 차이는 질적인 것이 아니라 단지 정도의 차이에 불과하다' 고 설명한다. 요컨대 "근본적으로 보았을 때 인간과 고등 포유류 사이에는 정신 능력의 차이가 없다" 는 것이다.[50]

다윈에 의하면, 인간만 합리성을 갖춘 것이 아니요, 지렁이처럼 저급한 동물마저도 낮은 수준이나마 합리적 능력을 갖추고 있다. 뿐만 아니라 다른 동물들도 서로 의사를 소통할 수 있는 신호 체계를 갖추고 있으며, 더군다나 타자를 배려하는 도덕적 능력까지 지니고 있다.[51] 레이첼즈는 다음과 같이 말한다.

> 다윈주의는 인간이 神의 형상에 따라 창조되었다는 생각과 인간만이 유일한 이성적 존재라는 생각을 모두 훼손한다. 나아가 다윈주의가 옳을 경우 인간이

49) 더군다나 進化論은 기독교의 創造論 자체를 뒤집는 것인바, 그렇다면 〈創世記〉에 근거한 '神의 형상 테제' 는 더더욱 설 자리가 없게 된다.

50) 레이첼즈, 『동물에서 유래된 인간』, 250쪽.

51) 레이첼즈, 『동물에서 유래된 인간』, 249~275쪽 참조.

존엄하다는 생각을 뒷받침하는 어떤 다른 방식이 발견될 가능성은 거의 없다. 이에 따라 인간이 존엄하다는 생각은 신뢰를 상실한 형이상학의 도덕적 잔재임이 밝혀지게 된다.[52)]

레이첼즈는 '인간이 존엄하다'는 생각을 더 이상 옹호하기 어려운 '구시대의 유물'로 규정했다. 오늘날 인권담론의 일반적 토대였던 '인간은 존엄하다'는 생각을 포기한다면, 인권의 토대는 어디에서 찾아야 하는가? 이에 대해 레이첼즈가 내세우는 대안이 바로 '도덕적 개체주의'였다. 그는 다음과 같이 말한다.

> 도덕적 개체주의는 개체들이 어떤 처우를 받아야 하는가라는 판단의 정당화와 관련된 테제다. 이의 기본 착상은 어떻게 한 개체가 처우되어야 하는가가 그가 어떤 집단의 성원인가에 대한 고려를 통해 결정되어선 안 되고, 그가 가지고 있는 독특한 특징에 대한 고찰을 통해 결정되어야 한다는 것이다. 만약 A가 B와 달리 처우되어야 한다면, 이에 대한 정당화는 A가 가지고 있는 개체적인 특징과 B가 가지고 있는 개체적인 특징을 근거로 이루어져야 한다. 그들에 대한 각기 다른 처우는 하나 혹은 다른 개체가 어떤 선호 집단의 구성원이라는 사실을 지적함으로써 정당화되지 않는다. 여기에는 심지어 인간 '집단'도 예외가 아니다.[53)]

도덕적 개체주의에 입각하면 인간은 인간이라는 이유만으로 우대될 수 없고, 원숭이는 원숭이라는 이유만으로 천대될 수 없다. 이제는 '어떤 개체가 속한 種'이 중요한 것이 아니라, '개체 자신의 실질적 특징'이 중요

52) 레이첼즈, 『동물에서 유래된 인간』, 21쪽.
53) 레이첼즈, 『동물에서 유래된 인간』, 320쪽.

한 것이다.

레이첼즈는 "인간의 생명은 더 이상 전통적 사고로부터 부여된 일종의 미신적 경외의 대상으로 간주되지 않을 것이며, 인간 아닌 존재들의 생명이 더 이상 무관심의 대상이 되지 않을 것이다. 이는 어떤 의미에서 인간 생명의 가치가 절하되는 반면, 인간 아닌 존재의 생명의 가치가 증진된다는 것을 뜻한다."[54]고 했다. 이처럼 도덕적 개체주의는 무엇보다도 인간에게만 특별한 존엄성과 권리를 부여하는 '인간중심적 종차별주의'를 비판하는 것이었다. 레이첼즈는 "도덕적 개체주의에 따라 개별 생물들에 대한 처우를 그러한 생물들의 실질적 특징에 맞게 조정해야 한다"[55]고 하였다. 예컨대 레이첼즈는 다음과 같이 말한다.

> 심각한 뇌손상을 입은 아이는 수년 동안 살아남는다고 해도 절대 말할 수가 없을 것이며, 그 아이의 정신 능력은 기본적인 수준을 절대 넘어설 수가 없을 것이다. 실제로 그러한 아이의 심리능력은 일반적인 붉은털원숭이보다 훨씬 떨어질 수가 있다. 이 경우 도덕적 개체주의는 원숭이보다 아이의 생명을 우선적으로 고려할 아무런 이유도 발견하지 못할 것이다. 많은 사람들은 이와 같은 주장에 선뜻 동의하지 못할 것이다. 인간이 존엄하다는 전통적인 입장을 취하는 사람들은 분명 이와 달리 생각할 것이다. 그럼에도 나는 도덕적 개체주의의 관점이 옳다고 생각하며, (…).[56]

도덕적 개체주의에 의하면, '심각한 뇌손상을 입은 아이'의 생명은 '일반적인 원숭이'의 생명보다 존중받을 이유가 없다. 그렇다면 도덕적 개체

54) 레이첼즈, 『동물에서 유래된 인간』, 22쪽.
55) 레이첼즈, 『동물에서 유래된 인간』, 322~323쪽.
56) 레이첼즈, 『동물에서 유래된 인간』, 347쪽.

주의는 또한 '심각한 뇌손상을 입은 아이'와 '건강한 아이'를 같이 취급할 수 없을 것이다. 이러한 맥락에서, '개체의 실질적 특징'을 중시하는 도덕적 개체주의는 오늘날의 인권담론에 심대한 파장을 미칠 수 있다. 오늘날의 인권 담론은 흔히 모든 인간에 대해 오직 인간이라는 이유만으로 존엄성과 권리를 부여하는데, 도덕적 개체주의에 따르면 이러한 '만인평등주의' 역시 부당한 것이기 때문이다.[57)]

4. '인간의 존엄성'에 대한 새로운 접근법

1) 기존 이론들의 문제점

이제 이상에서 살핀 '인간의 존엄성'에 대한 여러 이론들에 대해 각각의 문제점들을 간략하게 지적해 보기로 하자.

유교의 입장은 인간을 '만물의 영장'으로 규정하면서도, 각자의 도덕적 성취 여하에 따라 자신의 존엄성이 증감(增減)될 수 있다는 것이었다. 이는 인간의 존엄성을 논함에 있어서 선천적으로 평등하게 주어진 측면과 후천적으로 제각각 성취한 측면을 함께 고려하는 것이다. 한편, 인간과 다른 동물의 동이(同異)를 설명하는 성리학의 이론 체계는 오늘날 진화론의 관점과 매우 유사한 것으로서, 인간의 우월성을 긍정하면서도 인간과 다른 동

57) 탤벗(William J. Talbott)은 "정상적인 성숙한 인간은 그들이 호모사피엔스 種의 일원이어서가 아니라 일정한 능력, 특히 내가 판단할 수 있는 능력이라고 지칭하는 것을 가지기 때문에 기본적 권리를 마땅히 보장받아야 한다."고 주장했다(탤벗, 『인권의 발견』, 49쪽). 탤벗이 말하는 판단능력이란 '자신에게 바람직한 것'에 대한 판단능력과 '공정성'에 대한 판단능력이었던바, 탤벗 역시 레이첼즈처럼 '도덕적 개체주의'를 견지한 것이다.

물의 연속성을 주목함으로써, '터무니없는' 인간중심적 종차별주의를 배격하는 것이다. 이러한 맥락에서, 논자는 전통 유학의 인간 존엄성에 대한 설명 체계를 매우 원만한 이론이라고 본다.

플라톤의 영혼삼분설은 이성을 발휘하는 사람을 '사람다운 사람' 으로, 욕구에 매몰된 사람을 '짐승 같은 사람' 으로 규정하는 것이었다. 이는 인간의 존엄성을 논함에 있어서 선천적으로 평등하게 주어진 측면과 후천적으로 제각각 성취한 측면을 함께 고려하는 것인바, 논자는 이 역시 매우 원만한 이론이라고 본다. 다만 문제는 플라톤이 도덕적으로 열등한 사람을 천대할 뿐만 아니라[58] 그 밖의 심신장애자도 지나치게 천대한다는 점이다. 예컨대 플라톤은 '가망 없는 불치병 환자' 에 대한 치료 문제를 두고 다음과 같이 말한 바 있다.

> 정상적으로 살 수 없는 사람은, 자신을 위해서도 나라를 위해서도 유익하지 않기 때문에, 치료를 해서는 아니 된다.[59]

> 신체적으로나 정신적으로나 성향상 알맞은 사람들은 돌보되, 그렇지 못한 사람들의 경우에는, 그 중에서 신체적으로 그런 사람들은 죽도록 내버려 두고, 정신적으로 그 성향이 나쁘고 불치 상태인 사람들은 스스로 죽게끔 말일세.[60]

불치병 환자에 대한 지속적인 치료 여부 문제는 심각한 논란의 대상일 것인바, 위의 인용문들에 보이듯이 플라톤은 공리주의적 입장에서 매우

58) 주지하듯이, 플라톤은 호화로운 衣食住만을 추구하는 사람들의 집단을 '돼지들의 나라' 로 규정했다(『국가』, 372a~374a).

59) 플라톤, 『국가』, 407d~e.

60) 플라톤, 『국가』, 410a.

단호하게 반대하였다. 플라톤은 '모든 인간이 오직 인간이라는 이유만으로 누릴 수 있는 존엄성'을 인정하지 않은 것이다. 플라톤의 이러한 주장과는 달리, 유교에서는 "늙어서 아내가 없는 사람, 늙어서 남편이 없는 사람, 어려서 부모가 없는 사람, 늙어서 자식이 없는 사람, 장애인, 고질병을 앓는 사람 등에 대해서는 모두 나라에서 보살핀다."[61]고 했고, "벙어리, 귀머거리, 절름발이, 앉은뱅이, 다리가 끊긴 사람, 난쟁이, 온갖 장인(匠人)들에게는 각각 재능에 따라 일을 맡기고, 먹인다."[62]고 했다. 요컨대 유교에서는 '도덕적으로 열등한 사람'은 천대했지만, '심신장애자'를 천대하지는 않았다.

기독교의 '神의 형상 테제'는 인간은 神을 닮은 '존엄한 존재'라는 뜻과 인간은 神으로부터 특별히 '축복을 받은 존재'라는 뜻을 겸하는 것이었다. 레이첼즈 등 진화론적 윤리학자들은 이에 대해 인간의 지위를 지나치게 특권화하여 '인간중심적 종차별주의'를 초래했다고 비판했다. 한편 혹자는 '神의 형상 테제'와 관련하여 "모든 인간은 아무리 변태적이고 파렴치하고 비열하다고 해도 그리스도의 관점에서, 하나님이 그리스도 안에서 인간을 긍정하신 사실에서 고찰되어야 한다. (…) 하나님이 인간이 되신 예수 그리스도의 사실에서 인간의 권리와 존엄이 인식된다."[63]고 설명한 바 있다. 그렇다면 '神의 형상 테제'는 각자의 '도덕적 성취'에 따른 '존엄성의 격차'도 부정하는 것이다.

멩케는 "모든 인간은 단지 인간이라는 이유로 존엄성을, 즉 존중받을 권리를 지니는데 이 권리는 상실될 수 없는 것"[64]이라 하고, 이러한 관점에

---

61) 『禮記』〈禮運〉: 矜寡孤獨廢疾者 皆有所養

62) 『禮記』〈王制〉: 少而無父者謂之孤 老而無子者謂之獨 老而無妻者謂之矜 老而無夫者謂之寡 此四者天民之窮而無告者也 皆有常餼 瘖聾跛躃斷者侏儒百工 各以其器食之

63) 박봉랑, 〈기독교의 인간관〉, 95쪽.

64) 멩케 · 폴만, 『인권철학입문』, 186쪽.

서 "인권은 무조건적으로, 그러니까 어떤 사람이 누구이고 또는 무엇을 하는가와 상관없이 유효한 것이다. 가장 흉악한 인권침해를 자행한 자조차도 그로 인해 자신의 인권을 상실하는 것은 아니다."라고 했다. 멩케의 이러한 주장에 대해서는 두 가지 비판을 제기할 수 있다.

첫째, 우리는 '인간은 왜 존엄하며, 존중받아야 하는가?' 라는 더 근원적인 질문을 제기할 수 있다. '단지' 라는 것은 충분한 답변이 될 수 없다. '단지' 라고만 말하면 '인간중심적 종차별주의' 에 불과하게 된다. 논자의 생각에, 이 근원적인 질문에 답변하려면 '도덕성' 을 도입할 수밖에 없는 것이다.

둘째, 멩케는 '가장 흉악한 인권침해를 자행한 자조차도 그로 인해 자신의 인권을 상실하는 것은 아니다.' 라는 입장에서, 흉악범들에 대한 '자유의 박탈과 신체형, 시민권 박탈, 사형 등' 을 모두 '동등한 인권' 의 이름으로 반대했다.[65] 그러나 이러한 주장은 이론적으로도 잘못된 것이요, 우리들의 상식적인 도덕감정에도 어긋나고, 대부분의 국가들의 현실과도 어긋난다. 이론적 관점에서 말하자면, 멩케는 '우리는 왜 남의 생명과 자유를 빼앗은 흉악범의 생명과 자유를 보장해야 하는지' 그 이유를 충분히 설명해주어야 한다.[66] 앞에서 지적했듯이, '단지' 라고만 말하는 것은 멩케의 주관적 신념을 표현한 것일 뿐, 결코 누구나 납득할 수 있는 설명은 못 된다. 또한 흉악범들의 자유를 박탈하고, 시민권을 제한하고, 감금하고 사형에 처하는 것은 많은 사람들의 상식적인 도덕감정에 부합하는 것이기 때

65) 멩케 · 폴만, 『인권철학입문』, 64쪽, 89쪽 참조.

66) 주지하듯이, 흉악범의 처벌을 정당화하는 논리로는 '죄인은 그 죄에 상응하는 죗값을 치러야 한다' 는 應報刑 이론이나, '죄인을 격리시킴으로써 다른 선량한 사람들의 인권을 보호해야 한다' 는 豫防刑 이론 등이 있다. 멩케가 흉악범들에 대한 '자유의 박탈과 신체형, 사형 등' 을 반대한다면, 그는 應報刑이나 豫防刑이 왜 잘못인지 입증해야 할 것이다.

문에, 많은 나라에서 이를 시행하고 있는 것이다.

카텝은 인간의 존엄성을 해명함에 있어 도덕성보다 실존성을 중시했는데, 이는 생명의 가치를 그 자체로 절대화하는 것이다. 이처럼 생명의 가치를 절대화함은 카텝과 멩케가 궤를 같이하는 것인바, 그렇기 때문에 카텝도 "심지어는 범죄행위를 통해 타인의 존엄성을 침해하고 그래서 스스로의 존엄성까지 손상시키는 사람들의 존엄성조차도 보호되어야 한다"고 주장하면서, 사형이나 감금을 반대했던 것이다. 이와 같은 멩케나 카텝의 주장을 따른다면, 흉악범들에 대한 '자유의 박탈과 신체형, 시민권 박탈, 사형' 등을 모두 폐지해야 한다. 그러나 흉악범들의 자유를 보장하면 할수록 선량한 사람들의 인권은 더욱 침해된다는 사실은 무시해도 되는 것인가? 우리는 왜 흉악범들의 인권이 존중됨으로써 선량한 사람들의 인권이 침해되는 것을 묵인해야 하는 것인가?

카텝은 실존성의 가치를 무한으로 설정함으로써 모든 인간의 절대적 평등을 옹호했다. 그러므로 카텝은 '장애 때문에 인간의 기능을 행할 수 없는 사람들'에 대해서도 '그들도 여전히 인간이라는 이유'로 그들의 존엄성을 흔쾌히 인정했다.[67] 이는 플라톤이나 레이첼즈와는 구별되는 태도로, 많은 사람들이 공감할 내용이라 하겠다. 그러나 카텝이 범죄자들에게까지 존엄성을 부여하면서 '그들이 지닌 존엄성에까지 경의를 표하는 자세가 필요하다'[68]고 한 것은 매우 납득하기 어려운 것이다. 요컨대 카텝은 '도덕적 하자(범죄)'와 '도덕과 무관한 하자(심신의 장애)'를 구별하지 않고 절대적 평등을 추구한 것인바, 논자는 이 둘을 구별할 필요가 있다고 본다.

레이첼즈의 진화론적 관점은 인간과 동물의 동이(同異)를 과학적으로 해명함으로써 기존의 '터무니없는' 인간중심적 종차별주의를 타파할 수

67) 카텝, 『인간의 존엄』, 46~47쪽.
68) 카텝, 『인간의 존엄』, 185쪽.

있게 하였다. 멩케나 카텝이 모든 인간에 대해 인간이라는 種으로 태어났다는 사실만으로 특별히 존엄성을 부여하는 것과 달리, 레이첼즈는 인간이라는 種으로 태어났다는 사실만으로는 특별히 존엄성을 확보할 수 없다고 보았다. 레이첼즈의 '도덕적 개체주의' 는 아리스토텔레스류의 '덕 윤리' 와 마찬가지로 인간의 존엄성을 '種의 차원' 에서 논하지 않고 '개체의 차원' 에서 논하는 것이다. 이는 개인들 사이의 존엄성의 격차를 설명하는 데는 유용하다. 그러나 種의 차원에서 기본적인 존엄성을 부여하지 않는다면 예컨대 심신 장애자들의 존엄성을 인정하기 어렵게 된다. 따라서 이러한 불상사를 막기 위해서는 '인간중심적 종차별주의' 라는 비판을 감수하면서라도 인간이라는 種 자체에 일정한 존엄성을 부여해야 할 것이다.

이상에서 '인간의 존엄성' 에 대한 기존의 여러 이론들이 지니는 문제점들을 지적해 보았거니와, 이제 이러한 문제점들을 모두 해소할 수 있는 이론의 틀을 모색해 보기로 하자.

2) 새로운 이론체계의 모색

멩케는 '인간의 존엄성은 주어진 것인가, 획득된 것인가' 라는 기준과 '인간의 존엄성은 등급이 있는 것인가, 없는 것인가' 라는 기준에 입각하여 인간의 존엄성에 대한 기존의 여러 설명들을 네 가지로 유형화하고, 자신은 '인간의 존엄성은 주어진 것으로서, 등급을 매길 수 있다' 는 **잠재력** 이론을 견지했다. 인간의 존엄성 문제에서 '주어진 것' 과 '획득된 것' , '등급이 있음' 과 '등급이 없음' 을 각각 하나하나의 고려 요소라 한다면, 멩케는 '주어진 것' 과 '등급이 있음' 만 긍정하고, '획득된 것' 과 '등급이 없음' 은 부정한 것이다. 그렇다면 '인간의 존엄성은 획득된 것으로서, 등급을 매길 수 없다' 는 능력 이론은 완전히 잘못된 것인가?

논자는 **잠재력** 이론 역시 **능력** 이론처럼 인간의 존엄성 문제에 대해 일면적으로 접근한 편파적 이론이라고 본다.[69] '인간의 존엄성' 에는 분명 주어진 요소도 있고 획득된 요소도 있으며, 등급이 있는 요소도 있고 등급이 없는 요소도 있을 것이다. 그렇다면 우리는 이 네 가지 요소를 모두 고려해야만 인간의 존엄성을 온전하게 해명할 수 있는 것이다. 이러한 맥락에서, 논자는 인간의 존엄성 문제를 다음과 같이 설명하고자 한다.

① 인간의 존엄성은 본래 '선천적 요소' 와 '후천적 요소' 두 측면으로 구성된다. 선천적 요소는 태어나면서부터 본유적(本有的)으로 '주어진 존엄성' 으로서, 이는 '생득분(生得分)' 에 해당한다. 후천적 요소는 태어난 다음 본인의 노력으로 '획득한 존엄성' 으로서, 이는 '성취분(成就分)' 에 해당한다.

② 선천적 요소인 '생득분' 은 비유컨대 자본금(資本金)과 같고, 후천적 요소인 '성취분' 은 비유컨대 그 자본금을 운용하여 이룩한 '성과(成果)' 와 같다.

③ 생득분인 '주어진 존엄성' 은 모든 사람이 평등하게 지닌다. 다시 말해, 모든 인간은 동일한 몫의 자본금을 지니고 태어났다. 그 까닭은 인간의 선천적 본성이 보편적으로 같기 때문이다.

④ 성취분인 '획득한 존엄성' 은 사람마다 다르다. 다시 말해, 살아가는 동안 자본금을 운용한 결과는 각각 다르다. 그 까닭은 '선천적 재능,

69) 카텝이 말한 '실존적 가치' 와 '도덕적 가치' 를 예로 들자면, '실존적 가치' 는 태어나면서부터 모든 사람에게 '평등하게, 주어진 것' 이요, '도덕적 가치' 는 태어난 다음 본인의 노력에 따라 '차등적으로, 획득된 것' 이다. 카텝은 '실존적 가치' 를 중심으로 인간의 존엄성을 해명했다. 그렇다면 우리는 '도덕적 가치' 로 인간의 존엄성을 해명하는 '덕 윤리' 를 완전히 잘못된 것이라고 단정할 수 있는가? 그렇게 단정하는 사람이 있다면, 그는 편파적인 것이 아닌가?

주어진 환경, 본인의 의지와 노력' 등이 사람마다 다르기 때문이다.

⑤ 인간의 성취는 문학 · 예술 · 체육 · 경영 · 과학 · 기술 등 다양한 방면에서 이루어지는 것이나, 인간의 존엄성과 관련하여 가장 중요한 것은 도덕의 영역이다. 그 까닭은 도덕이야말로 인간과 다른 동물의 차이를 논하는 데 가장 핵심 요소이기 때문이다.

⑥ 문학 · 예술 · 체육 · 경영 · 과학 · 기술 등의 영역에서 사람마다 '선천적 재능, 주어진 환경, 본인의 의지와 노력' 등에 따라 성취분은 각각 다를 수 있으나, 성취분이 생득분을 감축시킬 수는 없다. 요컨대 이 영역에서의 성취분은 '+' 일 수도 있고, '0' 일 수도 있으나, '−' 일 수는 없다.

⑦ 도덕의 영역에서도 사람마다 '선천적 재능, 주어진 환경, 본인의 의지와 노력' 등에 따라 성취분이 다를 수 있다. 그런데 도덕의 영역에서 성취분을 결정하는 가장 중요한 요소는 단연코 '본인의 의지와 노력' 이다. 또한 도덕의 영역에서는 성취분이 생득분을 감축시킬 수 있으며, 심지어는 부채(負債, −) 상태에 이를 수도 있다. 요컨대 도덕 영역에서의 성취분은 '+' 일 수도 있고, '0' 일 수도 있고, '−' 일 수도 있다.

⑧ 모든 사람의 생득분은 동일하나, 살아가는 동안 생득분을 운용한 결과(성취분)는 각자 다르다. 인간 개개인의 존엄성은 이 양자를 합산해서 논의해야 한다. 특히 합산의 결과가 부채(−)로 판명되면, 더 이상 그의 존엄성을 인정할 수 없다.

이제 위의 여덟 가지 사항을 앞에서 소개한 학자들의 이론과 비교하면서 논의해 보기로 하자. ①은 인간의 존엄성을 논할 때 선천적으로 '주어진 생득분' 과 후천적으로 '획득한 성취분' 을 함께 고려해야 한다는 점을 밝힌 것이다. 멩케는 인간의 존엄성을 '획득한 것' 으로 간주하는 능력 이론이나 **업적** 이론을 비판하고, '주어진 것' 으로 간주하는 **잠재력** 이론을 옹호했다. 카텝 역시 멩케와 같은 맥락에서 인간의 존엄성을 '획득한 것' 으로 간주하는 **도덕** 이론을 비판하고, '주어진 것' 으로 간주하는 **실존** 이론을 옹호했다. 그러나 레이첼즈는 이들과 정 반대의 입장을 취했다. 요컨대 레이첼즈의 도덕적 개체주의에 따라 '개체의 실질적 특징' 을 중시한다면, 인간의 존엄성 문제에 대해서도 각자가 획득한 성취분을 중시해야 한다. 아리스토텔레스류의 덕 윤리도 단연코 생득분보다 성취분을 강조하는 것이다. 그렇다면 이처럼 서로 대립된 주장 가운데 우리는 어느 하나만을 고집해야 옳은가? 논자는 그렇지 않다고 본다. 논자는 오히려 생득분과 성취분을 함께 고려해야만 인간의 존엄성에 대한 원만한 해명이 가능하다고 본다.

②는 생득분과 성취분을 비유적으로 설명한 것이다. 생득분은 카텝이 말한 '실존성' 에 상응하고, 성취분은 카텝이 말한 '도덕성' 에 상응한다. 논자가 생득분을 자본금에 비유한 것은 카텝처럼 실존성 자체에 존엄성을 부여한 것이다. 다만 카텝은 "한 사람의 생명의 가치는 측정될 수 없는 것이며, 그 어떤 다른 가치와도 상응할 수 없는 것" 이라 하여 실존성의 가치를 '무한(無限)' 으로 설정했는데, 논자는 이와 달리 실존성의 가치를 '유한(有限)' 으로 설정한다. 실존성의 가치를 무한으로 설정하면, 인간은 무한히 존엄한 존재가 되고, 그러면 인간의 죄악에 대한 처벌(감금 · 사형 등)을 정당화하기 어렵게 된다.[70] 이는 이론적으로도 옳지 못할 뿐만 아니

---

70) 카텝이 死刑이나 監禁을 반대하는 것은 앞에서 지적한 바 있다. 한편 카텝은 刑罰 일반에 대해 "처벌을 내린다고 할지라도, 처벌의 형태는 잔혹하거나 비정상적인 것이어서는 안 된다. 형법에 의해 체포된 사람들에게 (…) 인간으로서 갖는 인간의 존엄성에 경의를 표하는 자세가 필요하다." 고 했다(『인간의 존엄』, 185쪽). 요컨대 카텝은 實存의 가치를 無限으로 설정했기 때문에 死刑이나 監禁을 반대하고, 죄인들에게

라 대부분의 사회의 현실과도 어긋나기 때문에, 논자는 생득분을 유한으로 설정하고, 또 그것은 성취분에 따라 증감될 수 있다고 보는 것이다.

③은 '생득분의 평등'을 밝힌 것으로서, 이는 모든 인간의 '원초적 평등'을 옹호하는 것이다. 다시 말해, 모든 인간은 동일한 몫의 자본금을 지니고 태어났다. 그 까닭은 인간의 선천적 본성이 보편적으로 같기 때문이다. 논자가 말하는 자본금은 멩케가 말한 **지참금**처럼 생득적인 것이다. 그런데 멩케가 말한 **지참금**은 '상실될 수 없는 불가분의 가치'로서 증감이 없는 것(영원히 동등한 것)이나, 논자가 말하는 자본금은 성취분에 따라 증감될 수 있는 것이다. 요컨대 논자가 생각하기에, 사람은 본래 평등하게 태어나나, 후천적인 노력 등에 따라 각자의 존엄성에 격차가 생기는 것이다.

④는 성취분에 격차가 생기는 여러 요인들을 설명한 것이다. 논자가 생각하기에, 성취분에 격차가 생기는 까닭은 '선천적 재능, 주어진 환경, 본인의 의지와 노력' 등이 사람마다 다르기 때문이다. 멩케는 존엄성의 격차를 인정하면서 그 원인으로 '객관적 조건'과 '인간다운 생활환경'만을 거론했다. 그런데 '객관적 조건'과 '인간다운 생활환경'은 개인 자신에 달린 것이라기보다는 사회적 여건에 달린 것이다. 그러므로 멩케는 존엄성이 낮은 사람에 대해 개인의 책임을 묻는 데 인색하고 오히려 사회가 그에게 더 많은 존엄성 보호의 기회를 제공해야 한다고 주장하는 것이다. 그러나 논자의 생각에 '본인의 의지와 노력'도 '객관적 조건'과 '인간다운 생활환경' 못지않게 중요하다. 그러므로 우리는 성취분이 적은 사람들에게 자아실현을 위한 '교육의 기회'와 '인간다운 생활환경'을 제공하는 것 못지않게 그들 자신의 의지와 노력을 요구해야 한다.

⑤는 성취의 영역을 '도덕의 영역'과 '도덕이 아닌 영역'으로 구분하

조차 '경의를 표하라'고 한 것이다.

고, 인간의 존엄성과 관련하여 가장 중요한 것은 도덕의 영역임을 설명한 것이다. 플라톤은 '이성' 을 '사람 속의 사람' 에 비유했고 '욕구' 를 '사람 속의 짐승' 에 비유했다. 플라톤에 의하면 이성을 발휘하는 삶, 즉 지혜롭고 도덕적인 삶이 존엄한 삶인 것이다. 맹자도 의식주의 풍요만을 추구하는 삶을 짐승의 삶에 비유하고 인륜을 실천하는 삶이 인간다운 삶이라 했다. 칸트도 지구상에서 인간만이 도덕적 능력을 지녔다고 보고, 이를 인간의 존엄성의 근거로 삼았다.[71] 실존성을 도덕성보다 우위에 두는 카텝마저도 인간만이 '다른 동물이나 자연에 대해 공평하고 겸허하게 배려하고 봉사할 수 있는 존재' 라고 찬양했는데,[72] 이는 역시 인간과 다른 동물의 본질적 차이를 도덕성으로 규정한 것이다. 이렇게 본다면 인간이 존엄한 까닭은 여러 영역에서 논의할 수 있으나, 가장 핵심적인 것은 역시 도덕의 영역일 것이다.[73]

⑥은 문학 · 예술 · 체육 · 경영 · 과학 · 기술 등 '도덕이 아닌 영역' 에서의 성취는 '선천적 재능, 주어진 환경' 이 '본인의 의지와 노력' 못지않게 중요함을 설명한 것이요, 또한 이러한 영역들에서의 성취분은 '+' 이나 '0' 일 수는 있으나 '–' 일 수는 없다는 점을 설명한 것이다. 이는 이러한 영역들에서 두각을 나타내지 못해도 생득분이 손상되지 않는다는 의미이다. 예컨대 영어를 못하고 수학을 못하고 그림을 못 그리고 돈을 못 벌어도 생득분이 손상되지 않는다는 뜻이다. 이렇게 본다면, 플라톤이나 레이첼즈의 견해와는 달리, 평범한 사람들에 비해 여러 재능이 현저하게 부족한

71) 칸트는 인간의 존엄성의 근거로 '이성, 자율성, 도덕성' 등을 함께 거론했지만, 이 가운데 중심적인 것은 물론 '도덕성' 이었다(이에 대한 자세한 논의는 정태일, 「칸트철학에서 인간 존엄성에 대한 관점」, 171~173쪽 참조).

72) 카텝, 『인간의 존엄』, 192~194쪽 참조.

73) 다른 동물들도 인간처럼 도덕 능력을 지니고 있다고 주장하는 레이첼즈도 인간의 도덕성과 동물의 도덕성을 同級으로 규정하는 것은 아니었다.

심신장애자들도 '생득분으로서의 인간의 존엄성' 은 항상 그대로 간직하는 것이다.

⑦은 도덕 영역에서 성취분의 격차를 야기하는 가장 중요한 요소는 '본인의 의지와 노력' 이라는 점을 설명한 것이요, 또한 도덕 영역에서의 성취분은 '+' 일 수도 있고, '0' 일 수도 있고, '–' 일 수도 있다는 점을 설명한 것이다. 도덕의 영역에서 '선천적 재능' 이나 '주어진 환경' 보다 '본인의 의지와 노력' 이 훨씬 중요한 까닭은 도덕성은 무엇보다도 '의지와 실천' 에서 판가름 나기 때문이다. 또한 도덕 영역에서의 성취분이 '+' 일 수도 있고, '–' 일 수도 있는 까닭은 사람을 '사람답게' 만들기도 하고, '짐승처럼' 만들기도 하며, '짐승만도 못하게' 만들기도 하는 것이 바로 도덕의 영역이기 때문이다.[74] 논자의 이러한 입장은 멩케가 존엄성의 격차를 인정하면서도 그 까닭을 '객관적 조건' 과 '인간다운 생활환경' 에서만 찾는 것과도 다르고, 또한 카텝이 실존성의 가치를 무한으로 설정한 것과도 다른 것이다.

⑧은 결론적으로 '인간 개개인의 존엄성' 은 생득분과 성취분을 합산하여 논의해야 한다고 주장한 것이다.[75] 도덕적으로 솔선수범하는 사람은 '사람다운 사람' 으로서, 생득분에 성취분이 추가되어 그의 존엄성이 더욱 증진되는 것이다. 그러나 도덕을 무시하는 사람은 생득분(자본금)을 탕진

74) 간단히 말해, 도덕적으로 행동하여 남의 權益을 증진시켰으면 자신의 성취분이 증가되고, 비도덕적으로 행동하여 남의 權益을 침해했으면 자신의 성취분이 감소되는 것이다. 남의 權益(생명 · 자유 · 재산)을 침해한 가해자의 존엄성이 감소되는 까닭은 그가 먼저 남의 존엄성을 유린했기 때문이다.

75) 여기서 다시 문제가 되는 것은 '성취분의 계산 방법' 과 '성취분과 생득분의 합산 방법' 일 것이다. '성취분의 계산 방법' 에 대해서는 더 많은 논의가 필요할 것인바, 이에 대해서는 刑法의 量刑 제도를 참고할 수 있을 것이다. 또한 '합산' 에 있어서 분명한 것은 '무고한 사람을 살해한 흉악범' 은 다른 사람(생명)의 존엄성을 침해했기 때문에 그에 상응하게 자신의 존엄성도 상실한다는 점이다.

하여 '짐승 같은 사람' 이 되는 것이며, 도덕을 배반하는 사람은 생득분(자본금)을 탕진한 다음 부채까지 만들어 '짐승만도 못한 사람' 이 되는 것이다. '짐승만도 못한 흉악범' 들에 대해서는 더 이상 인간의 존엄성을 인정할 수 없으며, 이들에 대한 처벌은 매우 정당한 것이다.[76)]

5. 결론 : 인간의 존엄성과 인권

멩케가 설명한 바 있듯이, 이제까지의 '인간의 존엄성' 에 대한 이론들은 존엄성을 '선천적으로 주어진 것' 으로 보는 경우와 '후천적으로 획득한 것' 으로 보는 경우, 그리고 모든 사람이 '평등한 것' 으로 보는 경우와 사람에 따라 '불평등한 것' 으로 보는 경우로 대별할 수 있다. 그런데 기존의 이론들은 대부분 이 가운데 일부만 긍정함으로써, 인간의 존엄성에 대한 편파적인 관점을 벗어나지 못했다.

논자의 생각에, 인간의 존엄성은 본래 선천적인 생득분과 후천적인 성취분이라는 두 측면으로 구성되는 것이다. 생득분은 모든 사람이 평등하게 지니는 것이나, 성취분은 사람마다 다르다. 인간 개개인의 존엄성은 이 양자를 합산해서 논의해야 한다. 특히 합산의 결과가 부채(–)로 판명되면, 더 이상 그의 존엄성을 인정할 수 없는 것이다.

카텝은 아리스토텔레스류의 '덕 윤리' 를 귀족주의로 규정하고, "귀족

76) 예컨대 누구나 평등하게 지닌 생득분을 '100' 이라 하자. 그런데 어떤 사람의 성취분이 또 '100' 이라면 그는 '200' 만큼 존엄한 것이며, 성취분이 '0' 라면 그는 '100' 만큼 존엄한 것이며, 성취분이 '-150' 이라면 그는 부채상태(-50)로 그는 모욕(형벌)을 받아 마땅한 것이다. 멩케나 카텝은 생득분이 蕩盡되거나 負債로 전락하는 상황은 인정하지 않았기 때문에 흉악범에 대한 응분의 처벌(감금 · 사형 등)에 동의하지 않았던 것이다.

주의는 인류의 역사에 많은 공헌을 했다. 하지만 평등한 인간의 지위를 부정하기 때문에 그것은 도덕적이 아니다."라고 비판했다.[77] 그러나 카텝처럼 생득분(실존성의 가치)을 무한으로 설정하여, 흉악범에게조차 존엄성을 부여하고 그들에 대한 감금이나 사형 등을 반대하는 것 역시 합당한 처사가 못된다.[78] 도대체 우리는 왜 남의 자유와 생명을 부정하는 사람(흉악범)의 자유와 생명을 긍정해야 하는 것인가? 한편 플라톤이나 레이첼즈는 심신장애자들의 존엄성을 부정함으로써 그들의 생명권도 부정하였는데, 이는 '인간으로서의 생득분'을 과소평가하고 '각자의 성취분'을 과대평가한 결과이다.

그리하여 논자는 선천적 생득분을 평등하게 인정하는 것에서 출발하되 생득분에도 한계를 설정하고,[79] 그 위에 다시 각자 제각각인 후천적 성취분을 합산함으로써, '모든 인간의 천부적 존엄성'과 '개인의 책임' 사이의 균형을 추구한 것이다. 논자의 이러한 입장은 사실 전통 유교의 지론을 충실히 계승한 것이다. 논자는 이러한 새로운 이론을 통해 모든 인간의 원초적 존엄성, 흉악범에 대한 형벌(감금 · 사형 등)의 정당성, 사회적 약자에 대한 보호의 당위성, 심신장애자의 존엄성과 생명권 등 인권담론의 제반 문제들을 두루 원만히 해결할 수 있다고 본다. 마지막으로, 칸트의 다음과

77) 카텝, 『인간의 존엄』, 161~162쪽.

78) 論者가 死刑制度를 고집하는 것은 아니다. 다만 오늘날의 진보적 인권론자들이 인간의 존엄성을 절대화하면서 사형제도를 비판하는 것을 수긍할 수 없는 것이다. 민주국가에서 사형제도의 존폐 문제는 국민들의 의견에 따라 결정하면 되는 것이다.

79) 論者가 '모든 인간의 공통적 자본금'으로서 생득분을 有限하게나마 인정한 것은 '어느 정도' 인간중심주의에 해당하는 것이다. '인간중심적 種差別主義'를 비판한 레이첼즈도 "우리에게는 인간과 다른 동물 간의 유사성과 차이를 모두 포괄하는 도덕이 필요하며, 이는 '어느 정도까지만' '인간 중심적'일 것이다."라고 했는데(『동물에서 유래된 인간』, 320쪽), 이는 '어느 정도의 인간중심주의'는 불가피한 것으로 긍정한 것이라 하겠다.

같은 말을 소개하면서 본고를 마치고자 한다.

인격체로서의 인간만이, 즉 도덕적이고 실천적인 이성의 주체로서 고찰될 때의 인간만이 어느 무엇보다도 더 존귀한 것이다. 왜냐하면 인격체로서의 인간은 다른 사람의 목적에 대한, 아니 심지어 자기 자신의 목적에 대한 수단으로서뿐만 아니라, 그 자체가 목적으로서 평가되어야 하는 것이기 때문이다. 다시 말해 인간은, 다른 모든 이성적인 세계 존재자들에게 자신에 대한 존중을 강요할 수 있게 해주고, 또 같은 종류의 다른 존재와도 자신을 비교하여 평가할 수 있게 해주는 그러한 존엄성을 갖기 때문이다.(『道德形而上學』, 德論)

만일 음주에 탐닉하거나, 자연의 법칙에 어긋나는 범죄를 저지르거나, 무엇이든지 과도하게 하거나 하면, 이는 모두 인간을 동물 이하로 떨어뜨리는 것이요, 인간의 존엄성을 부인하는 것이다. 또 다른 사람 앞에서 기면서 비굴한 행동으로 아부하기 위하여 늘 찬사만 늘어놓는다면, 이 또한 인간의 존엄성에 역행하는 행위이다.(『教育學』)

제3부

민주주의와 평화에 대한 성찰

제11장

민주와 민본 :
비교와 통섭을 위한 시론

1. 서론

돌이켜 보면, 한 세대 전에는 '민주화' 가 우리 사회의 화두였었다. 많은 사람들이 민주화를 위해 헌신했고, 그 결과 1987년의 개헌을 통해 한국은 자타가 공인하는 민주국가가 되었다. 많은 국민들은 민주화와 함께 우리 사회의 모든 문제들이 해결되고, 모든 국민은 그 안에서 행복을 누릴 수 있을 것으로 기대했다. 그러나 오늘날 많은 식자들은 민주화의 풍성한 결실을 예찬하기보다는 '민주화 이후의 민주주의' 또는 '민주주의의 공고화' 등을 고민하고 있다. 요컨대 민주화 이후 한 세대가 지나도록 한국의 민주주의가 기대한 만큼의 결실을 거두지 못하는 것이다. 이러한 현실의 원인은 여러 각도에서 규명할 수 있다. 그러나 문제는 결국 '정치인' 과 그들을 자신들의 대표로 선출한 '국민' 의 문제로 집약될 것이다.

예컨대 근래 한 언론인은 우리 정치인들을 '나라 망가뜨리기로 작심한 사람들' 로 규정하고, 다음과 같이 질타한 바 있다.

우리 사회에서 돈 있고 권력 있고 많이 배운 사람이 모인 조직일수록 끼리끼리 뭉쳐 더 큰 이익을 챙기려는 풍조가 강해지고 있다. 여의도 국회가 바로 그런 곳이다. 18대 의원들은 '한번 의원(18대까지)이면 영원한 연금(65세 이상부터 매월 120만 원) 수혜자' 란 법을 만들어 '세금 빼먹기' 에 담합했다. 19대 의원들은 겸직 의원에 대한 징계를 미뤄 최대한 돈을 챙기도록 봐주고 있다. 이들에게 양심이나 도덕, 애국심, 청빈 같은 가치는 쓰레기통에 버려진 지 오래된 쉰 음식이나 다름없다. (…) 청와대는 대통령 임기 동안 한몫 잡으려는 '정치 철새' 들로 북적인다. 정부 부처와 산하기관, 각종 단체 · 협회는 업무의 기본도 모른 채 고액 연봉과 고급 승용차만 누리다 떠나는 '낙하산' 들의 놀이터가 됐다. 제대로 검증받지 않고 감시받지 않는 '무책임한 책임자' 들이 국가 핵심 조직에 넘친다.[1)]

위의 논설에 의하면, '나라 망가뜨리기로 작심한 사람들' 이 민주국가 한국의 국정을 좌지우지하고 있다. 그렇다면 어떻게 민주국가에서 '나라 망가뜨리기로 작심한 사람들' 이 국민의 대표로 선출될 수 있으며, 어떻게 민주국가에서 '나라 망가뜨리기로 작심한 사람들' 의 작태가 지속될 수 있는 것인가?

또 다른 언론인은 '천안함 사건' 과 '세월호 참사' 등 국가적 위기를 진지한 반성의 계기로 삼기보다는 소모적 정쟁의 도구로 삼는 정치권을 향해 다음과 같이 비판한 바 있다.

"한국에서 건강한 민주주의를 기대하는 것보다는, 쓰레기더미에서 장미가 피어나는 것을 바라는 것이 합리적이다." 6 · 25전쟁 중이던 1951년 10월 1일 영

1) 지해범, 〈나라 망가뜨리기로 작심한 사람들〉, 《조선일보》 2015년 2월 2일자 칼럼.

국《더 타임스》에 실린 이 글은 짧은 기간에 이룩한 한국의 민주화를 말할 때 종종 인용된다. (…) 60여 년의 세월이 흐른 지금 한국 사회가 그때보다 얼마나 달라졌는지 살펴보면 회의적인 생각이 앞선다. 특히 위기 상황이 닥쳤을 때 확연히 드러나는 우리의 취약점은 위기가 더 큰 위기를 부른다는 사실이다. 정치 세력들이 위기 상황을 상대방 공격의 기회로 이용하면서 위기 극복은커녕 사회적 혼란만 증폭되고 있다. (…) 뼈아픈 위기를 겪으면서 얻는 것은 없이 모든 게 소모적 정쟁으로 귀결되고 있다. (…) 최근에는 선거 때마다 보수 진보 간에 접전이 벌어지면서 모든 위기적 사건을 권력 투쟁의 시각에서 바라보는 흐름이 뚜렷하다. 민주주의의 토양이 되는 시민적 교양이나 법치주의를 갖추려면 상당한 시간이 걸릴 것이다. 이 점에서 우리의 '건강한 민주주의'는 미완성이다.[2)]

위의 논설은 보수와 진보 사이의 '소모적 권력투쟁'으로 인해 정치인들이 국가적 위기나 갈등을 해결하기는커녕 오히려 증폭시키는 현실을 비판한 것이다. 위의 논설에서는 '시민적 교양'과 '법치주의'를 '민주주의의 토양'으로 규정했거니와, 이는 소모적 정쟁을 극복하기 위해서는 무엇보다도 '시민적 교양'과 '법치주의'가 긴요하다는 진단일 것이다.

한편, 또 다른 언론인은 근래 우리 정국을 요동치게 만든 '성완종 리스트' 사건을 두고 다음과 같이 설파한 바 있다.

(미국 공화당 부통령) 후보 수락연설에서 세라 페일린이 자유민주주의의 힘과 가족의 가치, 미국의 미래를 외쳤을 때 사람들은 열광했다. (…) 사람들이 환호했던 건 그녀의 보수주의 가치가 아니었던 거다. 자녀 학교의 하키 시합에 가서 응원하고, 맥주팩을 들고 다니며 주말을 즐기는 평범한 미국인의 모습에 동

---

2) 홍찬식, 〈위기가 위기를 부르는 한국〉, 《동아일보》 2015년 4월 22일자 칼럼.

질감을 느꼈던 거였다. 신데렐라의 마법이 풀린 건 실력 아닌 실체가 드러난 탓이었다. 그녀는 결코 평범한 미국인이 아니었던 것이다. 공무출장에 가족들을 동반해 공금을 유용하고, 선거자금으로 럭셔리 원피스를 15만 달러어치나 샀으며, 동생의 전남편을 자르라는 지시를 거부한 경찰국장을 해임하고, 압력을 넣어 지인들을 여기저기 취직시켰다. 알고 보니 특권층이었던 거다. (…) 미국인들이 숨겨진 진실을 알게 된 것이다. 보수와 진보로 분열돼 있는 줄만 알았던 미국이 실상은 보통 사람들과 특권층으로 나뉘어 있다는 것 말이다. (…) 이른바 '성완종 리스트' 사건을 바라보면서 퍼뜩 든 생각이 그것이었다. 이 나라 역시 보수와 진보의 분열보다는 보통 사람과 특권층의 유리가 더 문제라는 사실 말이다. 이 나라 보통 사람들은 욕지기가 끓어오르다 못해 허탈하다.[3)]

위의 논설은 미국이나 한국 등 이른바 '민주국가'에서 국민들의 기대와 달리 정치인들이 특권층으로 군림하는 현실을 비판한 것이다. 위의 논설에서는 "이 나라 역시 보수와 진보의 분열보다는 보통 사람과 특권층의 유리가 더 문제"라고 지적하면서, 이로 인해 "이 나라 보통 사람들은 욕지기가 끓어오르다 못해 허탈하다."고 갈파했다.

정치권에 대한 실망의 극치는 마침내 우리 한국의 정권을 '유랑도적단'에 비유하게 만들었다. 한국의 한 저명한 정치학자는 다음과 같이 말한다.

한국의 정권은 제왕적이지만 단임정권이어서 근시안이기도 하다. 5년 단임 대통령제는 애초의 취지와 달리 이제는 경제학자 맨커 올슨이 말하는 '유랑도적단'에 가까워지는 것으로 보인다. 그는 불경스럽게도 정권을 도적단에 비유했는데, 장기집권하는 비민주적 정권은 '정주도적단', 짧게 집권하고 떠나는

3) 이훈범, 〈성완종이 남긴 교훈〉, 《중앙일보》 2015년 4월 18일자 칼럼.

정권은 '유랑도적단' 이다. 어차피 성숙한 민주주의가 아닐 바에는 정주도적단이 차라리 나은 면도 있다. 내년에도 수탈해야 하기 때문에 지속가능한 성장에 관심을 가지는 것이다. 반면 금방 떠날 유랑도적단은 마을의 미래에 관심이 없다. 5년 단임제하의 대통령들이 국가의 미래보다는 자기 정권의 성과에만 관심을 갖는 것은 본인이 곧 떠날 것을 스스로 알기 때문이고, 집권 후반기에 되는 일이 없는 것은 그가 곧 떠날 것을 모두가 알기 때문이다.[4)]

위의 논설에서는 장기집권하는 비민주적 정권은 '정주도적단' 으로, 주기적으로 정권이 교체되는 민주적 정권은 '유랑도적단' 으로 규정하고, "어차피 성숙한 민주주의가 아닐 바에는 정주도적단이 차라리 나은 면도 있다."고 지적했다. 그 까닭은, 정주도적단이 '지속가능한 성장에 관심을 가지는 것' 과는 반대로, 유랑도적단은 목전의 이익에 집착하기 때문이다.

위의 네 논설은 오늘날 우리 한국의 민주주의가 봉착한 문제의 핵심을 짚어준 것이다. 우리 정치인들은 국리민복(國利民福)을 위해 헌신하기보다 자신들의 특권을 강화하기 위해 안달이며, 당리당략(黨利黨略)에 매몰되어 국가적 위기조차 외면하고 소모적 정쟁을 일삼으며, 심지어는 기업인들과 유착하여 부정부패를 자행하고, 자신들의 임기동안만 무사안일하기를 바라고 장기적인 안목에서 국정을 운영하지 않는바, 이로 인해 일반 국민들은 분노와 허탈에 빠지게 되는 것이다. 수많은 정치인들이 국민의 지탄을 받는 것이 한국의 일상적 현실이며, 그러한 정치인들을 국민의 대표로 선출한 장본인은 바로 우리 국민 자신들이다. 이는 분명 우리가 추구한 민주주의의 본래 취지와 어긋나는 것인바, 그렇다면 오늘날 한국의 민주주의는 분명 무엇인가 잘못된 것이다.

4) 장덕진, 〈유능한 관료와 무능한 국가〉, 《경향신문》 2015년 6월 5일자 칼럼.

위의 셋째 논설이 시사하듯이, 민주주의에 대한 실망이 고조되는 정황은 '서구의 선진 민주국가'에서도 발견된다. 과거처럼 민주주의를 그 자체로 예찬하지 않고 이제는 '좋은 민주주의'와 '나쁜 민주주의'를 구별하는 것부터가 이러한 정황을 대변한다. 서구의 여러 저명한 학자들은 "현재의 지배적인 민주주의 모델인 자유민주주의가 자체의 내재적 한계로 인해 위기를 초래하게 되었다"고 보면서 '서구 민주주의의 질적 위기'를 진단한다. 요컨대 "개인의 권리와 자유를 일방적으로 강조하는 자유주의는 다수 인민의 연대의식을 기반으로 해서만 효과적으로 작동할 수 있는 민주주의를 유약하게 만들거나 형식화시켜버릴 수밖에 없다"는 것이다.[5] 뿐만 아니라 '다수결 제도' 등 각종 민주적 제도들이 여러 부작용을 낳아 사회를 분열시키고 권력을 타락시키는 역할을 한다는 비판도 제기되었다.[6]

오늘날 민주국가의 정황이 이와 같다면, 이제 우리는 '민주주의'를 일방적으로 미화하는 데 그치지 말고, 보다 근본적으로 민주주의에 대한 비판적 성찰을 시도해야 할 것이다. 민주주의에 대한 가장 단순하면서도 가장 본질적인 비판은 오늘날 민주주의가 '인민의 행복'을 제대로 증진시키지 못하고 있다는 점이다. 흔히 민주주의를 '인민에 의한 지배'를 통해 '인민의 행복을 증진함'이라고 정의하는데, 오늘날 대부분의 민주국가에서 '인민에 의한 지배'를 실현하고 있음에도 불구하고 '인민의 행복'은 기대한 것만큼 증진되지 못했다는 점이 문제인 것이다.[7]

---

5) 김비환, 「좋은 민주주의의 조건들 : 가치, 절차, 목적, 관계 그리고 능력」, 35쪽 참조.

6) 『나쁜 민주주의(*Public Choice – A Primer*)』의 저자 버틀러(Eamonn Butler)는 민주국가의 다수결 제도를 '패배한 49%의 시민들을 착취하기 위하여 승리한 51%의 시민들에게 모든 권력을 부여하는 제도'로 규정하고, '민주주의의 여러 제도들이 정치인들이 나쁜 일을 하도록 유인하고 압력을 가한다'고 비판한 바 있다(버틀러, 『나쁜 민주주의』, 7~8쪽).

7) 우리는 흔히 아테네의 民主政을 '시민들의 상호 권리 존중, 동등한 기회부여와 참여를 통한 자치, 폴리스에 대한 시민들의 자발적 충성심, 이를 통한 전체의 공동 번영'으로

한편, 우리 한국은 과거 오랜 세월동안 유교(儒教)의 영향을 받아, 유교적 정치를 추구한 역사와 전통을 지니고 있다. 그런데 유교 정치이념의 핵심은 '민본(民本)' 으로서, 이는 바로 '인민의 행복 증진' 과 궤를 같이한다. 앞에서 말한 것처럼 인민의 행복을 제대로 증진시키지 못하는 것이 오늘날 우리 민주주의의 취약점이라 한다면, 그리고 유교의 민본사상이 바로 인민의 행복 증진을 추구한 것이었다면, 우리는 전통 유교의 민본사상이 현대 한국의 민주주의에 무엇인가 기여할 수 있을 것이라고 기대할 수 있겠다. 이러한 맥락에서 오늘날 우리 학계에서는 서구적 민주주의와 유교적 민본사상의 통섭을 시도하기에 이른 것이요, 그 과정에서 유교 정치사상에 대한 새로운 조명의 필요성이 제기된 것이다.

또한 근래 정치학계에서는 서구중심주의를 탈피하여 한국이나 동아시아의 관점에서 우리 정치를 이해하고, 설명하고, 대안을 모색하자는 각성도 제기되었다. 그 대표적인 예는 1997년에 계간지 『전통과 현대』가 창간된 것으로서, 그 창간의 주역이었던 함재봉은 "당위의 차원에서 볼 때 유교는 분명 많은 점에서 근대사회의 한계를 극복하는 데 도움을 줄 수 있다. (…) 한국 정치담론의 현주소를 살피고 미래의 지향점을 설정하는 작업은 근대사상과 포스트모더니즘, 그리고 유교에 대한 이해가 동시에 그리고 상호 연관적으로 이루어질 때 비로소 가능해진다."[8]고 설파했다. 강정인

묘사하는데, 이는 이상적 측면일 뿐이다. 아리스토텔레스가 民主政을 '衆愚政治' 로 폄하한 것은 충분한 근거가 있는 것이었다. 민주정의 전성기에 아테네 시민들을 움직인 것은 자신과 자신의 가족, 친족, 그리고 자신이 속한 폴리스가 얻게 될 매우 구체적인 이익이었으며, 그들은 자신들의 이익에 따라 내전을 부추기고 침략하거나 동맹을 맺기를 반복하였다(윤비, 「고대 헬라스 세계에서 민주주의(dēmokratia) 개념의 탄생」, 43~44쪽 참조). 또 오늘날 대의민주정 시대의 대표(정치인)들이 이런저런 이익집단과 결탁하는 것은 비일비재할 것이다. 또 주지하듯이 토크빌은 민주주의가 초래하는 '다수의 횡포' 를 지적한 바 있다. 그렇다면 우리는 민주주의에 대해 애초에 너무 많은 것을 기대해서는 안 될 것 같기도 하다.

역시 같은 맥락에서 '서구중심주의를 넘어서자' 고 제창하면서 "근대 서구 문명의 위용에 압도되어 그 세계관에 경도되는 우를 범하지 말고 동아시아 문명이 남긴 풍부한 유산을 적극 활용하여 세계를 설명 · 비판 · 창조하려는 의지와 자세를 갖추어야 할 것" 이라고 주문했다.[9] 또 다른 예로, 박홍규는 근래 우리 정계에 큰 파문을 일으킨 '안철수 현상' 을 유교의 민본사상에 입각하여 설명하고, 전통 유교와 서구의 근대성을 지양시킨 '성숙한 민주주의' 를 제언했는데, 그가 상정한 성숙한 민주주의는 '민본민주주의' 였다.[10]

'한국 또는 동아시아의 관점' 을 내세우는 이들의 특징은 민주주의 또는 정치를 단순히 '법과 제도' 의 차원에서 이해하지 않고 '포괄적인 문화' 의 차원에서 이해한다는 점이다. 토크빌은 '민주주의가 풍습에 끼친 영향' 을 자세히 논한 바 있는데,[11] 민주주의가 풍습에 영향을 끼치는 것 못지않게 풍습도 민주주의에 영향을 끼칠 것이다. 그렇다면 세계 각국은 서로 문화와 풍습이 다른 만큼 각국에서 실현되는 민주주의도 서로 조금씩 양상이 다를 것이다. 그런데 이는 각국이 자국의 문화에 더 적합한 민주주의 양식을 가꾼 결과라 할 수도 있고, 각국이 자국의 정체성(正體性)을 발휘한 결과라 할 수도 있다.

해방 후 이식된 서구의 자유민주주의는 이제 우리의 정치현실을 조형하는 기본적 틀로 정착되었다. 반면에 우리의 정치의식 속에는 아직도 유교

8) 함재봉, 『탈근대와 유교』, 6쪽.

9) 강정인, 『서구중심주의를 넘어서』, 558쪽. 강정인은 '전통적인 것, 한국적인 것, 우리 것' 에 대한 일방적 옹호를 넘어서 '다중심적 다문화주의' 와 '지구주의와 지구적 의식' 의 필요성을 함께 인정했다(493~505쪽). 요컨대 '나' 와 '너' 그리고 '우리 모두' 를 동시에 고려하는 사유의 필요성을 제기한 것이다.

10) 박홍규, 「유교적 정치가와 성숙한 민주주의 : 안철수 '민란'」, 601~608쪽 참조.

11) 토크빌, 임효성 · 박지동 역, 『미국의 민주주의』 2, 제3부 '풍습에 대한 민주주의의 영향' 참조.

적 이념이 남아있어, 우리의 정치적 사고와 실천에 적지 않은 영향을 끼치고 있다. 본고에서 서양의 민주주의와 동아시아 유교의 민본사상을 논의의 대상으로 삼아, 양자를 비교하고 통섭의 방향을 모색해보고자 하는 것은 다음의 두 취지에 입각한 것이다. 첫째, 우리의 민주주의에 유교적 민본사상을 가미함으로써 우리의 정치가 인민의 행복을 조금이라도 더 증진시킬 수 있도록 만들자는 것이다. 둘째, 자유민주주의와 민본사상의 통섭을 통해 우리 문화에 보다 적합한 민주주의 양식을 계발하고, 이를 통해 한국의 정체성도 보다 선명하게 가꿀 수 있도록 노력하자는 것이다.[12] 이제 이러한 점들을 염두에 두고 본론에 들어가기로 하자.

2. 서구 민주주의의 발전 과정과 그 특징

1) 고대 아테네의 민주정과 경제 문제

고대 아테네의 민주주의란 시민(자유민)들이 광장(agora)에 모여 자율적으로 국사(國事)를 논의하여 결정하고 그것을 시민들 스스로 집행하던 것으로서, '자유롭고 평등한 시민들의 자치(自治)' 를 말한다.

고대 아테네가 본래부터 민주정을 시행한 것은 아니었다. 여느 국가와 마찬가지로 고대 아테네도 왕정(王政)과 귀족정(貴族政) 또는 참주정(僭主政)과 과두정(寡頭政) 등을 두루 거쳤다. 고대 아테네에서도 부익부 빈익빈으로 인해 계급갈등이 격화되고, 심각한 정치적 혼란을 겪었다. 아테네의 민주정은 이러한 갈등과 혼란을 수습하는 과정에서 모색된 것으로, 서기

12) 예컨대 함재봉은 이를 "보다 공동체주의적이고 따라서 非자유주의적인 민주주의"라고 표현한 바 있다(함재봉, 『유교 자본주의 민주주의』, 120쪽).

전 594년경 솔론(Solon)의 개혁을 통해 초석이 놓이고,[13] 서기전 501년경 클레이스테네스(Cleisthenes)의 개혁을 통해 골격이 잡힌 다음,[14] 페리클레스(Perikles, 서기전 495?~서기전 429) 시대에 절정에 달했다가, 서기전 338년 마케도니아 알렉산드로스 대왕의 정복에 의해 종식되었다. 우리에게 잘 알려진 다음과 같은 페리클레스의 '국장(國葬) 연설문'[15]은 절정기 아테네 민주주의의 이상을 나타낸 것이라 한다.

> 우리는 이웃 국가들의 법률에 대해 하등 부러울 것 없는 정체(政體)를 향유하고 있습니다. 우리는 타인의 본보기이지 모방자가 아닙니다. 소수가 아닌 다수를 위해 집행되는 이 정체를 우리는 민주정(demokratia)이라 부릅니다. 우리의 법률은 사적인 분쟁에 있어서 모든 사람에게 동등한 정의(isonomia)를 부여하고 있습니다. 어떤 사람의 명성을 결정하는 것은 그의 미덕이지 그의 신분이 아닙니다. 또한 그가 공헌할 역량이 있다면, 가난이나 비천함으로 인해 그의 진로가 방해되지 않습니다. 자유는 공적으로나 사적으로 우리 사회의 기조입니다. 우리는 어떤 사람이 그가 좋을 대로 행한다고 해도, 그에 대해 분노하거나 공격하지 않습니다. 그러나 사적인 자유가 공적인 방종으로 흐르지는 않습니다.

---

13) 솔론의 개혁의 주요 내용은 '부채의 경감, 토지소유의 제한, 채무로 상실한 토지의 복구, 모든 시민들에 대한 민회 참석자격 부여, 혈통자격의 폐지와 재산자격의 도입(재산을 기준으로 아테네의 시민을 네 계급으로 구분함)' 등이었다(키토, 『古代 그리스, 그리스인들』, 152~154쪽 참조).

14) 클레이스테네스의 개혁의 핵심은 아테네를 혈연을 중심으로 한 4개의 부족 체제에서 지역을 중심으로 한 10개의 부족 체제로 재편하고, 500인 협의회를 창설한 것이다(김덕수, 『그리스와 로마』, 48~54쪽 참조).

15) 이 '國葬'이란 펠로폰네소스 전쟁(서기전 431~서기전 404)이 시작된 해에 치러진 '戰歿者 추도식'을 말한다. 페리클레스의 '國葬 연설' 全文은 투키디데스의 『펠로폰네소스 전쟁사』 제2권 6장에 보인다(투키디데스, 『펠로폰네소스 전쟁사』 상, 171~181쪽 참조).

위에 보이듯이, 아테네의 민주정은 '정의(isonomia)'와 '자유'를 두 축으로 삼은 것이었다. 페리클레스는 자유를 '자기가 좋은 대로 행동하되 공적인 방종으로 흐르지 않는 것'이라고 설명했는데, 이는 오늘날 우리의 자유 관념과 크게 다르지 않다. 위의 인용문에서 주목할 것은 'isonomia'이다. 'isonomia'는 어원상 '평등한(iso) 법(nomia)'을 뜻하거니와, 이는 '법 앞의 평등' 또는 '동등한 권한' 등을 의미하는 개념이었다. 아테네의 민주주의는 종종 'isonomia'라고 불리기도 했을 만큼 'demokratia'와 'isonomia'는 밀접하게 연관된 것이었다.[16)]

아테네 '민주정(demokratia)'과 'isonomia'의 밀접한 연관을 확인할 수 있는 단적인 예로 클레이스테네스가 창설한 '500인 협의회'를 들 수 있다. 500인 협의회는 아테네를 구성하는 10개의 부족에서 각각 50명씩 추첨으로 선발된 1년 임기의 회원들로 구성되었다. 500인 협의회는 민회에서 결의할 사안과 의사일정을 마련하고, 민회에서 통과된 정책을 집행하는 일종의 행정기구로서, 몇몇 종교적 · 사법적 문제를 제외한 모든 공적인 문제들, 즉 재정 · 전쟁 · 외교 등의 실무를 추진하는 기구였다. 그런데 500명은 일상 업무를 처리하기에는 너무 많은 수였다. 따라서 50명 단위로 10개의 근무조를 편성해서 1년의 10분의 1씩, 즉 약 36일씩 업무를 담당했다. 근무조원들은 아고라의 톨로스(Tholos)에서 침식을 함께하면서 공무를 수행했다. 500인 협의회 의장은 날마다 교체되었으며, 민회의 의장을 겸했다.[17)] 이처럼 아테네의 민주정에서는 공직의 배분이나 정치 참여가 평등하게 이루어졌다.[18)]

---

16) 김경희, 「데모크라티아(demokratia)를 넘어 이소노미아(isonomia)로」, 11쪽 참조.

17) 김덕수, 『그리스와 로마』, 53쪽 참조.

18) 아테네 민주정에서는 풍부한 경험과 전문적 지식을 요하는 몇몇 직책을 제외하고 거의 모든 관직이 추첨으로 임명되었는데, 이는 '절대적 평등을 보장하기 위한 방법'이었던 것으로 평가된다. 아리스토텔레스는 "관리의 임명에 있어서 추첨 방식을 사

아테네 '민주정'과 '평등'의 밀접한 연관을 확인할 수 있는 또 하나의 예는 아리스토텔레스의 '시민' 개념이다. 고대 아테네에서 '시민'이란 납세의 의무를 지니고 투표권을 지닌 사람으로서, 공공 생활이나 군사 활동 등 모든 분야에서 직접적이고 적극적으로 상호 협력하는 존재였다. 관례적으로 한 사람의 시민은 병사(兵士)이기도 했고, 재판관이기도 했으며, 또 의원(議員)이기도 했다.[19] 이러한 맥락에서, 아리스토텔레스는 '시민'의 개념을 두 차원에서 정의했다. 엄밀한 의미에서의 시민은 '관직과 법정의 운영에 참여하는 사람'[20]을 뜻하고, 상식적 의미에서의 시민은 '번갈아 가면서 지배를 하며 또한 지배를 받는 시민생활에 참여하는 모든 사람'[21]을 뜻한다는 것이다. 이러한 설명은 '평등'과 '시민'이 서로 본질적으로 결부된 개념임을 밝힌 것으로서, 500인 협의회는 바로 그 실례였던 것이다. 디킨슨은 다음과 같이 말한다.

> 실제로 '평등'이 적어도 정치적인 문제에서는 고대 아테네에서처럼 극대화된 때가 거의 없었다. 물론 거기에도 다른 국가처럼 노예 계급이 있었다. 그러나 모든 계층의 자유민에게는 어떤 정치적 차별도 없었다. 최하위 계층에서 최고위 계층에 이르기까지 민회에서 말하고 투표할 권리를 가지고 있었는데, 민회는 당시의 최고 권위 기관이었다. 또 모든 사람들이 관리로 피선될 수 있었고 법정에서도 모든 사람들이 번갈아 가며 참석할 수 있었다. 빈곤으로 인한 무자

용하는 것은 민주적 방식으로 간주되고, 투표를 사용하는 것은 과두제적 방식으로 간주된다."고 말한 바 있다(『정치학』 1294b). 투표로 관리를 선출할 경우 누구나 공평하게 공직을 담당하지 못하고, 대부분 富·명예·출신·능력 등을 통해 대중에게 영향력이 있는 사람들이 공직을 담당하게 된다는 것이다(강정인, 『민주주의의 이해』, 75쪽 참조).

19) 디킨슨, 『그리스인의 이상과 현실』, 81쪽.

20) 아리스토텔레스, 『정치학』, 1275a.

21) 아리스토텔레스, 『정치학』, 1283b.

격은 민회와 법정 참석의 보상으로 최소화될 수 있었다. 그리고 무엇보다도 특이한 것은 최고위직을 제외한 모든 공직을 추첨에 의해 맡는 관습에 따라 능력의 구분조차도 평등하게 된 것이다.[22)]

이상에서 살핀 것처럼, 아테네의 민주정은 무엇보다도 '모든 시민은 자유롭고 평등하다' 는 원칙에 기초했다. '모두가 번갈아 가며 지배하고 지배받는 것, 그리고 누구나 원하는 대로 살 수 있다는 것' 이 아테네 민주정의 핵심이었다.[23)]

그런데 여기서 유의할 것은 아테네 민주정에서의 '시민(市民)' 은 오늘날 우리가 생각하는 '인간 일반으로서의 시민' 이 아니었다는 점이다. 고대 아테네의 시민이란 '완전한 참정권을 지녔던 소수의 사람들' 을 말한다. 고대 그리스인의 관념에 의하면, 시민은 곧 귀족이었다.[24)] 어느 사회에서나 특권 계층이 존립하기 위해서는 그들을 뒷받침해주는 생산 계층이 있어야 한다. 디킨슨은 다음과 같이 말한다.

> 국가 속에서 자신의 최고의 삶을 실현하는 그리스 시민의 이면에는 단지 생존의 수단만을 실현할 뿐인 하층 계급이 존재했다. 그런데 더 근원적인 계급의 구별은 노예와 자유인의 구별이다. 대부분의 그리스 국가는 인구의 대다수가 노예였다. 극단적인 예로 기원전 4세기 말경의 아테네 인구는 40만 명으로 추정되는데, 시민이 10만 명 정도였다. 노예는 집안일뿐만 아니라 농장이나 공장, 그리고 광산 등에서도 일했다. 단적으로 말한다면 국가의 생산 노동의 대부분을 수행했던 것이다. 고대 그리스에서 모든 분야의 생산자는 사회적 · 정치적

---

22) 디킨슨, 『그리스인의 이상과 현실』, 118~119쪽.
23) 신철희, 「'민' (demos)개념의 이중성과 민주주의(demokratia)의 기원」, 222쪽.
24) 디킨슨, 『그리스인의 이상과 현실』, 86쪽.

권리를 갖지 못했다. 그들은 다만 귀족의 존립을 위한 존재였으며, 국가 역시 귀족을 위해 귀족 속에 존재했다.[25)]

흔히 아테네의 민주주의를 '논의와 설득' 또는 '자유와 이성' 의 정치로 규정한다.[26)] 그런데 우리가 유념해야 할 것은 '논의와 설득' 또는 '자유와 이성' 의 주체로 인정받은 '시민' 은 아테네의 구성원 가운데 매우 적은 소수에 불과했다는 점이다.[27)] 그러므로 디킨슨은 "자유민의 관점에서 민주제인 정부도 노예의 관점에서는 과두정치 체제였다. 왜냐하면 노예는 그 본성에 따라 참정권을 갖지 못했고, 또 그들이 인구의 과반수를 차지했기 때문이다."[28)]라고 갈파했던 것이다.[29)]

이제 '민주와 민본의 통섭' 이라는 관점에서 아테네의 민주정이 시사하는 바를 살펴보기로 하자. 주지하듯이, 아렌트(Hannah Arendt)는 고대 그리스 정치사상에서 정치는 '공적(公的) 영역, 폴리스의 영역, 행위의 영역, 설득의 영역, 자유의 영역, 평등의 영역' 에 속하고, 경제는 '사적(私的) 영역, 가정의 영역, 노동의 영역, 전제(專制)의 영역, 필요(필연)의 영역, 불평

25) 디킨슨, 『그리스인의 이상과 현실』, 87~88쪽.

26) 키토, 『古代 그리스, 그리스인들』, 176쪽 참조.

27) 디킨슨은 서기전 4세기 말경의 아테네 인구 40만 명 가운데 10만 명 정도가 시민이었다고 설명했다. 요컨대 시민은 전체 인구의 '4분의 1' 정도였다는 것이다. 그러나 키토(H. D. F. Kitto)는 고대 아테네에서 시민은 전체 인구의 '10분의 1' 정도였다고 추산한 바 있다(키토, 『古代 그리스, 그리스인들』, 103쪽, 196~198쪽 참조).

28) 디킨슨, 『그리스인의 이상과 현실』, 122쪽.

29) 실제로 아리스토텔레스는 "농부, 기능공, 뜨내기 날품팔이, 노동자 집단 등은 국가를 구성하는 데 '필요한 조건들' 에 속할 뿐, 국가의 '구성 부분' 에 속하지 않는다." 고 확언한 바 있다. 요컨대 이들은 국가의 구성 부분이 아니므로 "아무런 參政權이 없다" 는 것이다(『정치학』, 1329a). 아리스토텔레스에 의하면, '軍士 집단' 과 '國政을 논의하는 집단' 및 '神의 예배를 맡은 집단' 만이 '국가의 구성 부분' 에 속하는데, '財產을 소유한 市民' 만이 이 세 집단에 속할 수 있다(市民은 젊어서는 '군사 집단' 에, 長年이 되어서는 '國政을 논하는 집단' 에, 老衰해서는 '禮拜를 맡은 집단' 에 소속된다).

등의 영역'에 속했다고 구분한 바 있다.[30] 이처럼 정치와 경제를 본래 별개의 영역에 속하는 것으로 구분하면, 정치 문제와 경제 문제는 서로 무관한 것으로 간주될 수 있다. 그러나 논자는 아테네의 민주정에 대한 고찰에서 빼놓을 수 없는 부분은 바로 '민주정과 경제 문제와의 긴밀한 연관성'이라고 본다.[31]

앞에서 언급했듯이 솔론의 개혁은 아테네 민주정의 기초를 닦은 것으로 평가되는데, 솔론의 개혁은 대부분 경제 문제와 연관된 것이었다. 솔론이 가난한 시민들의 부채를 경감해 주고, 부자들의 토지소유를 제한하고, 채무로 상실한 토지를 원래의 주인에게 되돌려주었던 것은 모두 '모든 시민들의 기본적인 경제생활을 보장한다'는 취지였을 것이다. 이러한 '균부(均富) 정책'을 통하여 부자의 전횡이나 빈자의 반란을 막을 수 있었던바, 이러한 맥락에서 아테네의 민주정은 온건하고 이성적인 중간계급(중산계급)을 중심으로 국정을 안정적으로 운영하자는 취지였다. 아리스토텔레스는 중산계급은 '가장 잘 이성에 따르고, 가장 야망이 적다'고 설명하고, "정치적 사회의 최선의 형태는 권력이 중산계급의 손에 있는 사회"라고 주장한 바 있다.[32] 그런데 '중산계급이야말로 가장 잘 이성에 따르고, 가장 야망이 적다'는 주장은 맹자의 "항산(恒產)이 있는 사람들은 항심(恒心)을 지키나, 항산이 없는 사람들은 항심을 지키지 못한다."[33]는 주장과 궤

30) 아렌트, 『인간의 조건』, 73~90쪽 참조.

31) 물론 아렌트는 "가정 내에서 삶에 필수적인 것의 충족이 폴리스의 자유의 조건"이라 하여(『인간의 조건』, 83쪽), '私的 영역의 경제'와 '公的 영역의 정치'의 상관성을 해명한 바 있다. 이에 반해, 論者는 단순히 '정치와 경제의 상관성'을 주장하려는 것이 아니라, '고대 아테네에서 경제가 私的 영역에만 속했던 것이 아니었다'는 점을 주장하려는 것이다. 솔론의 개혁의 주된 초점이 경제 문제에 있었다면, 경제는 이미 公的 영역에 속한 문제이기도 했던 것이다.

32) 아리스토텔레스, 『정치학』, 1295b.

33) 『孟子』 滕文公上 3.

를 같이하는 것이다.

아테네 민주정의 주도권이 중산계급에서 하층계급으로 이동함에 따라 아테네의 민주정도 타락과 쇠락의 길로 접어들게 되었다. 경제적 자립을 바탕으로 합리적 판단을 내릴 수 있었던 중산계급 대신 경제적 자립기반이 없었던 하층계급이 아테네의 민주정을 주도하게 되자, 그들은 사익(私益)을 앞세움으로써 민주정을 쇠락하게 만든 것이다.[34] 한편, 디킨슨에 의하면, "국고(國庫)로 대금을 지불하면서 시민들은 타락하게 되었고, 또 민회에 참석하는 데 대한 보수는 가장 가난하고 타락한 시민을 민회에 끌어들이는 데 편리한 도구였으며, 이 도구를 권력욕으로 가득 찬 사람들이 장악하고 있었다. 그리고 배심원에 대한 보수는 빈민 계급의 주요한 생존 수단이었다. 따라서 빈민 계급은 소송의 증가에 직접적인 관심을 갖게 되었고, 국가는 '모리배'에 의해 노략질 당하였다. 모리배의 직업은 사소하면서도 난처한 고소를 날조하는 것이었다. (…) 아테네의 민주주의는 그 이전의 귀족주의 단계에서 최초로 나타났을 때, 규율과 법률의 형식을 깨뜨리지 않고 왕성한 추진력으로 출발했지만, 신사와 병사의 전통이 사기꾼과 쓰레기 더미로 차단될 때까지 아테네 민주주의의 모든 조직은 개인적 욕망의 무정부 상태로 해체되었고, 비열하고 이기적인 욕망을 추구하는 가운데 정치적 사기 행각과 장사치의 속임수에 점점 더 깊이 빠져들었

34) 김경희, 「데모크라티아(demokratia)를 넘어 이소노미아(isonomia)로」, 17~21쪽 참조. 요컨대 페르시아 전쟁 이후 아테네가 海上帝國으로 발전하면서 하층계급(thetes) 출신 水兵의 역할이 중요해졌고, 水兵의 급료 및 민회참석 수당 등 하층계급을 위한 제반 비용은 복속 동맹국들이 바치는 貢物에 의존했기 때문에, 하층계급들은 貢物 수입을 확대하기 위한 침략전쟁을 지지했고, 무모한 전쟁의 수행으로 인해 아테네는 몰락하게 되었다는 것이다. 한편, 키토는 아테네 몰락의 한 원인을 '商人들의 득세'에서 찾은 바 있다. 전쟁은 부유한 상인에게는 상업적 성장의 기회를 제공했고, 가난한 상인에게는 직장과 보수를 제공했기 때문에, 상인들은 '극렬 민주파, 제국주의자, 주전파'가 되었다는 것이다(『古代 그리스, 그리스인들』, 248쪽 참조).

다."[35] 이러한 사태는 맹자의 "항산이 없는 사람들은 항심을 지키지 못하니, 항심을 지키지 못하면 온갖 방벽사치(放辟邪侈)를 일삼게 된다."[36]는 주장과 궤를 같이한다.

요컨대 '중산계급의 온건성과 합리성' 이야말로 민주정의 성공을 뒷받침하는 핵심 보루였던 것이요, 그렇다면 아테네 민주정치의 흥망은 사실 경제 문제와 밀접한 관련이 있었던 것이다.[37] 한편 유교의 민본사상은 먼저 백성의 항산을 보장하고, 그다음에 백성의 항심을 길러주자는 것이었다. 이렇게 본다면 아테네의 민주주의와 유교의 민본사상은 그 본지(本旨)가 서로 어긋나지 않을 것이다.[38]

2) 근대의 자유민주주의와 대의제

아테네의 민주정은 페리클레스 시대에 절정에 달한 다음 쇠락했다. 이후 민주정은 약 2천 년 동안 서양의 역사에서 자취를 감추고 말았다. 서양 근대 역사에서 민주주의 이념이 다시 등장한 것은 자연권 사상과 표리를 이룬다. 자연권 사상은 영국의 홉스와 로크, 프랑스의 루소 등에 의해 체계

---

35) 디킨슨, 『그리스인의 이상과 현실』, 127쪽.

36) 『孟子』 滕文公上 3.

37) '가난한 시민들에게 민회 참석 수당을 지불한 것' 을 두고 베버(Max Weber)는 아테네를 '소비하는 무산자를 가진 연금국가' 로 묘사했는데, 이에 대해 아렌트는 "가정과 폴리스의 경계선이 여기에서 이미 지워지기 시작" 했다고 설명한 바 있다(『인간의 조건』, 89쪽). 그렇다면 정치와 경제를 별개의 영역으로 구분했던 아렌트의 논법은 고대 아테네에서조차 일관되게 적용될 수 없는 것이다.

38) 우리는 유교의 민본주의가 '民의 평등한 참정권' 을 보장하지 않았음을 문제 삼을 수 있다. 그런데 여기서 유의할 것은, 아테네의 市民은 '대다수의 노예' 를 제외한 '일부의 자유민' 만을 지칭했다는 점이다. 이와 달리, 유교에서의 民이란 '모든 백성' 을 포괄하는 개념이었다. 이 점을 고려한다면 '평등한 참여(권리)' 문제에 있어서도 양자의 간격은 그리 멀지 않았을 것이다.

화되었는데, 로크의 사상은 자유(민주)주의[39]로 발전하고, 루소의 사상은 사회(민주)주의로 발전하게 된 것이다. 이 절에서는 홉스와 로크의 자연권 사상이 자유민주주의로 발전하는 과정과 그 귀결로서의 대의제(代議制)에 대해 살펴보기로 하자.

먼저 자연권 사상을 살펴보자. 홉스는 자연권을 "모든 사람이 자신의 본성, 곧 자신의 생명을 보존하기 위해 자기 뜻대로 힘을 사용할 수 있는 자유, 즉 그 자신의 판단과 이성에 따라 가장 적절한 조치를 취할 수 있는 자유"[40]라고 정의했고, 로크는 "자연의 이성은 인간이 일단 태어나면 자신의 보존에 대한 권리, 따라서 고기와 음료, 기타 자연이 그들의 생존을 위해서 제공하는 것에 대한 권리를 가진다고 가르친다."[41]고 주장했다. 여기서 분명히 알 수 있듯이, 자유주의자들이 주창한 자연권이란 '인간이 각자 자신의 본능적 욕구를 자유롭게 충족시킬 수 있는 권리' 로서, 그것은 '생존권(생명권) · 자유권 · 소유권' 으로 대별된다.

사회계약론은 '자연상태' 이론으로부터 도출된다. 자연상태는 각자의 자연권만 존재하는 상태로서, 곧 공통의 권력이 없는 상태이다. 인간은 모두 이기적인 존재이므로, 공통의 권력이 없는 상황에서는 결국 전쟁상태에 들어가게 되거나, 자연권을 제대로 누릴 수 없게 된다. 이러한 상황에서

39) 주지하듯이, '自由民主主義' 란 자유주의와 민주주의가 결합된 형태를 말한다. 자유주의와 민주주의는 그 개념상 명백히 구분되는 것이다. 그러나 근대 서구의 역사적 경험에서 양자는 밀접하게 결합되어 발전해왔는데, 이를 자유민주주의라 하는 것이다. 구체적으로 말하면, 서구 근대사에서 자유주의가 먼저 등장하여 일정한 세계관과 정치관을 확립시켰는데, 이를 바탕으로 민주주의가 수용된 것이다. 이러한 맥락에서, 자유민주주의는 기본적으로 자유주의가 설정한 한계 내에서 규정되고 구조화된 민주주의이다(강정인, 『민주주의의 이해』, 90쪽, 114쪽 참조).

40) Hobbes, *Leviathan*, chap.14, 189쪽.

41) Locke, *Two Treatises of Government (The Second Treatise of Government)*, chap.5, 273쪽.

개인들은 결국 각자의 자연적 권리의 일부를 양도하여 공통의 권력을 창출함으로써 평화를 이루고 나머지의 권리를 안전하게 보장받자는 데 합의하게 된다는 것이다.

사회계약론에 의하면, 국가는 개인들 사이의 계약에 의해 성립하는 것이다. 이로부터 국가의 본래 주인은 '개인(국민)' 이라는 '주권재민(主權在民)' 사상이 성립한다. 또 국가의 본래 주인은 개인이므로, 개인은 국정에 참여할 수 있는 권리를 지니며, 국가를 대상으로 여러 사안들을 청구할 수 있다. 또한 만약 국가가 본래 주인인 국민의 권리를 무시한다면, 국민은 당연히 국가에 저항할 수 있다. 이처럼 자연권 사상은 사회계약론을 매개로 하여 민주주의 사상으로 연결되는 것이다.

여기서 먼저 유념해야 할 것은 '자유주의를 전제로 한 민주주의' 즉 근대의 자유민주주의는 고대 아테네 민주주의와 서로 취지를 달리한다는 점이다. 단적으로 말해, 아테네의 민주주의는 '공동체' 의 관념에 기초한 것이지만, 근대의 자유민주주의는 '원자론적 개인주의' 에 기초한 것이다. 민주정의 전성기, 아테네 시민들은 폴리스라는 공동체에 자신들이 가진 최선의 것을 바침으로써 공동체에 공을 세우고 공동체를 풍성하게 만들고자 부심했다. 그들은 자신과 폴리스를 불가분의 일체로 생각했거니와, 그들에게는 개인이라는 관념도 희박했고, 권리라는 관념도 희박했던 것이다. 그러나 근대 자유민주주의자들은 '일정한 가치와 목표를 공유한 공동체' 라는 관념을 부정한다.[42] 그들은 오히려 개인의 권리를 신성한 것으로 절대화하고, 공동체로부터 간섭받지 않는 '사생활의 자유(privacy)' [43]를

---

42) 그 결과 근대 자유민주주의자들은 '공동선' 이라는 관념 자체를 부정하거나 또는 '개인적 이익의 총합' 으로 설명하게 되었다.

43) '사생활의 자유' 란 '그 자신의 방법으로 그 자신의 善(좋음)을 추구하기 위해 그가 선택한 것은 무엇이든 할 수 있도록 남들로부터 간섭받지 않고 홀로 남겨져 있는 영역을 보장받아야 한다' 는 관념으로서, 요컨대 사적인 영역에서는 누구나 완전한 자

강조한다. 요컨대, 고대 아테네의 민주주의는 공동체의 공동선을 실현하기 위한 제도였으나, 근대의 자유민주주의는 개인의 권리를 최대한 보호하기 위한 제도였다.[44]

주지하듯이, 자유주의자들은 국가(정부)를 '필요악(必要惡)' 으로 인식한다. 자연상태의 혼란을 피하기 위해 국가를 건설하지 않을 수 없지만, 국가는 기본적으로 개인의 권리를 침해하기 쉬운 존재라는 것이다. 그리하여 자유민주주의자들은 국가에 의한 개인의 권리 침해를 최소화하기 위해 여러 장치들을 고안했다. 예컨대 한편으로는 국가의 주권은 국민(개인)에게 있음을 천명한 다음 국가가 침해할 수 없는 기본권의 목록을 제시하고, 다른 한편으로는 정부는 법으로 정해진 일만 하도록 하고 또 정부 권력의 남용을 막기 위해 권력을 분립시킨 다음, 이 모든 것을 헌법으로 명문화한 것이다. 근대 자유민주주의의 골격은 바로 이러한 입헌주의에 있다.

자유민주주의 국가에서 국민의 주권 행사는 참정권 특히 선거권을 통해서 실현된다. 민주주의를 '인민에 의한 지배' 라고 정의한다면, 오늘날 대의민주주의의 현실에서 그것은 무엇보다도 '1인 1표의 보통선거권' 을 통해 실현되는 것이다. 이러한 맥락에서 오늘날 자유민주주의 국가에서는 일반적으로 1인 1표의 보통선거권을 보장한다. 그러나 이러한 보통선거권이 순탄하게 확립된 것이 아니다. 서구 근대의 역사에서 보통선거권의 확립 과정을 보면 자유민주주의의 계급적 성격을 파악할 수 있다.

먼저 근대 자유민주주의의 원조라 하는 영국의 경우를 살펴보자. 영국은 1688년의 명예혁명을 계기로 의회주권을 확립하고, 입헌군주제를 통하여 왕권을 제한하였다. 그러나 명예혁명 당시의 의회는 국민에 의해 선출

유를 누릴 수 있어야 한다는 것이다. 사생활의 자유는 '사유재산제도' 와도 궤를 같이한다(Steven Lukes, *Individualism*, 59~65쪽 참조).

44) 강정인, 『민주주의의 이해』, 118~121쪽 참조.

되고 국민의 의사를 대표하는 '국민들의 대표기관' 이기보다는 왕권에 저항하는 '귀족들의 대표기관' 이었다.[45] '영국의 구체제' 로 불리기도 하는 1688년(명예혁명) 이후 1832년(제1차 선거법 개정)의 시기에 영국에서 참정권을 행사할 수 있는 사람은 전체 성인 인구의 약 3%에 불과했다. 1832년의 제1차 선거법 개정을 통해서 유권자 수는 전체 성인 인구의 약 5%로 늘어났는데, 어느 정도의 재산을 소유한 중산계급(부르주아 계급)이 그 수혜자였다. 1867년에는 자영 상공업자와 도시 노동자들에게 참정권을 부여하는 제2차 선거법 개정이 있었다. 소작인 · 노동자 등에게도 광범위하게 선거권을 부여한 1884년의 제3차 선거법 개정 역시 일정한 재산을 선거인의 조건으로 요구함으로써, 여전히 성인 남자의 40%가 선거권을 갖지 못했다.[46]

영국에서 선거권의 확대 과정은 자유주의와 민주주의의 투쟁 과정이기도 했다. 자유주의는 본래 부르주아 계급의 이념이었던바, 자유주의자들은 선거권을 행사할 수 있는 자격으로 교양(이성)과 재산을 강조했다. 그 논거는 교양이 있는 사람만이 이성을 발휘할 수 있고, 재산이 있는 사람만이 책임 있는 행동을 할 수 있다는 것이었다. 그런데 실제로는 내면적인 교양 혹은 이성을 정확히 측정하기 어려우므로, 외면적인 재산을 정치적 권리를 행사하기 위한 필요조건으로 제시했던 것이다. 19세기 영국의 민주화 과정은 대중들의 투쟁을 통해 자유주의의 이러한 통념을 무너뜨리는 과정이기도 했다.[47]

---

45) 이화용, 「영국 : 민주주의의 신화와 역사(1832~1928)」, 65쪽 참조.

46) 이화용, 「영국 : 민주주의의 신화와 역사(1832~1928)」, 77~97쪽 참조.

47) 영국은 1918년 제4차 선거법 개혁을 통해 21세 이상의 성인 남성에게 모두 선거권을 부여했고, 여성은 세금을 내거나 세금을 내는 가장의 부인인 경우에 한해 30세가 넘어야 선거권을 가질 수 있었다. 1928년에야 비로소 남녀가 평등한 보통선거권이 도입되었고, 명실상부한 보통선거권 개혁은 1948년의 인민대표법을 통해서 이루어졌

프랑스의 경우는 1789년의 혁명을 통해 주권이 군주로부터 국민에게 이전되었다. 그러나 이를 통해 하루아침에 프랑스가 민주국가로 탈바꿈한 것은 아니다. 프랑스는 1789년 대혁명 이후 약 한 세기 동안 입헌군주제 · 공화제 · 제정(帝政)을 둘러싸고 일곱 차례의 혁명과 반혁명을 겪었는데, 그 중심에는 "모두에게 정치적 권리를 부여했을 때, 그것이 가져오는 수(數)의 힘이 과연 이성적 결과를 가져올 수 있느냐"는 '이성과 수(數)의 갈등'이 놓여 있었다.[48]

대혁명 발발 이후 한 때 정국을 주도했던 로베스피에르는 수의 편에 섰다. 그러나 수에 입각한 그의 통치는 공포정치를 연출하다가, 1794년 7월 테르미도르 반동에 의해 몰락했다. 테르미도르 이후 '구체제에 대한 거부'와 '수의 민주주의의 배제' 속에서 정국은 지속적으로 불안정했고, 그 결과 권위적인 나폴레옹 체제가 등장했다. 1814년 나폴레옹의 몰락 이후 왕정이 복고되어, 대혁명의 성과를 백지화하고 구체제로 회귀했다. 그러나 왕정은 혁명파에 대한 백색테러와 개인의 자유에 대한 억압을 일삼다가, 1830년 7월 혁명으로 붕괴했다. 7월 혁명은 기조(Francois Guizot)의 '이성주권론(理性主權論)'에 입각한 것이다. 기조는 왕정파의 신성주권론(神聖主權論, 왕권신수설)과 민주파의 인민주권론(人民主權論)을 모두 배격하고, 이성에 따를 수 있는 사람만이 시민의 자격을 지닌다는 이성주권론을 제창했다. 기조는 이성 능력을 지닌 시민을 '중간계급'이라 칭했는데, 이는 당시에 '부르주아지'와 동일한 의미로 이해되었다. 요컨대 기조의 이성주권론은 상층의 귀족과 하층의 인민을 모두 배제하고 부르주아의 주도권을 옹호하는 논리였다.[49] 이성주권론에 근거한 기조 시대에 선거권

다(이화용, 「영국 : 민주주의의 신화와 역사(1832~1928)」, 119쪽 참조).

48) 홍태영, 「프랑스 : 혁명과 공화국의 정치학」, 137쪽 참조.

49) 홍태영, 「프랑스 : 혁명과 공화국의 정치학」, 140~147쪽 참조. 이와 같은 부르주아의

은 극히 제한되어, 170명에 1명꼴로 선거권을 갖게 되었다. 이와 같은 선거권의 극단적인 제한은 결국 1848년의 2월 혁명을 초래했고, 그 결과 프랑스는 갑자기 남성 보통선거권을 확립하게 되었다.[50)]

이상에서 살핀 것처럼 자유민주주의 특히 자유주의는 본래 부르주아계급의 주도권을 옹호하는 것이었다. 자유주의자들이 이성을 강조하면서 수를 내세우는 민주주의를 견제한 것은 '이성에 의해 통제되지 않는 수의 민주주의'[51)]를 두려워했기 때문이다. 자유주의자들은 결국 민중의 압력을 이기지 못해 '1인 1표의 보통선거제'를 받아들이면서, 다른 한편으로는 대의제(代議制)를 통해서 '직접적인 수의 압력'을 완화시키고자 했다.

아테네의 직접민주제와 달리 근대 자유민주주의에서 대의제를 채택한 것에는 크게 두 가지 이유가 있었다. 첫째는 표면적인 이유로서 '대규모의 사회에서 모든 사람들이 한 장소에 모여 공적인 사안을 논의하고 결정하는 것이 거의 불가능하다'는 것이었고, 둘째는 내면적인 이유로서 '일반 대중은 자신의 이익이나 공동선을 합리적으로 판단하고 추구할 능력이 부족하다'는 것이었다.[52)] 이 두 이유 가운데 어디에 초점을 맞추느냐에 따라 '대의(代議)'의 본질이 달라질 수 있다. 전자에 초점을 맞추면 직접 참여의 연장선에서 대의가 성립하는 것이기 때문에, 대표자들은 유권자들이 자기

권력 독점에 대해 토크빌은 "1789년에서 1830년까지의 우리의 역사를 거리를 두고 하나의 전체로서 본다면 그것은 귀족계급이 대표하는 (…) 앙시앙 레짐과 중산계급이 영도하는 새 프랑스와의 격렬한 싸움의 역사였다. 1830년은 우리네 혁명들의 이 첫 단계에 종막을 고했다. (…) 1830년에 중산계급의 승리는 결정적이었다. 또 그것은 그토록 완전한 것이기 때문에 모든 정치권력·선거권·특권·정부 전체가 이 한 계급에만 한정되고, 그 안에서만 축적되어 그 밑의 모든 계급과 그 위 계층은 모두 제외되었다."고 회상한 바 있다(홍사중, 『近代市民社會思想史』, 210~211쪽 참조).

50) 홍태영, 「프랑스 : 혁명과 공화국의 정치학」, 149쪽 참조.

51) 홍태영, 「프랑스 : 혁명과 공화국의 정치학」, 157쪽 참조.

52) 강정인, 『자유민주주의의 이념적 초상』, 22~25쪽 참조.

에게 위임한 사항만을 대표해야 한다. 그러나 후자에 초점을 맞추면 현명한 대표자가 우매한 유권자를 대리한다는 맥락에서 대의가 성립하는 것이기 때문에, 대표자들은 자신들의 자율적 판단에 따라 대표직을 수행할 수 있는 것이다. 그런데 벤담과 밀 등 자유주의자들이 정립한 대의제는 후자에 초점이 있었다.[53] 강정인은 다음과 같이 말한다.

> 근대 자유민주주의 체제는 아테네의 직접민주제와 달리 대의민주제의 형식을 취한다. 근대의 거대 국가에서 일반 시민들은 선거에 의해 선출된 대표자를 통해서 간접적으로 정치적 사안들을 결정할 수밖에 없으며, 따라서 대의민주제가 불가피하게 요청된다. 그러나 자유민주주의자들은 시민 대중을 신뢰하지 않았기 때문에 대표자 소환제도 등을 통해 인민이 대표자를 직접적으로 지시·통제할 수 있는 대표의 개념은 받아들이지 않았다. 궁극적으로 자유주의자들이 받아들인 대표의 개념은 대표자가 인민에 의해 선출되지만, 일단 선출되면 그들이 적합하다고 생각하는 바에 따라 공공사를 자유롭게 결정할 수 있다는 것이었다. 이러한 정부 형태는 보통선거권의 민주적 충격으로부터 엘리트적(과두제적)인 정부를 보호하는 데 매우 효과적인 장치였다.[54]

위의 인용문에서 분명히 드러났듯이, 자유민주주의자들은 대중을 신뢰할 수 없다는 맥락에서 대의의 본질을 '포괄적인 신탁(trust)'으로 규정하고, '구체적인 위임(delegation)'이라는 관념을 거부했다. 그 결과 오늘날의 자유민주주의는 평등한 보통선거제를 시행하여 '대중민주주의'가 되었음에도 불구하고 '엘리트적(과두제적) 성격'을 지니게 되었다.[55]

---

53) 밀, 『대의정부론』, 233~235쪽 참조.

54) 강정인, 『민주주의의 이해』, 117쪽.

55) 김비환도 신탁(trust)보다 위임(delegation)이 "보다 높은 민주성과 부합한다."고 인

이상에서 근대 자유민주주의의 일반적 성격을 개관해 보았다. 이제 '민주와 민본의 통섭' 이라는 관점에서 자유민주주의에 대해 몇 가지 문제를 제기해보기로 하자.

첫째, 자유민주주의의 성립 과정에서의 자유주의와 민주주의의 갈등, 즉 '이성과 수의 갈등' 문제이다. 우리가 민주주의를 추구하고, 민주주의의 본질은 인민에 의한 지배라고 한다면, 아무런 조건 없이 모든 인민에게 참정권(선거권)을 부여해야 한다는 민주주의자의 주장이 타당할 것이다. 그러나 민주주의자들은 '조건 없는 수의 지배' 는 또한 '민주주의의 위해요인' 으로 작용해 왔다는 점을 직시해야 한다. 고대 아테네에서 다수 하층계급이 민주정을 주도하면서 아테네의 민주정이 쇠락의 길로 접어들었다는 점, 프랑스 혁명 과정에서도 '이성에 의해 통제되지 않는 수의 민주주의' 가 '인민의 좌충우돌' 속에 공포정치와 전제정 등을 초래했다는 점,[56)]오늘날의 대중민주주의가 '공공원리의 상실'[57)]을 야기하여 '민주주의의 황혼'[58)]을 초래하고 있다는 점 등이 그 예이다. 따라서 자유주의자들이 이성으로 수를 견제하려고 했던 것은 충분히 공감할 수 있겠다. 전통 유교에

정하면서도, 대의의 본질을 위임으로 규정하는 것은 "자유주의적 대의민주주의의 틀을 벗어난 급진적 성격을 갖는 민주주의 형태"라고 설명한 바 있다(김비환, 「현대 민주주의의 스펙트럼 : 좋은 민주주의 모색을 위한 민주주의 이론사의 재검토」, 333~334쪽 참조). 한편, 憲法學에서는 '포괄적인 신탁' 을 '자유위임' 또는 '대표위임' 이라 하고, '구체적 위임' 을 '명령위임' 또는 '기속위임' 이라 한다. 우리나라 현행 헌법 제46조 ②항에서는 "국회의원은 國家利益을 우선하여 良心에 따라 직무를 행한다." 고 했는데, 이는 명령위임을 배제하고 자유위임을 채택한 것으로 해석된다(권영성, 『憲法學槪論』, 635쪽 참조).

56) 홍태영, 「프랑스 : 혁명과 공화국의 정치학」, 157~158쪽 참조.

57) 리프만(Walter Lippmann)은 대중민주주의로 인한 서구 민주주의의 위기를 '公共原理의 상실' 이란 측면에서 규명한 바 있다(이극찬, 『政治學』(제6전정판), 510-511쪽 참조).

58) 진덕규, 〈民主主義, 虛와 實〉 4, 《世界日報》 1999년 6월 8일자 칼럼 참조.

서도 민중의 판단을 그대로 수용할 수 없다고 보고, 사대부(士大夫, 선비)의 정치적 주도권을 옹호했던 것이다.[59)]

둘째, '대의제의 배반' 문제이다. 자유주의자들은 민중의 압력으로 보통선거제를 수용하고, 대중민주주의가 초래할 수 있는 문제점을 대의제로 보완하고자 하였다. 자유주의자들이 정립한 대의제는 '포괄적 신탁' 또는 '자유위임' 의 대의제로서, 이는 실제로 중산계급(부르주아지) 또는 엘리트의 주도권을 승인한 것이었다. 중산계급의 주도권을 정당화할 수 있는 논거는 아리스토텔레스의 지론대로 그들은 '재산과 교양' 을 바탕으로 '온건성과 합리성' 을 발휘할 수 있다는 기대에 있었다. 그러나 오늘날 자유민주주의 국가에서 대표들은 '국익' 또는 '유권자들의 권익' 을 추구하지 않고 자신들의 '사익' 또는 '당리당략' 을 추구하는 경우가 많다. 이는 국민들에 의해 선출된 대표가 국민들의 신탁을 배반하는 것이니 '반역' 에 해당하는 것이다. '대의제의 배반' 으로 인해 인민의 뜻은 제대로 대표되지 못하고, 인민의 권익 역시 제대로 실현되지 못하는 것이다. 민주주의의 궁극적 목적은 분명 '인민의 행복 증진' 에 있을 것이요, 유교의 민본주의 역시 '인민의 행복 증진' 을 추구하는 것이다. 이러한 맥락에서, 유교적 관점에서 본다면 오늘날 자유민주주의의 가장 큰 문제점은 '대의제의 배반' 에 있다고 하겠다.

---

59) 이에 대한 자세한 논의는 拙著, 『儒教傳統과 自由民主主義』, 제8장 〈유교의 公論論과 政治的 正當性의 문제〉 참조. 한편, 함재봉은 貴族과 士大夫의 차이점에 대해 "귀족은 부와 명예, 지위를 세습하는 반면 사대부는 매 세대마다 각자의 노력을 통해서만 이런 것들을 누릴 수 있었다. 국가 행정을 맡은 사대부들은 국가의 녹을 먹고사는 관료(bureaucrat)였지 귀족(aristocrat)이 아니었다. 이들은 '修身 · 齊家 · 治國 · 平天下' 의 철학을 실천하려고 노력하였고 특히 도덕성을 모든 인간의 가장 중요한 지향점인 동시에 척도로 생각하였다. 따라서 사대부는 무력의 행사를 정체성의 핵심으로 간주하고 봉토와 권력을 세습하던 서양의 귀족과는 판이하게 다른 인간형이었다." 고 설명한 바 있다(함재봉, 『유교 자본주의 민주주의』, 198쪽 참조).

셋째, 자유민주주의에서의 평등이 '형식적 평등'에 그치고 있다는 점이다. 자유주의자들은 평등을 '법 앞의 평등'과 '기회균등'으로 해석한다. 문제는 각자가 처한 환경이 다르고 타고난 능력이 다른 상황에서는 '법 앞의 평등'과 '기회균등' 만으로는 '실질적 평등'을 달성하기 어렵다는 점이다. 그런데 자유민주주의는 형식적인 기회의 평등을 강조한 결과 "훌륭한 제도적 · 절차적 민주주의와 시민들 사이의 실질적인 (심각한) 불평등이 공존하는 상황을 정당화할 뿐만 아니라 확대 재생산하는 것을 허용하게 된다."[60] 어느 사회에서든 불평등의 심화는 결국 민란이나 혁명을 초래한다. 그러므로 유교의 민본주의에서도 정전제(井田制) 등을 통해 균등분배에 접근하고자 했던 것이다.

실질적 평등을 기약하기 위해서는 부(富)의 재분배 등을 통한 각종 복지 정책이 긴요하다. 그런데 자유주의자들의 '제한국가' 관념은 국가의 역할에서 이러한 문제들을 배제시킨다. 그리하여 인민 대중의 생존권 보장 또는 사회적 약자들의 복지 보장을 정치의 중심 과제로 설정하는 사회주의 사상이 대두하게 된 것이다.

한편, 오늘날에는 자유민주주의에서 추구했던 '투표(보통선거권)와 대표(대의제)' 만으로는 민주적 정당성을 확보하기 어렵다는 사실이 지적되고, 이를 보완하기 위한 심의민주주의(deliberative democracy)가 호응을 얻고 있다. 심의민주주의자들은 민주주의에서 중요한 것은 단순한 '투표'가 아니라 '이성적인 토론(심의)'이라고 본다. 이들에 의하면 단순한 투표는 '사익의 담합'에 빠지기 쉬우므로, '공동선의 증진'을 위해서는 투표를 시행하기 전에 충분한 토론의 과정을 거쳐야 한다는 것이다. 이들은 그 선례로 고대 아테네의 민주정을 거론하면서, 따라서 오늘날의 민주주의도

60) 김비환, 「좋은 민주주의의 조건들 : 가치, 절차, 목적, 관계 그리고 능력」, 44~45쪽 참조.

'투표중심' 으로부터 '토론중심' 으로 전환해야 한다고 주장한다.[61] 이처럼 민주주의의 핵심을 투표보다 토론에서 찾는다면 유교의 민본사상에 대한 긍정의 여지도 보다 확장될 수 있다. 유교가 '보통선거' 와 같은 민의 직접 참여 수단을 확립하지는 못했지만, 민본(民本)에 이르는 과정으로 공론정치(公論政治)를 매우 강조했음은 잘 알려진 사실이기 때문이다.

3) 사회주의의 대두와 민주주의의 본질 문제

서구 근대 사회주의 사상은 루소로부터 발원한다. 홉스나 로크처럼, 루소 역시 자연권 사상에 근거하여 사회계약론을 전개했다. 그런데 로크의 사회계약론이 자유주의로 발전한 것과는 달리, 루소의 사회계약론은 공화주의나 사회주의로 발전했다. 루소의 사회계약론이 공화주의나 사회주의로 발전한 데에는 여러 요인이 있겠지만, 그 가운데 핵심은 바로 '일반의지' 라는 관념이다.

루소는 정치적 정당성의 기초는 오직 '계약' 뿐이라고 보았다. 그런데 사회계약의 올바른 기초는 일반의지라는 것이다. 일반의지에 따른 사회계약은 모든 시민들 사이에 평등을 확립하는 것으로서, 시민은 모두 같은 조건을 따르기로 약속하고 따라서 모두 같은 권리를 향유하는 것이다. 일반의지란 '공동의 이익' 또는 '공동선' 을 추구하는 의지를 말한다. 루소는 인간에게는 자신의 이익을 추구하는 '특수의지' 도 있고, 공동의 이익을 추구하는 '일반의지' 도 있다고 보았다. 루소는 '일반의지' 와 '전체의지(또는 다수의지)' 를 분명하게 구별한다. 전체의지는 사익을 추구하는 특수의지의 합계일 뿐으로서, 그것의 정당성은 보장되지 않는다. 반면에 일반

61) 장동진, 『심의민주주의 : 공적 이성과 공동선』, 9~13쪽, 134~139쪽 참조.

의지는 본래 공동선을 추구하는 의지로서, 그것은 언제나 존재하고 순수하고 올바르다.[62]

일반의지는 '공동의 이익'을 추구하는 것이라면, 일반의지에 입각한 사회계약은 단순히 '다수의 이익'을 옹호하는 것이 아니라 사회적 약자와 소수 등 '모든 사람의 이익'을 공정하게 배려하는 것이어야 한다. 이러한 맥락에서 일반의지는 '형제애'나 '연대' 등의 관념과 연결되면서 사회주의로 발전하게 된 것이다.

자유주의자들은 정치체의 목표를 단순화하여, 국가의 핵심 임무는 모든 사람들에게 '평등한 자유'를 보장하는 것이라고 보았다. 국가가 평등한 자유를 보장한다는 전제 아래, 각자는 자유롭게 자신의 노력으로 자신의 행복을 가꾸면 된다는 것이 자유주의의 지론이었다. 나아가, 자유주의자들은 모든 것을 개인의 자유에 일임하면 사회의 문제들이 대부분 순조롭게 해결된다고 보았다. 모든 것을 개인의 자유에 일임한다는 것은 두 의미를 지닌다. 첫째는 자신의 자유로운 행위에 따르는 책임을 스스로 감당해야 한다는 '자기책임의 원칙'이며, 둘째는 모든 사람은 스스로의 노력으로 생계를 유지해야 한다는 '자조(自助)의 원칙'이다. 이러한 논법에 따른다면, 빈민들의 불행 역시 빈민 스스로에게 책임이 있는 것이요, 또 빈민 스스로 극복해야 할 과제인 것이다. 그러나 사회주의자들은 자유주의의 이러한 논법에 동의하지 않았다.

사회주의자들은 한편으로는 '형제애'를 내세워 빈민들의 불행을 외면해서는 안 된다고 주장했고, 다른 한편으로는 '연대 책임'을 내세워 빈민들의 불행은 빈민 자신들의 탓이기 전에 그들이 속한 사회의 책임이라고 주장했다. 이는 자유주의의 '자조의 원칙'과 '개인책임 원칙'을 모두 부정

62) 루소, 『사회계약론(外)』, 44~45쪽 참조.

하는 논리이다. 사회주의자들은 자유와 평등 등에 대해서도 자유주의자들과 달리 인식하고 있었다. 자유주의자들이 말하는 자유 · 평등은 명목상의 자유 · 평등일 뿐, 실제로는 공허하다는 것이다. 이제 사회주의자들의 자유주의에 대한 비판을 정리해 보자.

첫째, 자유주의의 '개인책임 원칙' 에 대한 비판이다. 자유주의자들은 '자조의 원칙' 을 내세워 모든 사람은 스스로의 노동으로 먹고살아야 한다고 주장하고, 각자의 처지는 자신의 선택에 의한 것인 만큼 스스로 책임을 져야 한다고 주장했다. 자유주의자들은 노동자 등 사회적 약자들의 빈곤한 처지에 대해서도 그것은 그들이 부지런히 일을 하지 않은 결과라고 치부했다. 그러나 사회주의자들은 당시 노동자들이 일을 하고 싶어도 일자리를 얻을 수 없었다는 점을 주목했다. 노동자들의 실업은 자본주의 경제의 구조적인 문제라는 점을 간파했던 것이다. 실의에 빠진 노동자들의 무기력한 삶이나 방탕한 삶에 대해서도, 사회주의자들은 개인의 성격적 결함 탓이 아니라 열악한 환경이 노동자들의 성격을 그렇게 변화시켰다고 보았다.[63] 따라서 사회는 노동자들 및 기타 사회적 약자들에게 인간다운 생존의 환경과 일자리를 제공해야 할 책임이 있다는 것이다.

둘째, 자유주의의 '자유' 개념에 대한 비판이다. 흔히 지적하듯이, 자유주의자들이 추구한 자유는 '남으로부터 간섭이나 방해를 받지 않는다' 는 '소극적 자유' 였으나, 사회주의자들이 추구한 자유는 '자신이 원하는 것을 이룰 수 있다' 는 '적극적 자유' 였다. 사회주의자들은 소극적 자유를 보장하는 것만으로는 공허하다고 보았다. 아무리 소극적 자유를 보장한다

---

63) 주지하듯이, 루소와 마르크스는 '인간의 본성은 사회적 환경의 영향을 받아 변한다' 고 보았고, 인간성을 타락시키는 주요 원인을 私有制에서 찾은 바 있다. 이러한 맥락에서 사회주의자들은 개인에 대한 사회의 책임을 강조함과 동시에 끊임없이 私有制의 개혁을 주장한 것이다.

하더라도, 빈곤이나 질병에 시달리거나 또는 학식이 없는 사람은 아무런 꿈도 이룰 수 없다는 것이다. 이러한 맥락에서 사회주의자들은 '적극적 자유' 야말로 참된 자유라고 규정하고, 국가는 모든 국민이 적극적 자유를 누릴 수 있는 사회적 환경을 제공해야 한다고 주장했다.

셋째, 자유주의의 '평등' 개념에 대한 비판이다. 자유주의자들은 평등을 '법 앞의 평등' 과 '기회의 균등' 으로 규정했다. 요컨대 누구에게나 공정한 기회를 보장하고, 나머지는 자유경쟁의 결과에 맡기자는 것이었다. 그러나 여기에는 두 가지 허점이 있다. 첫째, 자유경쟁은 결국 부익부 빈익빈을 초래한다는 점이다. 자유경쟁론이란 본래 우승열패(優勝劣敗)의 논리이거니와, 우월한 처지에 있는 사람은 계속 승리하고, 열등한 처지에 있는 사람은 계속 패배하는 것이 사실이라면, 부익부 빈익빈은 피할 수 없게 된다. 둘째, 형식적으로 기회균등을 보장하더라도, 빈자는 그 기회를 활용하기 어렵다는 점이다. 당장 먹고살기가 어려운 사람들은 예컨대 교육의 기회를 균등하게 보장한다고 하더라도 학업에 매진할 여유가 없다. 이러한 맥락에서 사회주의자들은 분배(결과)의 평등과 무상(無償) 의무교육 등을 주장했다.

넷째, 자유주의자들의 '최소 국가관' 에 대한 비판이다. '야경국가(夜警國家)' 라는 말이 상징하듯이, 자유주의자들은 국가의 역할을 최소화해야 한다고 주장했다. 국가는 다만 중립적 입장에서 치안의 유지에만 힘쓰고, 기타의 영역 특히 개인들의 자유로운 경제활동에는 간여해서는 안 된다는 것이다. 그러나 사회주의자들은 야경국가는 결코 중립적인 국가가 아니라고 보았다. 야경국가는 실제로는 부자들의 이익만 옹호하는 국가요, 보호받아야 할 재산이 없는 빈민들은 야경국가로부터 아무런 혜택도 받을 수 없다는 것이다. 이러한 맥락에서 사회주의자들은 국가에 보다 많은 책무를 부여해야 한다고 주장한다. 빈자의 구호, 의무교육의 실시, 경제활동의 통제 등을 통해 모든 사람들이 적절한 생존의 조건을 누릴 수 있도록 적극 간여해야 한다는 것이다.

다섯째, 자유주의자들의 '참정권의 제한' 에 대한 비판이다. 초기 자유주의자들은 '교양과 재산' 이 있는 사람만이 참정권을 제대로 행사할 수 있다는 이유로, 근로대중의 참정권을 인정하지 않았다. 민주국가에서 정치참여는 자신의 권익을 옹호할 수 있는 중요한 수단이거니와, 근로대중들은 참정권을 인정받지 못함으로써 더욱 열악한 처지로 몰리게 되었던 것이다. 이러한 맥락에서 사회주의자들은 계급과 성별의 차별 없이 모든 사람에게 평등하게 참정권을 보장해야 한다고 주장했다.

마지막으로, 자유주의의 '원자론적 개인주의' 에 대한 비판이다. 자유주의자들은 인간을 원자적 존재로 이해하고, 개인의 이기심을 문명 진보의 원동력이라고 옹호했다. 이들은 개인들의 이기심이 충돌하여 빚어지는 갈등에 대해서는 정의의 원칙에 따라 합리적으로 처리하면 된다고 보았다. 그러나 사회주의자들은 인간이란 본래 '함께 더불어 사는' 사회적 존재로서, 원자적 개인이란 있을 수 없다고 주장한다. 이러한 맥락에서 사회주의자들은 합리적 정의(正義) 이전에 '온정 · 형제애 · 박애(연대)' 등을 더욱 강조하였다.

이상에서 사회주의자들의 자유주의에 대한 비판을 개관했거니와, 위의 여러 논점들은 서로 유기적으로 연결된 것이다. 사회주의자들은 자유주의의 여러 문제점들을 해결하는 관건은 '자유경쟁론과 무한소유론' 에 토대를 둔 '자유주의(자본주의) 경제구조' 를 개혁하는 데 있다고 보았다.[64] 또

64) 루소는 빈부격차의 완화와 빈자의 생존권 보장 등을 역설했을 뿐, 私有財産制度 자체를 부정하지는 않았다. 루소는 『인간불평등기원론』에서 私有制가 사회적 不平等의 기원이라고 규명했으면서도, 『사회계약론』에서는 일반의지에 따른 사회계약 이후에 "모든 개인은 일반적인 약속에 따라 그에게 남겨진 財產과 自由를 마음대로 처리할

한 국가를 '필요악' 으로 규정하여 '국가로부터의 자유' 를 추구한 고전적 자유주의자들과 달리, 사회주의자들은 국가를 '자유를 완성시키는 제도' 로 규정하여 '국가에 의한 자유' 를 추구했다.

마르크스는 초기 사회주의자들의 사회 · 경제 이론을 더욱 정교하게 발전시키면서, 보다 급진적인 대안을 모색했다. 마르크스에 의하면, 공산혁명 이전의 '전사(前史)' 는 인간소외의 역사요, 그로 인해 억압자와 피억압자 사이의 계급투쟁이 지속된 유혈(流血)의 역사이다. 마르크스는 근대의 계몽주의도 전사의 이러한 모순(계급대립)을 근본적으로 타파하지는 못했다고 비판하였다. "부르주아 사회는 다만 새로운 계급들, 억압의 새로운 조건들, 투쟁의 새로운 형태들을 낡은 것들과 바꿔 놓았을 뿐" 이라는 것이다.[65]

마르크스는 소외의 주된 원인을 분업과 사유제에서 찾았다. 마르크스는 노동의 분업을 두 맥락에서 비판하였다. 첫째는 분업이 노동을 고역으로 만든다는 것이며, 둘째는 분업이 불평등한 분배를 낳는다는 것이다. 이러한 맥락에서 마르크스는 자본주의 사회의 모순을 타파하는 길은 "오직 분업이 다시금 지양되는 것에 달려 있다" 고 결론짓는다.[66]

마르크스는 분업은 불평등한 분배를 낳고 사유제는 그 불평등을 고착화시킨다는 맥락에서 "분업과 사적 소유는 동일한 표현"[67]이라고 했다. 따라서 그가 제창한 공산혁명은 분업과 사유제를 동시에 타파한다는 의미를

수 있다." 고 했던 것이다. 루소는 私有制를 '인간의 완성' 및 '인간생활의 진보' 를 위해 긴요한 제도로 인식하면서도, 사유제가 일반의지와 균형을 이루지 못하면 갖가지 타락 · 폭력 · 악덕 · 참사를 낳는다고 보았다. 이러한 맥락에서 루소는 인간의 덕성을 고무하고 증진시키는 방향에서 재산권 개념이 설정되어야 한다고 보았던 것이다(박동천, 『플라톤 정치철학의 해체』, 297~300쪽 참조).

65) 『共產主義黨 선언』(『칼 맑스 프리드리히 엥겔스 저작 선집』 제1권), 401쪽.

66) 『독일 이데올로기』(『칼 맑스 프리드리히 엥겔스 저작 선집』 제1권), 212쪽.

67) 『독일 이데올로기』(『칼 맑스 프리드리히 엥겔스 저작 선집』 제1권), 212쪽.

지닌다. 완전한 공산주의 사회는 분업이 폐지됨으로써 노동이 즐거운 일이 되고, 사유제가 폐지됨으로써 부(富)가 흘러넘치는 사회이다. 개인들은 각자 노동을 통해 생계를 해결함은 물론 즐겁게 자아를 실현한다. 설령 개인의 노동량이 필요량에 미치지 못해도, 사회가 기꺼이 그 부족분을 채워준다.[68] 이것이야말로 계몽주의자들이 꿈꾸어왔던 '지상낙원(地上樂園)'인 것이다.

마르크스는 사회 · 경제 이론에 대해서는 풍부하게 논의하면서 사회주의(공산주의) 이론을 완성시켰으나, 정치이론의 기본적인 문제에 대해서는 침묵을 지켰다. 이로 인해 그의 추종자들은 다양한 입장을 취하게 되었다.

서유럽에서는 대부분의 마르크스주의자들이 점진적으로 입헌적 정부의 일반적 기준에 적응하여, 의회주의적 수단을 통해 경제 민주주의의 목표를 달성하고자 했다. 베른슈타인 등 수정주의자들은 정통 마르크스주의자들이 고집하는 혁명의 관념은 낡은 것이라고 비판하고, 보통선거제가 실현된 근대적 조건하에서 사회주의는 입헌적 민주주의의 틀 안에서 가장 잘 실현될 수 있다고 주장했다. 이러한 수정주의 노선에 입각해 서유럽의 많은 국가에서 사회당(사회민주당)은 많은 대표자들을 의회에 보냈고, 이들은 근대 복지국가의 발전에 크게 기여할 수 있었다.[69]

그러나 러시아(소련)에서는 레닌의 주도 아래 마르크스의 '프롤레타리아 독재' 관념을 더욱 발전시키고, 마침내 볼셰비키 혁명을 성공시켰다. 레닌에 의하면, '인민의 동의' 보다 더욱 중요한 것은 '인민의 이익' 이다. 또한 인민을 위한 혁명의 진정한 대변인은 非프롤레타리아트 다수가 아니며, 심지어 프롤레타리아트 자체도 아니고, '프롤레타리아트 전위대(前衛

---

68) 『고타 강령 초안 비판』(『칼 맑스 프리드리히 엥겔스 저작 선집』 제4권), 377쪽.
69) 강정인, 『민주주의의 이해』, 153~154쪽 참조.

隊)' 곧 적절한 자격을 갖춘 혁명적 지도자들이다. 그리고 전위대의 역할은 오직 레닌 자신의 당(共產黨)이 떠맡아야 할 역할이었다. 또한 공산당 자체는 인민의 통제로부터 전적으로 면제된다. 소련의 공산주의자들은 이러한 내용을 담은 1936년의 소련 헌법이 세계에서 가장 민주적인 헌법이라고 주장했다. 그러나 이러한 체제는 민주주의라는 말의 통상적인 의미와는 매우 동떨어진 것이었다.[70]

이상에서 사회주의의 일반적 성격을 개관해 보았다. 이제 '민주와 민본의 통섭' 이라는 관점에서 사회주의에 대해 몇 가지 문제를 제기해보기로 하자.

첫째, 사회주의자들이 인민대중 또는 하층계급의 복지 문제를 정치의 중심 과제로 설정한 것은 중요한 의의를 지닌다. 정치적 정당성의 원천으로 민주주의를 표방하면서 정작 인민대중의 복지를 외면한다면, 그 때의 민주주의는 무엇인가 결핍된 허울뿐의 민주주의라 할 수 있다. 반면에 유교의 민본주의는 참된 민주주의의 기준에 미달하는 점이 있어도, 인민의 행복을 추구한다는 그 이념성으로 인해 긍정의 여지를 확보할 수 있는 것이다. 이렇게 본다면 참된 민주주의는 '인민에 의한 지배' 라는 수단적 측면과 '인민의 행복 증진' 이라는 목적적 측면을 동시에 충족시켜야만 할 것이요, 따라서 우리는 이 양자를 종합하여 민주주의의 본질을 규정해야 할 것이다.

둘째, 레닌의 전위대 이론을 문자 그대로 긍정적으로 해석하자면 유교의 민본사상과 취지를 같이 하는 것으로 볼 수 있다. 레닌은 대부분의 프롤레타리아는 학식이 부족하여 사회주의에 대해 잘 알지 못하므로, 일부 깨어있는 노동자, 직업 혁명가, 학자들이 전위대를 조직해 다수의 프롤레타

70) 강정인, 『민주주의의 이해』, 154~159쪽 참조.

리아를 영도해야 한다고 주장했다. 이는 맹자의 "선각(先覺)이 후각(後覺)을 계도해야 한다."는 주장과 궤를 같이한다. 그러나 레닌은 전위대(공산당)를 인민에 의한 통제 밖에 둠으로써 결국엔 전위대를 독재의 도구로 만들었다. 소련의 공산당이 저지른 독재의 참상에 대해서는 더 이상의 설명이 불필요할 것이다. 각국의 공산당 통치가 초래한 참담한 결과가 말해주듯이, 아무리 '인민의 이익' 이라는 명분을 내세운다 하도라도 '인민에 의한 통제' 를 벗어난 권력은 타락하기 십상이다. '인민의 행복' 만 제창하고 '인민에 의한 통제(지배)' 장치를 마련하지 못한 유교의 민본주의에 대해서도 같은 맥락에서 비판할 수 있을 것이다.

셋째, 위의 두 맥락으로 본다면 정치의 주요 과제를 '인민의 복지' 로 설정하면서도 정부에 대한 '인민의 통제' 를 수용한 '사회민주주의' 의 방향 설정은 옳았던 것이라 하겠다. 그런데 국민 개개인의 복지는 본질적으로 누가 책임져야 하는가 하는 문제에 대해서는 다툼의 여지가 많다. 우선 개인의 행 · 불행은 개인의 책임으로만 규정하기도 어렵고, 사회의 책임으로만 규정하기도 어렵다. 개인의 행 · 불행에는 분명 개인의 노력과 사회적 환경이 함께 작용할 것이다. 또한 자유주의의 주장처럼 개인의 복지를 각자의 책임에 맡기면 양극화와 무능력자들의 소외를 초래하며, 사회주의의 주장처럼 개인의 복지를 사회의 책임에 맡기면 개인들이 도덕적 해이에 빠지게 됨은 잘 알려진 사실이다. 따라서 우리는 양자를 동시에 고려하는 복지제도를 모색할 필요가 있다.

3. 유교의 민본주의와 그 특징

1) 민본사상의 함의와 특징

'민본(民本)' 이란 『서경』의 "백성은 가까이 친애해야 할 것이요, 하대(下待)해서는 안 된다. 백성은 나라의 근본이니, 근본이 견고해야만 나라가 편안하다."[71]는 기록에서 연원한 말이다.[72] '백성이 나라의 근본' 이라는 주장은 '나라를 편안하게 하려면 근본을 견고하게 해야 한다' 는 주장으로 연결되는데, '근본을 견고하게 함' 은 곧 '백성을 위함(爲民)' 을 뜻하니, 그리하여 민본과 위민은 서로 표리를 이루게 된다.[73] 예컨대 맹자는 다음과 같이 말한다.

> 걸 · 주(桀紂)가 천하를 잃은 것은 그 백성을 잃었기 때문이요, 백성을 잃은 것은 백성의 마음을 잃었기 때문이다. 천하를 얻는 데는 방법이 있으니, 그 백성을 얻으면 천하를 얻는다. 백성을 얻는 데는 방법이 있으니, 백성의 마음을 얻으면 백성을 얻는다. 백성의 마음을 얻는 데는 방법이 있으니, 백성이 원하는 것을 베풀어주어 모이게 하고, 백성이 싫어하는 것을 베풀지 말아야 한다.[74]

위의 인용문은 민본과 위민이 표리를 이루어 결합된 실례라 하겠다. 이러한 맥락에서 우리는 유교의 민본사상을 보다 구체적으로 "국가를 구성하는 다수의 민을 국가의 근본으로 중시하고, 민의 인격과 권리를 존중하

---

71) 『書經』「夏書」〈五子之歌〉: 民可近 不可下 民惟邦本 本固邦寧

72) 안병주, 『儒敎의 民本思想』, 83쪽.

73) 링컨의 語法으로 표현하면 民本은 'of the people' 에, 爲民은 'for the people' 에 해당한다.

74) 『孟子』 離婁上 9.

며, 민의에 따라 그들의 이익과 복지를 위해 정치를 해서, 민의 인간다운 삶을 실현하려고 하는 정치사회 사상"[75]이라 정의할 수 있을 것이다.

유교의 민본사상은 천명사상과 궤를 같이한다. 하늘이 유덕자(有德者)를 군주로 임명하면서 민본의 통치를 위임했다는 것이다. 유교의 이러한 입장은 주자(朱子)의 〈대학장구서(大學章句序)〉에 잘 나타나 있다.

> 하늘이 백성을 내시면서 이미 인의예지(仁義禮智)의 본성을 부여했지만, 그러나 사람마다 타고난 기질이 간혹 가지런할 수 없었다. 그러므로 모두가 인의예지의 본성을 지니고 있음을 알고서 온전히 실현할 수는 없었다. 그리하여 백성들 가운데 총명예지하여 능히 자신의 본성을 온전히 실현할 수 있는 사람이 있으면, 하늘은 반드시 그를 命하여 수많은 백성의 군사(君師)가 되어 백성들을 다스리고 교육함으로써 백성들이 자신의 본성을 회복하게 하였다. 이것이 복희 · 신농 · 황제 · 요 · 순 등이 하늘을 계승하여 인도(人道)의 표준을 세운 까닭이요, 사도(司徒)와 전악(典樂)의 관직을 설치하게 된 까닭이다.[76]

주자는 군주를 '천명의 대행자(代行者)'로 규정했다. 유교의 천명사상은, 주권론의 맥락에서는 '주권재천(主權在天, 主權在民)'을 밝히는 역할을 하지만, 통치권론의 맥락에서는 군주의 통치권을 옹호하면서 동시에 군주의 자의적 통치를 막는 역할을 하였다.[77] 이는 유교의 기본 논리로서,

---

75) 장승구, 「유교의 민본주의 사상과 그 현대적 의미」, 199쪽. 유교의 민본사상을 이렇게 정의하면, 이는 서양의 민주주의와 별로 다르지 않은 것이다. 서양의 'democracy'는 처음에는 '民本主義'로 번역되었다가 나중에 '民主主義'로 번역되었다(김석근, 「'민본'과 '민주' 사이의 거리와 함의」, 253~254쪽 참조). 民本과 民主는 본래 상당한 同質性이 있기 때문에 'democracy'가 처음에는 '民本主義'로 번역되었을 것이요, 또한 뒤에 民本과 民主 사이의 상당한 異質性을 깨닫게 되었기 때문에 결국에는 'democracy'가 '民主主義'로 번역되었을 것이다.

76) 朱子, 〈大學章句序〉.

주자의 경우도 마찬가지이다. 주자는 통치자의 기본 임무를 '치(治)와 교(敎)'[78]로 규정했는데, 이러한 맥락에서 통치자를 '군사(君師)'라고도 일컫는 것이다. 군사의 가장 중요한 임무는 '천도(天道)를 계승하여 인도(人道)를 확립하는 것〔繼天立極〕'이다. 이는 사람다운 도리를 밝히고 그 모범을 보이는 것으로서, 전통적 덕치의 이념을 다시 천명한 것이다. 군주는 백성을 다스리는 일을 혼자의 힘만으로 할 수는 없다. 보조자로서 신하가 필요한 것이다. 위의 인용문에 보이는 '사도'와 '전악'이 그들이다.[79]

천명의 구체적인 내용을 '치(治, 養民)와 교(敎, 敎民)'라 할 때, 위의 인용문은 다분히 '교민(敎民)'에 치우친 것 같다. 하지만 양민과 교민에 대한 유교의 일반론은, 통치의 일차적 과제는 양민이요, 통치의 궁극적 과제는 교민이라는 것이다. 예컨대 『서경』의 홍범구주에서 셋째 범주로 '정사(政事)의 여덟 조목'을 거론하는데, 그 순서는 "첫째는 식량, 둘째는 재화(財貨), 셋째는 제사, 넷째는 사공(司空, 토목·건축), 다섯째는 사도(司徒, 교육), 여섯째는 사구(司寇, 치안), 일곱째는 빈(賓, 외교), 여덟째는 사(師, 군대)"였다. 이에 대해 채침은 다음과 같이 주석하였다.

> 식량은 백성들에게 급한 것이요, 재화는 민생의 바탕이니, 그러므로 식량이

77) 전세영은 유교의 天命思想을 '하늘의 권한을 군주가 대신한다'는 '天權委任說'로 해석한 바 있는데(전세영, 『율곡의 군주론』, 105쪽), 군주가 위임받은 天權은 主權이 아니라 統治權으로 해석되어야 할 것이다.

78) '治와 敎'는 '養民과 敎民'으로 설명되기도 한다. 養民은 '백성의 생업을 보장하는 것'이며, 敎民은 '백성들로 하여금 사람답게 살도록 교육하는 것'이다.

79) '司徒'는 교육을 담당하고, '典樂'은 음악을 담당했다. 舜은 契(설)에게 司徒의 관직을 내리면서 '공경하여 五倫을 베풀라'고 당부했다. 교육에서는 人倫을 가르치는 것이 가장 중요했던 것이다. 夔(기)에게는 典樂의 관직을 내리면서 詩歌를 함께 언급하고, "여덟 가지 音이 서로 節度를 어기지 않아야 神과 인간이 화목할 것"이라고 당부했다. 즉 여기서 말하는 音樂은 교훈적인 歌詞를 포함하는 것으로서, 음악을 통해 화목한 덕성을 기르게 했던 것이다(『書經』「虞書」〈舜典〉 참조).

첫째가 되고 재화가 둘째가 된다. 식량과 재화는 생민을 기르는 것이요, 제사는 근본에 대한 보답이다. 사공은 토목 · 건축을 담당하니, 주거를 편안하게 하는 것이다. 사도는 교육을 담당하니, 사람의 본성을 완성하는 것이다. 사구는 금령(禁令)을 담당하니, 간사함을 다스리는 것이다. 빈(賓)은 제후와 먼 지방 사람들을 예우하는 것이니, 왕래와 교제를 담당하는 것이다. 사(師)는 잔적을 없애고 폭력을 금지하는 것이니, 군대는 성인(聖人)이 없앨 수 없는 것인바, 그러므로 마지막에 둔 것이다.[80]

한편, 공자는 '먼저 백성을 부유하게 만들고, 그다음엔 백성을 올바른 도리로 교육하라' 고 했는데,[81] 맹자는 그 까닭을 다음과 같이 설명한 바 있다.

백성들은 항산이 없으면 따라서 항심도 잃게 된다. 진실로 항심이 없으면 제 마음대로 온갖 사악한 일과 사치를 일삼게 되니, 마침내 죄에 빠뜨린 다음에 형벌을 가한다면, 이는 백성을 그물질하는 것이다. 어찌 어진 사람이 윗자리에 있으면서 백성을 그물질하겠는가? 그러므로 현명한 군주는 백성의 생업을 제정함에 반드시 위로는 부모를 섬기기에 충분하고 아래로는 처자를 기르기에 충분하게 하여, 풍년에는 종신토록 배부르고 흉년에는 굶어죽음을 면하게 했다. 그런 다음에 백성을 이끌어 善을 향하도록 했으니, 그러므로 백성들이 따르기 쉬웠던 것이다. 지금은 백성의 생업을 제정함에 위로는 부모를 섬기기에도 부족하고 아래로는 처자를 기르기에도 부족하게 하여, 풍년에는 종신토록 고생하고 흉년에는 굶어 죽음을 면할 수 없게 한다. 이렇게 하면 오직 죽음을 면하고자 해도 부족할까 두려우니, 어느 겨를에 예의(禮義)를 다스릴 수 있겠는가?[82]

80) 『書傳大全』「周書」〈洪範〉, 蔡沈註.

81) 『論語』 子路 9.

'의식(衣食)이 풍족해야 예의(禮義)를 안다' 는 것은 전통 사회의 오래된 격언이었던바, 그러므로 현실 정치의 우선적 과제는 인륜(人倫)의 교육이 아니라 민생의 안정에 있다는 것이다. 그러나 사람다운 삶의 궁극적 근거는 인륜에 있다는 것, 그러므로 민생을 안정시킨 다음에는 반드시 인륜을 교육해야 한다는 것이 유교의 지론이었다. 이러한 맥락에서 맹자는 "사람에게는 도(道)가 있거니와, 배불리 먹고 따뜻하게 입으며 편안히 살되 가르침이 없다면 곧 금수에 가깝게 된다. 성인(聖人)이 이를 근심하시어, 설(契)을 사도(司徒)로 삼아 인륜을 가르치게 하셨다."[83]고 했다.

맹자가 말하는 '인륜적 삶' 이란 바로 인의예지의 본성을 실현하는 삶이다. 인의예지의 본성은 '사단(四端)' 이라는 감정으로 드러나거니와, 맹자는 "측은지심이 없으면 사람이 아니요, 수오지심이 없으면 사람이 아니며, 사양지심이 없으면 사람이 아니요, 시비지심이 없으면 사람이 아니다."[84] 라고 단언했다. 본능적 욕구의 충족이라는 차원에서는 사람과 금수가 다르지 않으므로, 오직 '인륜' 만이 사람과 금수를 구별해주는 준거가 된다는 것이다. 요컨대 맹자는 의식주의 우선적 중요성을 충분히 인정하면서도, 사람다운 삶은 의식주의 충족에 있는 것이 아니라 인륜에 있다고 보았다.

이상에서 민본사상의 함의를 개관했거니와, 이제 서양의 민주주의와 대비하면서 그 특징을 정리해 보기로 하자.

첫째, 유교에서는 경제가 애초부터 정치의 중심적 사안이었다는 점이다. 자공(子貢)의 문정(問政)에 대해 공자(孔子)는 '족식족병(足食足兵)' 을 먼저 거론했고,[85] 맹자도 '인정(仁政)은 반드시 경계(經界)로부터 시작한

82) 『孟子』 梁惠王上 7.
83) 『孟子』 滕文公上 4.
84) 『孟子』 公孫丑上 6.

다' 고 하여 정전법(井田法)을 통해 백성의 항산을 보장해 줄 것을 강조했다.[86] 이처럼 유교의 민본사상은 민생을 돌보는 것을 정치의 일차적 과제로 설정한다. 이는 서구의 몇몇 학자들이 정치의 영역과 경제의 영역을 별개로 분리시키는 것과 대조된다.

둘째, 유교에서는 '백성들에 대한 인륜의 교육' 또는 '백성들의 인격적 성숙을 도모함' 을 정치의 궁극적 과제로 설정했다는 점이다. 공자나 맹자는 모두 '백성들을 부유하게 한 다음에는 백성들에게 인륜을 가르쳐야 한다' 고 주장했다. 이처럼 유교의 민본사상은 백성들을 '사람다운 사람' 으로 만드는 것을 정치의 궁극적 과제로 설정한다. 이는 서구의 자유민주주의가 '중립주의' 를 내세우면서 정치의 영역에서 도덕성 함양 문제를 배제한 것과 대조된다.[87]

셋째, 유교의 민본사상에서 말하는 '민(民)' 은 '귀족' 이나 '중산계급' 에 초점이 있었던 것이 아니요, 인민대중으로서의 '하층민' 에 초점이 있었다는 점이다. 요컨대 유교에서 말하는 '민' 은 고대 그리스의 철학자들이나 서구 근대의 부르주아들이 '재산이 없고 교양(이성)이 없으므로, 주권자의 자격이 없다' 고 배격한 '하층의 인민대중' 에 속하는 사람들이었다.[88] 그 옛날 인민대중으로서의 민은 무식하고 가난했던 것이 사실일 것

---

85) 『論語』 顔淵 7 : 子貢問政 子曰 足食足兵 民信之矣

86) 『孟子』 滕文公上 3 : 夫仁政 必自經界始 經界不正 井地不均 穀祿不平

87) 키토는 "그리스인에게 폴리스는 시민들의 사고와 성격을 형성하고 훈련시키는 적극적인 존재였다. 반면에 오늘날 우리는 국가를 안전과 편리함을 생산하는 기계장치로 여긴다. 중세 국가는 덕성의 훈련을 교회에 넘겼지만, 폴리스는 그것을 자신의 관심사로 삼았다. 현대 국가가 그것을 어디에 넘겼는지는 神만이 아신다."라고 설파하여 (『古代 그리스, 그리스인들』, 115쪽), 오늘날의 자유민주 국가가 도덕성 함양 문제를 외면하는 것을 비판한 바 있다.

88) 고대 아테네 민주주의에서 말하는 '民(市民 또는 自由民)' 과 서구 근대 자유민주주의에서 말하는 '民(부르주아)' 은 결코 '하층의 인민대중' 이 아니었음을 기억하자.

이다(교양과 재산의 결핍). 그러므로 유교에서는 '인민에 의한 통치'를 표방하지 않고 '인민을 위한 통치'를 표방하면서, 정치의 핵심 과제를 양민(養民)과 교민(敎民)으로 설정했던 것이다(재산과 교양의 보강).[89)]

2) 민본사상의 '민주적' 성격

유교의 민본사상은 '인민을 위한 통치'를 지향한 것은 분명하지만, '인민에 의한 통치'와는 거리가 먼 것이었다. 그럼에도 불구하고 유교의 민본사상에는 '민주적' 성격이 다분하였다. 이제 민본사상의 민주적 성격을 살펴보기로 하자.[90)]

첫째, 유교의 민본사상은 주권재민 사상과 표리를 이룬다. 유교의 주권론(主權論)은 천명사상에서 출발한다. 주권자인 하늘이 가장 훌륭한 사람(聖人)을 왕으로 명하여 통치권을 부여하고, 백성을 돌보고 가르치라고 명령했다는 것이다. 그런데 천명의 구체적인 내용을 인식하기 위한 과정에서, 천명론은 민심론으로 전환하게 되었다.[91)] '민심은 곧 천심'이라는 말이 그것인데, 이는 '국가의 주권은 바로 민에 있다'는 뜻을 함축한다.[92)] 그

89) 유산계급의 입장을 대변했던 서구 근대의 자유민주주의는 재산과 교양을 겸비한 사람들을 주권자로 설정하고, 정치의 과제는 '국민의 자유(1세대 인권)를 보호하는 것'이라고 주장했던 것이다. 반면에 하층계급의 입장을 대변했던 사회주의는 정치의 과제를 '모든 국민의 평등(2세대 인권)을 실현하는 것'으로 주장했다. 이것으로 본다면, 유교의 민본사상은 '爲民'이라는 측면에서 사회주의와 더 친화성이 있는 것으로 보인다.

90) 황태연은 최근의 논문「'대한민국' 국호의 기원과 의미」에서『서경』의 民惟邦本論이 '主權在民' 사상으로 연결됨은 물론 조선 중기 이후로는 '民國(백성의 나라, 국민국가)'라는 관념으로 발전하였음을 자세히 논한 바 있다(황태연,「'대한민국' 국호의 기원과 의미」, 46~50쪽)

91) 이에 대한 자세한 논의는 拙著,『儒敎傳統과 自由民主主義』, 제7장 〈유교의 主權論과 민주주의〉 참조.

리하여 맹자는 다음과 같이 말한다.

백성이 가장 귀중하며, 사직이 그다음이고, 군주는 가볍다. 그러므로 구민(丘民)에게 신임을 얻으면 천자가 되고, 천자에게 신임을 얻으면 제후가 되며, 제후에게 신임을 얻으면 대부가 된다. 제후가 사직을 위태롭게 하면 제후를 바꾼다. 이미 희생(犧牲)을 갖추고 곡식을 깨끗이 하여 때에 맞게 제사를 지냈는데도 가뭄이 들거나 홍수가 나면 사직을 바꾼다.[93]

맹자는 백성이 가장 귀중하고, 군주는 오히려 가벼운 존재라고 규정하였다. 또한 민심의 지지를 얻어야만 군주가 될 수 있다고 하였으니, 이는 바로 주권자는 군주가 아니라 백성이라는 주장일 것이다. 나아가 맹자는 민생을 위해서는 사직도 다시 세울 수 있다고 하였다. 요즈음 말로 하자면, 민생을 위해서는 국가의 통치체제도 바꿀 수 있다는 뜻이다. 이러한 주장에 따르면, 군주는 통치권자에 불과한 것이다. 위의 인용문에 대해 주자는 다음과 같이 풀이했다.

대개 국가는 민을 근본으로 삼으며, 사직 또한 민을 위해서 세운 것이다. 군주의 존귀함 또한 국가와 사직의 존망에 달려있는 것이니, 그러므로 그 경중이 이와 같은 것이다. 구민(丘民)은 들판의 백성으로서, 지극히 미천한 사람들이다. 그러나 그들의 마음을 얻으면 천하가 돌아온다. 천자는 지극히 존귀하나 그의 마음을 얻은 자는 제후가 되는 데 지나지 않는다. 제후가 무도(無道)하여 장

92) 이러한 맥락에서, 슈월츠(Benjamin I. Schwartz) 역시 중국 고대의 天命思想은 '매우 인상적인 민주주의적 함의' 를 지니고 있다고 설명한 바 있다(슈월츠, 『중국 고대사상의 세계』, 84~85쪽 참조).

93) 『孟子』 盡心下 14.

차 사직을 위태롭게 하면 당연히 다시 현군(賢君)을 세우거니와, 이는 군주가 사직보다 가벼운 것이다. 제사를 지냄에 예(禮)를 잃지 않았는데도 토지와 곡식의 신(神)이 백성을 위해 재앙과 환난을 막아주지 않는다면 그 사직단을 허물고 다시 설치하는 것이니 (…) 이것은 사직이 비록 군주보다 중요하나 백성보다는 가벼운 것이다.[94)]

주자는 맹자와 같은 맥락에서 민귀군경론(民貴君輕論)을 재확인했다.[95)] 맹자의 민귀군경론에 대해서는 그것이 찬탈의 빌미가 될 수 있다는 점에서 종종 이의를 제기하는 사람들이 있었다. 이에 대해 주자는 다음과 같이 설명한다.

이치로 말하면 백성이 귀하고, 직분으로 말하면 군주가 귀하다. 이 두 가지는 진실로 양립하는 것으로, 서로 어긋나지 않는다. 각각 상황에 따라 그 경중의 소재를 살펴야 하는 것뿐이다.[96)]

주자에 의하면, '이치' 와 '직분' 에 따라 군주와 백성의 경중은 각각 달

---

94) 『孟子集註』 盡心下 14, 朱子註 : 蓋國以民爲本 社稷亦爲民而立 而君之尊 又係於二者之存亡 故其輕重如此 丘民 田野之民 至微賤也 然得其心 則天下歸之 天子 至尊貴也 而得其心者 不過爲諸侯耳 是民爲重也 諸侯無道 將社稷爲人所滅 則當更立賢君 是君輕於社稷也 祭祀不失禮 而土穀之神 不能爲民禦災捍患 則毁其壇壝而更置之 (…) 是社稷雖重於君 而輕於民也

95) 맹자의 民貴君輕論에 대해, 輔漢卿은 "하늘은 백성을 위해 군주를 세운 것인데, 戰國時代에 이르러서는 世道가 쇠미해져, 군주들이 그 직분을 알지 못하고 백성을 草芥같이 여기면서 구휼할 줄 알지 못하였다. 그러므로 맹자가 이러한 輕重論을 전개한 것이다."라고 하여, 그 시대적 의미를 부여한 바 있다(『孟子集註大全』 盡心下 14, 慶源輔氏小註).

96) 『孟子集註大全』 盡心下 14, 朱子小註 : 問 民貴君輕之說得 不啓後世簒奪之端乎 朱子曰 以理言之則民貴 以分言之則君貴 此固兼行而不悖也 各於其時 視其輕重之所在而已爾

리 설명되는 것이다. '이치' 로 말하면, 군주는 백성을 위해 존재하는 것이므로, 백성이 귀중하다. 이는 주권은 어디까지나 백성에게 있다는 뜻이다.[97] '직분' 으로 말하면, 통치자의 역할에 따라 백성의 고락과 안위가 결정되므로, 군주의 직분이 훨씬 중요하다. 요컨대, 주권의 맥락에서 보면 백성이 귀중하고, 통치권의 맥락에서 보면 군주가 중요한 것으로서, 이 두 주장은 결코 모순 아니라는 것이다.

이상에서 살핀 것처럼, 유교의 민본사상은 결코 군주를 주권자로 설정한 것이 아니었다. 군주는 다만 천명을 대행하는 통치권자로 설정되었고, 주권은 사실상 민에게 있는 것으로 인식되었다. 더 나아가, 전통 유교에서는 방벌론(放伐論, 革命論)을 통해 군주에 대한 저항권도 분명히 인정하였다. 그렇다면 민본사상은 주권재민 사상으로 해석되기에 별로 손색이 없는 것이다.

둘째, 유교의 민본사상은 '민의를 통치에 적극 반영해야 한다' 는 뜻을 함축하고 있다. 백성이 나라의 주인이라면, 백성의 뜻을 국정에 적극 반영해야 함은 당연한 것이다. 이러한 맥락에서 유교에서 민의를 중시하는 전통은 유구했다. 예컨대 『주례』에서는 "소사구(小司寇)의 직책은 외조(外朝)의 정무를 관장하여, 만민을 모아 의견을 묻는 것이다. 첫째는 국가의 위급한 일에 대해 의견을 묻고, 둘째는 도읍을 옮기는 일에 관해 의견을 묻고, 셋째는 군왕을 세우는 일에 관해 의견을 묻는다."[98]고 했는데, 이에 관

97) 만약에 國家의 主人은 君主로서 국가는 군주의 사유물과 같다고 한다면, 군주는 국가를 다른 사람에게 줄 수도 있을 것이다. 그런데 맹자는 "天子는 天下를 다른 사람에게 줄 수 없다."고 하였다(『孟子』 萬章上 5). 이에 대해 주자는 "天下는 天下의 天下요, 한 사람의 私有物이 아니기 때문이다."라고 주석한 바 있다. 이를 요즘 말로 해석하자면, "國家는 國民들의 國家요, 統治者의 私有物이 아니다."라는 뜻일 것이다. 여기에서도 드러나듯이, 주자는 분명 '國家의 主權은 國民에게 있다' 고 보았다.

98) 『周禮』「秋官司寇」〈小司寇〉: 小司寇之職 掌外朝之政 以致萬民而詢焉 一曰詢國危 二曰詢國遷 三曰詢立君

한 주석에서는 다음과 같이 말한다.

> '외조(外朝)' 는 치문(雉門, 王城의 南門) 밖에 있는 조정이다. '국가의 위급' 이란 외적의 침략으로 인한 국난을 말한다. '도읍을 옮김' 이란 도읍을 옮기거나 도읍을 고치는 것이다. '군왕을 세움' 이란 적장자(嫡長子)가 없을 경우 서자(庶子)들 가운데 후계자를 고르는 것이다. (…) 『시경』에서는 '목동이나 나무꾼에게도 의견을 묻는다(詢于芻蕘)' 고 했고, 『서경』에서는 '보통 사람들과 함께 모의한다(謀及庶人)' 고 했다.[99]

위의 주석에서 우선 주목할 것은 '외조(外朝)' 로서, 궁궐의 남문 밖에 백성들의 의견을 수렴하는 기관을 설치하고, 이를 '외조' 라 한 것이다. 외조에서 만민을 모아놓고 의견을 물은 사안은 외적의 침략에 대한 대응 방안, 도읍을 옮기거나 고치는 사안, 군왕의 적장자가 없을 경우 서자들 가운데 누구를 후계자로 세울 것인가 하는 사안 등 '국가의 중대사' 였다. 이렇게 본다면 '외조' 는 오늘날의 '국회(민회)' 에 해당하고,[100] 외조의 정무를 관장하는 '소사구' 는 오늘날의 '국회 사무총장' 에 해당하는 것이다.

위의 주석에서 특별히 주목할 것은 '외조를 궁궐의 남문 밖에 두었다' 는 내용이다. 군주는 남면(南面)하는데, 궁궐의 남문 밖에 바로 외조가 있었다면, 군주의 정면에는 민의가 자리 잡고 있는 것이다. 위의 주석에서는 또 『시경』의 '목동이나 나무꾼에게도 의견을 묻는다' 는 내용이나 『서경』의 '보통 사람들과 함께 모의한다' 는 내용을 소개함으로써 귀천을 막론하

99) 『纂圖互註周禮』 卷9 頁13 : 外朝 朝在雉門之外者也 國危 謂有兵寇之難 國遷 謂徙都改邑也 立君 謂無冢適 選於庶也 鄭司農云 致萬民 聚萬民也 詢 謀也 詩曰 詢于芻蕘 書曰 謀及庶人

100) 장승구 역시 여기서 말하는 '外朝' 를 '일종의 民會' 라고 해석한 바 있다(장승구, 「유교의 민본주의 사상과 그 현대적 의미」, 203쪽 참조).

고 모든 백성의 의견을 수렴하는 것이 유교의 지론임을 다시 확인하였다. 이처럼 유교에서는 본래 민의를 국정에 적극 반영한다는 '대동(大同) 민주주의'[101]를 추구했던 것이다.

주대(周代)에 있었던 '외조(外朝)' 가 언제부터 사라졌는지는 알기 어렵다. '외조' 는 제대로 계승되지 않고 사라졌더라도, 민의를 수렴하는 전통은 지속되었다. 특히 송대(宋代)에는 '공론(公論)' 을 수렴하여 국정에 반영한다는 전통이 확립되었고, 공론을 주도하는 관직도 설치되었다. 조선시대로 말하면 '삼사(三司)' 가 그것이다. 유교의 공론론은 '자유롭고 공개적인 논의(언론의 자유)' 를 통해 '공정한 결론' 을 얻어 국정에 반영한다는 취지를 담고 있다. 그리하여 유교정치를 다른 말로 '공론정치' 라고도 일컫게 된 것이다.

셋째, 유교의 민본사상은 백성의 생업을 보장함은 물론 모든 백성의 인간다운 삶의 여건을 보장하라는 것이었다. 『논어』에 제시된 양민(養民)의 방책은 세금을 줄이는 것, 백성을 때에 맞게 부리는 것, 재화를 균등하게 분배하는 것, 국방을 튼튼히 하는 것 등으로 요약된다. 한편, 맹자는 문왕(文王)의 예를 들어 '민을 위한 정치' 의 구체적 사항들을 다음과 같이 설명하였다.

옛날에 문왕이 기(岐)를 다스릴 때에는 농사짓는 사람에게는 (수확량의) 9분

---

101) 유교에서 말하는 '大同' 에는 본래 두 맥락이 있다. 하나는 『禮記』 〈禮運〉의 '大同' 으로서, 이는 모든 사람이 서로 도와가면서 충분한 복지를 누리는 '이상사회로서의 大同' 이다. 다른 하나는 『書經』 〈洪範〉의 '大同' 으로서, 이는 모든 사람의 의견이 완전히 합치된 '만장일치로서의 大同' 이다. 강정인은 『예기』의 '大同' 을 '위대한 조화(great harmony)' 로, 『서경』의 '大同' 을 '위대한 합의(great consensus)' 로 해석하고, 유교 정치사상을 '위대한 합의를 추구한 大同 民主主義' 라는 관점에서 논의한 바 있다(강정인, 「원시 유가 사상에 명멸했던 대동 민주주의」, 194쪽 참조).

의 1을 세(稅)로 받았고, 벼슬하는 사람에게는 대대로 녹(祿)을 주었으며, 관문(關門)과 시장(市場)은 기찰(譏察)하기만 하고 세금을 물리지 않았고, 일반 백성이 연못에서 고기 잡는 것을 금하지 않았으며, 죄인을 처벌할 때 그 처자(妻子)에까지 연계시키지 않았다. 늙어서 아내가 없는 사람을 '환(鰥)' 이라 하고, 늙어서 남편이 없는 사람을 '과(寡)' 라 하며, 늙어서 자식이 없는 사람을 '독(獨)' 이라 하고, 어려서 부모가 없는 사람을 '고(孤)' 라 한다. 이 네 부류의 사람들은 세상에서 가장 어려운 사람들이니, 문왕이 인정(仁政)을 베풀 때에 반드시 이들을 먼저 배려하였다.[102]

농사짓는 사람에게는 수확량의 9분의 1을 稅로 받는다는 것, 벼슬하는 사람에게는 대대로 녹을 준다는 것, 관문과 시장을 기찰하기만 하고 세금을 물리지 않는다는 것 등은 한마디로 사농공상(士農工商) 모두에게 안정적인 생업을 보장한다는 뜻이다. 일반 백성이 연못에서 고기 잡는 것을 금하지 않았다는 것은 평등한 사회를 만들어 사회적인 특권을 없앴다는 말이며, 죄인을 처벌할 때 그 처자에까지 연계시키지 않았다는 것은 각자의 인권을 존중하여 억울한 일이 없게 했다는 말이다.

또한 정치에 있어서 환과고독(鰥寡孤獨)을 먼저 배려했다는 것은 사회적 약자를 우선적으로 배려했다는 말이다. 이처럼 전통 유교에서는 사회적 약자의 보호에도 많은 관심을 쏟았다. 예컨대 『주례(周禮)』에서는 대사도(大司徒)의 업무 가운데 하나로 '여섯 가지의 보식(保息)으로 만민을 양육함' 을 들었는데, 첫째는 '자유(慈幼)' 로서 이는 '아동의 복지' 를 말하고, 둘째는 '양로(養老)' 로서 이는 '노인의 복지' 를 말하며, 셋째는 '진궁(振窮)' 으로서 이는 '환과고독을 돌봄' 을 말하고, 넷째는 '휼빈(恤貧)' 으

102) 『孟子』 梁惠王下 5.

로서 이는 '가난한 사람을 돌봄' 을 말하며, 다섯째는 '관질(寬疾)' 로서 이는 '아픈 사람을 돌봄' 을 말하고, 여섯째는 '안부(安富)' 로서 이는 '요역(徭役)을 공평하게 하여 누구나 편안히 살도록 함' 을 말한다.[103] 이것으로 본다면, '여섯 가지의 보식' 은 오늘날 시행되는 사회복지 행정의 대부분을 망라하는 것이다.

이상에서 민본사상의 '민주적' 성격을 개관했거니와, 이제 서양의 민주주의와 대비하면서 그 특징을 정리해 보기로 하자.

첫째, 전통 유교는 '군주정' 시대를 배경으로 형성되었음에도 불구하고 '주권재민' 의 이념을 분명히 하였다. 오늘날 많은 사람들은 군주정과 민주정을 상반되는 것으로 인식하고, 그리하여 전통 유교 역시 민주주의와 모순되는 것으로 인식한다. 그러나 이러한 통념은 여러 측면에서 재고를 요한다. 민주국가에서 사는 우리는 나라의 주인은 국민이며, 통치자나 행정관료는 국민의 공복(公僕)이라고 말한다. 그런데 실제로는 종인 통치자가 주인인 국민을 지배하거니와, 국민은 피치자에 머무는 것이다. 이러한 사태는 일견 모순되어 보이는데, 이를 제대로 이해하려면 주권과 통치권을 분명히 구분해야 한다.[104] 요컨대 민주국가에서 주권자는 국민이지만, 통치권자는 통치자이다. 이러한 원칙은 전통 유교에서도 마찬가지였다. 전통 유교에서의 君과 民의 위상을 개관하면, 군주는 통치권자요, 백성은 주권자였다. 유교에서의 정치란 주권자의 뜻을 통치권자가 대행하는 것인바, 그러므로 군주는 백성의 뜻을 받들어 통치해야 했다. 이는 말하자면 '민주적 군주정' 에 해당하는 것이다.[105]

---

103) 『周禮』「地官司徒」〈大司徒〉: 以保息六 養萬民 一曰慈幼 二曰養老 三曰振窮 四曰恤貧 五曰寬疾 六曰安富

104) 主權과 統治權의 구분에 대해서는 권영성, 『憲法學概論』, 115쪽 참조.

105) 많은 사람들은 民主主義(人民主權)와 君主政을 양립할 수 없는 것으로 간주하지만, 번스(Walter Berns)는 "人民主權은 君主政과 완벽하게 양립할 수 있다" 고 설명한 바

둘째, 정치에 민의를 적극 반영해야 한다는 것은 주권재민 사상의 당연한 귀결이다. 일찍부터 주권재민 사상을 정립한 유교에서는 마찬가지로 일찍부터 민의에 따르는 정치를 추구했다. 특히 주대에는 '외조(外朝)' 라는 민의수렴 기관이 있었는데, 이는 분명 오늘날의 국회에 해당하는 기구였다. 외조는 후대에 제대로 계승되지 못하고 사라졌지만, 대신 공론의 전통이 확립되어 정치의 공공성을 확립하는 데 기여했다. 전통 유교에서는 '언론의 자유' 를 보장하여 공론을 활성화하려고 노력했음은 잘 알려진 사실이다. 유교에서는 또 공론을 주관하는 기관을 다른 권력기관과 분립시킴으로써 견제와 균형을 이루도록 했는데, 이는 오늘날의 권력분립론에 필적하는 것이다.[106] 한편, 주대(周代) 외조에서의 민의의 수렴은 귀천을 막론한 '만민의 의견(民心 또는 輿論)' 을 수렴하는 것이었는데, 후대의 공론은 민심・여론과 구별되는 개념으로서 '사대부(사림)' 가 주도한 것이었다. 이렇게 본다면 유교정치에서도 후대로 내려올수록 엘리트의 역할이 중요해진 것이라 하겠다.

셋째, 유교의 민본사상은 '민생의 보장' 에서 더 나아가 사회적 약자 등 '만민의 복지' 를 추구하였다. 요컨대 유교의 민본 사상은 民의 생명과 재산을 보호함은 물론 모든 사람들에게 인간다운 삶의 여건을 보장하라는 것이었다. 이는 오늘날 민주주의에서 말하는 '인민을 위한 정치(for the people)' 와 전혀 다를 것이 없다. 유교는 '양민(養民)' 에서 한 걸음 더 나아가 '교민(教民)' 까지 요구했다. 이는 모든 민이 금수와 구별되는 '사람다운 사람' 이 됨으로써 자신의 존엄성을 스스로 입증하게 하자는 것이었다.

있다. "세습적 군주정이라 할지라도 인민이 왕족에게 정부권력을 위임할 수 있고 또 지배권력을 박탈할 수 있다면 인민주권은 실현된다"는 것이다(Leo Strauss & Joseph Cropsey (ed), *History of Political Philosophy* (Second Edition), 418쪽 참조).

106) 설석규, 『朝鮮時代 儒生上疏와 公論政治』, 12쪽 ; 정두희, 『朝鮮時代의 臺諫硏究』, 201~209쪽 ; 김운태, 『朝鮮王朝政治・行政史』(근세편), 144쪽 참조.

이렇게 볼 때, 유교에서 말하는 '정치'란 '민의를 결집하여 양민과 교민을 실현하는 것'으로서, 그 과정에서 사대부(선비)가 주도적 역할을 하는 것이었다. 오늘날의 관점에서 볼 때, 전통사회에서 선거권 등 참정권이 제도화되지 못했던 점을 문제 삼을 수 있으나, 이는 그 시대의 각종 물질적 토대와 관련시켜 논의해야 할 것이다. 다만 외조와 같은 민의수렴 기구가 제대로 계승되지 못한 점은 매우 아쉬운 일이라 하겠다.

3) 민본정치의 이상과 현실

이상에서 민본사상의 주요 함의들을 살펴보았다. 그렇다면 민본사상에 입각한 정치는 구체적으로 어떻게 전개되는 것인가? 이제 이 문제를 살펴보기로 하자.

맹자는 민본의 정치를 '인정(仁政)'이라는 말로 표현했다. 맹자는 "왕이 만약 백성들에게 인정을 베풀어, 형벌을 줄이고 세금을 가볍게 해 주면, 백성들은 농사일에 열중할 것이다. 젊은이들은 한가한 틈을 타 효제충신(孝悌忠信)을 닦아서, 집에 들어가서는 부형(父兄)을 섬기고 밖에 나와서는 윗사람을 섬길 것이다."[107]라고 했다. 이처럼 민본정치 또는 인정(仁政)이란 '통치자와 백성이 서로 감응하는 정치'를 말한다.

유교에서 말하는 감응은 '도덕적 감응'과 '정서적 감응'으로 대별된다. '도덕적 감응'은 덕치론과 맥락을 같이 하는바, 『논어』에서는 주로 덕치를 통한 도덕적 감응을 강조했다. 『논어』의 덕치론은 "덕으로 정치를 하는 것은 비유컨대 북극성이 제자리에 머물러 있으면 뭇 별들이 그를 향하는 것과 같다."[108]는 말로 대변된다. 유교에서는 정치의 궁극적 과제를 교민(教

107) 『孟子』 梁惠王上 5.

108) 『論語』 爲政 1.

民)에 두었거니와, 교민은 통치자의 솔선수범에 달려있다. 통치자가 앞장서서 모범을 보이면 백성들은 저절로 그에 감화되게 마련인데, 이는 통치자와 백성 간의 도덕적 감응이라 하겠다.

'정서적 감응'은 '여민동락(與民同樂)'을 말한다. 맹자는 "임금이 백성의 즐거움을 즐거움으로 삼으면 백성 또한 임금의 즐거움을 즐거움으로 삼고, 임금이 백성의 근심을 근심으로 삼으면 백성 또한 임금의 근심을 근심으로 삼는다."[109]고 하고, "임금이 仁政을 베풀면, 백성들은 윗사람을 친하게 여겨서, 그들을 위해서 목숨을 바치게 될 것"[110]이라 했다. 통치자가 백성과 고락을 같이하면, 통치자와 백성은 곧 일심동체가 된다. 그것은 평상시에는 통치자가 백성을 위해 인정(仁政)을 베푸는 것으로 드러나고, 국가적 위기 상황에는 백성이 통치자를 위해 기꺼이 목숨을 바치는 것으로 드러난다. 이와 같이 정서적 감응이란 윗사람과 아랫사람 즉 '통치자와 백성'이 '부모와 자식'처럼 친애하는 것이다.

유교의 감응론에는 또 하나의 축이 있으니, '공정성'이 그것이다.[111] 주자에 의하면, 통치자가 사심(私心)을 배제하고 모든 사람을 공정하게 대할 때, 백성들은 기뻐하고 복종한다. 주자는 군주에게 '사사로운 은혜를 억제하여 공도(公道)를 드높이라'고 간언하면서, 다음과 같이 말한다.

> 臣은 듣자오니, 하늘은 사사로이 덮어주는 것이 없고 땅은 사사로이 실어주는 것이 없으며, 해와 달은 사사로이 비추어주는 것이 없습니다. 그러므로 王者가 이 세 가지 사사로움이 없음을 받들어 천하를 다스린다면, 모든 사람을 똑같

109) 『孟子』 梁惠王下 4.

110) 『孟子』 梁惠王下 12.

111) '公正性을 매개로 한 감응'은 '도덕적 감응'과 '정서적 감응'을 겸한 것이라 할 수 있다.

이 대하고 널리 사랑하여 크게 공정하게 되니, 천하 사람들이 모두 마음으로 기뻐하고 진실로 복종할 것입니다. 만약 그 사이에 다시 신 · 구(新舊)에 따라 친 · 소(親疎)를 삼으면, 그 편당의 정과 편협한 도량이 진실로 사람들로 하여금 분노하여 복종하지 않으려는 마음을 지니게 할 것입니다. 그 호오(好惡)와 취사(取舍) 또한 반드시 의리에 합당할 수 없을 것이며, 심하면 모책(謀策)을 막고 국사(國事)를 망치며 덕을 방해하고 정사를 어지럽히는 데 이를 것이니, 그 해는 이루 말할 수 없습니다.[112)]

주자는 두 관점에서 '통치자의 사사로운 은혜' 를 비판하였다. 첫째, 통치자가 사심을 품으면 백성들이 분노하여 복종하지 않는다. 이는 통치자와 백성 사이의 감응이 불가능하게 됨을 말한다. 둘째, 통치자의 사심은 의리에 어긋나서 결과적으로 국정을 망친다. 반면에 통치자가 공정하면 모든 사람들이 마음으로 기뻐하고 진실로 복종한다. 이처럼 통치자와 백성이 감응해야만 국정이 형통해진다는 것이다.

'공정성을 매개로 한 통치자와 백성의 감응' 이라는 관념은 자연스럽게 '공론(公論)' 과 연결된다. 공론은 민심이나 여론과 구별되는 개념이다. 선진유학에서는 '민심은 곧 천심' 이라 했으면서도, 한편으로는 '민심은 때때로 부당할 수 있다' 는 점을 경계했다. 송대(宋代)에 이르러 공론이라는 개념이 본격적으로 등장했거니와, 주자는 '천리(天理)에 따르고 인심(人心)에 부합하여, 천하의 모든 사람들이 함께 옳게 여기는 것' 이 공론이라고 정의했다. 즉 주자는 천리와 민심이 접맥되는 지점에서 공론을 정의한 것으로, 공론이란 '다수의 의사이면서 동시에 그 정당성이 입증된 의사' 를 말한다.[113)] 주자는 자신의 상소문 곳곳에서 '국정(國政)을 한결같이 공

112) 『朱子大全』 卷12 頁5, 〈己酉擬上封事〉.

113) '朱子의 公論論' 에 대한 자세한 논의는 拙著, 『儒教傳統과 自由民主主義』, 제8장 〈유

론에 따르라' 고 간언하였다.

재이(災異)의 변고와 화란(禍亂)의 기미가 완전히 사라지지 않는 것 또한 폐하께 달려있습니다. 폐하께서는 정신을 모으고 공손히 한 다음, 옛 선왕들을 깊이 거울로 삼으십시오. 날마다 대신들과 정사의 원리를 강구하고, 찬성과 반대가 서로 구제하게 하여 오직 옳은 것을 따르며, 명령을 내리고 시행함에 하나라도 조정에서 나오지 않은 것이 없게 하며, 인재의 진퇴가 하나라도 공론에 어긋남이 없도록 하십시오. 한 쪽의 말만 치우치게 들어서 사사로운 문로를 열어주지 않는다면, 성덕(聖德)이 날로 새로워지고 성치(聖治)가 날로 흥기되어, 하늘과 사람의 감응이 어긋나지 않을 것이며 재앙의 싹도 생기지 않을 것입니다.[114]

위의 인용문에서 직접적으로 공론과 연계시킨 것은 '인재의 진퇴' 뿐이지만, 그 밖의 것들도 사실은 모두 공론과 연계된 것이다. '대신들과 정사의 원리를 강구하고, 찬성과 반대가 서로 구제하게 하여 오직 옳은 것을 따르며, 명령을 내리고 시행함이 모두 조정에서 나오도록 하는 것' 은 모두 '조정에서 공개적인 논의를 통해 다양한 의견을 수렴하는 과정' 을 전제하기 때문이다. 주자는 공개적인 논의를 통해서만 공정한 의론이 성립할 수 있다고 보아, 공론이 성립할 수 있는 조건으로 '언로의 확대' 와 '언론의 자유' 를 강조했다.

안으로는 군신백관(群臣百官)으로부터 밖으로는 일반 백성에 이르기까지, 능히 성심을 일깨워주고 정사의 방향을 제시할 수 있는 사람이면, 소원함과 비천함을 묻지 말고 모두 스스로 소통할 수 있도록 하십시오. 그런 다음에 근신(近

교의 公論論과 政治的 正當性의 문제〉 참조.

114)『朱子大全』卷14 頁13, 〈甲寅行宮便殿奏箚一〉.

臣) 가운데 '통명정직(通明正直)한 사람' 한두 명을 골라, 그들로 하여금 각각 그들이 아는 '학식이 있고 감히 말할 수 있는 선비' 서너 명을 이끌고 궁궐의 문을 맡도록 하십시오. 그리하여 무릇 사방에서 올라오는 말을 모두 살피고 열람하여, 그 가운데 충성을 다하고 직언을 숨기지 않는 것을 골라, 날마다 폐하께 아뢰도록 하십시오. (…) 그러면 상제(上帝)와 귀신(鬼神)이 위노(威怒)를 거두어들이고, 여러 백성들은 아름다운 혜택을 누릴 것입니다.[115)]

'안으로는 군신백관으로부터 밖으로는 일반 백성에 이르기까지'는 '모든 사람에게 언로를 개방하라'는 뜻이요, '소원함과 비천함을 묻지 말고 모두 스스로 소통할 수 있도록 하라'는 것은 '언론의 자유를 보장하라'는 뜻이다. 주자는 이처럼 모든 사람에게 언로를 개방하고 언론의 자유를 보장하라고 주장하면서도, 또한 공론을 주도하는 핵심 역할을 하는 사람이 필요하다고 보았다. 위에서 "근신 가운데 '통명정직한 사람' 한두 명을 골라, 그들로 하여금 각각 그들이 아는 '학식이 있고 감히 말할 수 있는 선비' 서너 명을 이끌고 궁궐의 문을 맡도록 하라."는 것이 그것이다.[116)] 요컨대 공론은 모든 사람들의 의견을 결집한 것이지만, 공론의 결집에는 '통명정직한 사람'이나 '학식이 있고 감히 말할 수 있는 선비'의 주도적인 역할이 필요하다는 것이다.

이상의 내용을 정리하면, 민본정치란 한마디로 '백성과 감응하는 정치'로서, 통치자가 백성에게 모범을 보이는 솔선수범의 정치, 통치자가 백성과 고락을 같이하는 여민동락의 정치, 통치자가 백성의 정당한 의사에 따르는 공론의 정치를 말한다. 그런데 이러한 민본정치가 과거 유교사회에

115) 『朱子大全』 卷13 頁8, 〈辛丑延和奏箚〉.

116) 이는 또한 『周禮』에서 '小司寇가 궁궐의 남문 밖에 있는 外朝를 관장했다'는 것과 취지를 같이 하는 것이다.

서 항상 제대로 실현되었던 것은 아니다. 조선시대로 말하자면 세종대왕과 같은 성군(聖君)의 시대가 있었던가 하면 연산군과 같은 폭군의 시대도 있었고, 권간(權奸)들에게 농락을 당하던 혼군(昏君)의 시대도 있었고, 권간들과 야합하는 용군(庸君)의 시대도 있었다.

'민주적 군주정' 으로서의 민본정치가 추구한 이상은 오늘날 민주정치의 이상과 비교해 보아도 손색이 없을 것이다. 문제는 이처럼 고상한 민본의 이념이 폭군(暴君) · 용군(庸君) · 혼군(昏君)의 등장을 예방하지 못했다는 점이다. 그렇다면 유교의 민본사상은 왜 그 이상을 실현하는 데 실패했는가? 그것은 한마디로 '정치권력에 대한 민주적 통제수단' 이 빈약했기 때문이다. 유교의 민본사상은 다분히 '통치자의 인격적 각성에 의존하는 시스템' 이었다. 주지하듯이, 유가는 '각종 통치제도보다 그 통치제도를 운용하는 통치자의 인격이 더 중요하다' 는 입장을 견지해 왔다. 그런데 '제도보다 인격이 더 중요하다' 고 하더라도, 제도 역시 불가결의 의의를 지니는 것이다. 요컨대 유교 국가에서 통치자를 각성시키기 위한 경연(經筵)과 서연(書筵)이 쉴 새 없이 열렸지만, 그 효과는 군주의 권력남용을 통제할 수 있는 입헌체제(立憲體制)만 못했던 것이다.

이상에서 민본정치의 이상과 현실을 개관했거니와, 이제 오늘날의 민주주의와 대비하면서 그 특징을 정리해 보자. 오늘날의 민주주의가 '정치인의 정무(政務) 수행' 을 '대의(代議)' 로 설명하는 것과 달리, 유교의 민본사상에서는 '정치인의 정무 수행' 을 '감응(感應)' 으로 인식했다. 이 점이야말로 민주주의와 민본사상의 중요한 차이이다.

'수(數)의 압력을 이성(理性)으로 보완한다' 는 당초의 취지와 별개로, 대의제는 사실 심각한 하자를 품고 있다. 오늘날의 대의제는 수보다 이성을 중시하기 위해 대의의 본질을 '자유위임(포괄적 신탁)' 으로 규정하고, 따라서 '대표는 자신의 양심에 따라 자율적으로 직무를 수행할 수 있다'

고 규정했다. 그렇다면 논리적으로 볼 때 대표는 유권자의 의사와 상관없이 정무를 수행할 수 있는바, 따라서 정치인이 민의를 외면하거나(대의제에 의한 국민의 소외) 또는 민의를 배반하며 사리사욕에 매달리는 일(대의제의 배반)이 발생할 수 있는 것이다.[117]

유교의 민본사상에서는 '정치인의 정무 수행'을 '백성과의 감응'으로 인식했다. 이처럼 정무의 본질을 감응으로 규정하면 정치인과 민의 활발한 상호작용이 가능하게 된다. 정치인과 민의 활발한 상호작용은 양자 사이에 친애의 감정을 낳는바, 이런 맥락에서 유교에서는 '통치자와 백성'의 관계를 종종 '부모와 자식'의 관계에 비유했다. 『대학』에서는 "『시경』에서는 '즐거운 저 군자여, 백성의 부모로다'라고 했으니, 백성이 좋아하는 것을 좋아하고 백성이 싫어하는 것을 싫어하는 통치자, 이런 통치자를 '백성의 부모'라 한다."[118]고 했다. 오늘날 정치인들이 국민들과 고락(苦樂)을 같이 하면서 국민들의 호오(好惡)를 국정에 적극 반영한다면, 국민들은 자신들이 참으로 '나라의 주인'이라고 생각하면서 정치인을 '국민의 부모'로 존경할 것이다.[119]

---

117) '이성이 풍부한 대표'는 민의를 하찮게 여겨 외면할 수 있고, '이성이 부족한 대표'는 민의를 배반하며 사리사욕을 추구할 수 있다. 이러한 맥락에서 몇몇 학자들은 대의제를 '과두제'라거나 '反民主的'이라고 비판했던 것이다.

118) 『大學章句』 傳10章.

119) '통치자와 백성'을 '부모와 자식'에 비유하면, 或者는 '권위적 지배' 또는 '전제정치'를 연상할 것이다. 그러나 이것은 아리스토텔레스의 관점이다(『정치학』 1259b 참조). '父子有親'이라고 했듯이, 유교에서 '부모와 자식'의 관계는 무엇보다도 '親愛'로 규정되었다. 이러한 맥락에서 徐居正도 "守令은 옛날의 諸侯로서, 백성에게는 부모의 도리가 있으니 (…) 부모의 마음을 미루어 백성을 사랑하면 백성들이 기뻐한다."고 말한 바 있다(『海東小學』 〈嘉言〉 참조).

4. 민주와 민본의 통섭

1) 한국 민주주의의 현실에 대한 비판들

1987년 대통령 직선제 개헌이 이루어졌고, 이후 몇 차례에 걸쳐 평화적 정권교체를 실현함으로써, 이제 한국은 자타가 공인하는 민주국가가 되었다. 그런데 많은 학자들은 지금도 '민주화 이후의 민주주의'나 '한국 민주주의의 위기'를 거론하고 있다. 아직도 한국의 민주주의는 '내실화(內實化)'나 '공고화(鞏固化)'가 필요하다는 것이다. 이에 대한 몇몇 학자들의 진단을 살펴보기로 하자.

최장집은 2002년의 글에서 "지난 15년간의 한국민주주의의 실험은 일단 실패했으며 뭔가 새롭게 시작하지 않으면 안 된다."고 주장하면서, 그 실패의 원인을 "민주화 이후에 민주주의를 발전시키는 데 있어서 민주세력이 보여준 무능력에 있다"고 규정했다. 최장집은 다음과 같이 말한다.

> 나는 민주주의는 민주주의를 지키고, 그것에 맞는 가치를 함양하고, 발전을 위한 제도적 장치를 끊임없이 개발하는 노력이 뒤따르지 않으면 이내 후퇴할 수 있다는 것을 강조하고자 한다. 내가 오늘날 한국 민주주의가 위기라고 규정하는 것은, 그간 한국사회에서 민주주의의 내용적 발전을 위한 자기쇄신의 노력이 부재했으며, 그 결과 한국사회가 점차 나쁜 방향으로 급격히 퇴보하고 있다는 것에 대한 문제제기이기도 하다.[120)]

위의 인용문에서는 '한국의 민주주의'를 '위기'로 규정했는데, 최장집

---

120) 최장집, 『민주화 이후의 민주주의』, 45쪽.

은 그 까닭을 다음과 같이 설명한다.

> 오늘날 정부는 무능하고, 무책임하고, 부패했다. 이는 비단 김대중 정부뿐만 아니라 민주화 이후 정부들이 한결같이 보여준 결과였다. 정당들은 사회적 요구에 기반을 둔 정책대안을 거부하고, 국민의 대표라고 하는 국회의원은 정치적 대의를 위해 헌신하기보다는 자신들의 정치적 자산을 증대하는 데에만 관심을 보였다. 이 속에서 정치에 대한 국민의 혐오 내지는 반감이 더욱 커지는 것은 당연한 일이다.[121]

최장집은 '위기의 원인' 을 크게 '정부의 무능과 부패' 와 '정당의 의견 수렴 및 정책제시 기능 부재' 로 규정한 것이다. 그렇다면 한국의 민주주의는 도덕적 차원과 제도적 차원에서 모두 보완이 필요할 것인바, 최장집은 그 가운데 '정당제도의 발전' 에 더욱 큰 비중을 두었다. 정당이 국민의 요구를 수렴하여 정책대안을 제시하는 기능을 제대로 발휘해야 한국의 민주주의가 순조롭게 발전할 수 있다는 것이다.[122]

---

121) 최장집, 『민주화 이후의 민주주의』, 21쪽.

122) 최장집, 『한국 민주주의 무엇이 문제인가』, 134쪽. 한편, 위의 인용문에서는 '정부의 무책임과 부패' 등을 문제 삼았으면서도, 최장집은 한국 민주주의에 대한 보완책으로서의 '도덕주의적 접근' 에 대해 경계했다. "도덕주의는 민주적 과정의 실패의 산물" 이라는 것이다. 최장집은 "정치에 대한 도덕주의적 접근을 부정적으로 말하는 이유는, 도덕이나 사회윤리를 확립하고 '신뢰' 를 창출하자는 것이 잘못되어서가 아니다. 정치의 영역에서는 도덕주의의 가치를 통해 실제 도덕적 가치도 신뢰도 실현할 수 없기 때문이다. 정치와 도덕은 다른 수준, 다른 영역에 위치한다." 고 설명했다. 예컨대 대기업과 중소기업, 정규직과 비정규직, 취업자와 실업자 간의 이익갈등을 조정하여 공동이익을 제공하는 문제 등은 도덕주의적 방법으로 접근되거나 해결될 수 있는 성격이 전혀 아니라는 것이다(최장집, 『민주주의의 민주화』, 68~71쪽 참조). 요컨대 최장집은 국민의 신뢰를 얻기 위해 정치인들이 도덕적이어야 함은 충분히 인정하면서도, 사회적 갈등 해결에 대한 도덕주의적 접근을 비판한 것이다.

한편, 조희연은 한국 민주주의 위기의 본질은 '정치적 탈독점화, 경제적 탈독점화, 사회적 탈독점화의 복합적 상호작용의 갈등' 이라고 설명했다. 민주화란 기본적으로 '정치적 탈독점화' 를 함축하거니와, 정치적 탈독점화의 조건 속에서 경제적 · 사회적 탈독점화를 둘러싼 치열한 갈등이 분출됨으로써 한국의 민주주의가 '위기' 에 봉착하게 되었다는 것이다. 조희연은 치열한 갈등의 요인을 둘로 설명했다. 하나는 정치적 · 경제적 · 사회적 수준에서 독점적 지위에 있었던 기득권 세력의 민주주의적 저항이고, 다른 하나는 사회경제적 하위주체들(소외집단)의 새로운 저항의 분출이다.[123)]

'기득권 세력의 민주주의적 저항' 이란 민주화 이전 시기에 기득권을 누렸던 세력이 민주주의적 자유를 이용하여 민주화 세력에 저항하는 것으로서, 새로운 민주주의하에서 과거의 기득권 세력은 민주적 제도를 통해 자신의 이익을 방어하고 향유하게 된다는 것이다.[124)] 반면에 '하위주체들의 새로운 저항' 이란 그동안 독재하에서 억눌렸던 소외집단들이 그동안의 억압과 차별들을 문제 삼으면서 저항하는 것으로서, 그리하여 기존에는 드러나지 않았던 갈등이 끊임없는 나타나게 된다는 것이다. 이러한 맥락에서 조희연은 민주주의의 공고화를 위한 핵심적 관건을 "다양한 정치세력들이 '비적대적 공존' 을 할 수 있느냐 없느냐" 의 문제로 설명했다.[125)] 그렇다면 비적대적 공존의 가능조건은 무엇인가? 이에 대한 조희연의 설

123) 조희연 · 박은홍 편, 『동아시아와 한국 - 민주화와 민주주의의 위기를 넘어』, 22~24쪽 참조.

124) 조희연은 보수언론이 민주화의 산물인 '언론의 자유' 에 기대어 민주정부를 비판하는 것이 단적인 예라고 했다. 민주주의적 자유와 권리는 독재하에서 억압되었던 저항세력만이 새롭게 향유하는 것이 아니라, 과거의 억압세력도 함께 누리기 때문에, 이러한 저항이 가능하다는 것이다.

125) 조희연 · 박은홍 편, 『동아시아와 한국 - 민주화와 민주주의의 위기를 넘어』, 24~27쪽 참조.

명은 둘로 요약된다.

첫째, '기득권 세력의 민주주의적 저항'과 관련해서는, 구 기득권 세력의 주류담론과 민주화 세력의 비판담론 사이의 건강한 긴장관계 및 상호소통이 필요하다는 것이다.[126] 조희연은 특히 "진보적 저항운동세력에 기본적으로 중요한 인식과 자세는 진보와 민주의 상징성을 민중적 세력만이 갖는 것은 아니라고 하는 점을 겸허하게 인정하는 것"이라고 강조했다. "우리 사회의 진보에 기여할 수 있는 '작은 진보성' '부분적인 진보성'을 갖는 많은 운동들을 '수단화' 하지 않고 '동반자'로 여기는 자세를 갖는 것이 중요하다"는 것이다.[127]

둘째, '하위주체들의 새로운 저항'과 관련해서는, 소외집단이 감내하고 수용할 수 있는 정도로 富의 분배구조 등 사회경제적 구조가 개선되어야 한다는 것이다. 즉 "민주주의의 공고화는 새롭게 자각된 민중들이 새로운 민주적 질서에 순응하게 될 때, 즉 반란을 꾀하지 않고 민주적 제도를 활용한 저항을 하게 될 때 나타나게 된다"는 것인바, 이를 위해서는 "독재하에서의 사회경제적 구조가 정치형식의 민주주의적 변화에 상응하는 정도로 변화하는 것이 중요하다"는 것이다.[128]

한편, 근래 우리 정국(政局)에 혜성처럼 등장하여 많은 국민들의 관심을 모았던 '안철수' 현상에 대해, 박홍규는 이를 '안철수 민란'으로 규정하면서, 그 핵심을 다음과 같이 진단했다. 즉, 민주화 이후 민중의 인문성은 성장한 반면, 정치의 영역에서는 초권력주의가 만연하여 대의민주주의의 책임성이 작동하지 않는 등 민주주의가 성숙하지 못하는 상황이 지속되었지

126) 조희연, 『한국의 민주주의와 사회운동』, 7~8쪽 참조.

127) 조희연, 『한국의 민주주의와 사회운동』, 23쪽 참조.

128) 조희연·박은홍 편, 『동아시아와 한국 - 민주화와 민주주의의 위기를 넘어』, 26~27쪽 참조.

만, 정치가는 개혁을 통해 민중의 요구를 반영하지 못하자, 민중은 대의민주주의 질서에 저항하였다는 것이다.[129] 박홍규는 다음과 같이 말한다.

> 현존하는 대의민주주의에서 민란이라는 사건이 발생하였다는 것은 민주주의의 협소성이 초권력주의를 치유할 수 없다는 것을 말해주었다. 유교의 포괄성이 민주주의를 상대로 새로운 힘을 발휘하기 시작하였다. 민주주의의 주체인 민중은 성숙한 민주주의를 위해 그것과는 대치되는 원리를 담고 있는 민본주의를 요청하고 있다. 민주주의의 역설이다. 민중은 민본을 실행해 줄 정치가를 부르고 있고, 정치가는 민주주의 제도와 절차를 기반으로 민본정치를 실행함으로써 민주주의를 성숙시키게 될 것이다.[130]

박홍규에 의하면, '민주적 제도와 절차'는 작동하지만 그 내실이라 할 수 있는 '민본'이 결여된 상황에서 '민란'이 발생한 것이다. 이를 대의민주주의와 결부시켜 설명하자면, 대표자들이 민주적 제도와 절차를 통해 '국민 또는 국가의 이익'을 대표하지 않고 자신들의 '사익(私益)'에 매달림으로써 '민란'을 초래했다는 것이다. 요컨대 '대의제의 배반'이 '안철수 민란'을 초래한 것이다.

한편, 강정인은 '민주주의의 내포적 심화'를 방해하는 주요 요인 가운데 하나로 토크빌이 논한 '정치의 사사화(私事化, privatization)' 문제를 지적한 바 있다. 정치의 사사화는 개념적으로는 서로 구분되나 현상적으로

129) 박홍규, 「유교적 정치가와 성숙한 민주주의 : 안철수 '민란'」, 590쪽. 박홍규는 "법과 제도, 정치이념, 인문성이 작동하지 못하는, 노골적인 권력 추구가 항상적 집단적으로 이루어지게끔 구조화되어 있는 상황" 또는 "법은 강자를 위한 수단이고, 이념은 투쟁을 위한 수단이며, 인문성은 장식을 위한 수단에 불과한 상황"을 '초권력주의'로 규정했다(587쪽).

130) 박홍규, 「유교적 정치가와 성숙한 민주주의 : 안철수 '민란'」, 607~608쪽.

는 서로 연관된 세 차원을 내포하고 있다. 곧 정치적 무관심과 비참여, 정치 문제의 사사화, 정치 영역을 사익 추구의 정신이 잠식하는 것이 그것이다.[131)]

강정인에 의하면, 정치의 사사화는 현대 자유민주주의에서 '보편적으로' 관찰되는 현상으로서, 그 밑바탕에는 인간을 '합리적 이기주의자(rational egoist)' 로 파악하는 자유주의 특유의 개인주의가 놓여 있다. 자유주의적 개인주의는 두 가지 상관된 전제를 담고 있다. 인식론적으로 '각 개인은 자신의 이익에 대한 최선의 판단자이다' 라는 전제와 동기 부여의 차원에서 '어느 누구에게도—심지어 통치자를 포함하여—자신의 사적인 이익을 우선적으로 추구하지 않을 것을 기대할 수 없다' 라는 전제가 그것이다.[132)] 강정인의 주장처럼 '정치의 사사화' 의 근저에는 '합리적 이기주의자' 라는 인간관이 놓여있다면, 정치의 사사화를 극복하기 위해서는 먼저 합리적 이기주의자라는 자유주의적 인간관을 초극할 필요가 있겠다.

강정인이 '자유주의적 인간관' 을 문제 삼은 것보다 더 포괄적인 맥락에서, 함재봉은 '자유주의의 철학적, 사상적 문제들' 을 지적하면서, 자유주의를 초극한 '비(非)자유주의적 민주주의' 를 제안하였다. 자유주의자들은 인간행위의 근본적 동인(動因)을 생존욕 · 소유욕 · 성욕과 같은 욕구로 파악하고, 모든 개인은 이 욕구를 추구할 자유와 권리를 지닌다고 주장한다. 자유주의자들은 이처럼 개인의 자유와 권리를 절대화하고, 국가를 단지 개인의 자유와 권리를 보호하기 위한 수단으로 간주한다. 요컨대 자유주의적 맥락에서는 '개인의 욕구 충족' 에 집중할 뿐 '공동선' 이 실현될 수 없다는 것이다.[133)]

131) 강정인, 「세계화 그리고 민주주의의 미래」, 38쪽 참조.
132) 강정인, 「세계화 그리고 민주주의의 미래」, 38~40쪽 참조.
133) 함재봉, 『유교 자본주의 민주주의』, 121~127쪽 참조.

함재봉은 다양한 측면에서 서구식 자유민주주의가 초래하는 사회적 병폐와 도덕적 해이를 거론하고, "보다 공동체주의적이고 따라서 비자유주의적인 민주주의"[134]를 표방하면서, 자유주의를 대체할 우리의 문화적 자원으로 전통 유교를 주목했다. 함재봉은 "유가(儒家)는 개개인의 욕구를 긍정하고 사회 · 정치 생활의 기본 원칙으로 삼기보다는 사람 사이에 지켜야 할 가치와 덕목을 최우선으로 상정하고 추구한다."[135]고 하면서, 다음과 같이 '유교민주주의'를 제창한다.

> 한국 지식인의 임무는 서구의 특정한 문물을 보다 잘 수용하는 방법을 모색하는 데 그치지 않고 한 걸음 더 나아가서 그러한 제도가 우리가 바라는 이상적인 사회를 건설하는 데 어떻게 기여할 수 있는가를 살피는 일이다. 그런 의미에서 민주주의와 시장경제는 수단에 불과하다. 그리고 이러한 수단이 보장해주는 것은 물질적 풍요와 가장 기본적인 참정권뿐이다. 우리가 그려봐야 하는 사회는 그러한 기본적인 것들이 갖추어진 후에 도래할 사회의 모습이다. (…) 우리가 추구해야 하는 사회의 모습은 기본권이 보장되는 데 그치는 사회가 아닌 도덕 공동체다. 윤리, 도덕, 인의예지 등의 말이 너무 고리타분하다면 그저 보다 '인간적'인 사회라고 해도 좋다. 그러나 그것을 무엇이라고 표현하든 우리가 바라고 추구할 만한 가치가 있는 사회를 건설하는 데 있어서는 유교사상에 대한 적극적인 이해와 재해석이 필요하다. 유교가 이미 우리의 가치관의 기저를 형성하고 있기 때문이기도 하지만 동시에 인간의 보편적인 가치와 이상을 담고 있는 사상이기 때문이다.[136]

134) 함재봉, 『유교 자본주의 민주주의』, 120쪽.
135) 함재봉, 『유교 자본주의 민주주의』, 130쪽.
136) 함재봉, 『유교 자본주의 민주주의』, 143~144쪽.

함재봉은 민주주의(기본적 참정권)와 시장경제(물질적 풍요)를 현재 한국이 이룩한 성과로 전제한 다음, '그러한 기본적인 것들이 갖추어진 후에 도래할 사회의 모습' 으로서 '윤리, 도덕, 인의예지' 등이 실현되는 '보다 인간적인 도덕 공동체' 를 제안했다.

이상의 내용을 정리해보자. 최장집의 주장은 민주주의의 내실화나 공고화를 위해서는 정당은 국민의 다양한 요구를 수렴해서 정책대안을 제시해야 하며, 정치인들은 도덕성을 발휘함으로써 국민의 신뢰를 얻어야 하지만, 정치적 문제를 도덕주의적으로 접근해서는 곤란하다는 것으로 정리된다.

조희연의 주장은 우리 사회의 다양한 세력들이 비적대적으로 공존할 수 있어야 하며, 정치민주화에 상응하는 경제민주화를 통해 하층민들의 생존권을 적절히 보장해야 한다는 것으로 정리된다.

박홍규의 주장은 '민주적 제도와 절차' 는 작동하지만 그 내실이라 할 수 있는 '민본' 이 결여된 상황에서 '민란' 이 발생한 것이므로, 민주주의 제도와 절차를 기반으로 민본정치를 실행함으로써 민주주의를 성숙시켜야 한다는 것이다.

강정인의 주장은 현대 자유민주주의에서는 '보편적으로' 정치의 사사화 현상이 관찰되는바, 이를 해결하기 위해서는 근원적으로 인간은 '합리적 이기주의자' 라는 자유주의 특유의 개인주의를 극복해야 한다는 것으로 요약된다.

함재봉의 주장은 민주주의(기본적 참정권)와 시장경제(물질적 풍요)를 달성한 우리 한국은 이제 '윤리, 도덕, 인의예지' 등이 실현되는 '보다 인간적인 도덕 공동체' 를 만들기 위해 유교민주주의를 모색해야 한다는 것으로 요약된다.

이제 이러한 점들을 염두에 두고, 전통 유교가 오늘날 민주주의의 발전을 위해 어떻게 기여할 수 있는지 생각해 보기로 하자.

2) 민주와 민본의 통섭 방향

민주주의를 '인민에 의한 지배' 를 통해 '인민의 행복 증진' 을 실현하는 것이라고 정의한다면, '인민에 의한 지배' 는 민주주의의 수단이며, '인민의 행복 증진' 은 민주주의의 목적이다.[137] 그런데 오늘날 민주국가의 일반적 문제점은 '민주적 수단' 이 '민주주의의 목적' 을 제대로 구현하지 못한다는 점이다. 요컨대 대부분의 민주국가에서 '인민에 의한 지배' 를 실현하고 있음에도 불구하고 '인민의 행복' 은 기대한 것만큼 증진되지 않고 있으며, 이는 우리 한국의 경우도 마찬가지이다.[138] 따라서 '어떻게 인민의 행복을 증진할 것인가?' 하는 점이 문제인바, 이에 대해서는 '민본' 을 내세운 전통 유교가 무엇인가 기여할 수 있을 것으로 기대된다. 이제 이러한 맥락에서 '민주와 민본의 통섭 방향' 을 모색해 보기로 하자.

우선 '인민의 행복' 을 구성하는 요소가 무엇인지 정리해 보자. 행복의 구성 요소를 명확히 파악해야 인민의 행복에 접근하는 방법도 떠올릴 수 있기 때문이다. 행복의 구성 요소로, 첫째는 의식주를 원만히 해결할 수 있는 '경제적 풍요' 를 꼽을 수 있다. 의식주의 해결은 생존을 위한 기본 요건이요, 의식주의 해결 없이는 행복을 논할 겨를이 없는 것이다. 둘째는 자신이 원하는 삶을 사는 '자아실현' 이다. 의식주를 해결하고 난 다음에는 대부분의 인간이 '자아실현' 을 추구한다. '자아실현' 에는 본래 두 차원이 있

137) '참여' 의 의미를 '자치(autonomy, self-government)' 또는 '자아실현(self-realization)' 으로 이해하는 참여민주주의의 관점에서 본다면 민주주의(인민에 의한 지배)는 수단의 지위를 벗어나 인간이 추구하는 행복의 일부가 된다.

138) 반면에 전통 유교의 민본주의는 '인민의 행복증진' 을 주창하면서 '인민에 의한 지배' 를 상대적으로 소홀히 했던 것이다.

다. 하나는 '인간 본성의 실현' 이라는 차원으로서, 전통 유학자들은 이를 추구했다. 다른 하나는 '자기 개성의 실현' 이라는 차원으로서, 근대 자유주의자들은 이를 추구했다. 그런데 이 양자를 겸해야만 진정한 자아실현이라 할 수 있을 것이다.[139] 셋째는 '함께 하고 싶은 이웃' 이 있는 것이다. 아무리 개인주의를 옹호한다고 하더라도, 우리의 삶은 이웃과 함께 하는 것이다. 이웃과 경쟁하면서 불화를 겪을 때에는 각자의 삶이 고통스럽고, 이웃과 서로 인정하고 소통하고 배려할 때 각자의 행복이 배가된다는 점은 부정할 수 없는 사실이다. 넷째, 확장된 이웃으로서 '공동체' 에 참여하면서, 공동체의 문제 해결에 자신의 의사가 적절하게 반영될 때 누리게 되는 '보람' 과 '주인의식' 이다.[140] 공동체의 운영에 자신의 의사를 반영시킬 수 없을 경우, 대부분 소외감을 느끼면서 공동체에 불만을 품게 된다.

이상과 같이 행복의 구성 요소를 정리한다면, 그에 비추어 기존의 민주주의가 왜 '인민의 행복 증진' 에 실패했는지를 따져볼 수 있겠다.

먼저, 자유민주주의의 경우를 살펴보자. 자유주의자들은 민주적 방법을 통해 개인의 자유와 권리를 충분히 보호하기만 하면 만민의 행복이 실현될 것으로 기대했다. 그러나 여기에는 간과된 요소가 매우 많다. 자조(自助)의 능력이 충분한 개인들은 '자유와 권리의 보장' 만으로도 만족할 수 있겠지만, 우리 사회에는 자조의 능력이 모자라는 '사회적 약자들' 도 많다는 점이 문제이다. 자유주의는 이들의 삶을 돌보는 데 충분히 유의하지 않았다. 또한 자유주의가 추구한 '자아실현' 도 '개성의 실현' 에만 몰두하

139) 이에 대한 자세한 논의는 이 책의 제6장 〈자유주의의 人權論과 유교의 人倫論〉 참조.

140) 강정인은 "사람들은 개별적인 곤경과 고통을 집단적으로 검토하고, 공통의 해결책을 숙의하며, 집단적인 행위를 공동으로 조직함으로써 정치의 무력한 희생물에서 역사창조의 주체로 부상한다."는 맥락에서, 그리고 이러한 참여 속에서 '참여자 자신들도 知的으로나 道德的으로 변화된다' 는 맥락에서 '참여민주주의' 를 옹호한 바 있다(강정인, 『민주주의의 이해』, 185~186쪽 참조).

여 '자아도취(narcissism)' 에 빠지는 경우가 많았다. 더 나아가 자유주의의 개인주의는 공동체적 삶을 경시하여 각종 소외 현상을 야기하고 있다.

다음, 사회민주주의의 경우를 살펴보자. 사회주의는 경제의 중요성을 충분히 강조했고, 사회적 약자들에 대한 배려도 충분히 강조했으며, 앞장서서 사회적 연대의 중요성을 제창했다는 점에서 자유주의와 구별된다. 그러나 '자기책임 원칙' 을 외면하고 '사회책임 원칙' 을 내세움으로써, 한편으로는 국가에 과도한 짐을 지우고 다른 한편으로는 대다수 인민의 도덕적 해이를 초래한 점은 커다란 한계로 남는다. 또한 사회주의 역시 '권리중심의 담론(제2세대 인권론)' 으로부터 벗어나지 못한 것인바, 권리중심 담론은 결국 '상대방에 대한 배려' 보다 '자신의 이익을 위한 투쟁' 으로 귀결되는 것이다. 같은 맥락에서, 사회주의에서 말하는 '사회적 연대' 역시 다분히 '전투적인 양상' 을 띠게 되어, 전통적인 '도덕(인륜) 공동체' 와는 거리가 멀어지게 되는 것이다.

우리나라 현행 헌법은 자유주의적 관점에서 개인의 권리를 충분히 옹호하면서도, 또한 사회주의적 관점에서 각종 사회권을 설정하여 국민의 복지를 꾀하고 있다는 맥락에서, 우리 한국의 민주주의는 자유주의와 사회주의를 절충한 민주주의이다. 이렇게 본다면 오늘날 우리 국민은 '자유권과 사회권의 조화' 속에서 '민주적 참여' 의 보람을 느끼면서 충분히 '행복' 을 누릴 수 있어야 마땅한데, 현실은 매우 그렇지 못한 것이 문제이다.

우리 국민들이 현실 정치에 불만을 품는 가장 큰 이유는 셋으로 집약할 수 있다. 첫째는 '대의제에 의한 소외' 문제로, 국민의 대표로 선출된 정치인들이 자율성을 발휘하면서 국민의 의사를 적극적으로 수렴하지 않는 것이다. 오늘날 자유민주국가의 대의제는 대표가 유권자들의 의사에 구애받지 않고 스스로 양심에 따라 자율성을 발휘할 수 있다는 자유위임론에 입각한 것이라 했다. 따라서 대표들은 선거철이 지나면 유권자들을 외면하고, 대부분의 유권자들은 소외감과 무력감을 느끼게 되는 것이다.[141] 둘째는 '대의제의 배반' 문제로서, 국민의 대표로 선출된 정치인들이 '국민과 국가'를 위해 헌신하기보다는 자신들의 '사리사욕'이나 '당리당략'에 매달리고 있다는 점이다.[142] 셋째는 '경제적 곤란' 문제로서, 많은 국민의 생업이 어렵다는 점이다. 이 셋을 종합하면, 오늘날 우리 정치인들이 국민들과 소통하면서 민생의 개선에 헌신하지 않고 자신들의 사익에 매달리고 있다는 점이 '문제의 핵심'이다.

밀이 지적한 것처럼, 무릇 정치에서 '가장 심각한 문제점'은 정치인들이 공익을 위해 헌신하지 않고 오히려 공익을 희생시키면서 사익(私益, 邪益, sinister interests)을 추구하는 것이다. 또 밀이 지적한 것처럼 이는 대의민주정에서만 발견되는 폐단이 아니요, 군주정이나 귀족정에서도 항상 있어왔던 폐단이다.[143] 그럼에도 불구하고, 정치인의 사익 추구 또는 대의제

141) 미국의 정치학자 크렌슨(Matthew A. Crenson)과 긴스버그(Benjamin Ginsberg)는 오늘날 대의민주제에서 적극적으로 자신의 의사를 표현하면서 여론을 주도하는 사람들은 각종 시민단체나 정당 등에 가입한 몇몇 소수에 불과하며, 대부분의 유권자들은 침묵하고 소외당하는 현실을 'downsizing democracy'라고 불렀다. 요컨대 미국의 민주주의는 더 이상 대중의 지지에 의존하는 '대중민주주의'가 아니라 몇몇 능력있는 개별 시민들이 주도하는 '개인민주주의'라는 것이다(크렌슨 · 긴스버그, 『다운사이징 데모크라시』, 13~18쪽 참조).

142) 장훈은 오늘날 자유민주주의 정치의 문제점으로 '고장 난 대의제'를 거론한 바 있다. "미국의 트럼프 현상이나 서유럽 극우정치의 약진은 시민적 삶과 유리된 대의제 정치가 쏟아내는 고통스러운 신음 소리다. 고장 난 대의제에 대한 분노가 폭발하기 전에 우리 정치는 시민들 삶의 위기와 정치권이 말하는 위기의 괴리부터 좁혀야 한다."는 것이다(장훈, 〈개헌론, 그 깊은 괴리감에 대하여〉, 《중앙일보》 2016년 6월 20일자 칼럼). 장훈은 또 2016년 가을 최순실 국정농단 사태로 촉발된 일련의 촛불시위와 박근혜 대통령 탄핵 사태에 즈음하여 "오늘날 대의제 정당들이 전 세계적으로 성난 시민들 앞에서 한없이 위축되어 가고 있다 (…) 전 세계적으로 '분노의 정치'가 정당정치를 집어삼키고 있다"고 지적한 바 있다(장훈, 〈탄핵 표결 이후 정당들은 어디로?〉, 《중앙일보》 2016년 12월 9일자 칼럼).

143) 밀, 『대의정부론』, 121~123쪽 참조.

의 배반 문제는 오늘날의 민주정에서 더욱 심화된 문제이기도 하다. 그 이유는 둘로 설명할 수 있다. 첫째, 민주정에서는 정치권력이 '합법적 전리품'에 해당한다는 것이다. 대의민주정에서는 많은 정치인들이 권력을 잡기 위해 민주적 절차에 따라 경쟁하는바, 정치권력은 경쟁 과정의 모든 손실을 보상해주는 '합법적 전리품'으로 전락하는 것이다.[144] 둘째, 앞에서 살핀 것처럼 민주정은 대개 '정치의 사사화' 문제를 초래한다는 점이다. 정치의 사사화는 정치인의 사익 추구를 음양으로 부채질하는 것이다.[145]

유교가 '대의제에 의한 소외' 문제나 '대의제의 배반' 문제에 대해 무슨 뾰족한 해결책을 제시해줄 수 있는 것은 아니다. 다만 권력에 대한 오늘날의 각종 견제 장치에 다음과 같은 유교적 요소가 가미된다면 문제가 조금이라도 개선될 수 있을 것이다.

첫째, 정치와 권력에 대한 인식의 전환이다. 예나 지금이나 많은 사람들은 정치와 권력을 부귀영화의 수단으로 인식한다. 유교의 민본사상은 무

144) 19세기에 미국에서 유행했던 獵官制(spoils system, 선거에서 승리한 정당이 내각이나 임명직 공직을 有功者들에게 배분한 것)는 그 대표적인 예이다. 우리 사회에서 대통령이나 지방자치단체장 등이 애용하는 '낙하산 인사'도 여기에 포함된다. 한편, 버틀러는 '민주주의의 여러 제도들이 정치인들과 관료들이 나쁜 일을 하도록 압력을 가한다'고 설명하고, 그 대표적인 예로 정치인들이 利權이나 면허권 등 각종 地代를 결정하면서 수수료(로비자금 등의 정치자금)를 받는 것을 거론한 바 있는데(『나쁜 민주주의』, 8쪽, 117~123쪽), 이 역시 '합법적 전리품'의 예이다. 한편 정치인이 부정한 청탁의 대가로 뇌물을 받는다면, 이는 '불법적 전리품'이라 할 것이다. '불법적 전리품'은 군주정과 귀족정 등 모든 政體에 항상 존재하는 비공식적 전리품이다.

145) 윤평중은 최근 '성완종 사태'로 드러난 한국 정치의 부끄러운 이면을 '도둑정치(kleptocracy)'로 규정한 바 있다. '도둑정치'란 "정치·사회·경제·문화 분야 등의 권력 엘리트가 강력한 부패 네트워크를 구축해 자신들의 사적 이해를 위해 공적 자산을 약탈하는 것"이다. 그는 "도둑정치가 횡행하는 곳에 좋은 나라의 꿈은 실현 불가능하기 때문"에 "도둑정치는 단연코 한국 정치 최대의 암(癌) 덩어리다."라고 단언했다(윤평중, 〈도둑정치〉, 《조선일보》 2015년 4월 30일자 칼럼).

엇보다도 이러한 세속적 인식을 타파하는 데 초점이 있었다. 오늘날 국민의 대표들이 누구나 '정치의 목적은 국민의 행복을 증진시키는 데 있고,[146] 권력자의 본분은 국민의 행복을 위해 헌신하는 데 있다'는 점을 부단히 가슴에 새긴다면, 대의제의 배반 문제는 조금이라도 개선될 수 있을 것이다.

둘째, 정치인의 역할에 대한 인식의 전환이다. 대의민주제에서 정치인은 일단 국민의 대표로 선출되면 그들이 적합하다고 생각하는 바에 따라 공공사를 자유롭게 결정할 수 있게 된다(代議). 그런데 루소가 "영국인들은 단지 의회의 의원들을 선출할 때에만 자유로우며, 선출하자마자 자유를 상실하고 노예로 전락한다."[147]고 꼬집었듯이, 이 과정에서 주권자인 국민들은 종종 소외되고 마는 것이다. 유교의 민본사상에서는 정무의 수행과정을 '감응'으로 설명하고, 통치자는 부단히 백성들과 소통하면서 감응할 것을 주문했다. 오늘날 정치인들이 자신들을 '공공사를 자유롭게 결정할 수 있는 대표'라고 생각하는 데 그치지 않고 '솔선수범하면서 국민들과 고락을 같이하는 존재'라고 생각한다면, 대의제에 의한 소외 문제는 조금이라도 개선될 수 있을 것이다.

위의 두 가지 사항은 말 그대로 오늘날 정치의 '가장 심각한 문제점'을 개선하기 위한 제언이다. 이제 부차적인 문제들을 검토해 보자.

먼저 주목할 것은, 오늘날 우리의 민주주의가 '인권의 과잉' 또는 '인권만능주의'[148]에 빠지고 있다는 점이다. 물론 아직도 우리 사회에는 인권을

146) 여기에는 당연히 '국가의 의무에는 국민의 권리 보호뿐만 아니라 국민의 생업 보장도 포함된다'는 내용이 전제된 것이다.

147) 루소, 『사회계약론』, 123쪽.

148) 김비환은 "현대의 인권 만능주의 경향은 그다지 중요하지 않은 사소한 도덕적 요구사항들마저 인권에 포함시켜 인권 목록을 급격히 확장시켜 왔는데, 이런 경향은 인권의 가치를 평가절하시키는 결과를 초래하고 있다."고 지적한 바 있다(김비환, 「현

누리지 못하고 음지에서 신음하는 사람들이 많지만, 더욱 문제가 되는 것은 '인권의 결핍' 보다는 '인권의 과잉' 이다. 그 결과 우리 사회는 "권리를 지나치게 주장한 나머지 공동체, 우의 같은 가치에 반대되는 이기심과 경쟁을 조장해 사회를 분열"[149]시키는 국면에 돌입하였다. 더 나아가 우리 사회의 과도한 자유 풍조는 각종 반인륜적 행태,[150] 자아도취적 행태[151] 등 '멋대로 자유(exousia)' [152]를 조장하기에 이르렀다. 그러나 이러한 행태들은 모두 매우 우려되는 것이다. '인권의 과잉' 은 결국 한국의 민주주의를 자멸하게 만들 수 있으며,[153] '멋대로 자유' 는 '자유로운 개성의 실현' 에

대 인권 담론의 쟁점과 전망」, 22쪽).

149) 이종은, 『평등, 자유, 권리』, 748쪽.

150) 근래에 우리 법원은 외손자를 친양자로 입양하는 것을 허가했다. 당사자들이 원한다면 외조부모가 부모가 되고, 어머니와 이모가 누나가 될 수도 있다는 것이다(《조선일보》 2010년 8월 10일자 보도 〈외손자를 친양자로〉 참조). 또한 우리 법원은 한 남자가 "아내가 결혼 전 不姙 시술한 사실을 숨겨 결혼생활이 파탄 났다" 며 낸 이혼청구소송에 대해 "자녀 출산은 부부생활의 결과일 뿐 목적이 아니기 때문에 아이를 못 낳는 것 자체는 이혼사유가 될 수 없다" 는 취지로 패소판결을 내린 바 있다(《조선일보》 2010년 9월 25일자 '萬物相' 칼럼 〈결혼과 출산의 관계〉 참조).

151) 예컨대 벌린은 "自由의 精髓는 언제나 각자 선택하고 싶은 대로, 어떤 거창한 체계에 사로잡히거나 강압이나 협박에 의해서가 아니라 각자 그렇게 원하기 때문에 선택하는 능력 안에 들어 있다. 그리고 저항할 권리, 인기가 없어도 될 권리, 순전히 자기가 그렇게 확신한다는 이유 때문에 자기 확신을 신봉할 권리에 들어 있다." 고 주장한 바 있는데(Isaiah Berlin, *Freedom and its Betrayal*, 103~104쪽), 이에 대해 테일러는 가치의 객관적 척도를 전제하지 않는다면 자유는 종종 자아도취(narcissism)로 전락하게 된다고 비판한 바 있다(Charles Taylor, *The Ethics of Authenticity*, Cambridge, 39쪽).

152) 서병훈, 『자유의 미학』, 162~165쪽 참조. 예컨대 2014년 세월호 사고 당시 홍가혜라는 여인은 한 TV 매체와의 인터뷰에서 허위사실로 해양경찰을 비난하여 기소됐는데, 우리 법원은 '거짓말 인터뷰' 도 '표현의 자유' 에 속한다고 하면서 무죄 판결을 내렸다. 우리 헌법재판소도 '매체를 이용한 허위사실 유포를 법으로 단죄하는 건 표현의 자유를 침해한다' 고 판결한 바 있다(양선희, 〈거짓말도 표현의 자유다〉, 《중앙일보》 2015년 1월 14일자 칼럼 참조).

153) 전상인은 "언제부턴가 우리는 자기주장과 권리만 말할 뿐, 의무에 대해서는 입을

는 해당될지라도 '사람다운 본성의 실현' 과는 어긋나는 것이기 때문이다.

다음으로 문제 되는 것은, 우리 사회에서 '복지의 책임' 을 둘러싸고 끊임없이 논란이 지속된다는 점이다. 자유주의자들은 복지를 '개인의 책임' 으로 규정하고, 사회주의자들은 복지를 '사회(국가)의 책임' 으로 규정한다. 그런데 복지를 개인의 책임으로 규정하면 사회적 약자들이 외면당하고, 사회의 책임으로 돌리면 많은 사람들이 도덕적 해이에 빠진다. 자유주의의 개인책임 모델은 복지를 각자의 '이기적 본능' 에 맡기고 공정분배의 문제는 예정조화설이라는 허구적 이론으로 대체한 것이며, 사회주의의 사회책임 모델은 '도덕적 본성' 에 입각하여 형제애를 호소하면서 각자의 이기적 본능이 초래하는 폐단을 충분히 숙고하지 않은 것이다. 요컨대 자유주의와 사회주의는 각각 이기적 본능과 도덕적 본성에 일방적으로 의지하면서, 양자를 동시에 고려하지 못하고 있다. 따라서 우리는 양자를 동시에 고려하는 복지제도를 모색할 필요가 있다.

마지막으로 지적할 것은, 우리 사회에서 개인주의의 심화로 인해 공동체가 파편화되고 있다는 점이다. 자유주의는 인간을 '합리적 이기주의자' 로 규정하는바, 합리적 이기주의에 투철하게 되면 결국엔 공동체의 파편화를 초래하게 마련이다.[154] 개인주의는 공동체만 파괴하는 것이 아니요,

---

다무는 분위기에 젖어 있다. 똑똑하고 성난 개인의 비위를 건드리는 것이 마치 사회적 금기처럼 되어 있는 셈이다. 개인화 시대로 나아가는 세계사적 길목에서 한국사회가 특히 우려스러운 것은 바로 이 대목이다." 라고 지적한 바 있다(전상인, 〈한국 민주주의의 자멸 가능성〉, 《조선일보》 2010년 7월 8일자 칼럼).

154) 전상인은 "이제는 가족이, 국가가, 동네가, 고향이, 동문이, 노조가, 직장이, 시민단체가, 그리고 정당이 개인의 삶으로부터 점점 더 멀어지고 있다. 시나브로 개인화 시대다. 사회제도나 조직의 배경 없이 자기 인생을 스스로 산다는 뜻에서다. 이른바 자기통치 사회의 도래는 한편으로 진보다. 사회적 구속이나 기득권이 퇴조하기 때문이다. 하지만 다른 한편에서 그것은 위기다. 사회적 보호막이나 귀속감이 약화되기 때문이다." 라고 지적하고, '개인화' 가 결국 '한국의 민주주의를 자멸하게 만들 것' 이라고 우려한 바 있다(전상인, 〈한국 민주주의의 자멸 가능성〉 참조).

결국엔 자신의 파멸을 초래한다. 지나친 개인주의는 결국 '개인의 자존감' 을 상실하게 만들기 때문이다. 궁극자와 직접 소통하는 성자(聖者)가 아닌 다음에야, 남으로부터 인정을 받는 자존감만이 자신을 지탱할 수 있는 '진정한 자존감' 이 될 수 있다. 그런데 남으로부터 인정을 받으려면, 한편으로는 공통되는 가치의 척도를 전제해야 하고, 한편으로는 남과 소통하는 통로가 있어야 한다. 그러나 자유주의는 엄밀한 의미에서 이 두 가지를 모두 부정하는 것이다. '나는 내가 좋아하는 것을 추구하겠다' 는 것은 공통적 가치를 외면하는 것이며, 고립적 개인주의는 이미 남으로부터 인정을 받을 수 있는 통로를 스스로 차단하는 것이기 때문이다. 그 결과 개인화는 많은 사람들에게 아노미(anomie)를 초래한다. 아노미에 빠진 인간은 자기 삶의 의미를 찾지 못하고 방황하거나, 고독 속에서 스스로 목숨을 끊고 만다.[155] 아노미의 함정으로부터 빠져나오려면 '공통의 가치척도' 를 받아들여야 하고, 고독의 함정으로부터 빠져나오려면 '남과 더불어 사는 삶' 을 추구해야 한다.

위의 세 가지 사항 역시 앞에서 거론한 세 가지 사항 못지않게 우리 민주주의의 성숙에 해로운 영향을 끼치는 문제들이다. 이에 대해 유교의 민본주의로부터 취할 수 있는 내용을 상기해 보자.

첫째, 유교의 민본주의는 양민에 이어 교민을 정치의 주요 과제로 설정했다는 점이다. 유교에서의 교육은 '육예(六藝, 禮樂射御書數)' 등의 각종 기초교육을 포함하는 것이지만, 그 중심은 물론 '인의예지' 의 덕성과 '오륜(五倫)' 이라는 인륜을 닦는 데 있었다. 오늘날 자유주의자들이 '중립주의' 를 내세우면서 정치의 영역에서 도덕성 함양 문제를 배제함으로써 '멋대로 자유' 를 조장하는 것과 달리, 전통 유교는 도덕 문제에 있어서 중립

155) 우리 한국은 자살률에 있어서도 세계 최고 수준이라 한다.

을 거부했다. 아무리 자유가 소중하다 하더라도 짐승과 구별되는 '사람다움의 최소한의 영역' 은 지켜야 한다는 것이며, 그래야만 그 사회가 건전하게 지속될 수 있다는 것이었다. 인륜과 도덕은 근시적으로 보면 인권과 자유를 침해하는 것이지만, 거시적으로 보면 인권과 자유의 일탈을 막아 민주주의를 건전하게 만드는 것이다.[156] 이러한 맥락에서 오늘날 '멋대로 자유' 나 '인권만능주의' 를 더 이상 방치할 수 없다면, 그리하여 '영혼 돌봄의 정치' [157]가 다시 요구된다면, 유교의 민본주의가 教民을 정치의 궁극 과제로 설정한 점을 적극 본받아야 할 것이다.

둘째, 유교의 민본주의는 가족주도의 복지 모델을 제안했다는 점이다. 전통 유교에서는 복지를 기본적으로 가족의 차원에서 해결해야 할 문제로 규정하고,[158] 다만 환과고독(鰥寡孤獨)과 폐질자(廢疾者)에 대해서는 국가가 복지를 제공해야 한다고 규정했다.[159] 『동몽선습(童蒙先習)』의 '부자유

156) 전상인은 "염치 · 정직 · 도덕 · 책임 · 배려 같은 인간적 미덕은 사회 해체에 맞서 公共善을 유지하고 배양할 수 있는 기본 역량이자 지속 가능한 민주주의를 담보하는 기초 체력" 이라고 지적한 바 있다(전상인, 〈한국 민주주의의 자멸 가능성〉 참조).

157) 박성우에 의하면, 소크라테스는 '시민들의 영혼을 돌보는 정치가' 를 '진정한 정치가' 로, '시민들을 만족시키면서 동시에 共同善을 추구하는 정치가' 를 '중간 수준의 정치가' 로, '아첨으로 시민들을 만족시키면서 私益만 추구하는 정치가' 를 '최악의 정치가' 로 규정했다. '영혼 돌봄' 이란 '자기 자신과의 내적 조화, 즉 절제를 갖춤으로써 다른 사람과의 조화도 가능하게 만드는 것' 을 말한다(박성우, 『영혼 돌봄의 정치 : 플라톤 정치철학의 기원과 전개』, 147~155쪽 참조).

158) 가족주도 모델이라 하여 국가의 역할이 전혀 없다는 뜻은 아니다. 예컨대 토지를 균등하게 분배하고, 기타 여러 공정한 제도를 구축하여 모든 백성이 골고루 그 혜택을 입도록 하는 등 국가의 역할이 전제된 것이다(『孟子』 梁惠王下 5 참조). 국가는 백성들의 생업을 뒷받침한 다음, 각 가정이 스스로 가족의 복지를 돌보도록 유도해야 한다는 것이다(『孟子』 盡心上 22 참조).

159) 『禮記』 〈禮運〉 참조. '鰥' 은 아내가 없는 늙은 남자, '寡' 는 남편이 없는 늙은 여자, '孤' 는 부모가 없는 어린이, '獨' 은 자식이 없는 늙은이, '廢' 는 장애인, '疾' 은 병든 사람을 말한다.

친(父子有親)' 조목에서는 "부자(父子)는 천성적으로 친한 관계이다. 부모는 자식을 낳아서 기르고 사랑하여 가르치며, 자식은 부모를 받들어 계승하고 효도하여 부양한다."고 했거니와, 부모의 자식에 대한 자애(慈愛)와 자식의 부모에 대한 봉양(奉養)을 통해서 아동과 노인의 복지가 실현되는 것이다. 또한 부모에 대한 효도는 자연스럽게 형제 사이의 우애로 확대되기 마련인바, 부모의 간절한 소망은 자식들 사이의 우애에 있기 때문이다. 또한 결혼을 매개로 해서 혈연관계가 확장되는바, 그리하여 친족 간의 사랑은 자연스럽게 인척이나 외척으로 확대된다. 이렇게 가족 간의 사랑이 확대된다면 대부분의 사람들은 그 안에서 서로 보살피고 보살핌을 받을 수 있게 된다. 과거에 가족은 이처럼 다양한 기능을 수행했던 것인데, 오늘날에는 '가족해체'라는 말이 일상화되었다.[160] 이제 우리는 가족이 다시 '행복의 보금자리'가 될 수 있도록 가족을 재건하는 데 힘을 모을 필요가 있다.[161]

---

160) 가족해체의 요인은 실로 다양하겠으나, 자유주의(개인주의)가 그 근원적 요인임은 부정할 수 없다. 요컨대 부모와 자식, 남편과 아내는 서로 독립적 존재라는 전제 아래 각자가 서로 권리를 주장함으로써 결과적으로 가족의 해체를 조장하는 것이다(함재봉, 『유교 자본주의 민주주의』, 131~133쪽 참조). 이와 관련하여, 이동준은 "개인과 사회를 말하는 동안 우리가 모르는 사이 가정은 그 본래적 의미를 잃어버리고 있다. (…) 가정이란 사회의 한 부분이라기보다는 사회가 성립하는 기초조건이라는 것이 전통적 관념에 가깝다. (…) 건실한 가정에서의 양육과 교훈은 인류평화의 필수적 조건이며, 가정은 오늘날 현대의 허무주의를 극복할 축복의 땅이라 아니할 수 없다."고 설파한 바 있다(이동준, 『유교의 인도주의와 한국사상』, 372쪽).

161) 《조선일보》는 '다시, 가족이다'를 2013년 신년특집 주제로 선정하고, 그동안의 '가족해체' 현상에 맞서 '가족의 복원'을 제창한 바 있다. 《조선일보》는 '가족해체'가 '학교폭력·性폭력의 배후'라고 진단했는데(2013년 1월 1일자), 가족해체는 온갖 사회악과 밀접하게 연관되어 있을 것이다. 《조선일보》는 또 EU와 일본은 복지의 제공에 있어서 '국가가 가족을 대체하지 못한다'는 점을 깨닫고 '가족중심 정책으로 U턴'하고 있다고 보도했는데(2013년 1월 1일자), 여러 선진국의 시행착오는 우리에게도 많은 점들을 시사한다.

셋째, 유교에서는 가족에서 더 나아가 이웃 또는 공동체와 함께 하는 삶을 통해서 민본을 실현하고자 했다는 점이다. 원시 유교의 이상인 정전제(井田制)와 향음주례(鄕飮酒禮), 주자학의 이상인 향약(鄕約)과 사창(社倉) 등이 그 실례이다. 정전제에서 같은 정전에 속한 여덟 가구는 단순히 공전(公田)만 함께 경작하는 조직이 아니라, 여행을 다닐 때 서로 벗이 되고, 마을을 지킬 때 서로 힘을 합치고, 우환을 서로 돌보는 '다목적 친목 공동체'였다.[162] 향음주례도 마을의 노소(老少)가 주연(酒宴)을 함께 하면서 어른을 공경하고 노인을 봉양하는 등의 미풍양속을 가꾸어 결국엔 국가를 평안하게 만들자는 취지였다.[163] 송대(宋代)에 등장한 향약과 사창은 마을 사람들이 덕업(德業)을 서로 권하고, 과실(過失)을 서로 규제하며, 예속(禮俗)으로 서로 교제하고, 환난(患難)에 서로 돕자는 것이었으며, 이를 위해 마을 공동 기금을 조성하여 활용한 것이었으니, 그 취지는 정전제나 향음주례와 다를 바 없다. 이처럼 삶의 모든 측면을 이웃과 함께 하는 것은 '개인적 자아의 자유로운 발달을 위축하는 불필요한 구속' 일 수도 있으나, 한편으로는 '공통의 가치척도' 를 수용함으로써 아노미의 위험으로부터 우리를 보호하는 것이며, 한편으로는 '친밀한 교제' 를 통해 영혼을 파괴하는 고독으로부터 우리를 보호하는 것이다.[164] 이러한 점을 충분히 긍정한다면, 전통 유교에서 향약과 사창, 종친회와 화수회, 향교와 서원 등 각종 공동체를 활성화하고자 했던 것을 본받을 필요가 있다.

---

162) 『孟子』 滕文公上 3 : 鄕田同井 出入相友 守望相助 疾病相扶持 則百姓親睦

163) 『禮記』 〈鄕飮酒義〉 : 鄕飮酒之禮 六十者坐 五十者立侍 以聽政役 所以明尊長也 六十者三豆 七十者四豆 八十者五豆 九十者六豆 所以明養老也 民知尊長養老 而后乃能入孝弟 民入孝弟 出尊長養老 而後成教 成教而后國可安也

164) Arblaster, *The Rise and Decline of Western Liberalism*, 65쪽 참조.

5. 결론

민주주의를 인민에 의한 지배를 통해 인민의 행복을 증진시키는 것이라고 정의한다면, 유교의 민본사상은 본래 민주주의와 상당한 친화성이 있다. 게다가 민본사상이 추구한 인정(仁政), 즉 국민에게 모범을 보이는 솔선수범의 정치, 국민과 고락을 같이하는 여민동락의 정치, 국민의 정당한 의사에 따르는 공론의 정치는 오늘날 민주주의의 이념에 비추어 보아도 전혀 손색이 없는 것이다. 전통 유교가 '인민에 의한 지배' 의 이념과 제도를 확고하게 정립시키지는 못했지만, 기본적으로 주권재민 사상에 입각하여 '인민의 행복 증진' 을 역설하고 여러 민주적 이념과 제도를 발전시켜 왔다는 점은 충분히 긍정되어야 할 것이다.[165)]

전통 유교와 오늘날 한국 민주주의와의 간극은 정확히 말하자면 민본사상과 민주주의의 차이에서 빚어지는 요소보다는 '공동체적 인륜을 중시하는 유교' 와 '개인적 자유를 중시하는 자유주의' 의 차이에서 빚어지는 요소가 더 많다.[166)] 또한 오늘날 국내외 여러 학자들의 자유민주주의에 대한 문제제기는 대부분 '민주주의' 자체에 초점이 있기보다는 '자유주의' 에 초점이 있는 것이었다. 이렇게 본다면, '민주와 민본' 의 통섭은 정치 이념이라는 좁은 틀에서 벗어나, 보다 넓게 윤리와 도덕을 포괄하는 문화적 차원에서 접근할 필요가 있겠다. 이제 이러한 맥락에서 본고의 논의를 정리해 보기로 하자.

고대 아테네의 민주정은 '중우정치(衆愚政治)' 라는 비판을 받았다. 아

165) 民本을 'of the people' 이라 하고, 爲民을 'for the people' 이라 하면, 전통 유교에서 미흡했던 것은 'by the people' 이었다.

166) 다시 말해, 오늘날 한국의 민주주의가 '자유주의적 민주주의' 에 치우쳐 있기 때문에 전통 유교와의 간극이 더 벌어진 것이다. 만약 한국의 민주주의가 '사회주의적 민주주의' 를 추구한다면 전통 유교와의 간극은 줄어들 것이다.

리스토텔레스는 민주정을 '대중이 사익(私益)을 추구하는 정치' 로 규정하고, 그것은 '왜곡된 형태의 정치질서' 라고 비판했던 것이다.[167] 아리스토텔레스의 이러한 비판은 민주정의 본질적 약점을 꿰뚫은 비판으로서, 서구에서 19세기 내내 갈등을 일으켰던 '이성과 수(數)의 불일치' 문제도 사실 이와 맥락을 같이 하는 것이요, 벤담과 밀 등은 이 문제를 해결하기 위해 '반(反)민주적' 이라는 혐의를 감수하면서까지 '대의제' 를 옹호했던 것이다. 그런데 오늘날에는 대표들이 민의에 따라 국가와 국민의 이익을 추구하기보다는 자신들의 사리사욕이나 당리당략에 집착하고 있는 실정이다. 요컨대 국민의 대표가 실제로는 '국민을 소외시키는 것(대의제에 의한 소외)' 또는 '국민을 배반하는 것(대의제의 배반)' 이 오늘날 국민들이 소외감이나 배신감을 느끼면서 정치인들을 혐오하게 되는 가장 큰 이유인 것이다.

유교의 민본사상이 '대의제에 의한 소외' 문제나 '대의제의 배반' 문제를 예방하는 데 무슨 뾰족한 대안을 제공할 수 있는 것은 아니다. 그러나 민본사상의 다음과 같은 요소들은 오늘날 우리 정치인들에게 긴요한 처방이 될 수 있을 것이다. 첫째, 유교의 민본사상은 '정치의 목적은 인민의 행복을 증진시키는 것이요, 권력자의 본분은 인민의 행복을 위해 헌신하는 것' 임을 부단히 깨우쳐준다. 민주적으로 선출된 정치인들이 이러한 '민본의 사명' 을 되새긴다면, 대의제의 배반 문제가 조금이라도 개선될 수 있을 것이다. 둘째, 유교의 민본사상은 정무(政務)의 수행 과정을 '통치자와 백성의 감응' 으로 설명한다. 오늘날 정치인들이 단순히 '자율적 대표' 로 자처하는 데 그치지 않고 '국민들과의 감응' 에 힘쓴다면, 대의제에 의한 소

167) 아리스토텔레스, 『정치학』, 1279a. 아리스토텔레스는 '대중이 公益을 추구하는 올바른 정치질서' 를 'politeia' 라고 했는데, 여러 학자들은 이 'politeia' 를 '혼합정' 또는 '共和政' 으로 해석한다.

외 문제 역시 조금이라도 개선될 수 있을 것이다.

우리 국민들이 우리의 민주주의에 만족하지 못하는 또 하나의 중요한 이유는 생업이 어렵기 때문이다. 많은 사람들은 지난 반세기 동안의 경제성장의 성과를 자랑한다. 실제로 그동안 우리의 국부(國富)는 수십 배나 팽창하였고, 각자의 생활수준도 놀랍게 향상되었다. 문제는 그럼에도 불구하고 생업의 곤란을 겪는 사람이 많다는 점이다. 그리하여 정치민주화에 버금가는 경제민주화를 요구하는 목소리가 높고, 복지의 확충을 요구하는 목소리도 높은 것이다.

인민의 행복을 증진시키는 것이 민주주의의 목적일진대 양극화(富益富貧益貧)를 해소하고 하층계급의 복지를 확충하는 것이 오늘날 정치의 중대 과제임은 분명하다. 우리 정치인들 모두 이를 유념하고 있거니와, 문제는 역시 뾰족한 해결책이 없다는 점이다. 전통 유교 역시 원론적으로 항산의 보장과 균등분배를 강조할 뿐 더 이상의 뾰족한 해결책을 제시하지는 못할 것이다. 다만 오늘날 자유주의의 개인책임 복지모델과 사회주의의 사회책임 복지모델이 첨예하게 대립하는 현실에서, 제3의 길로서 유교의 가족중심 복지모델을 적극 계승할 필요가 있다고 본다.

유교의 민본사상은 백성에게 '인정(仁政)'을 베풀 것을 강조하면서도, 백성들에 대한 직접적 시혜는 경계했다. 예컨대 공자는 '은혜를 베풀되 재물을 허비하지는 말라(惠而不費)'고 했는데, 이에 대해 주자는 다음과 같이 주석하였다.

> 창고에 있는 재물을 백성들에게 나누어주는 것은 은혜롭기는 하지만 재물을 허비하는 것이다. 또한 어찌 사람마다 다 나누어 줄 수 있겠는가? 오직 사시(四時)의 조화와 들판과 습지의 이로움, 오방(五方)의 재물 등을 활용하여 재물을 풍성하게 하고 민생을 두텁게 함으로써, 백성들로 하여금 배고프거나 춥지 않

게 하는 것이니, 어찌 허비함이 있겠는가?[168]

백성에게 은혜를 베푼다는 목적으로 창고에 있는 재물을 직접 나누어주는 것은 그 혜택이 널리 미칠 수 없고, 결국 재물을 허비하는 것으로 그친다는 것이다. 따라서 백성에 대한 시혜는, 계절에 따라 농사를 지을 수 있게 하고, 들판과 습지를 알맞게 활용할 수 있게 하며, 각지의 산물을 원활하게 유통시키는 등, 제도적 장치를 마련하는 방법으로 이루어져야 한다는 것이다.

유교에서는 국가가 공정하고 합리적인 방식으로 백성들의 생업을 뒷받침하여 각 가족이 스스로 복지를 해결하도록 만들고, 사고무친(四顧無親)의 사회적 약자들에 대해서만 국가가 직접 복지를 제공하라고 가르쳤다. 자유주의의 개인책임 모델과 사회주의의 사회책임 모델은 각각 이기적 본능과 도덕적 본성에 일방적으로 의지하면서 양자를 동시에 고려하지 못함으로써 모두 심각한 부작용을 야기했던 것인바, 가족책임 모델의 근본적 의의는 가족은 이기적 본능과 도덕적 본성이 만나는 지점이라는 데서 찾을 수 있다.[169]

가족중심 복지모델을 수용하려면 우리는 먼저 기존의 자유주의적 관행을 극복해야 한다. 자유주의의 개인주의가 가족의 해체를 부채질한다는 점은 여러 식자들이 지적한 바 있다. 자유주의는 그밖에도 인권만능주의와 멋대로 자유 등을 야기하여 우리 사회에 여러 부작용을 남겼다. 이제 우리는 그에 적절한 한계를 부여하여, 인륜과 조화를 이루는 인권, 사람다움과 조화를 이루는 자유, 남들도 함께 수긍할 수 있는 가치를 추구해야 할

168) 『論語集註大全』 堯曰 2, 朱子小註.

169) 혈육을 나눈 가족 간에는 본능적으로 사랑을 베푸는 것이 人之常情인바, 가족 간의 사랑은 도덕적으로도 정당한 것이다.

것이다. 이러한 방향으로 노력한다면 이웃과의 소통도 저절로 이루어지고, 이웃과 함께 하는 삶 속에서 각자 삶의 행복과 의미를 찾을 수 있을 것이다. 이러한 문화적 측면 역시 유교의 민본사상으로부터 배울 수 있는 현실적이고 소중한 가르침들이라고 본다.

제12장

주자와 루소의 정치철학

1. 서론

루소는 그의 출세작 『학문예술론(*Discourse on the Sciences and Arts*)』에서 예술과 학문의 진보는 도덕성을 증진시키기는커녕 오히려 항상 도덕적 타락을 초래했다고 주장했다. 예술과 학문은 불필요한 욕구를 자극하여 사람들을 사악하게 만들고, 사치와 불평등이 범람하게 만든다는 것이다. 한편 『에밀(*Emile*)』의 첫 구절은 "모든 것은 창조자의 수중에서 나올 때는 선한데, 인간의 수중에서 모두 타락한다."는 것이었다. 자연은 인간을 착하고 행복하게 만들었으나, 사회가 인간을 타락시키고 불행하게 만든다는 것이 『에밀』의 근본적 문제의식이었다. 루소의 이러한 주장은 당시 계몽주의자들의 지론(持論)을 정면으로 부정한 것이다. 불룸(Allan Bloom)은 '계몽주의에 대한 루소의 공격의 근간'을 다음과 같이 정리한 바 있다.

루소에 따르면 근대 정치학은 인간에 대한 부분적인 이해에 근거하고 있다. 리바이어던(Leviathan)으로 말해지는 근대국가는 자신의 생존에만 치중하였고, 결과적으로 신민(臣民)의 생존에도 치중하게 되었다. 그러므로 근대국가는 행복과 삶의 조건만을 고려하고 행복 그 자체에 대해서는 망각하고 있다는 점에서 전적으로 소극적이다. 인간존재성의 오직 한 측면만을 고려하는 어떠한 정치제도도 인간의 완성을 향한 갈망을 만족시킬 수 없으며, 사람들의 충성심을 불러일으킬 수 없다. 루소는 한 걸음 더 나아가 자기 생존에 근거한 근대국가는 인간을 행복하게 만들 수 있는 삶의 방식과는 완전히 상반되는 방식을 만들고 있다고 주장한다. 큰 국가의 삶은 상업(商業)으로 특징지어지며, 결과적으로 부자와 가난한 자의 구별로 특징지어진다. 각 사람은 국가가 만들어 놓은 틀 안에서 자기의 몫을 추구할 수 있다. 돈은 인간가치의 척도이며, 덕(德)은 망각된다. 사적인 이득을 계산하는 것이 인간관계의 기초가 된다. 이것은 영구한 전쟁으로 유도되지 않을 수 있지만 신뢰와 용이한 사회성의 기반을 파괴하며, 이기심과 빈약한 시민정신을 유발한다. 시민사회는 사람들 사이에 이루어지는 상호의존의 상태이다. 그러나 사람들은 악하며 또한 대다수의 사람들은 소수의 만족을 위해서 자신들의 의지를 포기하도록 강요받고 있다. 또한 이 소수가 법을 통제하기 때문에 다수의 사람들은 사회를 구성함으로써 얻어지는 것으로 여겨지는 그러한 생존조차도 누리지 못하게 된다. 생존에 대한 과도한 단순화와 일방적인 집중의 결과는 생존의 유일한 목적이라고 할 수 있는 좋은 삶의 파괴를 불러왔다.[1)]

루소는 인간에게는 본래 자신의 생존을 추구하는 '육체적 본능' 과 사람다운 삶을 추구하는 '도덕적 본성' 이 함께 존재한다고 보았다. 위에서 "근

1) 레오 스트라우스 · 조셉 크랍시 편, 『서양정치철학사』 2, 422~423쪽.

대 정치학은 인간에 대한 부분적인 이해에 근거하고 있다."고 한 것은 계몽주의자들이 인간의 도덕적 본성은 외면하고 육체적 본능에만 근거하여 정치의 이상을 논했다는 뜻이다. 위의 인용문 가운데 '행복과 삶의 조건, 생존, 사익(私益)만 추구하는 이기심, 빈약한 시민정신, 돈, 상업, 소수만 만족스럽고 다수는 고통받는 불평등' 등은 육체적 본능만 추구한 계몽주의의 특징과 한계를 비판하는 말들이다. 반면에 '행복 그 자체, 인간완성, 충성심, 상호의존의 시민정신, 덕(德), 좋은 삶' 등은 육체적 본능과 도덕적 본성을 조화시키려는 루소 자신의 이상을 나타내는 말들이다. 루소의 이상은 인간에 대한 전체적인 이해를 통해 '생존'과 '좋은 삶'을 합치시키는 것이었다. 루소는 도덕적 본성에서 우러나는 동정심 또는 양심을 주목하고, 이로부터 일반의지론을 정립함으로써 생존과 좋은 삶을 부합시키는 공동선의 정치철학을 전개했다.

루소의 이러한 이상은 주자의 경우와 대강을 같이 하는 것이다. 주자는 인간을 인심(人心)과 도심(道心)을 모두 지닌 존재로 규정하고, 도심에 입각하여 인심을 제어함으로써 공론(公論)을 도출하고, 공론을 정치체의 진정한 토대로 삼음으로써 개인의 이익과 사회의 정의가 조화를 이루는 정치체를 구축하고자 했던 것이다. 그러나 공동선의 실제적 내용과 정치적 정당성의 궁극적 근거를 해명함에 있어서는 주자와 루소가 입장을 달리 했다.

본고에서는 루소와 주자의 정치철학에 대해 그 공통점과 차이점을 살펴보고, 주자학적 관점에서 루소의 문제점을 지적함으로써,[2] 오늘날 루소의

2) 물론 루소의 관점에서도 주자학에 대해 많은 문제점을 제기할 수 있을 것이다. 주자학에서는 民의 參政權이나 自由權 · 平等權 등을 충분하게 확보하지 못했거니와, 이것이 루소가 제기할 수 있는 비판의 대표적인 예일 것이다. 이에 대해서는 별도의 기회에 논하기로 하자.

계승자들이 해결해야 할 과제를 제시해 보고자 한다.

2. 정치철학적 기본 구도의 공통점

1) 인간성의 두 측면에 대한 해명

루소는 『인간불평등기원론』의 〈서문〉에서 "인류의 모든 지식 중에서 가장 유익하면서도 발전이 가장 덜 된 것이 곧 인간에 관한 지식"이라고 갈파한 바 있다.[3] 모든 지식 가운데 '인간에 대한 지식'이 가장 중요함에도 불구하고, 당시의 철학자들은 인간을 제대로 해명하지 못하고 있다는 것이다. 이는 당시의 학자들이 인간성의 두 측면 가운데 한 측면만 주목하고 있다는 비판이다. 우선 다음의 인용문을 보자.

> 인간의 본성을 사색하면서 나는 그로부터 전혀 다른 두 가지 원리를 발견했다는 생각이 드네. 그 하나는 인간을 높이고, 영원한 진리를 탐구하게 하며, 정의와 도덕적인 아름다움을 사랑하게 하며, 그 관조가 현자의 더없는 기쁨이 되는 지적인 세계에 이르게 하네. 그 반대로 다른 하나는 인간 자신에게 비천함을 가져다주며, 관능의 지배에 굴복시키며, 그 관능의 수행기관인 정념에 예속시키며, 그 정념에 의해 전자의 원리의 감정이 인간에게 불러일으키는 모든 것을 방해하네. 그 두 상반된 움직임의 공격을 받아 질질 끌려다니는 것을 나는 이렇게 생각하곤 했네. '그렇다. 인간은 전혀 한쪽 면만 가진 게 아니다. 나는 원하기도 하면서 원하지 않기도 한다. 나는 예속과 자유를 동시에 느낀다. 나는 선

3) 루소, 『인간불평등기원론』, 39쪽.

을 알며, 그것을 사랑한다. 그러면서도 나쁜 짓을 한다. 이성에 귀를 기울이면 나는 능동적이 되지만, 정념에 끌려다니면 수동적이 된다. 그리고 내가 굴복할 때 받는 가장 큰 고통은 저항할 수도 있었는데 하고 느끼는 것이다' 라고 말일세.[4]

모든 배려 중에서 첫 번째 배려는 자기 자신에 대한 배려라네. 하지만 내면의 목소리는, 우리가 타인을 희생하여 우리의 행복을 추구한다면 우리는 나쁜 짓을 하는 것이라고 몇 번이나 우리에게 이야기해주는가! 우리는 자연의 충동을 따르고 있다고 생각하지만 자연을 거역하고 있네. 자연이 우리의 관능에 이야기하는 것은 귀 기울여 들으면서 우리의 마음에 이야기하는 것은 무시하지. 능동적인 존재가 복종하고, 수동적인 존재가 명령하는 것이네. 양심(良心)은 영혼의 목소리이고, 정념(情念)은 육체의 목소리이지. 그 두 목소리가 서로 자주 상반되는 것이 뭐 놀라운 일인가? 그렇다면 그때 어느 쪽 소리를 경청해야 하는가? 이성은 너무도 자주 우리를 속이지. 그러기에 우리는 그 이성을 거부할 권리를 당연히 얻었던 것일세. 하지만 양심은 절대로 속이는 법이 없어. 영혼에 대한 양심의 관계는 신체에 대한 본능의 관계와 같다네. 양심을 따르는 사람은 자연에 복종하는 자이며, 길을 잃지 않을까 두려워하지 않네.[5]

위의 두 인용문은 루소가 『에밀』에서 사부아 신부(神父)의 입을 빌려 말한 내용이다. 위의 첫째 인용문에서 말하는 '인간의 본성' 이란 둘째 인용문에서 말하는 '자연' 과 같은 말인바, 그렇다면 루소는 '인간이 타고난 자연 그대로의 성질' 을 '인간의 본성' 으로 규정한 것이다. 한편, 루소의 인간관은 영육이원론(靈肉二元論)에 입각한 것으로서, 영혼의 요소가 발휘된

4) 루소, 『에밀』, 498쪽.

5) 루소, 『에밀』, 513쪽.

것이 양심(良心)이며, 육체의 요소가 발휘된 것이 정념(情念)이라는 것이다. 정념은 '육체적 관능의 수행기관' 으로서 그것은 무엇보다도 '자기 자신에 대한 배려' 즉 '자신의 안위와 자기보존에 대한 열렬한 관심' 으로 표출되고, 양심은 정념을 제어하는 기제로서 그것은 '자기보존을 위해 타인을 희생시키지 말라' 는 도덕적 원리로 작용한다. 이러한 맥락에서 루소가 말하는 '인간 본성의 전혀 다른 두 원리' 란 결국 '도덕적 본성' 과 '동물적 본능' 을 뜻하는 것이다. 요컨대 루소는 인간은 '도덕적 본성' 과 '동물적 본능' 을 동시에 지니고 태어났다고 보고, 이 양자를 모두 '인간의 본성' 에 포함시킨 것이다. 인간의 본성에는 이 두 원리가 공존하므로, 그로 인해 인간은 항상 양자의 갈등 속에서 모순적인 행태를 보인다는 것이다.[6)]

루소에 의하면 인간의 본성에는 '자기보존에 대한 욕구' 와 함께 '타인에 대한 동정심' 이 있고, 인간의 마음에는 '이성' 뿐만 아니라 '양심' 이 있으며, 인간의 의지에는 '특수의지' 와 함께 '일반의지' 가 있다. 그런데 당시의 학자들은 '자기보존의 욕구, 이성, 특수의지' 등만 주목하고, '동정심, 양심, 일반의지' 등을 외면하고 있다는 것이다. '동정심, 양심, 일반의

---

6) 위의 인용문에서 또 주목할 것은 "양심을 따르는 사람은 자연에 복종하는 자" 라는 말이다. 『에밀』에서는 "도덕적인 善이 우리의 本性에 부합하는 것" (515쪽)이라고도 했다. 自然과 本性은 궤를 같이하는 개념임을 주목한다면, 양심(도덕적 善)은 본성(자연)에서 우러나는 것이라는 말이다. 이를 "양심은 영혼의 목소리이고, 정념은 육체의 목소리이다" 라는 말 및 "영혼에 대한 良心의 관계는 신체에 대한 本能의 관계와 같다" 는 말과 연결시켜 보면, 루소는 '양심 - 영혼 - 본성' 을 '정념 - 육체 - 본능' 과 대비시킨 것이다. 이처럼 本性과 本能을 대립적인 것으로 설명한 것은 육체적 본능과 도덕적 본성을 인간 본성의 두 원리로 설명한 것(『에밀』, 498쪽의 내용)과는 논법이 다른 것이다. 요컨대 루소는 한편으로는 본성과 본능을 대립시켜 설명하기도 하고, 한편으로는 본능을 본성 속에 포함시켜 설명하기도 한 것이다. 이는 本性이라는 개념이 본래 두 맥락에서 거론되었기 때문이다. 단순히 '타고난 그대로의 것' 을 본성이라 할 때에는 본능이 본성 속에 포함되어 설명되는 것이고, 타고난 그대로의 것 가운데 '인간다움의 근원' 만을 인간의 본성이라 할 때에는 본능(육체적 본능)과 본성(도덕적 본성)이 대립적으로 설명되는 것이다.

지' 등은 인간의 사회성을 뒷받침하는 요소들이다. 이러한 요소들을 외면하면 인간의 이기성(개인성)만 부각될 뿐 사회성은 제대로 해명될 수 없는 바, 루소는 이러한 맥락에서 당시 학자들을 비판했던 것이다.

루소는 옳음과 그름의 관념을 알게 해주는 이성(理性)의 발달과 더불어, 동정심은 '옳은 것을 좋아하고 나쁜 것을 싫어하는' 양심(良心)으로 변화된다고 설명했다.[7] 당시의 자연법학자들은 양심을 '이성의 한 부분' 으로 설명하고 자연법을 '이성의 법' 으로 규정했는데, 루소는 양심을 '이성과 별개' 라고 설명하고 자연법을 '이성과 양심의 법' 으로 규정했다.[8] 루소가 이처럼 이성과 양심을 구분한 것은 '이성에 대한 불신(不信)' 때문이기도 했다. 루소는 이성을 '공공의 이성' 과 '개인의 이성' 으로 구분했다. 공공의 이성은 '사회의 공동선을 존중하라' 고 명령하나, 개인의 이성은 '남의 불행(손해) 속에서 자기의 이익을 찾으라' 고 강요한다는 것이다.[9] 루소는 이처럼 이성의 양면성을 직시하고 있었기 때문에, 이성은 양심에 의해 보완되어야 한다고 생각했던 것이다.

루소는 의지(意志)에 대해서도 '특수의지' 와 '일반의지' 로 구분했다. 특수의지란 각 개인이 '자신의 사사로운 이익' 을 추구하는 의지를 말하고, 일반의지란 '공동의 이익' 또는 '공공의 복지' 를 추구하는 의지를 말한다. 루소에 의하면, 전체의지(또는 多數意志)는 개인적 이익을 추구하는 특수의지의 합계일 뿐으로서, 그것의 정당성은 보장되지 않는다. 그렇다면 단순히 다수결(多數決)을 통해서는 정의로운 사회를 만들 수 없는 것이다. 루소는 일반의지를 언제나 순수하고 올바른 것이라고 규정하고, 일반의지만이 사회계약의 진정한 토대가 될 수 있다고 주장했다.[10]

---

7) 루소, 『에밀』, 116쪽, 419쪽 ; 김용민, 『루소의 정치철학』, 111쪽 참조.
8) 루소, 『에밀』, 419쪽 참조.
9) 루소, 『인간불평등기원론』, 146쪽 참조.

이상의 내용을 정리해 보자. 루소에 의하면, 인간의 본성에는 '자기보존에 대한 욕구' 와 함께 '타인에 대한 동정심' 이 있다. 루소가 말하는 '개인의 이성' 이나 '특수의지' 는 '자기보존에 대한 욕구' 와 궤를 같이하고, '공공의 이성' 이나 '일반의지' 는 '타인에 대한 동정심' 과 궤를 같이 한다. 한편 루소가 사회계약의 진정한 토대를 일반의지에 둔 것은 궁극적으로 '자기보존에 대한 욕구' 나 '개인의 이성' 보다는 '타인에 대한 동정심' 이나 '공공의 이성' 을 우위에 둔 것이다.

루소의 이러한 인간관은 주자의 인간관과 대강을 같이 하는 것이다. 『서경』에는 순(舜)이 우(禹)에게 왕위를 물려주면서 "인심은 오직 위태롭고 도심은 오직 은미하니, 오직 정밀(精密)하게 살피고 오직 전일(專一)하게 지켜서, 진실로 그 중용을 잡으라〔人心惟危 道心惟微 惟精惟一 允執厥中〕." 고 말했다는 기록이 보인다. 주자는 〈중용장구서(中庸章句序)〉에서 이에 대해 다음과 같이 설명한 바 있다.

> 마음의 허령지각(虛靈知覺)은 하나일 뿐인데 인심과 도심의 다름이 있는 것은, 인심은 '형기의 사사로움〔形氣之私〕' 에서 생겨나고 도심은 '성명의 바름〔性命之正〕' 에 근원하여, 그 지각하는 바가 같지 않기 때문이다. 그러므로 인심은 위태하여 불안하고, 도심은 미묘하여 드러나기 어렵다. 그러나 인간은 누구나 형기(육체)를 지니고 있기 때문에 비록 상지(上智)라 하더라도 인심이 없을 수 없고, 또한 누구나 본성을 지니고 있기 때문에 비록 하우(下愚)라 하더라도 도심이 없을 수 없다. 인심과 도심이 마음속에 섞여 있어 다스릴 줄을 모른다

---

10) 루소, 『사회계약론(外)』, 30쪽 참조. 루소는 "다수의 사람들이 결합하여 스스로 一體를 형성하고 있다고 생각하는 한, 그들은 공동의 생존과 전체의 행복이라는 단 하나의 의지만을 갖게 된다." 고 했다(『사회계약론』, 133쪽). 요컨대 일반의지에 입각해서만 바람직한 사회를 건설할 수 있다는 것이다.

면, 인심은 더욱 위태로워지고 도심은 더욱 미묘해져서, '천리(天理)의 공정함'이 마침내 '인욕(人欲)의 사사로움'을 이길 수 없을 것이다. '정밀함〔精〕'이란 인심과 도심의 간격(차이)을 살펴서 섞지 않는 것이요, '전일함〔一〕'이란 본심의 바름을 지켜서 떠나지 않는 것이다. 조금도 간단(間斷)이 없이 이에 종사하여, 반드시 도심으로 항상 한 몸의 주재자를 삼아 인심이 항상 그 명령을 따르게 한다면, 위태로운 인심은 편안해지고 미묘한 도심은 드러나게 되어, 동정운위(動靜云爲)가 저절로 지나치거나 모자라는 잘못이 없게 된다. 무릇 요·순·우(堯舜禹)는 천하의 위대한 성인(聖人)이었고, 천하를 서로 전해 줌은 천하의 중대한 일이었다. 천하의 위대한 성인이 천하의 중대한 일을 수행하여 왕위를 서로 주고받음에 정녕 고계(告戒)한 말은 이에 불과했다. 그렇다면 천하의 이치가 어찌 이에 덧보탤 것이 있겠는가?

인심이란 육체로 인해 생기는 마음으로서, 배가 고프면 음식을 먹고자 하고, 추우면 옷을 입고자 하며, 정욕이 일면 이성(異性)을 그리워하는 것 등이 이에 해당한다. 주자는 인심을 '형기(形氣)의 사사로움' 또는 '인욕(人欲)의 사사로움'과 연결시켜 설명하였다. '사사로움'란 '개체에 속한다'는 뜻이니, 사회 구성원 각자가 '자신의 욕망을 추구하는 것'이 인심이다. 도심이란 인의예지의 본성으로 인해 생기는 마음으로서, 측은지심·수오지심·사양지심·시비지심 등이 이에 해당한다. 주자는 도심을 '천리(天理)의 공정함' 또는 '성명(性命)의 올바름'과 연결시켜 설명하였다. 사회의 구성원들이 '다른 사람들도 함께 할 수 있도록 바름을 추구하는 것'이 도심이다.

위의 인용문의 취지는 다음과 같이 정리할 수 있다. 첫째, 인심과 도심은 모두 '없을 수 없다'는 것이다. 인심은 무엇보다도 인간의 육체적 생존을 뒷받침하는 것이기 때문에, 상지(上智)라도 인심이 없을 수 없다. 또 도심은 인의예지의 본성으로부터 발하는 것으로서, 하우(下愚) 역시 도덕적 지각능력이 있는 것이다. 또한 인심만으로는 위태롭고, 다른 동물들과 구별되는 인간의 존엄성을 담보할 수 없다. 반면에 도심만으로는 인간의 육체적 생존을 뒷받침하기 어렵다. 따라서 양자는 항상 동시에 요구된다는 것이다. 둘째, 도심이 인심을 주재해야 한다는 것이다. 즉 인심과 도심은 모두 없을 수 없는 것인바, 양자의 바람직한 관계는 '도심이 인심에게 합당한 길을 제시하고, 인심이 항상 그에 따르는 것'이라고 본다. 주자는 '유정유일(惟精惟一)'을 "인심인지 도심인지 정밀하게 살피고, 도심의 주재를 한결같게 관철시킴"으로 설명했다. 셋째, 천하를 다스리는 것처럼 중대한 일도 인심과 도심의 올바른 관계를 정립하는 것, 즉 '유정유일'에서 벗어나지 않는다는 것이다. '유정유일'은 개인이 자신의 삶을 바르게 영위하는 길이기도 하고, 통치자가 국가를 정의롭게 다스리는 길이기도 하다. '유정유일'은 모두가 갖추어야 할 '心法(마음가짐)'으로서, 시비(是非)와 선악(善惡) 또는 치란(治亂)과 성패(成敗)를 결정하는 관건이 된다. '윤집궐중(允執厥中)'은 '유정유일'이 목표로 삼는 내용이다.

> 사람이 배고프면 먹어야 함은 알고 마땅히 먹어야 할 것과 마땅히 먹지 말아야 할 것은 모르며, 추우면 입고자 할 줄만 알고 마땅히 입어야 할 것과 마땅히 입지 말아야 할 것은 모르는 것과 같은 것들, 이것이 인심이 위태로운 까닭이다.[11)]

인심은 그 자체로서는 '정당성에 대한 자각'이 결여되어 있기 때문에 위태로운 것이다. 주자는 그러므로 인심은 도심의 주재를 받아야 한다고

---

11) 『朱子語類』 卷78(중화서국본 2011쪽).

했다. '도심의 주재를 받아 공정하게 인심을 추구한 것' 이 바로 '윤집궐중' 이다. 즉 '윤집궐중' 은 개인적 차원에서는 '인심과 도심의 조화' 로 해석될 수 있고, 사회적 차원에서는 '사익(私益)과 공익(公益)의 조화' 로 해석될 수 있다.

주자는 요 · 순 · 우와 같은 성왕의 통치도 그 핵심 원리는 이상의 내용에 불과하다고 단언했다. 요컨대 주자는 인간을 도덕적 본성과 육체적 본능의 두 측면에서 이해하고, 도심이 인심을 주재함으로써 중용을 실천하는 것이 바람직한 정치를 위한 첩경이라고 본 것이다. 이는 루소가 육체적 본능(자기보존에 대한 욕구)과 도덕적 본성(타인에 대한 동정심)의 두 측면에서 인간을 이해하고, 도덕적 본성의 발현체인 '일반의지' 를 통해 개인의 이익과 사회의 정의를 일치시킬 수 있다고 본 것과 궤를 같이한다.

2) 바람직한 정치체의 토대

루소는 『사회계약론』에서 자신이 추구하는 이상적인 사회의 모습을 피력했다. 루소는 『사회계약론』의 첫머리에서 다음과 같이 말한다.

> 나는 이 연구에서 정의(正義)와 이익(利益)이 결코 분리되지 않도록 하기 위하여 법률이 인정하는 바와 이익이 규정하는 바를 항상 결합시키도록 노력할 생각이다. (…) 다행스럽게도 나는 여러 정부를 연구할 때마다, 내가 내 나라의 정부를 사랑해야 하는 이유들을 그 연구과정 속에서 새롭게 발견하게 된다.[12)]

위에서 말하는 '정의' 란 '국가의 정의' 를 뜻하고, '이익' 이란 '개인의

12) 루소, 『사회계약론(外)』, 14~15쪽.

이익'을 뜻한다. 국가(정부)가 추구하는 정의가 국민 대다수의 이익과 어긋난다면, 대다수의 국민들은 고통을 당하면서 애국심을 버리게 된다. 이러한 맥락에서, 루소는 양자를 결합시킬 수 있는 원리를 제시하는 것이 『사회계약론』의 취지라고 했다.

루소는 정치적으로 정당한 권위의 기초는 오직 '계약' 뿐이라고 보았다. 그런데 사회계약의 올바른 기초는 '일반의지' 라는 것이다. 일반의지에 따른 사회계약은 모든 시민들 사이에 평등을 확립하는 것으로서, 시민은 모두 같은 조건을 따르기로 약속하고 따라서 모두 같은 권리를 향유하는 것이다. 일반의지란 '공동의 이익' 또는 '공공의 복지' 를 추구하는 의지를 말한다. 루소는 인간에게는 자신의 이익을 추구하는 '특수의지' 도 있고, 공동의 이익을 추구하는 '일반의지' 도 있다고 보았다. 루소는 '일반의지' 와 '전체의지(또는 다수의지)' 를 분명하게 구별한다. 전체의지는 개인적 이익을 추구하는 특수의지의 합계일 뿐으로서, 그것의 정당성은 보장되지 않는다. 반면에 일반의지는 본래 공동의 이익을 추구하는 의지로서, 그것은 언제나 존재하고 순수하고 올바르다.[13)]

루소는 의지를 일반의지로 만드는 것은 '투표자의 수' 가 아니라 투표자를 결합시키는 '공동의 이익' 이라고 했다. 일반의지는 공동의 이익을 추구하는 것인바, 일반의지에 따른 사회계약을 통해서 "개인의 이익과 정의의 놀라운 조화" 가 실현된다는 것이다. 루소는 이를 다음과 같이 설명한다.

> 그것은 사회계약을 기초로 하고 있기 때문에 합법적이고, 모든 사람들에게 공통되기 때문에 공평하며, 오직 일반의 행복만을 목적으로 하고 있기 때문에

13) 루소, 『사회계약론(外)』, 44~45쪽 참조.

유용하고, 공공의 힘과 최고의 권력에 의하여 보증되고 있기 때문에 확고한 것이다. 신민(臣民)이 이 약속에만 복종하는 한, 그는 다른 사람에게 복종하는 것이 아니라 자기 자신의 의사에 복종하고 있는 것이다. (…) 개인이 사회계약으로 인하여 자기가 가지고 있던 정치적 권리를 포기하게 되었다는 생각은 잘못이다. 실제로 이 계약의 결과 그들이 얻는 지위는 그 이전의 지위보다 나아진 셈이다. 권리를 양도한 것이 아니라 유리한 조건으로 교환한 것이다. 즉 그들은 불성실하고 불안전한 생활방식 대신에 훨씬 확실하고 안전한 생활방식을 얻고, 자연적 독립 대신에 자유를 얻으며, 타인을 해칠 힘 대신에 자기 자신의 안전을 얻고, 언제 정복당할지 모를 자기들의 힘 대신에 사회적으로 결합함으로써 누구도 침해할 수 없는 권리를 얻는 것이다.[14)]

위의 인용문에서 주목할 내용은 '이 약속에 대한 복종은 자기 자신에 대한 복종' 이라는 말과 '권리를 양도한 것이 아니라 유리한 조건으로 교환한 것' 이라는 말이다. 일반의지에 따른 사회계약은 결코 개인의 자율성이나 권리를 침해하지 않는다는 것이다. 침해와는 반대로, 개인은 일반의지에 따른 사회계약을 통해서 '합법적이고, 공평하며, 유용하고, 확고한' 여건에서 자신의 권리를 누릴 수 있는바, 이것이 바로 "개인의 이익과 정의의 놀라운 조화" 인 것이다.

이상에서 살핀 것처럼, 일반의지를 매개로 개인의 이익과 사회의 정의를 조화시키자는 것이 루소의 이상이었다. 그런데 루소가 일반의지와 특수의지를 구분하는 것은 결국 양심〔道心〕과 욕심〔人心〕의 구분에 의거하는 것이다. 양심은 우리에게 공동의 이익을 위해 일반의지를 따르도록 명하나, 욕심은 자신의 개인적 이익을 극대화하기 위하여 특수의지를 발휘

14) 루소, 『사회계약론(外)』, 49~50쪽.

하게 한다. 여기서 루소의 일반의지론은 주자의 공론론(公論論)과 접맥된다. 주자의 공론(公論)은 인간의 '선한 본성' 또는 그 본성을 발휘하는 '도심'에 기초하는 것으로, 항상 공공의 이익을 존중하는 것이다. 주자는 다음과 같이 말한다.

> 이른바 '국시(國是)'란 어찌 '천리에 따르고 인심에 부합하여 천하 사람들이 모두 함께 옳게 여기는 것'이 아니겠는가? 진실로 천하 사람들이 모두 함께 옳게 여기는 것이라면, 비록 척토(尺土)와 일민(一民)의 권력도 없더라도, 천하 사람들이 그릇된 것이라고 여길 수 없다. 하물며 천하의 권세를 차지한 사람이야 어떻겠는가? '천하 사람들이 모두 함께 옳게 여기는 것'에 부합되지 않는데도 억지로 천하 사람들로 하여금 옳다고 여기게 만들려고 하니, 그러므로 반드시 상(賞)을 내걸어 유혹하고 형벌을 엄히 하여 감독한 다음에야 겨우 사대부(士大夫)의 한결같지 않은 입을 겁주어 통제할 수 있는 것이다. 그러나 천하의 참된 시비(是非)는 끝내 속일 수 없다. (…) 자기의 편견을 주장하고 자기의 사심을 채우려 하면서도 억지로 '국시'라 이름을 붙이고, 군주의 권위를 빌려 '천하의 만구일사(萬口一辭)의 공론'과 싸우려 하니, 아마도 고인(古人)의 '덕이 오직 한결같다'는 말과는 다른 것 같다.[15]

주자는 '천리에 따르고〔順天理〕[16] 인심에 부합하여〔合人心〕[17] 천하의

15) 『朱子大全』 卷24 頁16~17, 〈與陳侍郎書〉.

16) 전통 유학에서 말하는 '天理'란 '자연의 理法'으로서, '음양이 서로 짝을 이루는 원리'와 '음양이 서로 순환하는 원리'를 말한다. 주자는 天理가 인간에게 부여된 것이 바로 '本性'으로서, 그 구체적 내용은 '仁義禮智'라고 설명한다.

17) 전통 유학에서 말하는 '人心'이란 '사람들의 마음'을 뜻하기도 하고, '육체적 욕망을 추구하는 마음(道心과 대비되는 人心)'을 뜻하기도 한다. 여기에서의 '人心'은 人心道心說에서의 '人心'을 뜻하는 것이 아니라 '사람들의 마음'을 뜻한다.

사람들이 모두 함께 옳게 여기는 것〔天下之所同是者〕' 을 '국시(國是)' 라 정의하고, 그것을 '천하의 모든 사람들이 한결같이 하는 말〔萬口一辭〕' 인 '공론(公論)' 과 동일한 것으로 정의했다. 또한 주자는 국시 또는 공론은 '유혹이나 협박으로 조작될 수 없는 것' 이요, '영원히 속일 수 없는 것' 이라고 규정했다.

주자의 공론에 대한 설명에서 주목해야 할 것은 '천리(天理), 인심(人心), 천하 사람들이 모두 함께 옳다고 동의함' 이라는 요소들이다. 앞에서 거론했듯이, 주자에 의하면 '사람들의 마음' 에는 도덕적 본성에서 유래하는 도심도 있고 육체적 본능에서 유래하는 인심도 있는바, 도심은 천리에 따라 공정성을 추구하는 것이고 인심은 자신의 사사로운 이익을 추구하는 것이다. 이러한 맥락에서 주자의 공론이란 '도심을 발휘함으로써 천하 사람들이 모두 함께 옳다고 동의하는 의론' 인 것이다. 여기서 우리는 주자의 공론은 루소의 일반의지와 궤를 같이함을 알 수 있거니와, 그것을 간략히 정리하면 다음과 같다.

첫째, 주자나 루소는 인간성을 도덕적 본성과 육체적 본능의 두 측면에 설명하고, 도덕적 본성에서 공론 또는 일반의지의 성립 근거를 도출한 것이다. 이에 대해서는 더 이상의 설명이 불필요할 것이다.

둘째, 루소는 일반의지는 항상 올바르며 파괴될 수 없다고 했는데, 이는 주자가 공론은 항상 올바르며 인위적으로 조작될 수 없는 것이라고 본 것과 마찬가지라 하겠다. 이에 대해서도 더 이상의 논의가 불필요할 것이다.

셋째, 루소는 대중들은 일반의지를 잘 모를 수 있으므로 '현명한 입법자' 가 필요하다고 했는데, 이 점은 주자가 공론의 주체로 '사림(士林)' 을 설정한 것과 마찬가지라 할 수 있다. 루소는 다음과 같이 말한다.

> 인민은 항상 스스로가 자신의 행복을 원하기는 하지만, 스스로의 힘으로 그

행복이 무엇인지를 항상 알고 있는 것은 아니다. (…) 개인은 참된 행복을 보고도 그것을 배척하는 수가 있고, 공중(公衆)은 행복을 바라지만 그것이 무엇인지를 잘 알지 못한다. 양쪽 모두를 지도해 줄 필요가 있다. 개인들에게는 그들의 의지를 이성에 일치시키도록 강제해야 하고, 공중에게는 그들이 원하는 바가 무엇인지를 가르쳐 주어야 한다. 그렇게 되면 공중은 계몽되어 정치체(政治體)에 있어서 그들의 이익이 무엇인지를 완전히 이해하게 되고, 따라서 각 부분의 정확한 협력이 이루어져 전체는 최대의 힘을 발휘할 수 있게 되는 것이다. 이 점이 바로 입법자(立法者)가 필요한 이유이다.[18]

루소에 의하면, 입법행위란 일반의지의 행사이며, 따라서 입법의 권한은 당연히 인민에게 있는 것이다. 그러나 인민은 무지(無知)하여, 무엇이 자기에게 참으로 이로운가를 잘 모른다는 것이다.[19] 따라서 인민은 계몽될 필요가 있는데, 이것이 인민과 구별되는 별도의 입법자가 필요한 이유이다. 루소는 입법자에게 필요한 자질을 다음과 같이 말한다.

모든 국민에게 가장 적합한 사회규칙을 발견하기 위해서는, 그런 경험이 조금도 없으면서 인간의 모든 욕정을 잘 알 수 있는 탁월한 지성을 가진 사람이 필요하다. 이 사람은 인간의 본성을 샅샅이 다 알고는 있지만 결코 그 본성에 따라 움직이지는 않으며, 그의 행복은 우리의 행복과는 전혀 관계가 없지만 우리의 행복을 위하여 기꺼이 전념하고, 끝으로 시간의 흐름 속에 먼 장래의 영광만을 바라보면서, 한 세기에서 노력한 결과가 다음 세기에 나타나더라도 그것을 기뻐할 줄 아는 사람이어야 한다. 요컨대 인간들에게 법률을 제정해 주는 것은 神과 같은 존재여야 한다.[20]

18) 루소, 『사회계약론(外)』, 56~57쪽.
19) 루소, 『사회계약론(外)』, 55~56쪽.

입법자는 자신은 순수지선(純粹至善)하면서도 보통 사람의 이기적 욕망을 꿰뚫고 있어야 하며, 어떠한 보상이나 영광도 바라지 않는 헌신적인 사람, 즉 神과 같은 사람이어야 한다. 루소가 입법자의 자격을 이렇게 고상하게 설정한 것은 주자가 공론의 주체를 사림으로 설정한 것과 맥락을 같이 한다. 주자도 모든 사람은 천리를 본성으로 담지하고 있으나 대중들은 천리를 잘 깨닫지 못하고 개인적 욕망에 의해 지배된다고 보아, 공론의 주체를 사림으로 설정했던 것이다. 여기서 유의할 것은, 루소도 입법자를 주권자로 설정하는 것이 아니며, 주자도 공론의 형성에서 대중을 배제하는 것이 아니라는 점이다. 루소는 다만 대중은 입법자에 의해 계몽될 필요가 있다고 본 것이며, 주자도 다만 대중은 사림에 의해 선도될 필요가 있다고 보았던 것이다.[21]

20) 루소, 『사회계약론(外)』, 57쪽.

21) 루소의 일반의지론과 주자의 공론론은 다음과 같은 차이점이 있기도 하다. 첫째, 루소의 일반의지는 경우에 따라 특정한 집단의 특수의지로 제한될 가능성이 있으나, 유교의 공론은 그 범위가 시공간적으로 제한되지 않는다는 점이다. 루소는 "각 부분적 집단들의 의지는 그 구성원에 대해서는 일반의지가 되지만 국가에 대해서는 특수의지가 된다"(『사회계약론』, 44~45쪽)고 한 바 있다. 이러한 논법에 따르면 충청도의 일반의지도 있고 경기도의 일반의지도 있는 것이며, 이들은 한국의 일반의지와 대립될 수 있는 것이다. 그러나 公論은 '天下之所同是者'로 전제되어 있어, 애초에 특정집단의 범위를 넘어선 것이다. 이는 주자학에서 공론이라는 말 앞에 '天下'나 '萬世'라는 말을 붙여 '天下公論'·'萬世公論'이라 하는 데서도 잘 알 수 있다. 둘째, 루소의 일반의지는 결국 '多數決'을 승인하고 있으나, 주자의 공론은 '天下之所同是者'라는 말에 함축되어 있듯이 '滿場一致'를 지향하고 있다는 점이다. 물론 루소는 "의견이 만장일치에 가까우면 가까울수록 일반의지도 역시 우세한 것"(『사회계약론』, 136쪽)이라 하여 만장일치를 최상으로 여기고 있다. 그러나 만장일치가 불가능할 경우, 일반의지는 결국 다수결로 판명될 수밖에 없다는 것이다. 그런데 다수결로 일반의지를 판명할 경우, 루소가 일반의지를 전체의지(다수의지)와 구별한 본래의 취지가 퇴색되고, 결국 전체의지와 일반의지가 현실적으로 구분될 수 없게 된다는 문제점이 야기된다(이에 대한 보다 자세한 논의는 拙著, 『유교전통과 자유민주주의』, 380~384쪽 참조).

3) 정치체 운영의 근본 덕목

초기 계몽주의자들과 구별되는 루소의 또 다른 특징은 '따듯한 사랑' 으로 '합리적 정의' 를 보완하고자 했다는 점이다. 요컨대 초기의 계몽주의가 '머리의 지혜' 를 강조하고 이를 관철시키려고 했음에 반하여, 루소는 '가슴의 온정' 으로 지혜의 냉정함을 보완하고자 했다. 이러한 맥락에서 루소는 '지혜롭고 온정있는 인간상' , 즉 '가슴과 머리가 모두 건전한 인간상' 을 모색하게 되었거니와,[22] 루소의 이러한 입장은 흔히 사회주의의 효시로 간주된다.

초기의 계몽주의(공리주의적 자유주의)와 루소 사이의 이러한 노선의 차이는 당시의 현안이었던 '빈민(貧民) 문제' 에 대한 대책에서 단적으로 드러났다. 브린튼(Crane Brinton)은 18세기 후반에 있었던 두 노선의 차이를 다음과 같이 대비적으로 설명한 바 있다. 우선 아래의 인용문은 '머리' 에 입각한 공리주의자들의 입장을 설명한 것이다.

> 이들은 구제(救濟) 대상자들에게 그들 자신의 가정을 주는 빈민구제와 자선사업은 누구에게나 좋지 않은 일이며, 심지어 구제를 받는 사람에게도 좋지 않은 일이라는 것을 '증명' 할 수 있었다. 맬서스가 1798년에 『인구론(*Essay on the Principle of population*)』을 출판했던 시기의 경제학자들의 논의는 사뭇 원숙하였다. 즉 가난한 사람의 형편이 나아질수록 아이들을 더 많이 낳게 되며, 그리하여 노동자들의 일거리가 더 적게 되고, 결국 그들 모두의 형편이 어렵게 된다는 것이었다. 공리주의자들은 이러한 생각을 받아들여, 구제를 받아야만 했던 가난한 사람들을 성별(性別)로 격리하여 아주 형편없는 빈민굴에 수용하는 작

22) 브린튼, 『西洋思想의 歷史』, 386쪽 참조.

업장 제도를 영국에 세우는 데 조력하였다. 이 논리를 끝까지 따진다면, 만일 가난한 사람들이 살아갈 수 없으면 그들을 굶어 죽게 내버려 두는 것이 좋을 것이라는 데까지 나갈 수도 있을 것이다.[23)]

공리주의자들은 이성적 추론을 통해 '빈민을 구제하지 않는 것이 옳다'는 것을 '증명' 했다는 것이다. 위의 인용문에서도 언급했듯이, 공리주의자들은 이러한 '증명' 에 입각하여 빈민을 학대하는 데 일조했음은 잘 알려진 사실이다.[24)] 한편, 아래의 인용문은 공리주의의 냉혹함을 비판하는 루소의 입장을 설명한 것이다.

그들의 반대론자들은 대체로 다음과 같이 말했다. "우리는 당신네들의 추리의 연쇄 속에서 무엇이 잘못되었는지는 알 수 없소. 만일 무력한 사람들을 제거한다면, 그 민족 전체는 좋아질 것이오. 그러나 우리는 당신네들의 주장을 받아들일 수는 없소. 우리는 가난한 사람들이 불쌍하오. 우리는 당신네들이 잘못되었다고 느끼기 때문에 당신네들의 생각이 잘못되었다는 것을 알고 있소. 아마 가난한 사람들은 게으르고 일하는 것이 서툴고, 귀찮고, 무능하오. 그러나 ……" 이러한 변호는 한정없이 계속될 수 있었다. 심정을 가장 순수하게 내세우는 사람들이 이러한 변호를 할 때에도, 그 변호는 으레 다음과 같은 논리로 나아갔다. 즉 가난한 사람도 좋은 생활을 할 권리를 가지고 있으며, 그들이 현실적으로 가난한 것은 한 번도 기회를 가져 본 적이 없기 때문이라는 환경주의자의 논법이 그것이다.[25)]

---

23) 브린튼, 『서양사상의 역사』, 411쪽.

24) 벤담(Jeremy Bentham)에 의하면, 貧民에 대한 慈善을 참다운 仁慈心이라고 말하는 것은 언어를 남용한 것이다. 그러한 행위는 실제로는 빈민의 불행을 더욱 악화시킨다는 것이다. 벤담은 맨더빌의 '私惡이 바뀌어 公益이 된다' 는 주장을 적극 옹호했다(브로노프스키 · 매즐리슈, 『西洋의 知的 傳統』, 542쪽 참조).

빈민들을 불쌍하다고 느낀 것은 우선 '가슴' 이었던바, 이는 빈민들의 비참한 삶을 외면할 수 없다는 이유만으로 자유주의를 비판한 것이다. 자유주의를 비판하는 또 하나의 논거는 '머리' 에서 나온 것이다. 빈민들의 불행은 빈민 자신들의 탓이기 전에 그들을 둘러싼 '사회적 환경' 이 열악했기 때문이라는 논변이 그것이다. 이는 자유주의의 '자조(自助)의 원칙' 또는 '개인책임 원칙' 을 비판하는 논리이다. 『인간불평등기원론』에 잘 나타나 있듯이, 루소는 빈곤을 '개인의 문제' 이기 전에 '사회의 구조적 문제' 라고 인식했다.

브린튼이 말하는 '머리' 와 '가슴' 이란 각각 '이성' 과 '동정심(양심)' 을 비유하는 말이다. 일반적으로 이성은 정의의 원천이요, 동정심은 사랑의 원천으로 이해된다. 그러나 루소는 이성에 입각한 정의를 사실은 정의롭지 못한 것으로 보고, 참다운 정의는 이성과 동정심(양심) 모두에 기초해야 한다고 보았다. 루소에 의하면, 이성은 "무엇이건 자기에게 유리하게 만들며 선악에 대한 관념을 오로지 자신의 이익에 따라 조절하는"[26] 역할을 하는 반면, 동정심은 자신의 이익과 관계없이 '따뜻한 우정과 인간애' 를 낳는 것이다.[27] 따라서 참다운 정의와 미덕은 궁극적으로 양심에 기초한다는 것이다.[28] 이러한 맥락에서 루소가 말하는 정의는 사랑을 포함하는 개념이었다.

루소의 우려와 달리 이성을 공정하게 사용한다 하더라도, 자유주의자들이 말하는 '합리적 정의' 는 분명 한계가 있는 것이었다. 첫째, 합리적 정의는 각 개인의 능력의 차이로 인한 불평등을 정당한 것으로 간주하는바, 이

25) 브린튼, 『서양사상의 역사』, 411~412쪽.

26) 루소, 『에밀』, 452쪽 및 524쪽 참조.

27) 루소, 『에밀』, 515~517쪽 참조.

28) 루소, 『에밀』, 518쪽 참조.

는 결국 부익부 빈익빈을 초래하는 것이다.[29] 둘째, 루소는 '합리적 정의'가 제시하는 격률은 "무엇이든지 남에게 대접을 받고자 하는 대로 너희도 남을 대접하라."[30]는 것이라고 설명한 바 있다. 이 격률에 따른다면, 어떤 경우에도 남의 도움을 받고 싶지 않은 사람은 어떤 경우에도 불쌍한 사람을 돕지 않을 수 있다. 이러한 맥락에서 자유주의의 합리적 정의는 사회적 약자들의 생존권을 외면하는 것이기도 했다. 그리하여 루소는 정의란 무엇보다도 '인간에 대한 사랑' 으로서 '공동의 행복' 에 기여하는 것이어야 한다고 역설했다.

> 인간에 대한 사랑이란 우리 내부에 있는 정의에 대한 사랑에 다름 아니다. (…) 동정심이 약점으로 변질되는 것을 막기 위해, 그 동정심을 일반화하고 만인에게로 확대시켜야 한다. 그렇게 하면 사람들은 동정심이 정의와 일치를 이루는 한에서만 그 동정심에 몸을 맡긴다. 왜냐하면 모든 미덕 가운데 정의는 사람들의 공동의 행복에 가장 기여하기 때문이다.[31]

일반적인 설명에 의하면, '정의' 란 '각자에게 각자의 것을 돌려주는 것' 이요, '사랑' 이란 '내 것을 덜어 남에게 베푸는 것' 이다. 그런데 루소는 정의 속에 사랑을 포함시키고, 이것이야말로 참다운 정의라고 보았다. 루소의 이러한 정의관은 '평등' 에 대한 설명에 그대로 반영되고 있다. 루소는 다음과 같이 말한다.

---

29) 예컨대 벽돌 공장에서 100장의 벽돌을 찍는 사람은 100원의 임금을 받는다면, 200장을 찍는 사람은 200원, 300장을 찍는 사람은 300원을 받는 것이 '합리적' 일 것인바, 이러한 맥락에서 '합리적 정의' 는 부익부 빈익빈의 양극화를 막을 수 없는 것이다.

30) 루소, 『인간불평등기원론』, 83쪽 참조.

31) 루소, 『에밀』, 453쪽.

평등에 대해서 말하자면, 이 말이 권력과 재산의 정도가 모든 사람에게 절대적으로 동등해야 한다는 것이라고 이해해서는 안 된다. 권력에 대해서는 그것이 폭력으로 될 만큼 강대해서는 안 되고 오직 지위와 법률에 따라서만 행사되는 것으로 이해해야 하며, 재산에 대해서는 그것이 어떠한 사람도 다른 사람을 살 수 있을 정도로 부유하지 않고 그 누구도 몸을 팔 정도로 빈곤하지도 않은 것으로 이해해야 한다.[32)]

위에 보이듯이, 루소는 빈부의 불평등을 인정하면서도, 사회적 약자도 최소한의 생존권을 보장받아야 한다는 점을 분명히 했다. 요컨대 루소는 '정의와 사랑의 합치' 라는 관념을 '사회적 약자들의 생존권 보장' 이라는 이념으로 구체화한 것이다.[33)] 사회적 약자의 생존권을 보장하는 것은 국가의 중요한 책무 가운데 하나인바, 이로부터 사회주의적 복지의 관념이 연원하는 것이다.

이상에서 살핀 것처럼 루소는 정치체 운영의 근본 덕목으로 '정의와 사랑의 합치' 를 추구했거니와, 루소의 이러한 입장은 주자의 경우와도 궤를 같이하는 것이다. 주지하듯이 유교에서는 '인정(仁政)' 이라 하여 정치체 운영의 근본 덕목을 仁으로 설정했다. 그런데 유교에서 말하는 仁은 단순히 '사랑' 을 뜻하는 것이 아니라, 그 속에 '정의〔義〕' 를 포함하고 있다는 것이 주자의 설명이었다. 주자는 〈인설(仁說)〉에서 다음과 같이 말한다.

천지는 '만물을 낳는 것' 으로 마음을 삼는다. 사람과 만물이 태어날 때도 또한 각각 이 천지의 마음을 얻어 자기의 마음으로 삼는 것이다. 그러므로 '心' 의

32) 루소, 『사회계약론(外)』, 71~72쪽.

33) '사회적 약자들의 생존권 보장' 이란 이른바 '제2세대 인권론' 에서 강조하는 '사회권' 이나 '평등권' 과 궤를 같이하는 것이다(이샤이, 『세계인권사상사』, 44~45쪽 참조).

덕을 말하자면, 비록 心이 모든 것을 갖추고 주재하나, 한마디로 갈음한다면 '仁' 일 뿐이라고 말하는 것이다. 청컨대 시험 삼아 자세히 말하겠다. 대개 천지의 마음은 그 덕이 넷이 있다. 元 · 亨 · 利 · 貞이 그것인데, 元이 亨 · 利 · 貞을 통섭한다. 천지의 마음이 운행하면 春 · 夏 · 秋 · 冬의 계절이 되는데, 만물을 소생시키는 봄의 기운이 여름 · 가을 · 겨울까지 관통한다. 그러므로 사람의 마음에도 그 덕이 넷이 있다. 仁 · 義 · 禮 · 智가 그것인데, 仁이 義 · 禮 · 智를 포함한다. 사람의 마음이 발하여 쓰이면 愛 · 恭 · 宜 · 別의 감정이 되는데, 측은지심이 사양지심 · 수오지심 · 시비지심까지 관통한다. (…) 대개 仁의 道는 바로 '천지가 만물을 낳는 마음' 으로서, 만물 가운데 갖추어져 있다. (…) 천지에 있어서는 '널리 만물을 낳는 마음〔坱然生物之心〕' 이요, 사람에게 있어서는 '따듯하게 사람을 사랑하고 만물을 이롭게 하는 마음〔溫然愛人利物之心〕' 으로서, 사덕(四德)을 포함하고 사단(四端)을 관통하는 것이다.[34]

유교에서는 우리가 추구해야 할 근본 덕목을 '仁' 이라는 하나의 개념으로 제시하기도 하고, '仁 · 義 · 禮 · 智' 라는 네 개의 개념으로 제시하기도 하거니와, 주자에 의하면 仁은 본래 義 · 禮 · 智를 포괄하는 개념이라는 것이다. 그렇다면 마찬가지로 유학에서 말하는 인정(仁政)은 단순히 '사랑' 만을 옹호하는 것이 아니라 '사랑과 정의' 를 함께 추구하는 것이라 하겠다.[35] 유교에서 말하는 '仁義의 정치' 란 둘로 요약할 수 있다.

첫째, 토지를 균등하게 분배하고, 기타 여러 공정한 제도를 구축하여 모든 백성이 골고루 그 혜택을 입도록 하는 것이다. 이는 공정한 제도 속에서 백성들이 각자 자신의 노력으로 생업을 도모하게 하는 것이요, 국가가 직

34) 『朱子大全』 卷67 頁25-26, 〈仁說〉.

35) 주지하듯이 孟子는 '仁政' 을 설파하면서 항상 '仁과 義' 를 짝지어 말했거니와, 이를 상기하면 좋겠다.

접 의식주(衣食住)를 제공하는 것은 아니다. 공자는 '백성들에게 은혜를 베풀되 재물을 허비하지는 말라〔惠而不費〕' 고 했는데, 이에 대해 주자는 다음과 같이 주석했다.

> 창고에 있는 재물을 백성들에게 나누어주는 것은 은혜롭기는 하지만 재물을 허비하는 것이다. 또한 어찌 사람마다 다 나누어 줄 수 있겠는가? 오직 사시(四時)의 조화, 들판과 습지(濕地)의 이로움, 오방(五方)의 재물 등을 활용하여 재물을 풍성하게 하고 민생을 두텁게 함으로써, 백성들로 하여금 배고프거나 춥지 않게 하는 것이니, 어찌 허비함이 있겠는가?[36]

백성에게 은혜를 베풀기 위해 창고의 재물을 직접 나누어주는 것은 그 혜택이 널리 미칠 수 없고, 결국 재물을 허비하는 것으로 그친다. 따라서 백성에 대한 시혜는, 계절에 따라 농사를 지을 수 있게 하고, 들판과 습지를 알맞게 활용할 수 있게 하며, 각지의 산물을 원활하게 유통시키는 등, 제도적 장치를 마련하는 방법으로 이루어져야 한다는 것이다.

둘째, 백성들의 복지는 기본적으로 가족의 차원에서 해결하도록 하고, 환과고독(鰥寡孤獨)과 폐질자(廢疾者)에 대해서는 국가가 직접 복지를 제공하는 것이다.[37] 맹자는 '문왕(文王)의 정치' 에 대해 "농민들에게는 정전제(井田制)를 시행하고, 관리들에게는 대대로 녹을 주며, 관문(關門)과 시장(市場)은 살피기만 하고 세금을 매기지 않고, 연못에서 고기 잡는 것을 금하지 않고, 죄인을 처자에게까지 연루시키지 않았고, 환과고독을 먼저 보살폈다." 고 소개했는데, 주자는 '환과고독' 에 대해 다음과 같이 주석했다.

36) 『論語集註大全』 堯曰 2, 朱子小註.

37) 『禮記』 〈禮運〉 참조.

선왕(先王)의 백성을 기르는 정치는 그 처자로 하여금 노인을 봉양하고 어린이를 돌보도록 교도(敎導)하는 것이었다. 불행하게도 환과고독이 있어서 부모와 처자의 양육을 받지 못한다면 더욱 마땅히 가엽게 여겼던 것이니, 그러므로 반드시 이들을 먼저 보살폈던 것이다.[38]

모든 농가에 토지를 균등하게 분배하고 기타 여러 공정한 제도적 장치를 구축한 다음, 백성들에게 인륜을 가르쳐서 노인을 봉양하고 어린이를 돌보도록 유도한다면, 복지 문제는 기본적으로 거의 해결되는 것이다. 다만 사방을 둘러보아도 친척이 없는 환과고독의 경우가 문제인바, 국가는 이들에 대해서만 직접 은혜를 베풀면 된다는 것이다.

오늘날의 일반적 관념으로 설명하면, 토지의 균등한 분배, 공정한 제도의 구축, 각자의 노력으로 생계를 해결함 등은 '정의' 에 속하고, 환과고독에게 의식주를 제공함은 '사랑' 에 속한다. 이렇게 본다면 전통 유교는 정의를 중심 덕목으로 삼고 사랑을 보조 덕목으로 삼은 것이다. 그런데 주자의 〈인설(仁說)〉에 입각한다면, 균등분배나 공정한 제도를 구축할 수 있는 계기는 사랑(따듯하게 사람을 사랑하고 만물을 이롭게 하는 마음)에서 도출되는 것이다. 그리하여 전통 유교에서는 仁과 義를 함께 말하면서도 仁을 보다 궁극적인 덕목으로 삼았던 것이다. 이러한 맥락에서, 공·맹(孔孟)의 취지나 그에 대한 주자의 해석은 루소의 경우와 대강을 같이 하는 것이라 하겠다.

38) 『孟子集註』 梁惠王下 5, 朱子註.

3. 루소와 주자의 차이점

1) 공동선의 실질적 내용 : 인권 / 인륜

이상에서 살핀 것처럼, 루소와 주자는 정치철학의 대강에 있어서 실로 많은 점을 공유하고 있었다. 그러나 루소와 주자는 몇 가지 문제에 있어서는 방향을 달리했는바, 이제 그 차이점을 살펴보기로 하자.

우선 주목할 것은, 루소와 주자는 공동선의 구체적 내용을 달리 설명하고 있다는 점이다. 루소와 주자는 모두 바람직한 정치체의 목적을 공동선으로 규정했다. 그러나 그 공동선의 실질적 내용에 대해서는, 루소는 인권의 보장을 공동선으로 규정했고, 주자는 인륜의 실현을 공동선으로 규정한 것이다.

먼저 루소의 경우를 살펴보자. 루소는 일반의지는 공동선(공동의 이익)을 추구하는 것이라 전제하고, 일반의지에 입각한 사회계약론을 전개했다. 그런데 그 사회계약에 대해 루소는 다음과 같이 말한다.

> '구성원 전체의 공동의 힘으로 각자의 신체와 재산을 방어하고 보호하며, 각 개인은 전체에 결합되어 있지만 자기 자신에게밖에 복종하지 않고, 이전과 같이 자유로울 수 있는 하나의 결합형태를 발견하는 것', 이것이 바로 사회계약이 해결해 주는 근본 문제인 것이다.[39)]

> 인간이 사회계약 때문에 상실하는 것은 그의 자연적 자유, 그리고 그의 마음을 끌고 그가 얻을 수 있는 모든 것에 대한 무제한적인 권리이고, 반면 획득하

39) 루소, 『사회계약론(外)』, 29쪽.

는 것은 사회적 자유(시민으로서의 자유) 그리고 그가 갖고 있는 모든 것에 대한 소유권이다.[40)]

사회계약은 모든 시민들 사이에 평등을 확립하는 것으로, 시민은 모두 같은 조건을 따르기로 약속하고 따라서 모두 같은 권리를 향유할 수 있다는 것이다. 이와 같이 사회계약의 성질상 주권의 모든 행위, 즉 일반의지의 모든 정당한 행위는 모든 시민들에게 평등하게 의무를 부과하거나 혜택을 베푼다.[41)]

위의 세 인용문에 보이듯이, 루소의 사회계약은 '모든 시민이 모두 같은 조건을 따르기로 약속하고 따라서 모두 같은 권리를 향유하자' 는 것으로서, 그 구체적 내용은 '자유권 · 소유권 · 평등권' 을 보장하기 위한 것이었다. 요컨대 루소는 '모든 사람이 동등한 조건에서 자유권 · 소유권 · 평등권을 누리는 것' 을 공동선이라고 규정했다. 이것을 분석적으로 말하자면, 루소는 '자유권 · 소유권을 누리는 것' 을 '善(행복)' 이라 규정하고, 이러한 권리들을 '모든 사람이 평등하게 누리는 것' 을 '공동' 이라 규정한 것이다. 이를 루소의 인간관과 결부시켜 말하면, 루소는 도덕적 본성과 육체적 본능이라는 두 측면에서 인간성을 해명했는데, 육체적 본능은 사회계약이 추구하는 선(행복)의 내용을 제시하고,[42)] 도덕적 본성은 그것을 모든 사람

---

40) 루소, 『사회계약론(外)』, 35쪽.

41) 루소, 『사회계약론(外)』, 48~49쪽.

42) 루소는 "선과 악은 우리 모두에게 다 있지만 정도에 차이가 있다. 가장 행복한 사람은 고통을 가장 적게 맛보는 사람이며, 가장 불행한 사람은 쾌락을 가장 적게 느끼는 사람이다. (…) 우리의 불행은 우리의 욕구와 능력의 불균형 속에 존재한다. 능력이 욕구에 필적하는 감각적인 존재가 있다면, 그는 절대적으로 행복한 존재일 것이다. 그렇다면 인간의 지혜, 다르게 말하면 진정한 행복의 길은 어디에 있는가? (…) 진정한 행복은, 능력에 비해 과도한 욕구를 줄이고 힘과 의지를 완전히 동등한 상태로 만드는 데 있다. 모든 힘이 활동 상태에 있지만, 마음은 평온하고 질서정연한 자신을 발

이 평등하게 충족시켜야 한다는 원칙을 제시하는 것이다.

루소가 말하는 인간의 여러 권리들이란 결국 본능적 욕구를 충족시킬 수 있는 권리라는 점은 『인간불평등기원론』이나 『에밀』을 통해서도 확인할 수 있다. 『인간불평등기원론』에서는 "그의 욕망은 자신의 육체가 필요로 하는 것을 넘어서지 않는다. 먹을 것, 여자, 그리고 휴식은 그가 이 세상에서 유일하게 경험하는 행복이다."[43]라고 했다. 자연상태의 인간은 음식물과 이성(異性) 그리고 휴식(안락)을 추구할 뿐이요, 이러한 욕구(필요)가 충족되면 행복을 느끼게 된다는 것이다. 한편, 『에밀』에서는 "인간의 마음에 자연적인 요구에 바탕을 두지 않는 한 자연의 모든 권리도 환영에 불과하다"[44]고 했다. 인간의 자연적 필요에 기초하지 않는다면, 모든 자연권은 단지 하나의 망상이라는 것이 루소의 지론이었다. 이렇게 본다면, 자유권·소유권·평등권 등 사회계약을 통해 얻게 되는 권리들이란 본질적으로 인간의 자연적 필요(본능적 욕구)를 충족시킬 수 있는 권리들이라는 점이 분명할 것이다.[45]

이제 주자의 경우를 살펴보자. 주자는 전통 유학의 지론에 따라 정치체가 추구해야 할 궁극적 목표를 인륜으로 규정했다. 유학에서 말하는 '인륜'이란 모든 사람이 각자의 '도리' 또는 '본분(分)'을 다하는 것을 뜻한

견하게 되는 것은 바로 그 상태일 때뿐이다."라고 했다(『에밀』, 138~139쪽). 루소가 '진정한 행복'을 '욕구의 절제를 통해 마음의 평온을 누림'으로 규정했다 하더라도, 그 행복의 본질적 요소는 '감각적 쾌락'에 있다고 본 것이다. 루소는 '능력이 충분하여 욕구를 완전히 충족함'을 '절대적 행복'으로 규정했거니와, 루소가 '과도한 욕구를 줄이라'고 한 것은 '능력과 욕구의 불일치로 인한 불행'을 막고자 한 것일 뿐 '남을 배려하라'는 맥락은 아니었다. 이렇게 볼 때, 루소의 행복관은 기본적으로 '쾌락주의적 행복관'이라 하겠다.

43) 루소, 『인간불평등기원론』, 66쪽.

44) 루소, 『에밀』, 419쪽.

45) 오수웅, 「현대의 인권연구경향 비판과 대안의 모색」, 93쪽 참조.

다. 유교에서는 정치체를 '분업과 협동의 체계' 로 이해한다. 그 구성원들이 각자 맡은 역할을 다하면서 서로 협동할 때 바람직한 사회가 이루어진다는 것이다. 예컨대 통치자는 통치자의 본분을 다하고, 군인은 군인의 본분을 다하며, 부모는 부모의 본분을 다하고, 자식은 자식의 본분을 다하는 것 등이 각자 인륜을 실현하는 길이다. 전통 유학에서는 인륜을 실천하는 삶이야말로 '사람다운 삶' 이라고 보고, 인륜의 핵심 조목을 '오륜' 으로 제시했다. 이러한 맥락에서, 유학에서 추구하는 善이란 궁극적으로 인륜의 실현이었던 것이다.

『대학』에서는 정치의 궁극적 목적을 '지극한 善에 머묾〔止於至善〕' 으로 제시했거니와, 이에 대해 주자는 다음과 같이 해설한 바 있다.

> 하늘이 뭇 백성을 내심에, 사물이 있으면 법칙이 있다. 따라서 만물과 모든 일에는 모두 각각 '마땅히 머물러야 할 곳' 이 있는 것이다. 다만 처한 지위가 다르면 '머물러야 할 善' 도 다른 것이다. 그러므로 남의 군주가 되면 그 마땅히 머물러야 할 곳이 仁에 있고, 남의 신하가 되면 그 마땅히 머물러야 할 곳이 敬에 있으며, 남의 자식이 되면 그 마땅히 머물러야 할 곳이 孝에 있고, 남의 부모가 되면 그 마땅히 머물러야 할 곳이 慈에 있으며, 나라 사람들과 사귈 때에는 그 마땅히 머물러야 할 곳이 信에 있는 것이다. 이것은 모두 천리와 인륜의 극치요, 우리 마음의 그만둘 수 없는 것에서 나온 것이다. 문왕(文王)이 천하에 모범이 되고 후세에 전해질 수 있었던 까닭 또한 여기에 있으니, 조금도 덧보탤 것이 없다. 다만 중인(衆人)은 기품(氣稟)과 물욕(物欲)으로 인해 어둡게 되어, 늘 거경(居敬)할 수 없기에 그 머무를 곳을 잃는 것이다.[46)]

46) 『朱子大全』 卷15 頁15, 〈經筵講義〉.

위에서 말하는 '마땅히 머물러야 할 곳' 이나 '머물러야 할 善' 등은 '각자의 본분' 을 뜻한다. 주자는 군주는 仁에 머무르고, 신하는 敬에 머무르며, 자식은 孝에 머무르고, 부모는 慈에 머무르며, 나라 사람들과 사귈 때에는 信에 머무르는 것 등이 '천리와 인륜의 극치' 로서, 이는 모두 '우리 마음의 그만둘 수 없는 것' 에서 나온 것이라고 설명했다.

'우리 마음의 그만둘 수 없는 것' 이란 그것이 '인간의 본성에서 자연스럽게 우러난 것' 이므로, 인위적으로 억제할 수 없다는 뜻이다. 요컨대 인륜적 삶이란 인간의 도덕적 본성을 자연스럽게 발휘하는 삶이다. 그런데 보통 사람들은 기품과 물욕으로 인해 타고난 본성을 제대로 실현하기 어려운바, 주자는 이것을 치유하는 것이야말로 정치의 본질적 과제라고 보았다. 주자는 〈대학장구서(大學章句序)〉에서 다음과 같이 말한다.

> 대개 하늘이 백성을 내실 때 이미 모두에게 인의예지의 본성을 부여하셨다. 그러나 그 타고난 기질이 간혹 일정하지 않기 때문에, 모두가 본성이 지니고 있는 바를 알아서 완전하게 실현할 수는 없었다. 그 사이에 하나라도 총명예지(聰明睿智)하여 그 본성을 다 실현할 수 있는 사람이 나오면, 하늘이 반드시 그를 억조(億兆)의 군사(君師)로 명하여, 그로 하여금 백성을 다스리고 가르쳐서 그 본성을 회복하게 했던 것이다.

이상의 내용을 통해 알 수 있듯이, 주자는 전통 유학의 지론에 따라 정치체의 목적 즉 공동선의 내용을 인륜의 실현으로 규정했던 것이다. 주자가 공동선의 내용을 '인륜의 실현' 으로 규정한다고 하여 루소가 말하는 '본능적 욕구의 충족' 을 외면했던 것은 아니다. 전통 유학의 지론은, 먼저 백성들의 의식주를 보장하고, 그다음엔 인륜을 가르쳐서 사람다운 사람이 될 수 있도록 하라는 것이었던바, 주자도 이러한 지론을 그대로 계승하는

것이다.[47)]

유학에 의하면, 본능적 욕구의 충족은 사람다운 삶의 필요조건이기는 해도 결코 충분조건일 수는 없다. 인간도 육체를 지닌 동물이므로, 생존하기 위해서는 육체적 본능을 충족시켜야 함은 물론이다. 또 '의식이 풍족해야 예의를 알 수 있다' 고 했듯이, 유학에서도 본능적 욕구가 충족되어야 비로소 사람다움을 발휘할 수 있다고 보았고, 따라서 현실 정치의 우선적 과제는 인륜의 교육이 아니라 민생의 안정에 있다고 보았다. 그러나 사람다운 삶의 궁극적 근거는 인륜에 있다는 것, 그러므로 민생을 안정시킨 다음에는 반드시 인륜을 교육해야 한다는 것이 유학의 지론이었다. 예컨대 맹자는 다음과 같이 말한다.

> 현명한 군주는 백성의 생업을 다스리되, 반드시 위로는 부모를 섬기기에 충분하고 아래로는 처자를 기르기에 충분하게 하여, 낙세(樂歲)에는 종신토록 배부르고 흉년에는 사망을 면할 수 있게 했다. 그런 다음에 善으로 향하도록 이끌었으니, 그러므로 백성들이 따르기가 쉬웠던 것이다.[48)]

위에 보이듯이, 맹자는 기본적인 의식주의 문제가 해결되지 않으면 '인륜을 실현하기 어렵다' 고 보았다. 맹자는 인륜을 '사람다움의 궁극적 근거' 로 보았거니와, 그럼에도 불구하고 기본적인 의식주의 해결은 인륜의 실현보다도 더 시급한 일이라는 것이 맹자의 지론이었다. 인간의 생존에 긴요한 의식주의 문제를 이토록 중시했다는 점에서, 맹자는 이미 오늘날 인권론자들의 문제의식을 충분히 유의하고 있었던 것이다.

그러나 인간다운 삶은 결코 의식주의 차원에 국한된 문제가 아니라는

---

47) 이에 대한 자세한 논의는 拙著, 『朱子學의 길』, 205~213쪽 참조.

48) 『孟子』 梁惠王上 7.

것이 또한 맹자의 지론이었다. 맹자는 "사람에게는 道가 있거니와, 배불리 먹고 따뜻하게 입으며 편안히 살되 가르침이 없다면 곧 금수에 가깝게 된다. 성인(聖人)이 이를 근심하시어, 설(契)을 사도(司徒)로 삼아 인륜을 가르치게 하셨다."[49]고 했다. 의식주의 충족이라는 본능의 차원에서는 사람과 금수가 다르지 않으므로, 오직 '인륜' 만이 사람과 금수를 구별해주는 준거가 된다는 것이다. 요컨대 맹자는 의식주의 우선적 중요성을 충분히 인정하면서도, 사람다운 삶은 결국 인륜에 있다고 보았다. 주자 역시 유학의 이러한 지론을 충실히 따르고 있음은 물론이다.

2) 정치적 정당성의 궁극적 근거 : 양심 / 천리

앞에서 살펴보았듯이, 루소는 바람직한 정치체의 토대를 일반의지에 입각한 사회계약에서 찾았다. 그런데 루소의 일반의지는 바로 '양심' 으로부터 도출되는 의지인바,[50] 그렇다면 루소는 정치적 정당성의 궁극적 근거를 양심으로 설정한 것이라 하겠다.

루소는 양심을 '자연에 의해 내 마음속 깊은 곳에 지울 수 없는 글자로 새겨져 있는 그것' · '영혼의 목소리' · '영원한 하늘의 목소리' 등으로 규정하고, 이성은 너무도 자주 우리를 속이므로, 양심이야말로 '인간의 진정한 안내자' 라고 역설했다.[51] 초기의 계몽주의자들이 이성을 강조한 것과 달리, 루소는 이성의 한계를 누차 비판하고, 이성은 양심에 의해 보완되어

---

49) 『孟子』 滕文公上 4.

50) 김용민은 루소의 '良心' 은 '인간의 존재를 확장시키고 공동 존재감을 생성시킴으로써 개체성의 한계를 극복하게 하는 것' 이라고 설명하고, '공동선의 추구' 와 '일반의지' 를 모두 '良心의 작용' 으로 설명한 바 있다(김용민, 『루소의 정치철학』, 271~272쪽 및 301쪽 참조).

51) 루소, 『에밀』, 513쪽 참조.

야 한다고 설파했다. 다음의 인용문에 보이듯이, 루소는 과도하다고 여겨질 정도로 양심을 예찬한다.

> 양심, 양심이여! 신성한 본능이며, 영원한 하늘의 목소리여. 무지하고 한정되어 있지만 지성을 가지고 있으며 자유로운 존재의 확실한 안내자여. 인간으로 하여금 神을 닮게 해주며, 선과 악에 대해 전혀 오판이 없는 심판자여. 인간의 본성을 뛰어나게 만들고 인간의 행동을 도덕적으로 만드는 것은 바로 그대로다. 그대가 없으면 나는 나 자신에게서, 규칙이 없는 오성과 원칙이 없는 이성에 의해 오류에 오류를 거듭하며 방황하는 슬픈 특권 외에 짐승보다 나은 것을 아무것도 느끼지 못할 것이다.[52]

> 나는 내가 하고자 하는 것에 대해 나 자신에게 상의하기만 하면 된다네. 내가 좋다고 느끼는 것은 모두 좋으며, 내가 나쁘다고 느끼는 것은 모두 나쁘지. 모든 결의론자(決疑論者)들 중 최고의 결의론자는 양심이지. 그리고 사람들이 번쇄한 추론을 사용하는 것은 그들의 양심을 매수하려고 할 때뿐일세.[53]

루소가 이처럼 양심을 예찬하면서 정치적 정당성의 궁극적 근거를 양심에 둔 것과는 달리, 주자는 정치적 정당성의 궁극적 근거를 '천리(天理)'로 설정했다. 앞에서 살폈듯이, 주자의 공론론은 루소의 일반의지론과 여러 측면에서 궤를 같이한다. 그런데 루소는 일반의지의 정당성의 원천을 양심에서 찾았으나, 주자는 공론의 정당성의 원천을 천리에서 찾은 것이다.

주자는 공론을 '천리(天理)에 따르고, 인심(人心)에 부합하여, 천하의 사람들이 모두 함께 옳게 여기는 것'이라고 정의했다. 여기에서 '천리에 따

52) 루소, 『에밀』, 522쪽.

53) 루소, 『에밀』, 513쪽.

름' 은 규범적 정당성을 보장하는 요소이고, '인심에 부합함' 은 그에 대한 만인의 자발적 복종을 유도하는 요소이다. 어떠한 결정이 객관적으로도 정당하고 자신의 주관적 의지와도 합치된다고 여겨질 때, 사람들은 흔쾌히 그에 복종하게 되는바, 주자는 그것이 바로 공론이라고 본 것이다.

이처럼 주자의 공론론에서는 천리와 인심이 동시에 강조되나, 규범적 정당성을 담보하는 궁극적 요소는 천리에 있는 것이다. 주자는 '인심(사람의 마음이나 감정)' 에 대해서는 그 '동기의 순수성' 을 충분히 인정한다 하더라도 그것이 곧 '정당성' 을 확보하는 것은 아니라고 보았다. 다시 말해서, 우리의 '주관적 선의지(善意志)' 만으로 '정당성' 이 확보되는 것이 아니라는 뜻이다. 주자는 다음과 같이 말한 바 있다.

> 만약 천리가 밝혀지지 않아 준칙으로 삼을 바가 없는데 자질구레하게 오직 '본래의 의도를 탐구하는 것〔原情〕' 에 힘쓴다면, 이것은 '情에 따라 法을 폐기하고, 惡을 풀어줌으로써 간사(奸邪)를 열어주는 것' 이 아니겠는가? 양주(楊朱)는 義를 배운 사람인데 위아(爲我)에 치우쳤고, 묵적(墨翟)은 仁을 배운 사람인데 겸애(兼愛)로 흘렀으니, 본래 그들이 마음먹은 것에는 어찌 간사가 있었겠는가? 모두 善으로 여겨 그렇게 했던 것인데, 다만 근원에 있어서 털끝만한 오차가 조금 있었던 것이다. 그리하여 맹자는 그 화(禍)를 미루어 '무부(無父) · 무군(無君)으로서 금수에 빠지는 것' 이라 말씀하시고, 조금도 용납하지 않고 비판하여 물리치신 것이다.[54]

주자에 의하면, 양주는 義를 배운 사람이요 묵적은 仁을 배운 사람으로서, 그들이 '위아' 나 '겸애' 를 주창한 본래 의도에는 간사가 없었다. 그러

---

54) 『朱子大全』 卷30 頁13, 〈答汪尙書〉.

나 그들은 천리를 준칙으로 삼지 않았기 때문에 그들의 선의지는 결국 '무부 · 무군' 으로 전락하게 되었다는 것이다. 그리하여 주자는 '주관적인 선의지' 만으로는 불가하다고 보고, 반드시 '객관적 천리' 를 준칙으로 삼아야 한다고 강조하는 것이다. 이렇게 본다면, 주자는 루소의 양심에 대한 예찬을 결코 수긍하지 않을 것이다.

사실 루소가 예찬한 것과는 달리, 양심은 우리의 일상에서 종종 문제를 일으킨다. 나의 양심적 판단과 남의 양심적 판단이 종종 갈등을 일으키는 것이다. 예컨대 '양심적 병역거부' 의 문제를 생각해보자. 루소는 "나는 내가 하고자 하는 것에 대해 나 자신에게 상의하기만 하면 된다네. 내가 좋다고 느끼는 것은 모두 좋으며, 내가 나쁘다고 느끼는 것은 모두 나쁘지."라고 했거니와, 양심적 병역거부를 옹호하는 사람들은 바로 이러한 입장에서 병역을 거부하는 것이다. 문제는 그의 양심적 판단이 다른 사람의 양심적 판단과 일치하지 않는다는 점이다. 이렇게 본다면 우리의 양심은 그것이 아무리 숭고한 것이라 하더라도, 정치적 정당성의 궁극적 근거로 삼기에는 적절하지 못한 점이 있는 것이다.[55]

4. 결론

루소와 주자는 정치철학의 기본 구도에 있어서 실로 많은 점을 공유하고 있다. 루소와 주자는 모두 도덕적 본성과 육체적 본능의 두 측면에서 인

55) 또 하나의 例로, 프랑스혁명이 '공포정치' 를 자행한 것에 대해, 테일러(Charles Taylor)는 '스스로 옳다는 확신에 찬 소수의 일반의지 구현자들이 前衛政治(vanguard politics)를 수행한 것' 으로 풀이한 바 있다(테일러, 『근대의 사회적 상상』, 188~190쪽 참조).

간성을 해명하고, 본능에 대한 본성의 우위를 확립하는 것을 정치철학의 출발점으로 삼았다. 루소는 육체적 본능에서 도출된 의지를 사익을 추구하는 특수의지로, 도덕적 본성에서 도출된 의지를 공동선을 추구하는 일반의지로 규정하고, 바람직한 정치체의 토대를 일반의지에서 찾았다. 루소의 이러한 구도는 주자의 인심도심론 및 공론론과 궤를 같이한다. 또한 정치체 운영의 근본 덕목을 사랑이나 정의 어느 하나에서 찾지 않고, 사랑과 정의가 합치되는 지점에서 찾았다는 점에서도 루소와 주자는 궤를 같이한다.

본고에서 자세히 논하지는 않았지만, 루소가 당시의 문명상을 비판한 것도 주자의 존왕천패론(尊王賤霸論)과 궤를 같이하는 것이다. 당시의 계몽주의적 문명은 본능적 욕구의 충족에만 치우친 것으로서, 인간의 도덕적 본성(자연)을 거역하는 것이었기에, 루소는 학문과 예술의 발달이 오히려 인간을 타락시키는 결과를 낳았다고 비판하고, '자연으로 돌아가라' 고 외친 것이다. 그런데 유학에서도 본능적 욕구의 충족만을 추구하는 것을 패도(霸道)라 규정하고, 도덕적 본성의 실현을 추구하는 것을 왕도(王道)라 규정하여, '패도를 천시하고 왕도를 드높인다' 는 입장을 취했던 것이다.[56)]

그러나 루소와 주자는 핵심적인 두 문제에 있어서 입장을 달리했다. 정치체가 추구해야 할 공동선의 실질적 내용에 대해 루소는 인권을 강조하고 주자는 인륜을 강조했으며, 정치적 정당성의 궁극적 근거에 대해 루소는 양심을 내세웠고 주자는 천리를 내세웠다. 루소와 주자의 이러한 차이점은 루소에 대한 주자학적 비판의 단초가 될 수 있다. 그것을 간단히 정리하면 다음과 같다.

첫째, 루소의 인권론은 '사람다운 삶' 을 제대로 뒷받침하기 힘들다. 루

56) 주자의 尊王賤霸論에 대해서는 拙稿, 「朱子와 陳亮의 王霸論爭에 대한 재검토」 참조.

소의 인권론은 '의식주 또는 식색(食色)에 대한 권리를 모두가 평등하게 누려야 한다'는 것이었다. 그러나 주자학적 관점에서 보자면, 이는 사람다운 삶의 필요조건일 수는 있어도 충분조건일 수는 없는 것이다.[57] 맹자는 "사람에게는 道가 있거니와, 배불리 먹고 따뜻하게 입으며 편안히 살되 가르침이 없다면 곧 금수에 가깝게 된다. 성인(聖人)이 이를 근심하시어, 설(契)을 사도(司徒)로 삼아 인륜을 가르치게 하셨다."고 했거니와, 주자 역시 의식주의 충족만으로는 사람과 금수의 다른 점을 해명할 수 없다고 보고, 인륜을 사람다움의 궁극적 근거로 설정했던 것이다.

둘째, 루소의 양심론은 '가치판단의 궁극적 근거'를 제대로 해명할 수 없다. 루소는 양심을 '자유로운 존재의 확실한 안내자'요, '선과 악에 대해 전혀 오판이 없는 심판자'라고 예찬했다. 그러나 '양심의 자유'라는 말이 있는 한, 양심이 '자유로운 존재의 안내자'일 수는 있어도 '선과 악에 대해 전혀 오판이 없는 심판자'일 수는 없는 것이다. 정치의 영역에서는 나의 양심적 판단과 남의 양심적 판단이 일치하지 않는 경우가 너무 많기 때문이다. 이러한 맥락에서 주자는 양심의 한계를 직시하고, 우리의 가치판단은 궁극적으로 천리에 근거해야 한다고 역설했던 것이다.[58]

---

57) 서구의 근대는 '政·教 분리의 원칙'에 입각한 사회였다. 이러한 맥락에서는 루소도 '개인의 영혼을 다스리는 일(soul-craft)'은 宗教에 맡기고, '共同善을 실현하는 일(국가를 다스리는 일, state-craft)'만 政治의 영역으로 규정한 것이라고 볼 수 있다. 요컨대 루소는 영혼을 잘 다스려 인간의 존엄성을 실현하는 일을 '종교의 영역' 또는 '개인의 자유의 영역'에 맡긴 것이므로, 루소가 인간의 존엄성 문제를 간과한 것은 아니라는 것이다. 그렇다면 루소의 정치철학에서는 인간의 존엄성을 실현하는 문제가 소외되었음이 더욱 분명한 것이다. 한편, 루소가 인간의 존엄성을 실현하는 문제를 종교나 자유의 영역에 맡겼다 하더라도, 루소의 '쾌락주의적 행복관'으로 볼 때, 루소에게 있어서 인간의 존엄성을 실현하는 인륜적 삶은 별로 중시되지 않았던 것 같다.

58) 헤겔은 "양심은 결국 자기 마음에 내키는 임의의 내용을 자기의 知와 意志의 터전 속에 자리 잡게 한다."고 지적한 바 있다. 이러한 맥락에서 헤겔은 "양심이 과연 도덕적으로 善한 것인지 惡한 것인지 알 수 없다"고도 했고, "양심을 악한 것으로 받아들이

루소는 '합리적 정의'를 추구한 초기 계몽주의의 한계를 직시하고, 인간의 도덕적 본성에서 우러나는 동정심(양심)을 부각시킴으로써 그 한계를 극복하고자 했다. 그러나 루소의 인권론이나 양심론이 위에서 제기한 문제점들을 지니고 있는 것이 사실이라면, 루소의 정치철학 역시 비판적으로 극복되어야 할 것이다.

지 않을 수 없게 된다." 고도 했다(헤겔, 『정신현상학』 II, 763쪽, 781~782쪽, 787쪽 참조). 양심을 보다 엄밀하게 이해하기 위해, 헤겔은 양심을 '형식적 양심'과 '참다운 양심'으로 구분했다. 헤겔은 '형식적 양심'은 '주관적 확신'에 불과하기 때문에 테러리즘으로 연결될 수 있다고 비판하고, '객관적으로 참다운 내용'과 결합된 양심만이 '참다운 양심'이라 했다(나종석, 『차이와 연대 : 현대 세계와 헤겔의 사회 · 정치철학』, 178~180쪽, 230~250쪽 참조).

제13장

퇴계학과 평화

1. 평화에의 두 가지 접근법

간혹 전쟁을 예찬한 철학자들도 있었지만, 대부분의 철학자들은 평화를 염원했다. 그런데 철학자들이 제시한 '평화에 도달하는 방법' 은 둘로 대별할 수 있다. 첫째는 소크라테스나 플라톤 등 고전(古典) 정치철학자들이 제시한 방법으로, 사람을 올바르게 만들어서 전쟁의 가능성 자체를 막자는 것이다. 둘째는 마키아벨리나 홉스 등 근대(近代) 정치철학자들이 제시한 방법으로, 전쟁의 고통과 평화의 이익을 정확히 계량함으로써 전쟁을 회피하고 평화를 선택하도록 하자는 것이다.

먼저 플라톤의 방식을 살펴보자. 플라톤에 의하면, 정치의 본질은 '영혼의 치유' [1]로서, 정치가는 "어떻게 하면 우리가 시민으로서 가능한 한 가장 훌륭해질 수 있는지를 돌보아야 하는 것" [2]이다. 정치란 본질적으로

1) 플라톤, 『고르기아스』, 464b.

2) 플라톤, 『고르기아스』, 515c.

시민 한 사람 한 사람을 올바른 인격자로 거듭나게 만드는 것이라는 말이다. 플라톤이 추구한 올바른 인격의 모습은 그의 영혼삼분설에 나타나 있다. 플라톤은 인간 영혼의 세 부분(理性, 氣槪, 欲求)에 대해 다음과 같이 설명한다.

첫째, 이성은 '지혜로우며 영혼 전체를 위한 선견지명을 지니고 있는 헤아리는 부분' 으로서, "그 나름으로 이들 세 부분의 각각을 위해서 뿐만 아니라 이들 셋으로 이루어진 공동체 전체를 위해서 유익한 것에 대한 지식을 그 자신 속에 지니고 있다" 는 것이다. 따라서 이성은 다른 두 부분을 다스리는 '지배자' 의 역할을 하게 되는데, 이성의 미덕은 '지혜' 이다.

둘째, 기개는 이성을 위해 무장을 하고, 이성을 보조하는 역할을 한다. 기개가 고통이나 쾌락에 굴복하지 않고 이성의 지시에 따라 용감하게 다투면 '용기 있는 사람' 이 된다.

셋째, 욕구는 영혼의 대부분을 이루는 부분으로서, 그 성향상 도무지 재물에 대해 만족할 줄을 모른다. 그러므로 욕구가 모두의 삶 전체를 뒤집어엎게 되는 일이 없도록, 이성과 기개가 욕구를 감시해야 하는데, 욕구가 이들의 감시와 지배를 받아들이면 '절제 있는 사람' 이 된다.[3]

위의 설명에서 이미 윤곽이 드러났거니와, 플라톤에 의하면, 이성은 기개와 욕구를 통제하는 역할을 해야 하고, 기개는 이성을 도와 이성이 욕구를 다스리는 것을 보조해야 하며, 욕구는 이성이나 기개의 통제를 받아들여야만 한다. 플라톤은 이성과 기개로 욕구를 다스릴 줄 모르는 삶, 즉 '욕구에 지배되는 삶' 을 '짐승의 삶' 에 비유하고, 짐승들은 만족할 줄 모르는 욕구로 말미암아 서로를 공격하며 죽이기까지 한다고 설명했다.[4] 플라톤은 이러한 맥락에서 '이성 · 기개 · 욕구' 사이의 바람직한 관계를 다음과

3) 플라톤, 『국가』, 440a~442d.

4) 플라톤, 『국가』, 586a.

같이 설명한다.

혼 전체가 지혜를 사랑하는 부분을 따르고 반목을 하지 않는다면, 혼의 각 부분이 다른 모든 면에서도 자기 일들을 할 수 있으며 올바를 수 있고, 특히 각각이 자기의 즐거움들을, 최선의 그리고 가능한 한의 가장 참된 즐거움들을 누릴 수 있을 걸세.[5]

요컨대 욕구와 기개가 이성의 지도에 따르면, 욕구에게도 알맞고, 기개에게도 알맞으며, 이성에게도 알맞은 '가장 참된 즐거움' 을 누릴 수 있다는 것이다. 플라톤은 이러한 바람직한 영혼의 질서를 그대로 국가의 질서에 적용시켰다. 군인계급과 생산계급이 통치계급의 지혜로운 명령에 따르면 '각각의 사익(私益)' 과 '국가의 공동선(共同善)' 이 동시에 달성될 수 있다는 것이다.

그러나 플라톤의 '이성으로 욕구를 통제해야 한다' 는 주장은 근대에 이르러 숱한 반론에 봉착했다. 에라스뮈스가 '아랫녘 샅' 이야말로 '생명의 샘' 으로서 '경건한 성지(聖地)' 라고 규정하고, "삶에서 쾌락을 제거해 버린다면, 삶을 도대체 삶이라고 부를 수 있겠습니까?"[6]라고 반문한 것이 그 효시요, 흄이 '이성은 정념의 노예'[7]라고 한 것이 그 절정이었다. 홉스는 바로 이러한 입장에서 자신의 정치철학을 정립했다.

홉스의 지론은 '자연은 우리에게 모든 것을 허용했다' 는 것이었다. 요컨대 우리 인간은 무엇이든 자기가 원하는 것을 할 수 있다는 뜻이다. 홉스는 이를 '자연권' 이라 했다. 홉스의 자연권 사상은 '이성과 정념(욕구)' 사

5) 플라톤, 『국가』, 586e.

6) 에라스뮈스, 『우신예찬』, 34~36쪽.

7) Hume, *A Treatise of Human Nature*, 415쪽.

이의 전통적 주종관계를 전도시킨 것이다. 플라톤 · 아리스토텔레스 등 고전 정치철학자들은 대부분 이성을 영혼의 주인(지배자)으로 규정하고, 욕망은 이성의 통제에 따라야 한다고 규정했었다. 그러나 홉스는 욕망이야말로 '우리 삶의 활력의 근원' 이라는 입장에서 욕망을 주인으로 설정하고, 이성은 다만 욕망을 효과적으로 충족시키기 위한 타산능력에 불과하다고 본 것이다.[8] 홉스는 다음과 같이 말한다.

> 권력, 부(富), 지식, 명예 가운데 어느 것에 대해서도 커다란 정념(情念)이 없는 사람은 남을 공격하지 않는다는 점에서 매우 착한 사람이다. 그러나 그는 위대한 상상력도 상당한 판단력도 가질 수 없다. 사고(思考)와 욕망(欲望)의 관계는 정찰대나 간첩이 사방을 정탐하며 원하는 대상에 도달하는 길을 찾아내는 것과 같다. 정신적 운동의 확고함과 신속함은 모두 거기에서 생겨난다. 욕망이 없음은 죽음이듯, 정념이 약한 것은 멍청함이다.[9]

위에 보이듯이 홉스는 인간의 욕망이나 정념을 적극 긍정하였다. 이처럼 욕망이나 정념을 적극 긍정한 다음의 이성〔思考〕의 역할이란 '정찰대' 나 '간첩' 의 역할과 같은 것이었다. 정찰대나 간첩은 스스로 목표를 설정하는 존재가 아니라, 본대(本隊, 本國)로부터 주어진 목표를 달성하는 수단을 찾는 존재일 뿐이다. 그 '본대' 란 물론 욕망이다. 이러한 맥락에서 위의 인용문은 '욕망은 주권자요, 이성은 욕망을 위한 도구에 불과하다' 는 입장을 단적으로 드러낸 것이다.

---

8) 아블라스터(Anthony Arblaster)는 '욕망' 을 '주권자(sovereignty)' 로 규정함을 자유주의의 일반론으로 규정하고, 그 대표자로 홉스를 지목한 바 있다(Arblaster, *The Rise and Decline of Western Liberalism*, 28쪽).

9) Hobbes, *Leviathan*, chap.8, 139쪽.

주지하듯이, 홉스는 '자연상태' 를 '전쟁상태' 로 규정했다. 홉스에 의하면 인간의 삶이란 '권력, 부(富), 명예' 를 위한 경쟁의 과정인바, 따라서 자연상태는 혼란을 초래할 수밖에 없다는 것이다. 만인의 만인에 대한 전쟁상태에서, '자신도 언제 죽임을 당할지 모른다' 는 공포와 위험은 인간으로 하여금 평화를 지향하지 않을 수 없게 만든다. 홉스는 이러한 상황에서 '평화를 위한 적절한 조항들' [10]을 모색하는 것이 이성의 역할이라고 보았다.

홉스가 말하는 이성은 본래 두 측면을 지닌 것이었다. 이성은 한편으로는 미래의 불안(가난)을 고려해 욕망을 증대시키고, 한편으로는 자신을 방어하고 타인과 공존(평화)하고자 타인과 동등하게 자신의 권리를 포기(양도)하도록 하는 것이다. 이성이 자신의 욕망을 증대시키는 것도 더 큰 만족을 위한 것이지만, 이성이 자신의 권리를 포기하도록 하는 것도 더 큰 만족(평화에 의해 자신의 안전을 보장받음)을 위한 것이다. 이러한 맥락에서, 홉스가 '이성이 평화의 법칙을 고안해낸다' 고 한 것도 '이성이 정념을 통제한다' 는 차원이 아니라 '이성이 정념을 효과적으로 충족시킨다' 는 차원이었다.

이상에서 서양철학에 보이는 '평화에 이르는 두 노선' 을 비교해 보았다. 그렇다면 우리 동양의 유학자 퇴계(退溪) 이황(李滉)은 어떤 노선을 취했던 것일까?

10) Hobbes, *Leviathan*, chap.13, 188쪽.

2. 유교적 전통

먼저 평화사상으로서의 유교의 일반론을 개관해 보자. 물론 유교사상 전반을 평화의 사상으로 해명할 수 있지만, 본고에서는 특별히 다음의 네 가지를 주목하고자 한다.

첫째, 공자의 명분론(名分論, 正名論)이다. 명분론이란 모든 '이름〔名〕'[11] 에는 고유한 '몫〔分〕' 이 따르는바, 양자를 바르게 합치시켜야 한다는 논리로, 『논어』의 핵심사상 가운데 하나이다. 물론 『주역』의 음양사상에 근거한 것이지만, 유교에서는 바람직한 인간관계를 '감응(感應)' 으로 설명한다. 음양의 감응이 '형통(亨通)한 결과' 를 도출한다는 것이다.[12] 이러한 맥락에서, 명분론이란 각자 자신의 본분을 다함으로써 조화로운 인간관계를 창출하고, 조화를 통해 서로 감응할 수 있게 하고, 감응을 통해서 우리 모두의 인생이 형통해지도록 하자는 것이다.

『논어』의 명분론은 "군주는 군주답고, 신하는 신하다우며, 부모는 부모답고, 자식은 자식답다."[13]라는 말로 상징된다. '다움' 이란 각자의 이름에 부여된 고유한 몫을 충실히 발휘함을 뜻한다. 『대학』에서는 "문왕(文王)은 군주로서는 仁에 머물고, 신하로서는 敬에 머물며, 자식으로서는 孝에 머물고, 부모로서는 慈에 머물며, 나라 사람들과 사귈 때에는 信에 머물렀

---

11) 물론 여기에서의 '이름' 은 '김갑순 · 홍길동' 등의 '고유명사' 가 아니라 '부모와 자식, 사용자와 노동자' 등 '일반명사' 를 뜻한다.

12) 『周易』에서 陰陽의 感應을 상징하는 대표적인 괘는 咸卦이다. 程伊川은 咸卦에 대한 설명에서 "무릇 君臣과 上下로부터 만물에 이르기까지 모두 서로 감응하는 도리가 있으며, 사물이 서로 감응하면 형통하게 되는 이치가 있다. 君臣이 서로 감응하면 君臣의 도리가 통하며, 상하가 서로 감응하면 상하의 뜻이 통한다. 부자 · 부부 · 친척 · 붕우에 이르기까지 모두 情意가 서로 감응하면 和順하게 되어 亨通하다." 고 했다 (『周易傳義大全』 咸卦 卦辭, 程傳).

13) 『論語』 顔淵 11.

다."[14]고 했는데, 군주로서의 '仁', 신하로서의 '敬', 부모로서의 '慈', 자식으로서의 '孝', 남들과의 '信' 등이 바로 각각의 상황에서의 '자신의 고유한 몫'이 되는 것이다. 『대학』에서는 '자신의 고유한 몫을 다 발휘함'을 '지극한 善에 머묾〔止於至善〕'이라 했는데, 『대학』의 '평천하(平天下)'는 이와 궤를 같이하는 것이었다. 이렇게 본다면, 공자의 명분론은 모든 사람들이 자신의 본분을 다함으로써 이 세상을 화평하게 만들 수 있다는 평화의 사상이었던 것이다.

둘째, 맹자의 왕도론(王道論)이다. 맹자는 '덕으로써 어진 정치를 실천하는 것〔以德行仁〕'을 왕도라 하고, '무력(武力)으로 통치하되 어진 정치를 가장하는 것〔以力假仁〕'을 패도라 했다.[15] 즉 왕도란 인정(仁政)을 목표로 하는 정치로서, 먼저 백성들의 생업을 보장하고 그다음에 인륜을 교육함으로써, 백성들이 편안하면서도 올바르게 살 수 있도록 하자는 것이다. 반면에 패도란 패권(霸權)을 목표로 하는 정치로서, 수단과 방법을 가리지 않고 부국강병(富國强兵)을 달성한 다음 그를 바탕으로 이웃 나라들을 굴복시킴으로써 이 세계의 패자(霸者)가 되자는 것이다.

맹자는 왕도에 대해서는 '인자무적(仁者無敵)'이라고 옹호하고,[16] 패도에 대해서는 '연목구어(緣木求魚)'라고 비판했다.[17] 맹자가 왕도를 옹호한 논거는 두 가지로 정리된다. 첫째는 왕이 어진 정치를 베풀면 자기 나라의 백성은 물론 이웃나라의 백성조차 그를 부모처럼 받들게 된다는 것이다. 둘째는 왕이 어진 정치를 베풀면 백성들은 나라를 사랑하게 되어 몽둥이로도 침략자의 튼튼하고 날카로운 무력에 맞서게 된다는 것이다. 반

14) 『大學章句』 傳3章.
15) 『孟子』 公孫丑上 3.
16) 『孟子』 梁惠王上 5.
17) 『孟子』 梁惠王上 7.

면에 패도를 비판한 논거도 역시 두 가지로 정리된다. 첫째는 무력으로 패권을 추구하는 것은 이웃 나라들과 원수를 맺는 것으로서, 한 나라가 주위의 여러 나라를 모두 무력으로 굴복시킨다는 것은 불가능하다는 것이다. 둘째는 패권을 위해 부국강병을 추구하다보면, 결국 내부적 반발 또는 붕괴에 봉착한다는 것이다. 패도정치는 부국강병을 위해 민력(民力)을 과도하게 착취하게 되는데 그러면 국민들이 반발하게 된다는 것이며, 또한 부국강병을 위해 공리(功利)를 숭상하면 백성들 사이의 이익다툼으로 국가가 내부적으로 붕괴하게 된다는 것이다. 요컨대 맹자는 패도를 '폭력의 악순환'으로 규정하면서, 왕도를 통해 '평화로운 세상'을 만들고자 했던 것이다.

셋째, 『중용』의 중화론(中和論)이다. 『중용』에서는 "희로애락(喜怒哀樂)의 감정이 아직 발하지 않은 것을 '中'이라 하고, 발하여 모두 절도에 맞는 것을 '和'라 한다."라 하고, "중화(中和)를 이루면 천지가 제 자리를 잡고 만물이 화육된다."고 했다.[18] '천지가 제 자리를 잡고 만물이 화육됨'은 『대학』의 '지어지선(止於至善)'과 마찬가지로 '지극한 평화'의 경지일 것이다. 그런데 『중용』에서는 이러한 지극한 평화는 '내 마음의 중화(中和)'로부터 시작된다고 본 것이다. 이에 대해 주자는 다음과 같이 풀이한 바 있다.

> 대개 천지와 만물은 본래 나와 일체(一體)이니, 내 마음이 바르면 천지의 마음 또한 바르게 되며, 내 기운이 순조로우면 천지의 기운 또한 순조롭게 된다. 그러므로 그 효험이 이러한 경지에 이르는 것이다.[19]

『대학』에서는 '수기(修己)와 치인(治人)'을 '근본과 말단'의 관계로 규

---

18) 『中庸章句』 1.

19) 『中庸章句』 1, 朱子註.

정하여, 수기가 근본이고 치인은 말단이라 하였다. 같은 맥락에서 『중용』에서도 천지가 제 자리를 잡고 만물이 화육되는 '외면적 평화'는 '치중화(致中和)'라는 '내 마음의 조화'로부터 시작된다고 보아, "'中'은 천하의 대본(大本)이요, '和'는 천하의 달도(達道)이다."[20]라고 했던 것이다. 여기서 우리는 내면적인 심성론의 문제가 평화사상과 연결되는 단초를 확인할 수 있다.

넷째, 주자의 인심도심론(人心道心論)이다. 『서경』에는 순(舜)이 우(禹)에게 왕위를 물려주면서 "인심은 오직 위태롭고 도심은 오직 은미하니, 오직 정밀(精密)하게 살피고 오직 전일(專一)하게 지켜서, 진실로 그 중용을 잡으라〔人心惟危 道心惟微 惟精惟一 允執厥中〕"고 말했다는 기록이 보인다. 주자는 이에 대해 다음과 같이 설명한 바 있다.

> 마음의 허령지각(虛靈知覺)은 하나일 뿐인데 인심과 도심의 다름이 있는 것은, 인심은 '형기의 사사로움〔形氣之私〕'에서 생겨나고 도심은 '성명의 바름〔性命之正〕'에 근원하여, 그 지각하는 바가 같지 않기 때문이다. 그러므로 인심은 위태하여 불안하고, 도심은 미묘하여 드러나기 어렵다. (…) 반드시 도심으로 항상 한 몸의 주재자를 삼아 인심이 항상 그 명령을 따르게 한다면, 위태로운 인심은 편안해지고 미묘한 도심은 드러나게 되어, 동정운위(動靜云爲)가 저절로 지나치거나 모자라는 잘못이 없게 된다. 무릇 요·순·우(堯舜禹)는 천하의 위대한 성인(聖人)이었고, 천하를 서로 전해 줌은 천하의 중대한 일이었다. 천하의 위대한 성인이 천하의 중대한 일을 수행하여 왕위를 서로 주고받음에 정녕 고계(告戒)한 말은 이에 불과했다. 그렇다면 천하의 이치가 어찌 이에 덧보탤 것이 있겠는가?[21]

20) 『中庸章句』 1.

21) 『中庸章句』, 〈中庸章句序〉.

인심이란 육체로 인해 생기는 마음으로서, 배가 고프면 음식을 먹고자 하고, 추우면 옷을 입고자 하며, 정욕이 일면 이성(異性)을 그리워하는 것 등을 말한다. 주자는 인심을 '형기(形氣)의 사사로움' 또는 '인욕(人欲)의 사사로움'과 연결시켜 설명하였다. '사사로움'란 '개체에 속한다'는 뜻이니, 사회 구성원 각자가 '자신의 욕망을 추구하는 것'이 인심이다. 도심이란 인의예지의 본성으로 인해 생기는 마음으로서, 측은지심 · 수오지심 · 사양지심 · 시비지심 등이 이에 해당한다. 주자는 도심을 '천리(天理)의 공정함' 또는 '성명(性命)의 올바름'과 연결시켜 설명하였다. 사회의 구성원들이 '다른 사람들도 함께 할 수 있도록 바름을 추구하는 것'이 도심이다.

주자는 『서경』의 인심도심론의 취지를 '도심으로 인심을 주재하여, 모든 행동에 지나침과 모자람이 없게 하라'는 것으로 설명했다. 우리의 모든 행동에 지나침과 모자람이 없다면 평화는 저절로 실현될 것인바, 이러한 맥락에서 인심도심론은 그 자체가 평화를 지향하는 것이기도 하다. 주자는 또 "천하의 위대한 성인(聖人)이 천하의 중대한 일을 수행하여 왕위를 서로 주고받음에 정녕 고계(告戒)한 말은 이에 불과하였다."고 했는데, 이는 인심도심론이야말로 정치철학의 진정한 핵심이라는 뜻이다. 퇴계의 성리학은 바로 인심도심론의 연장선상에서 성립하는 것인바, 바로 이러한 맥락에서 우리는 '퇴계학(退溪學)' 자체를 '평화 사상'이라는 관점에서 조명할 수 있는 것이다.

3. 이기호발설(理氣互發說)

주지하듯이 퇴계의 이기호발설이란 '사단(四端)은 이발(理發), 칠정(七情)은 기발(氣發)'이라는 주장을 말한다. 전통 유학에서는 인간의 감정을

'사단' 으로 설명하기도 하고 '칠정' 으로 설명하기도 했는데, 퇴계는 사단과 칠정은 서로 본질이 다르다고 보았던 것이다. 이에 대해 고봉(高峰) 기대승(奇大升)이 사단과 칠정은 본래 하나의 감정일 뿐이라고 반론을 제기함으로써, 그 유명한 사단칠정논쟁이 시작된 것이다. 퇴계는 고봉에게 자신의 호발설을 다음과 같이 설명한 바 있다.

> 情에 사단과 칠정의 구분이 있는 것은 性에 본연지성과 기질지성의 차이가 있는 것과 같다. 그렇다면 性에 있어서는 이미 理와 氣로 나누어 말할 수 있는데, 오직 情에 있어서만 理와 氣로 나누어 말할 수 없다는 것인가? 측은 · 수오 · 사양 · 시비는 무엇으로부터 발하는가? 인의예지의 性에서 발하는 것이다. 喜 · 怒 · 哀 · 懼 · 愛 · 惡 · 欲은 무엇으로부터 발하는가? 바깥 사물이 그 형기(形氣)에 접촉함에 마음이 움직이는 것으로서, 대상의 사물로 인해 나오는 것이다. (…) 무릇 학문을 강론하면서 분석을 싫어하여 하나로 합치는 데 힘쓰는 것을 고인(古人)은 '골륜탄조(鶻圇呑棗)' 라 했거니와, 그 병폐가 적지 않다. 그런데도 이와 같이 하기를 그치지 않는다면, 자신도 모르는 사이에 곧 氣로 性을 논하는 폐단에 빠져, 인욕(人欲)을 천리(天理)로 오인하는 병폐가 생긴다.[22)]

퇴계는 사단을 '본연지성이 발한 것' 으로 설명하면서, 이를 다시 '인의예지의 性에서 발한 것' 이라 하였다. 이는 사단이란 순수하게 인간의 도덕적 본성에서 발한 것으로서, 인간의 육체적 욕망과는 무관하다는 뜻이다. 퇴계는 또한 칠정을 '기질지성이 발한 것' 으로 설명하면서, 이를 다시 '바깥 사물이 그 형기에 접촉함에 마음이 움직이는 것으로서, 대상의 사물로 인해 나오는 것' 이라고 설명했다. 외부의 사물을 접촉하면 곧 '호 · 오(好

22) 『退溪集』 卷16 頁20-23, 〈答奇明彦論四端七情第二書〉.

惡)의 욕망'을 일으키는 것이 '인간의 본능'이거니와, 퇴계는 이를 '칠정'이라 한 것이다. 위의 인용문에서는 '본연지성 – 理 – 사단 – 천리'와 '기질지성 – 氣 – 칠정 – 인욕'을 대비시키고 있거니와,[23] 퇴계의 호발설은 이러한 구도에 입각한 것이다. 퇴계는 '인심·도심' 역시 '칠정·사단'과 상응하는 것이라고 보아, 다음과 같이 말한다.

> '(그대가) 인심은 칠정, 도심은 사단'이라고 했는데, 〈중용장구서(中庸章句序)〉의 주자설(朱子說) 및 허동양(許東陽)의 설명 등으로 보면, 인심과 도심을 각각 칠정과 사단으로 여겨도 진실로 안 될 것이 없다.[24]

〈중용장구서〉의 '주자설'이란 '인심과 도심'을 '형기(形氣)의 사사로움과 성명(性命)의 올바름'으로 구분한 것을 말하고, '허동양의 설명'이란 "인심은 氣에서 발하니, 예컨대 이목구비와 사지의 욕망이 그것이다. (…) 도심은 理에서 발하니, 예컨대 측은·수오·사양·시비의 사단이 그것이다."[25]라는 내용을 말한다. 퇴계는 이 두 설에 근거하여 사단칠정론과 인심도심론은 본래 궤를 같이하는 것이라고 보았다. 여기서 알 수 있듯이, 퇴계의 호발설은 주자의 인심도심론과 궤를 같이하는 것이었다. 그렇다면 주자의 인심도심론을 다시 살펴보기로 하자.

---

23) 朱子學에서 '本然之性과 氣質之性'은 본래 '理一과 分殊'에 상응하는 개념으로서, 인간(만물)의 '보편성과 특수성' 또는 '완전성과 불완전성'을 해명하던 개념 체계였다. 그런데 퇴계는 '本然之性과 氣質之性'을 '理一과 分殊'의 맥락에서 이해하기도 하고, '도덕적 본성과 육체적 본능'의 맥락에서 이해하기도 했거니와, 이것이 退溪學의 특징인 것이다(이에 대한 자세한 논의는 拙稿, 「朱子 氣質之性論의 양면성과 退·栗 性理學」 참조).

24) 『退溪集』 卷37 頁27, 〈答李平叔〉.

25) 『中庸章句大全』, 〈中庸章句序〉, 小註 : 東陽許氏曰 人心發於氣 如耳目口鼻四肢之欲 是也 (…) 道心發於理 如惻隱羞惡辭遜是非之端 是也

인심과 도심이 마음속에 섞여 있어 다스릴 줄을 모른다면, 인심은 더욱 위태로워지고 도심은 더욱 미묘해져서, '천리(天理)의 공정함' 이 마침내 '인욕(人欲)의 사사로움' 을 이길 수 없을 것이다. '정밀함〔精〕' 이란 인심과 도심의 간격(차이)을 살펴서 섞지 않는 것이요, '전일함〔一〕' 이란 본심의 바름을 지켜서 떠나지 않는 것이다. 조금도 간단(間斷) 없이 이에 종사하여, 반드시 도심으로 항상 한 몸의 주재자를 삼아 인심이 항상 그 명령을 따르게 한다면, 위태로운 인심은 편안해지고 미묘한 도심은 드러나게 되어, 동정운위(動靜云爲)가 저절로 지나치거나 모자라는 잘못이 없게 된다.[26)]

위의 "인심과 도심이 마음속에 섞여 있어 다스릴 줄을 모른다면, 인심은 더욱 위태로워지고 도심은 더욱 미묘해져서, '천리의 공정함' 이 마침내 '인욕의 사사로움' 을 이길 수 없을 것" 이란 말은 '인심 · 도심의 갈등 양상' 과 '인심의 사실적 우위' 를 설명한 것이다. '유정유일(惟精惟一)' 의 노력이 있기 전에는 인심 · 도심의 갈등(승부)에서 인심이 우위를 점하게 된다는 것이다. 또 " '정밀함〔精〕' 이란 인심과 도심의 간격(차이)을 살펴서 섞지 않는 것이요, '전일함〔一〕' 이란 본심의 바름을 지켜서 떠나지 않는 것" 이라는 말은 '유정유일' 의 구체적 의미를 설명한 것이요, "조금도 간단 없이 이에 종사하여, 반드시 도심으로 항상 한 몸의 주재자를 삼아 인심이 늘 그 명령을 따르게 한다면" 은 '유정유일' 의 실제적 적용을 설명한 것이며, "위태로운 인심은 편안해지고 미묘한 도심은 드러나게 되어, 동정운위가 저절로 지나치거나 모자라는 잘못이 없게 된다" 는 '유정유일' 의 결과를 설명한 것이다. 그런데 주자의 이러한 설명에서 '도심과 인심' 을 각각 '理와 氣' 로 대체하고, '유정유일' 을 '경(敬)' 으로 대체하면, 바로 퇴계의

26) 『中庸章句』, 〈中庸章句序〉.

호발설(互發說)이 되고 경사상(敬思想)이 된다. 퇴계는 다음과 같이 말한다.

> 理는 본래 지극히 존귀하여 상대가 없다. 사물을 명령하기만 하고 사물의 명령을 받지는 않으니, 氣가 마땅히 이길 바가 아니다. 다만 氣로써 형체를 이룬 다음에는 氣가 理의 바탕과 재료 · 도구가 되니, 무릇 발용응접(發用應接)에 氣가 용사(用事)하는 경우가 많다. 氣가 능히 理를 따를 때에는 理가 저절로 드러나니, 氣가 약한 것이 아니요, 순종하는 것이다. 氣가 만약 理에 반항할 때에는 理가 도리어 숨으니, 理가 약한 것이 아니요, 형세인 것이다. 비유컨대, 왕은 본래 존귀하여 상대가 없으나, 강한 신하가 발호함에 미쳐서는 도리어 서로 간혹 승부(勝負)를 겨루니, 이것은 신하의 죄요, 왕은 어찌할 수가 없는 것이다. 그러므로 군자는 학문에 힘써 기질의 치우침을 바로잡아, 물욕을 막고 덕성을 높여 대중지정(大中至正)의 道로 돌아가는 것이다.[27]

퇴계는 理 · 氣의 승부를 논한 다음 결론적으로 '물욕을 막고 덕성을 높이라' 고 했거니와, 퇴계가 말하는 '理 · 氣의 승부' 란 바로 '천리와 인욕' 또는 '도심과 인심' 사이의 갈등을 뜻하는 것이었다. 이러한 관점에서는 우리의 마음이 발동할 때, 그 기미를 잘 살펴, 천리나 도심의 승리를 보장하는 것이 중요한 과제인바, 이에 대해서는 다음 절(節)에서 논하기로 하자.

이제 이상의 내용을 정리해 보자. 퇴계는 사단과 칠정을 이발과 기발로 나누어 보았다. 이발은 순수한 도덕적 본성이 발한 것이므로 공정하며, 기발은 육체의 본능적 욕망이 발한 것이므로 위험하다. 따라서 퇴계는 기발을 이발의 통제 아래 두어야 한다고 보았다. '기발을 이발의 통제 아래 둔다' 는 것은 '도심으로 인심을 주재하여, 모든 행동에 지나침과 모자람이

27) 『退溪集』 卷13 頁17~18, 〈答李達李天機〉.

없게 함' 또는 '인욕을 막고 천리를 보존함' 과 같은 뜻으로서, 곧 '치중화(致中和)' 를 지향하는 것이다. 이러한 맥락에서 퇴계의 호발설은 '천지가 제 자리를 잡고 만물이 화육됨' 을 추구하는 '평화의 사상' 이다.

4. 지경(持敬)과 겸양(謙讓)

퇴계의 성리학을 이기호발설로 집약할 수 있다면, 퇴계의 실천론은 지경(持敬)과 겸양(謙讓)으로 집약할 수 있다. 이제 지경과 겸양을 중심으로 퇴계의 실천론을 살펴보고, 그 의의를 논해보기로 하자.

위에서 살핀 것처럼, 퇴계의 호발설은 '理와 氣의 승부' 를 논한 것인바, 여기서 '理의 승리' 를 보장하는 실천의 방법이 바로 지경이었다. 퇴계는 종종 '敬으로 마음을 주재하라' 고 하였다. 마음은 몸을 주재하는 존재인데, 그 마음을 다시 敬으로 주재해야 한다는 것이다. '敬으로 마음을 주재한다' 는 것은 마음이 발동할 때 천리와 인욕을 잘 분간하여 중화(中和)를 이루게 함을 말한다. 퇴계는 다음과 같이 말한다.

> 性이 발해서 情이 되는 즈음은 한 마음의 기미(幾微)요 온갖 조화(造化)의 추요(樞要)로서, 善과 惡이 여기로부터 나눠는 것이다. 학자는 진실로 한결같이 敬을 간직하여, 천리와 인욕에 어둡지 않게 해야 한다.[28]

퇴계는 '性이 발해서 情이 되는 즈음' 을 '한 마음의 기미' 요 '온갖 조화의 추요' 로서 '善과 惡의 분기점' 이라고 설명했다. 요컨대, 이 시점은 理·

28) 『退溪集』 卷7 頁24, 〈聖學十圖, 第六心統性情圖說〉.

氣의 승부가 결정되는 순간으로, 그 결과에 따라 군자가 되거나 소인이 되는 것이다. 퇴계는 바로 이 시점과 결부하여 敬의 의의를 부여했다. 敬이란 理·氣의 승부처에서 천리를 옹호하고 인욕을 막음으로써 理의 승리를 보장하는 방법론이다. 그렇다고 해서, 오직 '性이 발해서 情이 되는 즈음' 에만 敬이 요청되는 것은 아니다. 미리 항상 敬을 통해 수양해야만, 결정적인 순간에 자연스럽게 理의 승리가 보장되는 것이다. 이러한 맥락에서, 지경의 노력은 미발(未發)과 이발(已發), 유사시(有事時)와 무사시(無事時)를 막론하고 항상 필요한 것이다.

> 대저 학문을 함에 있어서는 유사(有事)·무사(無事), 유의(有意)·무의(無意)를 막론하고 오직 敬으로 主를 삼아야 한다. 움직일 때든 고요할 때든 敬을 잃지 않으면, 사려(思慮)가 아직 싹트지 않았을 때는 심체(心體)가 허명(虛明)하여 본령이 깊이 순수해지고, 사려가 이미 발했을 때는 의리가 밝게 드러나고 물욕이 물러가게 된다. (…) 만약 여러 일들이 동시에 교차하는 때를 만나서 혹은 좌·우로, 혹은 피·차로 대응하고자 한다면, 어찌 복잡한 것을 다 생각하고, 생각대로 대응할 수 있겠는가? 다만 여기에 우뚝 마음의 주재가 확립되어 있어서 여러 일들의 강령이 된다면, 그 밑에 대응하는 일들이 기미가 다 드러나고 사체(四體)가 묵묵히 깨달아서, 곡절(曲折)에 누락됨이 없을 것이다.[29]

위의 인용문은 다음과 같이 정리된다. 첫째는 항상 敬을 간직하는 노력이 필요하다는 것이다. 이는 미발시(未發時)에는 敬을 통해 심체의 본령을 허명하고 순수하게 하고, 이발시(已發時)에는 敬을 통해 의리를 밝히고 물욕을 물리치는 것이다. 둘째는 '지경의 노력' 이 곧 '마음의 주재를 확립하

---

29) 『退溪集』 卷28 頁17~18, 〈答金惇敍〉.

는 방법' 이라는 것이다. 셋째는 마음의 주재를 확립하면 여러 일들이 동시에 닥쳐도 모두 곡절에 누락됨이 없게 대응할 수 있다는 것이다. 이는 '만사를 모두 곡진하게 처리함〔泛應曲當〕' 을 말하는 것으로서, '중화(中和)를 이룸' 또는 '지나침과 모자람이 없음' 을 뜻한다.

이처럼 지경의 노력은 마음으로 집중된다. 몸을 주재하는 것은 마음이기에, 마음의 주재를 확립하면 몸의 실천은 범응곡당(泛應曲當)하게 되는 것이다. 그렇다면 마음의 주재를 확립하는 데 왜 敬이 긴요한 것인가? 퇴계는 그 까닭을 다음과 같이 말한다.

> 이 마음의 이치는 매우 방대하여 본떠서 잡을 수 없으며, 매우 넓어서 끝을 볼 수 없으니, 진실로 敬으로 일관하지 않는다면 어찌 性을 보존하여 體를 확립할 수 있겠는가? 이 마음의 발함은 터럭 끝을 살피기 어려운 것처럼 미미하고, 구덩이를 밟기 어려운 것처럼 위태로우니, 진실로 敬으로 일관하지 않는다면 또 어찌 그 기미를 바르게 하여 用에 통달하게 하겠는가? 그리하여 군자의 학문은 이 마음이 아직 발하지 않았을 때는 敬을 主로 하여 존양공부(存養工夫)를 하고, 이 마음이 이미 발하였을 때도 또한 敬을 主로 하여 성찰공부(省察工夫)를 한다. 이것이 敬이 학문의 처음과 끝이 되고 體와 用을 관통하는 까닭이다.[30)]

마음의 본체는 헤아릴 수 없이 넓기 때문에 敬이 아니면 보존할 수 없고, 마음의 쓰임은 미미하고도 위태롭기 때문에 敬이 아니면 바르게 할 수 없다는 것이다. 과연 우리의 마음은 넓고도 넓어서 세상만사에 생각이 미치며, 미미하면서도 위태로워 때로는 미물에게도 측은한 마음을 품다가 곧잘 돌변하여 포악한 마음을 품는 것이다. 정주학(程朱學)에서 敬은 흔히

---

30) 『退溪續集』 卷8 頁20, 〈天命圖說〉.

'주일무적(主一無適) · 정제엄숙(整齊嚴肅) · 상성성(常惺惺) · 수렴(收斂)' 등으로 설명되었다. 이는 마음이 분산되는 현장을 문제 삼는 것이 아니라 수렴되는 중심을 문제 삼는 것이다. 마음이 분산되는 현장을 문제 삼기로 한다면, 그 수가 헤아릴 수 없이 많아 일일이 점검하기란 불가능한 것이다. 이에 敬은 분산된 마음을 한 곳으로 수렴하고, 그 중심을 다스림으로써 지엽까지 미치고자 하는 것이다. 이러한 맥락에서 퇴계는 "敬이 학문의 처음과 끝이 되고 體와 用을 관통한다" 고 말한 것이다.

지경이 주로 내면적 마음을 문제 삼는 것이라면, 겸양은 주로 외면적 행위를 문제 삼는 것이다. 겸양은 글자 그대로 남과 관계할 때 항상 자신을 낮추고 상대방을 먼저 배려하는 것이다. 퇴계는 겸양과 겸퇴로 일관하는 삶을 살았고, 동학(同學)들에게도 겸양을 권했다.

퇴계는 15세에 지은 〈석해(石蟹)〉에서 다음과 같이 읊은 바 있다.

> 돌 지고 모래 파면 저절로 집이 되고
> 앞으로 가고 뒤로도 가고 다리도 많아라
> 한 평생 한 움큼의 샘 속에서 살다 갈 뿐
> 강호(江湖)의 물 얼마인가 묻지도 않는다네[31)]

위의 시는 가재가 손바닥만 한 샘 속에서 한평생을 넉넉하면서도 자유롭게 살아감을 노래한 것이다. '강호의 물이 얼마나 되는지 묻지도 않는다' 는 말은 특히 안분지족(安分知足)을 노래한 것이다. 위의 시는 퇴계가 어릴 적부터 초야(草野)에서 안분지족하는 삶을 추구했음을 보여준다.

퇴계는 중년(中年)에 한동안 관직에 몸담았으나, 관직 생활은 그의 꿈이

---

31)『退溪續集』卷1 頁1, 〈石蟹〉: 負石穿沙自有家 前行卻走足偏多 生涯一掬山泉裏 不問江湖水幾何

아니었다. 마침내 50세에 고향에 돌아와 새로 거처를 마련하고, 한서암(寒棲庵)을 지었다. 퇴계는 〈퇴계(退溪)〉라는 시에서 이때의 심정을 다음과 같이 읊은 바 있다.

> 몸이 물러나니 어리석은 이의 본분에 편안하나
> 학문이 퇴보하여 노경(老境)에 근심일세
> 시냇가에 비로소 거처를 정했으니
> 흐르는 물 바라보며 날마다 반성하리[32]

위의 시에는 안분지족하면서 학문에 전념하겠다는 '노경의 새로운 각오' 가 잘 나타나 있다. 위의 시에 보이듯이, 퇴계는 '겸양(겸퇴)' 을 '자신처럼 어리석은 사람의 본분에 합당한 일' 로 간주하고 있었다.

퇴계는 벗이나 제자들에게도 겸양을 권했다. 예컨대 퇴계는 정자중(鄭子中)에게 "처세(處世)는 언제나 '남보다 한 걸음 물러서고, 남보다 한 번 더 머리 숙이는 것' 을 제일의(第一義)로 삼으라."[33]고 권했다. 겸양을 실천하려면 무엇보다도 세간의 부귀영화를 초탈해야 한다. 그리하여 남시보(南時甫)에게는 "모름지기 먼저 세간의 궁통득실(窮通得失)과 영욕이해(榮辱利害)를 일체 도외시(度外視)하여 마음에 누가 되지 않도록 하라."[34]고 권했다. 한편 퇴계는 기고봉에게 겸퇴를 일삼는 자신의 심경을 다음과 같이 밝힌 바 있다.

---

32) 『退陶先生言行通錄』 卷6 頁18, 年譜, 50歲條 : 身退安愚分 學退憂暮境 溪上始定居 臨流日有省

33) 『退溪集』 卷24 頁26, 〈答鄭子中〉.

34) 『退溪集』 卷14 頁2, 〈答南時甫 別幅〉.

나는 스스로 생각해보아도, 본래 세상에 쓰일 만한 재주가 없었고, 일찍이 병에 걸려 중년 이전에 칠전팔도(七顚八倒)를 겪었습니다. 노년에 이르러서야 비로소 수습하고 부족한 것을 보충하여, 허물을 적게 해서 평소에 원하던 바를 마치는 것으로 만족하고자 하였습니다. 만약 앞뒤를 살피지 않고 역량을 헤아리지 않으면서, 오직 출처(出處)에 있어서만큼은 하나하나 모두 고도(古道)대로 하려고 한다면, 이는 이른바 '한쪽 다리는 짧고 한쪽 다리는 긴 것' 이니, 어찌 엎어지고 넘어지는 근심을 면할 수 있겠습니까? 그러므로 비록 세상에 대장부의 일이 있음을 알면서도 오히려 머뭇거리면서 감히 분발하여 곧바로 달려나가 담당하지 못하는 것입니다.[35]

'대장부의 일' 이란 조정에 나아가 '겸선천하(兼善天下)' 를 실현하는 것이다. 위에서 '고도(古道)' 를 언급하고 있듯이, 조정에 나아가 세상을 바르게 다스리는 데 참여함은 옛날부터 유학자들을 책무로 인식되어 왔다. 그런데 퇴계는 조정에서 물러나 고향으로 돌아온 것이다. 퇴계는 자신이 사환(仕宦)을 회피하는 이유를 둘로 설명했다. 첫째는 자신이 본래 재주가 없으니, 역량을 살펴야 한다는 것이었다. 퇴계는 자신의 역량이 모자라므로 학문을 통해 부족한 것을 보충하고자 한다고 말했다. 둘째는 시세(時勢)가 여의치 못하니, 앞뒤를 살펴야 한다는 것이다. 이는 조정에 간흉이 들끓는 상황에서는 조정에 남아 있어도 억울한 희생만 당할 뿐, 자신의 뜻을 제대로 펼 수 없다는 뜻이었다. 이처럼 퇴계가 겸퇴를 일삼은 데에는 여의치 못한 시세의 탓도 있었다. 그러나 퇴계의 겸퇴는 보다 근원적으로 겸양의 소산이었다. 퇴계는 진실로 자신이 부족하다고 여겼기 때문에, 아집(我執)을 버리고 기꺼이 물러나 학문에 종사했던 것이다.

---

35) 『退溪集』 卷17 頁10, 〈答奇明彦〉.

이제 이상의 내용을 정리해 보자. 퇴계의 실천론은 지경과 겸양으로 집약할 수 있다. 퇴계의 지경은 '인욕을 막고 천리를 보존함〔遏人欲 存天理〕'과 궤를 같이하고, 겸양은 '안분지족(安分知足)'과 궤를 같이한다. 갈등과 분쟁은 대개 탐욕과 아집으로부터 유래한다. 그렇다면 퇴계의 지경(持敬)은 '탐욕을 막음으로써 평화를 추구한다'는 의미가 있는 것이요, 겸양(謙讓)은 '아집을 버림으로써 평화를 추구한다'는 의미가 있는 것이다.

5. '평화사상'으로서의 '퇴계학'의 의의

『소유냐 존재냐(*To Have or To Be?*)』로 명성을 떨쳤던 20세기의 철학자 프롬(Erich Fromm)은 경쟁과 탐욕을 '소유양식(having mode)'의 산물로, 협력과 공유를 '존재양식(being mode)'의 산물로 규정하여, 각각 다음과 같이 설명한 바 있다.

> 소유양식에 있어서 인간관계의 근본적 요소는 경쟁 · 대립 · 공포이다. 소유관계의 대립적 요소는 소유관계의 본질에서 파생된다. 만약 소유가 자신의 정체성(正體性)의 근본이라면, '나'란 바로 '내가 소유한 것(what I have)'인 셈이니, 소유하려는 소망은 필연적으로 많이, 더 많이, 가장 많이 소유하려는 욕망으로 유도된다. 다시 말해서 '탐욕'이 소유지향의 자연스런 결과가 된다.[36]

> 존재양식에서는 개인적 소유〔私有財産〕이 정서적으로 별로 중요하지 않다. 무엇을 즐기기 위해, 심지어는 그것을 사용하기 위해, 내가 그것을 소유할 필요

36) Fromm, *To Have or To Be?*, 112쪽.

가 없기 때문이다. 존재양식에서는 한 사람 이상의 사람들(사실상 수백만의 사람들)이 같은 대상을 함께 즐길 수 있다. (…) 이는 투쟁을 피하게 하는 동시에, 가장 심오한 행복 가운데 하나인 '공유(共有, sharing)의 즐거움' 을 낳는다. (…) 공유의 경험은 두 개인 사이의 관계를 활발하게 만드는바, 이는 모든 위대한 종교적, 정치적, 철학적 운동의 기초이다.[37]

프롬에 의하면, 소유양식에 지배되는 사람은 '자아' 를 '자신이 소유한 것(what I have)' 과 동일시한다. 그리하여 소유양식은 남보다 더 많이 소유하려는 경쟁심과 탐욕을 유발하고, 결국 우리의 삶을 피로 물들게 하는 것이다. 반면에 존재양식은 '공유(sharing, 함께 함)의 즐거움' 을 깨닫게 하여 협력과 공존의 길로 안내한다. 그런데 프롬에 의하면 "인간의 본성 속에는 소유양식과 존재양식이 모두 잠재한다" 는 것이다. 프롬은 다음과 같이 말한다.

인간의 본성 속에는 소유양식과 존재양식이 모두 잠재한다. 생존을 위한 우리의 생물적 충동은 소유양식을 더욱 진전시키려는 경향을 갖지만, 이기성과 나태성이 인간이 타고난 유일한 성향은 아닌 것이다. 우리 인간은 자신의 능력을 발휘하고, 능동적이고, 다른 사람들과 관계를 맺고, 이기주의의 감방으로부터 벗어나려는 뿌리 깊은 존재의 욕망을 지니고 태어났다.[38]

프롬은 소유양식을 '생물적 충동' 과 연결시켜 설명했거니와, 생물적 충동이란 바로 '육체적 본능' 을 뜻할 것이다. 또 프롬은 '자신의 능력을 발휘하고, 능동적이고, 다른 사람들과 관계를 맺고, 이기주의의 감방으로부

37) Fromm, *To Have or To Be?*, 114~115쪽.

38) Fromm, *To Have or To Be?*, 100쪽.

터 벗어나려는 존재의 욕망' 을 '남에게 무엇인가를 주고, 남과 함께 하고, 남을 위해 희생하려는 의지(the will to give, to share, to sacrifice)' 라고 표현하기도 했거니와, 이는 인간의 '도덕적 본성' 으로부터 우러난 것이다. 그렇다면 소유양식은 육체적 본능으로부터 유래하고, 존재양식은 도덕적 본성으로부터 유래한다는 것이 프롬의 관점이었던 것이다. 프롬이 이러한 분석을 전개한 취지는 물론 '탐욕스러운 경쟁에서 벗어나 함께 함의 즐거움을 누리자' 는 것이었다.

이상에서 프롬의 '소유양식과 존재양식' 이라는 개념을 소개했다. 예리한 독자들은 벌써 간파했겠지만, 프롬의 '소유양식' 은 퇴계의 '기발(氣發)' 과 놀라울 정도로 일치하고, 프롬의 '존재양식' 은 퇴계의 '이발(理發)' 과 놀라울 정도로 일치하는 개념이다. 프롬은 소유양식에 지배되는 삶을 탐욕스러운 삶으로 규정했거니와, 소유를 향한 탐욕은 결국 무자비한 전쟁을 야기한다. 반면에 존재양식은 '공유(sharing, 함께 함)의 즐거움' 을 깨닫게 하여 협력과 공존의 길로 안내한다. 이러한 맥락에서 프롬은 "국가들간의 조화로운 관계가 지속되는 상태로서의 평화는 소유구조가 존재구조로 대치될 때에만 가능하다" 고 단언하였다.[39)]

이러한 논법은 퇴계의 이발과 기발에도 그대로 적용될 수 있다. 주자는 인심은 형기(形氣)의 사사로움에서 나오고 도심은 성명(性命)의 공정함에서 나온다고 설명했는데, 퇴계는 전자를 '기발' 이라 하고 후자를 '이발' 이라 했다. 그렇다면 기발의 인심은 사사로운 자신의 육체적 욕망을 추구하는 것인바, 이는 결국 갈등과 투쟁으로 연결되는 것이다. 반면에 이발의 도심은 우리가 서로 함께 공존할 수 있도록 공정함을 추구하는 것인바, 이는 조화와 평화로 이르는 길이다. 주자나 퇴계는 바로 이러한 맥락에서 '기발

---

39) Fromm, *To Have or To Be?*, 114쪽.

의 인심' 을 경계하고 '이발의 도심' 을 옹호한 것이다.

본고의 첫머리에서 우리는 '평화에 접근하는 두 방법' 으로 플라톤의 노선과 홉스의 노선을 비교한 바 있다. 프롬이나 퇴계의 접근법은 바로 플라톤의 접근법과 궤를 같이하는 것이다. 그런데 홉스는 플라톤 등 고전 정치철학자들의 접근법은 모두 '진실의 탐구' 와 '평화의 추구' 에 실패한 것이라고 규정했다. 고전 정치철학자들은 '인간의 가장 높은 열망에 기초해 덕으로 충만한 이상사회를 추구했던 것' 인데, 홉스는 이것이 바로 '실패의 원인' 이라고 보았다. 그리하여 홉스는 '현실적 차원에서 보다 낮은 목표를 추구한다' 는 맥락에서 '완전한 인간' 의 이념과 결별하고 이성이 아닌 정념에서 출발한 것이다.[40)]

인간을 '이성적 동물' 이라 한다면, 플라톤은 '이성으로 동물성을 통제한다' 는 도덕적 접근법을 취한 것이다. 이는 이성의 통제를 통해 동물성을 극복한다면 그 결과 자연스럽게 평화에 도달하게 된다는 구상이다. 그러나 사실 동물성을 극복한 인격자는 많지 않았던 것이요, 따라서 세상은 여전히 혼란스러웠던 것이다.[41)]

홉스는 '욕망이 없음은 죽음과 같다' 고 보아 이성으로 동물성을 통제하는 삶을 거부했다. 홉스는 욕망을 주권자로 설정하고, 이성을 타산능력으로 규정했다. 이성의 타산은 본질적으로 '전쟁과 평화' 사이의 타산인바, 홉스는 사람들이 '전쟁의 수익보다 평화의 수익이 더 크다' 는 계산 아래

---

40) Leo Strauss & Joseph Cropsey (ed), *History of Political Philosophy* (Second Edition), 370~371쪽 참조.

41) 日帝 强占期를 살았던 儒學者 醒菴 李喆榮은 日帝에 체포되어 審問을 받을 때, 日本 官憲이 "그대처럼 禮義文物과 忠義精神을 굳게 지킨다고 하여, 능히 그대의 나라를 회복할 수 있겠는가?" 라고 묻자, "과연 나의 마음, 나의 행실과 같이 한다면 어찌 다만 우리나라를 회복할 뿐이겠는가? 진실로 天下의 禽獸와 같은 風俗도 바꿀 수 있을 것이다. 다만 나와 같은 사람이 드물기 때문에, 너희 무리가 이처럼 횡행하는 것이다." 라고 답한 바 있다(『醒菴集』 卷7 頁20, 〈甲寅日記〉).

기꺼이 '자신의 권리를 포기(양도)하고 사회계약(평화조약)에 참여하게 된다' 고 설명했던 것이다. 실제로 오늘날의 평화는 대부분 이러한 방식으로 유지된다. 그러나 바로 여기에 함정이 있다. 타산적 사고방식은 '이익이 된다면 무엇이든 할 수 있다' 는 전제를 깔고 있거니와, 따라서 그에 익숙한 사람(국가)들은 '적은 전쟁 비용으로 승리할 수 있다' 는 확신을 갖게 되면 주저 없이 전쟁을 선택하게 되는 것이다. 더군다나 계산능력이 부족하거나 자아도취에 빠진 사람들은 오산(誤算)의 결과 전쟁을 선택하기도 한다. 그리하여 오늘날에도 도처에서 전쟁이 계속되는 것이다.

바로 이 지점에서 우리는 지경과 겸양의 의의를 찾을 수 있다. 퇴계는 '인욕을 막고 천리를 보존하는 방법' 으로 지경(持敬)을 강조했거니와, 같은 맥락에서 지경이란 '정확한 계산' 이든 '자아도취적 오산' 이든 '타산적 사고방식' 자체를 거부하는 것이다. 타산적 사고방식에 입각한 평화는 언제든지 파기될 수 있는 임시적 평화에 불과하므로, 진정한 평화를 위해서는 타산적 사고방식을 극복해야 한다고 본다면, 우리는 바로 지경에서 그 가능성을 찾을 수 있다. 한편, 겸양(謙讓)은 안분지족을 통해 자신의 이익보다 상대방의 이익을 우선 배려하는 것인바, 같은 맥락에서 겸양이란 설령 정확한 계산을 통해 '전쟁의 수익이 더 크다' 는 결론을 얻었더라도 '쟁탈의 의지' 자체를 극복하는 것이다. 진정한 평화를 위해서는 궁극적으로 쟁탈의 의지 자체를 극복해야 한다고 본다면, 우리는 바로 겸양에서 그 가능성을 찾을 수 있다.

한대(漢代)의 유학자 동중서(董仲舒)는 그 유명한 〈현량대책(賢良對策)〉에서 "義를 바로잡고 利를 꾀하지 않으며, 道를 밝히고 功을 따지지 않는다〔正其義 不謀其利 明其道 不計其功〕"는 불후의 명구(名句)를 남겼다. 주자는 〈백록동규(白鹿洞規)〉에 이 구절을 채택했고, 퇴계는 「성학십도(聖學十圖)」에 〈백록동규〉를 채택했다. 요컨대 퇴계는 공리주의를 배격하고 '도의(道義)' 를 밝혀 평화를 이룬다는 노선을 취했던 것이다. 이는 공자의 명분론이나 맹자의 왕도론이 추구했던 노선이기도 하다.

제14장

율곡의 정치학적 기획

1. 서론

『성학집요(聖學輯要)』는 율곡의 대표적 저작으로, 그의 정치사상이 집약된 책이다. 유교적 맥락에서 '성학'이란 '성인(聖人)이 되기 위한 학문'이요 '성왕(聖王)이 되기 위한 학문'이다. 율곡은 40세 되던 해(1575년, 宣祖 8년), 당시 24세의 국왕을 성왕으로 만들고자 『성학집요』를 제진했다. 1567년 명종이 후사(後嗣) 없이 승하하자, 선조는 16세의 나이로 갑자기 왕위에 오르게 되었다. 이보다 2년 전 대왕대비 문정왕후가 죽음으로써 외척의 기세가 꺾이자, 조정에는 새로운 기운이 감돌고 있었다. 선조의 등극 후, 조정에서는 외척의 발호를 막고 산림(山林)의 유학자들을 중용하기 시작했는데, 율곡은 이때를 '무언가 해볼 만한 시기'로 인식했다.[1] 유학자들 사이에서는 외척(外戚)과 권간(權奸)이 쫓겨난 상황에서 어린 국왕을 잘 보

1) 『栗谷全書』 卷15 頁11, 〈東湖問答〉: 聖德日章 袞職無闕 此正志士有爲之秋也(〈東湖問答〉은 1569년에 제진하였음)

필하면 '지치(至治)'를 이룰 수 있을 것이라는 기대감이 일고 있었던 것이다. 이런 분위기 속에서, 퇴계는 1568년(宣祖 1년)『성학십도(聖學十圖)』를 제진한 바 있었다.

『성학집요』는 요즈음 말로 '정치학 교과서'로서, 율곡이『성학집요』를 편찬한 의도는『대학연의(大學衍義)』를 대신하여 경연(經筵)의 교재로 활용코자 함이었다.『대학연의』는 남송(南宋)의 유학자 진덕수(眞德秀)가『대학』의 편차(編次)에 따라 경전(經典)과 사적(史籍)을 수집, 분류하여 편찬한 책으로, 우리나라에서도 경연의 교재로 많이 활용되고 있었다. 그런데 율곡은 이 책이 너무 방대하고 요령을 얻지 못했다고 보고, 이를 대신할 책으로『성학집요』를 편찬한 것이다.『성학집요』역시『대학』의 체례(體例)에 따른 것이다. 그러나 분량은『대학연의』의 반으로 줄었으며,『대학연의』보다 자세하면서도 일목요연한 체계를 갖추었다. 율곡은『성학집요』〈진차(進箚)〉에서 다음과 같이 말한다.

> 제왕(帝王)의 道는 심술(心術)의 미미한 곳에 근본하고 문자의 드러난 곳에 실려 있습니다. 성현이 번갈아 태어나셔 수시로 입언하고 거듭 미루어 밝혀서 서적이 점점 많아졌으니, 수천 수만의 경훈자사(經訓子史)가 어느 것인들 道를 담고 있는 글이 아니겠습니까? 지금 이후로는 성현이 다시 태어나시더라도 더는 미진한 말이 없을 것입니다. 다만 그 말씀을 바탕으로 삼아 理를 살피고, 그 理를 밝혀 실행에 옮겨서, 성기(成己)·성물(成物)의 공을 다하면 될 뿐입니다. 후세에 도학(道學)이 밝혀지지 않고 실행되지 않음은, 독서가 넓지 못함을 근심할 것이 아니라 理를 살핌이 정밀하지 못함을 근심할 것이며, 지견(知見)이 넓지 못함을 근심할 것이 아니라 실천이 독실하지 못함을 근심할 것입니다. 理를 살핌이 정밀하지 못함은 그 요점을 파악하지 못했기 때문이며, 실천이 독실하지 못한 것은 그 정성을 다하지 않았기 때문입니다. 그 요점을 파악한 다음에야

그 의미를 알 수 있고, 그 의미를 안 다음에야 정성을 다할 수 있습니다. 臣이 이러한 말을 외운 것은 오래되었습니다.[2)]

율곡은 도학의 관건은 '理를 정밀하게 살피고, 독실하게 실천함' 이라고 보았다. 율곡은 理를 살핌에서는 요점을 파악하고, 실천에서는 정성을 바치는 것이 중요하다고 보았다. 위의 인용문에서 주목할 것은 '제왕의 道' 에 대해서는 '성현이 다시 태어나시더라도 더는 미진한 말이 없을 것' 이라는 내용이다. 요즈음 말로 하자면, 정치에 관한 진리는 선성(先聖)이 이미 다 밝혀놓았으니, 새롭게 추가할 것이 없다는 말이다. 이런 맥락에서 『성학집요』는 율곡의 독창적인 저작이기보다는, '술이부작(述而不作)' 의 정신에 따라 옛 성현의 가르침을 체계화한 것이다.

본고에서는 『성학집요』 수기편(修己篇)을 통해서 율곡의 '정치학적 기획' 을 살펴보고자 한다. 『성학집요』는 '통설(統說), 수기(修己), 정가(正家), 위정(爲政), 성현도통(聖賢道統)' 의 5편으로 구성되어 있다. 이 가운데 본론에 해당하는 부분은 '수기, 정가, 위정' 이다. 그런데 '정가와 위정' 의 근본이 되는 것은 '수기' 이다. 따라서 『성학집요』의 핵심은 '수기편' 이다. 또한 율곡은 '격물치지(格物致知, 窮理)와 성의정심(誠意正心)' 을 두 축으로 수기편을 구성했는데, 이는 율곡이 '理를 정밀하게 살피고, 독실하게 실천함' 을 정치의 본질과 과제로 설정한 것과 조응한다.

'정치학' 은 여러 맥락에서 정의하고 분류할 수 있지만, 크게는 '정치가 실제로 어떻게 진행되는가' 를 논하는 '경험적 연구' 와 '정치란 어떠한 것이 되어야 하는가' 를 논하는 '규범적 연구' 로 대별된다.[3)] 본고에서 문제 삼는 '정치학' 이란 규범학으로서의 정치철학을 지칭한다. 규범학으로서

---

2) 『栗谷全書』 卷19 頁2, 〈進箚〉.

3) 장동진, 『현대 자유주의 정치철학의 이해』, 19~23쪽 참조.

의 정치철학은 결국 '우리 삶의 바람직한 모습'을 제시하고, 그에 도달하기 위한 '방법론'을 모색하는 것이다. 따라서 본고에서는 율곡이 바람직한 삶의 모습을 어떻게 설정하고 있는지, 또한 어떠한 방법으로 그러한 삶에 도달하고자 했는지에 대해 초점을 맞추고자 한다.

본고에서는 먼저 율곡의 정치관과 정치적 이상을 살펴볼 것이다. 여기에서 율곡이 제시하는 바람직한 삶(정치)의 모습이 드러날 것이다. 다음, 율곡이 그러한 이상에 어떠한 방법을 통해 도달하려고 했는지를 살필 것이다. 여기에서 율곡의 정치학적 기획의 윤곽이 드러날 것이다. 한편, 현대 자유민주주의의 정치학적 기획은 이른바 '절차주의'에 매달려, '객관적 표준(標準)' 문제와 '주체의 수양(修養)' 문제를 외면함으로써 심각한 폐단과 한계를 보여주고 있다.[4] 본고에서는 마지막으로 율곡의 기획이 현대의 정치상황에서 어떠한 의의를 지니는 것인지를 논의할 것이다.

2. 율곡의 정치적 이상

율곡은 『성학집요』의 대미(大尾)를 자신의 정치관과 정치적 이상을 피력하는 것으로 장식했다. 율곡은 먼저 정치체(政治體)의 성립과정을 다음과 같이 설명한다.

---

4) 여기서 말하는 節次主義란 '공정한 절차'를 통하여 '공정한 정치'를 도모한다는 것이다. 대개 자유민주주의 정치철학자들은 '보편적 · 객관적 표준'을 '直觀'함으로써 정치의 실질개념을 도출하고자 했던 과거의 直觀主義를 부정하고, 정치의 모든 부면을 自由意志에 따른 '構成'의 대상으로 규정했다. 이들은 정치의 주체인 인간의 私慾마저도 공정한 절차를 통해 훌륭히 제어할 수 있다고 보았다. 그러나 실질개념을 도입하지 않고는 節次主義가 성공할 수 없으며, 主體의 修養을 전제하지 않고는 '정치의 私事化'를 면하기 어렵다. 이에 대한 자세한 논의는 승계호, 『직관과 구성』; 拙著, 『儒敎傳統과 自由民主主義』 참조.

태초에 백성을 낳음에 풍기(風氣)가 비로소 열렸으나, 둥지에서 살고 생으로 먹어서 생리(生理)가 갖추어지지 않았고, 머리를 풀어 헤치고 벌거벗어 인문(人文)이 갖추어지지 않았으며, 떼를 지어 살면서 군주(君主)가 없어서 이로 깨물고 손톱으로 움켜쥠에, 크게 순박했던 것이 무너지고 장차 큰 혼란이 빚어지려 하였다. 이에 성인(聖人)이 만물 가운데 우두머리로 나서서, 총명예지하여 자기의 본성을 능히 완전하게 할 수 있었음에, 수많은 사람들이 저절로 그에게 모여들어, 다툼이 있으면 해결을 구하고, 의심나는 것이 있으면 가르침을 구하여, 받들어 군주로 삼았다. 민심(民心)이 향하는 바가 바로 천명(天命)이 돌아보는 바이다.[5)]

율곡은 '자연상태'의 여러 문제점을 극복하기 위해 정치체가 등장하게 된 것으로 보았다. 자연상태의 문제점은 세 가지로 압축된다. 생리(生理)가 갖추어지지 않은 것, 인문(人文)이 갖추어지지 않은 것, 혼란이 빚어진 것이 그것이다. '생리'란 '합리적이고 편리한 생활양식'을 말하고, '인문'이란 '인간다움을 보장하는 인륜질서'를 말하며, '혼란'이란 '통치권력이 없어서 빚어진 무질서'를 말한다. 이러한 혼란상태에서 성인(聖人)이 등장하니, 수많은 사람들이 스스로 모여들어 그를 군주로 삼게 되었다는 것이다.[6)]

율곡에게 있어서 정치의 과제는 '생리'를 제시하고, '인문'을 확립하

---

5) 『栗谷全書』 卷26 頁35~36.

6) 유교에서는 백성들에게 '합리적이고 편리한 생활양식'을 계발하여 제공하는 것을 '養民'이라 하고, '인간다움을 보장하는 인륜질서'를 확립하는 것을 '敎民'이라 했다. 君主는 養民과 敎民의 책임자인바, 그리하여 유교에서는 '君主'를 종종 '君師'라고 칭했다. 한편 '政治體의 성립이유'를 '자연상태의 혼란'에서 찾고, '정치의 과업'을 '자연상태의 혼란 극복'으로 설정하는 것은 유교의 일반론이기도 하다. 이에 대한 자세한 논의는 拙著, 『儒家社會哲學硏究』, 79~87쪽 참조.

며, '혼란' 을 극복하는 것이었다. 그러면 이러한 과제는 어떻게 달성하는 것이 바람직한가? 위의 인용문에 이어, 율곡은 다음과 같이 말한다.

> 성인(聖人)이 수많은 백성이 돌아오는 바가 됨을 스스로 알고 부득불 '군사(君師)' 의 책무를 맡아, 천시를 따르고 지리를 말미암아〔順天時 因地理〕 양민(養民)의 도구를 만듦에 궁실(宮室)과 의복 및 음식과 기용(器用)이 점차 갖추어져서 백성들이 생업에 안락할 수 있었다. 또한 편안히 살되 가르침이 없으면 금수에 가까워질 것을 염려하여, 인심에 말미암고 천리에 근본하여〔因人心 本天理〕 교화(敎化)의 도구를 갖춤에 부자·군신·부부·장유·붕우가 각각 그 道를 얻어 질서〔天敍天秩〕가 잡히게 되었다. 또한 시대가 다름에 제도의 마땅함이 있고, 어질고 어리석음이 한결같지 않아 다스리는 데 방법이 있기 때문에, 인정을 조절하고 시무를 헤아려〔節人情 度時務〕 손익(損益)의 법규를 만드니, 이에 문질(文質)과 정령(政令) 및 상(賞)과 벌(罰)이 각각 그 마땅함을 얻었다. 지나친 것은 억누르고 모자라는 것을 끌어당기며, 착한 사람은 일으키고 악한 사람을 징계함에, 마침내 대동(大同)을 이루게 되었다. 이것이 성인이 '계천입극(繼天立極)' 하여 한 세상을 다스린 것이었으니, 이에 도통(道統)의 이름이 세워졌다.[7)]

우선 율곡은 성인(聖人)이 군사(君師)가 된 것은, 권력에 대한 욕망으로 인한 것이 아니라, 백성의 소망을 외면할 수 없다는 부득이한 결단이었다고 설명했다. 율곡은 '성인의 정치' 를 천시(天時)를 따르고 지리(地理)를 말미암아 '양민(養民)의 도구' 를 만들고, 인심에 말미암고 천리에 근본하여 '교화(敎化)의 도구' 를 만들며, 인정(人情)을 조절하고 시무(時務)를 헤아려 '손익(損益)의 법규' 를 만든 것으로 설명했다. '양민의 도구' 를 만들

7) 『栗谷全書』 卷26 頁36.

었다는 것은 '생리'의 계발에 해당하고, '교화의 도구'를 만들었다는 것은 '인문'의 확립에 해당하며, '손익의 법규'를 만들었다는 것은 '혼란'의 극복에 해당한다. 율곡은 성인의 이 세 업적을 '계천입극(繼天立極)'이라는 말로 요약했다. '계천입극'이란 '천리(天理, 자연의 理法)를 계승하여 인극(人極, 인간의 표준)을 확립한다'는 뜻이다.[8] 인간의 삶은 자연의 이법을 표준으로 삼아야 한다는 것은 유학 특히 주자학의 지론이었다. 위에서 말한 '順天時 · 因地理, 因人心 · 本天理, 節人情 · 度時務'는 계천입극의 세 측면에 해당한다.

'順天時 · 因地理'란 자연환경에 순응하면서도 그것을 알맞게 활용함을 말한다. 이는 경제생활(養民의 도구)에 있어서 재화의 생산과 소비를 자연의 순환적 재생산구조와 합치시킨다는 뜻이다.[9] '因人心 · 本天理'[10]란 '인간의 의지'와 '자연의 이법'을 조화시킴을 말한다. 이는 사회의 규범체계(教化의 도구)는 '인간의 자유의지'나 '자연의 이법' 어느 하나만으로는 규정될 수 없다는 뜻이다. '節人情 · 度時務'란 인간의 욕망을 조절하고 시대상황에 따라 새롭게 대두되는 과제를 헤아려 해결함을 말한다. 이는 상황에 따라 덜거나 보태는 '손익(損益)'도 또한 정치의 중요한 과제라는 뜻이다. 율곡은 이 모두를 '계천입극'이라는 말로 요약하고, '대동(大同)'

---

8) '繼天立極'에 대한 자세한 논의는 拙著, 『儒教傳統과 自由民主主義』, 제6장 참조. 朱子學에서 말하는 '天理, 天道, 理, 太極' 등은 모두 '자연의 理法'을 뜻한다.

9) 오늘날에는 친환경산업이 다시 부각되고 있지만, 산업혁명기에 있어서의 產業化란 자연적 조건을 인간이 극복해야 할 대상으로 규정하고, '인간의 승리'를 추구한 것이었다. 인간의 승리는 생산의 획기적 증대를 선사했다. 그러나 그것은 한편으로는 생태계를 파괴하고 환경을 오염시켜 예기치 못한 재난을 가중시키고, 한편으로는 賦存資源을 과도하게 약탈하여 우리의 삶의 터전을 멍들게 하는 것이었다.

10) '人心 · 道心'에서의 '人心'은 '육체적 욕망을 추구하는 마음'을 뜻하지만, '因人心'에서의 '人心'은 '인간의 마음' 즉 '인간의 意志'를 뜻한다. 또한 '天理 · 人欲'에서의 '天理'는 '자연의 理法에 따르는 마음'을 뜻하지만 '本天理'에서의 '天理'는 '자연의 理法' 자체를 뜻한다.

을 계천입극의 결과로 설명했다. 이렇게 볼 때, 계천입극은 또한 율곡의 '정치적 이상' 이기도 했다. 위의 인용문에 이어서, 율곡은 다음과 같이 말한다.

> 성인(聖人)이 능히 위대한 군주가 될 수 있었던 것은 그 도덕으로 한 세상을 복종시킬 수 있었기 때문이요, 세력을 빌렸던 것이 아니다. 그러므로 성인이 이미 돌아가신 다음에는 또 반드시 성인이 계셔서, 대신 천하를 다스리되, 때에 따라 변통(變通)하여 백성들로 하여금 곤궁하지 않게 하였다. 그러나 이른바 '인심에 말미암고 천리에 근본한 것〔因人心 本天理〕' 은 일찍이 조금도 바꾸지 않았다. '바꾸지 않은 것' 은 천지(天地)의 상경(常經)이요, '바꾸어 통하게 하는 것' 은 고금(古今)의 통의(通誼)이다.[11]

율곡은 '성인의 정치' 를 '바꿀 수 없는 것은 바꾸지 않고, 바꾸어야 할 것은 바꾼 것' 으로 설명했다. 즉 정치에는 불변적 요소와 가변적 요소가 공존한다는 것이다. '인심에 말미암고 천리에 근본한 것' 즉 '교화의 도구' 는 불변자(不變者)에 속한다. 이에 반하여 '양민의 도구' 나 '손익의 법규' 는 당연히 가변자(可變者)에 속한다. 율곡은 불변자를 바꾸려 하고 가변자를 지키려 함으로써 온갖 폐단이 빚어지는 것이라고 보았다. 율곡은 당시의 문제점을 다음과 같이 진단했다.

> 요즘 사람들은 이미 도학(道學)을 고원(高遠)하여 실천하기 어려운 것으로 여기고, 또한 '옛날과 지금은 서로 마땅함이 다르다' 는 것을 바꿀 수 없는 정론(定論)으로 삼는다. 무릇 개벽 이래 지금까지 얼마나 오랜 세월이 지났는지 알

11) 『栗谷全書』 卷26 頁36.

수 없는데, 천지의 혼륜하고 넓은 모양도 옛 모습 그대로이고, 산천이 아래로 흐르거나 높이 솟은 모양도 옛 모습 그대로이며, 초목(草木)과 조수(鳥獸)의 모양도 옛 모습 그대로이다. 사람들의 궁실(宮室)·의복(衣服)·음식(飮食)·기용(器用)에 있어서도 모두 성인(聖人)이 만든 것을 말미암아 삶을 꾸려나가니, 없앨 수 없는 것이다. 그런데 오직 하늘이 베푼 질서〔天敍天秩〕, 즉 인심에 말미암고 천리에 근본하여 영원토록 바꿀 수 없는 것에 있어서만 썩어 문드러짐을 편안하게 여겨, 끝내 옛것을 회복할 수 없다고 여기는 것은 무슨 생각인가? 슬프다. 그것은 또한 생각하지 않는 것일 따름이다.[12]

당시에는 '옛날과 지금은 서로 마땅함이 다르다' 는 이유로 '인심에 말미암고 천리에 근본하여 영원토록 바꿀 수 없는 것' 을 무너뜨린 채 방치하고 있다는 것이다. 영원히 바꿀 수 없는 것이 무너진 채 방치되고 있다면, 이는 분명 문제 상황일 것이다. 율곡은 '옛것' 의 회복을 통해 이런 문제 상황을 바로잡고자 했는데, 그 관건은 곧 '도학(道學)' 을 다시 확립하는 것이었다. 율곡에 의하면, 도학을 확립하여 인심에 말미암고 천리에 근본한 교화의 도구를 재건함은 당시 정치의 선결과제이기도 했고,[13] 또한 고금동서 모든 정치의 영원한 과제이기도 하다.

율곡은 '도학' 을 '격물치지(格物致知)를 통해 善을 밝히고 성의정심(誠意正心)을 통해 몸을 닦아서, 자기 몸에 온축했을 때에는 천덕(天德)이 되고 정치에 베풀었을 때에는 왕도(王道)가 되는 것' 으로 정의한 바 있다.[14]

12) 『栗谷全書』 卷26 頁38.

13) 율곡은 僞勳削除라든가(正名), 舊弊의 혁파(變通)를 당시 정치의 현안으로 보았다. 그런데 本末論의 관점에서 보자면 이것들은 '末端' 에 속하는 것이요, '根本' 은 修己를 통해 '因人心 本天理' 의 토대를 마련하는 것이었다.

14) 『栗谷全書』 卷15 頁6, 〈東湖問答〉: 夫道學者 格致以明乎善 誠正以修其身 蘊諸躬則爲天德 施之政則爲王道

도학은 격물치지와 성의정심을 통해 성취된다는 말이다. 자연의 이법을 탐구하는 격물치지는 '천리에 근본하는' 토대가 되고, 마음과 의지를 바르고 참되게 하는 성의정심은 '인심을 말미암는' 토대가 된다. 『성학집요』의 수기편은 바로 여기에 초점을 둔 것이다. 요컨대 율곡의 '정치학적 기획'의 핵심은 바로 '인심에 말미암고 천리에 근본함〔因人心 本天理〕'에 있는데, 『성학집요』 수기편은 그 토대가 되는 것이다.

3. 『성학집요』 수기편의 체계

『성학집요』 수기편은 성왕이 되기 위한 수련과정을 제시한 것이다. 그 세부 목차는 '총론, 입지, 수렴, 궁리, 성실, 교기질, 양기, 정심, 검신, 회덕량, 보덕, 돈독, 공효' 등 13장으로 구성되어 있다. 율곡은 수기편의 구성을 『대학』의 '8조목'에 견주어 다음과 같이 설명한 바 있다.

> 제1장은 '총론(摠論)'이다. 제2장 '입지(立志)'와 제3장 '수렴(收斂)'은 추향(趨向)을 정하고 방심(放心)을 구하여 『대학』의 기본을 세우는 것이다. 제4장 '궁리(窮理)'는 곧 『대학』의 '격물치지(格物致知)'에 해당한다. 제5장 '성실(誠實)', 제6장 '교기질(矯氣質)', 제7장 '양기(養氣)', 제8장 '정심(正心)'은 곧 『대학』의 '성의정심(誠意正心)'에 해당한다. 제9장 '검신(檢身)'은 곧 『대학』의 '수신(修身)'에 해당한다. 제10장 '회덕량(恢德量)', 제11장 '보덕(輔德)', 제12장 '돈독(敦篤)'은 성의(誠意)·정심(正心)·수신(修身)의 여온(餘蘊)을 거듭 논한 것이다. 제13장은 수기(修己)의 '공효(功效)'를 논한 것으로, 수기의 '지어지선(止於至善)'에 해당한다.[15]

위의 인용문으로 볼 때, 수기편은 『대학』의 '8조목' 가운데 '격물(格物), 치지(致知), 성의(誠意), 정심(正心), 수신(修身)'에 해당하는 내용이다. 그런데 『대학』의 '수신(修身)'은 '격물, 치지, 성의, 정심'을 종합하는 내용이며, 이는 『성학집요』 수기편에서도 마찬가지이다. 따라서 『성학집요』의 수기편은 격물치지(格物致知)와 성의정심(誠意正心)을 두 축으로 전개되는 것이다. 이제 율곡의 정치학적 구상에서 '격물치지'와 '성의정심'이 어떤 의미를 지니는지 살펴보자.

1) 격물치지(格物致知) : 천리(天理)의 탐구

『성학집요』 수기편의 '궁리장(窮理章)'은 『대학』의 '격물치지'에 해당한다. '궁리'란 '사물의 理를 궁구함'이다. 따라서 궁리장은 '궁구(격물치지)의 방법'과 '사물의 理'에 대한 논의를 두 축으로 전개된다. 율곡은 '궁구의 방법'으로는 즉물궁리(卽物窮理)와 독서를 들고 있다. '즉물궁리'는 만물에 나아가 그 理를 직접 탐구하는 것이요, '독서'는 경전(經典)이나 사서(史書)를 통해 이미 밝혀진 理를 습득하는 것이다. 그러면 수기에서 궁리를 선결적으로 요구하는 이유는 무엇인가? 이에 대해 율곡은 주자의 "독서와 궁리를 항상 그치지 않는다면 물욕(物欲)이 (義理를) 이길 수 없어서, 본심(本心)의 의리(義理)가 편안하고 또 확고하게 된다"[16]는 말로 답하고 있다.

율곡은 궁구의 대상인 '사물의 理'에 대해서는, 옛 성현이 이미 밝혀주신 내용들을 소개하고, 그것을 바탕으로 나머지 것들을 궁구하도록 안내하고 있다. 율곡은 성현이 이미 밝혀주신 '理의 내용'들로서, 『주역』 계사

---

15) 『栗谷全書』 卷19 頁8.

16) 『栗谷全書』 卷20 頁23 : 讀書窮理 常不間斷 則物欲不能勝 而本心之義理 安且固矣

전의 태극음양론(太極陰陽論), 주렴계(周濂溪)의 태극도설(太極圖說), 주자의 이기론(理氣論), 맹자의 심성론(心性論), 그리고 송대(宋代) 제현(諸賢)의 심성론 등을 소개했다. 이 모든 것을 포괄하는 대표적인 내용으로는 진덕수(眞德秀)의 다음과 같은 말을 들 수 있다.

> 인간이 천·지(天地)와 병립하여 삼재(三才)가 될 수 있는 까닭은, 형체는 크고 작은 차이가 있지만 理는 크고 작은 차이가 없기 때문이다. 理란 무엇인가? 仁·義·禮·智가 그것이다. 천도(天道)로부터 말하자면 元·亨·利·貞이라 하는데, 사실은 하나일 따름이다. 인간과 천지는 본래 하나요, 둘이 아니다. 그런데 차이가 나는 까닭은, 천지는 사심(私心)이 없는데 인간은 사욕(私欲)이 있기 때문이다. 천지의 아름다운 명(命)은 옛날부터 늘 새로워, 元 다음에는 亨, 亨 다음에는 利, 利 다음에는 貞, 貞 다음에는 다시 元이 되어, 한번 통하면 한번 돌아와, 간단없이 순환한다. 인간이 태어날 때에는 모두 이 理를 완전하게 갖추고 있는데, 오직 형체에 얽매여 물욕(物欲)의 사사로움이 없을 수 없다. 그러므로 측은지심이 발할 때에 그것을 꺾는 것이 있다면 仁을 확충할 수 없으며, 수오지심이 발할 때 그것을 빼앗는 것이 있다면 義를 확충할 수 없다. 공경지심과 시비지심이 발할 경우도 마찬가지이니, 이것이 맹자가 간절하게 '확충'을 강조한 까닭이다. 선단(善端, 四端)이 발하는 것은 그 처음에는 매우 미약하니, 음양의 氣가 동지(冬至)나 하지(夏至)에 처음 조짐을 보일 때에는 미약하여 드러나지 않는 것과 같다. 그러나 陽이 점점 자라나 정월(正月)에 이르면 천지의 氣가 온화해져 만물이 모두 발달하게 되고, 또 陰이 점점 자라나 칠월에 이르면 천지의 氣가 쌀쌀해져 만물이 모두 수렴되게 된다. 천지가 만물을 생성하는 理는 모두 미약하게 시작하여 점점 드러나는 것이니, 한 해라도 그렇지 않은 경우가 없다. 인간이 능히 천지의 마음을 체득하여 자기의 마음으로 삼아, 그 선단(善端)이 발하는 것을 잘 보양(保養)하고 그것을 해치는 것들을 제거하기를 불이 처음 타

오를 때 바람을 불어주고 샘이 처음 뚫렸을 때 물길을 터주듯이 한다면, 일념(一念)의 측은지심이 백세(百世)를 윤택하게 하고 일념의 수오지심이 만민(萬民)을 바르게 할 수 있다. 요순(堯舜)의 仁과 탕무(湯武)의 義가 천지와 더불어 그 위대함을 같이 하게 된 것은 선단(善端)을 잘 확충하였기 때문이다.[17]

위의 내용을 정리하면 다음과 같다. 천지와 만물의 형체는 각각 달라도 그 理는 같다. 만물은 모두 천리를 자신의 본성으로 지니고 있다〔性卽理〕. 그 理의 구체적 내용은 곧 '元 · 亨 · 利 · 貞' 또는 '일음일양의 道' 이고 '인의예지의 性' 이다. 인간과 천지는 본래 하나인데, 천지는 사심(私心)이 없고 인간은 사욕(私欲)이 있기 때문에 차이가 생기게 된다. 즉 천지는 사심이 없기 때문에 元 · 亨 · 利 · 貞이 간단없이 순환하지만, 인간의 경우는 육체의 욕망으로 인해 인의예지의 발현이 때때로 막히는 것이다. 만약 사단(四端)이 발하는 것을 잘 확충시킨다면 백세(百世)를 윤택하게 할 수 있고 만민(萬民)을 바르게 할 수 있다.

위의 인용문에는 음양순환론은 잘 드러나고 있지만, 음양대대론은 잘 드러나지 않고 있다. 본래 『주역』의 음양론은 대대론(對待論)과 순환론(循環論)을 두 축으로 삼는다. '대대(對待)' 란 상반상성(相反相成)의 감응원리로서, '윗사람과 아랫사람' 또는 '남자와 여자' 등 대립하는 존재들 간의 올바른 관계를 제시하는 것이다. 이 대립적 존재들은 '호혜적 감응' 을 통하여 서로를 이루어 주는 것이다. '순환(循環)' 이란 물극필반(物極必反)의 순환원리로서, 개인이나 사회 · 국가도 흥망성쇠를 반복한다는 것이다. 따라서 흥성을 지키고 쇠망을 막으려면 끊임없이 절제하고 보수(補修)해야 한다.[18] 인의예지는 '호혜적 감응' 을 가능케 하는 원리인 동시에, '절제와

17) 『栗谷全書』 卷20 頁49.

18) 이에 대한 자세한 논의는 拙著, 『歷史哲學과 易學思想』, 126~145쪽 참조.

보수' 를 가능케 하는 원리이다.

율곡은 '사물의 理' 를 논하면서 특히 '마음과 본성' 의 구별을 강조했다. 율곡은 '마음' 은 형이하자〔氣, 器〕요, '본성' 은 형이상자〔理, 道〕라고 본다. 마음은 '형이하자' 이기 때문에, 작용이 있고, 사람마다 다르며, 善·惡이 섞여있다. 그러나 본성은 '형이상자' 이기 때문에, 작용이 없고, 모든 사람이 같으며, 순선하다. 율곡은 다음과 같이 말한다.

> 사람의 한 마음은 모든 理를 모두 갖추고 있으니, 요·순의 仁, 탕·무의 義, 공·맹의 道가 모두 본성 속에 고유한 것이다. 오직 한편으로는 기품(氣稟)에 구애되고 한편으로는 물욕(物欲)에 빠져, 밝은 것이 어둡게 되고 바른 것이 간사하게 되니, 미혹되어 어리석은 중인(衆人)이 되면 금수와 사실 차이가 없는 것이다. 그러나 본래 갖추고 있는 理는 변함없이 밝고 바르니, 다만 (氣稟과 物欲에) 가려졌던 것이요 끝내 소멸되는 이치는 없다. 진실로 능히 어둠을 제거하고 간사함을 끊는다면 요·순·탕·무·공·맹의 거룩함을 밖에서 빌리지 않고도 이룰 수 있다.[19]

마음은 모든 理를 갖추고 있는데, 그것이 본성이다. 仁·義·禮·智 등은 본성의 구체적 내용을 분석적으로 말한 것이다. 본성은 본래 밝고 바른 것이다. 그런데 마음의 기품이나 물욕으로 인해 때때로 본성의 밝고 바름이 가려지는 것이요, 그 때는 사람이 금수와 차이가 없게 된다. 그런데 형이하자는 형이상자를 변화시키거나 소멸시킬 수 없으므로, 마음이 때때로 어둡고 간사하다 하더라도 밝고 바른 본성은 불멸하는 것이다. 이러한 맥락에서 본성〔理〕은 '인간의 영원한 표준' 으로 인식된다.

---

19) 『栗谷全書』 卷20 頁50.

비록 본성은 변함없이 선한 것이라 하더라도, 형이상자로서 그 자체 작위력(作爲力)이 없기 때문에 스스로 발할 수 없다. 본성은 마음의 작용을 통해서만 발현될 수 있다. 율곡은 다음과 같이 말한다.

> 理는 형체가 없고 氣는 형체가 있으니, 그러므로 理는 (만물이 서로) 통하고 氣는 (각자에게) 국한된다〔理通氣局〕. 理는 작위가 없고 氣는 작위가 있으니, 그러므로 氣가 발함에 理가 탄다〔氣發理乘〕. 형체도 없고 작위도 없지만 형체도 있고 작위도 있는 것의 주재자(主宰者)가 되는 것은 理요, 형체도 있고 작위도 있지만 형체도 없고 작위도 없는 것의 그릇이 되는 것은 氣이다. 이것이 理와 氣를 궁구하는 큰 실마리이다.[20]

율곡은 무형(無形)과 유형(有形)의 차이로 '理와 氣' 즉 '性과 心'의 '보편성과 특수성'을 설명하고, 무위(無爲)와 유위(有爲)의 차이로 '이승(理乘)과 기발(氣發)'을 설명했다. 본성은 누구나 같고, 마음은 사람마다 다르다.[21] 또한 본성〔理〕은 작위가 없으므로 스스로 발할 수 없고, 기발(氣發, 마음의 작용)을 타고서만 발현될 수 있다. 즉 율곡에 의하면, 마음은 본성을 담고 있는 그릇이요, 본성을 발현시키는 주체이다. 본성이 마음의 작용을 통해 발현된 것을 감정〔情〕이라 하는데, 이 모든 내용을 종합해서 말할 때에는 '심통성정(心統性情)'이라 한다. 또한 율곡은 '마음이 이것저것 따져보는 상태'를 '意'라 하고, 그리하여 '지향해야 할 곳이 정해진 마음'을 '志'라 했다.[22] 즉 '의지(意志)'란 '마음이 이것저것 따져보아 방향을 결정

---

20) 『栗谷全書』 卷20 頁59~60.

21) 뿐만 아니라 '한 사람의 마음'도 수시로 변한다. 속담에 "엿장수 마음대로"라는 말은 '사람마다 마음이 다름'을 나타내며, "뒷간에 갈 때 마음과 올 때 마음이 다르다"는 것은 '자신의 마음조차 수시로 변함'을 나타낸다.

한 상태' 이다.

위의 인용문에서는 '理는 형체도 없고 작위도 없지만 형체도 있고 작위도 있는 氣를 주재한다' 고 했다. '理가 氣를 주재한다' 는 것은 '理가 氣의 표준이 된다' 는 의미이다.[23] 운동의 주체는 氣이지만, 氣가 운동함에 있어서 표준이 되는 것은 理라는 것이다. 다시 말해, 사물을 지각하고 감정과 의지를 일으켜 몸을 움직이게 하는 것은 마음이지만, 마음의 작용에 표준이 되는 것은 본성이라는 것이다. 율곡이 궁리(窮理)를 강조한 궁극적 이유는 바로 우리의 삶에서 '행위의 표준' 을 정립한다는 데 있었다.

율곡에 의하면, 천리나 본성은 보편적이고 객관적이며 善한 것이다. '천리(본성)를 행위의 표준으로 삼아야 한다' 는 말은 '우리의 삶은 보편적이고 善한 표준에 부합되어야 한다' 는 뜻이다. 율곡이 수기의 한 축을 '격물치지를 통해 보편적이고 善한 표준을 밝게 깨닫는 것' 으로 설정한 것은 '인인심(因人心) 본천리(本天理)' 라는 기획에서 '본천리(本天理)' 를 뒷받침하는 것이었다.

2) 성의정심(誠意正心) : 마음의 순화(純化)

『성학집요』 수기편의 '성실장, 교기질장, 양기장, 정심장' 은 『대학』의 '성의정심(誠意正心)' 에 해당하는 내용이다. 위에서 살폈듯이, 인간의 본

---

22) 『栗谷全書』 卷20 頁59 : 志者 心有所之之謂 (…) 意者 心有計較之謂也 (…) 志者 意之定者也 意者 志之未定者也

23) 예나 지금이나 많은 학자들은 朱子學에 있어서 '理의 주재' 를 '理가 氣를 명령함(부림)' 으로 해석한다. 그러나 주자가 말하는 '理의 주재' 란 '理가 氣의 표준이 된다' 는 뜻이었다. 율곡도 '理의 주재' 를 '理가 氣의 표준이 됨' 으로 해석했다. 이에 대한 자세한 논의는 拙稿, 「朱子學에 있어서 理와 氣의 相互主宰와 그 의의」; 「栗谷에 있어서 理와 氣의 相互主宰와 그 의의」 참조.

성은 완전하고 선하지만, 기품(氣稟)의 구애와 물욕(物欲)의 가림으로 인해 제대로 발현되지 못하는 것이다. 이러한 맥락에서 '성의정심' 에 관한 논의에서는 '기품의 구애' 와 '물욕의 가림' 을 극복하는 방법을 설명한다. 성의(誠意)는 '기품의 구애' 를 극복하는 것〔變化氣質〕에 초점이 있고, 정심(正心)은 '물욕의 가림' 을 제거하는 것〔涵養省察〕에 초점이 있다.

우선 기질변화론(氣質變化論)부터 살펴보기로 하자. 율곡에 의하면 氣에는 청·탁(淸濁, 맑음과 흐림)이 있고, 質에는 수·박(粹駁, 깨끗함과 더러움)이 있다. 氣가 엉긴 것이 質이고, 質이 흩어진 것이 氣로서, 양자는 본래 하나이다. 그런데 氣는 '앎〔知〕' 과 관계되고, 質은 '실천〔行〕' 과 관계된다. 율곡은 다음과 같이 말한다.

> 氣가 맑고 質이 깨끗한 사람은 노력하지 않아도 知와 行에 모두 능하니, 더 바랄 것이 없다. 氣는 맑은데 質이 더러운 사람은 知에는 능하나 行에는 능하지 못하니, 만약 궁행(躬行)에 힘써서 반드시 참되게 하고 반드시 독실하게 한다면, 行을 세울 수 있어서 유약(柔弱)한 자도 강해진다. 質은 깨끗한데 氣가 흐린 사람은 行은 능하나 知에는 능하지 못하니, 만약 묻고 배우는 데 힘써서 반드시 참되게 하고 반드시 정밀하게 한다면, 知가 통달할 수 있어서 어리석은 자도 밝아진다.[24)]

質이 더러워 유약한 사람은 궁행을 통해 강해질 수 있고, 氣가 흐려 어리석은 사람은 학문을 통해 밝아질 수 있다. 이렇게 기질을 변화시킨다는 것은 물론 쉽지 않다. 『중용』에서는 기질을 변화시키려면 남보다 '백배의 노력' 을 더해야 한다고 했다. 율곡은 기질을 변화시키려는 노력을 거문고나

24) 『栗谷全書』 卷21 頁13.

비파 등 악기를 배우는 과정에 비유했다. 어린아이들이 처음 금슬(琴瑟)을 배울 때에는 손가락 놀림도 엉터리이고 그 소리도 듣기가 싫으나, 끊임없이 노력하면 맑고 온화하고 구슬이 굴러가는 듯한 음을 내게 된다. 학문을 통해 기질을 변화시키는 것도 마찬가지로서, 실제로 노력을 기울여 습관을 쌓아 순수하게 익히면 된다는 것이다.[25] '실제로 노력을 기울임' 은 자신의 '참된 의지〔誠意〕' 에 달려 있다.

'함양성찰(涵養省察)' 이란 미발시(未發時)에는 마음의 본체를 기르고, 이발시(已發時)에는 마음의 작용을 살피는 것이다. '마음의 본체를 기른다' 는 것은 마음을 본래 상태대로 맑고 밝게〔湛然虛明〕 만드는 것이다. 율곡은 그 구체적 내용으로, 마음을 고요하게 수렴하여 잡념을 일으키지 않는 것과, 마음을 깨어있게 하여 탁박한 기질로 인한 혼매(昏昧)를 물리치는 것을 들었다. 율곡은 마음을 함양하는 요법은 '경(敬)' 에 있다고 보았다. 율곡은 敬의 내용으로 '주일무적(主一無適), 정제엄숙(整齊嚴肅), 상성성(常惺惺), 정돈수렴(整頓收斂), 외경(畏敬)' 등을 소개했다. 이러한 노력을 통해 잡념과 혼매를 극복하면 마음을 맑고 밝게 '함양' 할 수 있다는 것이다. '마음의 작용을 살핀다' 는 것은 한 생각이 싹틀 때, 그것이 천리인지 인욕인지를 분간하여, 천리이면 확충시키고 인욕이면 제거하는 것이다. 한편 『대학』에서는 "마음에 노여움, 두려움, 즐김, 근심이 있으면 그 바름을 얻을 수 없다." 고도 했고 "마음이 있지 않으면 보아도 보이지 않고, 들어도 들리지 않으며, 먹어도 그 맛을 알지 못한다." 고 했는데, 율곡은 이런 것들 역시 '성찰' 의 중요 과제로 삼았다.

율곡에게 있어서 '성의(誠意) · 정심(正心)' 은 '기품의 구애' 와 '물욕의 가림' 을 극복하여 마음을 본래의 모습대로 '맑고 밝게〔湛然虛明〕' 만들자

25) 『栗谷全書』 卷21 頁13~14 : 彼童男穉女 豈性於樂者乎 惟其實用其功 積習純熟而已 凡百伎藝 莫不皆然 學問之能變化氣質者 何異於此哉

는 것이었다. 율곡은 둘을 종합하여 다음과 같이 말한다.

마음의 본체는 담연허명(湛然虛明)하여, 텅 빈 거울과 같고 수평을 이룬 저울과 같다. 사물을 지각하여 움직이면 七情이 반응하는 것은 마음의 작용이다. 오직 기품(氣稟)이 구애하고 물욕(物欲)이 가려 본체가 서지 못하기 때문에, 그 작용도 간혹 바름을 잃는데, 그 병(病)은 '혼(昏)'과 '난(亂)'일 뿐이다. '혼(昏)의 병'은 둘이 있다. 첫째는 '지혼(智昏)'으로서, 궁리를 하지 못하여 是·非에 어두운 것이다. 둘째는 '기혼(氣昏)'으로서, 게으르고 방자하여 항상 생각이 졸음에 빠진 듯한 것이다. '난(亂)의 병'도 둘이 있다. 첫째는 '악념(惡念)'으로서, 바깥 사물에 이끌려 사욕(私欲)을 따지는 것이다. 둘째는 '부념(浮念)'으로서 흔들리고 어지러운 생각이 꼬리를 물고 계속되는 것이다. 보통 사람은 이 두 가지 병에 시달리니, 아직 사물에 감응하지 않았을 때에는 어둡지 않으면 어지러워 이미 미발(未發)의 '中'을 잃고, 감응했을 때에는 지나치지 않으면 모자라 이발(已發)의 '和'를 얻을 수 없다. 군자는 이것을 근심으로 여겨, 궁리(窮理)를 통해 善을 밝히고, 독지(篤志)를 통해 氣를 통솔하며, 함양(涵養)을 통해 참된 마음을 보존하고, 성찰(省察)을 통해 거짓된 마음을 제거하여, 그 '혼란(昏亂)'을 다스리는 것이다. 이렇게 한다면, 사물에 감응하지 않았을 때에는 지극히 허정(虛靜)하여 이른바 감공형평(鑑空衡平)의 본체는 비록 귀신이라도 그 틈을 엿볼 수 없는 것이요, 감응했을 때에는 중절(中節)하지 않음이 없어서 감공형평(鑑空衡平)의 작용이 막힘없이 유행(流行)하니, 정대광명(正大光明)하여 천지와 더불어 서참(舒慘)을 함께 한다.[26]

율곡에 의하면, 마음은 본래 담연허명한데, 기품의 구애로 인해 어둡게

26) 『栗谷全書』 卷21 頁36.

되고, 물욕의 가림으로 인해 어지럽게 된다. 어둡고 어지러운 마음으로는 '중절(中節)' 즉 절도에 맞는 행위를 기약할 수 없다. 성의정심(誠意正心)은 '어둠과 어지러움'을 극복하기 위한 것으로서, 요컨대 마음을 순화하는 것이다. 순화된 마음은 '정대광명(正大光明)' 한 삶을 가능케 한다. 율곡은 정대광명한 삶을 '천지와 더불어 서참(舒慘)을 함께 함'으로 설명했다. '서참(舒慘)'이란 봄 · 여름에는 만물을 자라나게 하고 가을 · 겨울에는 만물을 거두어들이는 것인바, '서참을 함께 한다'는 것은 천지자연의 이법과 조화를 이룬다는 뜻이다.

천지자연의 이법은 우리의 마음속에 仁義禮智의 본성으로 내재한다. 따라서 자연의 이법에 따르는 삶이란 곧 자신의 본성에 따르는 삶이기도 하다. 율곡은 마음은 '본성을 담고 있으면서 발현시키는 주체'라고 보았다. 그런데 마음이 어둡고 어지럽다면 본성을 제대로 발현시킬 수 없다. 따라서 '본성을 제대로 발현시키는 삶' 즉 '본성〔天理〕에 따르는 삶'을 위해서는 '마음의 순화'가 전제되어야 한다. 성의정심(誠意正心)이란 마음의 순화를 기약하는 것이었다. 이러한 맥락에서, 율곡이 수기의 한 축을 '성의정심을 통해 마음을 순화함'으로 설정한 것은 '인인심(因人心) 본천리(本天理)'라는 기획에서 '인인심(因人心)'을 뒷받침하는 것이다.

3) 수기(修己)의 공효 : 마음과 천리의 합일

이상에서 격물치지(格物致知)와 성의정심(誠意正心)을 중심으로 『성학집요』의 수기편을 살펴보았다. 격물치지란 이 세계의 보편적이고 객관적인 이법〔天理, 本性〕을 탐구하는 것이었고, 성의정심이란 기질의 구애와 물욕의 가림을 극복하여 마음을 순화하는 것이었다. 즉 율곡의 수기론은 객관적인 천리와 주관적인 마음을 동시에 문제 삼는 것이다.

율곡은 수기치인(修己治人) 전반(全般)을 '천리' 로 관철시키기도 하고, '성의' 로 관철시키기도 했다. 다음의 두 인용문이 그 예이다.

치지(致知)·격물(格物)은 이 理를 궁구하는 것이며, 성의(誠意)·정심(正心)·수신(修身)은 이 理를 체득하는 것이며, 제가(齊家)·치국(治國)·평천하(平天下)는 이 理를 미루어나가는 것이다.[27]

성의(誠意)는 수기치인(修己治人)의 근본이다. 지금 비록 별도로 한 장(章)을 두어 성의의 대강을 설명했지만, '성지(誠之)' 의 뜻은 실로 상하의 여러 장을 관통한다. 예컨대 志는 誠이 없으면 설 수 없고, 理는 誠이 없으면 궁구할 수 없으며, 氣質은 誠이 없으면 변화시킬 수 없다. 나머지도 모두 미루어 알 수 있다.[28]

위의 첫째 인용문에서는 수기치인을 '理' 를 '궁구' 하고 '체득' 하여 '실현' 하는 것으로 규정했다. 율곡에게 정치란 궁극적으로 理를 실현하는 것이다. 둘째 인용문에서는 理의 실현은 성의를 통해서만 가능하다고 역설했다. 理를 실현하기 위해서는, 먼저 그렇게 하겠다는 의지를 확립하고, 理가 무엇인지를 궁구하며, 氣質을 변화시켜 理를 알고 실천할 수 있도록 노력해야 하는데, 이 모두를 뒷받침하는 것은 '참된 마음' 이라는 것이다. 이 둘을 종합하면, 수기(修己)란 천리를 탐구하고 마음을 순화하여 '마음과 천리를 합치시키는 것' [29]이다.

---

27) 『栗谷全書』 卷19 頁17.

28) 『栗谷全書』 卷21 頁6.

29) 陽明學에서는 '心卽理' 를 주장한다. 이는 '마음과 천리는 본래 하나' 라는 것이다. 그러나 朱子學에서는 '心卽理' 를 부정하고 '性卽理' 를 주장한다. 주자학에서는 '心이

율곡의 이러한 생각은 수기편의 마지막 '수기공효장(修己功效章)' 에 잘 나타나 있다. 율곡은 '수기의 공효' 로 예컨대 경전의 다음과 같은 내용들을 제시하였다.

『주역』 동인괘(同人卦)에서는 "오직 군자라야 능히 천하의 뜻에 통할 수 있다." 고 했는데, 정자는 "천하의 뜻은 만 가지로 다르나, 理는 하나이다. 군자는 理에 밝기 때문에 능히 천하의 뜻에 통할 수 있다. 성인(聖人)이 수많은 사람들의 마음을 (자기와) 한마음처럼 여기는 것은 理에 통달했기 때문일 뿐이다." 라고 해설했다.[30]

공자가 말씀하시길, "삼(參)아. 나의 道는 하나로 꿰뚫은 것이니라." 증자가 대답하기를, "그렇습니다."[31]

공자께서는 네 가지를 끊으셨으니, 사사로운 뜻도 없으셨고〔毋意〕, 기필함도 없으셨고〔毋必〕, 고집하여 막힘도 없으셨고〔毋固〕, 사사로운 자아도 없으셨다〔毋我〕.[32]

오직 천하의 지극히 참된 사람만이 자기의 본성을 다 발휘할 수 있다. 자기의 본성을 다 발휘할 수 있으면 남의 본성을 다 발휘하게 하고, 남의 본성을 다 발

性을 표준으로 삼아 노력함으로써, 心과 理를 합일시킬 것' (心與理合一之學)을 주장한다. 王陽明은 '心卽理學' 을 주창하면서 한편으로는 '心與理合一之學' 을 주창하기도 하는데, 왕양명은 兩者 사이에서 오락가락한 것이다. 이것이 훗날 양명학이 左派(心卽理學)와 右派(精一之學)로 분열된 연유이다.

30) 『栗谷全書』 卷22 頁21 : 易曰 惟君子 爲能通天下之志 程子曰 天下之志萬殊 理則一也 君子明理 故能通天下之志 聖人視億兆之心猶一心者 通於理而已

31) 『栗谷全書』 卷22 頁22.

32) 『栗谷全書』 卷22 頁26.

휘하게 하면 사물의 본성도 다 발휘하게 할 수 있다. 사물의 본성을 다 발휘하게 하면 천지(天地)의 화육(化育)을 도울 수 있고, 천지의 화육을 도울 수 있으면 천지와 더불어 삼재(三才)가 될 수 있다.[33]

첫째 인용문은 수기를 통해서 '자신의 의지'와 '남의 의지'를 서로 '소통'시킬 수 있음을 말한 것이다. 이러한 소통이 가능한 근거는 '理'를 매개로 삼는 데 있다. 理는 보편적이고 통일적이기 때문에, 理를 매개로 삼는다면 각자의 의지가 서로 소통된다. 理를 매개로 삼기 위해서는 각자 자신의 의지를 理와 합치시켜야 함은 물론이다. 성인이나 군자란 바로 수기를 통해 '자신의 의지를 理와 합치시키는 사람'이다. 둘째 인용문은 이른바 '일이관지(一以貫之)'를 든 것이다. 공자는 자신의 삶을 '하나의 道'로 관철시켰다고 했는데, 이는 자신의 의지를 철저하게 하나의 道에 합치시켰다는 말이기도 하다. 증자는 그 '하나'를 '충서(忠恕)'로 설명했다. 충서가 바로 理〔仁〕를 실천하는 방법이라는 것이다.

셋째 인용문은 자신의 의지를 理와 완전히 합치시켜 일체의 사사로움을 남겨두지 않음을 말한 것이다. 공자의 '극기복례(克己復禮)'도 이러한 맥락에서 이해할 수 있다. '극기복례'는 자신의 사사로운 의지를 극복하여 理에 합치시킨 것이다. 넷째 인용문은 '마음의 순화'를 통해 '理의 완전한 실현'에 이를 수 있음을 말한 것이다. 자신의 마음을 완전하게 순화시킨 사람은 자신의 본성을 완전하게 발현시킬 수 있음은 물론, 나아가 이웃 사람들로 하여금 자신의 본성을 다 발휘할 수 있도록 도울 수 있고, 마침내 천·지와 더불어 삼재가 될 수 있다. 유교에서는 이러한 경지에 이른 사람을 '성인(聖人)'이라 한다. 율곡은 "성인의 덕은 하늘과 더불어 하나가 되

33)『栗谷全書』卷22 頁22.

어, 신묘하여 헤아릴 수 없다. 비록 도달하기를 바랄 수 없을 것 같으나, 참으로 공부를 쌓는다면 이르지 못할 것이 없다."[34]고 단언했다. '하늘과 더불어 하나가 됨'은 자신의 마음과 행위와 삶을 理와 합치시킨 것이다.

이상에서 살핀 것처럼, 수기란 '마음과 천리를 합치시키는 것'이다. 그런데 여기서 유의해야 할 점은, 마음과 천리를 합치시킴에 있어서 주축(기준)이 되는 것은 천리라는 점이다. 사실적으로 말하자면, 천리는 불변자(不變者)이고 마음은 가변자(可變者)이다. 불변자인 천리를 내 마음에 맞게 변화시킨다는 것은 불가능하다. 따라서 '마음과 천리의 합치'를 추구한다면 가변자인 마음을 천리에 맞게 변화시킬 수밖에 없다. 당위적으로 말하자면, 천리는 보편적이고 선한 것이나 마음은 각자 다르고 선악이 섞인 것이다. 따라서 마음을 주축으로 삼는다는 것은 도덕적으로도 무의미한 것이다.[35] 이러한 맥락에서, '마음과 천리를 합치시킨다'는 것은 결국 자신의 마음으로 하여금 천리를 따르게 하는 것이다.

율곡의 수기론은 결국 '자신의 마음(의지)으로 하여금 천리를 따르게 하는 것'이라면, 이에 대해 '인간의 자유의지는 실질적으로 배제되는 것'이라고 볼 수도 있다. 오늘날 자유주의에서는 더욱 그렇게 볼 것이다. 그러나 우리는 다음의 두 가지를 고려해야 한다. 첫째는 '보편적이고 객관적인 표준'을 부정하는 오늘날의 자유가 이른바 '멋대로 자유'의 폐단을 낳고 있다는 점이다. 둘째는 주자학적 맥락에서는 '천리'가 바로 자신의 마음 속에 본성으로 내재한다고 보았다는 점이다. 율곡에 의하면 '의지(意志)'란 '마음이 이것저것을 따져보아 방향을 결정한 상태'이다. 의지는 마음

34) 『栗谷全書』 卷22 頁27~28.

35) 주자학에서는 禪佛教나 陽明學의 말폐를 '猖狂自恣'(미치광이처럼 스스로 방자하게 행동함)로 규정하고, 이는 모두 '마음'을 '진리의 표준'으로 삼아 야기된 폐단이라고 비판했다.

의 한 상태이고, 마음은 본성을 담고 있다면, 인간의 의지도 본성과 밀접한 관련을 맺고 있는 것이다. 그렇다면 '마음은 본성(천리)을 따라야 한다'는 것이 결코 자유의지를 송두리 채 부정하는 것이 아니다. 공자는 '마음이 원하는 것을 그대로 따랐는데도 법도에 벗어나지 않았다〔從心所欲不踰矩〕'고 했으니, 여기에서 분명 자유의지와 천리가 만나고 있음을 확인할 수 있다. 요컨대, 마음이 천리를 따른다는 것은 일정 부분 자유의 구속이기도 하지만, 그것은 동시에 자신의 본성을 발현하는 것이기도 하다. 일정 부분 자유를 제한하고 본성을 따라야만 '올바른 정치'를 기약할 수도 있고, 금수와 구별되는 '존엄한 인간'이 될 수도 있다는 것이 율곡의 지론이었다.

4. 현대 자유민주주의와 수기(修己)의 의의

이제 율곡의 수기론이 현대 자유민주주의 정치상황에서 지니는 의의를 살펴보자. 율곡 수기론의 두 축은 '천리의 탐구'와 '마음의 순화'였다. 자유민주주의의 정치학적 기획은 이른바 '절차주의(節次主義)'에 매달려, '객관적 표준(標準)'의 문제와 '주체의 수양(修養)' 문제를 거의 외면하고 있다. 오늘날 자유민주주의는 '멋대로 자유(exousia)'와 '다수의 횡포'라는 문제에 직면해 있는데, 이는 '천리'를 외면한 결과이다. 또한 오늘날 자유민주주의는 '정치의 사사화(私事化)'와 '민주주의의 내면화 문제'에 직면하고 있는데, 이는 '마음의 순화'를 소홀히 한 결과이다. 이러한 두 관점에서 수기론의 의의를 논하기로 하자.

1) '멋대로 자유'와 '다수의 횡포' 문제

오늘날 자유주의의 폐단으로 거론되는 '멋대로 자유'는 송대(宋代) 주자학에서 선불교(禪佛敎)의 폐단으로 지적했던 '창광자자(猖狂自恣)'와 정확히 일치하는 개념이다. 주자는 선불교의 창광자자에 대해 다음과 같이 그 원인을 진단한 바 있다.

> 유자(儒者)의 학문은 그 대요(大要)가 궁리(窮理)를 우선으로 삼는다. 대개 하나의 사물이 있으면 하나의 理가 있으니, 모름지기 먼저 이것을 밝힌 다음에야 마음이 발하는 데에 경중장단(輕重長短)이 각각 준칙(準則)이 있게 된다. (…) 석씨(釋氏)가 끝내 함께 요・순(堯舜)의 道에 들어갈 수 없는 것은 바로 天理를 보지 못하고 오로지 이 마음만을 알아 주재(主宰)로 삼기 때문이다. 그러므로 석씨는 '스스로의 사사로움〔自私〕'을 면치 못한다. 선배들이 "성인(聖人)은 天에 근본하고〔聖人本天〕, 석씨는 마음에 근본한다〔釋氏本心〕"고 한 말은 대개 이를 말한 것이다.[36]

주자는 선불교가 창광자자에 빠진 근본 원인은 천리를 외면하고 마음을 표준으로 삼았기 때문이라고 보았다. 그런데 오늘날 자유주의는 선불교가 창광자자를 연출한 것과 똑같은 맥락에서 '멋대로 자유'를 연출하고 있다. 자유주의가 '멋대로 자유'를 초래하는 까닭은 두 가지로 요약된다. 첫째는 '적극적 자유'를 외면하고 '소극적 자유'를 추구하기 때문이며, 둘째는 궁극적 진리(표준)는 알 수 없다는 불가지론(不可知論)을 핑계로 정치의 궁극적이고 객관적인 표준을 외면하기 때문이다.[37] 그런데 이 둘은 사실

---

36) 『朱子大全』 卷30 頁23, 〈答張欽夫〉.

하나의 문제이다. 자유주의에서 '소극적 자유'를 옹호하는 중요한 논거가 바로 '불가지론'으로서, 양자는 '객관적 표준의 부정'이라는 점에서 일치하기 때문이다.

'멋대로 자유(exousia)'란 플라톤이 아테네 민주정을 비판하면서 사용한 개념이다. '멋대로 자유'를 추종하는 사람들은 공경(恭敬)을 어리석음이라 일컬으며, 절제(節制)를 비겁이라, 절도(節度)와 적정한 지출을 촌스럽고 비굴한 것이라 조롱하면서, 오만무례(傲慢無禮)를 교양으로, 무정부 상태를 자유로, 낭비를 도량(度量)으로, 부끄러움을 모르는 것을 용기로 내세운다. 이들은 근본적으로 필요한 욕구와 불필요한 욕구, 필요한 즐거움과 불필요한 즐거움을 구별하지 않는다. "가령 누군가가 어떤 즐거움들은 아름답고 좋은 욕구들에 속하는 것이지만 어떤 것들은 나쁜 것들에 속하는 것들이며, 한쪽 것들은 추구되고 존중되어야 하나 다른 쪽 것들은 억제되고 굴종시켜야 한다고 말할 경우" 멋대로 자유를 추구하는 사람들은 "모든 즐거움은 같으며 똑같이 존중되어야만 한다"고 맞선다.[38] 요컨대 이들은 '가치의 객관적 기준'이나 '가치의 위계'를 부정한다. 플라톤은 자유에 대한 만족할 줄 모르는 욕망과 그 밖의 다른 것들에 대한 무관심은 민주정을 결국 참주정(僭主政)으로 전락시킬 것이라고 경고했다. 대중의 '멋대로 자유'에 영합하는 '대중선동가(demagogue)'들이 판치게 되고, 결국은 대중선동가들이 권력을 잡아 참주정치를 자행하게 된다는 것이다.[39]

오늘날 자유주의에서 말하는 '소극적 자유'란 '개인의 자유의지'를 모든 행위의 궁극적 근거로 삼고, 실정법을 제외하고는 타인으로부터 간섭

---

37) 서병훈, 『自由의 美學』, 396~397쪽. 서병훈은 객관적 가치를 전제하지 않는 자유는 자유가 아니라고 단정하고, 현대 자유주의자들은 플라톤과 밀(J. S. Mill)을 다시 음미해야 한다고 주장한다.

38) 플라톤, 『국가』, 560d~561c.

39) 플라톤, 『국가』, 562c~566d.

을 받지 않는다는 것이다. 자유를 제약할 수 있는 근거를 '실정법(實定法)' 만으로 한정한다면, '멋대로 자유'의 여지는 상존할 수밖에 없다. 첫째, 실정법은 개인들 간의 '권리·의무 관계'를 문제 삼을 뿐 '도덕적 善'을 문제 삼는 것이 아니므로, 실정법을 준수하면서 빚어지는 도덕적 타락은 수없이 많다. 둘째, 수시로 변동하는 사회상황에서 실정법은 항상 미비할 수밖에 없는데, 이런 미비점 속에서 자유를 오용할 수 있는 범위는 더욱 확대된다.

'멋대로 자유'를 승인할 수 없다면, 결국 가치나 善의 '객관적 표준'을 도입하지 않을 수 없다.[40] 이는 '소극적 자유'보다도 '적극적 자유'가 더욱 중요함을 인정한다는 뜻이기도 하다. '적극적 자유'란 보편타당한 객관적 기준이나 가치를 전제하고, '자발적으로 그에 따르는 것' 또는 '자발적으로 그것을 추구하는 것'을 자유라고 보는 것이다. 사실 공자의 '극기복례(克己復禮)'나 '종심소욕불유구(從心所欲不踰矩)'는 자유를 단순히 부정하는 것이 아니라 '적극적 자유'를 추구하는 것이었다. 이러한 맥락에서, 율곡의 수기론이 '천리의 탐구'를 강조한 것은 오늘날 '멋대로 자유'의 폐단을 막고 '적극적 자유'를 추구한다는 의미가 있다.

'다수의 횡포(tyranny of the majority)'란 토크빌이 1830년대 미국의 민주주의를 관찰하면서, 그 폐단 가운데 하나로 거론한 것이다.[41] 오늘날 민주주의는 '다수 인민의 의사(意思)'를 '정치적 정당성'의 원천으로 삼고, 현실적으로는 대부분 '다수결의 원리'에 의해 정치를 운영한다. 그런데 다수결은 많은 폐단을 낳고 있음도 사실이다. 첫째, 다수결이 '도덕적 정

40) 이에 대한 자세한 논의는 拙著, 『儒敎傳統과 自由民主主義』, 476~478쪽 참조. 한편 서병훈은 아무리 도달하기 어렵고 알기 어렵다 하더라도 '북극성에 대한 指向'과 '이데아에 대한 探究'를 중단해서는 안 된다고 주장한다. 그러한 노력 가운데 우리 삶이 비로소 의미 있을 수 있다는 것이다(서병훈, 『自由의 美學』, 24쪽).

41) 토크빌, 『미국의 민주주의』 I, 335~349쪽 참조.

당성’까지 보장하는 것은 아니다.[42] 루소가 ‘일반의지’와 ‘전체의지’(또는 다수의지)를 엄격하게 구별한 취지는 여기에 있었다. 루소는 ‘다수의지’라 하더라도 그것이 ‘일반의지’에 따르지 않고 ‘특수의지를 규합한 것’에 불과한 한 정당한 것일 수 없다고 규정했다. 둘째, 다수결에서는 종종 소수의 의사와 권익이 무시된다. 다수결이 도덕적 정당성을 아울러 확보하지 못할 때, 그것은 ‘정치의 공공성’을 훼손시키고 소수의 정당한 권익마저 침해하게 된다.

리프만(Walter Lippmann)은 서구 민주주의의 위기를 ‘공공원리의 상실’이란 측면에서 규명한 바 있다. 리프만에 의하면, 서양에서는 고대로부터 18세기 말에 이르기까지 ‘자연법’이 공공원리를 지탱해 왔으나, 대중민주주의의 등장으로 인해 자연법은 퇴장하였다. 리프만은 자연법을 ‘보편타당성을 가지는 법과 질서의 공통개념’이라고 설명했다.[43] 여기서 알 수 있듯이, 서구전통에서 자연법이란 유교전통에서의 천리(자연의 理法)와 마찬가지로 세계와 인생의 ‘보편적이고 객관적인 표준’을 의미하는 개념이다. 천리나 자연법의 맥락에서는 정치적 정당성의 원천을 ‘수(數)의 많음’에 두지 않고, ‘보편적이고 객관적인 표준’에 둔다. 아무리 많은 사람들이 공감하는 생각이라도 그것이 자연의 이법에 어긋나는 한 정당한 것으로 볼 수 없는 것이다. 여기서 우리는 천리라는 개념이 다수의 횡포를 견제하는 데 중요한 논거가 됨을 알 수 있다.

한편 로크(J. Locke)와 밀(J. S. Mill)은 ‘다수의 횡포’에 대항하기 위하여

42) 예컨대, 오늘날 이스라엘의 ‘對 팔레스타인 정책’이나 미국의 이라크 침공 또는 1839년 영국의 아편전쟁 도발 등을 상기해 보자. 이들은 모두 자국 내에서 민주적 합의의 과정(議會의 승인)을 거친 것이었다. 또한 오늘날 한국에서의 투표를 살펴보자. 한국에서의 투표는 무엇보다도 地域感情에 의해 좌우된다고 異口同聲으로 지적한다. 民心이 地域感情에 좌우된다면 그로부터 ‘도덕적 정당성’을 기대할 수 있겠는가?

43) 이극찬, 『政治學』(第6全訂版), 510~511쪽 참조.

관용(寬容)의 중요성을 강조하고 개개인의 '양심의 자유'를 옹호했다. 그러나 오늘날 '양심의 자유'는 또한 종종 양심이란 미명 하에 '멋대로 자유'를 초래하기도 한다. 또한 천리〔自然法〕라는 개념을 전제하지 않는 한 다수의 의사가 '특수의지의 규합'에 불과할 수밖에 없는 것처럼, 개인의 양심도 천리를 전제하지 않는 한 '특수의지'에 불과하다. 요컨대 천리라는 개념을 전제하지 않는 한 '개인의 양심'은 '특수의지'에 불과할 수 있고, '양심의 자유'는 '멋대로 자유'를 조장할 수 있다는 점에서, '양심' 역시 근원적 한계를 지닌다.

'멋대로 자유'는 개인적 차원에서 빚어지고, '다수의 횡포'는 집단적 차원에서 빚어진다. 하지만 양자는 '보편적이고 객관적인 표준'을 부정함으로써 야기된 폐단이라는 점에서는 마찬가지이다. '멋대로 자유'와 '다수의 횡포'가 오늘날 자유민주주의 정치의 중대한 폐단임을 부정할 수 없는 한, 우리는 그것을 치유하기 위해 '보편적이고 객관적인 표준'이라는 개념을 도입할 수밖에 없다. '멋대로 자유'는 개인의 특수의지가 그릇되게 발현된 것이요, '다수의 횡포' 역시 그릇된 특수의지를 규합해 소수의 정당한 권익을 침해하는 것이다. 따라서 이 두 문제는 결국 모두 '그릇된 특수의지'에서 비롯된다. '그릇된 특수의지'란 유교의 말로 '사욕(私欲)' 또는 '인욕(人欲)'에 해당한다. 유교의 '인욕을 막고 천리를 보존한다〔遏人欲 存天理〕'는 말이 상징하듯이, 유교에서 천리를 거론함은 그릇된 특수의지나 사욕을 초극하자는 맥락이었다.[44] 따라서 율곡이 수기론에서 근본적으로 '천리의 탐구'라는 과제를 제기한 것은 오늘날에도 여전히 의미

44) 여기서 私欲 또는 人欲이란 '개인의 욕망 전체'를 의미하는 것이 아님을 유의해야 한다. 개인의 사적인 욕망이라 하더라도 정당한 욕망인 한 天理요 道心이라고 보았다. 따라서 私欲 또는 人欲이라고 말할 때에는 '개인의 정당하지 못한 욕망'을 지칭하는 것이다.

있는 지침이라 하겠다.

2) '정치의 사사화'와 '민주주의의 내면화' 문제

오늘날 민주주의 정치에서 또 하나의 골칫거리는 이른바 '정치의 사사화(私事化)'이다.[45] '정치의 사사화'란 통치자가 정치와 권력을 국리민복(國利民福)을 위한 '공기(公器)'로 인식하지 않고, 개인의 사욕을 채우기 위한 수단으로 전락시킴을 말한다. 물론 정치의 사사화는 현대 민주주의에만 있는 경향은 아니다. 이는 동서고금을 막론하고 타락한 정치의 공통적 특징이다. 여기에서 지적하려는 것은 오늘날의 민주주의 역시 그런 폐단에서 벗어나지 못하고 있다는 점이다.

민주주의를 추구한 취지 가운데 하나는 분명 통치권을 지배계층의 사유물로 인식하는 폐단에서 벗어나고자 함이었을 것이다. 오늘날의 민주주의는 정치권력의 오용과 남용을 막기 위해 여러 제도적 장치들을 고안했다. '권력분립'을 통해 상호 간의 견제와 균형을 제도화한 것, 일정한 동안만 권력을 행사할 수 있도록 '임기제'를 도입한 것 등이 그 예이다.

권력분립제는 비교적 성공적인 것이었으나, 정치의 사사화 문제를 근본적으로 해결하는 데에는 역부족임도 사실이다. 단적으로 말해, 입법부와

---

45) '정치의 私事化'는 마키아벨리 · 루소 · 토크빌 등이 거론한 개념이다. 강정인은 이들의 견해를 종합하여 '정치의 사사화'를 세 가지 문제로 분류한 바 있다. 첫째는 시민들이 정치 문제나 공적인 사안에 대해 무관심하고 '私的인 영역에 침잠'하거나 '私的인 일에 몰두함'을 말한다. 둘째는 사회의 구조적인 문제로서 공동체적 차원에서 해결을 요하는 문제들이 '개인의 책임과 운명으로 전가되는 현상'을 말한다. 셋째는 정치 영역에 참여하는 개인들이 공공정신을 발양하여 公共善을 추구하는 것이 아니라 오히려 '私益의 극대화를 추구하는 현상'을 말한다(강정인, 『자유민주주의의 이념적 초상』, 79~81쪽). 이 셋 가운데, 본고에서는 셋째 문제에 초점을 두고 '정치의 사사화'를 논하기로 한다.

행정부의 관계에 있어서 여소야대(與小野大) 상황에서는 정치의 불안을 초래하고, 여대야소(與大野小) 상황에서는 권력분립의 취지가 무색해지는 것이 우리 정치의 현실이다. 그러면 그 근본 원인은 무엇인가? 그것은 바로 권력을 '전리품(戰利品)'으로 간주하는 인식 때문이다. 민주주의에서 주요한 통치권력은 선거를 통해 선출된다. 그런데 '선거전(選擧戰)'이라 하여 선거를 전쟁으로 인식하니, 권력이 전리품이란 인식은 오히려 당연한 것이다. 선거 이후의 정치과정은, 여소야대일 경우엔 여·야 사이에 서로 더 많은 전리품을 차지하기 위해 힘겨루기로 일관하고, 여대야소일 경우엔 여권 내부에서 사이좋게 나눠 먹느라 행정부에 대한 견제와 감시를 외면한다.

임기제도 오늘날 많은 폐단을 드러내고 있다. 우선 단임제의 경우 임기초반에는 대부분 '과잉의욕'에 사로잡히게 되고, 임기후반에는 이른바 '레임 덕'(lame duck)으로 인해 통치권의 실종을 초래한다. 또한 단임제는 자신의 임기동안만 무사히 때우고자, 후임자의 고통을 배려하지 않는 폐단을 낳기도 한다. 연임제의 경우엔 행정을 자신의 재선전략과 연관시켜서, 중요한 사업을 앞당기거나 늦추곤 하는 것이 다반사(茶飯事)이다. 또한 단임제와 연임제를 막론하고, 선거철이 되면 온갖 매체를 동원하여 자기선전에 열을 올리고, 은밀히 '금품'을 살포하여 유권자를 매수하며, 당선 후에는 그 비용을 뽑기 위해 뇌물을 받고, 그에 상응하는 이권을 제공하는 것은 정치가 사사화되는 가장 흔한 경로이다.

위와 같은 폐단들은 제도적인 개선책만으로는 해결이 불가능한 사안이다. 근원적으로 정치와 권력을 '공기(公器)'로 인식하는 자세가 확립되지 않고는 '백약(百藥)이 무효'인 것이다. 한편 오늘날 민주주의의 위기는 통치권자의 타락에만 원인이 있지 않다. 피치자이자 주권자인 국민의 성숙이 아울러 요구되는 것이다. 국민들도 정치란 공익(公益)을 추구하는 것이라는 점을 투철하게 내면화해야 한다. 지역감정이나 지역이기주의로는 정치의 사사화를 막을 수 없다는 것, 그리고 그 피해는 결국 자신에게 돌아온다는 것을 분명히 인식해야 한다. 금품의 유혹이나 그럴듯한 선전선동에 빠지는 것은 노예근성의 표출일 뿐 주권자다운 태도가 아니라는 점도 인식해야 한다. 1인1표제를 도입한 것은 많은 사람들의 의견을 수렴하여 최상의 방안을 모색하자는 것이었지, 세대결(勢對決)을 위한 것이 아니었음도 인식해야 한다. 타인의 인격을 존중하고 민주적 절차와 법규를 준수하는 것이 자신의 주권을 보장받는 길임도 명심해야 한다. 이러한 것들이 뒷받침되지 않을 경우 제도로서의 민주주의는 사상누각에 불과할 것이다.

오늘날 한국이 민주화된 국가라는 것은 자타가 공인하는 실정이다. 그러나 우리의 민주주의는 민주주의 본래의 취지를 실현하는 데는 이르지 못하고 있음도 사실이다. 그것은 우리의 민주주의가 민주주의의 외양만을 갖추었을 뿐, 민주주의의 내면화에 이르지 못했기 때문이다. 통치권자와 피치자(주권자) 모두 민주주의를 내면화시킬 때에만 제도로서의 민주주의가 올바로 기능할 수 있을 것이다.

정치의 사사화를 막는 것이나 민주주의를 내면화하는 것은 모두 결국 우리들 각자의 '마음의 순화' 에 달린 것이다. 율곡이 『성학집요』 수기편에서 '성의정심(誠意正心)' 을 역설한 것은 그 취지가 여기에 있었다.

5. 결론

율곡은 정치의 본질과 과제를 '양민(養民)의 도구' 를 만들고, '교화(敎化)의 도구' 를 만들며, '손익(損益)의 법규' 를 만드는 것으로 설명했다. 인류의 역사를 살펴볼 때, 동서고금을 통하여 정치의 양상은 많이 바뀌었다.

그러나 민주정이든 군주정이든, 자유주의든 사회주의든, 민생을 돌보며, 시대적 과제를 해결하고, 규범을 확립하여 정의를 추구한다는 점에 있어서는 차이가 없다. 각자의 차이는 그 세부적 내용과 구체적 방법론에 있다. 율곡은 '양민의 도구'는 천시를 따르고 지리를 말미암아야 하고, '교화의 도구'는 인심에 말미암고 천리에 근본해야 하며, '손익의 법규'는 인정(人情)을 조절하고 시무(時務)를 헤아려야 한다고 보았으며, 이것들을 '계천입극(繼天立極)'이라는 말로 집약했는데, 여기에서 유교적 특성이 드러나는 것이다.

율곡은 '양민의 도구'와 '손익의 법규'는 가변(可變)의 영역에 속하고, '교화의 도구'는 불변(不變)의 영역에 속한다고 보았다. 그런데 당시 정치의 근본 문제는 무엇보다도 '교화의 도구'가 무너진 채 방치되고 있다는 점이었다. 율곡은 '도학(道學)'을 재건하여 이러한 문제를 극복하고자 했다. 율곡이 말하는 도학은 '계천입극'의 다른 이름으로서, '격물치지와 성의정심' 또는 '인심과 천리'를 두 축으로 삼는 것이었고, 『성학집요』의 수기편은 이를 뒷받침하는 것이었다. 율곡의 정치학적 기획의 핵심은, 격물치지를 통하여 천리를 탐구하고 성의정심을 통하여 마음을 순화시킴으로써, '인간의 의지와 보편적(객관적) 천리를 합치시킨다'는 것이었다. 그러면 율곡의 이러한 정치학적 기획이 지니는 의의는 무엇인가?

첫째, 유학사적 맥락에서 지니는 의의를 말하자면, 율곡이 '계천입극'에 있어서 '천리'와 함께 '인심'[46]을 부각시키고 있다는 점이다. '계천입극'이란 '천리를 계승하여 인극(人極, 인간의 표준, 人道)을 정립한다'는 뜻인데, 이 말을 글자 그대로 해석하면 '인간의 마음(의지)'이 개입할 여

46) 다시 말하거니와, 여기서의 '人心'은 '道心'과 대비되는 맥락의 '人心(육체적 욕망을 추구하는 마음)'이 아니라, 객관적 理法으로서의 '天理'와 대비되는 맥락의 '인간의 마음(自由意志)'을 뜻한다.

지는 없다. 그런데 율곡은 계천입극을 설명하면서 '천리' 와 함께 '인심' 을 중요한 한 축으로 삼았다. 계천입극에 있어서 '인심' 을 한 축으로 설정한 것은 그만큼 '자유의지' 의 중요성에 대한 인식이 심화되었다는 뜻이다.

유학(주자학)이 본래 인간의 자유의지를 부정한 것은 아니었다. 다만 인심(자유의지)을 그 자체로는 승인할 수 없다고 보고, 성의정심을 통하여 순화시켜야 하고, 근원적으로는 천리를 따라야 한다고 보았던 것이다. 이 점에 있어서는 율곡도 주자학의 일반론과 맥락을 같이 한다. 논자가 주목하고자 하는 것은, 그럼에도 불구하고 율곡이 인심을 계천입극의 한 축으로 설정했다는 점 자체이다.[47] '계천입극' 이라고만 말할 때에는 '인심' 이 천리 속에 해소되어 그 자취를 찾기 어려우나, '因人心 本天理' 라고 말할 때에는 '인심' 이 어엿하게 한 축으로 설정되어 보다 그 위상이 강화될 수 있다.[48]

둘째, 현대의 정치상황에서 지니는 의의를 말하면, 율곡이 '자유의지와 천리의 합치' 를 추구했다는 점이다. 현대 자유민주주의에서는 자유의지만 부각될 뿐, 무엇이 진리인지 알기 어렵다는 이유로 정치의 '보편적 · 객

---

47) 『禮記』 〈禮運〉에서는 "禮는 先王이 이로써 天道를 계승하고, 이로써 人情을 다스린 것이다. (…) 禮義란 (…) 天道를 통달하고 人情을 순조롭게 하는 큰 통로이다. (…) 聖王은 義의 권력과 禮의 질서를 닦아서 人情을 다스렸다. 그러므로 人情은 '聖王의 밭' 이니, 禮를 닦아 갈고, 義를 베풀어 씨뿌리며, 學問을 강마하여 김매고, 仁에 근본하여 거두어들이며, 音樂을 연주하여 편안케 한다." 고 하였다. 여기에서도 '天道' 와 함께 '人情' 이 논의되나, 근본이 되는 것은 天道일 뿐, 人情은 철저히 다스림의 대상으로만 규정되고 있다. 그러나 栗谷은 '人情' 을 '다스림의 대상' 인 동시에 '바탕으로 삼아야 할 대상' 으로 규정한 것이다. 朱子도 先王의 업적을 '述天理 順人心' 이라는 관점에서 규정한 바 있고, '公論' 을 설명할 때에는 '順天理 合人心 天下之所同是者' 라 하여 '天理와 人心' 을 두 축으로 삼은 바 있었다.

48) 『聖學輯要』 修己篇에서는 '人心' 에 대해 '純化' 를 주로 논한 것이었다. 修己篇에서 '순화된 人心' 은 爲政篇의 '時務를 헤아려 變革을 추구함' 에서 적극적으로 발휘되는 것이다.

관적 표준' 을 도외시한다. 그 폐단은 '멋대로 자유' 와 '다수의 횡포' 로 드러나고 있다. 오늘날 몇몇 선각자들은 현대 정치철학에 있어서 자연법의 중요성을 다시 주목하고 있지만, 아직 '자유의지의 도도한 흐름' 은 계속되고 있다. 논자는 '멋대로 자유' 와 '다수의 횡포' 를 막는 길은 '보편적 · 객관적 표준' 을 도입하는 수밖에 없다고 본다. 이 점에서 율곡의 '자유의지에 말미암되 천리에 근본을 둔다〔因人心 本天理〕' 는 기획은 오늘날 더욱 절실한 의의를 지닌다.

현대 자유민주주의는 또한 '자유의지의 오용 가능성' 에 대해 '제도적 장치' 를 강화하는 데 골몰할 뿐, '자유의지의 순화' 에는 별다른 배려를 하지 않는다.[49] 이에 대해, 논자는 아무리 제도적 장치를 강구해도 구성원 각

---

49) 본고의 초고를 발표했을 때, 서강대학교 강정인 교수는 서구 민주주의에서도 修己가 배제되는 것은 아니라고 지적했다. "현대 자유민주주의는 政敎分離의 원칙에 따라 修己를 종교나 개인의 自律的(私的) 수양에 맡기는 것일 뿐, 개인의 자기수양을 포기하고 있는 것은 아니다. 자유민주주의 역시 共和主義 전통에 따라 '시민적 덕성, 애국심, 시민문화' 등을 강조함으로써 민주주의에 적합한 시민을 양성하기 위해 노력하는 이론적 흐름이 있다." 는 것이다. 論者는 강정인 교수의 이러한 지적을 수용하면서도, 다음과 같은 점을 상기시키고자 한다. 바로 共和主義의 전통을 잇는 매킨타이어(A. MacIntyre)에 의하면, 서구에서는 啓蒙主義 이래 인간의 목적론적 본성을 송두리째 부정하는바, 欲求의 충족만을 추구하는 현실적인 인간은 情感的 自我에 그치고, 따라서 도덕적 신념들도 그저 각자의 私的 취향(선호)에 불과하기 때문에, 그것이 인간의 행위를 규제하고 영향을 미칠 수 있는 보편적 규범성을 확보할 수 없었다는 것이다(매킨타이어, 『덕의 상실』, 제2장 ; 송영배, 『동서 철학의 교섭과 동서양 사유방식의 차이』, 218쪽 참조). 매킨타이어는 '목적론적 본성의 배제' 는 "도덕에 있어서 더 이상 아무런 기준도 없는 상황" 을 초래하였다고 지적했는데(『덕의 상실』, 346쪽), 이것도 음미해야 할 대목이다. 한편, '修己' 를 "개인의 私的 영역에서 수행되어야 할 것" 으로 규정했다는 것은 정치에 있어서 '修己의 위상' 이 그만큼 약화되었다는 의미이다. 키토(H. D. F. Kitto)는 "그리스인에게 폴리스는 시민들의 사고와 성격을 형성하고 훈련시키는 적극적인 존재였다. 반면에 오늘날 우리는 국가를 안전과 편리함을 생산하는 기계장치로 여긴다. 중세 국가는 덕성의 훈련을 敎會에 넘겼지만, 폴리스는 그것을 자신의 관심사로 삼았다. 현대 국가가 그것을 어디에 넘겼는지는 神만이 아신다." 고 설파한 바 있다(키토, 『古代 그리스, 그리스인들』, 115쪽).

자의 ‘의지의 순화’ 가 전제되지 않는 한 사상누각(砂上樓閣)에 불과하다고 본다. ‘제도적 장치’ 만으로는 ‘정치의 사사화’ 를 막을 수 없으며, ‘민주주의의 내면화’ 도 이룰 수 없다. 이러한 맥락에서, 율곡이 ‘인인심(因人心)’ 이라 하여 자유의지를 중시하면서도 ‘성의정심을 통한 의지의 순화’ 를 강조한 것 역시 오늘날 더욱 절실하게 음미되어야 한다.

제15장

유교의 중화사상과 동아시아 화해 협력

1. 서론

오랜 세월 지속적으로 번영했던 '동아시아'[1]는 아편전쟁 이후 세계사의 변방으로 밀려났다. 서양이 산업혁명과 시민혁명으로 자신들의 문명을 일신(一新)했을 때, 동아시아는 혁신을 도모하지 못하고 안주하다가, 마침내 서양문명의 희생양이 되고 만 것이다. 다만 일본은 일찍이 유신(維新)에 성공하고, 탈아입구(脫亞入歐)를 추구하여, 서양처럼 행세하며, 서양 제국들과 함께 동아시아 다른 국가들을 유린하였다.

동아시아가 다시 세계사의 주역으로 각광을 받게 된 것은 경제발전 때문이다. 동아시아의 경제발전은 두 단계로 나누어 볼 수 있다. 첫째 단계는 한국 · 대만 · 홍콩 · 싱가포르 등 '네 마리 작은 용'이 성장한 시기이다. 서구의 여러 학자들은 이를 기적으로 간주하고, '아시아적 가치'로서 '유

1) 이 글에서 말하는 '동아시아'는 과거의 유교문명권으로서, 중국(대만 포함) · 한국(북한 포함) · 일본(琉球 포함) · 베트남 등을 지칭한다.

교' 를 주목하기 시작했다. 이 시기에 중국은 문화대혁명(文化大革命)을 추진하면서 경제적으로는 오히려 후퇴하고 있었다. 둘째 단계는 중국이 개혁개방을 통해 고도성장을 달성한 시기이다. 鄧小平의 집권 이후 중국은 문화대혁명의 그늘에서 벗어나 본격적으로 경제개발에 매진하기 시작했다. 그 결과 오늘날 중국은 대국으로 굴기하여, G2(Group of Two)로 대접받게 되었다.

서구의 학자들이 동아시아 경제발전의 원동력으로서 '아시아적 가치' 를 주목하기 시작하자, 동아시아 국가들도 그동안 잊고 있었던 자신들의 '정체성(正體性)' 문제를 돌아보기 시작했다. 그 결과, 이제는 서양을 배우고 모방하려는 자세에서 벗어나 자신들의 정체성을 되찾고 서양과 당당하게 경쟁하자는 의식이 싹트게 되었다. 이러한 분위기 속에서 이른바 '동아시아 공동체론' 이 등장하여, 한동안 동아시아의 지성계를 풍미했던 것이다.[2] 그런데 중국이 대국으로 굴기하면서 동아시아 공동체론은 오히려 수면 아래로 가라앉고 말았다. 도대체 그 까닭은 무엇일까?

논자의 생각에, 그 까닭은 중국이 굴기하면서 주변국들과의 갈등이 커졌기 때문이다. 중국은 센카쿠열도(尖閣列島, 中國名 釣魚島) 문제를 두고 일본과 일촉즉발의 무력대결을 벌였고, 남중국해 문제를 두고 베트남 · 필리핀 등과 양보없는 대결을 벌이고 있다.[3] 이처럼 중국의 굴기는 곧바로

---

2) 박승우, 「동아시아 공동체 담론 리뷰」 ; 미야지마 히로시(宮嶋博史), 「일본 동아시아 공동체론의 현주소」 ; 한석희 · 강택구, 「동아시아공동체 형성과 중국의 인식」 참조.

3) 《동아일보》 2016년 6월 7일자 사설 〈안보 · 경제 패권다툼 드러낸 美中대화, 한국 전략은 뭔가〉 에서는 "'중국의 浮上과 미국의 쇠퇴' 분위기를 타고 중국은 2010년 남중국해 영토 분쟁을 일으켰고 천안함 폭침을 놓고도 韓 · 美와 대립했다. 미국이 주도한 세계질서에 중국은 순응하지 않겠다는 大國崛起의 시기였다." 고 논한 바 있다. 한편, 2016년 7월 12일 유엔해양법에 따라 구성된 '필리핀 · 중국 중재재판소' 는 "남중국해에 대한 중국의 영유권 주장은 근거가 없다" 고 판결했다. 이에 대해 중국은 "이 판결은 不法이자 無效" 라고 주장하며, 남중국해 긴장의 수위를 한층 높이고 있다.

주변국들과의 갈등으로 연결되었거니와, 이러한 분위기 속에서 '동아시아 공동체 건설' 담론은 '물정 모르는 한담(閑談)' 으로 치부될 수밖에 없었을 것이다.

그러나 바꾸어 생각해보면, 이처럼 동아시아의 긴장이 높은 때일수록 동아시아 공동체의 건설은 더욱 절실한 과제가 되는 것이다.[4] 이에 본고에서는 유교사상, 특히 유교의 중화사상(中華思想)에 입각하여 동아시아 공동체 건설을 위한 중국의 자세를 논의하고자 한다. 본고에서 유교와 중국을 주목하는 까닭은 다음의 네 이유 때문이다.

첫째, 기존의 '아시아적 가치' 담론이나 '동아시아 공동체' 담론도 유교를 주축으로 삼았던 것이다. 동아시아 지역은 불교(대승불교) 문명권이라 할 수도 있다. 그러나 전통시대에 이 지역의 정치적 규범, 외교적 규범을 제공한 것은 단연코 유교였다. 따라서 '동아시아의 화해와 협력' 이라는 국제정치적 주제를 논하는 본고에서도 유교를 중심으로 삼는 것이다.

둘째, 유교의 중화사상은 기존 동아시아 국제질서의 원형을 제공한 것이기 때문이다. 유교에서는 중국을 중화(中華)라 하여 국제질서의 중심에 위치시키고, 대일통(大一統) 사상, 사대자소론(事大字小論), 분봉(分封)-조공(朝貢) 등으로 국제질서를 설명해 왔다. 이를 바탕으로 성립한 책봉(冊封)-조공(朝貢) 체제는 오랜 세월 동아시아의 평화로운 발전에 크게 기여한 것으로 평가된다.

---

4) 장인성은 "동아시아공동체론은 동아시아 기획(지역화, 공동체 형성)에 의해 합리성과 효율성을 일거에 높일 수 있다는 낙관주의에 서 있으며, 역사적으로 구조화된 비합리성과 비효율성이 집요하게 공동체 형성을 저해한다는 비관주의를 주시하지 않는다."고 비판하면서도, "역내 국가들이 갈등과 분절의 양상을 드러내는 한 목적론적 지역구상은 현실과의 괴리를 노정할 수밖에 없지만, 바로 그러한 이유로 합리적 기획의 동아시아 구상은 언제든 재생산될 여지가 있다."고 설명한 바 있다(장인성, 『동아시아 국제사회와 동아시아 상상』, 11~12쪽).

셋째, 오늘날 동아시아의 화해와 협력은 무엇보다도 중국의 태도에 따라 크게 좌우되기 때문이다. 중국은 유교문화권의 중심 국가이고, 또한 예나 지금이나 역내의 질서를 좌우하는 강대국이다. 중국이 후덕하고 절제된 태도를 견지하면 동아시아 공동체는 어렵지 않게 성사될 것이나, 중국이 지금처럼 패권주의로 일관한다면 동아시아 공동체는 기대할 수 없을 것이다.

넷째, 그럼에도 불구하고, 오늘날 중국의 지성적 상황은 결코 중국의 건실한 발전과 동아시아의 공동체적 발전을 낙관할 수 없게 하기 때문이다. 현대 중국의 지성적 상황을 주시해온 조경란은 다음과 같이 말한 바 있다.

> 최근 민족주의의 과잉, 유교(儒教) 부활, 중화성(中華性)의 분출 현상이 나타나고 있는 중국의 현실은 새로운 주체 형성을 통한 보편 공동체의 구성 전망을 낙관할 수 없게 만든다. 중국에서 문화민족주의가 다른 목소리의 견제를 받지 않고 독주할 때 예상되는 그림은 상상하기 어렵지 않다. (…) 이처럼 일원적 보수화로 치닫는 현재의 상황은 중국의 학술계가 과연 사회 내부적으로 차별을 지양하고 민주를 실현하며 외부적으로는 서구의 일원적 자유주의가 갖는 폭력성과 확장성을 비판하고 다른 제안을 제시할 수 있을까 하는 강한 의구심을 갖게 한다.[5)]

요컨대 오늘날 중국에서는 다시 '유교(儒教)'를 부활시키고 '중화(中華)'를 외치지만, 그것은 '과잉민족주의'와 결부되어 '중국 패권주의'를

---

5) 조경란, 「중국의 현대성 문제와 동아시아 - 보편을 넘는 '보편공동체'의 재구성을 위하여」, 238~239쪽. 조경란은 또한 "외부에서 보는 중국은 거대하고 위협적이기까지 하다. 반면 내부에서 보는 중국은 상태가 위중하다. 이것이 소위 중국 굴기의 위협론과 붕괴론의 두 얼굴이다."라고 진단한 바도 있다(조경란, 『현대 중국 지식인 지도』, 14쪽).

옹호하는 도구로 이용될 뿐, '유교적 중화사상'의 참뜻을 발굴하고 실현하는 것과는 거리가 먼 실정이다.

이에 본고에서는 유교의 중화사상을 원론적으로 탐색하고, 그에 입각하여 오늘날 동아시아 국제관계 속에서의 중국의 행태를 비판적으로 논의하고자 하는 것이다. 유교의 중화사상에 기반한 책봉-조공 체제는 차등적 위계와 호혜(互惠)로 국제질서를 구축한 것이다. 그런데 오늘날의 국제질서는 평등한 주권국가들 사이의 세력균형에 의존한다. 그리하여 오늘날 사람들은 과거의 책봉-조공 체제를 제대로 이해하지 못하고, 비판만 일삼는 경우가 많다. 그리하여 본고에서는 전통 유교의 국제질서 이론을 전체적으로 조망하고, 그에 입각하여 오늘날 동아시아의 화해 협력을 위한 지침들을 모색해 보고자 한다.[6)]

2. 중국의 굴기(崛起)와 주변국과의 갈등 양상

1976년 마오쩌둥(毛澤東)의 사망과 함께 10년 동안이나 광기(狂氣)를 발산하던 중국의 문화대혁명(文化大革命)도 막을 내렸다. 1978년 12월 중국공산당 제11기 중앙위원회 제3차 전체회의에서는 중국공산당의 중심사업

6) 오늘날의 학자들 중에는 中華思想이 '중국 霸權主義의 사상적 배경'이라고 보는 사람들도 있다. 그러나 이는 중화사상의 두 차원인 '王道와 霸道'를 구분하지 않는 데서 발생하는 오해이다. 유교의 중화사상은 王道를 전제한 중화사상으로서, 오히려 중국의 패권주의를 비판할 수 있는 논거가 되는 것이다. 실제로 朱子는 왕도에 입각하여 漢·唐의 패권적 행태를 준엄하게 비판한 바 있다. 漢高祖와 唐太宗은 부국강병을 통해 영토를 넓히고 주변 민족들을 호령하던 주역이었다. 그러나 주자는 이들의 통치를 霸道로 규정하여 매우 폄하하였다(이에 대한 자세한 논의는 이상익, 『朱子學의 길』, 304~310쪽 참조). '大國崛起'를 제창하면서 주변국들을 위협하는 오늘날의 중국의 행태도 주자학적 관점에서 보면 霸道로서 지탄의 대상이 되는 것이다.

을 '경제건설' 로 설정하고, '사상해방과 실사구시' 를 통해 새로운 사회주의 국가를 건설할 것을 천명했다. 주지하듯이, 이러한 개혁 · 개방의 설계자는 덩샤오핑(鄧小平)이었다.[7)]

본래부터 "검은 고양이든 흰 고양이든 쥐만 잘 잡으면 된다."는 실용주의적 사고를 지녔던 鄧小平은 그동안 피폐해진 중국의 경제를 되살리기 위해 자본주의 시장경제 체제를 도입하게 되었다. 그는 '삼보주(三步走, 산바오조우)' 라는 경제발전 3단계 목표를 제시하고, 경제발전에 매진하였다. 첫째 단계인 '온포(溫飽, 원바오)' 는 '인민의 기본적 의식주(衣食住) 문제를 해결하는 것' 이고, 둘째 단계인 '소강(小康, 샤오캉)' 은 '생활 수준을 중류 이상으로 끌어올리는 것' 이며, 셋째 단계인 '대동(大同, 다퉁)' 은 '모든 사람들이 골고루 잘 사는 태평성대를 만드는 것' 이다.

鄧小平은 내치(內治)에서는 이처럼 경제발전에 매진하면서, 대외적으로는 '빛을 감추고 어둠 속에서 조용히 힘을 기른다' 는 뜻의 '도광양회(韜光養晦)' 정책을 취하였다. 이는 중국의 국력이 충분히 강대해질 때까지는 국제사회에 갈등이나 마찰을 일으키지 않고 순응하면서 국력을 기른다는 의미였던바, 이러한 정책은 鄧小平 시대 이후 장쩌민(江澤民) 시대까지 20여 년간 지속되었다.[8)] 江澤民은 1995년 유엔(UN) 총회에서 다음과 같은 기조로 연설한 바 있다.

7) 김홍수, 「중국정치이념의 지속과 변화」, 95쪽.

8) 중국 학자들의 해석에 따르면, 韜光養晦 전략의 핵심은 '대항하지 않는다, 앞서지 않는다, 패권을 부르짖지 않는다' 는 '三不' 에 있는바, 그 목적은 '중국이 아직 강하지 않기 때문에 자신을 보호하는 데 진력하여 중국 경제발전에 유리한 환경을 확보하겠다' 는 것이었다. 한편, 鄧小平은 대외정책의 큰 틀로 '韜光養晦' 를 제시하고도, 한편으로는 '꼭 해야만 하는 일은 하겠다' 는 뜻의 '有所作爲' 를 함께 제시했는데, 이는 韜光養晦에 힘쓰면서도 중국의 핵심이익에 관계된 일은 주저 없이 실행하겠다는 취지였다(박병석, 「중국화평굴기론의 이론적 한계와 문제점」, 10~13쪽 참조).

① 어떠한 국가든 강대함을 과시하고 무력을 과시하며 패권을 노려 확장정책을 추진하게 되면 반드시 실패할 것이다.

② 타국의 주권침범 구실로 내정에 간섭하게 되면 자업자득의 결과를 얻게 될 것이다.

③ 현 세계의 풍부하고 다채로운 객관적 실체를 돌아보지 않고, 자국의 사회제도 발전모델이나 가치관을 타인에게 강요하고 때로는 고립 · 제재를 주는 패권적 행위는 타국에게 해를 끼쳐 결국은 자국에게 대가가 돌아오게 한다.

④ 불공정하고 불합리한 국제경제 질서에 기대어 타국의 뒤떨어진 기초 위에 자국 발전을 도모하려 하면 인심을 얻을 수 없다.

⑤ 국제실무 독점을 노려 타국 국민의 운명을 좌우하려는 방법은 더욱 더 막혀 가고 있다.

위의 내용은 우리들의 건전한 상식과 부합하는 '지당(至當)한 말씀' 이라 하겠거니와, 江澤民의 위와 같은 연설은 당시 미국의 외교정책과 경제행태를 우회적으로 비난한 것이라 한다.[9] 요컨대 도광양회를 추구하던 시절, 중국은 자신들의 야욕은 감춘 채 '지당한 말씀' 으로 타국의 패권 추구를 견제한 것이다.

2002년 후진타오(胡錦濤)의 시대가 개막되면서, 중국의 대외정책은 기존의 '도광양회' 에서 '화평굴기(和平崛起)' 로 전환되었다. 鄧小平 시대 이후 경제발전 전략이 커다란 성과를 내면서 중국의 국력이 급격하게 신장되자, 미국과 일본 등 기존 강대국들은 '중국위협론' 을 제기하면서 중국에 대한 견제를 모색하게 되었다. 이러한 정황 속에서 중국은 대외적으로 '평화를 존중하겠다' 고 약속하면서도 '대국(大國)으로 우뚝 서겠다' 는 의

---

9) 이요한, 「南中國海 분쟁과 중국 · ASEAN의 대응」, 102~103쪽 참조.

지를 함께 표방한 것이다.

2013년, 胡錦濤를 이어 집권한 시진핑(習近平)은 '중국몽(中國夢)' 을 제창하였다. 지난 30여 년간의 개혁개방 정책이 큰 성공을 거두어 마침내 중국이 G2로 부상하게 되자, 중국 당국은 이제 '중국의 꿈을 실현하자' 는 구호를 내걸게 된 것이다. 그런데 '중국의 꿈' 이란 '중화민족의 부흥' 으로서,[10] 경제력과 군사력에서 세계 최강의 패권국가가 되자는 것이다. 예컨대 최근의 언론 보도에서는 다음과 같이 보도한 바 있다.

> (홍콩, 연합뉴스, 최현석 특파원) 중국 베스트셀러인 『중국몽(中國夢)』의 저자가 시진핑(習近平) 중국 국가주석의 올해 군 개편 단행이 미군을 넘어 세계 최강군이 되기 위한 포석이라고 주장했다. 2010년 중국 안팎의 서점가를 강타한 『중국몽』의 저자인 류밍푸(劉明福) 중국 국방대 교수는 인터뷰에서 시 주석이 최근 "싸워서 이길 수 있는 군대를 건설하라." 고 밝힌 것의 핵심이 미군을 이겨야 한다는 것이라고 말했다고 《명보(明報)》가 13일 보도했다. (…) 류 교수는 "경제가 세계화하고 기업가들이 해외로 나가는 상황에서 군도 '일대일로' (一帶一路 : 육상 · 해상 실크로드)를 보호하기 위해 밖으로 나가야 한다." 며 "(군사적으로) 미국을 추월하는 것이 국가 안보뿐 아니라 중화민족의 위대한 부흥을 위해서도 필요한 것" 이라고 주장했다. 그는 "인민해방군 1세대는 정권을 쟁취하는 혁명군이며, 2세대는 국경과 영토를 지키는 국방군" 이라며 "3세대는 중국의 꿈을 호위하는 최강군이 돼야 한다." 고 강조했다.[11]

---

10) '中國夢' 을 선전하는 중국의 각종 포스터에서는 '中國夢' 이라는 구호 아래 '中華民族의 부흥이 우리의 꿈(民族復興 我的夢)' 이라고 설명한 것이 많다.

11) 《연합뉴스》 2016년 3월 13일자 보도, 〈중국몽 저자, "시진핑 군개혁, 미군 이기는 세계 최강군 목표"〉.

근래에 중국이 일본을 제치고 G2로 부상하게 되자, 이제는 미국마저 제치고 최강의 국가가 되어 중국의 꿈을 실현해야 한다고 주장하는 것이다. 위의 인용문에 보이는 것처럼, 중국은 이제 그동안 숨겨두었던 야욕을 거침없이 드러내는 것이다.

이상에서 鄧小平 시대 이후 약 40년간의 중국 외교정책의 변화과정을 개관해 보았다. 중국은 자신들의 국력이 많이 부족할 때에는 '도광양회(韜光養晦)'를, 어느 정도 국력이 성장했을 때에는 '화평굴기(和平崛起)'를, 국력이 충분하다고 판단되었을 때에는 '중국몽(中國夢)'을 제창한 것인바, 이처럼 중국은 자신들의 국력에 따라 대외정책의 수사(修辭)를 달리한 것이다.

중국이 지난 40년간 자신들의 국력에 따라 대외정책의 수사를 달리했으나, 그동안 중국이 구사한 대외정책의 본질은 변함이 없었다. 요컨대 그것은 자신들의 이익이 걸린 문제에 대해서는 결코 양보하지 않으며, 자신들의 힘으로 자신들의 이익을 확보하고 확대하겠다는 것이었다. 鄧小平은 대외정책의 기조로 '도광양회'와 함께 '유소작위(有所作爲)'를 천명한 바 있는데, '유소작위'는 '자국의 이익을 위해 꼭 필요한 일은 하겠다'는 의지를 천명한 것이었다. 따라서 도광양회를 표방하던 鄧小平・江澤民의 시대에도 중국은 자국의 핵심이익에 관한 문제에 대해서는 조금도 주저하지 않았다. 그렇다면 '굴기'를 표방한 胡錦濤 시대나 '중국몽'을 표방하는 習近平 시대의 경우는 두 말할 것도 없겠다. 기본적으로 평화로운 국제관계를 지지하되, 중국의 핵심 이익에 대해서는 모든 수단을 동원해 수호하겠다는 것이 중국의 일관된 입장이었던 것이다.

한 국가가 모든 수단을 동원해서 자국의 핵심이익을 수호하고자 하는 것은 지극히 정상적인 행위라고 볼 수 있다. 문제는 근래에 중국이 주장하는 '자신들의 핵심이익의 범위' 및 그 핵심이익을 지키고자 하는 '중국의 행태' 가 기존 국제규범이나 우리들의 평범한 상식에 어긋나는 경우가 많다는 점이다. 그리하여 근래에 중국은 주변국들과 많은 갈등을 야기하는 것이다. 그 대표적인 예들을 거론하자면 다음과 같다.

첫째, 남중국해와 서사군도(西沙群島)·남사군도(南沙群島) 등의 영유권 문제를 둘러싼 갈등이다. 남중국해(South China Sea)는 말 그대로 '중국의 남쪽에 위치한 바다' 로, 중국·베트남·필리핀·말레이시아·대만·브루나이 등 6개 국가에 둘러싸인 해역을 말한다. 이 지역은 1970년대 중반까지는 무주공산(無主空山)으로 남아있었다. 그런데 이 지역이 풍부한 수산자원(水産資源)에다 원유·가스 등 막대한 에너지 자원을 품고 있는 것이 알려지면서, 주변 6개국이 모두 이곳에 대한 주권을 주장하기 시작한 것이다.[12] 남중국해 문제의 경우, 주변 6개국이 모두 권리를 주장할 수 있는 자격을 지니므로, 주변국들이 상호 평화적 협상을 통해 영유권 문제를 타결해야 한다는 것이 우리들의 상식이나 세상의 이치에 맞을 것이다.[13] 그런데 근래에 들어 중국은 남중국해 영유권을 '중국의 핵심이익' 으로 규정하고,[14] 이곳에 일방적으로 비행장을 건설하여 군비(軍備)를 강화하고 암초를 인공섬으로 둔갑시키는 등 자국의 힘을 앞세워 남중국해를 지배하고 서사군도·남사군도를 독차지하려는 야욕을 노골적으로 드러내고 있다. 중국의 이러한 태도는 결국 주변국들을 '친미(親美) 국가' 로 만드는 역효과를 초래하고 있다.

둘째, 동중국해와 조어도(釣魚島, 日本名 尖閣列島)의 영유권 문제를 둘러싼 갈등이다. 조어도는 본래 중국의 영토로 인식되어 왔는데, 청일전쟁

12) 이요한, 「南中國海 분쟁과 중국·ASEAN의 대응」, 94~95쪽 참조.
13) 다만 南沙群島의 경우 지리적으로 필리핀·말레이시아 등과 매우 가깝고 중국과는 매우 먼데도, 중국이 영유권을 주장하는 것은 여러모로 납득하기 어려운 점이 많다.
14) 김관옥, 「중국의 영유권분쟁과 '강대국외교' 기조」, 62쪽 참조.

(淸日戰爭)의 패배로 중국이 대만과 그 부속 도서를 일본에 할양하면서 일본의 영토가 되었다. 제2차 세계대전 이후 일본이 부당하게 강점한 영토를 중국(대만)에 반환하는 과정에서, 조어도는 오키나와와 함께 미국의 통치 지역으로 남게 되었으며, 이후 1972년에 미국이 일본에 반환함으로써 중국(대만)과 일본 사이의 영유권 분쟁이 일게 된 것이다.[15] 중국과 일본은 1972년 국교를 정상화하면서 조어도 문제에 대해 '미해결 보류' 라고 암묵적으로 합의한 바 있으며, 이러한 태도는 1978년에 체결된 일본과 중국 사이의 평화우호조약에서도 그대로 유지되었다. 그런데 중국은 1992년 남사군도 · 서사군도 및 조어도를 포함하는 영해법(嶺海法)을 발표하면서 "중국대륙 및 그 연안 도서, 대만 및 조어도를 포함하는 대만에 부속하는 각 섬, 팽호제도, 동사군도 · 서사군도 · 중사군도(中沙群島) · 남사군도 그리고 그 밖의 일체의 중국 도서"라고 규정함으로써, 일본의 반발을 야기하였다. 2013년 중국은 조어도를 중국의 '핵심이익' 으로 규정하고, 핵심이익을 이키기 위해 군사력도 사용할 수 있다는 입장을 취했다. 이에 대해 일본 역시 군사력 사용을 불사함으로써, 조어도를 둘러싼 일본과 중국 사이의 갈등이 더욱 고조된 것이다.[16]

이상에서 중국과 주변국 사이의 영토 분쟁 양상을 간략히 소개했거니와, "남중국해 및 동중국해에서의 중국과 관련된 영유권 분쟁과 중국의 공격적 행태는 중국이 오랜 기간 주장해왔던 '화평굴기' 의 대외노선을 훼손

---

15) 일본 측의 주장에 의하면, 釣魚島(尖閣列島)는 1895년 淸日戰爭의 결과로 할양받은 것이 아니요, 1879년 琉球를 합병한 다음 인근의 尖閣列島가 無人島임을 확인한 후에 오키나와縣으로 편입시킨 것이며, 따라서 1945년 敗戰 이후 반환 대상이 아니었던 것이므로, 그리하여 미국이 일본에 반환한 것이라 한다(〈KIDA 세계분쟁 데이터 베이스〉, '센카쿠열도(일본명)/댜오위다오(중국명) 분쟁' 條 참조. 2016년 5월 28일 검색).

16) 〈KIDA 세계분쟁 데이터 베이스〉, '센카쿠열도(일본명)/댜오위다오(중국명) 분쟁' 條 참조. 2016년 5월 28일 검색.

하는 것이며 이런 중국의 행태는 '중국위협론'을 확산시켜 주변 국가들이 자국의 안보와 경제적 이익의 손실을 우려하여 미국에 편승하는 정책을 추구하게 하는 결과를 보였다."[17]

셋째, 서장(西藏) 티벳족과 신강(新疆) 위구르족의 분리 독립 문제를 둘러싼 갈등이다. 이들 지역은 역사적으로 중국에 편입되어 지배를 받다가, 분리하여 독립하고, 또다시 편입되기를 반복했던 지역이다.[18] 이들 지역은 현재 중국에 편입되어 있으나, 티베트족과 위구르족은 분리 독립운동을 지속하고 있다. 서방의 자유민주주의 국가에서는 소수민족의 분리 독립 요구에 대해 그들의 요구를 중시하는 편이다. 예컨대 캐나다의 퀘벡(Quebec) 분리 독립운동, 영국의 스코틀랜드(Scotland) 분리 독립운동, 스페인의 카탈루냐(Catalonia) 분리 독립운동이 그것으로서, 이들 각국은 해당 지역 주민들의 의사(주민투표 결과)를 존중한다는 입장을 취하고 있다. 그러나 중국은 티베트족과 위구르족의 분리 독립 요구를 강권으로 억압하여, 분쟁이 지속되고 많은 사람들의 비난을 받는 것이다.

넷째, 동북공정(東北工程, 東北邊疆歷史與現狀系列硏究工程) 등 주변국에 대한 역사침탈 문제이다. 중국은 2002년부터 동북공정을 추진하여, 또한 주변국가들 특히 우리 한국과 마찰을 일으키고 있다. 한국 정부는 2004년 '고구려연구재단'을 발족하여 중국의 동북공정에 대응하도록 하였고, 2006년에는 이를 '동북아역사재단'으로 확대 개편하여 주변국들과의 역사 갈등 문제에 대응하도록 하였다. 동북공정을 둘러싼 한·중 간 역사 갈등은 기본적으로 역사관(歷史觀)의 차이에 기인한다. 중국은 오늘날의 중국은 많은 민족이 결합한 국가라는 '통일적 다민족 국가론', 그리고 현재 중국의 영토에 역사가 귀속된다는 '영토주권론'을 견지하여, 고구려사를

17) 김관옥, 「중국의 영유권분쟁과 '강대국외교' 기조」, 48쪽.

18) 汪暉, 『아시아는 세계다』, 226~238쪽 참조.

중국의 역사에 편입시킨 것이다. 반면에 한국은 혈연적 · 문화적 영속성을 근거로 한민족 형성의 한 흐름 속에서 고구려사를 파악하는 기원주의적인 역사관을 견지하면서, 중국의 동북공정을 '역사침탈' 이라고 비판하는 것이다. 더군다나 북한의 급변사태 가능성과 맞물리면서, 많은 한국인들은 동북공정의 의도를 '중국의 역사패권주의' 로 의심하게 된 것이다.[19]

3. 유교의 중화사상(中華思想)과 국제질서 이념

중국인들은 옛날부터 이 세계의 중심을 자처하여, 자신들의 나라를 '중국' 이라 하고 주변 민족(나라)들을 '사방 오랑캐' 라 하였다. 특히 문화적 관점에서는 자부심을 더하여 자신들을 '중화(中華)' 또는 '화하(華夏)'[20] 라 했는데, 이는 '이 세계의 중심에 있는 찬란한 문명국가' 라는 뜻이었다.

'중화(中華)와 이적(夷狄)' 은 본래 '지리적, 종족적' 개념이었으나, 차츰 문화적 차원에서의 '선진과 후진' , 즉 '문명과 야만' 을 뜻하게 되었다.[21]

---

19) 예컨대 나영주는 동북공정을 '중국의 역사패권주의' 로 규정한 바 있다(나영주, 「중화민족주의, 중화역사패권주의, 동북공정」 참조). 그러나 이희옥은 "동북공정에 대한 우리 사회의 비판은 과도한 민족주의 정서에 기대고 있으며, 중국의 복잡하고 타산적인 의도를 단순한 잣대로 재단하는 우를 범하고 있다." 고 비판한 바 있다(이희옥, 「동북공정을 어떻게 볼 것인가」, 136~137쪽 참조). 한편, 한국학중앙연구원에서 간행한 『한국민족문화대백과사전』의 '東北工程' 條에서는 "동북공정은 통일적 다민족국가인 중국의 변강을 안정시키고 민족들을 단결시켜 사회주의 중국의 통일을 강화하기 위한 일환으로 추진된 학술연구이다. 그러면서도 국가의 영토와 변경, 주권에 관계되는 정치프로젝트이고, 동북지역을 대상으로 하는 연구이지만 전국적인 성격도 갖고 있으며, 중국 내부와 더불어 국제관계에도 영향을 미치는 프로젝트이다." 라고 설명하면서도 "중화패권을 구상하는 차원에서 중국이 동북공정을 추진했다는 주장은 설득력이 약하다." 고 서술한 바 있다.

20) 『書傳大全』 卷1 頁62, 蔡沈註 : 夏 明而大也 曾氏曰 中國文明之地 故曰華夏

‘중화와 이적’ 을 구분하는 관념은 유교의 경전 곳곳에 보인다. 예컨대 『서경』에서는 “먼 곳의 사람들을 부드럽게 대하고, 가까운 곳 사람들을 길들이며, 덕이 있고 진실하고 어진 사람을 두텁게 대하고 간사한 사람을 물리치면 만이(蠻夷)도 서로 복종해 올 것”[22]이라 했고, 『맹자』에서는 “중화의 문물을 써서 이적의 풍속을 바꾼다(用夏變夷)”[23]고 했으며, 『중용』에서는 “명성이 중국에 넘쳐 오랑캐 땅까지 미친다.”[24]고 했다. 이처럼 ‘중화와 이적’ 의 관념은 유교 경전 곳곳에 보이는바, 그 취지는 대개 중국이 ‘찬란한 문화를 지닌 천하의 중심국가’ 로서 ‘정치적, 도덕적으로 모범을 보여야 한다’ 는 것이었다. 이제 그 구체적 함의를 살펴보기로 하자.

1) 대일통(大一統) 사상과 문덕론(文德論)

유교의 중화사상은 ‘중국이 대일통의 주체 또는 중심이 되어야 한다’ 는 뜻을 품고 있다. ‘대일통’ 이란 ‘온 천하(大)’ 가 ‘하나(一)’ 로 ‘통합된다(統)’ 는 것으로, 이는 『춘추 공양전(公羊傳)』에서 유래한 말이다. 흔히 ‘춘추대일통’ 이라 하듯이, 『춘추』의 ‘의리론’ 은 대일통의 관념을 저변에 깔고 있다. 이는 ‘천자’ 를 중심으로 ‘제후’ 들이 종법(宗法) 질서를 이루는 것으로, 대일통의 위계적 질서는 천자의 분봉과 제후들의 조공으로 표현되었다.

대일통은 무엇보다도 ‘천하에 통일된 정치적 질서를 구현한다’ 는 뜻이

21) 唐代의 문호 韓退之는 “孔子께서 『春秋』를 지으실 때, 諸侯들이 夷狄의 예법을 쓰면 夷狄으로 취급하고, 夷狄이 中國의 예법을 배우면 中國으로 취급했다.”고 설명한 바 있다(『古文眞寶』 後集 卷2, 〈原道〉 참조).

22) 『書經』 「虞書」 〈舜典〉 : 食哉惟時 柔遠能邇 惇德允元 而難任人 蠻夷率服

23) 『孟子』 滕文公上 4 : 用夏變夷

24) 『中庸章句』 31 : 聲名洋溢乎中國 施及蠻貊

지만, 보다 포괄적으로는 '온 천하가 문명의 이상을 함께 한다' 는 뜻이기도 하다. 즉 유교의 이상은 온 천하가 왕도에 입각해 통일되는 것이다. 대일통사상은 유교 경전 곳곳에서 발견된다. 가장 대표적인 것으로는 『대학』의 '평천하(平天下)' 를 들 수 있다. 『대학』에서는 '수신, 제가, 치국' 을 거론한 다음 그것으로 그치지 않고 '평천하' 를 거론했다. 요컨대 『대학』의 궁극적 이상은 '평천하' 에 있다. '천하를 평정함' 은 '천하를 하나의 질서 아래 통합시키는 것' 인바, 이것이 바로 대일통이다. 『시경』과 『예기』에 보이는 다음의 세 예문 역시 모두 대일통사상을 담고 있는 것이다.

> 넓은 하늘 아래는 모두 왕의 땅이며, 모든 땅의 끝까지 모두 왕의 신하이다.[25]

> 하늘에는 두 해가 없고, 땅에는 두 왕이 없으며, 나라에는 두 임금이 없고, 집안에는 두 높은 사람이 없으니, 하나로써 다스리는 것이다.[26]

> 천하에 군왕 노릇을 하는 사람을 '천자' 라 한다. 제후의 조근(朝覲)을 받고, 직책에 따라 정사를 나누어주고 일을 맡길 때에는 (天子 자신을) '나 한 사람(予一人)' 이라고 말한다.[27]

위의 첫째 인용문에서는 하늘 아래 모든 지역, 모든 사람이 왕의 통치에 포섭된다고 설명했다. 둘째 인용문에서는 '하늘에는 두 해가 없고, 땅에는 두 왕이 없다' 고 설명한 다음 '하나로써 다스리는 것' 이라 하여, 온 천하가 하나의 질서 아래 포섭되어야 함을 특별히 강조하였다. 셋째 인용문에

---

25) 『詩經』「小雅」〈北山〉.

26) 『禮記』〈喪服四制〉.

27) 『禮記』〈曲禮下〉.

서는 '천하에 군왕 노릇을 하는 사람' 즉 그 '하나의 질서를 주관하는 사람'을 '천자'라 하였다. '천자'는 글자 그대로 풀이하면 '하늘의 아들'로서, 유교에서는 '천명을 받은 사람'을 지칭하여 '천자'라 불렀다. 그런데 천자는 오직 한 명이기 때문에, 천자는 아랫사람들에게는 자신을 '나 한 사람'으로 호칭한다는 것이다.

이처럼 대일통사상은 '천하사상(天下思想)'과 궤를 같이한다. 유교의 천하사상을 대일통이라는 맥락에서 정리하여 체계화한 사람은 한대(漢代)의 유학자 동중서(董仲舒)이다.[28] 동중서는 대일통사상을 전개하면서, 정치적 통일의 토대로서 사상과 문화 등 학술의 통일을 중시했다. 동중서는 한무제(漢武帝)에게 올린 대책에서 다음과 같이 말한 바 있다.

> 『춘추』의 대일통은 천지의 상경(常經)이며 고금의 통의(通誼)입니다. 지금은 스승들이 도(道)를 달리하고 사람들이 의론을 달리하며 백가가 방도를 달리하여 각자 지의(指意)가 다르니, 그러므로 윗사람은 통일을 견지할 수가 없어 법제가 자주 바뀌고, 아랫사람은 지킬 바를 알지 못하는 것입니다. 어리석은 신의 생각에, 육예(禮樂射御書數)에 속하지 않는 과목과 공자의 학술에 속하지 않는 것들은 모두 그 길을 끊어 (儒學과 함께) 병진할 수 없도록 하십시오. 간사하고 편벽된 학설이 사라진 다음에야 통기(統紀)가 하나로 되고 법도가 밝혀져서, 백성들이 따를 바를 알 수 있는 것입니다.[29]

위의 인용문은 대일통의 가능근거로서 이른바 '독존유술(獨尊儒術)'을 주청한 것이다. 이는 나쁘게 해석하면 학문과 사상의 자유를 억압하는 것이라 할 수 있으나, 좋게 해석하면 학문과 사상 등 문화적인 영역에서 공통

28) 韋政通, 『中國哲學辭典』, 大林出版社, 民國 67년, 71쪽.

29) 『漢書』〈董仲舒傳〉.

의 토대를 구축함으로써 정치적 통일의 발판으로 삼자는 것이다.[30] 동중서는 대일통의 토대를 '사상과 문화 등 학술의 통일'에서 찾았는데, 이는 '무력(武力)에 의한 대일통'이 아니라 '문덕(文德)에 의한 대일통'을 추구한다는 의미가 있다. 동중서의 이러한 입장은 유교의 본래 정신과 정확히 일치한다.

우선 이념적 측면에서, 『대학』에서는 '평천하(平天下)'를 다른 말로는 '천하에 명덕을 밝힘〔明明德於天下〕'이라고 표현했다. '명덕을 밝힘'은 『대학』의 삼강령(三綱領 : 明明德 · 新民 · 止於至善) 가운데 하나이거니와, '천하에 명덕을 밝힘'이란 임금이 먼저 자신의 명덕을 밝히고〔明明德〕, 이를 바탕으로 백성들을 새롭게 진작시켜〔新民〕, 천하의 모든 사람들이 모두 스스로 명덕을 밝힐 수 있도록 교화하는 것이다.[31] 이러한 맥락에서, '지극한 선에 머묾〔止於至善〕'의 궁극적 경지는 바로 '천하에 명덕을 밝힘〔明明德於天下〕'인 것이다.

다음, 역사적 사례로서, 『논어』에는 다음과 같은 사례가 보인다. 공자 당시에 노(魯)의 실권자 계씨(季氏)는 노의 부용국(附庸國)이었던 전유(顓臾)를 정벌하려고 했다. 이 사실을 알게 된 공자는 전유를 정벌하는 일에 반대하면서 "먼 곳 사람들이 복종하지 않으면 문덕(文德)을 닦아 그들이 다가오게 만들고, 이미 다가오면 그들을 편안하게 해주어라."[32]라고 훈계하였다.

이상의 논의를 통해 알 수 있듯이, 유교에서 추구한 대일통은 다음의 두

---

30) 예컨대 오늘날의 '民主平和論(democratic peace theory)'을 생각해 보자. 민주평화론자들은 민주주의 국가들 사이에서는 무력 충돌 가능성이 낮다고 보고, 세계 각국에 민주주의를 정착시켜 세계 평화를 모색하자고 주장한다. 같은 맥락에서, 동중서의 생각도 天下가 儒敎化되면 大一統이 쉽게 달성된다는 것이었다.

31) 『大學章句』 經1章, 朱子註.

32) 『論語』 季氏 1.

가지 점에서 결코 '진시황(秦始皇)이 추구했던 대일통' 이 아니었다.

첫째, 유교의 대일통 사상은 진시황이 시행한 군현제(郡縣制)처럼 '온 천하를 하나의 정치권력 아래 통합시키는 것' 을 목표로 삼는 것이 아니다. 진시황은 천하의 모든 지역 곳곳에 지방관을 파견하여 자신의 지시대로 통치하도록 하는 체제를 구축했다. 요컨대 이는 천하를 1인지배체제로 만든 것이다. 이와 반대로, 유교의 대일통사상은 주대(周代)의 봉건제(封建制)를 배경으로 삼는바, 그것은 크고 작은 여러 나라들이 일정한 규율 아래 하나의 질서를 공유하는 체제였다. 주대의 봉건제는 중앙의 왕국〔天子國〕이 사방의 여러 나라들〔分封國〕을 통솔하고, 사방의 여러 나라들은 중앙의 왕국에 복속하는 것이었던바, 이것이 유교에서 말한 대일통의 원형이었다. 이를 오늘날의 말로 표현하자면, 세계 각국이 각자의 주권을 누리면서 국제규범을 존중하고, 국제연합(UN)의 통솔에 기꺼이 따르는 것이다.

둘째, 유교의 대일통 사상은 진시황처럼 무력으로 천하를 정복하고 제패하자는 것이 아니다. 진시황의 무력통일은 법가(法家) 사상에 입각한 것인바, 유가(儒家)는 이를 패도로 규정하여 가차 없이 비판하였다. 패도로 천하를 정복하는 것은 그 방법도 옳지 못하며, 또한 오랫동안 정복상태를 유지할 수도 없다는 것이 유가의 지론이었다. 유가는 대일통의 방법으로 무력 대신 문덕을 내세운다. 이를 맹자의 말로 표현하면 '왕도(王道)' 이거니와, 이는 오늘날의 '민주평화론' 과 궤를 같이한다.

위의 첫째 사항은 대일통 체제에서 '각국의 주권을 인정하느냐, 부정하느냐' 의 문제이고, 둘째 사항은 대일통을 실현하는 방법으로 '문덕이냐, 무력이냐' 의 문제인바, 이에 대해 보다 구체적으로 살펴보기로 하자.

2) 사대(事大)와 자소(字小)

유교의 사대자소론은 크고 작은 나라들 사이의 바람직한 관계를 제시한 것으로, 작은 나라는 큰 나라를 섬기고〔事大〕, 큰 나라는 작은 나라를 돌보아야 한다는〔字小, 事小〕 것인바, 이처럼 국제관계도 은(恩)과 의(義)에 따라 맺어지는 것이 바람직하다는 것이었다. 먼저 『춘추 좌전』에 보이는 다음의 예문을 살펴보자.

> 예(禮)라는 것은 소국이 대국을 섬기고, 대국이 소국을 돌보는 것을 말한다. 사대(事大)는 대국이 때때로 요구하는 것을 공급하는 데 있고, 자소(字小)는 소국에 없는 것을 구휼하는 데 있다.[33)]

위의 인용문에서는 사대와 자소를 대국이 요구하는 것을 공급하고 소국에 없는 것을 구휼함으로 설명했다. 이는 오늘날의 말로는 '호혜적 교류'를 뜻하거니와, 『좌전』에서는 이를 크고 작은 나라들 사이의 예로 규정한 것이다. 『춘추 좌전』에는 또 다음과 같은 기록도 보인다. 노(魯)의 계강자가 주(邾)를 정벌하고자 여러 대부들을 모아놓고 연회를 벌이며 일을 꾀했다. 이때 자복경백(子服景伯)과 여러 대부들은 정벌을 반대하면서 다음과 같이 말했다.

> 자복경백이 말하기를, "소국이 대국을 섬기는 것은 '신(信)' 이고, 대국이 소국을 보호하는 것은 '인(仁)' 이며, 대국을 배반하는 것은 '불신(不信)' 이고, 소국을 정벌하는 것은 '불인(不仁)' 입니다. 백성은 성(城)으로 보존되고, 성은 덕

33) 『春秋 左傳』 昭公 30년 8월조.

으로 보존됩니다. 신(信)과 인(仁)을 잃으면 위태롭게 되니, 장차 어떻게 보존될 수 있겠습니까?" (…) 여러 대부들이 대답하기를, "우(禹)가 도산(塗山)에서 제후들을 규합했을 때 옥백(玉帛)을 잡은 자가 만국이나 되었는데, 지금까지 보존되는 나라는 수십 국밖에 되지 않습니다. 이는 대국은 소국을 돌보지 않고 소국은 대국을 섬기지 않았기 때문입니다."[34]

자복경백은 크고 작은 나라들이 사대와 자소를 통해 호혜적으로 교류해야만 서로 국가를 보존할 수 있다고 말했다. 같은 맥락에서, 여러 대부들도 그동안 수많은 제후국들이 멸망한 까닭은 각각의 나라들이 사대와 자소를 외면하고 서로 공벌을 일삼았기 때문이라고 설명했다. 요컨대 위의 인용문은 사대와 자소를 크고 작은 나라들 사이의 바람직한 외교 관계로 설명한 것이다. 한편, 맹자는 다음과 같이 말한다.

오직 인자(仁者)만이 큰 나라로서 작은 나라를 섬길 수 있으니, 그러므로 탕(湯)은 갈(葛)을 섬기고, 문왕(文王)은 곤이(昆夷)를 섬겼다. 오직 지자(智者)만이 작은 나라로서 큰 나라를 섬길 수 있으니, 그러므로 태왕(太王)은 훈육(獯鬻)을 섬기고, 구천(勾踐)은 오(吳)를 섬겼다. 큰 나라로서 작은 나라를 섬기는 것은 하늘을 즐거워하는 것이며, 작은 나라로서 큰 나라를 섬기는 것은 하늘을 두려워하는 것이다. 하늘을 즐거워하는 자는 천하를 보전할 수 있고, 하늘을 두려워하는 자는 자기 나라를 보전할 수 있다.[35]

'사대'를 '지자(智者)의 덕목'으로 규정할 때, 여기서의 '지(智)'란 신중하고 냉철하게 현실의 형세와 이해(利害)를 판단하는 '타산적 이성'을 뜻

34) 『春秋 左傳』 哀公 7년 8월조.

35) 『孟子』 梁惠王下 3.

할 것이다. 요컨대 사대는 현실의 형세와 이해에 대한 신중하고 냉철한 판단에 기초한다. 반면에 '자소'를 '인자(仁者)의 덕목'으로 규정했는데, 인자는 이해관계를 초월하여 사랑을 베푸는 것이다. 요컨대 자소는 '우월한 입장에 있는 대국이 소국에 베풀 수 있는 아량'에 속한다. 대국은 여러 소국들을 널리 감싸줌으로써 천하를 보전하며, 소국은 삼가 대국을 섬김으로써 일국을 보전하는 것이 유교의 사대자소론이 추구하는 바람직한 국제관계였다.

『중용』에서는 천하와 국가를 다스리는 '아홉 가지 법도〔九經〕'를 논했는데, 자신을 닦음〔修身〕, 현자를 높임〔尊賢〕, 친한 사람을 친하게 대함〔親親〕, 대신을 공경함〔敬大臣〕, 여러 신하들을 몸소 살핌〔體羣臣〕, 백성을 자식처럼 돌봄〔子庶民〕, 온갖 장인들이 모여들게 함〔來百工〕, 먼 곳에서 온 사람들을 부드럽게 대함〔柔遠人〕, 제후들을 회유함〔懷諸侯〕이 그것이다. 이 가운데 국제관계의 법도에 해당하는 것은 '제후들을 회유함'인바, 『중용』에서는 "제후들을 회유하면 천하가 두려워한다"고 설명한 다음, 그 방법을 다음과 같이 설명한다.

> 끊어진 세대를 이어주고, 없어진 나라를 일으켜주며, 혼란한 나라를 다스려주고, 위태로운 나라를 붙들어 주며, 조근(朝覲)과 빙문(聘問)을 때에 맞추어 하며, 가는 것을 두텁게 하고 오는 것을 얇게 함이 제후들을 회유하는 방도이다.[36]

'끊어진 세대를 이어준다'는 것은 제후국의 통치권이 원만하게 계승되도록 돌보아준다는 말이며, '없어진 나라를 일으켜준다'는 것은 침략 등으로 인해 망한 나라를 복원시켜준다는 말이다. '조(朝)'란 제후가 천자를

36) 『中庸章句』 20.

찾아뵙는 것을 말하며, '빙(聘)' 이란 제후가 대부로 하여금 천자를 찾아뵙고 예물을 바치게 함을 말하는바, '조근과 빙문을 때에 맞추어 한다' 는 것은 요즈음 말로 주기적으로 외교사절을 교환하는 것이다.[37] '가는 것을 두텁게 한다' 는 것은 천자가 조근을 온 제후들에게 연회를 베풀고 선물을 하사할 때 두텁게 한다는 뜻이며, '오는 것을 얇게 한다' 는 것은 제후들이 천자께 바치는 공물(貢物)은 적게 받는다는 뜻이다. 요컨대 대국은 소국의 안정과 안전을 후원하고, 주기적으로 사절을 교환하되, 항상 많이 베풀고 적게 받는 자세를 견지하라는 것이다. 한편 『중용』에서는 다음과 같이 말하기도 한다.

> 천자가 아니면 예(禮)를 의논하지 않으며, 제도를 만들지 않으며, 문자(文字)를 상고하지 않는다. 지금 천하는 수레의 궤도가 같으며, 글은 문자가 같으며, 행동은 윤리를 같이한다. 비록 그 지위에 있더라도 진실로 그 덕이 없으면 감히 예악을 짓지 못하며, 비록 그 덕이 있더라도 진실로 그 지위가 없으면 또한 감히 예악을 짓지 못한다.[38]

위에서 말하는 '지위' 란 '천자의 지위' 를 뜻하며, '덕' 이란 '성인(聖人)의 덕' 을 뜻한다. 요컨대 위의 인용문에 의하면 천자의 지위와 성인의 덕을 겸비한 사람만이 예악을 지을 수 있다. "천자가 아니면 예를 의논하지 않으며, 제도를 만들지 않으며, 문자를 상고하지 않는다" 는 말은 제후국들은 천자국에서 제정한 예제(禮制)와 문자를 준용해야 한다는 뜻이다.[39]

---

37) 『禮記』〈王制〉에서는 "諸侯는 天子께 1년에 한 번 小聘을 하고, 3년에 한 번 大聘을 하며, 5년에 한 번 朝覲을 한다. 天子는 五年에 한 번 제후국을 巡狩한다" 고 했다.

38) 『中庸章句』 28.

39) 天子國에서 불합리한 禮法을 만들 수도 있는바, 제후국에서는 이것도 따라야만 하는

"지금 천하는 수레의 궤도가 같으며, 글은 문자가 같으며, 행동은 윤리를 같이 한다"는 말은 제후국들이 천자국에서 제정한 예제와 문자 등을 준용함으로써, 예제가 보편화되고 문자가 통일되며 행동규범 역시 통일된 것을 말한다. 이것이 바로 유학에서 추구하는 '대일통의 핵심 내용' 이다.[40]

이상의 내용을 정리해 보자. 첫째, '대국과 소국은 은(恩)과 의(義)로 맺어져야 한다' 는 것은 대국과 소국의 위계질서를 설정하고 그에 합당한 덕목으로 은과 의를 부과함으로써 '평화로운 공존' 을 모색한 것이다. 둘째, '제후국들은 천자국에서 제정한 예제와 문자를 준용해야 한다' 는 것은 보편적인 규범과 보편적인 문화를 구축함으로써 '상호 간의 교류와 소통을 원만하게 하자' 는 것이다. 이렇게 본다면, 유교에서 추구한 '대일통의 국제질서' 는 대국은 소국에게 은혜를 베풀고 소국은 대국이 제시한 규범과 문화를 따르자는 것으로서, 이는 결코 소국(제후국)의 주권을 부정하는 것이 아니었다.

3) 왕도(王道)와 패도(覇道)의 문제

'문덕(文德)과 무력(武力)' 은 맹자의 용어로는 '왕도와 패도' 에 해당한다. 맹자는 전국시대에 패권경쟁을 일삼던 여러 제후들의 통치를 패도로 규정하고, 패도는 '나무에 올라 물고기를 찾는 것' 처럼 부질없는 시도라고 비판했다. 맹자가 대안으로 제시한 노선이 왕도였다. 왕도는 요 · 순 · 우 · 탕 · 문 · 무 등의 성왕들이 실천했던 인정(仁政)으로서, 맹자는 '어진

가? 이런 곤란한 의문을 예방하기 위해, 위의 인용문에서는 '天子의 지위와 聖人의 덕을 겸비한 사람만이 禮樂을 지을 수 있다' 고 부연한 것이다.

40) 위의 인용문에 대한 朱子의 주석에서도 "軌度 · 文字 · 倫理가 모두 같다는 것은 '天下가 하나로 통일되었음' 을 말한다" 고 했다.

정치를 베푸는 왕에게 대적할 수 있는 사람은 없다' 는 논리로 제후들에게 왕도를 권했다. 먼저 왕도와 패도의 개념을 살펴보자. 맹자는 다음과 같이 말한다.

> 힘으로 다스리되 인정(仁政)을 가장하는 것은 패도이니, 패도는 반드시 큰 나라를 차지하고자 한다. 덕으로 인정을 행하는 것은 왕도이니, 왕도는 큰 나라를 기다리지 않는다. 탕은 사방 70리로 왕도를 행하셨고, 문왕은 사방 100리로 왕도를 행하셨다. '힘으로 남을 복종시키는 것' 은 진심으로 복종하는 것이 아니라 힘이 부족하기 때문에 복종하는 것이다. '덕으로 남을 복종시키는 것' 은 마음속부터 기뻐하여 참으로 복종하는 것이니, 예컨대 70 제자가 공자께 복종하는 것과 같다. 『시경』의 "동쪽에서, 서쪽에서, 남쪽에서, 북쪽에서 복종하지 않는 이가 없다."는 말이 바로 이것이다.[41]

패도는 힘으로 백성을 억압하고 착취하여 부국강병을 이룩한 다음, 이를 바탕으로 영토를 넓히고 패권을 차지하려는 것인바, 그러면서도 겉으로는 '인정(仁政)' 이라는 그럴듯한 명분을 내세우는 것이다. 이에 반해, 왕도는 명실상부하게 인정을 행하는 것이다. 왕도는 인정을 통해 백성의 행복을 증진하려는 것일 뿐, 영토의 확장이나 패권 경쟁에는 관심이 없는 것이다. 또한 왕도는 덕으로 다스리는 것인바, 덕으로 다스리면 백성들은 통치자에게 저절로 감복하게 된다는 것이다.

당시 제후들이 부국강병을 통한 패권경쟁에 혈안이 되었을 때, 맹자는 왕도정치가 '천하의 왕' 이 되는 지름길이라고 설파했다. "인정을 베푸는 사람에게는 대적할 사람이 없다"[42]는 주장이 그것이다. 맹자는 왕도에 대

41) 『孟子』 公孫丑上 3.

42) 『孟子』 梁惠王上 5.

해서는 '인자무적(仁者無敵)' 이라고 옹호한 반면, 패도에 대해서는 '연목구어(緣木求魚)' 처럼 부질없는 시도라고 비판했다.[43]

맹자가 '왕도와 패도' 를 구분한 이후, 유학에서는 '중화와 이적' 의 구분은 '왕도와 패도' 의 구분과 상응하는 것으로 생각했다. 주자가 "『춘추』의 취지로서 크게 드러나는 것은 난신(亂臣)을 베고 적자(賊子)를 성토하는 것, 중국을 안으로 삼고 이적을 밖으로 삼는 것, 왕도를 귀하게 여기고 패도를 천하게 여기는 것일 뿐"[44]이라 한 것이 그 예이다. 주자는 또 다음과 같이 말한다.

> 신(臣)은 듣자오니, 익(益)이 순(舜)께 경계하기를 "근심이 없을 때 경계하시어 법도를 잃지 마시고, 편안함에 노닐지 마시고 즐거움에 빠지지 마십시오. 어진 사람에게 맡기되 의심하지 마시고, 사악한 자를 물리치되 의심하지 마십시오."라 하고, "게을리하지 않고 거칠게 하지 않으시면 사방의 이적이 와서 왕으로 받들 것" 이라고 끝맺었습니다. 주(周)의 문왕과 무왕도 (『詩經』의) '천보(天保)' 편 이상의 시로 나라 안을 다스렸고, '채미(采薇)' 편 이하의 시로 나라 밖을 다스려, 근심과 근면에서 시작하여 편안함과 즐거움으로 끝맺었습니다. 그 뒤로 점차 미약해져 〈소아(小雅)〉의 가르침이 모두 폐지되고 사방의 이적이 번갈아 침입하여 중국이 쇠약해지고 땅도 깎였습니다. 선왕(宣王)이 이를 계승하여 몸소 행실을 닦아, 현명한 사람을 임용하고 능력 있는 사람을 부려, 안으로 정사를 닦고 밖으로 이적을 물리침에 주(周)의 도(道)가 찬란하게 다시 부흥하였습니다. 신(臣)은 일찍이 이를 살핀 다음에 옛 성왕(聖王)들이 이적을 제어한 방도는 그 근본이 위강(威彊)에 있지 않고 덕업(德業)에 있으며, 그 임무는 변경(邊

---

43) 『孟子』 梁惠王上 7.

44) 『朱子語類』 卷83(중화서국본 2144쪽) : 春秋大旨 其可見者 誅亂臣討賊子 內中國外夷狄 貴王賤伯而已

境)에 있지 않고 조정(朝廷)에 있으며, 그 도구는 병식(兵食)에 있지 않고 기강(紀綱)에 있었다는 것을 분명히 알게 되었습니다.[45]

주자는 이적이 중국에 복종하거나 침범하는 것은 '중국의 예교(禮敎) 여하'에 달려 있다고 보았다. 이러한 맥락에서 주자는 '변경으로 출병하여 이적을 군사적으로 진압하자'는 주장을 일축하면서, 중앙의 조정에서 덕업을 닦고 기강을 바로 세우면 이적이 결국 스스로 복종하게 된다고 설파한 것이다. 주자는 다음과 같이 말하기도 한다.

중국이 믿는 것은 덕이요, 이적이 믿는 것은 힘입니다. 지금 국사(國事)를 염려하는 자들은 대개 저들과 우리를 살펴 힘의 강·약을 비교하여 말하는데, 이는 이적들이 서로 공격하는 방책만 알고 중국이 이적을 다스리는 도리는 모르는 것입니다. 대개 힘으로 말하면 저들은 항상 강하고 우리는 항상 약하여, 이길 수 있는 때가 없으므로, 강화(講和)를 하지 않을 수 없습니다. 그러나 덕으로 말하면 삼강(三綱)을 떨치고 오상(五常)을 밝히며 조정(朝廷)을 바루고 풍속(風俗)을 격려하는 것은 모두 우리가 힘쓸 수 있는 바요, 저들은 할 수 없는 것이니, 이것이 바로 중국이 이적을 다스리는 도리로서 오늘날 마땅히 논의해야 할 것입니다. 진실로 능히 이로써 스스로 격려한다면 또한 어찌 강화를 할 수 있겠습니까? 나의 근심은, 힘도 이미 떨치지 못하는데 덕도 또한 닦지 않는다면 전쟁이나 강화가 모두 상책(上策)이 될 수 없다는 것입니다.[46]

위의 인용문에서는 "중국이 믿는 것은 덕이요, 이적이 믿는 것은 힘"이라 하여 중화와 이적의 본질적 차이를 규명하고, 따라서 이적을 힘으로 제

45) 『朱子大全』 卷13 頁6, 〈垂拱奏箚三〉.
46) 『朱子大全』 卷30 頁7~8, 〈答汪尙書〉.

압한다는 것은 무모한 생각이라고 비판했다. 반면에 "덕으로 말하면 삼강을 떨치고 오상을 밝히며 조정을 바루고 풍속을 격려하는 것은 모두 우리가 힘쓸 수 있는 바요, 저들은 할 수 없는 것이니, 이것이 바로 중국이 이적을 다스리는 도리"라는 것이다.

이상에서 살핀 것처럼, 유교의 중화사상은 다양한 층위를 지닌다. 정치적 관점에서는 중국을 대일통의 주체로 설정함으로써 중국중심주의를 옹호하는 것이다. 문화적 관점에서는 중국을 찬양하고 이적을 폄하하는 존화양이론(尊華攘夷論)으로 표출되었으며, 도덕적 관점에서는 중국의 흥망성쇠를 설명하고 비판하는 자기반성의 논리였다. 또한 존화양이론은 '중화는 왕도를 숭상하고, 이적은 패도를 숭상한다' 는 인식과 병행하는바, 이러한 맥락에서 존화양이론은 '왕도를 존중하고 패도를 물리친다' 는 존왕천패론(尊王賤覇論)과도 표리를 이루는 것이었다.

4) 책봉-조공 체제의 성립

이제까지 중화사상의 여러 측면들을 살펴보았거니와, 이는 현실에서 '분봉-조공 체제' 또는 '책봉-조공 체제' 로 구체화되었다. '분봉-조공 체제' 는 봉건시대 중국 내부의 일로서, 천자는 천하의 땅(天子의 領土)을 나누어 제후를 봉하고〔分封〕, 제후는 천자께 자신이 다스리는 지역의 특산물을 공물로 바침으로써〔朝貢〕, 크고 작은 나라들 사이에 평화로운 공존과 교류를 지속하자는 것이다. '분봉-조공 체제' 가 약간 변형된 '책봉-조공 체제' 는 중국과 주변국들의 관계에 해당하는 것으로서, 중국의 황제가 주변국의 통치자를 승인해 주고〔册封〕, 주변국의 통치자는 중국의 황제께 조공을 바침으로써, 양국 간에 위계적이고 우호적인 외교관계를 맺는 것을 말한다.

먼저 '분봉-조공 체제'에 대해 살펴보자. 『예기』에서는 천자가 천하의 땅을 나누어 제후를 봉하는 것에 대해 다음과 같이 설명한다.

> 왕자(王者)가 작록을 제정함에, 공 · 후 · 백 · 자 · 남(公侯伯子男)의 다섯 등급으로 한다. 제후의 경우도 上大夫(卿) · 下大夫 · 上士 · 中士 · 下士의 다섯 등급으로 한다. 천자의 영전(領田)[47]은 사방 1,000리이고, 공과 후의 영전은 사방 100리이며, 백은 70리, 자와 남은 50리이다. 사방 50리가 되지 못하는 자는 천자께 조근(朝覲)할 수 없으니, 제후에게 소속시키고 '부용(附庸)'이라 한다.[48]

천자가 제후들을 분봉할 때, 제후들을 다섯 등급으로 나누었는데, 이로써 천자와 제후 사이에 위계 관계가 성립함과 동시에 제후들 사이에도 위계 관계가 성립한다.

이처럼 천자와 제후의 관계가 성립한 다음에는 서로 교류하는 예법을 마련해야 하는바, 『예기』에서는 "제후는 천자께 1년에 한 번 소빙(小聘)을 하고, 3년에 한 번 대빙(大聘)을 하며, 5년에 한 번 조근(朝覲)을 한다. 천자는 5년에 한 번 제후국을 순수(巡狩)한다."[49]고 했다. '조근(朝覲)'은 제후가 직접 천자를 찾아뵙는 것이며, '빙문(聘問)'은 제후가 자신의 신하(大夫)를 시켜 천자를 찾아뵙도록 하는 것이다. 조근과 빙문은 천자와 제후 사이에 '군신의 의리'를 주기적으로 확인함으로써 배반과 침략 등의 불상사를 막기 위한 것이었다. 제후는 천자를 찾아뵐 때 자기 지역의 특산물을 예물로 바치는데, 이를 '조공(朝貢)'이라 한다. 제후의 조공에 대해 천자는

---

47) '領田'은 '통치자가 領有하는 田野'를 말한다. '領土'라 하지 않고 '領田'이라 한 것은 '山林, 川澤, 原濕' 등을 제외하고 실제로 경작할 수 있는 토지만을 계산하기 위한 것이었다.

48) 『禮記』〈王制〉.

49) 『禮記』〈王制〉.

훨씬 많은 답례품을 하사하는 것이 또한 예법이었다.[50] 한편, 천자의 순수는 제후국들의 민생과 민풍을 살피고, 법률 · 예악 · 제도 · 의복 등을 통일시켜 바로잡음으로써 '천하의 통일성' 을 유지하며, 제후들의 통치실적을 평가하여 상이나 벌을 내리기 위한 것이었다.[51] 이렇게 본다면, 천자의 순수는 그 의도가 아무리 좋은 것이라 하더라도 다소 제후국들의 주권을 침범하는 점이 있었다.[52]

이제까지 '중국이라는 울타리' 안에서의 분봉과 조빙-순수의 예법을 살펴보았다. 이는 말 그대로 '주대 봉건제도의 이상형' 에 해당하는 것일 뿐이다. 이러한 이상형이 중국 울타리 안에서 그대로 실현된 것도 아니요, 중국과 주변국의 관계에서 그대로 실현된 것도 아니다. 다만 이러한 이상형은 하나의 이념형으로 작동하여, 후대에 지속적으로 영향을 끼친 것이다.

이제 이러한 이념형이 동아시아의 국제관계에 어떻게 적용되었는지 살펴보자. 중국과 그 주변국들은 주대 봉건제도의 기본 틀을 약간 변형하여 국제관계의 기본 틀을 정립하였다. 우선, 봉건제에서의 '분봉' 은 '책봉' 으로 변형되었다. '분봉' 이란 개념상 '천자가 자신의 천하를 제후들에게 나누어주고 통치를 위임하는 것' 이요, 제후들은 이로써 천자로부터 영토와 세습적 통치권을 부여받는 것이다. 그런데 중국의 주변 국가들은 천자(중국의 황제)로부터 영토를 나누어 받는 것이 아니다. '책봉' 이란 개념적으로 '문서〔册〕로 봉한다' 는 뜻으로서, 이는 이미 존재하는 주변국과 그 통치자에 대해 '천자가 통치권을 인정하는 문서를 발급하는 것' 일 뿐이니, 요즘 말로 '외교적 승인' 에 해당한다. 책봉을 통해 중국 황제와 주변국의

---

50) 『中庸』의 九經에서 '가는 것을 두텁게 하고, 오는 것을 얇게 함(厚往而薄來)' 이 이를 말하는 것이다.

51) 『禮記』 王制 참조.

52) 周代의 封建制 이념에 따른다면, 제후국은 천자가 자신의 천하를 나누어 分封한 것이므로, 천자는 제후국의 통치에 간섭할 수 있는 권리가 있었던 것이다.

통치자들은 '천자와 제후' 또는 '임금과 신하'의 관계를 맺게 되었다.

이처럼 중국과 그 주변국들은 책봉을 통해 '위계적 외교관계'를 맺은 것이다. 주변국의 통치자들은 책봉을 통해 중국 황제보다 한 등급 낮은 지위로 격하됨에도 불구하고, 중국 황제의 책봉을 받음으로써 통치권의 정당성과 안정성을 확보할 수 있었다. 그렇기 때문에, 책봉은 주변국의 요청에 의해 이루어지는 경우가 대부분이었다. 또한 중국의 입장에서도 주변국의 통치자를 책봉함으로써 주변국에 지도력(leadership)을 행사할 수 있고, 또 이를 통해 평화와 안정을 확보할 수 있었으므로, 책봉 요청을 마다할 이유가 없었던 것이다.

다음, 봉건제에서의 '조빙-순수'는 '순수'는 없어진 채 '조빙'만 남게 되었다. 순수가 없어졌다는 것은 주변국에 대한 정치적 간섭의 계기가 없어졌다는 뜻이기도 하다. 봉건시대의 천자는 순수를 통해 제후들에게 상과 벌을 시행했는데, 이는 제후국의 주권을 침해하는 성격을 지닌 것이었다. 그런데 책봉 체제에서는 천자의 순수가 없으므로, 주변국들은 주권을 침해당할 계기가 별로 없었던 것이다.

책봉을 받은 주변국들은 주기적으로 중국의 황제께 조빙을 했는데, 이때 자기 나라의 특산물을 공물로 바쳤다. 이를 '조공'이라 하는바, 중국의 황제는 '가는 것을 두텁게 하고, 오는 것을 얇게 함'이라는 이념에 따라 주변국의 조공에 대해 몇 배로 하사품을 내리는 것이 관례였다. 이처럼 조공은 명목상으로는 천자의 권위를 높여주는 것이지만, 실질적으로는 주변국에게 혜택이 돌아가는 것이었다. 따라서 주변국에서는 되도록이면 조공의 기회를 많이 확보하려고 했고, 중국의 입장에서는 이를 부담스러워하면서 조공의 기회를 줄이려고 했다.[53]

53) 『두산백과』, '朝貢貿易' 條 참조.

한편, 중국 황제의 책봉을 받는 주변국들 상호 간에는 '교린(交隣)'의 관계를 맺었다. 사대는 위계적 관계이지만, 교린은 수평적 관계이다. 또한 중국의 주변국들 중에는 중국 황제의 책봉을 받지 못하는 경우도 있었다. 주변국들 중에 신의가 없거나 문화 수준이 낮은 나라에 대해서는 중국에서 책봉을 거부했기 때문이다. 이러한 나라들은 국격이 낮은 것으로 인식되어, 국제사회의 제대로 된 성원으로 인정받지 못했음은 물론이다.[54)]

이상에서 전근대 시기 동아시아 국제질서의 기본 틀이 되었던 '책봉-조공 체제'에 대해 살펴보았다. 조동일은 "책봉은 국서(國書)를 교환하고, 천자가 국왕에게 금인(金印) 옥새(玉璽)를 주는 것으로 구체화되었으며, 조공(朝貢)이라는 이름의 선물을 보내고 답례품을 받는 물물교환의 무역을 수반했다. (…) 국서는 정신적 일체감을 문장으로 표현하고, 금인은 권력의 정당성을 보장해주고, 조공무역은 물질생활이 서로 연결되게 해서, 문명권의 동질성을 여러 겹으로 다졌다."[55)]고 설명한 바 있는데, 이처럼 책봉-조공 체제는 동아시아의 안정과 평화에 크게 기여했던 것이다.

4. 화해와 협력을 위한 유교적 지침들

1) 근대적 세계질서의 성격 : 칸트의 영구평화론

이제까지 살펴본 유교의 국제질서 이념은 대국과 소국이 엄존하는 현실에서 국제관계의 바람직한 규범을 '사대-자소'로 설정하고, '책봉-조공'으로 이를 의례화(儀禮化)한 것이다. 요컨대 유교에서는 국가들 사이의 위

54) 예컨대 德川幕府 시대 日本이 그러했다(조동일, 『동아시아문명론』, 208~209쪽 참조).
55) 조동일, 『동아시아문명론』, 203쪽.

계질서를 설정하고, 그 위계질서를 '지배-피지배'가 아닌 '사대-자소'로 규율하고자 했다. 이는 강대국의 솔선수범과 예양(禮讓)이 평화를 이룩하는 관건이라고 본 것이다.

'사대-자소'와 '책봉-조공'으로 국가들 사이의 평화를 이룩하고자 한 것은 사실 유교만의 독특한 방식이 아니었다. 조동일에 의하면 책봉체제는 중세문명의 일반적 양식으로, 힌두·불교 문명권, 이슬람교 문명권, 기독교 문명권에서도 시행되었던 것이다. 그는 다음과 같이 말한다.

> 책봉은 통치자가 이미 스스로 얻은 지위를 공인하는 행위이고, 없던 지위를 만들어 부여하는 임명은 아니다. 그런 책봉이 나라와 나라 사이에서 실행되어 국제관계의 근간을 형성하는 체제를 책봉체제라 한다. 책봉하는 쪽과 받는 쪽뿐만 아니라 책봉 받는 쪽의 여러 나라도 공동의 신앙과 가치관을 지니고 우호적인 친화관계를 가진다. 책봉을 받으면 주권이 약화되거나 부인되었다고 하는 것은 전혀 부당하다. 책봉을 받아야 주권국가로서 공인되었다.
>
> 책봉은 보편종교의 권역인 문명권 단위로 이루어졌다. 문명권마다 보편종교의 수장인 단일한 최고통치자가 문명권 전체의 질서를 부여해야 한다는 믿음을 책봉체제를 통해서 구현했다. (…)
>
> 책봉은 보편종교에 따라서 문명권이 나누어진 중세시기에 있었던 일이다. 보편종교가 없던 고대에는 책봉체제도 없었다. 중세가 끝나고 근대가 시작되면서 문명권의 결속이 해체되고, 근대 민족국가의 배타적 주권의식이 형성되자 책봉체제는 사라졌다.[56]

위의 인용문으로 본다면, 유교의 사대자소론과 책봉조공체제는 세계 평

56) 조동일, 『동아시아문명론』, 237~238쪽.

화를 위한 하나의 모범적인 양식이었던 것이다. 그러나 조동일의 설명처럼 "중세가 끝나고 근대가 시작되면서 문명권의 결속이 해체되고, 근대 민족국가의 배타저 주권의식이 형성되자 책봉체제는 사라졌다." 이러한 맥락에서, 1648년 베스트팔렌(Westfalen) 조약은 중세적 국제질서를 마감하고 근대적 국제질서를 정립한 세계사적 사건으로 기억된다. 베스트팔렌 조약의 의의는 여러 측면에서 논의될 수 있겠지만, 그 핵심은 서구 국가들이 '기독교라는 공동의 문명의식과 교황의 권위' 에 입각해 질서를 유지하던 방식을 버리고 '평등한 주권국가들 사이의 세력균형' 으로 질서를 유지하는 체제를 구축했다는 점이다.

서구 근대의 국제질서 이론은 대개 국가들 사이의 협약(국제법과 조약)과 세력균형으로 평화를 이룩하자는 것이었다. 우리에게 잘 알려진 칸트의 〈영구평화론〉은 그 대표적인 사례이다. 칸트는 다음과 같이 말한다.

> 국제법의 이념은 독립해 있는 많은 이웃 국가들의 분립을 전제로 한다. 비록 이런 상태가 이미 전시 상태에 있음을 나타낸다고 할지라도 (…) 다른 국가들을 압도해서 한 세계 왕국으로 나아가는 하나의 초강대국 아래로 여러 국가들이 통합되는 것보다는 더 낫다. 왜냐하면 통치의 범위가 확대됨에 따라 법률은 점점 위력을 상실하고, 그리하여 혼을 잃은 전제 정치는 선의 싹을 근절시킨 후에 결국 붕괴해서 무정부 상태로 귀착되기 때문이다. (…) 이 평화는 저 전제주의처럼 모든 힘들의 약화에 의해서 초래되는 것이 아니라, 모든 힘들의 활기찬 경쟁 속에서의 균형에 의해 초래되고 보증되는 것이다.[57)]

칸트는 '초강대국에 의한 평화' 와 '수많은 독립국가들 사이의 세력균

57) 칸트, 『영구평화론』, 55~56쪽.

형' 에 의한 평화를 대비하고, 전자는 모든 힘들을 약화시켜서 평화를 얻는 것이나 후자는 활기찬 경쟁 속에서의 균형에 의해 평화를 얻는 것이라고 설명했다. 요컨대 칸트는 강대국의 존재 자체를 약소국에 대한 침해라고 인식하고, 대등한 주권국가들 사이의 협약과 세력균형에 입각한 평화를 모색한 것이다. 그렇다면 이제 칸트의 〈영구평화론〉을 살펴보고, 그것을 전통유교의 사대자소론과 비교해 보기로 하자.

칸트의 〈영구평화론〉은 '영구평화를 위한 예비 조항' 과 '영구평화를 위한 확정 조항' 으로 구성되어 있다. 먼저 '영구평화를 위한 예비 조항' 을 소개하면 다음과 같다.

① 장차 전쟁의 화근이 될 수 있는 내용을 암암리에 유보한 채로 맺은 어떠한 평화조약도 결코 평화조약으로 간주되어서는 안 된다.

② 어떠한 독립 국가도 (크고 작고에 관계없이) 상속, 교환, 매매 혹은 증여에 의해 다른 국가의 소유로 전락할 수 없다.

③ 상비군은 조만간 폐지되어야 한다.

④ 국가 간의 대외적 분쟁과 관련하여 어떠한 국채(國債)도 발행되어서는 안 된다.

⑤ 어떠한 국가도 다른 국가의 체제와 통치에 폭력으로 간섭해서는 안 된다.

⑥ 어떠한 국가도 다른 나라와의 전쟁 동안에 장래의 평화 시기에 상호 신뢰를 불가능하게 할 것이 틀림없는 다음과 같은 적대 행위, 예컨대 암살자나 독살자의 고용, 항복 조약의 파기, 적국에서의 반역 선동 등을 해서는 안 된다.[58]

위의 여섯 조항 가운데, 본고의 주제와 관련하여 주목할 것은 ②항과 ⑤

58) 칸트, 『영구평화론』, 14~20쪽.

항이다. ②항은 국가를 '독립적 인격체'로 간주하는 조항이다. 칸트는 ②항에 대해 "국가란 사유(私有)될 수 있는 것(봉건적 세습 영지)이 아니다. 국가란 국가 자신을 제외하고는 어느 누구에 의해서도 명령이나 지배를 받지 않는 인간의 사회이다. 국가는 그 자체 뿌리를 지닌 줄기와 같다. 나무의 접붙이기처럼 한 국가를 다른 국가에 병합시킨다면, 그것은 도덕적 인격체로서의 국가의 지위를 파괴하는 것이며 국가를 물건으로 간주하는 것이다."[59]라고 해설하였거니와, 모든 국가는 국가 자신을 제외하고는 어느 누구에 의해서도 명령이나 지배를 받지 않는 '독립적 주권'을 지닌다는 것이다. 한편, ⑤항은 다른 국가의 내정에 대한 간섭을 금지하는 조항이다. 어떤 국가를 '독립적 주권국가'로 인정한다면, 그 국가에 대한 내정간섭은 애초부터 용납될 수 없을 것이다.

요컨대 칸트는 개별 국가의 독립적 주권과 내정간섭 금지를 영구평화의 전제 조건으로 설정한 것이었다. 그렇다면 유교의 국제질서 이념 또는 전통적 책봉체제는 이 두 요건을 충족시키는 것인가? 사실 그동안 많은 학자들이 유교의 국제질서 이념이나 전통적 책봉체제는 이 두 요건을 충족시키지 못하는 것이라고 비판해 왔다. 유교의 국제질서 이념은 국가들 사이의 위계질서를 설정하는 것이요, 책봉체제는 그 자체가 피봉국(被封國)의 주권을 침해하는 것이라는 비판이었다. 그러나 유교에서 말하는 국가들 사이의 국가들 사이의 위계는 '의례(儀禮)의 차원'에 속하는 것일 뿐, '지배-피지배 관계'와는 본질적으로 다른 것이었다. 요컨대 과거의 책봉체제하에서도 번국들은 독립적 주권을 누렸고, 내정을 간섭당하지 않았다.[60]

이제 '영구평화를 위한 확정 조항'을 살펴보자. 칸트는 다음의 세 조항

59) 칸트, 『영구평화론』, 16쪽.

60) 조동일, 『동아시아문명론』, 202~204쪽 ; 권선홍, 「유교사상에서 본 동아시아 전통국제사회」, 122~127쪽 ; 이삼성, 『제국』, 333쪽 참조.

을 '영구평화를 위한 확정 조항'으로 제시했다.

① 모든 국가의 시민적 정치 체제는 공화 정체이어야 한다.
② 국제법은 자유로운 국가들의 연방 체제에 기초하지 않으면 안 된다.
③ 세계 시민법은 보편적 우호의 조건들에 국한되어야 한다.[61]

위의 ①항에서는 영구평화를 위해서는 모든 국가가 공화정을 택해야 한다고 주장하였다.[62] 칸트에 의하면, 오직 공화정 체제만이 '영원한 평화에 대한 바람직한 전망'을 제시한다. 그 이유는 다음과 같다. "전쟁을 해야 할 것인가 또는 해서는 안 될 것인가를 결정하려면 국민들의 동의가 필요한데(이 체제 아래에서는 이런 절차를 거칠 수밖에 없다), 이때 국민은 자신의 신상에 다가올 전쟁의 재앙을 각오해야 하기 때문에 그런 나쁜 경기를 감행하는 데 무척 신중하리라는 것은 너무나도 당연하다."[63] 요컨대 전쟁을 감행할 경우, 국민들은 싸움터에 나가야 하고, 자신들의 재산에서 전쟁 비용을 염출해야 하며, 전쟁이 남긴 참화를 고생스럽게 보수해야 하는바, 이를 수긍할 국민은 없다는 것이다. 칸트의 이러한 주장은 오늘날 '민주평화론'의 모태가 되는 것이다.

②항에서는 '자유로운 국가들의 연방 체제'를 제안했는데, 칸트는 이를 '국제연맹'으로 설명하고, 결코 '국제국가'여서는 안 된다고 부연했다. 그 까닭은, 모든 국가는 상위자(입법자)와 하위자(복종자, 즉 국민)에 대한 관

61) 칸트, 『영구평화론』, 26~42쪽.

62) 칸트는 여기서 말하는 '공화정'의 의미를 "① (인간으로서) 한 사회 구성원의 자유의 원리에 의해, ② (신민으로서) 모두가 단 하나의 공통된 입법에 의존하는 의존의 원리에 의해, ③ (국민으로서) 평등의 원칙에 의해 확립된다."고 설명한 바 있다(『영구평화론』, 26쪽).

63) 칸트, 『영구평화론』, 28쪽.

계를 포함하는바, 국제국가를 건설하면 결국 지배-피지배 관계가 성립하고 많은 국민들이 피지배자에 머물게 되기 때문이다.[64] 요컨대 〈영구평화론〉이 핵심은 '평등한 수권국가들 사이의 세력균형' 에 있었다.

③항에서 말하는 '우호' 란 "한 이방인이 낯선 땅에 도착했을 때 적으로 간주되지 않을 권리"를 뜻한다. 칸트는 "이방인이 평화적으로 처신하는 한, 그를 적대적으로 다루어서는 안 된다. 이방인이 영속적인 체류권을 요구할 권리는 없다. 모든 사람이 누릴 수 있는 것은 일시적인 방문의 권리요, 교제의 권리이다."라고 설명했다.[65]

이상에서 영구평화를 위한 확정조항들을 살펴보았거니와, 그렇다면 유교의 국제질서 이념은 위의 세 조항을 얼마나 충족시키는가? 먼저 ③항부터 논의하자면, 유교의 국제질서 이념은 '우호' 조항을 충족시키며, 실제로 이는 유교국가들의 원칙이기도 했다.[66] 그러나 ①항과 ②항은 일견 유교 이념과는 매우 동떨어진 것 같은바, 이에 대해서는 곡진한 논의가 필요하다.

①항에서는 영구평화를 위해서는 모든 국가가 공화정을 택해야 한다고 주장했는데, 전통 유교는 칸트가 말하는 공화정과 거리가 먼 것으로 보인다. 하지만 전통 유교가 '공화정의 원리를 정립하지 못했다' 고 말할 수는 있어도, '공화정을 반대했다' 고 말할 수는 없다. '민의(民意)를 존중해야 한다' 는 것과 패도를 비판하고 왕도를 존중하는 것이 유교의 지론이었기 때문이다. 칸트는 공화정만이 '영원한 평화에 대한 바람직한 전망' 을 제시한다고 했는데, 유교의 민심론 · 덕치론 · 왕도론 등도 역시 '영원한 평화에 대한 바람직한 전망' 을 제시하는 것이라 할 수 있다.

---

64) 칸트, 『영구평화론』, 32~33쪽 참조.

65) 칸트, 『영구평화론』, 38~39쪽.

66) 이선근, 『韓國史(最近世篇)』, 261쪽 ; 拙著, 『서구의 충격과 근대 한국사상』, 59쪽 참조.

②항에서는 영구평화를 위해 '국제연맹'을 제안하고, '국제국가'를 반대했다. 그런데 유교가 이상으로 삼았던 주대(周代)의 봉건제, 그리고 후대에 등장한 책봉체제는 '천자국(天子國)의 우월한 권위에 의존한 체제'라는 점에서 국제연맹보다는 국제국가를 배경으로 삼는 것이다. 칸트가 국제연맹을 영구평화의 토대로 삼고, 국제국가를 반대한 까닭은 국제국가는 지배-피지배 관계를 낳고 이는 결국 주권침해를 초래한다는 우려 때문이었다. 그러나 이러한 우려는 그 국제국가의 성격에 따라 달라질 수 있는 것이다. 만약 그 국제국가가 패도를 따르는 국가라면 칸트의 우려처럼 주권침해를 초래할 것이나, 왕도를 따르는 국가라면 주권침해로 연결되지는 않을 것이다. 전통 유교에서도 이러한 점을 분명하게 인식하고 있었기 때문에, 천자(天子)를 성군(聖君)으로 만드는 일을 치란(治亂)의 관건으로 삼았던 것이다. 요컨대 천자국의 성격에 따라 칸트의 우려는 현실화될 수도, 기우(杞憂)로 그칠 수도 있는 것이다.

2) 동아시아 화해협력을 위한 유교적 지침들

과거의 책봉-조공 체제가 동아시아의 안정과 평화에 크게 기여했다고 하더라도, 오늘날 그것을 모형으로 삼아 동아시아의 화해와 협력을 논의할 수는 없을 것이다. 국가들 사이의 위계질서를 긍정하던 과거와는 달리, 오늘날의 국제질서는 평등한 주권국가관을 전제하고 있기 때문이다. 따라서 오늘날에는 과거의 모형을 하나의 참고자료로 삼아 새로운 모형을 모색할 필요가 있다. 이러한 맥락에서, 이제까지 논의한 내용들을 바탕으로 '동아시아 화해협력을 위한 지침들'을 모색해 보기로 하자.

첫째, '책봉' 자체는 오늘날 더 이상 재현될 수 없는 것이나, 그 취지는 현대적으로 재해석하여 수용할 수 있는 요소가 다분하다. 과거의 책봉은 주변국들이 중심국을 천하의 종주국(宗主國)·상국(上國)으로 인정하고, 중심국에 책봉을 요청하여, 중심국이 주변국을 번국(藩國)으로 책봉한 것이다. 이제 그 위계적 요소를 제거하고 '책봉'의 취지를 현대적으로 해석하자면, 그것은 바로 '역내(域內) 국가 간의 외교적 상호 승인'이라 할 수 있다. '외교적 상호 승인'은 국가 간의 화해 협력의 대전제가 되는바, 이는 오늘날에도 여전히 의미 있는 지침이라 할 수 있겠다.

'오늘날 더 이상 책봉이 재현될 수 없다'는 말은 과거의 중국과 같은 종주국을 설정할 필요가 없다는 뜻이기도 하다. 다만 역내의 어떤 국가가 지속적으로 문덕(文德)을 발휘함으로써 다른 국가들로부터 지도력(leadership)을 인정받아 중심국으로 부상하는 것은 환영할 일이다.

둘째, '조공' 자체도 오늘날 더 이상 재현될 수 없는 것이나, 그 취지는 현대적으로 재해석하여 수용할 수 있는 요소가 다분하다. 과거의 조공은 번국 또는 속국이 종주국에 조빙하면서 공물을 바친 것이요, 중국은 이에 대해 두텁게 보답한 것이다.[67] 이제 그 위계적 요소를 제거하고 '조공'의 취지를 현대적으로 해석하자면, 그것은 바로 '역내 국가 간의 외교 사절과 예물의 교환'이라 할 수 있다. '외교 사절과 예물의 교환' 역시 국가 간의 화해 협력의 대전제가 되는바, 이는 오늘날에도 여전히 의미있는 지침이라 할 수 있겠다.

셋째, '사대자소(事大字小)'라는 관념도 오늘날 더 이상 재현될 수 없는 것이나, 그 취지는 현대적으로 재해석하여 수용할 수 있는 요소가 다분하다. 우선, '대국과 소국'이라는 관념은 오늘날의 평등한 주권국가관과 어긋나는 것이나, 사실적으로는 '강대국과 약소국'이 존재하는 것이 국제

---

67) 『禮記』〈曲禮上〉에서는 "禮는 往來하는 것을 숭상한다. 가는데 오지 않는 것은 禮가 아니요, 오는데 가지 않는 것도 禮가 아니다"라고 했다. 이러한 맥락에서 유교에서는 국가 간의 使節 교환을 중시했고, 使節의 往來에는 당연히 禮物이 따랐던 것이다.

사회의 엄연한 현실이다. 또한, '사(事)와 자(字)' 의 관념은 '선린(善隣)과 우호(友好)' 라는 취지, 즉 '국가 간의 우호와 협력' 으로 해석할 수 있다. 그렇다면 '사대자소' 도 '대국과 소국 사이의 차등적 의례(儀禮)' 등 그 위계적 성격만 제거한다면 오늘날에도 여전히 의미 있는 지침이 될 수 있다.[68]

넷째, '대일통(大一統)' 이라는 관념은 '동아시아 국가들 사이의 공동체 의식' 이라는 맥락에서 오늘날에도 요긴한 관념이다. 문제는 '책봉과 조공' 등의 제도가 사라진 오늘날, 그리고 그러한 제도의 부활을 원하지 않는 오늘날, 어떻게 역내 국가들 사이에 대일통의 관념을 심어주고 부지할 것인가 하는 점이다. 이에 대해서는 두 차원에서 논의할 수 있겠다.

먼저, 외교적 차원에서의 '역내 국가들 간의 상호 승인과 교류의 활성화' 이다. 동아시아 국가들 간의 상호 승인 또는 교류를 방해하는 요인들을 꼽아보면, 북한 핵문제, 과거청산(일본의 식민침략에 대한 사과와 보상) 문제, 냉전 구도의 잔존 또는 패권경쟁 문제 등인바, 역내 국가들은 우선 외교적으로 이 문제를 해결해야 할 것이다.

다음, 문화적 차원에서의 '동아시아 공동체 의식의 조성' 이다. 과거에는 중국과 유구(琉球) · 안남(安南) · 조선 · 일본 등은 '유교문명권' 이라는 공동체 의식을 지니고 있었다.[69] 그러나 아편전쟁 이후 각국은 서로 다른 근대화 노선을 추구함으로써, 이제는 동아시아 국가들 사이의 문화적 공동체 의식이 거의 사라진 상태이다. 예컨대 일본은 탈아입구(脫亞入歐)를 표방하여 서구화(西歐化)에 앞장섰고, 중국은 사회주의 노선을 취했으며, 한국은 남 · 북으로 분단되어 서로 다른 노선을 취했다. 『중용』에서는 대일통의 한 상징으로서 "지금 천하는 수레는 궤도가 같고, 글은 문자가 같으며, 행동은 윤리를 같이한다."[70]고 했다. '동아시아 공동체 의식의 조성'

68) 아래에 보이는 '초대받은 帝國' 이 바로 여기에 해당할 것이다.

69) 조동일, 『동아시아문명론』, 202~211쪽 참조.

을 위해서는 오늘날에도 이와 같은 동질적 요소를 발굴하고 확충시키려는 노력이 긴요하다.

다섯째, '문덕(文德)' 이라는 관념은 '화해와 협력' 을 위한 가장 핵심적인 조건이라 할 수 있다. 오늘날 동아시아의 화해와 협력을 방해하는 가장 직접적인 요소는 각국의 '무력(武力)' 행사이다. 동중국해 · 남중국해에서는 수시로 각국의 무력시위가 벌어지고 있으며, 북한도 수시로 핵실험과 미사일 발사로 긴장을 고조시키고 있다. 이는 무력으로라도 자국의 이익을 확보하겠다는 의지를 표현하는 것인바, 그럴수록 '화해와 협력' 은 멀어지는 것이다.

유교사상이 패도를 비판하고 왕도를 옹호하면서 우리에게 호소하는 가장 중요한 가르침은 '문덕을 베풀어 상대국이 스스로 감복하도록 만들자' 는 것이었다. 그럼에도 불구하고 강대국들이 가장 쉽게 빠지는 함정은 '우월한 무력을 바탕으로 일거에 자신들의 국익을 관철시키겠다' 는 야욕이다. 강대국들은 '문덕을 베푸는 것은 손해 보기 쉽고 효과도 불확실하나, 무력은 일거에 효과를 볼 수 있다' 고 생각하는 것이다. 그러나 무력에 의한 패권 추구는 '일장춘몽(一場春夢)' 에 불과하다는 점은 이제까지 인류의 역사를 통해 충분히 증명된 바이다.

5. 결론

중국의 '굴기' 는 자신들에게는 '염원하던 꿈의 실현' 이겠지만, 주변국들에게는 '새로운 위협의 등장' 으로 인식되는 것이 동아시아에서의 작금

---

70) 『中庸章句』 28 : 今天下 車同軌 書同文 行同倫

의 현실이다. 중국의 주변국들은 과거에는 대개 강대국 중국에 자발적으로 조공을 바치며 책봉을 요구했는데, 지금은 중국이 다시 강대국으로 부상하는 것에 대해 위협을 느끼는 것이다. 도대체 주변국들은 중국의 굴기에 왜 위협을 느끼는 것일까? 그것은 중국이 과거 천자국(天子國, 宗主國)으로서 보여주었던 '후덕한 모습'을 버리고, 우월한 국력을 바탕으로 모든 이익을 독차지하려는 '패권국가의 모습'을 보여주기 때문일 것이다.

그러나 중국의 패권적 행태는 동아시아의 긴장을 고조시킬 뿐, 중국의 이익에는 크게 기여하지 못할 것으로 보인다. 주변 국가들은 이미 중국의 위협에 대항해 미국과의 연합을 강화하고 있으며, 적극적으로 군비(軍備)도 확충하고 있기 때문이다.[71] 그렇다면 중국은 '중국위협론'을 불식시키고 '초대받은 제국'[72]으로 품위 있게 굴기할 수는 없는 것일까?

중국이 품위 있게 굴기할 수 있는 방법은 분명히 존재한다. 그것은 '유교적 중화사상의 본래 취지'를 되살려 중국이 '문덕의 국가, 왕도의 국가'

---

71) 남중국해에서의 중국의 공격적 행태는 주변국들을 미국에 편승하게 만들고 있는데, 이러한 역학구도는 중국을 포위하여 팽창을 저지하려는 미국의 정책과 부합하는 것이다. 예컨대 2016년 5월 23일 미국의 오바마 대통령이 베트남을 방문하여 양국 관계를 정상화시키고 베트남에 대한 무기 판매를 전면 허용한 것에 대해, 언론에서는 "버락 오바마 미국 대통령은 2011년 '아시아 중시 전략(pivot to Asia)'을 본격화하면서 남중국해에서 중국을 견제해 왔다. 이번에 방문한 베트남을 제외하고도 일본·필리핀 등 중국과 영유권 분쟁 중인 나라와 안보 동맹을 강화하고, 미얀마·인도 등과도 정치·경제 분야의 협력을 추진해 왔다. 이를 통해 중국의 남중국해 진출을 견제하는 벨트를 구성하고 있는 양상이다."라고 보도한 바 있다(《조선일보》 2016년 5월 24일자 보도, 〈美, 미얀마·베트남까지 품어 '中포위 벨트'로〉 참조).

72) '초대받은 제국(empire as invitation)'이란 '힘과 협박으로 부과된 제국(empire as imposition)'과 상대되는 개념으로서, 1970년대 유럽의 학자들이 사용하기 시작한 말이다. 그들에 의하면, 스탈린 체제 아래의 蘇聯은 동유럽 국가들에게 '힘과 협박으로 부과된 제국'이었으나, 美國은 서유럽 국가들에게 자신들의 안보를 위해 '초대받은 제국'이었다는 것이다. 이러한 논법은 요컨대 기존의 제국을 '善의 제국'과 '惡의 제국'으로 구분하여, 전자를 찬양하고 후자를 배척하는 것이다(이삼성, 『제국』, 397~403쪽 참조).

로 거듭나는 것이다. 중국이 지속적으로 문덕을 발휘하고, 그리하여 주변국들이 그에 감복하게 될 때, 중국의 권위나 지도력이 저절로 강화될 것이다. 이것이 '중국몽(中國夢)' 을 실현하는 가장 바람직한 방법일 것이다. 예컨대 맹자는 다음과 같이 말한 바 있다.

> 걸 · 주(桀紂)가 천하를 잃은 것은 그 백성을 잃었기 때문이요, 백성을 잃은 것은 그 마음을 잃었기 때문이다. 천하를 얻는 데 방도가 있으니, 그 백성을 얻으면 곧 천하를 얻을 것이다. 백성을 얻는 데 방도가 있으니, 그 마음을 얻으면 곧 백성을 얻을 것이다. 그 마음을 얻는 데 방도가 있으니, 원하는 바를 베풀어 모이게 하고, 싫어하는 것을 베풀지 않는 것이다. 백성이 인자(仁者)에게 돌아가는 것은 물이 아래로 흐르는 것과 같고 짐승이 들로 달아나는 것과 같다. 그러므로 연못을 위하여 고기를 몰아주는 것은 수달이요, 숲을 위하여 참새를 몰아주는 것은 매이며, 탕 · 무(湯武)를 위하여 백성을 몰아주는 것은 걸 · 주이다. 지금 천하의 군주 중에 인(仁)을 좋아하는 자가 있으면 제후들이 모두 그를 위하여 백성을 몰아줄 것이니, 비록 왕(王)이 되지 않으려 해도 그럴 수 없을 것이다.[73]

현대 중국의 학자 자오팅양(趙汀陽)은 '천하체계(天下體系)' 를 논하면서 미국을 '극악무도한 국가' [74]라고 비판했는데, 중국 주변의 여러 나라들은 자발적으로 미국과 친해지고 있다. 그렇다면 주변국들은 어찌하여 '극악무도한 미국' 과 친해지려는 것인가? 위의 인용문에 입각해 이러한 사태를 설명하자면, 이는 '미국을 위해서 여러 나라들을 몰아주는 것은 중국'

---

73) 『孟子』 離婁上 9.

74) 趙汀陽, 『천하체계』, 148쪽, 161쪽. 趙汀陽은 미국의 패권주의를 이렇게 신랄하게 비판하면서도, 정작 중국의 패권주의에 대해서는 침묵하고 있다.

인 셈이 아니겠는가? 또 위의 인용문에 따른다면, 중국이 '인(仁)을 좋아하는 국가' 로 거듭난다면, 동아시아의 종주국이 되지 않으려 해도 저절로 종주국이 될 것이다.

위의 인용문은 중국이 '인류의 스승' 이라고 자랑하는 자기들의 조상 '공자 · 맹자의 가르침' 이다. 그런데 자신들은 정작 자기 조상의 가르침을 외면하고 패권경쟁에 매달리고 있으니, 남들이 보기에도 안타까운 것이다. 오늘날 이기적 경쟁의 시대에 문덕(文德)이나 예양(禮讓)을 발휘하는 것은 어렵다고 치자. 그렇다면 화해와 협력을 위한 최소한의 조건으로 '보편적 관점에서 정당화될 수 있는 합리적인 자기이익 추구' 를 설정할 수 있다. 예컨대 남중국해 문제의 경우, 이권을 주장할 수 있는 당사국이 6개국이나 되는데도 중국이 남중국해의 이권을 독점하려고 하는 것은 상식적으로 납득하기 어려운 것이다.[75)]

서장(西藏) 티베트족과 신강(新疆) 위구르족 문제에 대해서도 재고할 부분이 많다. 『맹자』의 다음과 같은 말을 보자.

> 탕(湯)이 첫 번째 정벌을 갈(葛)로부터 시작하자, 천하가 (湯의 善意를) 믿었다. 동쪽을 향해 정벌하자 서이(西夷)가 원망하고, 남쪽을 향해서 정벌하자 북적(北狄)이 원망하여, "어찌 우리나라를 뒤에 정벌하는가?" 라고 했다. 백성들이 큰 가뭄에 구름과 무지개를 기다리듯이 (湯의 정벌을) 기다렸으니, 그리하여 시

75) 버락 오바마 미국 대통령은 CBS와의 인터뷰에서 "남중국해 갈등은 한쪽이 이득을 보면 다른 한쪽은 손해를 보는 '제로섬 게임' 이 아닌데, 중국은 남중국해를 둘러싼 지역적 문제를 제로섬 게임으로 보는 시각을 갖고 있다" 고 일침을 가했다. 이어서 "중국은 '우리가 이 지역 최고 골목대장이고, 베트남과 필리핀 등 주변국은 중요하지 않다' 는 태도를 보인다. 미국은 중국과 맞설 생각은 없지만, 중국이 국제법과 규칙을 어긴다면 그에 대한 책임을 물을 것이다" 라고 덧붙였다(《중앙일보》, 2016년 4월 27일자 보도).

장에 가는 사람도 멈추지 않았고, 밭을 가는 사람도 변함이 없었다. (湯이) 그 (포악한) 군주를 죽이고 그 백성들을 위로하자, 단비가 내린 것처럼 백성들이 크게 기뻐했다.[76]

오늘날 티베트족과 위구르족은 중국으로부터의 분리 독립을 원하고 있는데, 중국은 이를 억압하고 있다. 위의 인용문의 취지는 요컨대 '원주민들의 의사에 따르라' 는 것인데, 오늘날 중국은 이와 반대로 원주민들의 의사를 억압하는 것이다.

이상의 내용은 중국이 강대국으로 부상한 오늘날의 시점에서 동아시아의 화해와 협력을 위해 중국이 견지해야 할 태도를 논의한 것이다. 그러나 동아시아의 화해와 협력은 중국만의 노력으로 달성되는 것이 아니요, 다른 국가들도 그에 상응하는 노력을 경주해야 한다.

첫째는 '과거 청산' 문제로서, 식민 침략과 양민 학살, 위안부 문제 등에 대한 사죄와 반성이 필요하다. 이는 일본이 솔선해야 할 과제인데, 이제까지 일본은 이를 거의 외면해왔다. 이러한 과거의 앙금을 제대로 청산하지 않고 화해와 협력의 공동체를 건설한다는 것은 어불성설이다.

둘째는 '이익 충돌' 문제로서, 남중국해나 센카쿠 열도 문제 등 이익 충돌 당사국들은 이를 호혜적으로 해결하려는 자세를 견지해야 한다. 본고에서는 주로 중국의 패권주의를 문제 삼았지만, 이제까지 일본의 행태도 그에 못지않게 고약한 것이었다.

셋째는 '미래의 전망' 문제로서, 동아시아의 여러 나라들은 동아시아 공동체의 보편 가치를 발굴하고 발전시켜 공동체적 결속을 강화하려는 노력을 함께 경주해야 한다. 정치적 공동체는 세력관계가 변하면 무너지고,

---

76) 『孟子』 梁惠王下 11.

경제적 공동체는 이해관계가 변하면 무너진다. 그런데 세력관계나 이해관계는 수시로 변하는 것이다. 따라서 동아시아 공동체를 오랜 세월 지속될 수 있는 굳건한 공동체로 발전시키려면 문화적 차원에서 공동체의 보편가치를 발굴하고 발전시켜야 한다.

참고 문헌

『詩傳大全』	『書傳大全』	『周易傳義大全』
『禮記集說大全』	『春秋 左傳』	『春秋 公羊傳』
『孝經』	『纂圖互註周禮』	『四書集註大全』
『周易折中』	『性理大全』	『近思錄』
『大學或問』	『漢書』	『經國大典』
『二程全書』	『朱子大全』	『朱子語類』
『三峰集』	『退溪集』	『栗谷全書』
『草廬全集』	『巍巖遺稿』	『霞谷集』
『醒菴集』	『童蒙先習』	『海東小學』

『한국민족문화대백과사전』, 『두산백과』
《연합뉴스》, 《조선일보》, 《중앙일보》, 《동아일보》
〈KIDA 세계분쟁 데이터 베이스〉

강정인, 『자유민주주의의 이념적 초상』, 문학과지성사, 1993.

강정인, 『민주주의의 이해』, 문학과지성사, 2008.

강정인, 「원시 유가 사상에 명멸했던 대동 민주주의」, 『넘나듦의 정치사상』, 후마니타스, 2013.

강정인, 「세계화 그리고 민주주의의 미래」, 강정인 · 김세걸 편역, 『현대 민주주의론의 경향과 쟁점』, 문학과지성사, 1994.

강정인 외, 『유럽 민주화의 이념과 역사』, 후마니타스, 2010.

강수돌, 『경쟁은 어떻게 내면화되는가』, 돌베개, 2008.

권선홍, 「유교사상에서 본 동아시아 전통국제사회」, 『전통시대 동아시아 국제질서』, 부산외국어대학교 출판부, 2015.

권영성, 『憲法學槪論』, 법문사, 1998.

김경희, 「데모크라티아(demokratia)를 넘어 이소노미아(isonomia)로」, 『한국정치학회보』 제40집 5호, 한국정치학회, 2006.

김관옥, 「중국의 영유권분쟁과 '강대국외교' 기조」, 『사회과학논총』 제31집 1호, 계명대학교 사회과학연구소, 2012.

김덕수, 『그리스와 로마』, 살림, 2012.

김도형, 「레비나스의 인권론 연구 : 타인의 권리 그리고 타인의 인간주의에 관하여」, 『大

同哲學』 제60집, 대동철학회, 2012.
김비환, 「朝鮮 初期 儒教的 立憲主義의 諸要素와 構造」, 『정치사상연구』 제14집 1호, 한국정치사상학회, 2008.
김비환, 「현대 인권 담론의 쟁점과 전망」, 『인권의 정치사상』, 이학사, 2011.
김비환, 「현대 민주주의의 스펙트럼 : 좋은 민주주의 모색을 위한 민주주의 이론사의 재검토」, 『한국정치학회보』 제48집 2호, 한국정치학회, 2014.
김비환, 「좋은 민주주의의 조건들 : 가치, 절차, 목적, 관계 그리고 능력」, 『비교민주주의연구』 제10집 1호, 비교민주주의학회, 2014.
김상봉, 『호모 에티쿠스』, 한길사, 2002.
김석근, 「'민본' 과 '민주' 사이의 거리와 함의」, 『민본주의를 넘어서』, 청계, 2000.
김용민, 『루소의 정치철학』, 인간사랑, 2004.
김우형, 『주희철학의 인식론』, 심산, 2005.
김운태, 『朝鮮王朝政治 · 行政史』(근세편), 박영사, 1995.
김홍수, 「중국정치이념의 지속과 변화」, 정천구 외, 『중국정치 산책』, 세종출판사, 2002.
나영주, 「중화민족주의, 중화역사패권주의, 동북공정」, 『민족연구』 제52집, 한국민족연구원, 2012.
나종석, 『차이와 연대 : 현대 세계와 헤겔의 사회 · 정치철학』, 길, 2007.
남경희, 『말의 질서와 국가』, 이화여대출판부, 1997.
박동천, 『플라톤 정치철학의 해체』, 모티브북, 2012.
박병석, 「중국화평굴기론의 이론적 한계와 문제점」, 『정치사상연구』 제15집 2호, 한국정치사상학회, 2009.
박봉랑, 〈기독교의 인간관〉, 신오현 편, 『인간의 본질』, 형설출판사, 1984 所載.
박성우, 『영혼 돌봄의 정치 : 플라톤 정치철학의 기원과 전개』, 인간사랑, 2014.
박세일, 「21세기 국가발전 이념 : 공동체 自由主義 – 20세기적 左右대립을 넘어 先進化로」, 안민포럼 정책자료집, 2006.
박순성, 『아담스미스와 자유주의』, 풀빛, 2003.
박승우, 「동아시아 공동체 담론 리뷰」, 『아시아리뷰』 제1권 제1호, 서울대학교 아시아연구소, 2011.
박홍규, 「유교적 정치가와 성숙한 민주주의 : 안철수 '민란'」, 강정인 편, 『현대 한국 정치사상』, 아산서원, 2014.
서병훈, 『자유의 美學 : 플라톤과 존 스튜어트 밀』, 나남출판, 2000.
설석규, 『朝鮮時代 儒生上疏와 公論政治』, 선인, 2002.
소광희 외, 『哲學의 諸問題』, 지학사, 1975.
송영배, 『동서 철학의 교섭과 동서양 사유방식의 차이』, 논형, 2004.
신철희, 「'민' (demos)개념의 이중성과 민주주의(demokratia)의 기원」, 『한국정치연구』 제22집 2호, 서울대학교 한국정치연구소, 2013.

안병주, 『儒教의 民本思想』, 성균관대학교 대동문화연구원, 1987.
우병창, 「朝鮮時代에 있어서의 財産法 硏究」, 고려대학교 박사학위논문, 1995.
오수웅, 「현대의 인권연구경향 비판과 대안의 모색」, 『정치사상연구』 제16집 2호, 한국정치사상학회, 2010.
유길준, 『兪吉濬全書』, 一潮閣, 1996.
윤　비, 「고대 헬라스 세계에서 민주주의(dēmokratia) 개념의 탄생」, 『社會科學硏究』 제22집 2호, 서강대학교 사회과학연구소, 2014.
윤종행, 「사형제도와 인간의 존엄성」, 『법학연구』 제13권 2호, 연세대학교 법학연구원, 2003.
윤평중, 〈도둑정치〉, 《조선일보》 2015년 4월 30일자 칼럼.
이극찬, 『政治學』(제6전정판), 법문사, 2000.
이동준, 『유교의 인도주의와 한국사상』, 한울, 1997.
이명현, 『新文法 서설』, 철학과현실사, 1997.
이삼성, 『제국』, 소화, 2014.
이상익, 『歷史哲學과 易學思想』, 성균관대출판부, 1996.
______, 『서구의 충격과 근대 한국사상』, 한울, 1997.
______, 『儒家社會哲學硏究』, 심산, 2001.
______, 『儒教傳統과 自由民主主義』, 심산, 2004.
______, 『朱子學의 길』, 심산, 2007.
______, 『본성과 본능 : 서양 人性論史의 재조명』, 서강대학교출판부, 2016.
______, 「조선시대의 人權 문제」, 『정치사상연구』 제18집 1호, 한국정치사상학회, 2012.
______, 「朱子와 陳亮의 王霸論爭에 대한 재검토」, 『東方學志』 제138집, 연세대 국학연구원, 2007.
______, 「朱子 氣質之性論의 양면성과 退·栗 性理學」, 『東洋哲學硏究』 제67집, 동양철학연구회, 2011.
______, 「栗谷에 있어서 理와 氣의 相互主宰와 그 의의」, 『韓國思想과 文化』 제21집, 한국사상문화학회, 2003.
______, 「朱子學에 있어서 理와 氣의 相互主宰와 그 의의」, 『哲學』 제77집, 한국철학회, 2003.
이선근, 『韓國史(最近世篇)』, 을유문화사, 1981.
이승환, 『유가사상의 사회철학적 재조명』, 고려대학교 출판부, 1998.
이요한, 「南中國海 분쟁과 중국·ASEAN의 대응」, 『국제지역연구』 제2권 제3호, 한국외국어대학교 국제지역연구센터, 1998.
이정은, 「후쿠야마의 『역사의 종말』에 나타난 헤겔의 '시간관'의 재정립」, 『시대와 철학』 8권 1호, 한국철학사상연구회, 1997.
이종은, 『평등, 자유, 권리』, 책세상, 2011.

이헌환, "The Concept of Human Dignity - The Eastern and Korean Traditional View", 『世界憲法硏究』 제15권 3호, 국제헌법학회한국학회, 2009.
이화용, 「영국 : 민주주의의 신화와 역사(1832~1928)」, 강정인 외, 『유럽 민주화의 이념과 역사』 제1장, 후마니타스, 2010.
이훈범, 〈성완종이 남긴 교훈〉, 《중앙일보》 2015년 4월 18일자 칼럼.
이희옥, 「동북공정을 어떻게 볼 것인가」, 『동아시아 브리프』 제1권 4호, 성균관대학교 성균중국연구소, 2006.
장덕진, 〈유능한 관료와 무능한 국가〉, 《경향신문》 2015년 6월 5일자 칼럼.
장동진, 『심의민주주의 : 공적 이성과 공동선』, 박영사, 2012.
______, 『현대 자유주의 정치철학의 이해』, 동명사, 2001.
장승구, 「유교의 민본주의 사상과 그 현대적 의미」, 『민본주의를 넘어서』, 청계, 2000.
장은주, 『인권의 철학』, 새물결, 2010.
장인성, 『동아시아 국제사회와 동아시아 상상』, 서울대학교출판문화원, 2017.
장회익, 「우주생명과 현대인의 암세포적 기능」, 김종철 편, 『녹색평론선집 1』, 녹색평론사, 1993.
장 훈, 〈개헌론, 그 깊은 괴리감에 대하여〉, 《중앙일보》 2016년 6월 20일자 칼럼.
______, 〈탄핵 표결 이후 정당들은 어디로?〉, 《중앙일보》 2016년 12월 9일자 칼럼.
전복희, 『사회진화론과 국가사상』, 한울, 1996.
전상인, 〈한국 민주주의의 자멸 가능성〉, 《조선일보》 2010년 7월 8일자 칼럼.
전세영, 『율곡의 군주론』, 집문당, 2005.
전홍석, 「서구 패권적 현대 '문명패러다임' 비판과 그 대안 모색 : 후쿠야마의 단수적 문명전파론과 헌팅턴의 복수적 문명충돌론을 중심으로」, 『문명교류연구』 창간호, 한국문명교류연구소, 2009.
정두희, 『朝鮮時代의 臺諫硏究』, 일조각, 1994.
정재남, 『중국의 소수민족』, 살림출판사, 2008.
정태일, 「칸트철학에서 인간 존엄성에 대한 관점」, 『서석사회과학논총』 제3권 2호, 조선대학교 사회과학연구원, 2010.
조경란, 『현대 중국 지식인 지도』, 글항아리, 2013.
_____, 「중국의 현대성 문제와 동아시아 - 보편을 넘는 '보편공동체'의 재구성을 위하여」, 『아시아문화연구』 제14집, 가천대학교 아시아문화연구소, 2008.
조긍호, 『이상적 인간형론의 동·서 비교』, 지식산업사, 2006.
______, 『사회관계론의 동·서 비교』, 서강대학교출판부, 2012.
조동일, 『동아시아문명론』, 지식산업사, 2010.
조한혜정, 〈낯섦의 두려움, 캥거루족 사회〉, 연세대학교 학술위원회 편, 『경쟁과 공존』, 오래, 2011.
조혜인, 「공동체적 토대 위의 참된 자유 : 사회학과 유교에서 찾아본 나란한 인식」, 『사회과학연구』 제10집, 서강대학교 사회과학연구소, 2002.
조효제, 『인권의 문법』, 후마니타스, 2007.
조희연, 『한국의 민주주의와 사회운동』, 당대, 1998.
조희연 · 박은홍 편, 『동아시아와 한국 – 민주화와 민주주의의 위기를 넘어』, 민주화운동기념사업회, 2007.
지두환, 『조선시대 사상사의 재조명』, 역사문화, 1998.
지해범, 〈나라 망가뜨리기로 작심한 사람들〉, 《조선일보》 2015년 2월 2일자 칼럼.
진덕규, 〈民主主義, 虛와 實〉 4, 《世界日報》 1999년 6월 8일 칼럼.
최문형, 「栗谷鄕約의 現代的 照明」, 『東洋哲學研究』 제30집, 동양철학연구회, 2002.
최장집, 『한국 민주주의 무엇이 문제인가』, 생각의 나무, 2008.
______, 『민주화 이후의 민주주의』, 후마니타스, 2007.
______, 『민주주의의 민주화』, 후마니타스, 2006.
최재천, 『호모 심비우스』, 이음, 2011.
한석희 · 강택구, 「동아시아공동체 형성과 중국의 인식」, 『한국정치학회보』 제43집 제1호, 한국정치학회, 2009.
한영우, 『朝鮮時代 身分史研究』, 집문당, 1997.
______, 『科擧, 출세의 사다리』, 지식산업사, 2013.
함재봉, 『탈근대와 유교』, 나남출판, 1998.
______, 『유교 자본주의 민주주의』, 전통과현대, 2000.
홍사중, 『近代 市民社會 思想史』, 한길사, 1988.
홍승표, 『깨달음의 사회학』, 예문서원, 2002.
홍찬식, 〈위기가 위기를 부르는 한국〉, 《동아일보》 2015년 4월 22일자 칼럼.
홍태영, 「프랑스 : 혁명과 공화국의 정치학」, 강정인 외, 『유럽 민주화의 이념과 역사』 제2장, 후마니타스, 2010.
황경식, 「사회개혁과 시민의식」, 『사회변혁과 철학』, 철학과현실사, 1999.
황태연, 「'대한민국' 국호의 기원과 의미」, 『정치사상연구』 제21집 1호, 한국정치사상학회, 2015.

汪　暉, 송인재 역, 『아시아는 세계다』, 글항아리, 2011.
趙汀陽, 노승현 역, 『천하체계』, 길, 2010.
韋政通, 『中國哲學辭典』, 大林出版社, 民國 67년.

미야지마 히로시(宮嶋博史), 「일본 동아시아 공동체론의 현주소」, 『역사비평』 2005년 8월호, 역사비평사, 2005.
가토 히사다케(加藤尙武), 표재명 외 역, 『현대 윤리에 관한 15가지 물음』, 서광사, 2007.
시마다 겐지(島田虔次), 김석근 · 이근우 역, 『주자학과 양명학』, 까치, 1986

그레이엄(Angus C. Graham), 나성 역, 『道의 논쟁자들』, 새물결, 2001.
기든스(Anthony Giddens), 김현옥 역, 『좌파와 우파를 넘어서』, 한울, 1997.
기든스(Anthony Giddens), 한상진 · 박찬욱 역, 『제3의 길』, 생각의 나무, 1998.
노르베리-호지(Helena Norberg-Hodge), 김종철 · 김태언 역, 『오래된 미래』, 녹색평론사, 1996.
다윈(Charles R. Darwin), 송철용 역, 『種의 기원』, 동서문화사, 2013.
다윈(Charles R. Darwin), 이종호 편역, 『인간의 유래와 성선택』, 지식을만드는지식, 2012.
드 발(Frans De Waal), 오준호 역, 『착한 인류』, 미지북스, 2014.
드 배리(Wm. Theodore de Bary), 표정훈 역, 『중국의 '자유' 전통』, 이산, 1998.
드 배리(Wm. Theodore de Bary), 한평수 역, 『다섯 단계의 대화로 본 동아시아 문명』, 실천문학사, 2007.
디킨슨(G. L. Dickinson), 박만준 · 이준호 역, 『그리스인의 이상과 현실』, 서광사, 1989.
램프레히트(S. P. Lamprecht), 김태길 外 역, 『西洋哲學史』, 을유문화사, 1982.
레이첼즈(James Rachels), 김성한 역, 『동물에서 유래된 인간』, 나남, 2009.
로크(John Locke), 강정인 · 문지영 역, 『통치론(제2론)』, 까치, 1996.
롤즈(John Rawls), 장동진 외 역, 『萬民法』, 이끌리오, 2000.
루소(Jean-Jacques Rousseau), 김중현 역, 『인간불평등기원론』, 펭귄클래식 코리아, 2010.
루소(Jean-Jacques Rousseau), 이태일(外) 역, 『사회계약론(外)』, 범우사, 1999.
루소(Jean-Jacques Rousseau), 김중현 역, 『에밀』, 한길사, 2003.
루소(Jean-Jacques Rousseau), 김중현 역, 『학문과 예술에 대하여(外)』, 한길사, 2007.
맑스(K. Marx) · 엥겔스(F. Engels), 『칼 맑스 프리드리히 엥겔스 저작 선집』, 박종철출판사, 1999.
매킨타이어(Alasdair MacIntyre), 이진우 역, 『덕의 상실』, 문예출판사, 1997.
맨더빌(Bernard Mandeville), 최윤재 역, 『꿀벌의 우화 : 개인의 악덕, 사회의 이익』, 문예출판사, 2011.
멩케(Christoph Menke) · 폴만(Arnd Pollman), 정미라 · 주정립 역, 『인권철학입문』, 21세기북스, 2012.
밀(John S. Mill), 김형철 역, 『자유론』, 서광사, 1992.
밀(John S. Mill), 서병훈 역, 『대의정부론』, 아카넷, 2012.
버틀러(Eamonn Butler), 이성규 · 김행범 역, 『나쁜 민주주의』, 북코리아, 2012.
벌린(Isaiah Berlin), 박동천 역, 『자유론』, 아카넷, 2006.
브로노프스키(J. Bronowski) · 매즐리슈(B. Mazlish), 차하순 역, 『西洋의 知的 傳統』, 홍성사, 1983.
브론너(Stephen Eric Bronner), 유홍림 역, 『현대 정치와 사상』, 인간사랑, 2005.

브린튼(Crane Brinton), 崔明官 · 朴恩駒 역, 『西洋思想의 歷史』, 을유문화사, 1984.
슈월츠(Benjamin I. Schwartz), 나성 역, 『중국 고대사상의 세계』, 살림, 1996.
세이건(Carl Edward Sagan), 홍승수 역, 『코스모스』, 사이언스북스, 2016.
스미스(Adam Smith), 김수행 역, 『國富論』, 동아출판사, 1993.
스트라우스(Leo Strauss) · 크랍시(J. Cropsey) 편, 김영수 외 역, 『서양정치철학사』 1, 인간사랑, 1995.
스트라우스 · 크랍시 편, 이동수 외 역, 『서양정치철학사』 2, 인간사랑, 2007.
스트라우스 · 크랍시 편, 김남국 외 역, 『서양정치철학사』 3, 인간사랑, 2007.
승계호(T. K. Seung), 김주성 외 역, 『직관과 구성』, 나남출판, 1999.
싱어(Peter Singer), 최정규 역, 『다윈주의 좌파 : 변하지 않는 인간의 본성은 있는가?』, 이음, 2011.
싱어(Peter Singer), 김성한 역, 『동물 해방』, 연암서가, 2012.
아리스토텔레스(Aristoteles), 나종일 · 천병희 역, 『정치학/시학』, 삼성출판사, 1999.
아리스토텔레스(Aristoteles), 최명관 역, 『니코마코스 윤리학』, 서광사, 2002.
아블라스터(Anthony Arblaster), 조기제 역, 『서구 자유주의의 융성과 쇠퇴』, 나남, 2007.
액설로드(Robert Axelrod), 이경식 역, 『협력의 진화』, 시스테마, 2012.
에드워즈(Mike Edwards), 서유경 역, 『시민사회』, 동아시아, 2005.
에라스무스(Desiderius Erasmus), 김남우 역, 『우신예찬』, 열린책들, 2011.
예링(Rudolf von Jhering), 심윤종(外) 역, 『권리를 위한 투쟁(外)』, 범우사. 1992.
월린(Seldon S. Wolin), 강정인 外 역, 『정치와 비전』 2, 후마니타스, 2009.
이샤이(Micheline Ishay), 조효제 역, 『세계인권사상사』, 길, 2010.
탤벗(William J. Talbott), 은우근 역, 『인권의 발견』, 한길사, 2011.
테일러(Charles Taylor), 송영배 역, 『불안한 현대사회』, 이학사, 2001.
테일러(Charles Taylor), 이상길 역, 『근대의 사회적 상상』, 이음, 2016.
토크빌(A. de Tocqueville), 임효성 · 박지동 역, 『미국의 민주주의』 1 · 2, 한길사, 1997.
투키디데스(Thucydides), 박광순 역, 『펠로폰네소스 전쟁사』 상 · 하, 범우, 2014.
카프라(Fritjof Capra), 이성범 · 김용정 역, 『現代物理學과 東洋思想』, 범양사출판부, 1988.
카프라(Fritjof Capra), 이성범 · 구윤서 역, 『새로운 科學과 文明의 轉換』, 범양사출판부, 1991.
카텝(George Cateb), 이태영 역, 『인간의 존엄』, 말글빛냄, 2012.
칸트(Immanuel Kant), 이한구 역, 『영구평화론』, 서광사, 2008.
칼레츠키(Anatole Kaletsky), 위선주 역, 『자본주의 4.0』, 컬처앤스토리, 2011.
코저(Lewis A. Coser), 신용하 · 박명규 역, 『社會思想史』, 일지사, 1985.
크렌슨(Matthew A. Crenson) · 긴스버그(Benjamin Ginsberg), 서복경 역, 『다운사이징 데모크라시』, 후마니타스, 2013.

키토(H. D. F. Kitto), 박재욱 역, 『고대 그리스, 그리스인들』, 갈라파고스, 2008.
킴리카(Will Kymlicka), 장동진 외 역, 『현대 정치철학의 이해』, 동명사, 2006.
프랭크(Robert Frank), 안세민 역, 『경쟁의 종말』, 웅진지식하우스, 2012.
프랭크(Robert Frank) · 쿡(Philip Cook), 권영경 · 김양미 역, 『승자독식사회』, 웅진지식하우스, 2012.
프롬(Erich Fromm), 김진홍 역, 『소유냐 삶이냐』, 홍성사, 1979.
프롬(Erich Fromm), 이극찬 역, 『자유로부터의 도피』, 전망사, 1980.
플라톤(Platon), 박종현 역, 『국가』, 서광사, 1997.
플라톤(Platon), 김인곤 역, 『고르기아스』, 이제이북스, 2011.
하이에크(Friedrich Hayek), 신중섭 역, 『치명적 자만 – 사회주의의 오류』, 한국경제연구원, 1996.
헤겔(Georg W. F. Hegel), 임석진 역, 『정신현상학』 I · II, 지식산업사, 1988.
헤겔(Georg W. F. Hegel), 임석진 역, 『법철학』, 지식산업사, 1994.
헤겔(Georg W. F. Hegel), 김종호 역, 『역사철학강의』 I, 삼성출판사, 1986.
헨리(Carl F. H. Henry) 편, 권혁봉 역, 『基督教教理論說』, 생명의말씀사, 1981.
호이어 · 쉬르머, 강현석 역, 〈인권제국주의〉, 『길』, 98권 5호, 1998.
호킹(Stephen Hawking), 김동광 역, 『시간의 역사』, 까치, 1998.
홉스(Thomas Hobbes), 이준호 역, 『시민론』, 서광사, 2013.
후쿠야마(Fransis Fukuyama), 이상훈 역, 『역사의 종말』, 한마음사, 1999.

Alexandre Kojève, *Introduction to the Reading of Hegel (Lectures on the Phenomenology of Spirit)*, Edited by Allan Bloom, Translated from the French by James H. Nichols, Jr. Basic Books, Inc., Publishers, New York, 1969.
Anthony Arblaster, *The Rise and Decline of Western Liberalism*, Basil Blackwell Publishers Ltd., Oxford, 1984.
Anthony Quinton (ed), *Political Philosophy*, Oxford Readings in Philosophy, Oxford University Press, 1977.
Charles Taylor, *The Ethics of Authenticity*, Cambridge, MA: Harvard University Press, 1995.
David Hume, *A Treatise of Human Nature*, edited by L. A. Selby-Bigge, London, Oxford University Press, 1958.
Erich Fromm, *To Have or To Be?*, Harper & Row, Publishers. 1976.
Francis Fukuyama, *The end of history and the last man*, The Free Press, A Divission of Macmillan, Inc. New York, 1992.
G. L. Dickinson, *The Greek View of Life*, Collier Books, New York, 1967.
H. L. A. Hart, "Are There Any Natural Rights?", in Anthony Quinton (ed), *Political*

Philosophy, Oxford Readings in Philosophy, Oxford University Press, 1977.

Isaiah Berlin, *Freedom and its Betrayal*, Princeton University Press, London & Princeton, 2002.

John Locke, *Two Treatises of Government (The Second Treatise of Government)* in Political Writings, Penguin Books, London, 1993.

John Stuart Mill, *On Liberty*, edited by Elizabeth Rapaport, Hackett Publishing Company, Inc., Indianapolis, 1979.

Leo Strauss & Joseph Cropsey (ed), *History of Political Philosophy* (Second Edition), The University of Chicago Press, Chicago, 1972.

Maurice Cranston, *What are Human Rights?*, Taplinger Publishing Company, New York, 1973.

Steven Lukes, *Individualism*, New York, Harper & Row, 1973.

Thomas Hobbes, *Leviathan*, edited with an introduction by C.B. Macpherson, Penguin Books, London, 1985.

Wm. Theodore de Bary, *Asian Values and Human Rights*, Harvard University Press, 1998.

찾아보기

ㄱ

ㅇ

ㅈ

ㅊ

ㅋ

ㅌ

著者 略歷

이상익(李相益)

成均館大學校 儒學大學 韓國哲學科 졸업

同 大學院 東洋哲學科 졸업(哲學博士)

육군사관학교 철학과, 영산대학교 학부대학 교수 역임

現 부산교육대학교 윤리교육과 교수

저서 : 『歷史哲學과 易學思想』(성균관대 출판부, 1996)
『서구의 충격과 근대 한국사상』(도서출판 한울, 1997)
『畿湖性理學 硏究』(도서출판 한울, 1998)
『儒家 社會哲學 硏究』(심산, 2001)
『儒敎傳統과 自由民主主義』(심산, 2004)
『畿湖性理學論考』(심산, 2005)
『朱子學의 길』(심산, 2007)
『사람의 길, 文明의 꿈』(심산, 2009)
『嶺南性理學硏究』(심산, 2011)
『인권과 인륜』(심산, 2015)
『본성과 본능 : 서양 人性論史의 재조명』(서강대출판부, 2016)
『본성과 본능 : 쌍개념들의 탐구』(심산, 2017)

역서 : 『隱峰野史別錄』(安邦俊 原著, 崔英成 공역, 아세아문화사, 1996)
『譯註 四七新編』(李瀷 原著, 도서출판 다운샘, 1999)
『譯註 庸學辨疑』(趙彦儒 原著, 심산, 2006)
『譯註 己亥封事(外)』(李惟泰 原著, 李達雨 外 공역, 심산, 2007)

현대문명과 유교적 성찰

초판 1쇄 발행일 2018년 3월 31일

지은이 | 이상익
발행인 | 최원필
발행처 | 심산출판사
주　소 | 서울시 은평구 불광로 13가길 18, 101호
전　화 | 02-357-0633
팩시밀리 | 02-357-0631
E-mail | simsan@korea.com
등록번호 | 제1-2114호(1996년 11월 28일)

ISBN 978-89-94844-57-2 93150

* 책값은 뒤표지에 표시되어 있습니다.